Anna Mattfeldt
Wettstreit in der Sprache

Sprache und Wissen

Herausgegeben von
Ekkehard Felder

Wissenschaftlicher Beirat

Markus Hundt, Wolf-Andreas Liebert,
Thomas Spranz-Fogasy, Berbeli Wanning,
Ingo H. Warnke und Martin Wengeler

Band 32

Anna Mattfeldt

Wettstreit in der Sprache

―

Ein empirischer Diskursvergleich zur Agonalität
im Deutschen und Englischen am Beispiel
des Mensch-Natur-Verhältnisses

DE GRUYTER

ISBN 978-3-11-070957-5
e-ISBN (PDF) 978-3-11-056562-1
e-ISBN (EPUB) 978-3-11-056295-8
ISSN 1864-2284

Library of Congress Control Number: 2018941738.

Bibliografische Information der Deutschen Nationalbibliothek
Die Deutsche Nationalbibliothek verzeichnet diese Publikation in der Deutschen Nationalbibliografie; detaillierte bibliografische Daten sind im Internet über http://dnb.dnb.de abrufbar.

© 2020 Walter de Gruyter GmbH, Berlin/Boston
Dieser Band ist text- und seitenidentisch mit der 2018 erschienenen gebundenen Ausgabe.
Druck und Bindung: CPI books GmbH, Leck

www.degruyter.com

Vorwort

Diese Arbeit wurde unter dem Titel *Sprachliche Formen der Agonalität im Deutschen und Englischen – Ein Diskursvergleich zum Mensch-Natur-Verhältnis* im März 2017 von der Neuphilologischen Fakultät der Universität Heidelberg als Dissertation angenommen. Viele Menschen haben mich während der Erstellung dieser Arbeit auf meinem Weg begleitet. Meinem Doktorvater Prof. Dr. Ekkehard Felder danke ich sehr herzlich für seine Unterstützung bei diesem Dissertationsprojekt. Er hatte während der Entstehung der Doktorarbeit stets ein offenes Ohr und hat meinen Forschungsprozess immer sehr engagiert begleitet und gefördert. Meiner Zweitbetreuerin Prof. Dr. Beatrix Busse danke ich ebenfalls sehr herzlich für die Bereitschaft zur Übernahme des Zweitgutachtens, die weiterführenden Gedanken und Impulse sowie die Kontaktherstellung zur Universität Lancaster.

Den Forscherinnen und Forschern am Centre for Corpus Approaches to Social Science (University of Lancaster) unter der Leitung von Prof. Dr. Tony McEnery danke ich für einen inspirierenden Forschungsaufenthalt, der die Dissertation sehr bereichert hat. Besonderer Dank gilt Prof. Dr. Laurence Anthony (Waseda University Tokio) für seine Hilfe bei technischen Fragen des Taggings.

Bei meinen derzeitigen und ehemaligen Kolleginnen und Kollegen am Germanistischen Seminar der Universität Heidelberg bedanke ich mich für die angenehme Zusammenarbeit: Hier bin ich namentlich Dr. Matthias Attig, PD Dr. Katharina Bremer, Dr. Katharina Jacob, Lennart Keding, Daniel Knuchel, Dr. Janine Luth, Prof. Dr. Marcus Müller, Dr. Jörn Stegmeier, Prof. Dr. Friedemann Vogel und Dorothee Wielenberg zu Dank verpflichtet. Meinen Mitstreiterinnen und Mitstreitern im Forschungskolloquium von Prof. Felder danke ich für viele Anregungen zu meiner Dissertation. Bei der Heidelberger Graduiertenschule für Geistes- und Sozialwissenschaften (HGGS) bedanke ich mich für zahlreiche anregende und spannende Veranstaltungen, die mich auf dem Weg zur Dissertation begleitet haben.

Mein besonderer Dank gilt Dr. Jörn Stegmeier für seine stete technische Unterstützung und hilfreiches Feedback. Großen Dank schulde ich zudem Carolin Schwegler für ihre detaillierten und wertvollen Anregungen und für die intensiven Diskussionen über das Dissertationsprojekt. Ich danke außerdem Dr. Janine Luth, Maria Mast, Lennart Keding und Vanessa Münch für die kritische Lektüre meiner Arbeit sowie Prof. Dr. Ingo H. Warnke und Prof. Dr. Torsten Leuschner für wertvolle Anregungen. Für ermutigende Worte danke ich Verena Urban,

Franziska Feger, Anna Sunik, Ingrid Friederich, Diana Hilmer, Silvia Hofheinz und Nicole Möller.

Dem Verlag De Gruyter danke ich für die freundliche Beratung und Betreuung bei der Erstellung der Druckvorlage; mein besonderer Dank gilt Daniel Gietz und Olena Gainulina. Für die Aufnahme in die Reihe „Sprache und Wissen" danke ich dem Herausgeber und den Gutachtern.

Mein größter Dank gilt meiner Familie und meinem Partner Philipp Raith, die mich auf meinem Weg immer mit Rat und Tat unterstützt haben. Meinen Eltern Birgit und Torsten Mattfeldt ist diese Arbeit gewidmet.

Inhalt

Vorwort —— V

Abbildungs- und Tabellenverzeichnis —— XIV

1	Einführung: Sprache, Agonalität und das Verhältnis von Mensch und Natur —— 1	
2	**Theoretische Grundlagen** —— 7	
2.1	Sprache und Perspektivität —— 7	
2.2	Sprache und Wissen —— 11	
2.3	Diskurs und Sprache —— 14	
2.3.1	Der Diskursbegriff außerhalb der Linguistik —— 14	
2.3.2	Der Diskursbegriff in der germanistischen Linguistik —— 16	
2.3.3	Kritisieren oder beschreiben? Zum Umgang mit den Analyseergebnissen —— 18	
2.3.3.1	Die Critical Discourse Analysis (CDA) —— 19	
2.3.3.2	Die deskriptive linguistische Diskursanalyse —— 20	
2.4	(Print-)Medien und Mediendiskurse —— 22	
2.5	Diskursvergleich – Sprachvergleich – Kulturvergleich? —— 27	
2.5.1	Sprache, Denken und Kultur —— 28	
2.5.2	Kulturelle Perspektivität —— 30	
2.5.3	Diskurs und Vergleich —— 31	
2.6	Zusammenfassung der wichtigsten theoretischen Grundlagen —— 35	
3	**Verwendete Korpora** —— 37	
3.1	Die gewählten Mediendiskursthemen —— 37	
3.1.1	Das Diskursthema Fracking —— 37	
3.1.2	Das Diskursthema des Hurrikan „Sandy" —— 39	
3.2	Die Medientextkorpora —— 41	
3.3	Die Großkorpora —— 42	
3.3.1	Das DWDS-Korpus —— 43	
3.3.2	Das Corpus of Contemporary American English (COCA) —— 44	
3.4	Keywords und Kollokationen —— 44	
3.5	Zusammenfassung der korpuslinguistischen Grundlagen —— 51

4	**Agonalität und ihre sprachlichen Indikatoren im Deutschen und Englischen —— 52**	
4.1	Vorüberlegungen: Definition der Agonalität und Beispielanalyse —— 52	
4.1.1	Agonalität – Definitorische Überlegungen —— 52	
4.1.2	Agonalität in einem Untersuchungstext: Beispielanalyse —— 57	
4.1.2.1	Qualitative Analyse —— 57	
4.1.2.2	Quantitative Überprüfung der Agonalitätsindikatoren des Beispieltexts —— 62	
4.1.3	Zusammenfassung: Definition der Agonalität —— 67	
4.2	Semantische Dimensionen der Agonalität —— 69	
4.2.1	Die Dimension AGONALITÄT DER EXPLIZITEN GEGENÜBERSTELLUNG —— 70	
4.2.2	Die Dimension AGONALITÄT DER ZEITLICHEN GEGENÜBERSTELLUNG —— 73	
4.2.3	Die Dimension AGONALITÄT DER RELEVANZKONKURRENZ —— 76	
4.2.4	Die Dimension AGONALITÄT DER (NEGATIVEN) WERTUNG —— 80	
4.2.5	Die Dimension AGONALITÄT DER NEGATIVEN EMOTIONEN —— 85	
4.2.6	Die Dimension AGONALITÄT VON SCHEIN UND SEIN —— 88	
4.2.7	Die Dimension AGONALITÄT DER LEXIKALISCHEN GEGENÜBERSTELLUNG —— 92	
4.2.8	Die Dimension AGONALITÄT DER EXTERNEN HANDLUNGSAUFFORDERUNG —— 95	
4.2.9	Die Dimension AGONALITÄT DER ENTSCHEIDUNGSTHEMATISIERUNG —— 97	
4.2.10	Die Dimension BEENDEN DES AGONALEN ZUSTANDS —— 99	
4.2.11	Die verschiedenen Dimensionen der Agonalität: Zwischenfazit —— 101	
4.3	Der Agonalität auf der Spur (I) – deduktives Vorgehen mit Grammatiken —— 102	
4.3.1	Einleitung: Grammatikwerke und Agonalität —— 102	
4.3.2	Agonalität und grammatische Kategorien —— 104	
4.3.2.1	Das Konzept Mood/Modality bzw. Modus/Modalität und Agonalität —— 104	
4.3.2.1.1	Mood/Modality: Beschreibung in englischen Grammatiken —— 104	
4.3.2.1.2	Modus/Modalität: Beschreibung in deutschen Grammatiken —— 107	
4.3.2.1.3	Zusammenfassung und Vergleich im Hinblick auf Agonalität —— 111	
4.3.2.2	Die Konzepte Konzession, Kondition, Kontrast und Agonalität —— 112	
4.3.2.2.1	Concession, condition und contrast: Beschreibung in englischen Grammatiken —— 112	
4.3.2.2.2	Konzession, Kondition und Kontrast: Beschreibung in deutschen Grammatiken —— 115	

4.3.2.2.3	Zusammenfassung und Vergleich im Hinblick auf Agonalität —— 118	
4.3.2.3	Das Konzept Evaluation und Agonalität —— 119	
4.3.2.3.1	Evaluation: Beschreibung in englischen Grammatiken —— 119	
4.3.2.3.2	Evaluation: Beschreibung in deutschen Grammatiken —— 121	
4.3.2.3.3	Zusammenfassung und Vergleich im Hinblick auf Agonalität —— 124	
4.3.2.4	Das Konzept Negation und Agonalität —— 125	
4.3.2.4.1	Negation: Beschreibung in englischen Grammatiken —— 125	
4.3.2.4.2	Negation: Beschreibung in deutschen Grammatiken —— 127	
4.3.2.4.3	Zusammenfassung und Vergleich im Hinblick auf Agonalität —— 129	
4.3.2.5	Das Konzept Passiv/Aktiv und Agonalität —— 129	
4.3.2.5.1	Passiv und Aktiv: Beschreibung in englischen Grammatiken —— 130	
4.3.2.5.2	Passiv und Aktiv: Beschreibung in deutschen Grammatiken —— 131	
4.3.2.5.3	Zusammenfassung und Vergleich im Hinblick auf Agonalität —— 133	
4.3.3	Begleiter der Agonalität —— 133	
4.3.3.1	Potenzielle Verstärkung der Agonalität —— 134	
4.3.3.1.1	Potenzielle Verstärkung der Agonalität: Beschreibung in englischen Grammatiken —— 134	
4.3.3.1.2	Potenzielle Verstärkung der Agonalität: Beschreibung in deutschen Grammatiken —— 135	
4.3.3.1.3	Zusammenfassung und Vergleich der Verstärkung im Hinblick auf Agonalität —— 137	
4.3.3.2	Abschwächung und Agonalität —— 138	
4.3.3.2.1	Abschwächung: Beschreibung in englischen Grammatiken —— 138	
4.3.3.2.2	Abschwächung: Beschreibung in deutschen Grammatiken —— 140	
4.3.3.2.3	Zusammenfassung und Vergleich der Abschwächung im Hinblick auf Agonalität —— 141	
4.3.4	Zusammenfassung: Grammatik und Agonalität —— 142	
4.4	Der Agonalität auf der Spur (II): Deduktive Analyse thematischer Wörterbücher —— 145	
4.4.1	Die Ordnung der Welt und der Sprache: Thematisch gegliederte Wörterbücher —— 146	
4.4.2	Wörterbuchkategorien und Dimensionen der Agonalität —— 152	
4.4.2.1	Englische Wörterbuchgliederungen und Dimensionen der Agonalität —— 152	
4.4.2.2	Deutsche Wörterbuchgliederungen und Dimensionen der Agonalität —— 160	

4.4.2.3	Zusammenfassung: Wörterbuchkategorien und Dimensionen der Agonalität — 163
4.4.3	Erweiterung des sprachlichen Repertoires der Agonalität — 163
4.4.4	Thematische Wörterbücher 2.0 – ein Blick auf die automatisierte semantische Annotation — 176
4.4.5	Zusammenfassung: Lexikographische Werke und Agonalität — 183
4.5	Fazit: Agonalität im Deutschen und Englischen — 184
5	**Agonalität in den Untersuchungskorpora: Analyseergebnisse — 190**
5.1	Einleitung: Vorgehen und Überblick — 190
5.2	Agonalität im Mediendiskurs zu Fracking — 192
5.2.1	Agonale Thematisierung von Umwelt- und Sicherheitsaspekten — 194
5.2.1.1	Agonale Thematisierung der Trinkwassersicherheit — 194
5.2.1.2	Agonale Thematisierung der Erdbebengefahr — 198
5.2.1.3	Agonale Thematisierung des Klimawandels — 199
5.2.1.4	Wertung der Umweltschützer als Gruppe — 202
5.2.1.5	Fracking und andere Energieformen — 203
5.2.1.6	Ästhetische Naturbilder: Konflikte im Zusammenhang mit dem Konzept von Natur als Idylle — 205
5.2.1.7	Kurzzusammenfassung: Agonal thematisierte Umwelt- und Sicherheitsaspekte — 208
5.2.2	Agonale Thematisierung politischer Aspekte — 208
5.2.2.1	Agonale Thematisierung des Entscheidungsprozesses um Fracking — 209
5.2.2.2	Kritik an bestimmten politischen Akteuren und Institutionen in Bezug auf Frackingpolitik — 212
5.2.2.3	Konflikte und Einigkeit zwischen Parteien in Bezug auf Fracking — 215
5.2.2.4	Kurzzusammenfassung: Agonal thematisierte politische Aspekte — 217
5.2.3	Agonale Thematisierung von wirtschaftlichen und globalen Auswirkungen — 218
5.2.3.1	Agonale Thematisierung des wirtschaftlichen Potenzials — 218
5.2.3.2	Agonale Thematisierung von Arbeitsplätzen — 222
5.2.3.3	Zeitliche Gegenüberstellungen in Bezug auf Fracking — 224
5.2.3.4	Agonale Aushandlung globaler Einflüsse von Fracking — 226

5.2.3.5	Kurzzusammenfassung: Agonal verhandelte wirtschaftliche Themen —— 228	
5.2.4	Agonale Thematisierung gesellschaftlicher und kultureller Aspekte —— 229	
5.2.4.1	Agonale Thematisierung gesellschaftlicher Auswirkungen des Fracking —— 229	
5.2.4.2	Agonale Thematisierung in Bezug auf Bürgerinitiativen —— 232	
5.2.4.3	Agonalität in der Bewertung filmischer Darstellungen von Fracking —— 234	
5.2.4.4	Kulturspezifische Sorge um die Sicherheit der Stromversorgung —— 237	
5.2.4.5	Kurzzusammenfassung: Agonal verhandelte gesellschaftliche Themen —— 239	
5.2.5	Zusammenfassung: Charakterisierung der Agonalität in den Korpora zum Thema Fracking —— 239	
5.2.6	Dimensionen der Agonalität im Frackingdiskurs: ein Fazit —— 241	
5.3	Agonalität im Mediendiskurs zum Hurrikan Sandy —— 246	
5.3.1	Agonale Thematisierung des Ausmaßes —— 246	
5.3.1.1	Agonale Thematisierung des Ausmaßes von Hurrikan Sandy —— 247	
5.3.1.2	Agonale Thematisierung der Evakuierung New Yorks und des Umlands —— 250	
5.3.1.3	Vergleiche mit Hurrikan Katrina —— 252	
5.3.1.4	Agonale Thematisierung der wirtschaftlichen Auswirkungen von Hurrikan Sandy —— 256	
5.3.1.5	Kurzzusammenfassung: Agonale Aspekte in Bezug auf das Ausmaß des Hurrikans —— 258	
5.3.2	Agonale Thematisierung politischer Aspekte —— 258	
5.3.2.1	Agonale Gegenüberstellung der Präsidentschaftskandidaten —— 260	
5.3.2.2	Der umstrittene Einfluss des Hurrikans auf den Wahlverlauf —— 263	
5.3.2.3	Politische Auswirkungen für US-Präsident Obama —— 265	
5.3.2.4	Agonale Thematisierung des Verhältnisses zwischen Politikern —— 268	
5.3.2.5	Kurzzusammenfassung: Agonale politische Themen —— 270	
5.3.3	Agonale Thematisierung gesellschaftlicher Implikationen —— 271	
5.3.3.1	Auswirkungen auf Sportveranstaltungen —— 271	
5.3.3.2	Auswirkungen auf verschiedene Gesellschaftsschichten —— 274	
5.3.3.3	Agonale Thematisierung der Rolle der (neuen) Medien —— 278	

5.3.3.4	Agonale Diskussion angemessenen Verhaltens angesichts einer Naturkatastrophe —— **281**	
5.3.3.5	Kurzzusammenfassung: Gesellschaftliche Konflikte —— **284**	
5.3.4	Hurrikan Sandy und das diskursive Naturverständnis —— **284**	
5.3.4.1	Agonale Thematisierung eines möglichen Zusammenhangs mit dem Klimawandel —— **285**	
5.3.4.2	Mögliche Auswirkungen auf die Klimapolitik —— **287**	
5.3.4.3	Naturkatastrophen und Vorhersehbarkeit —— **288**	
5.3.4.4	Schön, gefährlich, belebt, unbelebt? Naturkonzepte im diskursiven Wettstreit —— **289**	
5.3.4.5	Kurzzusammenfassung: Agonale Thematisierungen von Natur —— **292**	
5.3.5	Zusammenfassung: Charakterisierung der Agonalität in den Korpora zum Thema Hurrikan Sandy —— **293**	
5.3.6	Dimensionen der Agonalität: Unterschiede und Gemeinsamkeiten —— **294**	
5.4	Analysefazit (Teil 1): Kultur- und Sprachvergleich der Agonalität —— **299**	
5.5	Analysefazit (Teil 2): Unterschiede und Affinitäten zwischen den Dimensionen —— **305**	
5.6	Analysefazit (Teil 3): Das Mensch-Natur-Verhältnis in den Medien —— **308**	
6	**Agonalität: Exkurse in andere Textsorten —— 309**	
6.1	Agonalität in Text-Bild-Beziehungen: ein Exkurs in Pressephotographien —— **309**	
6.1.1	Grundlagen der linguistischen Bildbetrachtung —— **309**	
6.1.2	Bildliche Darstellungen und die Dimensionen der Agonalität —— **315**	
6.1.3	Fazit zu Agonalität und Bildverwendung —— **339**	
6.2	Agonalität in der Frackingthematik: Ein fiktionaler Ausflug —— **341**	
6.2.1	Einführung —— **341**	
6.2.2	Zum Inhalt der ausgewählten Romane —— **343**	
6.2.3	Dimensionen der Agonalität in den gewählten Romanen —— **345**	
6.2.4	Agonale Zentren in den Romanen: Parallelen zur Mediendiskursanalyse —— **348**	
6.2.5	Zusätzliche Aspekte und Unterschiede zum Mediendiskurs —— **352**	
6.2.6	Das Mensch-Natur-Verhältnis in den gewählten Romanen —— **361**	
6.2.7	Fazit zur Agonalität in den Romandarstellungen —— **362**

7	**Ergebnisse und Diskussion** —— 364
7.1	Zusammenfassung der Ergebnisse —— 364
7.2	Sprachvergleichende Diskursanalysen: Ein terminologischer Vorschlag —— 370
7.3	Das Verhältnis von Mensch und Natur im Spiegel der Agonalität —— 374
8	**Ausblick: Weiterführende diskurslinguistische Untersuchungen von Agonalität** —— 377
8.1	Anwendung in deutsch-englischen Diskursanalysen —— 378
8.2	Übertragung des Verfahrens auf weitere Sprachen —— 380
8.3	Übertragung auf weitere Textsorten und multimodale Aspekte —— 381

Literaturverzeichnis —— 384

Verzeichnis der zitierten Korpustexte —— 413

Register —— 438

Abbildungs- und Tabellenverzeichnis

Abbildungen

Abbildung 1: Modifikation des semiotischen Dreiecks (aus Felder 2013, 22) 8
Abbildung 2: Darstellung des semiotischen Dreiecks für einen Sprachvergleich 11
Abbildung 3: Aspekte der Agonalitätsindikatoren: Einordnung der Agonalitätsindikatoren *to pacify* und *to stick with* entlang der drei Achsen Agonalitätsstärke, Indikatorenfrequenz und Diskursabhängigkeit 68
Abbildung 4: Ordnung der Kategorien im Historical Thesaurus 148
Abbildung 5: Ordnung der Kategorien in Rogets Thesaurus 150
Abbildung 6: Ordnung der Kategorien in Dornseiffs *Wortschatz nach Sachgruppen* 151
Abbildung 7: Agonalität – Dimensionen und semantische Wörterbuchkategorien des Englischen 159
Abbildung 8: Agonalität – Dimensionen und semantische Wörterbuchkategorien des Deutschen 162
Abbildung 9: Dimensionen der Agonalität im Überblick 185
Abbildung 10: Ebenen der agonalen Darstellung 304
Abbildung 11: Dimensionen der Agonalität und Skala der Spezifik 307
Abbildung 12: Erarbeitung der agonalen Dimensionen und Indikatoren 369
Abbildung 13: Skala der Agonalitätsdimensionen nach Spezifik 370
Abbildung 14: Diskursive Ausprägungen des Themas „Fracking" 372
Abbildung 15: Diskursive Ausprägungen des Themas „Hurrikan Sandy" 373
Abbildung 16: Skala der diskursiven Ausprägungen 374
Abbildung 17: Anwendung der Methode auf eine einsprachige Analyse 378
Abbildung 18: Anwendung der Methode für eine sprachvergleichende Analyse 379
Abbildung 19: Übertragung des Verfahrens auf eine weitere Sprache (z.B. Französisch) 381

Tabellen

Tabelle 1: Notation in der Arbeit 6
Tabelle 2: Übersicht über die Medienkorpora (Zählung der Tokens durch AntConc) 42
Tabelle 3: Beispielrechnung für den Ausdruck *earthquake(s)* 47
Tabelle 4: Beispielindikatoren der Agonalität 69
Tabelle 5: Agonalität und Grammatik 143
Tabelle 6: Kategorien aus Rogets Thesaurus mit Bezug zu Agonalität 153
Tabelle 7: Kategorien aus Dornseiffs *Der deutsche Wortschatz nach Sachgruppen* mit Bezug zu Agonalität 160
Tabelle 8: Agonalitätsindikatoren aus Rogets Thesaurus 164
Tabelle 9: Agonalitätsindikatoren aus Dornseiffs *Der deutsche Wortschatz nach Sachgruppen* 168
Tabelle 10: Agonalitätsindikatoren aus dem Duden-Synonymwörterbuch ([6]2014) am Beispiel der AGONALITÄT DER EXPLIZITEN GEGENÜBERSTELLUNG 172
Tabelle 11: Kategorien des semantischen Taggers USAS mit Bezug zur Agonalität 178
Tabelle 12: Agonalitätsindikatoren aus den UK-Korpora in den USAS-Tagger-Kategorien 180

Tabelle 13: Verstärker und Abschwächer aus den UK-Korpora in den Tagger-Kategorien 182
Tabelle 14: Übersicht über die Dimensionen der Agonalität und ihre Zusammenhänge mit Grammatik und Lexik 186
Tabelle 15: Erster Überblick über Autosemantika konzessiver und adversativer Konnektoren 192
Tabelle 16: *Klimawandel/climate change* in den Untersuchungskorpora 200
Tabelle 17: Personalisierte politische Akteure in den Frackingkorpora 209
Tabelle 18: Cluster mit *potential* im UK-Fracking-Korpus (Trigramme) 219
Tabelle 19: Überblick über Dimensionen der Agonalität in den Frackingkorpora 244
Tabelle 20: Bezeichnungen des Hurrikans (absolute und relative Häufigkeiten) 248
Tabelle 21: Personalisierte politische Akteure in den Hurrikankorpora 259
Tabelle 22: Häufigkeiten der Ortsnennungen (US-Ostküste) in den Berichterstattungen (ohne Flexionsformen) 276
Tabelle 23: Nennungen betroffener Gebiete/Städte/Bevölkerungsgruppen (inkl. Verwendungen als Adjektive, in Komposita etc.) 280
Tabelle 24: Überblick über Dimensionen der Agonalität in den Hurrikankorpora 298
Tabelle 25: Agonale Zentren in den Frackingkorpora 299
Tabelle 26: Agonale Zentren in den Hurrikankorpora 300

Analysebilder

Analysebild 1 (bild.de, 18.2.2013) 316
Analysebild 2 (Zeit Online, 16.8.2012) 318
Analysebild 3 (Mail Online, 29.10.2012) 320
Analysebild 4 (Zeit Online, 5.11.2012) 321
Analysebild 5 (Mail Online, 12.11.2012) 323
Analysebild 6 (Mail Online, 19.1.2011) 324
Analysebild 7 (Mail Online, 19.1.2011) 324
Analysebild 8 (Mail Online, 19.1.2011) 324
Analysebild 9 (bild.de, 8.2.2013) 327
Analysebild 10 (Mirror Online, 26.9.2013) 329
Analysebild 11 (Mirror Online, 20.9.2013) 330
Analysebild 12 (Guardian Online, 30.10.2012) 332
Analysebild 13 (Mail Online, 25.10.2012) 334
Analysebild 14 (Guardian Online, 3.11.2011) 335
Analysebild 15 (bild.de, 23.5.2013) 337
Analysebild 16 (bild.de, 24.5.2013) 338

Für den Abdruck der Bilder beruft sich die Autorin auf das Bildzitatrecht nach §51 Urheberrecht.

1 Einführung: Sprache, Agonalität und das Verhältnis von Mensch und Natur

> There is a pleasure in the pathless woods,
> there is a rapture in the lonely shore,
> there is society, where none intrudes,
> by the deep sea, and music in its roar,
> I love not Man the less, but Nature more [...].
>
> (Lord Byron: Childe Harold's Pilgrimage,
CLXXVIII, 1812–1818, 137)

Das Verhältnis von Mensch und Natur wurde im Laufe der Menschheitsgeschichte von vielen, teils widersprüchlichen und einander agonal gegenüberstehenden Konzepten geprägt. Die Natur wird, wie im Zitat des romantischen Dichters Lord Byron, mal als erhaben perspektiviert, mal als zu kultivierende Wildheit, als Ort der Rohstoffgewinnung, als Gefahr, als Zierde, als Idylle, als ursprünglicher Rückzugsort, als Quelle der Heilkraft oder als unberechenbarer Risikofaktor. Philosophie, Dichtung, Theologie und viele andere Disziplinen haben sich des Themas der Beziehung von Mensch und Natur angenommen. Insbesondere in jüngster Zeit geschieht dies auch aus einem bewahrenden Blickwinkel, etwa in Forderungen von Akteuren wie Umweltschutzorganisationen und Tierschützern. Daraus ergeben sich auf sprachlicher Ebene Konflikte zwischen verschiedenen Perspektiven und Konzepten, die als Agonalität, d.h. als Wettstreit konfligierender Positionen oder Sachverhalte (vgl. Felder 2012), beschrieben werden können.

Die Analyse solcher konfligierender Perspektiven aus linguistischer Sicht ist ein zentrales Anliegen dieser Arbeit. Konflikte prägen die Alltagswelt ebenso wie gesamtgesellschaftliche Diskurse (vgl. Vogel/Luth/Ptashnyk 2016): In Bezug auf das Verhältnis von Mensch und Natur betrachtet reichen die Konflikte vom Streit um lokale Bauprojekte, die mit Umweltschutzinteressen zusammenstoßen, bis hin zu internationalen Debatten um die Begrenzung der Klimaerwärmung. Agonale Konfliktpunkte sollen hier in Diskursen um Mensch und Natur analysiert werden. Diese Arbeit setzt sich zum Ziel, Agonalität zweisprachig zu untersuchen. Es soll methodologisch herausgearbeitet werden, wie Agonalität konkret in deutsch- und englischsprachigen Texten etabliert und fassbar für eine diskurslinguistische Analyse wird. Dabei werden Dimensionen der Agonalität als semantische Facetten entwickelt, die es ermöglichen, das Phänomen der Agonalität genauer in den Blick zu nehmen.

Die zweisprachige Analyse erlaubt es, Agonalität im Sprachvergleich herauszuarbeiten und agonale Konzepte in Bezug auf Mensch und Natur linguistisch in Korpora des Deutschen und Englischen zu vergleichen. Dazu sollen in dieser Einleitung das Verhältnis von Mensch und Natur sowie der Zusammenhang mit Sprache überblicksartig skizziert werden.

Die verbreitete Vorstellung von einer beherrschbaren Natur entwickelte sich seit der Renaissance über die Zeit der Aufklärung hinweg und führte spätestens seit der Industrialisierung zu einer Natur, die erheblich vom Menschen geprägt ist (vgl. Wanning 2005). Der Nobelpreisträger Paul Crutzen sieht den Einfluss des Menschen als so stark an, dass er vom Zeitalter des „Anthropozän" spricht (Crutzen 2002; vgl. weiter Ehlers 2008; Kersten 2014; Manemann 2014; Baumgartner 2015), einem ganzen Erdzeitalter, das vom Faktor „Mensch" entscheidend geprägt wird, etwa mit irreparablen geologischen Veränderungen. Andererseits zeigen Erdbeben, Stürme, Überschwemmungen, Vulkanausbrüche und andere Naturkatastrophen Situationen der menschlichen Ohnmacht im Angesicht der Natur. Auch im 21. Jahrhundert und in technologisch entwickelten Gesellschaften scheint der Mensch nicht immer (Be-)Herrscher der Natur zu sein. Aus verschiedenen Gründen ergeben sich angesichts dieser Widersprüchlichkeiten Konflikte im Umgang mit der Natur, die unter anderem sprachlich ausgetragen werden.[1]

Das vielseitige Verhältnis von Mensch und Natur äußert sich zum einen in Primärerfahrungen jedes Individuums. Zum anderen wird das Wissen über Zusammenhänge in der Natur aber auch sprachlich und bildlich vermittelt. Dies gilt für Naturphänomene, die wir aufgrund räumlicher Entfernung nicht selbst erleben, ebenso wie für naturwissenschaftliche Erkenntnisse, die dem fachlichen Laien erst in einer Vermittlungssemantik (vgl. Steger 1988; Felder 2009a) nahegebracht werden. Viele dieser Informationen erfahren wir durch die Massenmedien – oder zugespitzt formuliert: „Was wir über unsere Gesellschaft, ja über die Welt, in der wir leben, wissen, wissen wir durch die Massenmedien." (Luhmann ^{5}2017, 9)[2]. Auch wenn die Bedeutung der Primärerfahrungen nicht zu

---

[1] Ein grundlegender Konflikt ergibt sich bereits in der Dichotomie von Mensch und Natur, die unter anderem von feministischen Ansätzen in der Umweltethik kritisiert wird. Dass der Mensch sich als Gegenüber der Natur, nicht als Teil von ihr, versteht, ist demzufolge Teil des Problems, da er sich aus dieser Vorstellung heraus als überlegen charakterisieren kann (vgl. dazu Krebs 2011, 188f.). Die Dichotomie von Mensch und Natur wird hier zwar verkürzt zugrunde gelegt, aber ihre grundsätzliche Problematik anerkannt, was auch in der Analyse in Kapitel 5 zum Tragen kommt.
[2] Mit hochgestellten Zahlen bei den Jahresangaben zu zitierten Publikationen wird auf die Auflage verwiesen, die jeweils zitiert wurde, wie hier bei Luhmann (^{5}2017) die fünfte Auflage.

unterschätzen ist – gerade in der persönlichen Begegnung des Individuums mit der Natur –, verweist Luhmann zu Recht auf die besondere Bedeutung der Medien bei der Konstitution von Wissen. Die Medien vermitteln fachliche Sachverhalte und Perspektiven, die dem Individuum sonst unbekannt blieben, und leisten einen wichtigen Beitrag zum Wissensbestand in einer Gesellschaft.

In einer globalisierten Welt werden dabei auch Sachverhalte und Konflikte vermittelt, die in verschiedenen Ländern mit unterschiedlichen Sprachen vorkommen. Das Wissen einer Gesellschaft über Zusammenhänge in der Welt wird über Kultur- und Sprachgrenzen hinaus vermittelt. Auch Naturereignisse und -phänomene, die in einem geographischen Gebiet unbekannt sind, werden auf diese Weise kommuniziert, ebenso wie die Reaktionen darauf.

Sprache ist dabei das entscheidende Medium, das Wissen in Massenmedien prägt.[3] Sachverhalte, Ansichten und Zusammenhänge werden sprachlich konstituiert. In den verschiedenen Einzelsprachen stehen dafür unterschiedliche lexikalische und grammatische Mittel zur Verfügung. Humboldt (1836/1907) sieht die Einzelsprache, in der etwas ausgedrückt wird, als prägend für das Denken an, bzw. er betrachtet die Weltsicht eines Menschen als von seiner Muttersprache stark beeinflusst, „da jede Sprache das ganze Gewebe der Begriffe und die Vorstellungsweise eines Theils der Menschheit enthält" (Humboldt 1836/1907, 60). Das Verhältnis von Mensch und Natur in unterschiedlichen Subthemen wird in einer Vielzahl von Sprachen mit dem zur Verfügung stehenden Vokabular und in unterschiedlichen grammatischen Perspektivierungen versprachlicht. Konfligierende Aspekte eines Sachverhalts werden dabei mit unterschiedlichen sprachlichen Mitteln auf der Sprachoberfläche ausgedrückt. Aus diesem Grund sind die Perspektiven auf Natur, die konstruiert werden, sowie die sprachlichen Formen der Perspektivierungen von Agonalität in den unterschiedlichen Sprachen und Diskursen verschieden.

Gleichzeitig werden in den unterschiedlichen Kulturen kulturabhängig verschiedene Aspekte von Natur hervorgehoben und perspektiviert, während andere eine weniger wichtige Rolle spielen können. Welche Konflikte dabei in der Darstellung des Verhältnisses von Mensch und Natur zutage treten, kann verschieden sein. Die einzelnen Diskursausprägungen können dabei von unterschiedlichen Konzepten und agonalen Zentren – Konzepte, die einander dichotomisch im Diskurs gegenüber stehen (vgl. Felder 2012; 2013) – geprägt werden.

Diese Arbeit setzt sich einen Vergleich zwischen der Perspektivierung von Agonalität in Zeitungsmediendiskursen im Deutschen und Englischen zum Ziel. Im Vordergrund stehen zwei Themen im Kontext des Verhältnisses Mensch und

---

3 Auf die Rolle von Bildern wird gesondert in Kapitel 6.1 eingegangen.

Natur. Zum einen betrachtet die Arbeit die Berichterstattung um den Hurrikan Sandy, der im Herbst 2012 vor allem die Ostküste der USA traf – folglich ein Aspekt des Verhältnisses zwischen Mensch und Natur, bei dem der Mensch von der Natur empfindlich getroffen wurde. Zum anderen wird der Pressediskurs um Fracking untersucht, eine Bohrtechnik, bei der schwer zugängliches Schiefergas mit einem horizontalen Bohrungsverfahren zutage gefördert wird. Dabei wird ein Gemisch aus Wasser und Chemikalien in die Erde gepresst. In diesem Diskurs wirkt folglich umgekehrt der Mensch aktiv prägend auf die Natur ein.

In der vorliegenden Arbeit wird dabei zum einen verglichen, wie sich Agonalität in diesen Diskursthemen im Sprach- und Kulturvergleich gestaltet. Zum anderen wird untersucht, wie in den beiden untersuchten Sprachen Deutsch und Englisch Agonalität, d.h. das Ringen um Geltungsansprüche in Diskursen wie den beiden vorliegenden, ausgedrückt wird. Dies geschieht sowohl induktiv mit Verfahren der Diskurs- und Textanalyse als auch deduktiv durch den agonalitätsbezogenen Vergleich von Grammatiken und thematischen Wörterbüchern der beiden Sprachen, in denen sich der Agonalität verwandte Konzepte finden lassen. Dadurch werden verschiedene Methoden kombiniert, um die Agonalität in beiden Sprachen zu untersuchen.

Insgesamt stehen in dieser Untersuchung damit die folgenden zentralen Fragestellungen im Vordergrund:
– Welche Möglichkeiten existieren in den Sprachen Deutsch und Englisch, Agonalität in Texten und Diskursen zu konstruieren (Kapitel 4)?
– Wie gestaltet sich die Agonalität in den Diskursen um Fracking und Hurrikan Sandy in den beiden Sprachen und welche diskursiven Sprach- und Kulturspezifika lassen sich dabei ausmachen? Wie wird das Verhältnis von Mensch und Natur dabei diskursiv gestaltet (Kapitel 5 und Exkurse in Kapitel 6)?

Überblick über das Vorgehen dieser Arbeit
Zu Beginn wird knapp ein theoretisches Grundgerüst formuliert; dabei stehen das Verhältnis von Sprache, Wissen, Diskurs, Medien, Kultur und Perspektivität sowie Möglichkeiten und Vorarbeiten des Sprachvergleichs im Vordergrund (Kapitel 2). Im Anschluss werden die Untersuchungskorpora und die gewählten Diskursthemen vorgestellt (Kapitel 3).

Im Hauptteil der Arbeit werden die beiden oben genannten Fragestellungen untersucht. Zuerst wird das Konzept der Agonalität diskutiert und als sprachlich etablierte kompetitive Opposition definiert. Dabei ergeben sich unterschiedliche Facetten, die als insgesamt zwölf Dimensionen der Agonalität beschrieben werden:

- die AGONALITÄT DER EXPLIZITEN GEGENÜBERSTELLUNG (Kapitel 4.2.1)
- die AGONALITÄT DER ZEITLICHEN GEGENÜBERSTELLUNG (Kapitel 4.2.2)
- die AGONALITÄT DER RELEVANZKONKURRENZ (Kapitel 4.2.3)
- die AGONALITÄT DER (NEGATIVEN) WERTUNG (Kapitel 4.2.4)
- die AGONALITÄT DER NEGATIVEN EMOTIONEN (Kapitel 4.2.5)
- die AGONALITÄT VON SCHEIN UND SEIN (Kapitel 4.2.6)
- die AGONALITÄT DER LEXIKALISCHEN GEGENÜBERSTELLUNG (Kapitel 4.2.7)
- die AGONALITÄT DER EXTERNEN HANDLUNGSAUFFORDERUNG (Kapitel 4.2.8)
- die AGONALITÄT DER ENTSCHEIDUNGSTHEMATISIERUNG (Kapitel 4.2.9)
- BEENDEN DES AGONALEN ZUSTANDS (Kapitel 4.2.10)
- die AGONALITÄT DER NICHT EINGETRETENEN OPTION (Kapitel 4.3.2.1)
- die AGONALITÄT DER NEGATION (Kapitel 4.3.2.4)

Im Anschluss wird über unterschiedliche qualitative und quantitative Verfahren das sprachliche Repertoire der Agonalität im Deutschen und Englischen herausgearbeitet. Dabei werden Verfahren der Diskursanalyse mit lexikographischen Konzepten ergänzt, was zwei bisher eher selten verbundene linguistische Traditionen fruchtbar kombinieren soll. Das herausgearbeitete Repertoire an sprachlichen Mitteln soll auch künftigen an Agonalität interessierten Diskursstudien Anhaltspunkte für die Analyse geben (Kapitel 4).

Im Weiteren wird im zweiten Hauptkapitel mit qualitativen und quantitativen Verfahren der Mediendiskurs in Deutschland, Großbritannien und den USA zu den Themen „Fracking" und „Hurrikan Sandy" im Hinblick auf Agonalität untersucht. Die wichtigsten Ergebnisse in Bezug auf die agonal verhandelten Inhalte der Diskurse und die dabei verwendeten sprachlichen Formen werden verglichen. Dabei ergeben sich zahlreiche Übereinstimmungen, aber auch Unterschiede in der Perspektivierung des Verhältnisses von Mensch und Natur (Kapitel 5).

Der Schwerpunkt dieser Arbeit liegt damit auf der Frage nach der sprachlichen Konstruktion der Agonalität und der Ausprägung derselben in den genannten Mediendiskursen. In zwei Exkursen wird in Kapitel 6 jedoch auch noch schlaglichtartig ein Ausblick auf zwei weitere Bereiche angestrebt. Auch Bilder spielen – gerade im Mediendiskurs – eine wichtige Rolle; deshalb soll in einem Exkurs auf die Rolle von Bildern im Diskurs und bei der Konstruktion von Agonalität eingegangen werden (Kapitel 6.1). Im Anschluss wird in einem weiteren Exkurs mit zwei Romanen zum Thema Fracking ein Blick auf Agonalität in einer Textsorte der Fiktionalität geworfen (Kapitel 6.2).

Schließlich erfolgen eine Diskussion der Ergebnisse sowie eine Reflexion der Agonalität in den beiden untersuchten Sprachen. Daran anschließend wird ein Ausblick auf mögliche weitere vergleichende Diskursanalysen gegeben. Abschließend wird das Verhältnis von Mensch und Natur, wie es sich in den untersuchten Diskursen zeigt, reflektiert sowie die gesellschaftliche Bedeutung von Agonalität diskutiert (Kapitel 7 und 8).

Notation in der Arbeit
Folgende Notationsweise liegt der Arbeit im Folgenden zugrunde (orientiert an Felder 2012 und Mattfeldt 2014):

Tabelle 1: Notation in der Arbeit

Bezugsgröße	Notation
Thematisierte Lexeme/Ausdrücke	*kursiv*
Direkte Zitate aus Primärtexten und Sekundärliteratur	„Doppelte Anführungszeichen" oder Einrückung bei längeren Zitaten[4]
Konzepte	›eckige Klammern‹
Hervorhebungen	**Fettdruck**
Dimensionen der Agonalität und übergeordnete semantische Kategorien in thematischen Wörterbüchern (ab Kapitel 4 relevant)	KAPITÄLCHEN

---

[4] Es werden in der Regel deutsche Anführungszeichen verwendet, englische Anführungszeichen werden nur innerhalb englischsprachiger Zitate gebraucht. Auf die Großschreibung von Sachverhalten, wie sie teils in diskurslinguistischen Arbeiten üblich ist, wurde aus Gründen der Lesbarkeit verzichtet.

2 Theoretische Grundlagen

In diesem Kapitel sollen die theoretischen Grundlagen, die dieser Arbeit zugrunde liegen, vorgestellt werden. Dabei werden die Rolle der Perspektivität in Sprache (Kapitel 2.1) und die sprachliche Konstituierung von Wissen (Kapitel 2.2) thematisiert. In Kapitel 2.3 wird der zugrunde gelegte Diskursbegriff vorgestellt. Kritische und deskriptive Analyseansätze werden dabei diskutiert. Nach einer Darstellung der Bedeutung von Medien für Diskurse (Kapitel 2.4) werden die grundsätzlichen Annahmen zu Sprach-, Diskurs- und Kulturvergleich vorgestellt.

Der Terminus Agonalität ist für diese Arbeit zentral und wird ausführlich in Kapitel 4.1 diskutiert, weshalb sich die theoretischen Ausführungen an dieser Stelle hier auf das für diese Arbeit Wesentlichste beschränken. Im Vorfeld der detaillierten Diskussion und Definition der Agonalität in Kapitel 4 soll Agonalität vorläufig (anschließend an Felder 2012 und 2013) als „Wettkampf um Geltungsansprüche" (Felder 2013, 13) in Diskursen verstanden werden, der sich an der Sprachoberfläche manifestiert.

2.1 Sprache und Perspektivität

Abseits unserer Primärerfahrungen begegnet uns die Welt in vertexteter Form (vgl. Felder 2009a, 29). Mit Sprache greifen wir auf die Welt zu. Doch die Funktion von Sprache ist keine rein abbildende: Wir konstruieren mit Sprache unsere Sicht auf die Welt und prägen dadurch unsere Wirklichkeit mit (vgl. Köller 2004, 3ff.). Eine rein neutrale Abbildung der Welt mit Sprache ist nicht möglich, da mit der Wahl eines bestimmten Ausdrucks immer schon eine bestimmte Perspektive gewählt wird (vgl. Köller 2004; Konerding 2009). Mit jedem Wort, jeder grammatischen Form, jedem Verknüpfungszeichen wählen Sprachteilnehmer bewusst oder unbewusst eine Perspektive aus (vgl. Köller 2004, 3ff.). Wenn etwa ein Naturereignis als *Sturm*, *Wirbelsturm*, *Hurrikan* oder *Naturkatastrophe* bezeichnet wird, werden unterschiedliche Attribute auf der Konzeptebene aufgerufen – das evozierte Konzept des Naturereignisses verändert sich, je nachdem welcher Ausdruck gewählt wird. Dies lässt sich an der Darstellung des semiotischen Dreiecks verdeutlichen (Abbildung 1):

8 — Theoretische Grundlagen

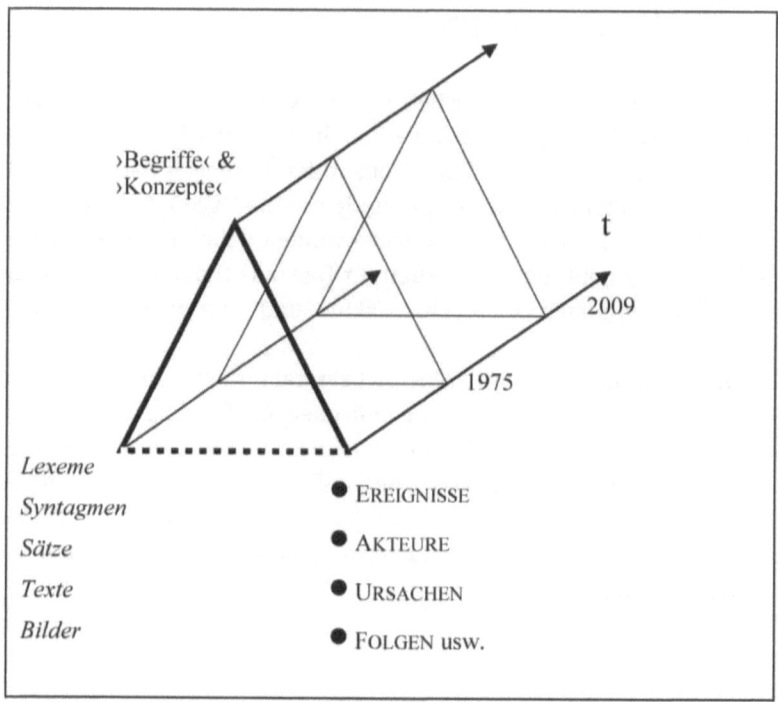

Abbildung 1: Modifikation des semiotischen Dreiecks (aus Felder 2013, 22, mit freundlicher Genehmigung des Autors)

In dieser Modifikation des semiotischen Dreiecks von Ogden/Richards 1923 (aus Felder 2013 entnommen, zuerst modifiziert in Felder 1995, 11 und Vogel 2009) wird verdeutlicht, dass auf die Welt mit ihren Gegenständen, Ereignissen und Akteuren mithilfe von sprachlichen Ausdrücken wie Lexemen, Syntagmen etc. zugegriffen wird. Diese Beziehung ist nicht a priori gegeben und konstant, sondern erfolgt über die Ebene der Konzepte als mentales Korrelat (vgl. Felder 2013, 22). Alle drei Eckpunkte des semiotischen Dreiecks können sich, wie die Zeitachse *t* verdeutlicht, im Zuge eines Wandels von Sprache und Gesellschaft mit der Zeit verändern; einerseits die sprachlichen Ausdrücke selbst in Form von Lautwandel oder Änderungen in der Schreibung, andererseits aber auch die Referenzobjekte und mentalen Korrelate, auf die sich Ausdrücke wie z.B. *Ehre* oder *Abenteuer* in der Gegenwartssprache im Vergleich etwa zu ihren mittelhochdeutschen Äquivalenten beziehen. Die Konzepte, die die Sprachteilnehmer mit diesen Ausdrücken verbinden, haben sich in einer modernen Gesellschaft gewandelt.

Perspektiven können innerhalb eines Diskurses in Konkurrenz treten. Dies wird besonders in semantischen Kämpfen (vgl. Felder 2003, Felder 2006, Li 2011, Felder/Stegmeier 2012a, Luth 2015, Keding 2016; zur Verwendung in der Politolinguistik siehe Niehr 2014a, 88ff. im Überblick) auf der lexikalischen Ebene deutlich, z.B. zwischen *Betreuungsgeld* und *Herdprämie* (vgl. K. Jacob/ Mattfeldt 2016). In der Wahl des Ausdrucks zeigt und konstruiert ein Sprachteilnehmer – beim in Jacob/Mattfeldt (2016) analysierten Diskurs insbesondere beim pejorativ gebrauchten Ausdruck *Herdprämie* – seine Perspektive. Es werden dabei vor allem unterschiedliche Wertungen auf der Konzeptebene (d.h. in der bildlichen Darstellung an der Spitze des semiotischen Dreiecks in Abbildung 1) evoziert. Es können jedoch auch Konzepte eines einzelnen Ausdrucks miteinander konkurrieren (vgl. Felder 2006).

Für eine zweisprachige Analyse, wie sie in dieser Arbeit vorgenommen wird, treten zu den bisherigen Ausführungen weitere Besonderheiten bezüglich Sprache und Perspektivierung hinzu:

- Ausdrücke, die sich in den beiden Sprachen vordergründig auf der graphematischen und phonologischen Ebene ähneln, können unterschiedliche Teilbedeutungen in den Einzelsprachen evozieren. Entsprechend sind die Erwartungen bei der Nennung der Wörter andersartig. Heringer (⁴2014, 39) verweist auf die unterschiedlichen Vorstellungen, die z.B. mit *friend* im amerikanischen Englisch und *Freund* im Deutschen verbunden sein können: *friend* wird tendenziell häufiger auch für weniger enge Beziehungen verwendet, während im Deutschen mit *Freund* noch zusätzlich die Bedeutung 'Partner' (wie im Englischen *boyfriend/girlfriend*) gemeint sein kann. Das Langenscheidt-Collins-Großwörterbuch (⁵/⁶2008, 319) schlägt sowohl *Freund* als auch *Bekannter* zur Übersetzung von *friend* vor.
- Besonders auffällig ist dies bei solchen Ausdrücken, die in der Fremdsprachen- und Übersetzungsdidaktik treffenderweise als „false friends"[5] bezeichnet bezeichnet werden.
- Bei diesen ist das jeweilige Konzept sehr verschieden und die Ausdrücke werden völlig unterschiedlich gebraucht, bei teils völlig gleicher Ausdrucksebene in Bezug auf Schreibung und Lautung. Beispielsweise bezeichnet der Anglizismus *Handy* im Deutschen ein Mobiltelefon. Das englische Adjektiv *handy* dagegen kann mit *nützlich* oder *praktisch* übersetzt werden (vgl. Langenscheidt-Großwörterbuch ⁵/⁶2008, 369; siehe auch Dretzke/Nester 2009,

---

5 Vgl. z.B. Dretzke/Nester (2009).

63). Auch bei der absoluten Ausdrucksgleichheit wie hier kann folglich auf ganz unterschiedliche Sachverhalte verwiesen werden, was in der Fremdsprachendidaktik zu Schwierigkeiten führen kann.
- Die einzelsprachlichen Ausdrücke, die sich schon in einer perspektivischen Konkurrenz zu anderen Ausdrücken innerhalb der Einzelsprache befinden, finden nur selten hundertprozentig übereinstimmende Übersetzungen (vgl. zu Fragen der Mehrsprachigkeit und Übersetzung Burgschmidt/Götz 1974; Bachmann-Medick (Hg.) 1997, Renn (Hg.) 2002; Thome 2012; Brigitta Busch 2013;[6] Roche 2013; Heringer ⁴2014), auch abseits von kulturellen Unterschieden (vgl. das englische Wort *fruit*, das je nach Kontext im Deutschen mit *Obst* oder *Frucht* übersetzt werden kann (siehe E. König/Gast ³2012, 246f.)). Mögliche semantische Kämpfe in einer Sprache sind in der Zielsprache der Übersetzung nicht immer klar wiederzugeben, vor allem wenn verschiedene Übersetzungsmöglichkeiten mit unterschiedlichen Nuancen zur Verfügung stehen.

Diese weiterführenden Gedanken können in einer veränderten Darstellung des semiotischen Dreiecks für das oben genannte Beispiel *Freund/friend* gezeigt werden (s. Abbildung 2). In dieser Abbildung wird anhand des Lexempaars *Freund* (dt.) / *friend* (engl.) verdeutlicht, welche Schwierigkeiten sich bei einem Sprachvergleich ergeben können. Die lexematische Ebene ist bei beiden Sprachen unterschiedlich: Dennoch gibt es hier Überschneidungen, da die Ausdrücke etymologisch verwandt sind. Die Ausdrücke rufen jedoch unterschiedliche mentale Korrelate bei den Sprechern auf: Die Konzepte, die Sprecher des Deutschen mit *Freund* und Sprecher des Englischen mit *friend* verbinden, überschneiden sich, stimmen aber nicht völlig überein. Im Sprachgebrauch werden andere persönliche Beziehungen mit dem Ausdruck *Freunde* bzw. *friends* bezeichnet.

Trotz der weiten Überschneidungen auf allen Ebenen (Ausdrucksseite, Konzept und bezeichnete Person) kann nicht von einer absoluten Äquivalenz ausgegangen werden. Dies macht die Praxis des Übersetzens so schwierig und stellt auch für diese Arbeit eine Herausforderung dar. Im Vokabular und in der Grammatik einer Sprache sind potenziell verschiedene Perspektiven auf die Welt angelegt

---

[6] Zur eindeutigen Identifizierung der zitierten Autoren wird bei verschiedenen Autoren desselben Nachnamens zusätzlich zum Nachnamen auch die Initiale des Vornamens in der Kurzzitation angegeben. Liegt wie hier auch die gleiche Initiale beim Vornamen wie bei dem anderen Autor vor, wird der Vorname vollständig angegeben.

(s. ausführlich Kapitel 2.5). Diese spielen sowohl für die Analyse der Agonalität als auch für die Untersuchung der Diskursthemen in den verschiedenen Sprachen eine zentrale Rolle.

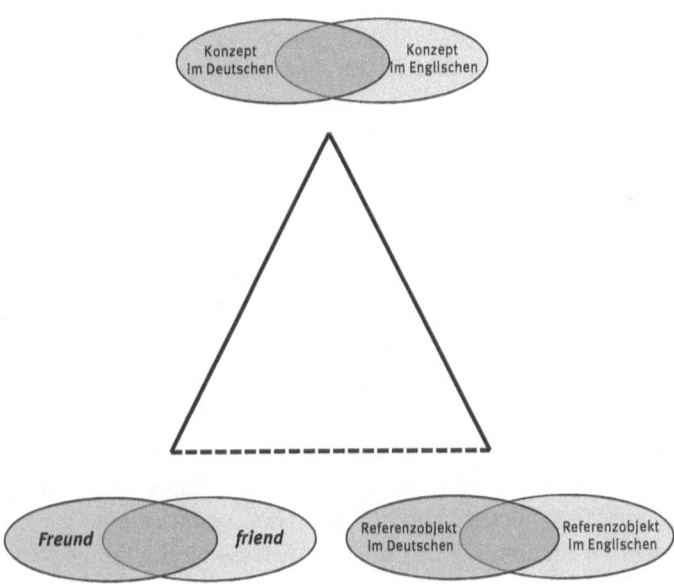

Abbildung 2: Darstellung des semiotischen Dreiecks für einen Sprachvergleich

2.2 Sprache und Wissen

Da bei den in dieser Arbeit untersuchten Korpora Wissensbestände, z.B. über das Frackingverfahren, von großer Relevanz sind, soll in diesem Kapitel auf das Verhältnis von Sprache und Wissen eingegangen werden. Sprache und Wissen stehen miteinander in engem Zusammenhang (vgl. Felder 2006, 2009b, Freitag 2013). Wissen wird uns abseits unserer Primärerfahrungen (s. Kapitel 1) sprachlich zugänglich (vgl. Felder/Gardt 2015, 21) – umgekehrt drücken wir Wissen sprachlich in Interaktionen aus (Felder 2009b). Dabei wählen wir eine bestimmte Perspektive auf die Welt (s. Kapitel 2.1) aus – so etwas wie ein neutral ausgedrücktes Wissen kann es aufgrund der inhärenten Perspektivität von Sprache als Wissensmedium nicht geben. Dennoch betrachten wir vielfach, wie Konerding (2015) herausstellt, Wissen in Opposition zu Meinungen als neutral und unbestreitbar; Wissen verweist auf unumstrittene Meinungen, die kollektiv akzeptiert sind (vgl. Konerding 2015, 60).

Differenziert wird zwischen prozeduralem und deklarativem Wissen, teilweise auch als implizites vs. explizites Wissen oder schlicht Können vs. Wissen bezeichnet (vgl. zu diesen Unterscheidungen Konerding 2015). Prozedurales Wissen bezieht sich auf Wissen um praktische Handlungen und wird selten (rein) sprachlich vermittelt. Beispiele hierfür sind Fahrradfahren, Klavierspielen oder Schwimmen: Zu wissen, wie man Fahrrad fährt, ist nicht unbedingt mit der versprachlichten Erklärung dieser Handlung verbunden. Deklaratives Wissen dagegen wird symbolisch vermittelt und hängt damit eng mit Sprachlichkeit zusammen (vgl. Konerding 2015). In der vorliegenden Arbeit ist vor allem deklaratives Wissen von Bedeutung, welches artikuliert wird und damit linguistisch analysierbar ist. Die sprachlichen Ausformungen verweisen auf Wissensrahmen, die kulturspezifisch verschieden sein können und die eher als implizite Bestandteile des Wissens zu verstehen sind (vgl. D. Busse 2008, Konerding 2015). (Deklaratives) Wissen entsteht in Interaktion und wird diskursiv in einer Gesellschaft ausgehandelt und etabliert. Darunter wird – außer in Ausnahmefällen wie expliziten Verhandlungen von Wahrheit und Lüge – auch implizites, bereits diskursiv etabliertes Wissen, das „subkutan" (vgl. D. Busse 2013a, 169 im Widerspruch zu Teubert 2013) mitschwingt und nicht mehr explizit erklärt wird, verstanden.[7] In diesem Zusammenhang ist auch von Wissensrahmen die Rede, die nötig sind, um Äußerungen zu verstehen (vgl. D. Busse 1992; D. Busse 2008; Felder 2009b). Die Wissensrahmen, die bei Sprechern und Hörern erwartet werden können, können variieren, je nach Vorwissen z.B. in wissenschaftlichen Kontexten, und müssen daher etwa in der Fachvermittlung berücksichtigt werden (vgl. Felder 2009a, 45).

Dieses subkutane, implizite Wissen ist oft kulturabhängig (vgl. Heringer [4]2014); die implizite Form dieses Wissens macht die interkulturelle Kommunikation oft zu einer so schwierigen Angelegenheit. Wissen ist damit sprach- und kulturabhängig, und die unterschiedlichen sprachlichen Perspektiven prägen das gesellschaftliche Wissen. Der Zusammenhang zwischen Sprache und Wissen ist dabei so eng, dass kaum zwischen Sprach- und Weltwissen getrennt

---

7 D. Busse (2008, 59) spricht dabei auch von „verstehensrelevante[m]" Wissen, das über das reine Oberflächenverständnis von Texten hinaus auf das zugrunde liegende Wissen verweist, das dabei hilft, einen Text zu verstehen. Siehe dazu auch Ziem (2013) aus der Perspektive der kognitiven Semantik.

werden kann (vgl. Felder 2009b). Was als Wahrheit gesehen wird, hängt beträchtlich von diesen externen Faktoren ab:

> So sollte bewusst bleiben, dass die Ausdrücke *Wissen* und *Wahrheit* diskursgebundene deklarative Rahmen identifizieren, die, in einschlägigen kulturellen Traditionen und Diskursen funktional, selbst wieder kulturspezifische symbolisch-verbale Modellierungen sind. (Konerding 2015, 78)

Abgesehen von der Kulturabhängigkeit besteht auch eine Zeitabhängigkeit von Wissen. Ein vorherrschender Diskurs kann sich verändern: Was in einer Gesellschaft als akzeptiertes Wissen, umstrittenes Wissen oder als nicht denkbar gilt, ist nach Foucault (^{13}2014) vom Diskurs bestimmt. Unterstellt man Wandelbarkeit des Diskurses, setzt man auch voraus, dass Wissen Wandel unterliegt (vgl. auch Abbildung 1).[8]

In Wissensgesellschaften wird trotz dieser Kultur- und Sprachabhängigkeit von Wissen innerhalb der wissenschaftlichen Gemeinschaft auch über sprachliche Grenzen hinweg (oft in der lingua franca Englisch) über Wissensinhalte kommuniziert und debattiert. In Fachtermini werden bestimmte Wissensinhalte komprimiert und teilweise auch als festgelegtes Wissen kodifiziert (vgl. z.B. fachliche Lexika, Krankheitsdefinitionen der WHO etc., vgl. Roelcke ^{3}2010). Konflikte in der fachlichen Wissensaushandlung (vgl. Freitag 2013) sind als explizite Konflikte für eine nichtfachliche Öffentlichkeit nicht immer sichtbar (vgl. Weitze/Liebert 2006; Keding 2016 zur Rechtssprache). In der medialen Vermittlungssemantik (vgl. Steger 1988, Felder 2009a) treten diese Konflikte nicht immer zutage. Doch gerade massenmediale Verweise auf Wissensunsicherheiten oder Ringen um Wissen zwischen Diskursakteuren können auf besonders relevante und umstrittene Themen hindeuten.[9] Dies ist besonders für die Diskursausschnitte aus der Thematik „Mensch und Natur" von Bedeutung, die hier untersucht werden sollen, etwa wenn es darum geht, die Bohrtechnik Fracking zu erklären. Vergleichbare Untersuchungen zu diskursiven Wissensaushandlungen zu Umwelt- und Bioethikthemen, die sich in Medien widerspiegeln, haben beispielsweise Liebert (2002), Spieß (2011), Nerlich/Forsyth/Clarke

---

[8] Dazu gehören auch Annahmen, wie viel Wissen schon bekannt ist. In der Fachwelt der Physik brachten etwa die Erkenntnisse der Kernphysik zu Beginn des 20. Jahrhunderts einen neuen Wissensbereich für den Fachbereich mit sich, sowie neue Konflikte, wie mit solchem Wissen gesamtgesellschaftlich verantwortungsvoll umzugehen ist.
[9] Unter Diskursakteuren werden in dieser Analyse allgemein die Individuen und Gruppierungen verstanden, auf die in den Untersuchungstexten referiert wird (vgl. genauer zu diesem Akteursbegriff Spitzmüller/Warnke 2011, 172).

(2012), Nerlich/Jaspal (2012; 2013), Freitag (2013) und Marcus Müller (2015) vorgelegt. Die Konstituierung von Wissen durch Sprache spielt für die hier untersuchten Diskursausschnitte eine entscheidende Rolle, insbesondere was die Perspektivierung in verschiedenen Sprachen betrifft.

2.3 Diskurs und Sprache

Die vorliegende Arbeit versteht sich als sprachvergleichende Diskursanalyse, in der thematisch verstandene Diskurse analysiert werden und sprachliche Agonalität als Diskursphänomen in den Fokus gerückt wird. Bevor der sprachvergleichende Aspekt genauer betrachtet wird, soll hier zunächst der zugrunde gelegte Diskursbegriff vorgestellt werden. Dabei werden die Erläuterungen auf die Apekte beschränkt, die für das Verständnis dieser Arbeit besonders entscheidend sind.

2.3.1 Der Diskursbegriff außerhalb der Linguistik

Der Ausdruck „Diskurs" wird sehr verschieden gebraucht. Niehr (2014b, 7f.) bezeichnet Diskurs geradezu als „Plastikwort", das aufgrund der vielen Definitionen, Anwendungen in unterschiedlichen Disziplinen und diversen Forschungsstreitigkeiten kaum noch klar zu definieren ist. Dennoch soll hier der Versuch einer Zusammenfassung verschiedener Ansätze vollzogen werden, in denen sich diese Arbeit verortet und welche einen signifikanten Einfluss beim Verfassen dieser Arbeit hatten. Da die vorliegende Arbeit in der germanistischen Linguistik entstand, wird hier vor allem auf die gängigen Definitionen in der Germanistik fokussiert.

Zentral für den Diskursbegriff (aber in verschiedenen Disziplinen sehr unterschiedlich aufgegriffen) sind die Werke Michel Foucaults. Foucault definiert den Diskurs als prägend für das gesamte Leben einer Gesellschaft: Für ihn vermag der Diskurs Beziehungen zwischen „Institutionen, ökonomischen und gesellschaftlichen Prozessen, Verhaltensformen, Normsystemen, Techniken, Klassifikationstypen und Charakterisierungsweisen" (Foucault 1981, 68) herzustellen. Dazu gehören Prozeduren (vgl. Foucault [13]2014, 11), die festlegen, was gesagt werden kann und was unsagbar ist und deshalb keine Geltung im Diskurs beanspruchen kann. Bestimmte Prozeduren, die Foucault beschreibt, legen dies fest:

> Ich setzte voraus, dass in jeder Gesellschaft die Produktion des Diskurses zugleich kontrolliert, selektiert, organisiert und kanalisiert wird und zwar durch gewisse Prozeduren, deren Aufgabe es ist, die Kräfte und die Gefahren des Diskurses zu bändigen, sein unberechenbar Ereignishaftes zu bannen, seine schwere und bedrohliche Materialität zu bannen. (Foucault ¹³2014, 10f.)

Aus dem herrschenden Diskurs auszubrechen ist nur begrenzt möglich. Der Diskurs ordnet das Wissen, und Wissen entsteht durch den Diskurs (vgl. Mikfeld/Turowski 2014, 22). Aussagen werden in ihrem Diskurszusammenhang wahrgenommen (vgl. Angermüller 2008, 203). Dabei geht es unter anderem um Macht, was besonders von kritischen Ausrichtungen der Diskursanalyse aufgegriffen wird (s. Kapitel 2.3.3 und D. Busse 2013b). Machtpraktiken und Dispositive sorgen nach Foucault dafür, dass bestimmte Aspekte im Diskurs vorherrschen und andere ausgeschlossen werden (vgl. zu Wissen und Machtpraktiken auch Spieß 2009, 312f.).

Ein ähnlich einflussreicher Diskursbegriff ist derjenige von Jürgen Habermas, der vor allem als Diskursethik bekannt ist (Habermas 1981, 47ff.; dazu Niehr 2014b, 18ff.). Dabei geht es um eine argumentative Metaebene, auf der Probleme mit Argumenten gelöst werden können. Man kann auch in einer Analyse normativ betrachten und bewerten, inwieweit das Diskursverhalten bestimmter Akteure diesem Ideal entspricht oder von ihm abweicht (vgl. Niehr 2014b, Mikfeld/Turowski 2014).

Abseits der Linguistik spielt der Diskursbegriff vor allem in der Soziologie und in der Geschichtswissenschaft eine wichtige Rolle. In der Soziologie ist der Diskursbegriff besonders vorherrschend, insbesondere im Bereich der Wissenssoziologie, die maßgeblich von Reiner Keller geprägt wird (vgl. Niehr 2014b, 24). Der Diskursbegriff, der hier im Anschluss an Foucault weiterentwickelt wurde, lässt sich mit Keller zusammenfassen als „Komplex von Aussageereignissen und darin eingelassenen Praktiken, die über einen rekonstruierbaren Strukturzusammenhang miteinander verbunden sind und spezifische Wissensordnungen der Realität prozessieren" (Keller ³2011a, 235). Besonders interessiert ist die soziologische Diskursanalyse an den Akteuren und ihrer Machtstellung im Diskurs, sowie an der Macht bestimmter Diskurspositionen und Wissensrahmen (vgl. Niehr 2014b, 25). Dass der Diskurs sprachlich gefasst ist und Realität über Sprache konstruiert wird, ist auch in der Soziologie und nicht nur in der Linguistik ein wichtiger Teil des theoretischen Rahmens, spätestens seit den Veröffentlichungen von Berger/Luckmann (²⁴2012). Wichtig für die hier vorliegende Studie ist vor allem der Fokus der Soziologie auf gesellschaftliche und kulturelle Gegebenheiten und Akteure.

2.3.2 Der Diskursbegriff in der germanistischen Linguistik

In der germanistischen Linguistik wird Foucault ebenfalls oft als prägendes Vorbild benannt, obwohl Foucault selbst kein Sprachwissenschaftler war.[10] Der Fokus in der Linguistik liegt auf der sprachlichen Form der Diskurse. Dabei können verschiedene linguistische Aspekte des Diskurses untersucht werden. In der Begriffsgeschichte, die oft mit der Diskurslinguistik in Verbindung gebracht wird, stehen oft einzelne Ausdrücke im Vordergrund (vgl. Koselleck 1972). Die Wortebene ist für die traditionelle linguistische Diskursanalyse nach wie vor besonders zentral.

Diskurse können als „Text- und Gesprächsnetze zu einem Thema" (Felder 2012, 122) betrachtet werden. Der Diskurs selbst wird teilweise auch als weitere sprachliche Ebene oberhalb der Textebene betrachtet (vgl. Spitzmüller/Warnke 2011, 17–26, bes. 24f.). Schon die Annahme einer linguistischen Untersuchungsebene „Text" war zu Beginn der Textlinguistik umstritten (vgl. Fix 2008, 15f.). Eine kaum noch konkret fassbare Ebene wie der Diskurs stieß in der Linguistik ebenfalls auf Ablehnung (vgl. D. Busse/Teubert 2013 als Wiederabdruck von 1994). Bis heute scheint die Diskursanalyse in der Germanistik stärker von diesen Bedenken – was nun eigentlich zur Sprachwissenschaft gehört und legitimes Untersuchungsobjekt ist – geprägt als die linguistische Diskursanalyse in anderen Philologien.[11]

Busses und Teuberts Aufsatz brachte den Diskurs nicht nur als neues Forschungsfeld in die germanistische Linguistik ein; die Forscher schufen zudem mit ihrem Begriffsverständnis einen Diskursbegriff, der bis heute für die germanistische Linguistik große Bedeutung besitzt[12] und deshalb an dieser Stelle vollständig zitiert wird:

> Unter Diskursen verstehen wir im forschungspraktischen Sinne virtuelle Textkorpora, deren Zusammensetzung durch im weitesten Sinn inhaltliche (bzw. semantische) Kriterien bestimmt wird. Zu einem Diskurs gehören alle Texte, die
> – sich mit einem als Forschungsgegenstand gewählten Gegenstand, Thema, Wissenskomplex oder Konzept befassen, untereinander semantische Beziehungen aufweisen und/oder in einem gemeinsamen Aussage-, Kommunikations-, Funktions- oder Zweckzusammenhang stehen,

---

10 Vgl. etwa den Titel des Sammelbands *Diskurslinguistik nach Foucault* (Warnke (Hg.) 2007), der sich in diese Tradition stellt und sie kritisch fortführt.
11 Als Beispiel mag hier die immer noch wenig ausgeprägte Behandlung der Multimodalität in Diskursen dienen (vgl. Wildfeuer 2015).
12 Vgl. etwa beispielsweise Anwendungen und Weiterentwicklungen in Spieß (2011), Felder (2012), auch Burel (2015, 91).

- den als Forschungsprogramm vorgegebenen Eingrenzungen in Hinblick auf Zeitraum/Zeitschnitte, Areal, Gesellschaftsausschnitt, Kommunikationsbereich, Texttypik und andere Parameter genügen,
- und durch explizite oder implizite (text- oder kontextsemantisch erschließbare) Verweisungen aufeinander Bezug nehmen bzw. einen intertextuellen Zusammenhang bilden (D. Busse/Teubert 1994, 16f.)

Diese Diskursdefinition ist anders als Foucaults Ansatz sehr eng an den konkreten sprachlichen Phänomenen und dabei vor allem den Texten orientiert, ähnlich wie Adamziks Definition eines Diskurses als „thematisch verbundene Mengen von Texten" (Adamzik ²2016, 345) und Gardts Aussage, Textanalyse sei „das Kerngeschäft der Diskursanalyse" (Gardt 2013, 29). Ebenfalls am thematischen Diskursbegriff orientiert sich Fraas (1996, 7f.). Auch Biber/Connor/Upton (2007, 1–10) verweisen aus anglophoner Perspektive auf die Untersuchung konkreten Sprachgebrauchs und spezifischer Praktiken im Diskurs. Busse und Teubert betonen die praktische Anwendbarkeit ihrer Definition. Auch für diese Arbeit wird die Diskursdefinition von Busse und Teubert zugrunde gelegt und um die Definition Gardts ergänzt:

> Ein Diskurs ist die Auseinandersetzung mit einem Thema,
> - die sich in Äußerungen und Texten der unterschiedlichsten Art niederschlägt,
> - von mehr oder weniger großen gesellschaftlichen Gruppen getragen wird,
> - das Wissen und die Einstellungen dieser Gruppen zu dem betreffenden Thema sowohl spiegelt
> - als auch aktiv prägt und dadurch handlungsleitend für die zukünftige Gestaltung der gesellschaftlichen Wirklichkeit in Bezug auf dieses Thema wirkt. (Gardt 2007, 30)

Es soll dabei aber nicht vergessen werden, dass ein Diskurs mehr als Texte umfasst (vgl. Warnkes Kritik am thematischen Ansatz in Warnke 2015).[13] Die Definition von Busse und Teubert ist eine bewusste forschungspraktische Einschränkung. Was analysiert wird, sind immer Diskursausschnitte – es ist nie der ganze Diskurs, auch nicht bei einem riesigen, repräsentativen Korpus (vgl. dazu auch Felder 2012, 122; Stegmeier 2012). Man kann dabei ein imaginäres, ein virtuelles und ein konkretes Korpus unterscheiden (D. Busse/Teubert 2013, zusammengefasst in Spitzmüller/Warnke 2011, 83; auch Konerding 2009, 165): Das imaginäre Korpus enthält „alle Texte, die Aussagen zu einem bestimmten Thema enthalten (und mithin den Diskurs bilden)" (Spitzmüller/Warnke 2011, 83); das virtu-

---

13 Warnke (2015) schlägt abseits von thematischer Orientierung auch andere Möglichkeiten wie etwa Benennungen als Untersuchungsfelder vor. Aus forschungspraktischer Sicht erscheint dies aber nur in spezialisierten Studien sinnvoll.

elle Korpus beinhaltet Daten, die „prinzipiell zugänglich" (Spitzmüller/Warnke 2011, 83) sind; das konkrete Korpus ist die Menge an Texten, die für die Analyse des Diskurses dann tatsächlich zusammengestellt werden (vgl. Spitzmüller/Warnke 2011, 83). Das ganze imaginäre Korpus – also alle denkbaren Texte und Gespräche zu einem Thema – kann kaum zu Ende gedacht, geschweige denn erstellt werden: Es müsste etwa beim Frackingdiskurs alle Gespräche im Freundeskreis, Mails innerhalb von Energieunternehmen, Diskussionen in Versammlungen von Umweltverbänden, Plakate von Befürwortern und Unterstützern usw. in einer Vielzahl von Sprachen und Varietäten enthalten. Selbst dann wäre fraglich, ob wir den gesamten Diskurs im Foucaultschen Sinne erfasst hätten, der auch weitläufigere gesellschaftliche Strukturen beinhaltet. Untersucht wird also ein konkreter Diskursausschnitt im Sinne von Texten zu den Themen, die ausgesucht wurden und von dem aus – mit eingeschränktem Geltungsanspruch! – Rückschlüsse auf den Diskurs als Ganzes gezogen werden (zur konkreten Korpuszusammenstellung in dieser Arbeit s. Kapitel 3). Dies geschieht in der Praxis zumeist in einer Mischung hermeneutischer Ansätze mit quantitativen Verfahren (vgl. zur Bedeutung der linguistischen Hermeneutik die Beiträge in Hermanns/Holly (Hg.) 2007, darin besonders Haß 2007 und Biere 2007). Das zusammengestellte Korpus wird nach vom Diskursanalytiker ausgewählten Kriterien zusammengestellt; Felder (2012, 131) geht dabei weniger von der Repräsentativität als von der Plausibilität einer Korpuszusammenstellung aus.

2.3.3 Kritisieren oder beschreiben? Zum Umgang mit den Analyseergebnissen

Wie aus den Ausführungen zum Diskursbegriff deutlich wurde, spielen vielfach Aspekte wie Macht, Geltungsansprüche und Dominanz eine Rolle in Diskursen. Diese Aspekte können beschrieben, aber auch mit einem politischen Impetus analysiert und kritisiert werden. Dies wird in der (vor allem von germanistischer Seite betonten) Ausdifferenzierung von deskriptiver Diskursanalyse und kritischer Diskursanalyse (Critical Discourse Analysis, kurz CDA) deutlich. Im Folgenden sollen die Ansätze kurz vorgestellt und die Arbeit in Bezug auf beide verortet werden.[14]

---

14 Angermüller/Maingueneau/Wodak (2014, 5ff.) unterscheiden zudem zwischen Diskurstheorie, Diskursstudien und Diskursanalyse; da aber den verschiedenen Formen der Analyse auch theoretische Grundgerüste zugrunde liegen, wird diese Trennung zwischen Theorie und Analyse in der vorliegenden Arbeit nicht angewendet.

2.3.3.1 Die Critical Discourse Analysis (CDA)[15]

Die Critical Discourse Analysis legt bestimmte politische Schwerpunkte in ihrer Analyse von Diskursen. Ihr erster bekannter Vertreter, Norman Fairclough, legte mit seinem Werk *Language and Power* ([2]2001) den Fokus auf die Machtverhältnisse in Gesellschaften, wie sie durch Sprache nicht nur gezeigt, sondern auch aktiv konstruiert werden. Dies bleibt bis heute ein wichtiger Bestandteil der Arbeit der CDA (vgl. z.B. Baker 2006; S. Jäger 2005; [7]2015; die Beiträge in Wodak/Meyer (Hg.) [2]2009; Baker/Gabrielatos/McEnery 2013). Die politische Haltung der meisten Wissenschaftler, die im Paradigma der CDA arbeiten, richtet sich gegen Rassismus und Sexismus (vgl. Niehr 2014b, 50–54 sowie Bendel Larcher 2015, 11 und 38 zusammenfassend; auch Baker/Gabrielatos/McEnery 2013 beispielhaft in ihren einleitenden Anmerkungen); diese Haltung wird mit linguistischer Sprach- und Gesellschaftskritik verbunden (vgl. Keller [4]2011b, 27; als Beispiel für eine solche Untersuchung vgl. Wodak 2014). Die Critical Discourse Analysis erhebt dabei den Anspruch, dass ihre Analysen einen gesellschaftlichen Mehrwert haben sollen: Der Öffentlichkeit sollen gesellschaftliche und sprachliche Ungerechtigkeiten mithilfe der Analysen deutlich gemacht werden, u.a. um Einfluss auf den Diskurs nehmen zu können (vgl. S. Jäger [7]2015, bes. 161). Diese Analytiker treten damit auch bewusst an die Öffentlichkeit, zumeist mit aktuellen Themen, die ein breites Publikum interessieren.[16]

Großes Interesse gilt dabei den Mediendiskursen (vgl. bereits Fairclough 1992). Die Medien besitzen eine Art Gatekeeper-Funktion (vgl. Brosda 2014): Welche Informationen werden in welchem Medium wie dargestellt, welche Perspektiven werden konstruiert? Wie bereits in Kapitel 1 dargestellt erfährt die Öffentlichkeit viele Perspektiven nur durch die Vermittlung der Massenmedien. Die Bedeutung dieser einflussreichen Massenmedien in Diskursen zu erkennen und ihre Sprach- und Bildverwendung kritisch zu prüfen ist ein großes Verdienst der Critical Discourse Analysis. Durch ihre Arbeit sensibilisiert sie für die Sprachverwendung in umstrittenen Kontexten, z.B. in der britischen Debatte um die Fuchsjagd (Baker 2009), Islamrepräsentation in den Medien (Baker/Gabrielatos/McEnery 2013) oder den sprachlichen Umgang der Öffentlichkeit mit Homosexualität (Baker 2014, Kapitel 5). Die Critical Discourse Analysis

---

15 Da es sich um einen auch stark in Großbritannien und den USA vertretenen Ansatz handelt, wird hier der englische Ausdruck gewählt. Daneben wird die KDA (Kritische Diskursanalyse) als deutschsprachige Ausprägung betont, vor allem in der Tradition S. Jägers (vgl. Jäger 2005 und [7]2015).

16 Siehe z.B. Übersicht über die Projekte am ESRC Centre for Corpus Approaches to Social Sciences unter http://cass.lancs.ac.uk/?page_id=43 (letzter Zugriff am 11.4.2018).

stellt sich damit explizit der Debatte, was Sprachwissenschaft für einen Nutzen in der Gesellschaft haben kann.

Gleichzeitig wird gerade im germanistischen Raum Kritik an der Critical Discourse Analysis geäußert. Teubert (2013) verweist auf Kritik an der Methodik und Textauswahl (vgl. auch Spitzmüller/Warnke 2011, 108f.), die aber mit zunehmender Nutzung korpuslinguistischer Verfahren hinfällig werden dürfte (vgl. Mautner ²2009; 2012). Schwerer wiegt die Kritik der politischen Voreingenommenheit (vgl. Wengeler 2011, 37; zusammenfassend Niehr 2014b, 55 und Bendel Larcher 2015, 40). Blommaert kritisiert die Critical Discourse Analysis vor allem als vereinfachend in ihrer Betrachtung und Begriffsnutzung:

> Thus, in much CDA work, a priori statements on power relations are being used as perspectives on discourse (e.g. 'power is bad', 'politicians are manipulators', 'media are ideology-reproducing machines'), and social-theoretical concepts and categories are being used in off-hand and seemingly self-evident ways (e.g. 'power', 'institutions', also 'the leading groups in society', 'business', and so on). This leads to highly simplified models of social structures and patterns of action – politicians always and intentionally manipulate their constituencies; doctors are by definition and always the powerful party in doctor-patient relations, etc. – which are then projected onto discourse samples. (Blommaert 2005, 51)

Letztlich bleiben diese pauschalen Kritikpunkte jedoch an der Oberfläche: Jede Analyse muss einzeln bewertet werden, und es muss für jede Studie entschieden werden, ob sie wissenschaftlichen Gütekriterien entspricht. Eine Offenlegung der eigenen Ansichten, Einschränkungen und möglichen Verzerrungen kann vielen dieser Kritikpunkte entgegenwirken und wird z.B. im Werk von Baker/Gabrielatos/McEnery (2013) an den Anfang gestellt (vgl. ebenfalls Bendel Larcher 2015, 11f.). Ein solches Verfahren ermöglicht es dem Leser, die Bewertung der Ergebnisse einzuordnen und gegebenenfalls selbst eine andere Position zu beziehen.

Eine Grundfrage bleibt aber bestehen, die allerdings eher auf das (Selbst-)Verständnis von Wissenschaft zielt: Soll Wissenschaft ihre Ergebnisse überhaupt bewerten? Genauer gesagt: Sollen, dürfen oder müssen Diskursanalytiker die Resultate ihrer sprachlichen Analyse bewerten und im Hinblick auf Machtverhältnisse einordnen? Die Critical Discourse Analysis würde diese Fragen tendenziell bejahen. Eher verneinen würde sie eine stärker deskriptiv ausgerichtete Diskursanalyse, wie sie im Folgenden vorgestellt werden soll.

2.3.3.2 Die deskriptive linguistische Diskursanalyse
Die deskriptive Diskursanalyse wird oft als die stärker linguistisch arbeitende Richtung klassifiziert (vgl. Niehrs (2014b, 51–64) Trennung in kritische und

linguistische Diskursanalyse). Sie beschreibt vor allem die sprachlichen Phänomene im Diskurs und versucht, diese zu kategorisieren: Die sprachliche Ebene steht bei den deskriptiven linguistischen Untersuchungen klar im Vordergrund. Dies ist eine Abgrenzung gegenüber anderen Disziplinen wie der Soziologie und den Geschichtswissenschaften. Politische und gesellschaftliche Wertungen der Untersuchungsergebnisse treten tendenziell zurück. Auch die Forschungsfragen richten sich stärker auf sprachliche Fragen (vgl. Niehr 2014b, 57).

Abgesehen von dieser entscheidenden Frage nach der Haltung eines Wissenschaftlers ähneln viele Merkmale der Studien jenen, die sich tendenziell kritisch ausrichten. Auch in der deskriptiven Diskursanalyse wird mit Korpora unterschiedlicher Größe gearbeitet. Deskriptiv arbeitende Forscher wählen ebenfalls oft Diskursthemen aus, die gesellschaftlich relevant sind, z.B. den Umgang mit Krankheit und Sterben (vgl. Felder/Stegmeier 2012a, 2012b; Mattfeldt 2014), die Debatte um das Betreuungsgeld (Jacob/Mattfeldt 2016), Stammzellenforschung (Spieß 2011), Grüne Gentechnik (Freitag 2013) und viele andere.

Der deskriptiven Ausrichtung der Diskursanalyse ist vorgeworfen worden, dass sie inhaltlich nicht wirklich an den Diskursen interessiert sei (vgl. S. Jäger [7]2015, 12). Die deskriptiv ausgerichtete Diskurslinguistik laufe Gefahr, zu einer „Hilfswissenschaft" (Gardt 2007, 41) zu verkommen: Andere Disziplinen würden die Ergebnisse, die die Linguistik liefere, aus ihren Disziplinen heraus interpretieren und bewerten (vgl. Janich/Semmerling 2013, 94; ebenfalls Gardt 2007, 40f.). Marcus Müller warnt davor, diskurslinguistische Arbeiten nur noch vor dem Hintergrund gesellschaftlicher Relevanz zu bewerten (vgl. Marcus Müller 2013, 142). Vogel plädiert dagegen ebenfalls vor dem Hintergrund eher deskriptiver Arbeiten für eine „engagierte Diskurslinguistik" auf der Grundlage der Menschenrechte in nicht-dogmatischer Tradition[17] und kritisiert eine zu unpolitische Haltung der meisten Diskurslinguisten (vgl. Vogel 2013).

Die Unterscheidung zwischen Deskription und Kritik in der linguistischen Diskursanalyse wird damit zunehmend in Frage gestellt. Denn auch die Wahl des zu Beschreibenden und die Kategorisierung der sprachlichen Phänomene setzt eine Wertung voraus (vgl. Reisigl/Warnke 2013, 26f.). Insgesamt werden

---

17 Hierbei wäre allerdings kritisch zu hinterfragen, ob diese anthropozentrische Haltung etwa auch in Umweltdiskursen, wie sie hier analysiert werden, absolut gesetzt werden sollte oder zumindest eine Ergänzung um andere ethische Prinzipien, die auch Natur und Umwelt betreffen, angebracht sein könnte (vgl. zu der Kritik an anthropozentrischen Prinzipien in der Umweltethik Krebs 2011).

durch die Differenzierung die Unterschiede zwischen beiden Ausrichtungen stärker betont als die vielen Gemeinsamkeiten.[18]

Auch die vorliegende Studie verortet sich aus diesem Grund als deskriptive Arbeit, die zudem einen Beitrag zu einer fortführenden kritischen Betrachtung des diskursiv konstruierten Verhältnisses von Mensch und Natur liefern kann. Die Grenze zwischen Deskription und Kritik wird in der vorliegenden Arbeit als fließend betrachtet. Es ist kaum möglich, seine Ergebnisse in völliger Neutralität darzustellen, allein schon dadurch, dass auch der Wissenschaftler immer eine sprachliche Perspektive wählen muss (vgl. Bendel Larcher 2015, 40, s. auch Abschnitt 2.1 und 2.2). Andererseits sollte die kritische Diskursanalyse die Erkenntnisse der deskriptiven linguistischen Diskursanalyse nicht außer Acht lassen. Positiv hervorzuheben ist die genaue Darstellung der eigenen Position in der modernen CDA zu Beginn der einzelnen Forschungsarbeiten. Diese klare Darlegung des Eigeninteresses ermöglicht es, die Analyse als Leser einzuordnen und sich ein eigenes Bild zu machen.

2.4 (Print-)Medien und Mediendiskurse

Die vorliegende Arbeit beschäftigt sich mit den Mediendiskursen um Hurrikan Sandy und die Frackingtechnologie. Die Relevanz der Medien und ihre sprachlichen Besonderheiten sollen im Folgenden aufgezeigt werden, um zu verdeutlichen, was spezifisch bei dieser Untersuchung von Sprache in Medien zu beachten ist.

(Print-)Mediendiskurse sind für viele diskursanalytische Studien zentral und machen auch die Grundlage des Untersuchungskorpus in dieser Arbeit aus (s. Kapitel 3). Sie besitzen eine hohe Ausstrahlungskraft und Verbreitung (vgl. Stötzel 1995, 10), mittlerweile auch ergänzt durch zusätzliche Onlineangebote. Medien geben die Geschehnisse in der Welt nicht einfach wieder, nicht einmal in neutral erscheinenden Formaten wie den Berichten, die sich meist auf Nachrichtenagenturen stützen. Durch die Wahl bestimmter sprachlicher Mittel in Lexik und Grammatik wird das Ausgesagte perspektiviert (s. Kapitel 2.1 und Fairclough 1995). In dieser perspektivierten Form wird dem Leser die Information präsentiert. Diese vermittelte und zusammengefasste Form des Gesagten werfen unter anderem Vertreter von Plattformen wie Wikileaks den traditionellen Medien vor: Deren Ansatz besteht dabei darin, Dokumente wie Filme oder

---

18 Dietrich Busse verweist darauf, dass man etwa auch aus einer deskriptiven Perspektive Machtverhältnisse in einem Diskurs analysieren kann (D. Busse 2013b, 36).

Texte im Original zu zeigen anstatt sie zusammenzufassen (vgl. Domscheit-Berg 2011). Dies solle bessere Informationsmöglichkeiten für den Benutzer und eine größere Neutralität gewährleisten. Diese investigativen und durchaus interessanten Formate sind nach einiger Diskussion aber bisher noch eine Randerscheinung geblieben.

Die reine Informationsdarstellung war vermutlich zu keinem Zeitpunkt der Zeitungsgeschichte das einzige Ziel der medialen Vermittlung. Conboy zeigt in einer historischen Übersicht auf, wie englische Medien bereits zu Zeiten der Tudormonarchie als *reports* von hoher Relevanz waren, indem sie zum Beispiel Einfluss in den konfessionellen Auseinandersetzungen nahmen oder bewusst genutzt wurden, um die regierenden Monarchen positiv darzustellen (Conboy 2010, 14). Auch wirtschaftliche Erwägungen der Zeitungen spielten ab dem 18. und 19. Jahrhundert zunehmend eine wichtige Rolle. Conboy verdeutlicht, wie sich entsprechend auch der Stil veränderte: Radikalere politische Ausrichtungen (etwa in den ersten amerikanischen Zeitungen) wichen später eher seichteren Themen im Prozess der *tabloidization*, also einer Zunahme an Klatschblättern, die mit Sensationsmeldungen aufwarteten. Sprachlich macht sich dies beispielsweise durch die zunehmende Relevanz der Überschriften (vor allem in englischen Zeitungen) und durch die Sexualisierung der Sprache bemerkbar, wie Conboy aufzeigt. Heute ist die Trennung zwischen *tabloids* und *broadsheets* nach wie vor gültig;[19] allerdings bemerkt Conboy (2010) einen allgemeinen gesellschaftlichen Trend zur Unterhaltung auch bei seriösen Zeitungen. Dies deckt sich mit Tendenzen, die Luginbühl für Fernsehnachrichtenformate in den USA und der Schweiz feststellt (vgl. Luginbühl 2014). Sprachliche Perspektivierung in Medien ist also wandelbar und wirkt mit allgemeinen gesellschaftlichen Entwicklungen zusammen.

Insgesamt entscheiden die einzelnen Redaktionen darüber, was für Informationen der Leser in welchem Format erhält und ob Unterhaltung oder Information, *soft news* oder *hard news*, im Vordergrund stehen (vgl. Maier/Stengel/Marschall 2010). Nachrichtenagenturen spielen dabei heutzutage international eine bedeutende Rolle. Die konkrete Formulierung wird teils mit nur wenigen Änderungen von den Zeitungen übernommen, gerade bei der Form des Berichts. Diese Formulierungen erhalten durch ihre vielfache Reproduktion be-

---

19 Strenggenommen bezeichnen diese Ausdrücke Zeitungsformate; meistens wird mit dieser Unterscheidung jedoch auf den Unterschied zwischen Sensationspresse (tabloid) und seriöserer Presse verwiesen (vgl. Collins English Dictionary ^{9}2007, Eintrag zu *tabloid* auf S. 1638).

sondere Verbreitung und Relevanz im Diskurs, was auch für die vorliegende Untersuchung wichtig ist.[20]

Zusätzlich zur Textsorte des Berichts gibt es auch andere Textsorten, die stärker meinungsbetont sind.[21] Die folgenden Textsorten kommen im Korpus vor und sollen deshalb hier kurz vorgestellt werden. Sie weisen verschiedene Grade von Perspektivierung auf:[22]

- Die Meldung ist die kürzeste hier behandelte Pressetextsorte. Sie besteht meist nur aus wenigen Sätzen und kann sich thematisch auf verschiedenste Aspekte beziehen. Die Meldung kann von Berichten ergänzt werden (vgl. Lüger ²1995, 91; Burger/Luginbühl ⁴2014, 227; Mattfeldt 2014, 19f.).
- Der Bericht liefert ähnlich wie die Meldung Informationen im Sinne von „hard facts" zu Ort, Zeit und Geschehnissen. Es werden aber auch komplexere Zusammenhänge dargestellt (vgl. Burger/Luginbühl ⁴2014, 229).
- Anders als bei der Meldung und dem Bericht handelt es sich bei Kommentaren um meinungsbetonte Textsorten (vgl. Lüger ²1995). Oft begleiten Kommentare informationsbetonte Textsorten wie Berichte und fügen eine Meinung hinzu, die meist namentlich gekennzeichnet ist (vgl. Burger/Luginbühl ⁴2014, 229). Diese Textsorte ist für die Agonalitätsanalyse besonders interessant: Es werden Wertungen vorgenommen und bestimmte Geltungsansprüche gesetzt.
- Reportagen sind meist längere Texte mit einer eher persönlichen Darstellung der geschilderten Ereignisse. Dabei kann es sich z.B. um Reisereportagen handeln. Vielfach sind auch Gesprächsausschnitte enthalten. Die Reportage wirkt eher narrativ; oft beginnt sie mit einem szenischen Einstieg und wechselt zwischen verschiedenen Perspektiven (vgl. Lüger ²1995, 113ff., Reumann ⁵2009, 150, Burger/Luginbühl ⁴2014, 230; Mattfeldt 2014, 20).
- Leserbriefe stellen in Bezug auf das Sender-Empfänger-Verhältnis eine besondere Textsorte dar. Ihre (meist namentlich genannten) Urheber sind nicht Teil der Zeitungsredaktion, sondern der Leserschaft. Meist beziehen sich die eingesandten Leserbriefe auf Texte, die zuvor in der Zeitung erschienen sind (vgl. Vogel 2009, 47). Leserbriefe sind folglich eine Möglich-

---

20 Vgl. zur konkreten Praxis der Textproduktion Perrin (2013).
21 Der Textsortenbegriff wird außerordentlich verschieden verwendet (vgl. die ausführliche Diskussion in Adamzik 2008), hier wird er aus forschungspraktischen Gründen im breitesten Sinne als Menge von Texten „mit gemeinsamen Merkmalen" (Adamzik 2008, 145) verstanden (vgl. auch Felder 2016, 33f.).
22 Bei der folgenden Darstellung handelt es sich um eine Zusammenfassung der in Mattfeldt (2014) zusammengefassten Textsortendefinitionen (mit Erweiterungen um Besonderheiten im Onlinebereich).

keit, die einseitige Kommunikationssituation zu durchbrechen. Die Leserbriefe (ebenso wie teilweise auch Onlinekommentare) werden aber redaktionell ausgewählt und häufig noch bearbeitet (vgl. dazu Mlitz 2008, 293–297). Oft wird ein Zitat aus den Leserbriefen als Überschrift gewählt, also ein bestimmter Aspekt aus der Perspektive der Zeitung besonders betont.[23] Die Durchbrechung der einseitigen Kommunikationssituation unterliegt also dennoch letztlich der Beurteilung durch die Redaktion. Da in dieser Analyse vom Diskursrezipienten ausgegangen wird, dessen Kommunikationssituation sich bei Leserbriefen nicht von anderen Zeitungsbeiträgen unterscheidet, werden Leserbriefe zwar in den Beispielzitaten in Kapitel 4 und 5 besonders hervorgehoben, aber als Teil des Mediendiskurses betrachtet und mitanalysiert.

– Das Interview stellt eine dialogische Textsorte dar. Das Gesagte des Interviewers und eines Interviewpartners (manchmal auch mehrerer Interviewpartner) wird transkribiert. Die Aussagen werden aber zumeist noch von einigen Merkmalen der gesprochenen Sprache bereinigt (wie etwa Minimalreaktionen etc.), sodass sie mit sprachwissenschaftlichen Transkriptionen nicht deckungsgleich sind (vgl. Lüger ²1995, 142).

– Vor allem für die amerikanischen Korpora relevant ist die Textsorte des Blogs, ursprünglich „elektronische Tagebücher im Internet" (Moss/Heurich 2015, 1). Während viele Blogs von Privatpersonen oder Unternehmen gestaltet werden (vgl. Moss/Heurich 2015, zur deutschen Blogosphäre Nuernbergk 2013), handelt es sich hier um Blogs, die von Zeitungen gestaltet werden und oft recht umfassend die klassischen Artikel ergänzen, als Bestandteil einer größeren politischen Blogkultur in den USA (vgl. Nuernbergk 2013, 253).

Diese einzelnen Textsorten in den Untersuchungskorpora sind folglich unterschiedlich deutlich von Einzelmeinungen eines individuellen Autors, Interviewpartners oder einer Redaktion geprägt. Die Individualität eines Autors spielt vor allem seit dem 19. Jahrhundert eine Rolle, etwa mit Zeitungsautoren,

---

23 Onlinekommentare werden im Unterschied zu Leserbriefen leicht und schnell zugänglich gemacht, doch sie können von der Redaktion gelöscht werden. Dies passiert insbesondere mit Äußerungen, die von der Redaktion oder anderen Lesern als diskriminierend oder diffamierend empfunden werden. Dazu sind Webportale nach einem Urteil des Europäischen Gerichtshofs für Menschenrechte im Juni 2015 sogar verpflichtet (vgl. dazu den Artikel „Online-Portale für Beleidigungen durch Nutzer verantwortlich" (Zeit Online, 16.6.2015), http://www.zeit.de/gesellschaft/zeitgeschehen/2015-06/estland-online-kommentare-nutzerkommentare-gerichtshof-klage-delfi, letzter Zugriff 11.4.2018).

die mit ihrem Idiolekt große Beliebtheit erlangten (vgl. Conboy 2010) und wie etwa Charles Dickens auch ins literarische Leben traten. Die Bedeutung von Perspektivität wird dadurch noch deutlicher und zeigt sich in der Mediendiskursanalyse.

Diese Perspektivität in der Darstellung von Neuigkeiten ist ein Aspekt, den besonders die Critical Discourse Analysis (s. Kapitel 2.3) betont und untersucht hat. Letztere wertet die perspektivische Darstellung kritisch. Für die Critical Discourse Analysis werden Machtverhältnisse in Zeitungsartikeln reproduziert und neu sprachlich konstruiert (vgl. Fairclough ²2001). Sexistische und rassistische Tendenzen in einer Gesellschaft werden nach dieser Theorie durch die Medien verstärkt (vgl. auch S. Jäger ⁷2015). Konfliktdarstellungen in Medien sind zahlreich und damit für die Untersuchung von Agonalität besonders geeignet (vgl. zu Kontroversen als entscheidende Komponente von Nachrichten und der Konstruktion von Kontroversen durch Medien ausführlich aus argumentationsanalytischer Sicht Cramer 2011).

In den hier analysierten Diskursen um Fracking und den Hurrikan Sandy spielen die Medien eine besondere Rolle. Beim Fracking handelt es sich um ein Verfahren, das zumindest zu Beginn des Mediendiskurses zu diesem Thema nur wenigen bekannt war und dessen technische und chemische Zusammenhänge einen Expertendiskurs voraussetzen, an dem die breite Bevölkerung keinen Anteil hat. Andererseits könnte sich das Verfahren aber stark auf die Bevölkerung auswirken (bzw. betrifft die Bevölkerung in den USA bereits). Die Medien weisen hier auf diese Situation hin und bringen dem Leser in einer Vermittlungssemantik (vgl. Steger 1988, Felder 2009a) die technischen Informationen sowie die politischen Positionen näher. Da nur ein Bruchteil der Leserschaft das Verfahren auf einer Expertengrundlage beurteilen kann, sind hier der Mediendiskurs sowie die Transformation fachlichen Wissens durch die Medien von großer Relevanz. Bei der Berichterstattung zum Hurrikan Sandy liegt der Fall etwas anders. Hier ist ein Teil der Leserschaft (etwa von Zeitungen wie der New York Post oder New York Times, auch wenn diese vor allem in ihren Onlineversionen überregional rezipiert werden können) vertraut mit den Geschehnissen und hat sie selbst als Primärerfahrung erlebt, zu denen die journalistische Darstellung nun noch zusätzlich rezipiert werden kann. Die anderen Leser (insbesondere jene in Großbritannien oder Deutschland, aber auch in anderen Teilen der USA) erfahren von diesen Geschehnissen dagegen nur aus den Medien und erleben sie nicht selbst.

Die Relevanz der Printmedien wird in der modernen Critical Discourse Analysis etwa von Baker/McEnery/Gabrielatos (2013) betont, auch was den Langzeiteffekt betrifft (vgl. auch McEnery/McGlashan/Love 2015):

We have chosen to focus on the printed media because we believe it plays an important role in shaping opinions as well as setting agendas regarding the importance of certain topics. [...] The media present information about world events to masses of individuals. [...] In the United Kingdom, national newspapers function as more than mere 'mirrors' of reality. Instead, they have the role of constructing ideologically motivated versions of reality [...]. [T]he media have a long-term effect on audiences, small at first, but compounding over time as a result of the repetition of images and concepts. (Baker/Gabrielatos/McEnery 2013, 2f.)

Czachur fasst die Rolle von Medien in der Gesellschaft wie folgt zusammen – er sagt, dass sie

- kulturell und kommunikativ anschlussfähige Sinnangebote hinsichtlich einzelner diskursiver Ereignisse transportieren,
- Rahmenbedingungen für die Handlungen von gesellschaftsrelevanten Interessengruppen und deren Sichtweisen stellen,
- die Herstellung der Aufeinanderbezogenheit von unterschiedlichen Sichtweisen im Sinne von Konflikthaftigkeit (Polarisierung, Emotionalisierung usw.) ermöglichen,
- durch Kommentare, Leitartikel ihre weltanschauliche [sic!] Positionen beziehen und dadurch zu selbständigen Akteuren werden (Czachur 2011, 63f.)

Auch wenn der Einstufung von Medien als wichtig zugestimmt wird, werden als Akteure in dieser Arbeit weniger die Zeitungen als primär Politiker, Wissenschaftler etc. betrachtet, die vom Mediendiskurs mitge„macht" werden (vgl. Kapitel 2.2). Mit Czachur wird der Mediendiskurs als „öffentlicher" Diskurs bezeichnet (vgl. Czachur 2011, 64f.): Eine Partizipation am Mediendiskurs ist möglich, sodass das Politische für das Individuum verfügbar wird.[24]

Insgesamt ist für diese Arbeit wichtig, Medien in ihrer Schlüsselstellung für Informationen zu betrachten. Deshalb wurden hier dominante Textsorten sowie Kritikpunkte an der Macht der Medien aus Sicht der Critical Discourse Analysis vorgestellt. Auch vermeintlich neutrale Texte unterliegen der Perspektivität und sind damit für diese Studie untersuchungsrelevant in ihrer Konstruktion von kulturellen Perspektiven.

2.5 Diskursvergleich – Sprachvergleich – Kulturvergleich?

Die vorliegende Dissertation stellt in mehrfacher Hinsicht eine vergleichende Arbeit dar. Zum einen werden zwei Diskurse aus der breiteren Thematik „Mensch und Natur" miteinander verglichen – die Berichterstattung zum Hurri-

---

[24] Zu neuen Formen der politischen Information und Teilhabe vgl. Nuernbergk (2013).

kan Sandy und jene zum Thema Fracking. Das tertium comparationis stellt hier die sprachlich perspektivierte Beziehung von Mensch und Natur dar. Zum anderen handelt es sich um eine sprachvergleichende Arbeit in den Sprachen Deutsch und Englisch. Hier wird vor allem nach den sprachlichen Perspektivierungen von Agonalität gefragt, die in den beiden Sprachen verglichen werden. Eine weitere Vergleichsebene stellt die kulturelle Ebene dar, da die vorliegenden Textkorpora verschiedenen Sprach- und Kulturräumen entstammen. Sie gehören der kulturell geprägten Textsorte des Printmedientexts an. Insgesamt stellen damit die Kategorien Diskursvergleich, Sprachvergleich und Kulturvergleich wichtige Aspekte dieser Arbeit dar.

2.5.1 Sprache, Denken und Kultur

Inwieweit Sprache, Denken und Kultur zusammenhängen, ist eine Frage, die spätestens seit der Romantik intensiv diskutiert wird; ähnlich steht es mit dem kontrovers diskutierten Kulturbegriff (s. Kapitel 2.5.2). Herder stellt bereits im 18. Jahrhundert einen Zusammenhang zwischen der Muttersprache eines Menschen und dessen Denken und Weltvorstellung her und bemüht sich, entsprechend Texte aus verschiedenen Sprachen und Kulturen zu sammeln (vgl. zusammenfassend Karstedt 2004). Für Wilhelm von Humboldt

> [...] liegt in jeder Sprache eine eigenthümliche Weltansicht. Wie der einzelne Laut zwischen den Gegenstand und den Menschen, so tritt die ganze Sprache zwischen ihn und die innerlich und äußerlich auf ihn einwirkende Natur. Er umgiebt sich mit einer Welt von Lauten, um die Welt von Gegenständen in sich aufzunehmen und zu bearbeiten. [...] Der Mensch lebt mit den Gegenständen hauptsächlich, ja, da Empfinden und Handeln in ihm von seinen Vorstellungen abhängen, sogar ausschliesslich so, wie die Sprache sie ihm zuführt. (Humboldt 1836/1907, 60, Schreibung wie im Original)

Humboldt betrachtet alles Erlebte als sprachlich geformt. Ein Leben mit den Gegenständen außerhalb von Sprache ist in dieser Vorstellung nicht denkbar. Die Einzelsprache gibt in dieser Vorstellung in ihren grammatischen Strukturen und ihrem Lexikon das Weltbild und den Zugriff auf die Welt vor, auch wenn Humboldt keine völlige sprachliche Vorbestimmung des Denkens annimmt (vgl. dazu D. Busse 2015, 42, siehe auch L. Jäger 2004). Whorf geht so weit, einen sprachlichen Determinismus anzunehmen und bestimmte Denkmuster als von Sprachen ausgeschlossen oder vorgegeben anzunehmen (siehe Whorf 1956/ ^{24}2003, bes. 74–101; zur Sapir-Whorf-Hypothese vgl. Bußmann/Gerstner-

Link/Lauffer ⁴2008, 599f.).²⁵ Wie Karstedt allerdings kritisch anmerkt, fehlten den meisten wissenschaftlichen Untersuchungen zu diesem Determinismus – auch nach damaligen Gütekriterien – die nötigen empirischen Belege (vgl. Karstedt 2004, weitere Kritik an Whorf vgl. Deutscher ³2011, 15).

Ausgegangen wird hier nicht von einem Determinismus, der ein bestimmtes Denken aufgrund einer bestimmten Muttersprache zwingend annimmt. Vielmehr wird angenommen, dass sich in sprachlichen Formen der Einzelsprachen bestimmte Aspekte auf unterschiedliche Weise besonders adäquat ausdrücken lassen. Sprachen ordnen die Welt unterschiedlich und drücken damit eine bestimmte Weltsicht aus (s. Kapitel 2.1 und 2.2). Dies bedeutet aber nicht, dass Sprecher nicht aus dieser Sicht heraustreten können, etwa indem die Sprache um Lehnwörter etc. erweitert wird oder andere Sprachen vom Individuum erlernt werden. Kulturen verändern und entwickeln sich, ebenso wie die Sprachen und Sprachgemeinschaften (vgl. Heringer ⁴2014, 110 zum Entstehen von Kultur in solcher Performanz).

Sprache und Kultur sind dabei nicht einfach gleichzusetzen (vgl. Czachur 2011). Es wäre z.B. fahrlässig, englische Sprache und englische Kultur gleichzusetzen und als Nationalkultur zu interpretieren. Zum einen wird die englische Sprache in mehr als einem Land als Muttersprache gesprochen und ist in vielen Regionen eine offizielle Sprache (auch aufgrund der kolonialen Geschichte, vgl. Crystal ²2003); zum anderen gibt es allein in England verschiedenste Subkulturen mit eigenen Identitäten, die man nicht als eine einzelne homogene englische Kultur betrachten kann. Die englische Sprache selbst legt aber in ihrer Grammatik und ihrem Wortschatz eine Art überdachende Grundlage (vgl. Felder 2009a, 24 zur virtuellen Gesamtgrammatik einer Sprache), in der sich Kulturen sprachspezifisch manifestieren und die sie von kulturellen Ausformungen in anderen Sprachen abgrenzt; in ihr Vokabular schreibt sich zugleich die Geschichte des Landes und seiner (ehemaligen) Kolonien mit ein (vgl. dazu Wierzbicka 2010).

Heringer verweist auf die Bedeutung, die Sprache hat, um in einem interkulturellen Dialog Angehörige anderer Kulturen zu verstehen:

Von fremdem Denken weiß ich wenig: was gesagt wird, zählt. Was sprachlich manifest ist, wird stillschweigend fokussiert und ständig unbewusst angewendet. Und vor allem:

---

25 Spätestens mit dem Beginn des Nationalsozialismus wurden diese Ansätze allerdings ausgenutzt, um bestimmten Kulturen mit ihren Sprachen eine geringere Komplexität in Sprache und Denken zu unterstellen (vgl. Karstedt 2004).

- In einer Sprache ist Wissen formuliert und konserviert (das eben in einer anderen Sprache nicht festgehalten wurde). In jede Formulierung geht Vorwissen ein.
- Das Wissen, das in einer anderen Sprache formuliert wurde, ist vielleicht in einer anderen Sprache gar nicht formulierbar.

Die Sprache existiert nicht unbeeinflusst von diesem Wissen. (Heringer ⁴2014, 216)

Eine Fremdsprache gibt Einblick in die damit verbundene(n) andere(n) Kultur(en) und kann Indizien für konzeptuelle Unterschiede aufzeigen. Ihre Konstruktionen und ihren Wortschatz zu erlernen bedeutet, einen anderen Zugriff auf die Welt kennenzulernen. Dies zeigte auch die zweisprachige Version des semiotischen Dreiecks auf (s. Abbildung 2, Kapitel 2.1). Mit den Ausdrücken wird beim Erlernen einer Sprache implizit auch die andere sprachliche Ordnung der Welt in der neuen Sprache gelernt (s. genauer Kapitel 4.4). Was mit Kultur dabei gemeint wird, soll im folgenden Exkurs kurz umrissen werden.

2.5.2 Kulturelle Perspektivität

Zahlreiche Kulturbegriffe aus verschiedenen Disziplinen stehen einander gegenüber (vgl. Assmann (⁶2007) zum kulturellen Gedächtnis, Heringers (⁴2014) Werk zu interkultureller Kommunikation, im Überblick über Kulturbegriffe Lüddemann 2010). Diese alle im Detail darzustellen wäre für diese Arbeit zu ausführlich und nicht zielführend, zumal es nicht darum geht, gesamte Kulturen zu erfassen und zu vergleichen. Es ist fraglich, ob dies überhaupt möglich ist, ohne Gefahr zu laufen, nur Stereotype wiederzugeben. Mit aller gebotenen Vorsicht wird der Ausdruck *Kultur* in dieser Arbeit im Sinne einer Gesamtheit von menschlichen Hervorbringungen in einer Gesellschaft verstanden, die über Nationalität oder andere Gruppenzugehörigkeit definiert sein kann (in Anlehnung an Hansens Definition (2008, 21); Hansen betont besonders das kollektive Element von Kulturen).

In dieser Arbeit wird vielmehr von kultureller Perspektivität ausgegangen. Es wird angenommen, dass sich kulturelle Perspektiven in Sprache manifestieren bzw. gerade die Sprache die kulturelle Perspektive mitformt (vgl. zur Debatte Gaballo 2012, 147f.). Was hier angestrebt wird, ist die Analyse dieser kulturell geprägten Perspektivität in Sprache, wie sie sich im zweisprachig ausgerichteten semiotischen Dreieck gezeigt hat (s. Kapitel 2.1, Abbildung 2). Dafür wird Folgendes vorausgesetzt:
- Sprache und kulturelle Perspektive stehen in einem engen Verhältnis. Gleichzeitig kann sich der Sprachgebrauch – auch innerhalb einer Einzel-

- sprache – in den verschiedenen Subkulturen in Form von Sprachvarietäten unterscheiden.
- Die Analyse von Sprachverwendung gibt einen Einblick in die kulturellen Gegebenheiten, die mit der jeweiligen Varietät verbunden sind. Dabei können sich in einzelnen Lexemen die kulturellen Perspektiven besonders stark äußern (vgl. *friend/Freund* in Kapitel 2.1).
- Die hier analysierten sprachlichen Äußerungen lassen sich dabei folgendermaßen beschreiben: Sie stellen Sprachverwendungen in Pressetexten in den Sprachen Deutsch und Englisch dar, wie sie sich in bestimmten Zeitungstextsorten manifestieren. Da es sich um weit verbreitete Textsorten handelt, ist davon auszugehen, dass diese Texte zum einen Einfluss auf die Leser haben, zum anderen auch, dass sich darin bestimmte Aspekte, die kulturell von Bedeutung sind, manifestieren, da die Redaktion sich an den angenommenen Interessen ihrer Leser orientieren dürfte.
- Die Analyse der Sprachverwendungen in diesen Texten gibt folglich Hinweise auf kulturelle Gegebenheiten: Was wird für eine Gruppe von Lesern als berichtenswert empfunden? Welche Ausdrucksmöglichkeiten werden dafür gewählt?
- Hinzu kommt in dieser Analyse die Diskursspezifik. Analysiert werden Texte, die im kulturellen Kontext bestimmter Umweltdiskurse entstanden sind. Dies soll im Folgenden noch genauer beschrieben werden.

2.5.3 Diskurs und Vergleich

Sprachverwendung erfolgt nicht losgelöst von gesellschaftlicher Realität. Sprache manifestiert sich immer in Interaktionen und damit in diskursiven Verwendungen. Die in dieser Arbeit untersuchten sprachlichen Phänomene sind Teile von thematischen Diskursen, die in zwei unterschiedlichen Sprachen verhandelt werden und unterschiedlich kulturell eingebettet sind.

Der interlinguale Vergleich von Korpora zu bestimmten Themen ist ein relativ neues Forschungsfeld. Traditionelle Ansätze gehen vor allem von einem Sprachsystemvergleich aus, in dem etwa bestimmte grammatische Phänomene verglichen werden (vgl. z.B. Glinz 1994; oder die Beiträge in Johanson/Rehbein (Hg.) 1999 sowie Gunkel/Zifonun (Hg.) 2012 und E. König/Gast ³2012, zur kontrastiven Perspektive vgl. E. König 2012, 36f.) oder auch bestimmte systematische Unterschiede im Hinblick auf eine semantische Kategorie (vgl. z.B. Hellinger 1990 zur kontrastiven feministischen Sprachwissenschaft; zur Kritik an rein kontrastiven Untersuchungen in der Grammatik siehe Krzeszowski 1990). Andere Ansätze stammen eher aus den Übersetzungswissenschaften, die sehr genau auf sprachliche Unterschiede achten, um Texte angemessen übertragen zu können. Hier wird teilweise mit ganzen Übersetzungskorpora gearbeitet (vgl. Johansson 2003).

Diskursive Vergleiche gehen sowohl über den reinen sprachsystematischen Vergleich als auch über den übergreifenden kulturellen Vergleich hinaus bzw. setzen einen anderen Akzent. Ein bestimmtes Diskursthema, das in verschiedenen Sprachen ausgehandelt wird, wird in seiner diskursiven Aushandlung verglichen. Ein solcher Vergleich könnte einen Weg aus dem Dilemma, das Wittgenstein formulierte – „*Die Grenzen meiner Sprache* bedeuten die Grenzen meiner Welt" (Wittgenstein 1921/1969, Satz 5.6, 64, Hervorhebung im Original) – ermöglichen. Ergänzt man Wittgenstein mit Foucault, müsste man sagen, dass die Grenzen der eigenen Welt auch Diskursgrenzen sind – außerhalb des Diskurses in der eigenen Sprache wäre dann kein Denken möglich. Doch der Einblick in einen Diskurs in einer anderen Sprache bietet die Möglichkeit, das diskursive Wissen zu erweitern und andere sprachliche Zugriffsmöglichkeiten auf die Welt zu erfahren. Mit der Kenntnis einer weiteren Sprache und der diskursiven Form, die der Diskurs dort annimmt, können die Grenzen des eigenen Diskurses und der eigenen Welt quasi gesprengt werden; eine weitere Welt tritt gleichsam mit der weiteren Sprache hinzu. Ein kritischer Vergleich der ausgehandelten Inhalte und ihrer sprachlichen Form kann eine neue differenzierte Sicht auf die verhandelten Diskurse ermöglichen. Insofern versteht sich diese Arbeit auch als Anregung zur Betrachtung bekannter Diskurspositionen durch die Kontrastierung mit einem anderssprachigen Diskurs. Sprachvergleiche sind dabei laut Czachur immer auch Kulturvergleiche:

> Ein Vergleich, unabhängig davon, ob auf Wort-, Satz-, Text- oder Diskursebene, ist immer ein Kulturvergleich, denn die Sprache ist das Produkt der Kultur und ihr Generator zugleich. Mit dem Begriff *Kulturvergleich* ist ein Vergleich von kulturspezifischen Phänomenen aus mindestens zwei unterschiedlichen Sprach- und Kulturgemeinschaften gemeint [...]. (Czachur 2011, 32)

Vergleichende Arbeiten (z.B. Czachur 2011 und 2013, Gür-Şeker 2012, Wehrstein 2013, Schrader-Kniffki 2016) entstehen seit einigen Jahren vor allem in den Paradigmen der kontrastiven Diskurslinguistik sowie der transnationalen Diskurslinguistik. Beiden Ansätzen ist gemeinsam, dass sie einen Vergleich anstreben. Doch der Fokus ist dabei leicht verschieden, was exemplarisch an den Untersuchungen Waldemar Czachurs und Derya Gür-Şekers verdeutlicht werden soll.

Czachur versteht seine Untersuchung als kontrastiv. Er fragt nach Wissensformationen und ihrer Generierung in polnischen und deutschen Medien.

Exemplarisch untersucht er dabei Weltbilder zur EU in Mediendiskursen. Auch Czachur betont die Bedeutung von Medien für die Wissenskonstitution (s. Kapitel 2.4):

> Vor diesem Hintergrund ist das linguistische Erkenntnisinteresse darauf gerichtet, zum einen die kulturell bedingten Prozesse der Produktion, Verbreitung und Rezeption von Wissens- und Deutungsbeständen in Mediendiskursen einer Gesellschaft zu erfassen, und zum anderen die kulturspezifischen Regeln der Wissenskonstruktion, Argumentation und Distribution zu beschreiben. (Czachur 2011, 96)

Czachur nennt zwar in seiner Fragestellung auch die Gemeinsamkeiten, die untersucht werden sollten. Er fokussiert anschließend jedoch in seiner weiteren Darstellung mehr auf die Unterschiede und verortet sich damit in den kontrastiven Studien.

Derya Gür-Şeker zieht in ihrer Dissertation einen dreifachen Vergleich zwischen dem türkischen, dem deutschen und dem englischen Blick auf die EU. Sie verortet ihre Arbeit in der transnationalen Diskurslinguistik. Dabei stehen zunächst grenzüberschreitende Phänomene wie ein grenzübergreifend wichtiger Diskurs im Vordergrund. Der Vergleich setzt also in seinem Fokus bei den Gemeinsamkeiten an. Die Unterschiede in der Sprache sind dabei zweitrangig in der Ausbildung transnationaler Diskurse:

> Zentraler Ausgangspunkt dieser Arbeit ist, dass für die Etablierung einer sogenannten europäischen Öffentlichkeit keine gemeinsame Sprache notwendig ist, weil sich europäische Öffentlichkeit über nationale Teilöffentlichkeiten konstituiert. Im Spezifischen wird die so verstandene europäische Öffentlichkeit durch grenzüberschreitende Kommunikationsprozesse hergestellt, die medial wie und auch durch (politische) Handlungen im öffentlichen Raum vollzogen werden. Fokus dieser Arbeit sind solche medial realisierten grenzüberschreitenden Kommunikationsprozesse (auch bezeichnet als Transnationalität/ transnationale Bezüge), die sprachlich (implizit und explizit) realisiert werden. Die Etablierung einer europäischen Öffentlichkeit erfolgt ferner durch die Europäisierung nationaler Medien, die sich durch die Berichterstattung über europäische Themen, über die europäische Union oder Europa vollzieht. (Gür-Şeker 2012, 9)

Gür-Şeker macht die Transnationalität an einem für alle drei untersuchten Nationen relevanten Thema fest und etabliert damit das Konzept der europäischen Öffentlichkeit für ihre Studie (vgl. Gür-Şeker 2012, 72). Für diese Arbeit und speziell den Frackingdiskurs kann dieses Konzept noch erweitert werden: Auch wenn hier keine gemeinsame Institution wie die EU einen Rahmen für einen transnationalen Diskurs vorgibt, so besteht mit einer neuen technischen Entwicklung eine transnationale neue Gegebenheit, die eine diskursive Aushandlung innerhalb der Nationen und Einzelsprachen erfordert. Damit hängen nationale Entscheidungsprozesse, Gesetzgebungen und Fortentwicklungen zusammen. Inwieweit sich Referenzpunkte und Bedeutungsstrukturen in Großbritannien, den USA und Deutschland ähneln, muss die Analyse in Kapitel 5 erweisen.

In dieser Untersuchung soll sowohl auf die Unterschiede als auch die Gemeinsamkeiten in den Diskursen und den Sprachen geachtet werden; es werden also Aspekte der kontrastiven und der transnationalen Diskurslinguistik berücksichtigt. Die Gefahr, Gemeinsamkeiten bei einem solchen Vergleich außer Acht zu lassen ist groß, wie auch Gür-Şeker (2012) betont. Welche sprachlichen Strategien der Agonalität und welche Diskurseigenschaften Ähnlichkeiten aufweisen, soll deshalb in die Untersuchung explizit mit einbezogen werden.

Auch die Darstellung nationaler Diskurse in internationalen öffentlichen Diskursen kann betrachtet werden. Dies betrifft etwa eine Methode, die die Autorin mit Katharina Jacob entwickelt hat, um den Diskurs zum Betreuungsgeld in Deutschland und seine Darstellung in deutschen und englischsprachigen Medien zu untersuchen (vgl. Jacob/Mattfeldt 2016). Auf ähnliche Weise wurde in Mattfeldt (2018) verfahren, um die Debatte um die schottische Unabhängigkeit zu untersuchen: Hier wurde zunächst der Diskurs in Schottland untersucht, um dann die Darstellung in Deutschland zu vergleichen. Bei beiden Untersuchungen stand die Frage nach den agonalen Zentren im Vordergrund. Unterschiedliche agonale Zentren konnten eruiert werden, wobei sich etwa bei der Darstellung der schottischen Diskussion auch Gemeinsamkeiten ergaben, etwa wenn auch in Deutschland die Frage nach der Wirtschaftsstärke eines unabhängigen Schottlands in den Medien diskutiert wird. Adversative und konzessive Konnektoren (s. Kapitel 4.3.2.2) wurden in beiden Untersuchungen als Ausgangspunkte gewählt, um die agonalen Zentren zu bestimmen. Daraus wurde eine Methode entwickelt, um einen nationalen Diskurs mit seiner internationalen Darstellung zu vergleichen.

Während in dieser Arbeit der Fokus zunächst auf der Analyse der Agonalität in den einzelsprachlichen Korpora liegt, soll auch untersucht werden, wo die Debatten Berührungspunkte und Berichte über andere Länder aufweisen. Besonders für die Berichterstattung zum Hurrikan Sandy wird dies relevant, da dieser für Deutschland und Großbritannien geographisch fern liegt und die Leser auch das Phänomen Hurrikan (anders als Bewohner der Süd- und Ostküste der USA) selbst vielfach nur aus den Medien kennen dürften. Für den diskursiven Vergleich sind sowohl die kontrastiven als auch die transnationalen Ansätze relevant, um weder Unterschiede noch Gemeinsamkeiten zwischen den kulturellen Perspektiven zu vernachlässigen. In der Diskussion (Kapitel 7) wird die Frage nach Unterschieden und Ähnlichkeiten noch einmal diskurstheoretisch aufgegriffen.

2.6 Zusammenfassung der wichtigsten theoretischen Grundlagen

Der Lexik und der Grammatik einer Sprache wohnt immer eine Perspektive inne. Mit der Wahl eines sprachlichen Ausdrucks oder einer grammatischen Form wird eine bestimmte Perspektive im Zugriff auf die Welt gewählt. Die perspektivische Ordnung, die in Einzelsprachen angelegt ist, wird vor allem deutlich, wenn es zu Abgrenzungsproblemen kommt. Diese können sich in semantischen Kämpfen zwischen zwei Ausdrücken oder Teilbedeutungen äußern oder bei Übersetzungsproblemen zwischen zwei Sprachen zutage treten.

Sprache konstituiert (deklaratives) Wissen in Diskursen; Wissen ist damit nicht frei von perspektivischer Einfärbung. Diskurse werden mit Busse und Teubert (2013, 16) als „virtuelle Textkorpora" verstanden, die semantisch miteinander zusammenhängen. Dabei darf nicht vergessen werden, dass es sich bei einer konkreten Analyse wie der hier vorliegenden immer um Betrachtungen eines Diskursausschnittes, niemals um den ganzen Diskurs, handelt. (Print-) Medien besitzen eine besondere Bedeutung in Diskursen, da sie als öffentlicher Teil des Diskurses eine Vielzahl von Personen erreichen. Aus diesem Grund wird in dieser Arbeit vor allem mit Zeitungstexten (Print- und Onlineversionen) aus Deutschland, dem Vereinigten Königreich und den USA gearbeitet (s. Kapitel 3).

Die vorliegende Arbeit geht in erster Linie deskriptiv vor. Nichtsdestotrotz können die Ergebnisse der Agonalitätsanalyse in Kapitel 5 und 6 auch mit kritischem Ausblick auf gesellschaftliche Gegebenheiten und den Umgang des Menschen mit der Natur gelesen werden. Insgesamt wird dafür plädiert, die Grenzen zwischen deskriptiver und kritischer Diskursanalyse als fließend zu betrachten.

Sprache und Kultur hängen eng miteinander zusammen, sind aber angesichts eines breiten Varietätenspektrums innerhalb von Einzelsprachen nicht gleichzusetzen. Vielmehr wird von kultureller Perspektiviertheit ausgegangen, die an einzelnen Stellen sehr facettenreich ist, aber an anderen Stellen auch prototypische Züge aufweist. Einzelsprachen bieten eine grammatische Überdachung und ein sprachliches Repertoire als Ausgangspunkt für einen spezifischen Zugriff auf die Welt. In Diskursen wie den hier ausschnitthaft untersuchten zu Hurrikan Sandy und der Fracking-Technologie konstituiert sich Agonalität mit den jeweils zur Verfügung stehenden Mitteln. Dies wird in der vorliegenden Arbeit aus der Perspektive der transnationalen oder kontrastiven

Diskursanalyse untersucht, wobei sowohl Gemeinsamkeiten als auch Unterschiede in den einzelsprachlichen Diskursen und Agonalitätskonstruktionen betrachtet werden sollen.

3 Verwendete Korpora

In diesem Kapitel werden die Mediendiskursthemen (Kapitel 3.1) und die Medienkorpora (Kapitel 3.2) vorgestellt, die hier als Diskursausschnitt untersucht werden sollen. Da die Ergebnisse aus der Analyse der Agonalitätsindikatoren (Kapitel 4) und teils auch der Anwendung in der Diskursanalyse (Kapitel 5) an Großkorpora des Deutschen und Englischen überprüft werden, sollen im Anschluss die verwendeten Großkorpora (Kapitel 3.3) in den Blick genommen werden. Anschließend werden Grundlagen zu Keywords und Kollokationen, die in Kapitel 4 und 5 relevant sind, erläutert (Kapitel 3.4).

3.1 Die gewählten Mediendiskursthemen

Mit den Medienberichterstattungen über „Fracking" und Hurrikan „Sandy" wurden zwei Themen gewählt, welche die Thematik „Mensch und Natur" von zwei verschiedenen Perspektiven aus in den Blick rücken und zum Zeitpunkt der Erstellung dieser Arbeit aktuell waren bzw. sind. Während es beim Thema Fracking um die Nutzung der Natur durch den Menschen geht, betrifft die Berichterstattung zum Hurrikan Sandy ein Naturereignis, das den Menschen getroffen hat und mit dem er umgehen muss (s. Kapitel 1). Beide Themen sollen im Folgenden kurz vorgestellt werden. Dieser Überblick über die Diskursthemen soll eine Hilfestellung zum besseren Verständnis der Korpuszusammenstellung sein und ist kein Versuch, eine gesicherte ontologische Ebene „hinter dem Diskurs" (Stegmeier 2012, 537) herzustellen (vgl. auch Liebert 2002, 110f.). Wie Liebert (2006) anmerkt, kann man für manche Diskurse (in seinem Fall ein naturwissenschaftlicher Streit um das Ozonloch) auch gar keine eindeutige „Dichotomie wahr/falsch" (Liebert 2006, 145) annehmen, sondern es ist sinnvoller, nach dem „Grad der Abgesichertheit" (Liebert 2006, 145) abzustufen.

3.1.1 Das Diskursthema Fracking

Das umstrittene Thema Fracking betrifft u.a. USA, UK (United Kingdom) und Deutschland und ist in den Medien sehr präsent. Beim Fracking oder hydraulischer Frakturierung handelt es sich um ein Verfahren, mit dem heutzutage vor allem sogenannte unkonventionelle Schiefergasvorräte zugänglich gemacht werden, welche sich in porösem Gestein befinden und mit anderen Bohrmethoden schwer zugänglich sind. Finkel definiert Fracking wie folgt:

> Briefly, the process of hydraulic fracturing involves injecting millions of gallons of water, chemical additives and a proppant at high pressure into the wellbore to create small fractures in the rock formations to allow natural gas (or oil) to be released. [...] When the pressure is released, gas flows up the production casing, where it is collected, processed, and sent through transmission pipelines to market. (Finkel 2015, xv–xvi)

Frackingmethoden im allgemeinen Sinn werden schon seit Jahrzehnten angewandt (vgl. Habrich-Böcker/Kirchner/Weißenberg ²2015, 3), sind aber speziell für die Nutzung unkonventioneller Schiefergasvorräte noch ein relativ neues Verfahren, das besonders in den USA weiterentwickelt wurde (vgl. Finkel 2015). Schiefergasvorräte, die mithilfe von Fracking zugänglich gemacht werden können, liegen vor allem in den USA, die dadurch vom Energieimporteur zum -exporteur werden könnten. Aber auch in Kanada, Europa, Südamerika und China gibt es Schiefergasvorräte, die mittels Fracking für die Energiegewinnung genutzt werden können (vgl. Habrich-Böcker/Kirchner/Weißenberg ²2015).

Die Thematik wird von mehreren Fachdisziplinen betrachtet. Verschiedene Aspekte spielen dabei eine Rolle, z.B. die möglichen Auswirkungen auf die Gesundheit von Mensch und Tier (vgl. Paulson/Tinney 2015, Law 2015, Bamberger/Oswald 2015, Green 2015), die soziologischen Veränderungen in Bohrgebieten (vgl. Brasier/Filteau 2015), mögliche Zusammenhänge mit dem Klimawandel (vgl. Staddon/Depledge 2015) und insbesondere mögliche schädliche Auswirkungen auf das Trinkwasser (vgl. Paulson/Tinney 2015, v.a. 11ff.)[26]

Parallel zu und beeinflusst von der fachlichen Diskussion findet die Debatte auch auf Kommunikationsebenen statt, die ein breites Publikum erreichen (vgl. zur allgemeinen Betrachtung naturwissenschaftlicher Debatten in den Medien Weitze/Liebert 2006, 10). Mercado/Álvarez/Herranz (2014) betrachten die Debatte um Fracking in spanischen Medien und Internetplattformen, während Jaspal/Turner/Nerlich (2014) Youtube-Kommentare und Jaspal/Nerlich (2014) britische Medienartikel untersuchen. Diese Studien zeigen eine eher negative öffentliche Meinung gegenüber Fracking auf. Auch fiktional gibt es erste Auseinandersetzungen mit dem Thema, etwa in Form von Filmen (wie dem Spielfilm *Promised Land* mit Matt Damon) und Umweltthrillern (z.B. Lukas Erlers *Brennendes Wasser*

---

[26] Siehe dazu besonders einflussreich die Dokumentation „Gasland" von Josh Fox (vgl. Analyse der Kommentare in Jaspal/Turner/Nerlich 2014 und die medialen Rezensionen der Filmdarstellungen in Kapitel 5.2.4.3) sowie die mediale Diskussion um Trinkwassersicherheit in Kapitel 5.2.1.1.

oder James Brownings *The Fracking King*).[27] Hier werden die wissenschaftlichen Zusammenhänge in eine fiktionale Handlung eingebettet.

Mercado/Álvarez/Herranz (2014) und Jaspal/Turner/Nerlich (2014) betonen die Rolle der Medien in der Debatte um Fracking (s. auch Kapitel 2.4). Diesen wichtigen Aspekt greift die vorliegende Arbeit auf und untersucht, welche agonalen Streitpunkte in deutschen, britischen und US-amerikanischen Medien zutage treten und welche allgemeinen Aspekte eine Rolle in diesen Mediendiskursen spielen. Es soll untersucht werden, wie komplexe naturwissenschaftlich-technische Zusammenhänge von den Medien aufgegriffen werden und in welcher sprachlichen und kulturellen Perspektivierung sie dem Leser präsentiert werden. Aus der Perspektive der Untersuchung des Verhältnisses von Mensch und Natur ist dieses Thema von Bedeutung, da es sich bei der Frackingtechnologie um einen beträchtlichen Eingriff in die Natur handelt.

3.1.2 Das Diskursthema des Hurrikan „Sandy"

> Katastrophen kennt allein der Mensch, sofern er sie überlebt; die Natur kennt keine Katastrophen. (Max Frisch (1972/79, 1986): *Der Mensch erscheint im Holozän*, 271)

Mit der Medienberichterstattung um den Hurrikan Sandy wird als zweites Thema aus dem Bereich „Mensch und Natur" eine Naturkatastrophe gewählt. Die Untersuchung von Naturkatastrophen und dem menschlichen Umgang damit hat eine lange Tradition in verschiedenen Disziplinen (siehe die Beiträge in Groh/Kempe/Mauelshagen (Hg.) 2003; Felgentreff/Glade (Hg.) 2008; Schenk (Hg.) 2009; sowie Hammerl/Steffelbauer (Hg.) 2014). Auch literarisch und philosophisch wurde die Thematik aufgegriffen, besonders das Erdbeben von Lissabon 1755.[28] Ehlers verweist auf Darstellungen großer Naturereignisse u.a. in religiösen Schriften und betont, dass diese Naturereignisse vor allem aus menschlicher Perspektive Katastrophencharakter annehmen:

> Naturkatastrophen – ein fragwürdiger und dennoch fast Umgangssprache gewordener Begriff – sind menschliche Wahrnehmungen und Interpretationen von extremen Naturereignissen. (Ehlers 2007, 98)

---

27 Ein Ausblick auf fiktionale Textsorten, der die Romane *Brennendes Wasser* und *The Fracking King* beispielhaft untersucht, ist in Kapitel 6.2 zu finden.
28 Vgl. dazu Schmidt (1999), C. D. Weber (2015) sowie zu Naturkatastrophen und Krisen in fiktionalen Texten eine an der Universität Heidelberg entstehende Dissertation von Florian König.

Auch in einer hochentwickelten und -technisierten Welt, im Zeitalter des „Anthropozän" (s. Kapitel 1), wird der Mensch von Naturkatastrophen getroffen. Wie der moderne Mensch über diese Katastrophen berichtet und welche agonalen Aspekte zutage treten, wird hier anhand der Berichterstattung zum Hurrikan Sandy untersucht.

Der[29] tropische Wirbelsturm Sandy bildete sich ab dem 19. Oktober 2012 im Karibischen Meer. Die Einstufung der Stärke des Sturms änderte sich laufend. Am 27. Oktober wurde er aufgrund einer Abschwächung seiner Intensität zu einem starken tropischen Sturm herabgestuft, bevor er sich wieder zu einem Hurrikan intensivierte.[30] Er richtete in Jamaika, Kuba und auf den Bahamas Schäden an und forderte zahlreiche Todesopfer. Am 29. Oktober traf der Hurrikan auf die Ostküste der Vereinigten Staaten. Mit New York und New Jersey wurden dicht besiedelte Bundesstaaten der USA getroffen. Die Infrastruktur kam für längere Zeit völlig zum Erliegen: So wurden der Hafen von New York und die Flughäfen geschlossen, der öffentliche Nahverkehr und der Börsenhandel ausgesetzt und das Kernkraftwerk Oyster Creek vorübergehend heruntergefahren. Der Zeitpunkt des Wirbelsturms fiel mit der Hochphase des amerikanischen Präsidentschaftswahlkampfs zwischen dem demokratischen Amtsinhaber Barack Obama und dem republikanischen Herausforderer Mitt Romney zusammen.

Während das Thema Fracking ebenfalls in Deutschland, den USA und Großbritannien diskutiert wird, nehmen die US-Medien bezüglich Hurrikan Sandy eine besondere Rolle ein, da sie von Ereignissen berichten, die das eigene Land betreffen. Die britischen und deutschen Medien berichten dagegen aus einer Außenperspektive, was auf die Perspektivität in den Texten großen Einfluss haben kann (vgl. Jacob/Mattfeldt 2016, Mattfeldt 2018). Die Wahrnehmungen der einzelnen nationalen Medien stellen eine wichtige Ebene in dieser Analyse dar.

---

29 Siehe zu den Angaben im folgenden Abschnitt und zu genaueren Angaben zum Verlauf Podbregar/Lohmann (2015), 145–150.
30 Erst bei sehr starken Windstärken wird ein Sturm meteorologisch als Hurrikan bezeichnet und dann je nach Stärke in verschiedene Kategorien eingeordnet (vgl. dazu auch Carly Porter (22.7.2010): „What's the Difference Between a Tropical Depression, Tropical Storm and Hurricane?", http://www.accuweather.com/en/weather-news/whats-the-difference-between-a/34388, letzter Zugriff 11.4.2018)

3.2 Die Medientextkorpora

Für die Zusammenstellung der Medientextkorpora zu den geschilderten Themen wurde mit der Datenbank Nexis (vormals LexisNexis) gearbeitet. Der Zugang erfolgte über die Universitätsbibliothek Heidelberg. Es wurden die Gruppenquellen Major US Newspapers, UK Publications und Deutsche Presse genutzt. Die in Nexis zur Verfügung gestellten Gruppenquellen enthalten eine Vielzahl von Zeitungen (z.B. *New York Times, Pittsburgh Gazette, The Independent, The Daily Telegraph, Welt, taz, Spiegel*...) mit ihren Onlineversionen und teilweise auch Blogs.[31] Um die Vergleichbarkeit der Diskursausschnitte so weit wie möglich zu gewährleisten, wurden Zeitungen ausgewählt, die vor allem Alltags- und Vermittlungssemantik beinhalten.[32] Sofern nicht anders erwähnt, wurde mit dem Programm AntConc (Version 3.4.1w für Windows) gearbeitet (Anthony 2014).[33]

Sowohl für die englischsprachigen als auch die deutschsprachigen Korpora wurden für das Korpus zum Thema „Fracking" Texte, die den Suchausdruck *fracking* enthielten, zusammengestellt. Die Ausdrücke *hydraulic fracturing* bzw. *hydraulisch! Frakturierung*[34] wurden hinzugenommen, da auch auf den Fachbegriff referiert werden könnte. Der gesamte Suchzeitraum bis Anfang Juli 2013 wurde mit einbezogen. Dabei erscheinen die ersten Texte in den USA und in Großbritannien, die das Thema intensiv aufgreifen, bereits vor mehr als zehn Jahren, während in Deutschland die Berichterstattung erst im Jahr 2010 beginnt. Für die Korpora zum Thema „Hurrikan Sandy" wurden Texte gewählt, die *Sandy* und *hurric!* bzw. *hurrik!* enthalten und zwischen dem 1.10.2012 und Juli 2013 erschienen sind. Mithilfe dieser Parameter lässt sich der Diskursausschnitt gut

---

[31] Teilweise ähneln sich die Texte gerade im deutschen Korpus, was auf Agenturmeldungen und ihren Einfluss schließen lässt. Da dies aber eine große Streuung im Diskurs und damit einen großen Einfluss zeigt, wurden diese Fast-Duplikate im Korpus belassen. Mithilfe des Programms Anti-Twin (Version 1.8 von Jörg Rosenthal (2010)) wurden lediglich Duplikate mit mehr als 99% Übereinstimmung aussortiert. Dies lässt auch einen Blick auf aktualisierte Versionen der Onlineartikel zu, die gerade bei der Berichterstattung zum Hurrikan Sandy immer wieder aktualisiert und leicht verändert aufgerufen werden konnten. Auch Inhaltsübersichten der Zeitungsseiten wurden in das Korpus aufgenommen, da ein Leser durch diese Seiten mit Überschriften selbst ohne die Lektüre der Texte einen ersten Eindruck vom Thema erhält.
[32] Auch Spillner (2012) untersucht parallele Texte derselben Textsorte (in seinem Fall Nachrufe) erkenntnisbringend in verschiedenen Sprachen und Kulturen.
[33] Das Korpus kann jederzeit auf Anfrage von der Autorin erneut zugänglich gemacht werden, vorausgesetzt, die Zugangsbedingungen zu Nexis und die Verfügbarkeit von Texten innerhalb von Nexis ändern sich nicht.
[34] ! bezeichnet hier die verwendete Wildcard in der Nexis-Datenbank.

abdecken: Auf Fracking lässt sich ohne die Nennung des Ausdrucks kaum referieren; der Hurrikan Sandy als Ereignis wird immer wieder als solches benannt. Bei letzterem wurde ein verhältnismäßig großer Zeitraum einbezogen, um auch zu sehen, mit welchen Themen der Hurrikan in einem späteren Stadium der Berichterstattung verknüpft wurde.[35]

Tabelle 2: Übersicht über die Medienkorpora (Zählung der Tokens durch AntConc)

	US	UK	Deutschland
Fracking	3592 Texte	4096 Texte	2766 Texte
	2798896 Tokens	2747994 Tokens	1116337 Tokens
Hurrikan Sandy	7793 Texte	4548 Texte	1874 Texte
	5981729 Tokens	3124371 Tokens	1058167 Tokens

Mit diesen Korpora werden die Fragestellungen nach Agonalität im Deutschen und Englischen allgemein und in diesen Mediendiskursausschnitten im Besonderen analysiert. Weitere verwendete Korpora, anhand derer diese Ergebnisse geprüft werden, werden in Kapitel 3.3 vorgestellt.

Um nicht nur die sprachliche Ebene von Zeitungsmedien zu berücksichtigen, werden in Kapitel 6 zwei Exkurse zu Text-Bild-Beziehungen und zu fiktionalen Texten ergänzt. Die dort zugrunde gelegten Texte werden in Kapitel 6 beschrieben.

3.3 Die Großkorpora

Über die selbst zusammengestellten Medienkorpora hinaus wird in dieser Studie mit Großkorpora des Deutschen und des Englischen gearbeitet. Diese werden vor allem zur Überprüfung herangezogen, um zu sehen, ob die ermittelten Agonalitätsindikatoren (s. Kapitel 4) auch außerhalb der hier ausgewählten Mediendiskurse Gültigkeit besitzen. Auch Mautner (2012) empfiehlt diese Methode, um Erkenntnisse aus eigenen Korpora an repräsentativen Ausschnitten aus der Gesamtsprache zu verifizieren.

---

[35] Pilotstudien mit Suchanfragen zu *Sturm* brachten viele unpassende Belege, so zum Beispiel zahlreiche Berichte zu einem Amoklauf mit einem Sturmgewehr an der Sandy Hook Grundschule. Es wurde daher die Suchanfrage insofern eingeschränkt, als eher der definitive Diskursbezug als die Erstellung eines besonders großen Korpus im Vordergrund stand.

Für das Deutsche wird vor allem mit dem Korpus des *Digitalen Wörterbuchs der deutschen Sprache* (DWDS) gearbeitet, während für das Englische das *Corpus of Contemporary American English* (COCA) herangezogen wird. Beide Großprojekte, die laufend erweitert werden, sollen kurz vorgestellt werden.

3.3.1 Das DWDS-Korpus

Das Digitale Wörterbuch der deutschen Sprache (DWDS) versteht sich in der Tradition der Grimmschen Wörterbücher (vgl. Klein/Geyken 2010) und kombiniert Wörterbuchtraditionen mit Korpuslinguistik. Das DWDS entsteht an der Berlin-Brandenburgischen Akademie der Wissenschaften und bezeichnet sich als „Wortauskunftssystem".[36] Es beinhaltet Angaben zu Synonymen ebenso wie etymologische Hinweise. Die Benutzeroberfläche ist ohne Anmeldung zugänglich.

Für die vorliegende Studie sind besonders die Angaben zu den Kollokaten (s.u.) in Form von Wortprofilen und die beispielhaften Korpusbelege zu einzelnen Suchwörtern von Interesse. Die Wortprofile zeigen die relevantesten Kollokate zu einzelnen Ausdrücken (vgl. zu den Wortprofilen Geyken 2011; Didakowski/Geyken 2013). Dies ist für die Überprüfung der Erkenntnisse zu Agonalität aus den Medienkorpora besonders wichtig (s. Kapitel 4). Das DWDS beinhaltet dabei Printmedienkorpora (das sogenannte Ergänzungskorpus) und das sogenannte Kernkorpus. Letzteres wird von Klein und Geyken wie folgt beschrieben:

> Das Kernkorpus spiegelt den Wortschatz des gesamten 20. Jahrhunderts in größtmöglicher Ausgewogenheit wider. Es wurde daher darauf geachtet, die Textsorten über das gesamte Jahrhundert gleichmäßig zu streuen und die prozentuale Verteilung der Textsorten untereinander angemessen zu berücksichtigen. Das Kernkorpus umfasst etwa 100 Millionen Textwörter. Aufgenommen wurden Dokumente aus fünf Bereichen:
> (1) Schöne Literatur (unter Einschluss von Trivialliteratur, Kinderbüchern u.a.);
> (2) Journalistische Prosa (Zeitungen, Magazine);
> (3) Fachprosa (wissenschaftliche und populärwissenschaftliche Texte);
> (4) Gebrauchstexte (Ratgeber, Verwaltungsvorschriften, Gebrauchsanweisungen, Theaterprogramme, Werbetexte);
> (5) (Transkribierte) Texte gesprochener Sprache, (z.B. transkribierte Reportagen und Aufnahmen aus den Beständen des Deutschen Rundfunkarchiv Frankfurt/Babelsberg).
> (Klein/Geyken 2010, 88)

---

36 http://www.dwds.de/ (letzter Zugriff 11.4.2018)

Das Korpus, auf dem auch das Wortprofil beruht, umfasst damit einen breiten Blick auf das Deutsche. Die verschiedenen enthaltenen Textsorten ergänzen das in dieser Arbeit zusammengestellte Medienkorpus und bieten einen Ausblick. Die zufällig aus dem Korpus ausgewählten Belege, die angezeigt werden, dienen ebenfalls der Prüfung der Erkenntnisse aus den Medienkorpora.

Das System wird fortlaufend verbessert und erweitert. Für diese Arbeit relevant ist der Stand des DWDS Ende des Jahres 2015.

3.3.2 Das Corpus of Contemporary American English (COCA)

Beim COCA (Corpus of Contemporary American English) handelt es sich um ein von Mark Davies (Brigham Young University) zusammengestelltes Korpus, das nach Anmeldung für Wissenschaftler und Sprachinteressierte zugänglich ist.[37] Es bietet die Möglichkeit, gezielt nach Suchausdrücken und ihren Kollokaten zu suchen. Zufällig ausgewählte Belege (auch zu einzelnen Kollokaten) kann man sich dabei ebenfalls anzeigen lassen.

Das Korpus beinhaltet mehr als 520 Millionen Wörter und wird immer wieder erweitert. Wie im DWDS-Kernkorpus finden sich auch in diesem Korpus verschiedene Textsorten, darunter transkribierte Gespräche, fiktionale Texte, Magazinartikel, Zeitungen und akademische Texte. Damit bietet es wie das DWDS einen breiten Blick auf das (US-amerikanische) Englisch und wurde deshalb in dieser Arbeit ausgewählt, um die Ergebnisse aus den Analysen zu überprüfen.

Beide gewählten Großkorpora ermöglichen damit einen allgemeinen Blick auf die sprachlichen Perspektivierungen in den untersuchten Ausdrücken und Konstruktionen. Aufgrund ihrer ähnlichen Zusammenstellung sind die Ergebnisse durchaus vergleichbar.[38]

3.4 Keywords und Kollokationen

In dieser Arbeit wird zunächst in Kapitel 4 ein komplettes Repertoire an Agonalitätsindikatoren erstellt, die als Sprachschatz für die Analyse in Kapitel 5 die-

---

[37] http://corpus.byu.edu/coca/ (letzter Zugriff 11.4.2018). Vgl. auch Davies (2010).
[38] Beachtet werden sollte allerdings, dass im DWDS auch ältere Texte enthalten sind. Dies spielt aber eine relativ geringe Rolle in der Analyse, da sich beide Korpora bemühen, die Gesamtsprache abzubilden und damit einen breiten Überblick über die Verwendungen von Ausdrücken ermöglichen.

nen. In Kapitel 5 geht es genauer darum, wie sich Agonalität konkret in den Korpora äußert. In beiden Kapiteln spielen neben qualitativen Auswertungen auch quantitative Verfahren eine unterstützende Rolle, etwa wenn es darum geht zu zeigen, welche agonal verhandelten Konzepte als besonders relevant für ein Korpus eingeschätzt werden können.[39] In der Analyse wird dabei auf Keywords[40] und Kollokationen verwiesen. Die hier zugrunde liegende Definition dieser Ausdrücke soll kurz erläutert werden.[41]

Mit der Berechnung von Keywords wird in der korpuslinguistisch arbeitenden Diskursanalyse häufig gearbeitet.[42] Unter Keywords werden Ausdrücke verstanden, die in einem Untersuchungskorpus im Vergleich zu einem anderen Korpus, dem sogenannten Referenzkorpus, statistisch signifikant häufiger vorkommen (vgl. Felder 2012; Senkbeil 2012, 400).[43] Die Wahl des Referenzkorpus ist dabei laut Scott (2009) nicht vollkommen beliebig, doch seiner Analyse zufolge gibt es bei der Beachtung einiger Grundsätze keine völlig ungeeigneten Referenzkorpora. Während reine Häufigkeitslisten für viele Korpora Funktionsausdrücke wie Artikel (z.B. *der*) oder Konjunktionen (z.B. *und*) als besonders häufig angeben, kommen solche Ausdrücke in Keywordlisten kaum vor, da diese normalerweise auch im Referenzkorpus häufig vorkommen. Vielmehr finden sich in der Keywordliste Ausdrücke, die für ein Untersuchungskorpus vergleichsweise spezifisch sind (wie in den vorliegenden Korpora z.B. *Sandy*, *Hurrikan* bzw. *Fracking*, *Gas* etc.). Das Verfahren wird in der korpuslinguistisch arbeitenden Diskurslinguistik verwendet, um Hinweise auf wichtige Inhalte der Untersuchungskorpora zu erhalten (vgl. z.B. Felder 2012, 135 zu diesem Vorgehen), und soll als bewährtes Analysetool hier ebenfalls Anwendung finden.

---

[39] Auch Bubenhofer (2008) betont die Relevanz der Kombination qualitativer und quantitativer Verfahren.
[40] Bewusst wurde hier der englischsprachige Ausdruck *Keyword* gewählt, der sich auf statistisch errechnete relevante Ausdrücke in einem Korpus bezieht. Auf den deutschsprachigen Ausdruck „Schlüsselwort" (vgl. Felder 2012, 135, v.a. Fußnote 13) mit teils anderer Auslegung wird verzichtet.
[41] Vgl. zu den folgenden Aussagen v.a. Manning/Schütze (⁶2003), Bubenhofer (2009) und in der Übersicht zur Chi-Square-Statistik Bubenhofer (2006–2018) im Onlinekurs unter http://www.bubenhofer.com/korpuslinguistik/kurs/index.php?id=statistik_signifikanzChi.html (letzter Zugriff 11.4.2018).
[42] Die ganze Fülle der Arbeiten, die die Analyse von Keywords verwenden, kann hier nicht wiedergegeben werden. Exemplarisch seien hier McEnery (2009) und Baker (2009) genannt.
[43] Referenzkorpus wird in diesem Kontext anders als z.B. bei Scherer (2006, 27) nicht als allgemeines Korpus einer Sprache mit vielen Varietäten verstanden, sondern als Vergleichskorpus, das jeweils eingesetzt wird, um die Keyness von Wörtern in einem Untersuchungskorpus zu berechnen.

Konkret wird die Frequenz (relative Häufigkeit) eines Ausdrucks in einem bestimmten Korpus als Relation der Zahl des Vorkommens zur Größe dieses Korpus berechnet und in Beziehung zur Frequenz des gleichen Ausdrucks in einem anderen Korpus gesetzt (vgl. Wynne 2008, 30). Dies soll in der korpuslinguistischen Anwendung dazu dienen, herauszufinden, ob Unterschiede in Vorkommenshäufigkeiten statistisch insignifikant sind und auf Zufall beruhen können (Nullhypothese) oder ob die Nullhypothese verworfen werden kann und ein Ausdruck überzufällig häufig in einem Korpus vorkommt (und damit diskurslinguistisch als besonders charakteristisch für ein Korpus interessant wird). Bubenhofer (2006–2018) führt aus, wie man dies mit der Teststatistik Chi-Square mit einem Freiheitsgrad ausführlich mithilfe einer Vier-Felder-Tafel berechnen kann; in korpuslinguistischen Programmen wie AntConc oder WordSmith ist diese Berechnung bei der entsprechenden Keyword-Funktion bereits implementiert. Ab einem Chi-Square-Wert von 3,84 geht man (bei einer Berechnung mit zwei Korpora und einem gewählten Ausdruck, der in beiden vorkommt) davon aus, dass die Frequenzunterschiede mit 95%iger Sicherheit signifikant sind.[44] Dies wird auch mit dem *p*-Wert 0,05 beschrieben. Ab einem *p*-Wert von 0,01 (Chi-Square 6,64) ist die Wahrscheinlichkeit, dass die Nullhypothese verworfen werden kann, 99%. Ab einem *p*-Wert von 0,001 (Chi-Square 10,83) beträgt die Wahrscheinlichkeit, dass es sich um einen signifikanten Unterschied handelt, sogar 99,9%.

An einem Beispiel aus den Frackingkorpora soll dies verdeutlicht und exemplarisch berechnet werden (in der Analyse in Kapitel 5 werden die bewährten Analyseinstrumente von AntConc verwendet).[45] Es soll getestet werden, ob der Ausdruck *earthquake* im UK-Korpus signifikant häufiger vorkommt als im US-Korpus (vgl. ausführlich in der Analyse Kapitel 5.2.1). *earthquake(s)* kommt im UK-Frackingkorpus 1752 Mal vor bei einer Korpusgröße von 2747994 Wörtern (tokens), im Unterschied zum US-Frackingkorpus mit 521 Belegen bei 2798896 Tokens. Die Werte für die Vier-Felder-Tafel sind mit grauer Schattierung hervorgehoben.

---

44 Vgl. Bubenhofer (2006–2018) unter: http://www.bubenhofer.com/korpuslinguistik/kurs/index.php?id=statistik_signifikanzChi.html, letzter Zugriff 11.4.2018.
45 Die folgende Berechnung orientiert sich an der Vorgehensweise Bubenhofers (2006–2018): http://www.bubenhofer.com/korpuslinguistik/kurs/index.php?id=statistik_signifikanzChi.html, letzter Zugriff 11.4.2018.

Tabelle 3: Beispielrechnung für den Ausdruck *earthquake(s)*

	UK-Frackingkorpus	US-Frackingkorpus
Frequenz von *earthquake(s)*	1752	521
Alle restlichen Wörter	2746242	2798375
Total	2747994	2798896
Erwarteter Wert von *earthquake(s)*[46]	1126 (gerundeter Wert)	1147 (gerundeter Wert)
Erwarteter Wert für die restlichen Wörter	2746868	2797749

Mit der Formel für den Chi-Quadrat-Test ergibt sich folgende Rechnung:

$$x^2 = \sum_{i=1}^{4} \frac{(\text{tatsächlicher Wert} - \text{erwarteter Wert})^2}{\text{erwarteter Wert}}$$

x^2 ergibt sich dabei aus der Summe der berechneten Werte:

i=1: $(1752-1126)^2 / 1126 \approx 348{,}02$ → (*earthquake(s)* im UK-Frackingkorpus)
i=2: $(521-1147)^2 / 1147 \approx 341{,}65$ → (*earthquake(s)* im US-Frackingkorpus)
i=3: $(2747642-2746868)^2 / 2746868 \approx 0{,}22$ → (restliche Wörter im UK-Frackingkorpus)
i=4: $(2798375-2797749)^2 / 2797749 \approx 0{,}14$ → (restliche Wörter im US-Frackingkorpus)
x^2 = Summe aus allen Werten: = 348,02+341,65+0,22+0,14 = 690,03

Mit Blick auf die Tabelle Noah Bubenhofers (2006–2018) für Chi-Square-Tests mit einem Freiheitsgrad von 1 ergibt das einen kritischen Wert von weit mehr als 10,83, was einem *p*-Wert von 0,001 entspricht. Die Nullhypothese kann folglich mit 99,9% Wahrscheinlichkeit verworfen werden: Es handelt sich bei *earthquake* somit um einen hochsignifikant häufiger vorkommenden Ausdruck im UK-Frackingkorpus im Vergleich zum US-Frackingkorpus.

Dieses Verfahren wird im Analysekapitel 5 mehrfach angewandt. Falls nicht anders erwähnt, wird beim Verweis auf Keywords immer von einem *p*-Wert von

---

46 Der erwartete Wert wird mithilfe des Dreisatzes berechnet, der hier aus Platzgründen ausgespart wird. Genau ausgeführt wird die Dreisatzberechnung von Bubenhofer (2006–2018): http://www.bubenhofer.com/korpuslinguistik/kurs/index.php?id=statistik_signifikanzChi.html, letzter Zugriff 11.4.2018.

0,001 und damit einer sehr großen Wahrscheinlichkeit von hoher Keyness ausgegangen. Mit Keyness ist der Charakter eines Ausdrucks als Schlüsselwort gemeint: Besitzt ein Ausdruck hohe Keyness, ist er mit besonders hoher Wahrscheinlichkeit signifikant häufig in einem Korpus und damit besonders typisch (vgl. Scott/Tribble 2006, 55f.).

Als Referenzkorpora dienen jeweils die anderen Untersuchungskorpora, also beispielsweise für das US-Frackingkorpus je nach Fragestellung das US-Hurrikankorpus oder das UK-Frackingkorpus (z.B. wenn es darum geht, ob ein Ausdruck im US-Frackingdiskurs eine wichtigere Rolle spielt als im UK-Frackingkorpus). Dies wird jeweils angegeben. Die eigenen Korpora werden aufgrund ihrer Vergleichbarkeit mit dem Untersuchungskorpus als Referenzkorpora verwendet: Die Zeiträume der Zusammenstellung sind ähnlich, ebenso die ausgewählten Medien, sodass Verzerrungen aufgrund anderer Textsorten weitestgehend ausgeschlossen werden können. Ferner wurde vergleichend in den in Kapitel 3.3 beschriebenen Großkorpora recherchiert, um Vergleiche mit der Gesamtsprache anzustellen.

Von einigen Autoren werden Häufigkeiten in normalisierter Form, also als relative Häufigkeiten (vgl. Evison 2012) pro Million Wörter angegeben, da hierbei zwei Korpora unterschiedlicher Größe besser als mit den Anzahlwerten der Häufigkeiten (reine oder absolute Häufigkeiten) verglichen werden können. Vergleicht man hier etwa die relativen Häufigkeiten von *earthquake(s)* im UK-Frackingkorpus (s.o.) mit der Häufigkeit von *earthquake(s)* im COCA-Korpus (9385 Vorkommen in rund 520 Millionen Wörtern, Angaben vom 25.11.2016),[47] ergeben sich für das UK-Frackingkorpus rund 637,5 Vorkommen pro Million Wörter, während der Ausdruck im COCA-Korpus nur rund 18mal pro Million Wörter vorkommt. Es zeigt sich hier also, dass der Ausdruck nicht nur im Vergleich zum US-Frackingkorpus signifikant häufiger vorkommt, sondern auch wesentlich häufiger als in der Abbildung der Standardsprache, wie sie in COCA angestrebt wird.

Ferner werden in Kapitel 4 und 5 einige Kollokationen berechnet. Kollokate sind Wörter, die überzufällig häufig im Kotext eines Ausdrucks vorkommen.[48] Beispielsweise ist *putzen* ein Kollokat von *Zähne* (stärker als etwa *Zähne* und *waschen*); in politischen Diskursen ist davon auszugehen, dass *Bundeskanzlerin* und *Merkel* überzufällig häufig gemeinsam vorkommen (zu Kollokationen siehe

---

47 Vgl. Homepage des COCA-Corpus http://corpus.byu.edu/coca/, Stand vom 25.11.2016.
48 Scott/Tribble (2006, 36) sprechen hier anschaulich von der Analogie von Freundschaften zwischen Wörtern. Firth (1957/1968, 179) betont die Relevanz von Kollokationen in seinem bekannten Satz „You shall know a word by the company it keeps".

auch Lemnitzer/Zinsmeister ³2015, 196).⁴⁹ Wie zwei Ausdrücke miteinander zusammenhängen, wird in dieser Arbeit mithilfe der Teststatistik T-Score berechnet. Der *T-Score of collocations* gibt an, wie wahrscheinlich ein gemeinsames Vorkommen von zwei Ausdrücken in einem zufällig gewählten Beispiel ist. Dabei vergleicht der statistische Test die in der realen Stichprobe beobachtete Häufigkeit des Zusammentreffens zweier Ausdrücke (des Referenzwortes und des potentiellen Kollokates) mit der unter der Nullhypothese eines zufälligen Zusammentreffens der beiden Ausdrücke zu erwartenden Häufigkeit. Diese Differenz, skaliert nach der Varianz und der Korpusgröße, ist der T-Score. Aus ihm ergibt sich, wie wahrscheinlich ein gemeinsames Vorkommen der beiden Ausdrücke unter der Nullhypothese eines zufälligen Zusammentreffens ist (Definition leicht paraphrasiert übersetzt nach Manning/Schütze ⁶2003, 163). Bei niedrigen T-Score-Werten muss man demnach die Nullhypothese akzeptieren; es handelt sich dann nicht um eine signifikante Kollokation. Manning/Schütze (⁶2003, 164) nennen den T-Wert 2,576 als Grenzwert, ab dem man die Nullhypothese mit 99,5 Prozent Wahrscheinlichkeit verwerfen kann. Auch dieser Wert kann mithilfe von Programmen wie AntConc berechnet werden und dient in dieser Arbeit vor allem als ungefähre Skala, wie wahrscheinlich das Vorkommen eines Ausdrucks mit einem anderen ist. Beispielsweise ist *gas* im UK-Frackingkorpus ein wichtiges Kollokat von *fracking* (T-Score 41,59; 1961 gemeinsame Vorkommen innerhalb von 5 Wörtern rechts und links von *fracking*), anders als z.B. *beauty* (T-Score 0,63; nur 1 gemeinsames Vorkommen innerhalb von 5 Wörtern rechts und links von *fracking*; Berechnung jeweils in AntConc). Nach dem oben zitierten Grenzwert aus Manning/Schütze (⁶2003, 164) kommt damit *gas* hochsignifikant gehäuft mit *fracking* vor, *beauty* jedoch nicht.⁵⁰ Die Werte aus AntConc wurden für dieses Beispiel mit der bei Manning/Schütze (⁶2003, 164f.) angegebenen Rechnung manuell überprüft.

---

49 Perkuhn/Keibel/Kupietz (2012, 112f.) bevorzugen die Benennung Kookkurrenz (co-occurrence). Diese wird hier für einzelne gemeinsame Vorkommen von Ausdrücken miteinander reserviert, während mit Kollokationen musterhafte gemeinsame Verwendungen gemeint sind.

N (*gas* und *fracking*) = 1961, N(*gas*) = 27518, N(*fracking*) = 11919, N (tokens) = 2747994

$$T = \frac{\left[\left(\frac{1961}{2747994}\right) - \left(\left(\frac{27518}{2747994}\right) \times \left(\frac{11919}{2747994}\right)\right)\right]}{\sqrt{\frac{\left(\frac{1961}{2747994}\right)}{2747994}}} \approx 41.59$$

N (*beauty* und *fracking*) = 1, N(*beauty*) = 86, N(*fracking*) = 11919, N(tokens) = 2747994

$$T = \frac{\left[\left(\frac{1}{2747994}\right) - \left(\left(\frac{86}{2747994}\right) \times \left(\frac{11919}{2747994}\right)\right)\right]}{\sqrt{\frac{\left(\frac{1}{2747994}\right)}{2747994}}} \approx 0.63$$

Anders als die Berechnung mithilfe der alternativen Teststatistik *mutual information* (MI) (vgl. dazu Brezina/McEnery/Wattam 2015, Bubenhofer 2009, 142) ist dieses Verfahren auch bei geringen Häufigkeiten sinnvoll anzuwenden:

> The t-score [sic!] is a measure not of the strength of association but the confidence with which we can assert that there is an association. MI is more likely to give high scores to totally fixed phrases whereas t-score will yield significant collocates that occur relatively frequently. In most cases, t-score is the most reliable measurement.[51]

Auch Hunston (2002, 72) empfiehlt die Verwendung des *T-Score of collocations*, um Zusammenhänge herauszufinden, da dieses Maß Häufigkeiten mit einbezieht. Diese Arbeit legt in den folgenden Kapiteln den *T-Score of collocations* bei der Berechnung von Kollokationen zugrunde. Die Kollokationen können wie die Keywords mithilfe von Programmen wie AntConc berechnet werden.[52]

---

[51] Zitiert von der Internetpräsenz von Collins Workbanks: Harper Collins Publishers Ltd. (2008), unter https://wordbanks.harpercollins.co.uk/other_doc/statistics.html, letzter Zugriff 11.4.2018.

[52] Für einen Überblick darüber, welche Tests sich eignen, um die Enge der Beziehungen zwischen Wörtern festzustellen, seien hier Evert (2005) und Bartsch/Evert (2014) exemplarisch genannt. COCA verwendet voreingestellt mutual information, was für dieses sehr große Korpus passend ist; das DWDS-Korpus verwendet zur Berechnung des Wortprofils eine Mischung aus mutual information und der Teststatistik LogDice (vgl. Bartsch/Evert 2014, 45).

3.5 Zusammenfassung der korpuslinguistischen Grundlagen

Für die vorliegende Arbeit wurden zwei Mediendiskursthemen ausgewählt, die den Themenbereich Mensch und Natur auf unterschiedliche Weise perspektivieren. Mit dem Thema Fracking wird ein umstrittenes Umweltthema behandelt, während bei der Berichterstattung zum Hurrikan Sandy eine Naturkatastrophe im Zentrum steht.

Beide Themen sollen im Hinblick auf Agonalität im Deutschen und Englischen analysiert werden. Die dabei verwendeten Ausdrücke Keyword und Kollokation wurden in diesem Kapitel kurz erläutert. Um die Analyseergebnisse zu Agonalität im Deutschen und Englischen auf eine allgemeine Gültigkeit hin prüfen zu können, werden mit DWDS und COCA zwei bekannte Großkorpora hinzugezogen. Im folgenden Kapitel soll vor der Analyse der Agonalität im Deutschen und Englischen mithilfe der geschilderten Korpora nun geklärt werden, wie man Agonalität definieren und sie in Diskursen konkret analysieren kann.

4 Agonalität und ihre sprachlichen Indikatoren im Deutschen und Englischen

In diesem Hauptkapitel soll die erste der beiden zu Beginn aufgeworfenen Fragestellungen beantwortet werden (siehe Kapitel 1): Welche Möglichkeiten in Form sprachimmanenter Indikatoren existieren in den Sprachen Deutsch und Englisch, Agonalität in Texten und Diskursen auszudrücken?

Zu diesem Zweck wird zunächst eine Definition von Agonalität auf Grundlage der bisher vorhandenen Forschungsliteratur aufgestellt und das Vorgehen bei der Analyse beispielhaft an einem Text verdeutlicht (Kapitel 4.1). Im Anschluss werden zehn allgemeine semantische Dimensionen der Agonalität, die induktiv in beiden Diskursen aus der Analyse gewonnen wurden und das Diskursphänomen Agonalität genauer ausdifferenzieren, vorgestellt (Kapitel 4.2). Danach wird deduktiv mithilfe von Grammatiken (Kapitel 4.3) und thematischen Wörterbüchern (Kapitel 4.4) das sprachliche Repertoire der Agonalität im Deutschen und Englischen, d.h. Indikatoren und sprachliche Muster, erweitert. Bei der deduktiven Vorgehensweise werden die in Kapitel 4.2 entwickelten Dimensionen um zwei weitere ergänzt. Am Ende steht ein Vergleich der Agonalität in beiden Sprachen und ein Ausblick auf den Nutzen dieser Analyse für weitere Forschung zu Agonalität und für diskursanalytische Studien (Kapitel 4.5). In Kapitel 5 folgt die konkrete Anwendung der in Kapitel 4 erarbeiteten Agonalitätsindikatoren für die Analyse der Untersuchungskorpora.

4.1 Vorüberlegungen: Definition der Agonalität und Beispielanalyse

4.1.1 Agonalität – Definitorische Überlegungen

Um sprachliche und bildliche Ausdrucksmittel der Agonalität zu untersuchen, ist eine genauere Definition von Agonalität erforderlich. In den theoretischen Ausführungen (s. Kapitel 2) wurde auf die agonalen Zentren nach der Definition Felders (Felder 2012) bereits kurz verwiesen. In diesem Abschnitt wird nun zunächst Folgendes angestrebt: Die bisherigen Definitionsansätze von Agonalität aus der Fachliteratur sollen zusammengefasst und kritisch beleuchtet werden. Es soll danach eine eigene Definition von Agonalität gegeben werden, auf deren Grundlage weitergearbeitet wird.

In Kapitel 4.1.2 wird das weitere Vorgehen anhand der ausführlichen Analyse eines Beispieltexts aus dem Untersuchungskorpus und der quantitativen

Überprüfung auf allgemeinsprachliche Anwendung der dort gefundenen potenziellen Agonalitätsindikatoren in weiteren Korpora (s. Kapitel 3) verdeutlicht.

Der Terminus *Agonalität* und das Adjektiv *agonal* stammen aus dem Griechischen; Agone waren ursprünglich griechisch-antike Wettkämpfe wie sportliche Wettbewerbe oder später Wagenrennen, die noch bis zur Spätantike stattfanden und zu einem allgemeinen festlichen Programm gehörten (Gutsfeld/ Lehmann 2013). Diese antike griechische Tradition wurde von Philosophen wie Nietzsche später aufgegriffen und als ordnende Maßnahme in einer kompetitiven Umgebung betrachtet: Agone verhindern in dieser Vorstellung Tyrannei durch friedlichen Wettstreit (vgl. im Überblick Gangl 2011). Daraus entwickelte sich die Vorstellung von agonalem Streit auf der sprachlichen Ebene bei Lyotard (²1989) und Assmann/Assmann (1990).[53]

Kultur beruht nach dieser Vorstellung auf Konflikt und Aushandlung im sprachlichen Wettstreit. Es wird unterschieden zwischen sogenannten guten und bösen Konflikten:

> Hesiods Gegenüberstellung von gutem (agonalem) und bösem (aggressivem) Streit läßt sich als Unterscheidung zwischen einer „kommunikativen" und einer „unkommunikativen" Form des Konflikts lesen. Die erste sieht im anderen den Rivalen, die zweite den Feind. Im ersten Falle bleiben die Gegenspieler im Rahmen einer gemeinsamen Ordnung, im zweiten Fall wird Gemeinsamkeit aufgekündigt und zerstört. (Assmann/Assmann 1990, 11f.)

Während Agonalität in der Tradition der griechischen Grundbedeutung tendenziell eher abstrakt beschrieben wird, sind die Definitionen in der Linguistik stärker auf den Charakter eines Diskurses bezogen (Warnke 2009, Felder 2015) oder beziehen sich auf die Angelpunkte des Diskurses (Felder 2012) im Sinne sogenannter agonaler Zentren (s.u.). In der Linguistik liegt der Fokus auf Wissensbeständen in einer Gesellschaft, die diskursiv ausgehandelt werden (vgl. Niehr 2014b). Dabei entstehen Felder (2012) zufolge Konflikte, die man durch die Formulierung agonaler Zentren beschreiben kann. Dabei stehen handlungsleitende Konzepte, die den Diskurs prägen und von Diskursakteuren dominant gesetzt werden, im Wettstreit (vgl. zu handlungsleitenden Konzepten Felder 2006, 18f.). Agonale Zentren definiert Felder folgendermaßen:

> Unter *agonalen Zentren* verstehe ich einen sich in Sprachspielen manifestierenden Wettkampf um strittige Akzeptanz von Ereignisdeutungen, Handlungsoptionen, Geltungsansprüchen, Orientierungswissen und Werten in Gesellschaften. Im Fokus der Aufmerksam-

---

53 Vgl. auch Bohrer (2011).

keit stehen kompetitive Sprachspiele zwischen verschiedenen gesellschaftlichen Diskursakteuren. (Felder 2012, 136)

Aus den vorliegenden verschiedenen Definitionen und der Etymologie lässt sich eine Zusammenfassung der in der Forschungsliteratur wichtigsten Charakteristika von Agonalität geben:

- Agonalität hat in erster Linie mit Wettkampf zu tun (vgl. die griechische Tradition des Ausdrucks). Der Gedanke des spielerischen, öffentlichen Wettstreits kommt auch in der ersten Definition des englischen Adjektivs *agonal* im Oxford English Dictionary zum Ausdruck:

    1) Of or relating to an agon or public celebration of games
    2) Characterized by competition; competitive; conflictual.[54]

    Die zweite, in der zeitgenössischen Sprachpraxis wohl häufigere Verwendung als kompetitiv und konfliktbezogen kommt auch in der diskurslinguistischen Anwendung zum Tragen. Hierbei ist vor allem auf die vorhin genannten Gedanken von Lyotard, Warnke und Felder zu verweisen.
- Der Wettkampf wird prototypisch zwischen Akteuren (vgl. Spitzmüller/Warnke 2011, 172) ausgetragen. In demokratischen Gesellschaften tragen sie Diskussionen um unterschiedliche Standpunkte aus; sie vertreten dabei ihre Perspektiven sprachlich (vgl. Köller 2004) oder können Bilder und Graphiken verwenden, um ihre Positionen zu untermauern.
- Das Vorhandensein verschiedener konkurrierender Positionen zu einem Thema deutet folglich darauf hin, dass sich der Diskurs zu diesem Thema agonal gestaltet. In diesem Punkt wird die Nähe zum Begriff der Polyphonie deutlich, der vor allem in der romanistischen Argumentationstheorie belegt ist (vgl. z.B. Atayan 2006, 122f.) und wie der entsprechende musiktheoretische Begriff auf eine Vielstimmigkeit verweist. Diese diskursive Vielstimmigkeit wird in der vorliegenden Arbeit stärker aus einer sprachimmanenten Perspektive mit genauer Analyse der Sprachoberfläche betrachtet.
- Für die Sprachwissenschaft gilt die Vorstellung, dass diese miteinander konkurrierenden Ansichten in sprachlichen Ausdrucksformen an der Sprachoberfläche zu erkennen sind, etwa durch die gezielte Analyse adversativer und konzessiver Konnektoren (vgl. Schedl 2011/2017 (auch mit ers-

---

[54] *agonal, adj.* im Oxford English Dictionary Online. Oxford University Press. Stand März 2018. http://www.oed.com.ubproxy.ub.uni-heidelberg.de/view/Entry/329103?rskey=IyPVzo&result=2&isAdvanced=false. Letzter Zugriff 27.4.2018.

ten Ansätzen zu Agonalität induzierenden Autosemantika), Felder 2012, genauer Kapitel 4.3.2.2).
- Sprachliche Formen sind damit nicht nur Indikatoren für Agonalität, die in diskursanalytischen Studien Hinweise auf agonal Verhandeltes geben; sie konstruieren agonale Konflikte. Agonalität ist eine explizit sprachlich geprägte Kategorie.

Agonalität wird damit nach Ansicht der Autorin aber noch nicht konkret genug für eine umfassende diskurslinguistische Analyse definiert und auf mögliche Indikatoren bezogen. Es fehlen zudem Kriterien, die Indikatoren der Agonalität ausmachen sollen, und eine klare Unterscheidung zwischen destruktivem und agonalem Streit, wie ihn Assmann/Assmann (1990) voraussetzen. Die genannten Charakteristika der Agonalität sollen deshalb um die folgenden Überlegungen ergänzt werden:
- Das Stammmorphem *Agon-* verweist ursprünglich auf einen Wettkampf oder Wettbewerb – Ausdrücke, die geläufiger erscheinen als Agonalität und hier auch genauer betrachtet werden sollen. *Wettkampf* bzw. *Wettbewerb* hat verschiedene Teilbedeutungen und Konnotationen. Im Duden-Synonymwörterbuch findet man z.B. verschiedenste (Teil-) Synonyme für den Ausdruck *Wettbewerb*:

1. Begegnung, Contest, Cup, Fight, Match, Olympiade, Partie, Preisausschreiben, Spiel, Test, Turnier, Wettspiel [...] (*Sport*): Kampf, Prüfung, Qualifikation, Rallye, Treffen, Wertung, Wettkampf.
2. Gegnerschaft, Jagd, Konkurrenz(druck), Konkurrenzkampf, Konkurrenzverhältnis, Nebenbuhlerschaft, Schlacht, Wetteifer, Wettkampf, Wettstreit, (*bildungsspr.*): Rivalität. (Duden-Synonymwörterbuch [6]2014, 1080, Hervorhebungen im Original).

- Diese Synonyme verweisen auf unterschiedliche Teilbedeutungen. Am passendsten für die linguistische Vorstellung eines Wettkampfs im übertragenen, auch sprachlichen, Sinne ist wohl der Fokus auf eine allgemein verstandene Konkurrenz. Agonalität bedeutet damit grundsätzlich: Etwas tritt in Konkurrenz mit etwas anderem.
- Daraus geht der zweite Punkt hervor: Agonalität muss nicht notwendigerweise explizit an Menschen gekoppelt sein. In einem übertragenen Sinne werden auch Ideen zueinander in Rivalität gesetzt, ebenso Objekte und Anschauungen; diese werden zwar von Menschen in Konkurrenz gesetzt, aber diese müssen nicht explizit genannt werden und können in den Hintergrund treten. Die Teilbedeutung der Konkurrenz ist das entscheidende Kriterium.

- Agonalität ist damit an Akteure gekoppelt, die, wie in Kapitel 2.4 definiert, auch aus Gruppen oder Organisationen bestehen können. Für eine erste Untersuchung der Indikatoren kann die Zuschreibung zu bestimmten Akteuren erst einmal vernachlässigt werden. Wie die Critical Discourse Analysis richtig feststellt, können Akteure auch so stark sprachlich verschleiert werden, dass im Einzelfall oft gar nicht genau zu sagen ist, wer für eine Aussage oder Handlung verantwortlich ist (vgl. Fairclough ²2001). Eine Konkurrenz oder eine Rivalität lässt sich oft dennoch aus dem sprachlichen Material herausarbeiten.
- Insgesamt wird Agonalität damit als Polarität und Opposition an sich verstanden, die sich sprachlich manifestiert.
- Die Unterscheidung von Agonalität zum negativ gewerteten „böse[n]" Streit (vgl. Assmann/Assmann 1990, 11) ist nicht immer klar zu treffen. Wie Beteiligte eine Opposition verstehen, ist oft nicht eindeutig festzustellen, und auch die Intentionen persuasiver Mittel entsprechend zu beurteilen ist kaum möglich. Die Grenzen zwischen negativ gewerteter Manipulation und positiv gewerteter Agonalität werden als fließend betrachtet. Die sprachlichen Mittel, um diese zu kreieren, sind so ähnlich, dass man sie ohne genaue Kenntnis des Kontexts kaum trennen kann. Aus diesem Grund wird in der Analyse der Indikatoren diese Unterscheidung nicht vorgenommen.
- Insgesamt wird hier folglich bewusst eine möglichst breite Definition von Agonalität zugrunde gelegt.

Folgende Definition wird im Anschluss an diese Ausführungen für diese Arbeit aufgestellt:

Agonalität geht auf Wettkämpfe in der Antike zurück und bezeichnet eine breit verstandene kompetitive Opposition oder Polarität, die nicht zwingend an menschliche Akteure gebunden ist. Agonalität manifestiert sich auf der sprachlichen Oberfläche (weit verstanden und damit auch visuelle Inhalte einschließend).

Aus dieser Definition ergeben sich die folgenden Kriterien für die Agonalitätsindikatoren:
- Sie müssen auf eine Gegenüberstellung verweisen bzw. diese beschreiben, sie als faktisch charakterisieren oder sie andeuten – sie müssen also die Agonalität an sich markieren oder
- sprachlich einen Wettstreit konstruieren oder benennen, also die Akteure, die den Wettstreit austragen, in Konkurrenz setzen oder
- die Existenz eines Konflikts implizieren oder

- metasprachlich darauf hinweisen, dass Konfliktparteien oder Wettstreit existieren.

Diese Definition und diese Kriterien werden als Ausgangspunkt für die folgende Analyse potenzieller Indikatoren genommen. Um zu erforschen, wie sich Agonalität an der sprachlichen Oberfläche zeigt, soll nun konkret mit Texten gearbeitet werden, um zu sehen, welche sprachlichen Ausdrucksformen dabei welche Perspektivität entfalten. Es kann sich dabei um sprachliche Mittel auf der Morphem-, Wort-, Syntagmen- oder Satzebene handeln. Die sprachlichen Mittel konstruieren damit zum einen die Agonalität; zum anderen sind sie für diskurslinguistische Betrachtungen Indikatoren für die Analyse agonaler Konflikte.

4.1.2 Agonalität in einem Untersuchungstext: Beispielanalyse

4.1.2.1 Qualitative Analyse

Exemplarisch soll hier das Vorgehen an einem englischsprachigen Zeitungsbeitrag aus dem Frackingkorpus gezeigt werden, der ausgewählt wurde, da sich in diesem relativ kurzen Text zahlreiche Indikatoren und differenzierte semantische Aspekte von Agonalität zeigen lassen. Diese werden auch im Folgenden wichtig, wenn Agonalität mithilfe von Dimensionen genauer kategorisiert wird (s. Kapitel 4.2). Bei der folgenden qualitativen Textanalyse eines Leserbriefs werden ausgehend von der in Kapitel 4.1.1 aufgestellten Definition und den Kriterien für Agonalitätsindikatoren die verschiedenen Mittel der Agonalitätskonstruktion annotiert. Diese Beispielanalyse wird bewusst ausführlich dargestellt, da sie das Vorgehen demonstriert, das zu der Eruierung der semantischen Dimensionen von Agonalität in Kapitel 4.2 und weiterer Indikatoren von Agonalität in Kapitel 4.2–4.4 führt. Über die Formen der Argumentation hinaus, wie sie etwa bei Wengeler (2003), Kopperschmidt ([2]2005) oder Semino (2008) beschrieben werden, soll hier stärker auf einzelne sprachliche Indikatoren geachtet werden, die Agonalität als grundlegendes Konzept indizieren.

> Victim Of Crushing Ineptitude
> I THINK it was OK to stick with George Osborne as long as his rationale "if we have to borrow money, we should be able to borrow it cheaply" worked.
> Sadly, his slash and burn strategy hasn't pacified the ratings agencies or the money markets. I imagine he was gambling on a natural upturn in the economic cycle which hasn't happened.
> I entirely agree with his sensible cuts to our crazy welfare state benefits, which I didn't even know about until people started complaining about their reduction, but we desperately need nuclear power stations, fracking, houses and roads just to keep our crumbling economy afloat. It seems that the Labour Party cannot do "free market capitalism" and the Conservatives cannot do Keynesianism.
> It's a pity we're the victims of this crushing incompetence.
> KENNETH HUGHES, Tynemouth, North Tyneside

Analysetext: Leserbrief aus The Journal, 26.2.2013 (UK-Frackingkorpus, Großschreibungen im Original)

Dieser Leserbrief soll nun qualitativ satzweise mit Blick auf die Konstruktion von Agonalität analysiert werden (vgl. zu diesem Genre auch Biber 1988).

> Victim Of Crushing Ineptitude

Die Überschrift des Leserbriefs wird von der Redaktion ausgesucht und soll das Interesse der Leser wecken. Sie ist im Normalfall (wie auch hier) ein prägnantes Zitat aus dem Text des Leserbriefs (vgl. Burger/Luginbühl ⁴2014, 100ff.). Wer das Opfer (*victim*) ist und wer sich als ungeeignet (*inept**)[55] erweist, ist noch unklar. Es wird aber bereits ein agonaler Kontext geschaffen: Es gibt Verantwortliche für einen Missstand und darunter Leidende. Damit ist eine erste Opposition eröffnet.

> I THINK it was OK to stick with George Osborne as long as his rationale "if we have to borrow money, we should be able to borrow it cheaply" worked.

Die einleitende Phrase *I think* (auch graphisch einleitend hervorgehoben) kennzeichnet das Folgende als Meinung des Leserbriefschreibers. Er wird als Urheber der vorherrschenden Perspektive etabliert und schildert seine Position. Dies an sich ist noch nicht agonal, eröffnet aber Spielraum für einen Wettstreit zwischen konkreten Positionen, zu denen der Schreiber seine Perspektive einnimmt.

---

[55] Die Wildcard *, welche im Programm AntConc 3.4.1w (Anthony 2014) verwendet wird, illustriert hier und im Folgenden nicht mangelnde Grammatikalität, sondern die Suche nach dem Stamm des Ausdrucks, gefolgt von 0 oder mehr Zeichen.

Die Verbform *was* und die Angabe *as long as* sind hier im Zusammenspiel als Agonalitätsindikatoren zu sehen. *was* im simple past etabliert den Rahmen „Vergangenheit", während *as long as* eine Bedingung verknüpft. Da auch hier eine past-tense-form folgt, wird eine Veränderung gezeigt. Temporale Indikatoren haben für die Etablierung von Kontrasten große Bedeutung (s. ausführlich in Kapitel 4.2.2). Das gewählte Vokabular verstärkt den Kontrast und vor allem das Potenzial für eine konkurrierende Idee: Das Verb *(to) stick with* verweist auf Widerwillen bei der Loyalität zur Person Osbornes, *OK* wirkt als positiv wertendes Adjektiv sehr schwach. Hier stellt sich in Foucaultscher Tradition die Frage „[W]ie kommt es, dass diese Aussage erschienen ist und keine andere an ihrer Stelle?" (Foucault 1981, 42). Die nur schwachen Loyalitätsbekundungen in Kombination mit der Vergangenheitsform evozieren, dass eine Trennung zwischen zwei konkurrierenden Einschätzungen aufgezeigt werden soll. *We have to borrow* zeigt mit dem Modalverb *have to* an, dass ein Zwang vorliegt.

> Sadly, his slash and burn strategy hasn't pacified the ratings agencies or the money markets.

Das Satzadverb *sadly* zeigt eine negative Einschätzung seitens des Leserbriefschreibers, die auch die emotionale Ebene einbezieht. Die Phrase *slash and burn strategy* kontrastiert die Teilbedeutung 'wohlüberlegt', die bei *strategy* anklingt, mit der Destruktivität und mangelnden Kontrollierbarkeit von *slash and burn* (dt. „Brandrodung", hier als adjektivisches Attribut). Diese Destruktivität wird mit *hasn't pacified* aufgegriffen. Das Verb *to pacify* kann bedeuten, gewaltsam Frieden zu bringen, weshalb man das Verb im weitesten Sinne dem semantischen Feld „Krieg" zuordnen kann. Diese erzwungene Maßnahme hat hier nach Ansicht des Leserbriefschreibers nicht funktioniert (*hasn't pacified*). Dem damaligen Minister Osborne wird also das Anwenden einer nicht funktionierenden Strategie zugeschrieben. Insgesamt zeigen sich hier das Vorherrschen einer negativen Wertung, ferner eine negative Charakterisierung des Akteurs Osborne und die Kontrastierung der (jetzigen) Meinung des Sprechers über seine Politik mit der zuvor geschilderten Position.

> I imagine he was gambling on a natural upturn in the economic cycle which hasn't happened.

Die Verbkonstruktion *to gamble on sth.* charakterisiert Wirtschaft metaphorisch als Glücksspiel; zumindest wird diese Vorstellung Osborne zugeschrieben. Die Mehrwortverbindung *which hasn't happened* zeigt, dass eine ungewollte Entwicklung bei diesem Glücksspiel eingetreten ist. Das Konzept ›Osborne als unverantwortlicher Politiker‹ wird evoziert. Gleichzeitig wird als neuer agonaler

Kontrast der Politiker Osborne den Mächten der Wirtschaft (zuvor schon mit *rating agencies* angesprochen und hier mit *economic cycle* aufgegriffen) gegenübergestellt.

> I entirely agree with his sensible cuts to our crazy welfare state benefits, which I didn't even know about until people started complaining about their reduction, but we desperately need nuclear power stations, fracking, houses and roads just to keep our crumbling economy afloat.

Hier wird eine interessante Argumentationslinie eröffnet: Auf der Wortebene kontrastieren verschiedene Ausdrücke und Phrasen: *I entirely agree* kontrastiert mit *but*. Damit werden insgesamt zwei Elemente der Politik Osbornes gegenübergestellt, die Sozial- und die Energiepolitik. Der Sozialpolitik wird zugestimmt, der Energiepolitik dagegen nicht. Innerhalb des ersten Arguments wird *sensible* mit *crazy* kontrastiert. Andere Agonalitätsindikatoren abseits dieser zentralen agonalen Argumentationslinie sind *didn't even*: Hier wird die Negation mit *even* noch hervorgehoben; sowie *until* als zeitlicher Einschnitt, der eine Veränderung im Wissensbestand des Leserbriefschreibers anzeigt. *to complain* ist ein Verb der Unmutsäußerung und der Beschwerde mit hohem Agonalitätsgrad auf der Metaebene. *But* schließt dann das Gegenargument an.

Insgesamt werden damit in diesem Satz zwei ganz verschiedene Sachverhalte aus Osbornes Politik aufgegriffen, die aber zusammen zu einer (insgesamt negativen) Bewertung seines politischen Handelns führen. *we [...] need* schließt andere Leser in die Bewertung des Leserbriefschreibers und seine Bedürfnisse ein, wodurch die kritische Haltung in diesem Leserbrief auch auf andere übertragen werden soll. *desperately* wirkt verstärkend und kennzeichnet eine dringliche Situation, in der etwas im Argen liegt und behoben werden sollte. *just* erfüllt eine ähnliche verstärkende Funktion wie *even*. *to keep afloat* gehört wie *to stick with* zu Ausdrücken, die die Teilbedeutung 'Mühe' besitzen. Es scheint also um einen Kampf in der Wirtschaft (*crumbling economy*) zu gehen; *crumbling* zeigt ebenfalls die Unbeständigkeit und Unsicherheit auf. *keep afloat* bringt zudem als Zusatz zur Metapher ›Wirtschaft ist ein Spiel‹ noch die Metapher ›Wirtschaft ist ein Schiff auf See‹ hinzu.

> It seems that the Labour Party cannot do "free market capitalism" and the Conservatives cannot do Keynesianism.

Hier sind verschiedene Indikatoren enthalten, die auf vom Autor angeprangerte Missstände verweisen. *cannot do* verweist – in beiden Fällen – auf eine Unfähigkeit der genannten Akteure im wirtschaftlichen Handeln. In Parallelismen werden die Akteure *Labour Party* und *Conservatives* gegenübergestellt, sowie die wirtschaftlichen Konzepte *free market capitalism* und *Keynesianism*. Die Agonalität lässt sich hier auf verschiedenen Ebenen feststellen. Zum einen geht es um eine Gegenüberstellung der beiden großen Parteien Großbritanniens in ihren marktwirtschaftlichen Ansichten, zum anderen um das Aufzeigen der Unfähigkeit, die beiden zugeschrieben wird. Der Konnektor *and* ist hier ein interessanter Fall. An dieser Stelle hat der Konnektor nicht allein additive Funktion, sondern fügt eine agonale Komponente zwischen den beiden Aussagen hinzu – sie werden durch die Verwendung miteinander kontrastiert. *and* bzw. *und* sind vielfältige Konnektoren, deren Funktion oft beschrieben wurde (vgl. in der Übersicht vor allem Huddleston/Pullum 2002). Wichtig ist festzuhalten, dass *and* auch Agonalität vermitteln kann, im Sinne der faktischen Gegenüberstellung von konkurrierenden Ideen, Personen etc.

> It's a pity we're the victims of this crushing incompetence.

It's a pity bringt eine weitere Wertung hinzu, die abschließend einen Missstand aufzeigt. *Victims* verweist auf eine passive Rolle der Leserschaft, was in der Überschrift noch nicht klar war. *crushing incompetence* fasst das Thema mangelnder Kompetenz noch einmal zusammen.

Folgende Schlüsse lassen sich für dieses Textbeispiel ziehen:
– Einige Indikatoren scheinen eher selten, z.B. *slash and burn strategy*. Andere wie der Konnektor *but* oder *complain* wirken intuitiv geläufiger. Dies soll in Kapitel 4.1.2.2 diskursunspezifisch überprüft werden.
– Die Indikatoren entstammen teilweise bestimmten semantischen Feldern, wie hier *pacify* aus dem semantischen Feld „Krieg".
– Metaphern, die unpassend wirken (›Wirtschaft ist ein Spiel‹), können als Kritik verwendet werden.
– Manche Agonalitätsindikatoren ähneln einander in ihrer Funktion, z.B. in der negativen Wertung. Dies gibt erste Hinweise auf die in Kapitel 4.2 entwickelten semantischen Dimensionen der Agonalität.
– Einige Ausdrücke treten als Muster auf oder entfalten ihr Agonalitätspotenzial in Kombination. Dies scheint besonders für temporale Ausdrücke wie *until* zu gelten.
– Negationen spielen eine wichtige Rolle, da eine Gegenwelt genannt wird, die zugleich abgelehnt/verneint wird (vgl. Fellbaum/Felder 2013, ausführlich in Kapitel 4.3.2.4).

Wohlgemerkt werden diese Schlüsse hier noch aus einem einzigen Text gezogen. Es kann an dieser Stelle noch nichts darüber ausgesagt werden, ob diese Indikatoren im ganzen Korpus agonal wirken oder sich auch auf die englische

Sprache als Ganzes anwenden lassen, also diskursunabhängige Marker darstellen. Dies soll nun in Kapitel 4.1.2.2 genauer untersucht werden.

4.1.2.2 Quantitative Überprüfung der Agonalitätsindikatoren des Beispieltexts

Ein Teil der potenziellen Agonalitätsindikatoren aus dem Leserbrief wurde in drei weiteren Korpora überprüft: in zwei diskursspezifischen Korpora (dem UK-Fracking-Korpus, dem der Text entstammt, und dem Hurrikankorpus) sowie dem diskursunspezifischen COCA-Korpus.[56] Geprüft werden konkret die folgenden potenziellen Indikatoren aus der qualitativen Analyse: *to stick with, as long as, ok, desperate/desperately, complain/complaint, even, to gamble, keep afloat, pacify, incompetent/incompetence, until, slash and burn, inept*.[57]

Mithilfe des Programms AntConc[58] wurden diese potenziellen Agonalitätsindikatoren in den Untersuchungskorpora sowie dem COCA-Korpus gesucht und einzeln in Konkordanzen und mit Kollokationen betrachtet. Auf diese Weise werden auch in den folgenden Kapiteln potenzielle Indikatoren überprüft. Folgende Ergebnisse können nach der Analyse festgehalten werden:

- *(to) stick with*

  Die Kontexte sind insgesamt sowohl im Fracking- als auch im Hurrikankorpus eher negativ wertend, etwa „New Jersey – whether you like it or not, you're stuck with me" (ein Zitat des Gouverneurs Chris Christie, Mail Online, 31.10.2012). Das Syntagma bezieht sich auf ungewollte, aber nicht zu ändernde Zustände (besonders in passivischer Verwendung). Es scheint sich trotzdem um einen eher mittelmäßig geeigneten Indikator zu handeln, da der Ausdruck auch in anderen Bedeutungen auftritt, wie etwa 'in Erinnerung bleiben'. Die Verwendung von *(to) stick with* verweist auch im unthematischen COCA-Korpus auf verschiedenste Kontexte, die Unwillen, aber auch Akzeptanz gegenüber einer bestehenden Situation ausdrücken. Insgesamt wird *(to) stick with* damit als diskursunspezifischer agonaler Indikator eingeordnet, der aber nicht allzu stark wirkt.

---

56 Zur Zusammenstellung der spezifischen und allgemeinen Korpora vgl. Kapitel 3.
57 Auf das Modalverb *have to* und die Negation *not* wird im Rahmen des Abschnitts zu Grammatik und Agonalität (Kapitel 4.3) ausführlich eingegangen.
58 Anthony, Laurence (2014): AntConc (Version 3.4.1w) [Computer Software]. Tokyo, Japan: Waseda University. Erhältlich unter: http://www.antlab.sci.waseda.ac.jp/ (letzter Zugriff 12.4.2018).

- *as long as*
  In den diskursspezifischen Korpora wird *as long as* eher als konzessiv denn als temporal verwendet und kann in dieser Verwendung als Ergänzung zu den synsemantischen agonalen Indikatoren gesehen werden. In COCA wurde speziell nach Substantiven, Adjektiven und Verben in den Kollokaten gesucht (9l/r)[59] und dann in die Kotexte geschaut. Dabei ist die konzessive Bedeutung tatsächlich oft vorherrschend (neben Längenangaben). Oft wird etwas positiv Gewertetes damit verbunden, dass das Positive durch diesen Indikator eingeschränkt wird (z.B. *as long as you can* als die Einschränkung von guten Bedingungen).
- *OK* (inkl. Varianten *okay* und *ok*)
  OK ist im Frackingdiskurs ein schwierig einzuordnender Ausdruck, da er in diesem bestimmten Diskurs auch auf den Eigennamen einer Firma verweist. Abgesehen davon handelt es sich tatsächlich um einen Diskursmarker, der eine Einschränkung darstellt, sei es als Adjektiv oder als einleitender Marker zu Beginn einer Aussage. Es wird damit eine Art Zugeständnis gemacht. Im Hurrikankorpus ist die Verwendung diskursbedingt eine andere als im Frackingkorpus. *OK* und *okay* werden nicht satzeinleitend oder als diskursive Marker gebraucht, sondern als Zuschreibungen, vor allem in der Versicherung, eine Person sei „ok", also wohlauf, nach dem Sturm. Es zeigt sich, dass bei der Analyse der Agonalitätsindikatoren zwischen den Diskursen differenziert werden muss. Im COCA-Korpus erscheint *OK* häufig einleitend zu Aussagen, besonders in den mündlichen Beispielbelegen im Korpus. Normalerweise folgt darauf tatsächlich eine Einschränkung, eine reine Zustimmung wird damit meist nicht ausgedrückt. Es handelt sich daher insgesamt um einen Indikator für Argumentation, auf den agonale Kotexte folgen können; allerdings sollte die Stellung im Satz beachtet werden.
- *desperate/desperately*
  Sowohl das Adjektiv als auch das Adverb wurden in den spezifischen Korpora häufig gefunden, auch in agonalem Kontext, als verstärkende negative Wertung. Die Kollokate im COCA-Korpus bestätigen die Einschätzung als agonal (z.B. *attempt, effort*): Es geht um Anstrengungen, die wenig Aussicht auf Erfolg haben.

---

59 9 Wörter waren zum Zeitpunkt der Analyse der weiteste Horizont für Kollokate, der im COCA-Corpus eingestellt werden konnte. l und r verweisen hier und im Folgenden auf die Wörter links bzw. rechts vom gesuchten Bezugswort.

- *(to) complain/complaint*
  (to) complain und *complaint* verweisen sowohl im Fracking- als auch im Hurrikankorpus auf Äußerungen von Akteuren, die sich gegen einen Missstand positionieren. Damit ist *complain** ein klarer Agonalitätsindikator auf einer stärker metasprachlichen Ebene. Im COCA-Korpus fallen im Umfeld von *complain** noch mehr Wörter auf, die auf agonale Kontexte verweisen, zum Beispiel *discrimination* oder *bitterly*.
- *even*
  Even ist ein häufiger Ausdruck in allen englischsprachigen Untersuchungskorpora (beispielsweise kommt er im US-Hurrikankorpus 5740mal vor), sodass nicht nur die Konkordanzlinien, sondern auch die Kollokate (5l, 5r, s. Kapitel 3.4) betrachtet wurden. Dabei fällt die Kombination mit Agonalitätsindikatoren wie *but* (T-Score ≈16,7, US-Hurrikankorpus) und *though* (T-Score ≈21,7, US-Hurrikankorpus) auf, ebenso mit *if*. *even* ist insgesamt als agonalitätsanzeigend zu betrachten. Die Funktion des Ausdrucks scheint vor allem eine Verstärkung von Konzessionen zu sein. Im COCA-Korpus ergeben sich außer den bereits gefundenen agonalen Konnektoren in den Kollokaten noch weitere interessante Aspekte: Superlative mit *even* (*even the best* etc.) tauchen besonders häufig auf, was den mit dem Superlativ angezeigten Kontrast noch zusätzlich in den jeweiligen Kontexten verstärkt.
- *(to) gamble*
  Das Verb *(to) gamble* kommt im Frackingkorpus überraschend häufig und in agonaler Verwendung vor. Es wird dabei vor allem kritisiert, wie die Firmen mit den Ansprüchen auf Frackinggebiete umgehen. Im Diskursausschnitt um Hurrikan Sandy wird der Ausdruck agonal verwendet, aber abseits davon auch neutral (etwa in Bezug auf Atlantic City, eine Stadt, in der viel Glücksspiel betrieben wird). Achtet man aber ausschließlich auf die Kontexte als Verb, so gibt es hier auch nicht agonale Kontexte. Es scheint vom Gelingen und dem Kontext des Spiels (sei es als Metapher oder im Sinne eines konkreten Spiels) abzuhängen, ob ein agonaler Kontext vorliegt. Beides lässt sich mithilfe von COCA belegen. Der Indikator ist damit nicht eindeutig agonal, verweist aber auf eine interessante Metapher in Diskursen.
- *(to) keep afloat*
  Dieses Verb ist ein interessanter Fall, gerade was den Hurrikandiskurs betrifft, weil sich zwei verschiedene Verwendungen finden: sowohl die wörtliche (bezogen auf ein Schiff im Sturm, das sich über Wasser hält) als auch die übertragene (vor allem in Bezug auf *economy*), die eher als Agonalitätsindikator zu betrachten ist. Im COCA-Korpus und im Frackingkorpus domi-

nieren die metaphorischen/agonalen Verwendungen gegenüber den wörtlichen maritimen Verwendungen. Der Ausdruck ist im Vergleich mit anderen Indikatoren selten, gibt aber in der Metaphorik des kämpfenden Schiffes Hinweise auf Agonalität.

- *(to) pacify*
Das Verb kommt im Fracking- und Hurrikankorpus kaum vor. Auch in COCA ist *pacify* ein seltener Ausdruck, der aber hohes Agonalitätspotenzial besitzt. Kollokate schließen etwa *Iraq* oder *country* ein. Etwas unklar scheint die Bedeutungskomponente der negativen Beurteilung. Auch positive Verwendungen kommen vor, aber das Denotat „Frieden bringen mit militärischen Mitteln", also mit Gewalt gegen andere Akteure einen friedlichen Zustand schaffen, bleibt.

- *incompetent/incompetence*
Incompeten* wird im Frackingkorpus als negative Wertung vor allem in Bezug auf Personen und personifizierte Gegenstände verwendet. Im Hurrikankorpus wird die negative Wertung vor allem für Verantwortliche gebraucht, um sie als schuldig an der Katastrophe bzw. an den Pannen im Umgang zu charakterisieren. In diskursunspezifischer Betrachtung fungiert *incompetent/incompetence* als negative Charakterisierung, z.B. mit Kollokaten wie *corruption*. In einer komplexen Welt voller Experten und Arbeitsteilung zwischen Fachbereichen stellt die Einschätzung als nicht kompetent eine harsche Kritik dar, die den Gegner als ungeeignet im Diskurs markiert. Im Sinne von direkter Gegnerschaft zu einem Opponenten kann der Ausdruck damit als agonal eingestuft werden

- *until*
Wie *even* ist auch *until* ein häufiger Ausdruck. Sein Agonalitätspotenzial ist allerdings eher schwach, da insgesamt doch die zeitliche Bedeutungskomponente vorherrscht. Dies wird besonders im diskursunspezifischen COCA-Korpus deutlich. Betrachtet man das ganze Korpus, sind zahlreiche Beiträge aus Kochzeitschriften dabei, in denen *until* verwendet wird, was bei den Kollokaten wie *tender*, *cook* und *add* besonders auffällt. *Until* wirkt in solchen Fällen nicht agonal. Anders als im Fall von *as long as* (s.o.) ist die zeitliche Teilbedeutung ohne Konfliktpotenzial hier insgesamt vorherrschend. Trotzdem kann *until* agonalitätsverstärkend wirken, wenn der Ausdruck mit anderen Indikatoren wie etwa adversativen Konnektoren (z.B. *but*) kombiniert wird.

- *slash and burn*
Diese Mehrwortverbindung kommt im Frackingkorpus nur in der Verwendung des Leserbriefs vor, sodass hier keine weitergehenden Vermutungen

angestellt werden können. Im UK-Hurrikankorpus finden sich negativ wertende Verwendungen von *slash and burn*, z.B. „slash and burn government spending" und „slash-and-burn mentality". Es scheint sich um einen seltenen, aber diskursspezifisch sehr negativ wertenden Ausdruck zu handeln. Im COCA-Korpus finden sich dagegen verschiedenste Verwendungen, aber insgesamt nur wenige Belege, die nicht immer Agonalität indizieren. Es handelt sich also um einen eher diskursspezifischen Agonalitätsindikator für das Hurrikankorpus.

- ***inept****
Im UK-Frackingkorpus finden sich weitere Belege, die einen Mangel bzw. eine harsche Kritik ausdrücken. Im UK-Hurrikankorpus ist nur das Adjektiv *inept* belegt, bezogen auf Personen. In personenbezogenen Diskursen könnte dieser Ausdruck wichtig sein. Im COCA-Korpus fallen vor allem zusätzliche Verstärker wie *hopelessly* in den Kollokaten auf.

Nach dieser quantitativen und qualitativen Analyse kann man wie folgt zusammenfassen:
- Eine qualitative Analyse von Texten bringt zahlreiche Facetten der Agonalität zum Vorschein, sodass sie auch für das weitere Vorgehen ratsam erscheint. Auch seltene und textspezifische Verwendungen können so gefunden werden.
- Eine Überprüfung in großen themenunspezifischen Korpora kann Aufschluss darüber geben, inwieweit diese qualitativ gewonnenen Indikatoren für eine Einzelsprache insgesamt oder nur für bestimmte Varietäten oder Diskurse gelten.
- Negative Wertungen spielen eine wichtige Rolle in der Agonalität. Dies verweist bereits auf eine der semantischen Dimension der Agonalität (s. Kapitel 4.2.4). Dasselbe gilt für temporale Indikatoren (s. Kapitel 4.2.2) und Verstärker (s. Kapitel 4.3). Es lassen sich folglich bereits semantische Muster erahnen, die in Kapitel 4.2 genauer betrachtet werden.
- Einige der Indikatoren scheinen in der quantitativen Überprüfung spezifischer und seltener als andere. In Kapitel 4 werden alle diese Indikatoren berücksichtigt, da es hier um die genauere Betrachtung von Agonalität an sich geht. Diskursspezifische Ausprägungen sind dann vor allem für das Kapitel 5 zur Analyse agonaler Streitpunkte in den Korpora entscheidend.

4.1.3 Zusammenfassung: Definition der Agonalität

In diesem Kapitel wurden verschiedene Ansätze in Bezug auf Agonalität betrachtet. Die Agonalitätsdefinition wird in dieser Arbeit breiter gefasst: Agonalität bezieht sich auf alle sprachlich ausgetragenen Streitigkeiten um Geltungsansprüche (vgl. Felder 2012; 2013). Ob destruktiv oder konstruktiv im Sinne der Unterscheidung zwischen „bösem" und „gutem" Streit (vgl. Assmann/Assmann 1990, 11.f, genauer in 4.1.1) argumentiert wird, wird dabei nicht bewertet. Auch in bewusst auf Zustimmung zielenden Reden etwa in politischen Wahlkampfreden finden sich identische sprachliche Mittel wie in anderen Texten. Agonalität, als Konkurrenz zwischen Ideen, entsteht auch und gerade durch die Vielfalt von Texten in einem Diskurs, die dann gemeinsam ein größeres Bild ergeben.

Die Agonalitätsindikatoren besitzen verschiedene Charakteristika. Dazu gehören die grammatischen und semantischen Eigenschaften der Ausdrücke, aber auch die Ausprägungen der Agonalität. Drei Aspekte erscheinen abgesehen von der Semantik und Grammatik, welche in Kapitel 4.2 und 4.3 genauer beschrieben werden, entscheidend, um die Bedeutung eines agonalen Markers für Diskursanalysen zu determinieren:
- Grad/Stärke der Agonalität[60]
- Häufigkeit des Indikators als Konstruktion oder sprachlicher Ausdruck
- Diskursabhängigkeit

Diese Aspekte sollen in Abbildung 3 verdeutlicht werden. Die Abbildung soll exemplarisch zeigen, wie sich zwei Agonalitätsindikatoren im Vergleich verhalten: *(to) pacify* ist dabei stark agonal (vgl. die Ausprägung auf der *y*-Achse des Achsenkreuzes), aber selten (vgl. Ausprägung auf der *x*-Achse). Eine leichte Diskursspezifik für den Bereich „Politik" und „kriegerische Auseinandersetzung" liegt vor, sie ist aber nicht stark ausgeprägt (vgl. *z*-Achse). Bei *(to) stick with* handelt es sich um einen Indikator, der nicht ganz so stark agonal wirkt. Er ist im Vergleich mit *(to) pacify* eher häufig (wenn auch nicht sehr) und sehr diskursunspezifisch. Auf diese Art und Weise könnte man alle hier gefundenen Indikatoren und ihre Verwendungen tendenziell skalar einordnen; dies wird im Folgenden als Hintergrundüberlegung immer wieder mit einbezogen.

---

[60] Damit sind etwa Unterschiede im Grad einer negativen Wertung gemeint, z.B. ob etwas als *sehr schlecht* oder *noch nicht perfekt* bezeichnet wird. Dies hängt selbstverständlich oft vom konkreten Kontext ab.

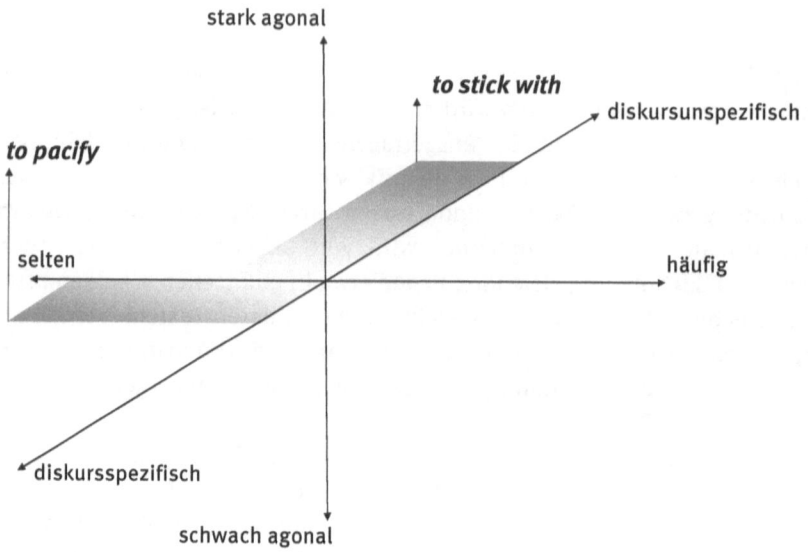

Abbildung 3: Aspekte der Agonalitätsindikatoren: Einordnung der Agonalitätsindikatoren *to pacify* und *to stick with* entlang der drei Achsen Indikatorenfrequenz (*x*-Achse), Agonalitätsstärke (*y*-Achse) und Diskursabhängigkeit (*z*-Achse)

Die Überprüfung im Großkorpus verdeutlicht, welche potenziellen Indikatoren diskursabhängig sind und welche sich tatsächlich für eine weite diskursunabhängige Untersuchung von Agonalität eignen.[61] Die folgenden Ausdrücke können zum Beispiel nach dieser Beispielanalyse als agonal eingestuft werden und sind diskursunabhängig von Relevanz:[62]

---

61 Am Beispiel *crush* lässt sich dies exemplarisch verdeutlichen: Dieser Ausdruck wirkte im Leserbrief zwar agonal, ist aber in seinem Bedeutungsumfang, wie sich in COCA zeigt, zu weit gefasst, als dass er sich für eine quantitative Untersuchung eignen würde.
62 Aus Vereinfachungsgründen wird hier zunächst nur auf die stark agonalen Indikatoren eingegangen.

Tabelle 4: Beispielindikatoren der Agonalität

	Eher häufig	Eher selten
Tendenziell stark agonal	*But, ok* (am Beginn eines Satzes als diskursiver Marker), *as long as, (to) complain, even, (to) gamble, incompetent*	*pacify, stick with, desperate, keep afloat, inept*

Betrachtet man die eruierten Indikatoren, so lässt sich festhalten, dass sie z.B. Diskrepanzmarker sind, auf diskursive Dissonanzen verweisen und damit abstrakte oder weniger abstrakte Konflikte zwischen Entitäten evozieren können. Die Diskursabhängigkeit und Explizitheit kann unterschiedlich stark ausgeprägt sein. Es zeichnen sich semantisch erste Muster ab, wie z.B. die Teilbedeutungen der zeitlichen Kontrastierung (z.B. *as long as*) oder der negativen Wertung (metasprachlich in *(to) complain* oder direkt realisiert in *inept* oder *incompetent*).

Insgesamt sollte diese ausführliche Beispielanalyse verdeutlichen, wie in der induktiven Analyse vorgegangen wird. In dieser Form wurden weitere Texte für Kapitel 4.2 analysiert. Die dabei gefundenen Indikatoren werden in Dimensionen der Agonalität zusammengefasst, welche in Kapitel 4.3 und 4.4 noch um weitere Dimensionen und Agonalitätsindikatoren erweitert werden.

4.2 Semantische Dimensionen der Agonalität

Nach der Darstellung des Vorgehens in der Beispielstudie sollen im Folgenden die Ergebnisse der weiterführenden qualitativen Textanalyse dargestellt werden. Es ergaben sich verschiedene regelhafte Auffälligkeiten bei der Annotation von agonalen sprachlichen Oberflächenphänomenen. Dabei wurden insgesamt 100 zufällig ausgesuchte Texte aus den Untersuchungskorpora analysiert. Dabei wurde darauf geachtet, verschiedene Publikationen sowohl aus den Hurrikan- als auch den Frackingkorpora zu nehmen und unterschiedliche Pressetextsorten (s. Kapitel 2.4) zu berücksichtigen.

Es konnten dadurch verschiedene semantische Dimensionen der Agonalität sowie sprachliche Agonalitätsindikatoren eruiert werden. Unter Dimensionen der Agonalität werden hier semantische Muster verstanden, die sich mit unterschiedlichen sprachlichen Indikatoren auf der Sprachoberfläche zeigen und eine Abstraktionsebene über den agonalen Zentren, die sich ganz konkret auf

Diskurse beziehen (s. Kapitel 4.1), stehen. Im Folgenden sollen zunächst diese semantischen Muster, die sich ergeben haben, vorgestellt werden. Dabei wird mit Beispielen gezeigt, wie sich dies auf der Ausdrucksebene äußert.[63]

Agonalität kann unterschiedliche Teilaspekte haben, wie etwa die Gegnerschaft oder den Wettkampfcharakter. Verschiedene Facetten machen, wie in Kapitel 4.1 erläutert, das Konzept der Agonalität aus. Die vielfältigen Teilbedeutungen des Konzepts können jeweils fokussiert werden. Bei der qualitativen Analyse mit quantitativer Überprüfung fallen Muster ins Auge. Bestimmte Teilbedeutungen werden immer wieder perspektiviert. Diese ergeben semantische Profile der Agonalität, die sich unterschiedlich auf der Ausdrucksebene äußern können und hier als Dimensionen der Agonalität definiert werden.

Im Folgenden sollen die aus der qualitativen Analyse gewonnenen zehn Dimensionen der Agonalität, die diese Teilbedeutungen beinhalten, vorgestellt werden. Die Kategorien sind nicht in allen Beispielen trennscharf; vielfach wirken verschiedene Aspekte zusammen, aber sie sollen eine Orientierung bieten, mit welcher Form von Agonalität man es in verschiedenen Kontexten zu tun hat. Insgesamt ergibt sich aus der qualitativen Analyse ein differenziertes Bild von Agonalität, das für weitere Untersuchungen nutzbar gemacht werden kann.

4.2.1 Die Dimension AGONALITÄT DER EXPLIZITEN GEGENÜBERSTELLUNG

Diese prototypische Dimension der Agonalität verdeutlicht den Originalcharakter des agonalen Wettkampfs zwischen zwei Akteuren, Sachverhalten oder Ansichten. Ein Beispiel hierfür ist die direkte Kontrastierung von Windkraft und Fracking in der Überschrift „Wind farms vs fracking" (independent.co.uk, 13.12.2012): Hier werden zwei Sachverhalte einander explizit gegenübergestellt. Die AGONALITÄT DER EXPLIZITEN GEGENÜBERSTELLUNG kann sich in direkter Kontrastierung von zwei oder mehr Aspekten oder in der Thematisierung von Konkurrenz, also auch auf einer Metaebene, äußern. Die Akteure müssen dabei nicht unbedingt menschlich sein (s. Kapitel 4.1.1); es kann sich auch um Parteien oder Institutionen handeln. Die explizite Konkurrenz ist ein Kernbestandteil der Agonalität, auch im Hinblick auf die Etymologie. Dazu können verschiedene Arten von Kämpfen gehören. Sprachlich wird diese Gegnerschaft auf unterschiedliche Weise verdeutlicht.

---

[63] Ausgeklammert werden an dieser Stelle Bild-Text-Beziehungen und ihre agonalen Aspekte, die in Kapitel 6.1 ausführlich behandelt werden.

Oft wird eine Metaebene evoziert, die Agonalität zwischen zwei Diskursakteuren beschreibt. Dabei ist vor allem die Kriegsmetaphorik bemerkenswert. Elena Semino beschreibt ARGUMENT IS WAR als eine Grundmetapher des menschlichen Zusammenlebens, die immer wieder evoziert wird (Semino 2008). Bei einer quantitativen Analyse ist nicht immer klar, ob mit den Ausdrücken auf eine körperlich gewalttätige Auseinandersetzung oder metaphorisch auf eine verbale Kontroverse referiert wird. Beispiele für Kriegs- oder Kampfmetaphorik sind beispielsweise:

> (H1)[64] The polite praise initially showered upon Mitt Romney for having waged a good **fight** against President Obama (New York Times, 16.11.2012)
> (H2) When asked about **a fierce battle** in Congress over continued financing of FEMA [Federal Emergency Management Agency, Anm. AM], Mr. Romney declared, "We cannot afford to do these things without jeopardizing the future for our kids." (New York Times, 1.11.2012)

Die Kampfmetaphorik bezieht sich vor allem auf den direkten politischen Wettstreit im Wahlkampf, kann aber auch für die Sachverhalte verwendet werden, um die mit anderen Mitteln gerungen wird. Der Kontext zeigt hier, um welche Bedeutung es sich handelt. Die Gegenüberstellung wird im Hurrikankorpus vielfach thematisiert und es wird auf Gruppen oder einen agonalen Zustand referiert, z.B. mit *major opposition, protesters, mired in controversy, Konkurrenzprojekte, Wettbewerb, Kritiker, Befürworter...* Viele dieser Ausdrücke verweisen auf Agonalität in breiteren Kontexten, wie sich bei der Überprüfung in Großkorpora zeigt. Es wird ein ganzes Wortfeld der Gegnerschaft deutlich. Agonalität geht dabei über Einzelargumente und Topoi hinaus und wirkt vielmehr wie eine Grundkategorie gesellschaftlicher Konflikte.

Interessant ist in diesem Zusammenhang auch eine andere Verwendung von Metaphern, die eng an die grundsätzliche Idee des Agons als Rennen (s. Kapitel 4.1) anknüpft. Es handelt sich dabei um metaphorische Verweise auf Fortbewegung, meist im Sinne eines Rennens, z.B. zwischen zwei Akteuren:

> (H3) Für den Präsidenten könnte die dramatische Entwicklung einen wichtigen und vielleicht gar entscheidenden Vorteil auf der **Zielgeraden** zur Wahl am nächsten Dienstag darstellen. (Welt Online, 29.10.2012)

---

[64] Die Beispielzitate aus den Korpora werden nummeriert benannt: H1, H2 etc. für Zitate aus den Hurrikankorpora, F1, F2 etc. für Zitate aus den Frackingkorpora. Genaue Angaben zu Autoren etc. finden sich im Anhang. Im Folgenden werden besonders wichtige Indikatoren und Ausdrücke, die auf Agonalität verweisen und/oder genauer erklärt werden, mit **Fettdruck** markiert (s. auch Notationstabelle in Kapitel 1).

(H4) Denn es bleibt bei einem **Kopf-an-Kopf-Rennen**. Umfragen sehen beide Kandidaten bei 48 Prozent der Stimmen. Dagegen könnte Obama beim **Rennen** in den alles entscheidenden Swing States **die Nase vorn haben**. (abendblatt.de, 5.11.2012)
(F1) Bei den Chemikalien hat das Unternehmen [Phillips, Anm. AM] mit 30 Prozent jetzt schon **die Nase ganz vorn**. (Euro am Sonntag, 1.12.2012)

Aus diesen Beispielen wird deutlich, dass die Metaphorik des Rennens eingesetzt wird, mit Ausdrücken wie *Zielgeraden, Kopf-an-Kopf-Rennen* und *die Nase vorne haben*. Die Metapher von Gegnerschaft als Rennen ist zentral, sowohl im politischen als auch im wirtschaftlichen Bereich. Dies verdeutlicht auch die Bedeutung des Agonalitätsgedankens: Wenn wir konzeptuell Gegnerschaft in einem sportlichen Sinne als körperlichen Wettkampf wahrnehmen, ist die Referenz auf den griechischen sportlichen Wettkampf passend, um diesen Gedanken und seine sprachliche Realisierung auch in anderen Kontexten zu untersuchen. In den amerikanischen Subkorpora wurde deshalb gezielt nach *race* gesucht. Kollokate wie *presidential* und *Senate* machen die politische Komponente deutlich.[65] Insgesamt scheint in Pressediskursen diese Metapher besonders die AGONALITÄT DER EXPLIZITEN GEGENÜBERSTELLUNG anzuzeigen.

Gegenüberstellung kann aber auch mithilfe synsemantischer Indikatoren stattfinden. Hier sind vor allem adversative und konzessive Konnektoren zu nennen, die ganz verschiedene Aspekte kontrastieren. Im Deutschen ist die Rolle der Konnektoren in Bezug auf Diskurse bereits genau erforscht (vgl. Pasch et al. 2003; Schedl 2011/2017; Felder 2012; Breindl/ Volodina/Waßner 2014; Mattfeldt 2014). Auch für das Englische ist dies relevant: Im Umfeld von *but* zeigen sich zum Beispiel viele kontroverse Aspekte, wie eine Überprüfung im UK-Frackingkorpus ergab. Schlagwörter wie *gas* und *energy* tauchen als Kollokate auf, z.B.:

(F2) Some therefore argue that we should abandon everything else and devote ourselves wholly to shale. **But** we cannot second-guess the market. Shale gas has not yet lit a single room in the UK, nor roasted a single Sunday lunch. (telegraph.co.uk, 8.11.2011)
(F3) They [environmentalists] want to ensure that similarly destructive practices do not take hold in the UK. Green groups also fear that an over-emphasis on gas will put carbon-cutting targets far out of reach – some research even suggests that shale gas from fracking produces more greenhouse gas emissions than coal when burned – and will crowd out investment in renewable forms of energy. [Absatz] **But** Cuadrilla, the only UK company currently engaged in fracking, argues that the bad examples of the US would not apply in the

---

65 In den Großkorpora war aufgrund der Homonymie mit *race* im Sinne von „Rasse" bei der allgemeinen Suche keine klare Aussage zu treffen. Bei der Suche nach *(to) race* als Verb sind die Ergebnisse eindeutiger.

UK, where the industry is more tightly regulated. (Guardian Unlimited, 16.3.2012, leichte Formatanpassung)

But stellt verschiedene Sachverhalte und Meinungen gegenüber und verknüpft damit potenziell agonale Sachverhalte, wie das deutsche Äquivalent *aber*. Gegnerschaft zwischen Sachverhalten kann damit explizit dargestellt werden. Diese Aspekte sollen in Kapitel 4.3 aus einer grammatischen Perspektive genauer überprüft werden.

Zusammenfassung: Die semantische Dimension AGONALITÄT DER EXPLIZITEN GEGENÜBERSTELLUNG äußert sich durch konkrete Kontrastierungen oder Verweise auf diese. Sie stellt eine prototypische Dimension der Agonalität dar. Sowohl auf der Metaebene als auch in Bezug auf direkte Gegenüberstellung finden sich zahlreiche Indikatoren.

4.2.2 Die Dimension AGONALITÄT DER ZEITLICHEN GEGENÜBERSTELLUNG

In dieser Dimension geht es um die versprachlichte Kontrastierung verschiedener Zeitpunkte: Zum Beispiel wird die Situation in einem Ort, bevor das Frackingverfahren angewandt wurde, mit dem Zustand seit Beginn der Bohrungen verglichen. Oft werden Zeitpunkte gegenübergestellt, zu denen Sachverhalte unterschiedlich waren bzw. sind; diese Diskrepanz wird meist bewertet. Normalerweise werden Gegenwart und Vergangenheit kontrastiert. Die Kombination von temporalen und adversativen sowie konzessiven Markern zur agonalen Kontrastierung wurde bereits in Mattfeldt (2014) in Ansätzen herausgearbeitet.

In der Fachliteratur zu Zeitadverbien wird der Zusammenhang mit Agonalität eher vernachlässigt.[66] Klassische Grammatiken etwa des Englischen gehen nur am Rande auf einige Indikatoren ein, die sowohl Temporalität als auch Konzessivität verknüpfen können und darin bereits stark lexikalisiert sind (vgl. Huddleston/Pullum 2002, 734ff., s. genauer Kapitel 4.3.2.2). Untersuchungen zur Zeitsemantik an sich diskutieren eher in der Tradition Harald Weinrichs die Problematik, wie viele verschiedene Tempora für welche Sprache anzusetzen sind (vgl. Markus 1977, 9–19 als Überblick). Auch Zeitadverbien werden eher auf ihre Temporalität untersucht als auf ihr kontrastives Potenzial (vgl. z.B. De-

---

[66] Eine Ausnahme ist Sioupi (2014, 40), die in ihrer Arbeit zu Aspektdistinktionen auch auf Grenzen von Situationen in temporaler Betrachtung eingeht.

clerck 1991, Mindt 1992, Vater ⁴2007, Bittner 2014). Dieses wird höchstens am Rande gestreift, vgl. zum Beispiel:

> The purpose for which we need time in language is to characterize situations, i.e. entities thought of as variable in time, in terms of their temporal location or extent. Situations can be measured only by comparing it to the extent of other situations. [...] The main reason why temporal expressions are often complicated in languages is that the situations that speakers can conceive of are so diverse with respect to their temporal structure and can be related temporally to each other in multiple ways. (Haspelmath 1997, 24)

Werden zwei Zeitebenen eng kotextuell verknüpft, zeigt sich meist ein Unterschied zwischen beiden Zeitstufen, der thematisiert wird (vgl. Evans 2003, 137). Damit geht teilweise auch eine Wertung einher, wenn eine der zwei (oder mehr) Zeitstufen (bzw. die damit verbundenen Sachverhaltskonstitutionen) aus der Perspektive des Sprechers oder eines Akteurs als besser bewertet wird.

Ein Beispiel für einen Indikator dieser Art ist *meanwhile*. Das Zeitadverb verweist auf die Gleichzeitigkeit von Ereignissen, die aber kontrastreich sind oder eine neue Entwicklung ankündigen, z.B.:

> (H5) "This is a guy who has a track record saying one thing and doing something else," Obama said. [Absatz] **Meanwhile**, Romney swooped into Florida's Republican-dominated Panhandle to rally his conservative base, charging that Obama was "shrinking from the magnitude of the times" and pledging to undo much of his first-term record. (washingtonpost.com, 28.10.2012)
> (H6) Twelve years after voting problems delayed the 2000 presidential election results, Ohio – possibly the most pivotal state on the political map – sits at the center of a dispute that once again could put the outcome in limbo for weeks. [Absatz] **Meanwhile**, in New Jersey and New York, damage from Hurricane Sandy sent election officials scrambling to create makeshift polling stations and to limit what could be long lines and confusion for hundreds of thousands of people. (Pittsburgh Post Gazette, 6.11.2012, leichte Formatanpassung)

In diesen Beispielen erscheint *meanwhile* satzeinleitend, was typisch für den Ausdruck scheint (vgl. Belege im COCA-Korpus): Am Satzanfang wird mit dem Konnektor der Sachverhalt aus dem Satz zuvor in einen zeitlichen Bezug und auch in einen Kontrast gesetzt. Hier liegt der Fokus stark auf dem Kontrast zwischen Obama und Romney bzw. den parallel verlaufenden sehr verschiedenen Entwicklungen in Ohio und an der Südküste. Das Langenscheidt-Großwörterbuch (⁵/⁶2008) übersetzt *meanwhile* abhängig von der stärker temporalen oder kontrastiven Teilbedeutung mit *inzwischen* bzw. *währenddessen*.

Sprachliche Indikatoren der zeitlichen Gegenüberstellung beinhalten aber nicht nur temporale Konnektoren, sondern auch Kontraste auf der grammatischen Ebene, z.B. einen Kontrast zwischen Vergangenheitsformen und Präsensformen:

> (F4) Mehr als fünf Jahre und 31 Gipfel **hatten** Europas Staatslenker darum **gerungen**, die Euro-Krise zu bewältigen. Nun **schaltet** Europa in den Normalmodus. (Kölner Stadt-Anzeiger, 22.5.2013)
>
> (F5) "I **used to** catch 30, 40 muskies a year out of Ten Mile alone. This year, I c**augh**t two," said Myers, whose biggest Mon muskie was 48 1/2 inches. (Pittsburgh Post Gazette, 6.6.2010)

In beiden Zitaten werden die Sachverhalte mithilfe von Zeitangaben in Kombination mit verschiedenen Verbformen kontrastiert. In (F4) ist dies eine positive Entwicklung: Eine schwierige Situation (*Euro-Krise*) wird beendet und ein üblicher Gang der Ereignisse (*Normalmodus*) ist (wieder) möglich. In (F5) gestaltet sich dies etwas anders: Mit der Verbkonstruktion *used to* wird eine Gewohnheit in der Vergangenheit beschrieben; in *used to* ist dabei bereits eine Veränderung dieser früheren Situation angelegt (früher wurden viele Fische gefangen, jetzt nicht mehr). Die Kontrastierung findet hier auf verschiedenen sprachlichen Ebenen statt: Mit *used to catch* wird die Angabe *caught* im past tense kontrastiert. *This year* fokussiert diese Gegenüberstellung temporal. Auf der Ebene der lexikalischen Kontraste (s. Kapitel 4.2.7 zu AGONALITÄT DER LEXIKALISCHEN GEGENÜBERSTELLUNG) stehen die Zahlenangaben bezüglich der Zahl der gefangenen Fische im Kontrast. Dass es sich dabei um eine negativ gewertete Entwicklung handelt, wird aus dem Kontext klar, in dem sich eine Diskussion über die Sauberkeit des Gewässers anschließt. Zeitadverbien und die damit einhergehenden grammatischen Kontraste können sowohl positiv oder neutral bewertete als auch negative Entwicklungen aufzeigen. In jedem Fall handelt es sich um die Thematisierung von Kontrasten.

Dies kann auch noch stärker verdeutlicht werden, wenn eine Verknüpfung mit adversativen oder konzessiven Konnektoren oder anderen Indikatoren stattfindet und der Kontrast damit nicht nur impliziert, sondern auch noch hervorgehoben wird, z.B.:

> (H7) Das alles tritt in manchen Regionen einigermaßen regelmäßig auf. **Aber diesmal** kann es, fast zum Abschluss der bis Ende November terminierten Saison für Wirbelstürme, noch verheerender kommen. (Welt Online, 29.10.2012)

Aber verstärkt den zeitlichen Kontrast noch und macht die Kontrastierung eindeutig. Auch Vorhersehbarkeit und Einzigartigkeit sind Aspekte, die hier eine Rolle spielen. Ein Sachverhalt wird unter anderem dadurch konstituiert, dass er in Bezug auf andere (vergangene und/oder reguläre) Diskursereignisse eingeordnet wird (siehe auch die Vergleiche zwischen Naturkatastrophen in 5.3.1).

Insgesamt ist die zeitliche Facette der Agonalität meist sehr implizit, weshalb sie mit anderen Mitteln der Agonalität oft noch kombiniert wird, vor allem mit adversativen oder konzessiven Konnektoren und lexikalischen Kontrasten. Aber gerade in Pressetexten ist diese zeitliche Ebene sehr relevant. Hier wird über Neues berichtet, was dem Diskursrezipienten unbekannt ist und damit meist in einem Kontrast zum bereits Bekannten steht. Dies unterscheidet die Texte im Pressediskurs auch von anderen Textsorten: Eine Überprüfung im COCA-Korpus zeigt zum Beispiel die stärker temporale und weniger kontrastierende Wirkung von Zeitadverbien in Textsorten wie Kochrezepten (s. auch Kapitel 4.1.2). Hier lässt sich also ein textsortenspezifisches Agonalitätsmerkmal ausmachen. Meist kommt noch hinzu, dass die Veränderung in den Zeitungstexten bewertet wird. In einer quantitativen korpuslinguistischen Analyse kann es dabei sinnvoll sein, die einzelnen Ausdrücke der Zeitreferenz, wie sie von Grammatiken und Forschern der „Zeit-Linguistik" (Vater ⁴2007) herausgearbeitet wurde, zu untersuchen.[67]

Zusammenfassung: Die Dimension AGONALITÄT DER ZEITLICHEN GEGENÜBERSTELLUNG kommt vor allem in der Textsorte des Zeitungstexts zum Ausdruck. Verschiedene Phasen oder Zeitpunkte werden miteinander kontrastiert und stehen in Opposition zueinander. Dies geht mit der Bewertung mindestens einer dieser zeitlichen Ebenen einher. Die Tendenz temporaler Adverbien, konzessive und adversative Bedeutung anzunehmen (s. *meanwhile*), verdeutlicht den engen Zusammenhang von Zeitlichkeit und Opposition.

4.2.3 Die Dimension AGONALITÄT DER RELEVANZKONKURRENZ

Diese Dimension bezieht sich auf Äußerungen der Agonalität, die darauf abzielen, bestimmte Sachverhalte und Akteure im Diskurs nach ihrer Bedeutsamkeit abzustufen. Dabei wird eruiert, was im Diskurs als besonders wichtig oder unwichtig anzusehen ist und damit mehr Relevanz im Diskurs erhält bzw. nach Ansicht des Sprechers erhalten sollte: zum Beispiel die Frage, ob in der akuten

---

[67] Schwierig wird es bei den Indikatoren, die traditionell sowohl Temporalität als auch Räumlichkeit ausdrücken können, z.B. *in* oder *vor* (Vater ⁴2007, 6); auch in Metaphern wie etwa „passage" oder „flow of time" (Evans 2003, 5) kommt dieser kognitive Zusammenhang zwischen Zeit und Raum zum Ausdruck (vgl. zum Zusammenhang auch Köller 2004).

Situation eines Sturms wie Sandy, der auf einen Präsidentschaftswahlkampf trifft, die Präsidentschaftswahl oder die Naturkatastrophe wichtiger sind.

Sprachlich kann sich dies in der Darstellung eines Sachverhalts als besonders wichtig oder vergleichsweise unwichtig äußern, z.B.:

> (F6) A **mining giant** claims it has found enough gas to supply Ireland for 40 years and generate 600 jobs. (The Mirror, 2.2.2012, leichte Formatanpassung)
> (F7) **the monster natural gas field** on the Fermanagh/Leitrim border (The Mirror, 2.2.2012)
> (H8) At a press conference in Manhattan on Tuesday, Cuomo said he had told President Obama that 'we have **a 100-year flood** every two years now'. (Mail Online, 31.10.2012)

In diesen Beispielen wird keine explizite Konkurrenz zu einem anderen Sachverhalt aufgebaut. Die genannten Sachverhalte selbst – die Firma (F6), das Gasfeld (F7) und die Überschwemmungen (H8) – werden aber mit rhetorischen Mitteln als besonders bedeutend dargestellt und damit als bedeutsam im Diskurs verankert. Anderes, was vielleicht auch wichtig wäre (z.B. andere Firmen), fällt dabei weg. Es wird dabei auf metaphorische Verwendungen zurückgegriffen, um die Bedeutsamkeit zu zeigen: *monster* und *giant* verweisen auf extreme Größen, gegen die anderes, nicht Genanntes, metaphorisch verzwergt. Das Machtausmaß der Firma und das große Potenzial von Fracking werden hier verdeutlicht. Bestimmte Akteure rücken dadurch in den Vordergrund, während andere gar nicht genannt werden. In (H8) wird mit *100-year flood* verdeutlicht, dass die Sturmflut ein besonderes Ausmaß im Vergleich zu anderen Fluten hat. Der Zusatz, dass dieses große Ausmaß nun in kürzeren Abständen immer wieder über die USA hereinbricht, zeigt, dass die besondere Relevanz bestimmter Stürme – die herausragende Bedeutung, die ihnen mit Syntagmen wie *100-year flood* zugesprochen wird – angesichts so vieler extremer Naturkatastrophen in kurzer zeitlicher Abfolge nicht mehr eindeutig ist. Auf diese Weise wird das gesamte Ausmaß der Katastrophe und ihres Zusammenhangs diskursiv verdeutlicht. Dies ist auch bei der originellen Wortneuschöpfung *Frankenstorm* im Hurrikankorpus der Fall, die auf die Figur des Dr. Frankenstein in Mary Shelleys gleichnamigem Roman bzw. seine künstlich geschaffene Kreatur, Frankensteins Monster, anspielt (s. Kapitel 5.3.1).

Auch politische Akteure können die Bedeutsamkeit, die spezielle Aspekte für sie haben, mit bestimmten Ausdrucksweisen verdeutlichen, z.B.:

> (F8) In communities that rely on wells, a new report that methane gas was found in most of 60 wells tested near drilling sites also should be a **major concern**. (Philadelphia Inquirer, 19.5.2011)
> (F9) Six years on, it is the absence of leadership that **most** worries environmentalists. (independent.co.uk, 12.5.2012)

Es findet eine Relevanzabstufung zwischen den einzelnen Punkten statt: Es gibt auch noch andere wichtige oder besorgniserregende Aspekte, aber dies sind die Sachverhalte, denen im Diskurs aus Sicht der Texte die größte Bedeutsamkeit zukommt.

Eindeutiger wird die AGONALITÄT DER RELEVANZKONKURRENZ noch, wenn tatsächlich einem Punkt, z.B. einem bestimmten Problem, größere Bedeutung zugeschrieben wird als einem anderen. Dies kann zum Beispiel durch eine Gewichtung von Fragen geschehen, z.B.:

> (F10) Weil nun aber die Debatte um Steueroasen Oettingers Energiewende zu **überschatten** drohte, ließ der Kommissar Journalisten zusammentrommeln und schwor sie auf sein Thema ein. (Kölner Stadt-Anzeiger, 22.5.2013)
> (F11) **Hauptsorge** der Fracking-Gegner ist jedoch die Belastung für das Wasser. (Berliner Zeitung, 23.2.2013)

In beiden Fällen geht es um eine Konkurrenz von mehreren Sachverhalten: Eine Debatte um Steueroasen konkurriert in der Bedeutsamkeit mit der Debatte um die Energiewende (F10); die Fracking-Gegner haben unterschiedliche Sorgen, was das Fracking betrifft (F11). *überschatten* verweist in (F10) (wie *mining giant* (F6) und *monster* (F7)) auf die beträchtliche Größe, mit der die Bedeutsamkeit metaphorisch angezeigt wird. *Hauptsorge* (F11) verweist implizit darauf, dass es verschiedene Sorgen gibt, von denen diejenige um das Wasser die relevanteste ist; diese wird mit *jedoch* von zuvor genannten Aspekten abgegrenzt. Mit der Relevanzkonkurrenz gehen Einschätzungen einher, welche Aspekte eines Diskurses besondere Aufmerksamkeit erfahren sollen. Dabei ist z.B. *Haupt** ein Indikator, der vielfach auf nicht Agonales verweist (z.B. *Hauptstadt*), aber in anderen Beispielen in den zusammengestellten Korpora auch verschiedene Sachverhalte gegeneinander abstuft, z.B. auch:

> (F12) **Hauptgrund** der Kritik ist das Fracking-Verfahren, bei dem ein Gemisch aus Wasser, Sand und Chemikalien in den Boden gepresst wird, um dort in undurchlässigen Gesteinsschichten lagerndes Erdgas freizusetzen. (dapd Basisdienst, 26.7.2011)
> (F13) Für den Schutz der Verbraucher vor einer hohen Strom- und Gasrechnung sei der Gipfel wohl nicht zuständig, sagte ein deutscher Regierungsvertreter am Vormittag. „Das ist eher Sozialpolitik als Energiepolitik und liegt insofern in der Zuständigkeit der Mitgliedsstaaten." [Absatz] **Hauptsächlich** sind Energiepreise aber Steuerpolitik und auch insofern Sache der Länder: Rund die Hälfte des deutschen Energiepreises machen laut Oettinger Steuern aus – mehr als im EU-Durchschnitt, wo die Steuerlast ein Drittel beträgt. (Berliner Morgenpost Online, 21.5.2013, leichte Formatanpassung)

Es gibt in allen Beispielen verschiedene andere (teils nicht genannte) Aspekte, die eine Rolle spielen (Gründe neben dem *Hauptgrund* in (F12), Aspekte neben der *hauptsächlich* wichtigen Steuerpolitik in (F13)); dies wird nicht verheimlicht. Aber es findet mit dem Determinans *Haupt-* eine Abstufung statt, wenn versucht wird, die Relevanz zu erklären. Andere Aspekte wie *Sozialpolitik* werden genannt, aber es wird ein aus Sicht des Sprechers zentraler Aspekt als besonders wichtig positioniert. Ob diese Relevantsetzung immer konsensual ist, würde von Strömungen wie der Critical Discourse Analysis vermutlich angezweifelt. In der Tradition Michel Foucaults stellt sich hier die Frage, was sonst an dieser Stelle stehen könnte (vgl. Foucault 1981, 42), und weshalb gerade diese Aussage an dieser Stelle steht: Warum wird gerade ein bestimmter Sachverhalt als besonders bedeutsam erachtet (s. Kapitel 2.3)?

Die Darstellung eines Sachverhalts als relevant an sich findet sich dabei in verschiedenen ausdrucksseitigen Formen. Besonders auffällig bei der qualitativen Analyse waren für das Englische die Formulierungen mit *important, main* und Komparative. Es wurde daraufhin gezielt nach *important* und Komparativen und Superlativen gesucht, um dies zu überprüfen. Gerade *important* verweist auf zahlreiche umkämpfte Relevanzzuschreibungen im Frackingdiskurs, z.B.:

> (F14) A reasonable case can be made that the gas resource is **too important** to ignore, but also that the environmental issues are **too important** to dismiss. (New York Times, 21.4.2013)
> (F15) "Natural gas is **an important part** of our nation's energy future, and it's critical that the extraction of this valuable natural resource does not come at the expense of safe water and healthy communities," the E.P.A. administrator, Lisa P. Jackson, said in a statement. (New York Times, 10.9.2010)

In beiden Beispielen wird die Bedeutung von Fracking der Bedeutung der Bedenken von Seiten des Umweltschutzes gegenübergestellt. Beides wird als wichtig eingestuft und beides konkurriert in der Relevanz, die den Sachverhalten im Diskurs zukommt. Beide Sachverhalte werden von Akteuren vertreten, doch die Gewichtung in dieser Relevanzkonkurrenz ist trotzdem verschieden.

Auch in Komparativen mit *important* werden Vergleiche gezogen, z.B.:

> (H9) Available power is just as important as, if not **more important** than, our highways. (Philadelphia Inquirer, 1.11.2012, Leserbrief)
> (F16) "It's a little tough to defend to say that we don't regulate Class 1 locations," PHMSA [Pipeline and Hazardous Materials Safety Administration, Anm. AM] official DeWitt Burdeaux told an industry conference in March. "That those folks that are in a little more rural areas are **not as important** as those in the higher-density population areas." (Philadelphia Inquirer, 12.12.2011)

Hier wird kämpferisch zwischen den Bedürfnissen verschiedener Bevölkerungsgruppen abgewogen und diese werden als unterschiedlich relevant bewertet. Es wird in (H9) postuliert, dass verfügbarer Strom ebenso wichtig, wenn nicht wichtiger, sei als die Straßen; es geht also darum, wo nach Ansicht des Leserbriefschreibers Prioritäten gesetzt werden sollten. In (F16) geht es sogar um die Bedeutsamkeit von Menschen, die in Abhängigkeit von ihrem Wohnort als wichtig und weniger wichtig eingestuft werden. Die AGONALITÄT DER RELEVANZKONKURRENZ betrifft also nicht nur Sachverhalte, sondern auch Diskursteilnehmer. Je nach angelegter Perspektive fällt die Gewichtung der Relevanz unterschiedlich aus.

Betrachtet man Superlative und Komparative in den Großkorpora und übergreifend in allen Untersuchungskorpora, ergibt sich ein differenziertes Bild. Während tatsächlich Relevanz häufig in den englischen Texten im Superlativ und Komparativ betont wird, ist im Deutschen die Rolle der Komparative und Superlative schwieriger zu fassen. Komparative und Superlative sollen deshalb in ihrer Bedeutung für die Agonalität in Kapitel 4.3 zur Grammatik der Agonalität noch genauer untersucht werden.

Zusammenfassung: In Diskursen beanspruchen verschiedene Sachverhalte und Diskursteilnehmer Geltung, wie sich in den untersuchten Texten zeigte. Diese stehen in Konkurrenz um Bedeutsamkeit, was hier als AGONALITÄT DER RELEVANZKONKURRENZ definiert wird. Diese drückt sich teils lexikalisch, teils auch grammatisch (z.B. in Superlativen) aus.

4.2.4 Die Dimension AGONALITÄT DER (NEGATIVEN) WERTUNG

Zu dieser Dimension gehören verschiedene Formen von Wertungen, wobei vor allem die negative Wertung agonal wirkt. Dies betrifft insbesondere die Bewertung von Personen und konkreten Sachverhalten.[68] Mit den Evaluationen werden Sachverhalte, Situationen, Entwicklungen oder Personen bzw. ihr Verhalten bewertet. Beispielsweise kann in einer agonalen Diskussion wie um Fracking das Verfahren von einem Frackinggegner als gefährlich und damit negativ gewertet werden. In diesem Abschnitt soll es um explizite Zuschreibungen gehen, die im Kampf um Geltungsansprüche eine Rolle spielen.

---

68 Im Einzelfall besitzen auch positive Wertungen Agonalitätspotenzial, da sie eine Positionierung beinhalten, der prinzipiell jemand widersprechen kann.

Bei der negativen Wertung gibt es metasprachliche Verweise auf Bewertungen und direkte Wertungen in den Texten. Bei der Metaebene handelt sich um metasprachliche Referenzen darauf, dass jemand etwas bewertet, also auf Agonalität in der Welt, die nicht vom Sprecher selbst konstruiert wird, z.B.:

> (F17) **Critics have blamed** the technique for a range of undesirable effects, from air pollution and contaminated water to minor earthquakes. (Guardian, 17.2.2012)
> (H10) a **chorus of support** for the climate change link (Mail Online, 31.10.2012)
> (F18) Mr. Critz **praised** the work of the DEP [Department of Environmental Protection, Anm. AM], saying other states might not have as robust a regulator as Pennsylvania, and said it's worth having a debate about how much of a role EPA [Environmental Protection Agency, Anm. AM] should play. (Pittsburgh Post Gazette, 15.3.2011)

In diesen Beispielen nehmen Personen, die nicht mit dem Textproduzenten identisch sind, Wertungen vor, über die auf einer Metaebene berichtet wird. *Critics* (F17) beinhaltet als Substantiv schon als Teilbedeutung, dass eine Wertung von den bezeichneten Personen ausgesprochen wird. *praised* (F18) und *have blamed* (F17) verweisen als illokutionäre Verben auf Akte der Bewertung. *A chorus of support* (H10) macht deutlich, dass hier mehrere Personen etwas oder eine Meinung positiv werten oder als richtig einschätzen, vielleicht auch gegenüber anderen Meinungen. Hier ist die metaphorische Übertragung auf den Chor von Interesse: Eine harmonische Einstimmigkeit wird hier evoziert von nicht näher definierten Personen, die etwas unterstützen, als Strategie, Autorität durch Zustimmung anderer zu zeigen.

Interessant ist ein Beleg, der zeigt, dass solche Allianzen durch positive Bewertung nicht immer zugunsten des gelobten Akteurs oder Sachverhalts ausfallen müssen:

> (F19) Responsible for the countryside – and the infamous plan to sell off Britain's forests – it [Department for Environment, Food and Rural Affaris, Anm. AM] is **damned with faint praise** even by its backers. (independent.co.uk, 12.5.2012)

Ein nur schwaches Lob von Unterstützern (*backers*) wirkt in dieser Darstellung als kontraproduktiv (*damned with faint praise*). Hier kommt es auf das Ausmaß an, das Martin und White als „graduation" beschreiben und für die Sprache der Bewertung als essentiellen Aspekt sehen (vgl. Martin/White 2007).

Abgesehen von diesen Metakommentaren werden gerade im umkämpften Frackingdiskurs und in der Berichterstattung um die US-Präsidentschaftswahl explizite Bewertungen vorgenommen, die auf der Ausdrucksebene unterschiedlich realisiert sein können. Besonders interessant im Hinblick auf die Aushandlung von Geltungsansprüchen sind Belege, in denen Differenzen in der Positionierungsurheberschaft deutlich werden, wie etwa im folgenden Beleg:

(F20) The frack-heads whose dream is putting Britain's future at risk (Observer, 9.12.2012)

In dieser Überschrift werden Frackingunterstützer negativ in einem Wortspiel mit dem pejorativen Ausdruck *crackheads* als *frack-heads* bezeichnet. Ihre Intentionen werden in einer Art und Weise dargestellt, die sie vermutlich in Selbstzuschreibungen so nicht formulieren würden. Im Gegenteil bewerten Frackingunterstützer die Technik als sicher (im Kontrast zum Ausdruck *at risk*). Hier zeigt sich also eine Differenz in der Positionierungsurheberschaft und der eingenommenen Perspektive.

Andere Beispiele sind eindeutig positive oder negative Wertungen, die unterschiedlich auf der Ausdrucksebene ausgedrückt werden, z.B. in den folgenden positiven Wertungen, die verdeutlichen, dass auch positive Formulierungen vereinzelt Agonalitätspotenzial besitzen können:

(F21) We live in an area rich in wind, solar and tidal energy – arguably the **best in the world** – and here we are debating about carbon fuels again. (Western Mail, 20.6.2011, leichte Formatanpassung)
(H11) Danke Amerika, das war eine **gute Wahl**. (Frankfurter Rundschau, 8.11.2012)
(H12) New Yorkers like to think of themselves as **tough and resilient** in challenging times when disaster strikes. And with good reason: They are. (New York Post, 1.11.2012)

(F21) und (H11) werten die Qualität der erneuerbaren Energien bzw. die Person Barack Obamas mithilfe der Ausdrücke *best in the world* bzw. *gute Wahl* als besonders geeignet. Die positive Wertung ist in (F21) direkt mit der Alternative der *carbon fuels* verknüpft, sodass diese negativ gewertet werden. In (H12) schließt sich der Sprecher der Eigenbewertung der New Yorker an, was ihre Widerstandsfähigkeit betrifft. All diese positiven Wertungen können Widerspruch erfahren: Ein Leser muss nicht mit diesen Wertungen übereinstimmen. Martin und White (2007, 14) verweisen auf unterschiedliche Möglichkeiten, Wertungen zu lesen (*compliantly* und *resistantly*): Man kann der Wertung folgen, sie aber auch ablehnen, wie z.B. Leserbriefe zeigen.

Im Kulturvergleich interessant sind insbesondere kulturspezifische Bewertungen, deren positive oder negative Qualität in der anderen Kultur/Sprache möglicherweise nicht so betrachtet werden (vgl. Mast in Vorb. zu sogenannten Kulturemen). Ein Beispiel aus dem US-Hurrikankorpus ist das folgende:

(H13) Apparently, the chaos from the storm will allow Obama to appear as a **strong leader**. (Philadelphia Daily News, 31.10.2012)

Während Obama hier mit *strong leader* positiv bewertet wird, ist unklar, wie dies auf das Deutsche übertragen werden könnte. Dass bestimmte Aspekte dieser Art in beruflichen Situationen auch positiv besetzt sind, zeigt z.B. das Wortprofil von *Führungsqualität* in DWDS. *Führer* jedoch, die naheliegende Übersetzung von *leader* (vgl. auch Langenscheidt-Großwörterbuch ⁵/⁶2008, 467), ist aufgrund der nationalsozialistischen Vergangenheit teilweise negativ besetzt (vgl. auch die Definition im Duden-Universalwörterbuch (⁸2015, 653f.), die explizit lexikographisch darauf verweist). Was also als politisch positive Wertung gesehen wird oder nicht, kann aus einer kulturellen Perspektive heraus verschieden sein und wirkt sich möglicherweise auf die Praxis des Übersetzens aus.

Werden Situationen negativ dargestellt, kann dies anhand von semantischen Facetten wie 'Fehlerhaftigkeit', 'Überfluss', 'Mangel' oder 'Chaos' geschehen. Beispielsweise wird durch Syntagmen wie *not enough* ein Mangel dargestellt, z.B.:

> (H14) "The streets just **cannot handle** the number of cars," said Mayor Bloomberg. (New York Post, 1.11.2012)
> (F22) "This is a huge and growing industry, and we just **don't have the information we need** to make sure that this resource is being developed as cleanly as it can be," Mr. Hawkins said. (New York Times, 12.4.2011)

Es mangelt in (H14) an Kapazitäten, in (F22) an Informationen. Die bestehende Situation ist damit nicht ideal, was mit Kritik und dem Wunsch nach einer Verbesserung der Situation einhergeht. Ein zentraler Ausdruck in diesen negativen Situationsdarstellungen ist *problem(s)* oder *Problem(e)*, z.B.:

> (H15) That storm [Katrina, Anm. AM] showed just how political **problems** – as seen in the government hallways of New Orleans, Louisiana state, and Washington, D.C. – can lead to inadequate preparation for disaster. (Christian Science Monitor, 29.10.2012, leichte Formatanpassung)
> (F23) Dass der Vorfall von Söhlingen jetzt wieder in den Medien sei, verstehe er [Ingenieur Dieter Sieber, Anm. AM] nicht: „Wir haben das **Problem** damals selbst entdeckt und allen Ämtern angezeigt." (Stuttgarter Zeitung, 23.4.2011)

Probleme, z.B. mit der Frackingtechnologie, werden verbunden mit Erklärungen, die aber nicht allgemein akzeptiert sein müssen. Niemand streitet hier die Problematik ab, doch der Umgang damit, ebenso wie die Verantwortung und die Ursache, sind umstritten. Die negative Situation an sich ist also nicht agonal, aber die Konsequenzen und Implikationen, die damit verbunden werden, können es sein.

Vor allem im Frackingkorpus spielen negative Zukunftsprognosen eine wichtige Rolle. Dazu gehören Aspekte wie ungewollte Planänderungen, Versagen und Scheitern, und diskursspezifisch vor allem der Aspekt des Risikos. Letzterer verweist auf die Unklarheit der Entwicklung und das negative Potenzial, das dieser zu eigen ist. Risiken werden oft mit direktem lexikalischem Verweis sprachlich ausgedrückt:

> (F24) Die Länder hatten den Bund im Februar aufgefordert, strenge Auflagen für die Gasgewinnung aus unkonventionellen Lagerstätten zu erlassen. Fracking mit Chemikalien sollte verboten bleiben, bis alle **Risiken** geklärt seien. (Aachener Nachrichten, 6.5.2013)
> (F25) The Green Deal, offering homes lagging, boilers and low-energy lights paid for through future savings on bills, is seriously ambitious – hoping to stimulate £14bn-worth of private funding – but it has real potential to **go wrong and risks** low take-up. (independent.co.uk, 12.5.2012, leichte Formatanpassung)

In beiden Beispielen wird auf potenzielle Gefahren des Frackings verwiesen. Dies beeinflusst eine Entscheidung über Fracking bzw. wie diese Entscheidung beurteilt wird. Es handelt sich um Prognosen für die Zukunft. Diese fallen negativ aus oder sind unklar und damit potenziell gefährlich. Auch solche unklaren Entwicklungen werden negativ thematisiert, z.B.:

> (F26) The health problems associated with natural gas **don't stop** at your kitchen sink. (USA Today, 26.3.2012)
> (F27) How about the governor's staff salaries, with raises from what their predecessors received? Reduction by half in funding for public schools and for state higher education? The adultBasic [sic!] health insurance program for low-income citizens allowed to **just peter out**? I'm no genius, but I can see the way the wind is blowing – and it is gale force against what is for the long-term benefit of this state. (Pittsburgh Post Gazette, 19.3.2011, Leserbrief, leichte Formatanpassung)
> (H16) Sollten diese drastischen Eingriffe in die Staatsfinanzen nicht noch abgemildert werden, könnte die amerikanische Volkswirtschaft in Richtung **Rezession abdriften**. (Börsen-Zeitung, 10.11.2012)
> (H17) Der Präsident wirbelt täglich durch drei Staaten, von Wisconsin nach Nevada, Colorado, Florida, Virginia, am Wochenende noch zweimal durch Ohio: **Wie unsicher** ist sein Stab, den Hauptpreis der Swing-Staaten zu gewinnen? (Welt Online, 3.11.2012)

In (F26) wird mit *don't stop at* die Ausdehnung der problematischen Entwicklung perspektiviert. Die Bedrohlichkeit wird dabei deutlich. In (F27) wird mit verschiedenen Ausdrücken auf die Veränderungen verwiesen, z.B. *raises*, *reduction* und *peter out*. Alle diese Ausdrücke zeigen eine Entwicklung an, die dann vom Sprecher negativ bewertet wird. Mit der Einschränkung des eigenen Wissensstands und der Gegenüberstellung des offensichtlichen Sachverhalts wird die Entwicklung als Ganzes negativ, da langfristig nicht vorteilhaft, beurteilt. Dazu wird die Metapher des Sturms verwendet, die auf zerstörerische Kraft hindeutet, die diesen politischen Entscheidungen zugesprochen wird. *Rezession* und *unsicher* verweisen ebenfalls auf eine ungewisse und potenziell negative Zukunft.

Zusammenfassung: Negative Wertungen der gegnerischen Position und der Verweis auf diese sind zentral für Agonalität und machen die Dimension AGONALITÄT DER (NEGATIVEN) WERTUNG aus. Dabei ergeben sich leichte Verschiebungen, was die Wertungen in den einzelnen Korpora betrifft: Insbesondere im Frackingdiskurs scheinen bei einer ersten Überprüfung die Verweise auf unklare und gefährliche Entwicklungen und Risiken besonders häufig, während bei der Berichterstattung zu Hurrikan Sandy nach der ersten Überprüfung in den gesamten thematischen Korpora eher eine allgemein gehaltene negative Darstellung vorherrscht. Dies zeigt, dass die Ausprägungen der Agonalität differieren können, je nachdem, was in einem Diskurs relevant ist.

4.2.5 Die Dimension AGONALITÄT DER NEGATIVEN EMOTIONEN

Bei dieser Dimension der Agonalität wird auf negative Gefühle referiert. Dabei handelt es sich um einen Unterschied zur Dimension AGONALITÄT DER (NEGATIVEN) WERTUNG (Kapitel 4.2.5), auch wenn sich einige Parallelen ergeben: Während bei letzterer eine Wertung oder Positionierung zu bestimmten Sachverhalten oder Personen (meist auch aufgrund von argumentativ dargelegten Zusammenhängen) vorgenommen wird, geht es in dieser Dimension eher um das Formulieren von emotionaler Distanzierung dazu. Dies äußert sich stärker in Benennungen von negativen Empfindungen wie 'Zorn' oder 'Angst', z.B. wenn nach dem Hurrikan Sandy Wut auf die amerikanischen Behörden geäußert wird, da Hilfe nicht ankommt. Es herrscht quasi ein Gegensatz zwischen der vorherrschenden Situation und dem menschlichen Gefühl dazu.

Rothenhöfer (2015, 252f.) verweist bereits auf die mögliche Relevanz von Emotionen für die diskursive Konstruktion von Agonalität. Schwarz-Friesel gibt eine Übersicht der verschiedenen Definitionen, u.a. aus den Neurowissenschaften, und kommt zu folgender Arbeitsdefinition:

> Für die in diesem Buch folgenden Abhandlungen und Analysen werde ich daher eine Arbeitsdefinition vorschlagen, die Emotion als einen mehrdimensionalen Komplex von bewussten und unbewussten Kenntnissen, Repräsentationen und Prozessen beschreibt. Kennzeichnend für emotionale Kenntnisse, Zustände und Aktivierungen ist, dass es sich hierbei um auf innere und äußere Erlebenskomponenten bezogene Bewertungen handelt. Diese evaluative Komponente ist zunächst das distinktive Unterscheidungsmerkmal hinsichtlich kognitiver Kenntnissysteme. Analog zu diesen wird die Emotionalität eines Menschen von mir als ein intern verankertes System betrachtet, dessen elementare Einheiten aus mentalistischer Perspektive als Evaluationskonzepte modellierbar sind, die Einfluss auf verschiedene Erlebensebenen körperbezogener, kognitiver wie psychischer Befindlichkeit nehmen können. (Schwarz-Friesel 2007, 48)

Schwarz-Friesel betont hier die evaluative Komponente, die Emotionen zukommt, und die auch hier eine Rolle spielt: Die Negativität der Emotionen hängt eng mit den negativen Bewertungen (s. Kapitel 4.2.4) zusammen. Der Fokus liegt hier auf der Metaebene, also der Benennung von Emotionen, weniger auf dem Gefühlsausdruck, der etwa mit Interjektionen ausgedrückt wird (vgl. Ungerer 1997, 316f.), und eher zur expliziten Wertung gehört.

Emotionen und ihre Benennung sind kulturspezifisch verschieden (vgl. Wierzbicka 1997, 9). Bereits bei der Definition von Basisemotionen gibt es Uneinigkeit, welche Emotionen als besonders zentral für den Menschen erachtet werden. Ungerer (1997, 319) nimmt für einen angelsächsischen Kontext trotzdem einige Emotionen als primär an, so etwa *joy/happiness, desire/love, disgust/hate, anger, sadness* und *fear* (unter Bezugnahme auf Johnson-Laird/ Oatley 1989 und 1992, außerdem Ungerer 1995). Ungerer (1997, 325) verweist darauf, dass Pressetexte gerade in Qualitätszeitungen auch sekundäre Emotionen wie Stolz aufrufen. Zeitungsbeiträge besitzen insgesamt Emotionalisierungspotenzial, auf das Leser ansprechen oder auf das sie mit anderen Emotionen reagieren können (vgl. Ungerer 1997, 318f.). In den qualitativ analysierten Zeitungstexten äußert sich dies auf unterschiedliche Weise. Vielfach wird auf emotionale Zustände von Personen verwiesen:

> (H18) The **pain** lingers [Absatz] **Mental anguish** affects victims of Sandy (Daily News New York, 24.5.2013)
> (H19) "Emotional reactions (after Sandy) range from **feelings of sadness, anxiety, irritability, sometimes bouts of anger**," said Project Hope Director Ken Gnirke. (Daily News New York, 24.5.2013)

Hier wird explizit auf die negativen Emotionen der Betroffenen verwiesen, die als Reaktion auf den Hurrikan entstehen. Diese verweisen vor allem auf Auswirkungen, aber weniger auf agonales Potenzial. Dies vollzieht sich mehr in der Versprachlichung der Emotionen ›Angst‹ und ›Sorge‹, z.B. in diesem Artikel:

> (F28) Im emsländischen Lünne haben Anwohner und Politiker **Angst** vor Erdgaserkundungen. (taz, 3.2.2011)
> (F29) "I've got **this knot in my stomach**," said Myers, of Carmichaels, whose Muskie Maniac boat can be spotted on the Mon several days a week. "I've fished this river for 30 years and I don't know what I'd do if we end up losing it." (Pittsburgh Post Gazette, 6.6.2010)

Mit *Angst* (F28) wird explizit eine negative Emotion versprachlicht. Der Verweis auf die Körperlichkeit der Angst (vgl. dazu Schwarz-Friesel 2007, 67) in *knot in my stomach* (F29) personalisiert die Information und macht sie greifbar für den

Leser. Die negative emotionale Reaktion ist hier Teil der Argumentation gegen das Frackingverfahren.

Emotionale Reaktionen an sich werden aber auch negativ bewertet und dabei in einen klaren Gegensatz zu Rationalität und Vernunft gesetzt. Wilce verweist darauf, dass heftige Emotionen traditionell (insbesondere in Bezug auf Männer) negativ gewertet werden (vgl. Wilce 2009, 87ff.). Die folgenden Zitate zeigen dies ebenfalls:

> (F30) The natural gas boom has created tens of thousands of jobs. Gov. Corbett's fee proposal should be commended for relying on facts instead of anti-fracking **hysteria**. (Pittsburgh Post Gazette, 18.10.2012)
> (F31) But not in New York State. Here, Gov. Cuomo has allowed environmental zealots to stymie a potential natural gas bonanza upstate by stoking **exaggerated fears** about water pollution and other supposed downsides. (Daily News New York, 18.11.2012)

Diese Belege verweisen auf das Konzept ›Emotionen sollten rationale Entscheidungen nicht beeinflussen‹.[69] *Hysteria* (F30) ist dabei besonders negativ wertend und verweist auf den ursprünglich medizinischen Sprachgebrauch.[70] *exaggerated* (F31) entwertet die Ängste der Frackinggegner als übertrieben. In einer Wissensgesellschaft, die spätestens seit der Aufklärung entscheidend von dem Wissensrahmen ›Rationalität‹ geprägt ist, haben diese impulsiven Reaktionen und Ängste einen potenziell negativen Stellenwert und werden hier dazu benutzt, die Argumente der Gegner zu entkräften, ohne diese genau zu benennen.

Zusammenfassung: Insgesamt dienen Erwähnungen von negativen Emotionen in Diskursen verschiedenen Zwecken in Bezug auf Agonalität. Sie können die argumentative negative Wertung von Sachverhalten oder Personen auf einer emotionalen Ebene unterstützen und zeigen vor allem emotionale Distanzierung zu dargestellten Sachverhalten oder Personen. Aufgrund der ambivalenten gesellschaftlichen Bewertung von Emotionen kann Emotionalität aber auch

---

69 Wie wichtig Emotionen aber auch bei Wahlentscheidungen sind, zeigen Hoch/Müller-Hilmer (2014) aus Sicht der Politikwissenschaft.
70 Das Oxford English Dictionary definiert dabei *hysteria* in dieser medizinischen Bedeutung als „a functional disturbance of the nervous system, characterized by such disorders as anæsthesia, hyperæsthesia, convulsions, etc., and usually attended with emotional disturbances and enfeeblement or perversion of the moral and intellectual faculties". (*hysteria, n.*, im Oxford English Dictionary Online. Oxford University Press. Stand März 2018. http://www.oed.com.ubproxy.ub.uni-heidelberg.de/view/Entry/90638?redirectedFrom=hysteria. Letzter Zugriff 28.4.2018)

Gegnern im agonalen Diskurs unterstellt werden, um ihnen die Glaubwürdigkeit abzusprechen.

4.2.6 Die Dimension AGONALITÄT VON SCHEIN UND SEIN

Die Dimension AGONALITÄT VON SCHEIN UND SEIN ist von erheblicher Bedeutung für die Darstellung von Agonalität in den untersuchten Texten. Dabei existieren unterschiedliche Darstellungen, die jeweils Faktizität für sich beanspruchen, aber nicht miteinander kompatibel sind, also einander widersprechen. Dabei geht der Konflikt über unterschiedliche Bewertungen hinaus: Es handelt sich um konfligierende Darstellungen von ontologischen Gegebenheiten. Es wird etwa eine Lüge unterstellt, wenn es um die Aussagen anderer Akteure geht; dies wird z.B. im Frackingdiskurs deutlich, wenn den Fracking betreibenden Firmen unterstellt wird, über die Zusammensetzung der Chemikalien nicht die Wahrheit anzugeben. Zentrales Thema ist der Konflikt von (An)Schein und Wahrheit. Auch Burel (2015, 225) spricht von „Schein und Sein" in Bezug auf ihre Studie zu den DAX-30-Unternehmen.

Damit einher geht das Problem der Vagheit und Unbestimmtheit im Diskurs: Die geltende Wahrheit zu finden ist nicht immer möglich. Die Problematisierung dieses Aspekts findet sich vor allem im Frackingdiskurs, in dem viele Sachverhalte (etwa die Zusammensetzung der sogenannten Frac-Flüssigkeit) nicht transparent sind. Die Relevanz dieses Problems ist auch für andere Diskurse zu vermuten (vgl. z.B. Schwegler in Vorb. zu Nachhaltigkeitsberichten von Unternehmen). Felder weist darauf hin, dass Fakten in Diskursen hergestellt werden und umstritten sein können, während Daten intersubjektiv akzeptierte Gegebenheiten sind (vgl. Felder 2013, 14): Um Fakten wird in Diskursen gekämpft, wobei Sachverhaltsbezeichnungen und -festsetzungen miteinander konkurrieren können. Dabei können in agonalen Diskursen semantische Kämpfe mit Konkurrenzen zwischen Sachverhalten und Bezeichnungen entstehen (vgl. Felder 2006).

In dieser Kategorie geht es um Agonalität, die durch ein explizites Ringen um Wahrheit entsteht. Es wird explizit thematisiert, dass ein bestehender Geltungsanspruch eines Akteurs falsch sein könnte oder dass es nicht genug Daten gibt, um ein intersubjektives Bild der Wahrheit zu erhalten.

Diskursspezifisch gestaltet sich dies im Frackingdiskurs oft als Zurückhalten von Informationen und dadurch als Spekulation über die nicht eindeutig bekannte Wahrheit. Die Daten, so wird postuliert, seien da, aber aufgrund der Zurückhaltung bestimmter Akteure, die in ihrem Besitz seien, nicht jedem zugänglich. Eine objektive Wahrheit sei also vorhanden, bleibe den meisten Diskursteilnehmern jedoch verborgen, z.B.:

> (F32) Wenzel kritisierte, die beteiligten Unternehmen hätten zu keinem Zeitpunkt **offenlegen** müssen, welche Stoffe sie dabei verwenden. (ddp Basisdienst, 28.1.2011).
>
> (F33) But the authors made clear that their environmental review of shale gas was hindered by the industry's **limited disclosure** of chemicals added to fracking fluids, and a widespread failure to sample and record baseline levels of water quality in aquifers before drilling began. (Guardian, 16.2.2012)

In diesen Beispielen sind die Unternehmen anderen Akteuren zufolge im Besitz von Daten, machen diese aber der Öffentlichkeit, also denen, die die Diskussion verfolgen, nicht zugänglich. Das Wissen hängt von Akteuren ab, die einen Wissensvorsprung besitzen und in einer Machtposition sind: Sie können beschließen, diese Information nicht mit der Öffentlichkeit zu teilen. Die Daten selbst mögen unumstritten sein (etwa die prozentuale Zusammensetzung von bestimmten Chemikalien), aber sie werden nicht zu allgemein bekannten Daten, die dann diskutiert werden können, da die Akteure sie nicht zugänglich machen. An dieser Stelle spielen auch Machtverhältnisse im Diskurs eine Rolle (s. Kapitel 4.2.8). Daraus resultiert Konfliktpotenzial, wie auch in diesen Beispielen deutlich wird: Die Zugänglichkeit zu Daten wird von den anderen Diskursakteuren verlangt, um vermeintliche Objektivität im Diskurs zu etablieren.

Eine agonale Situation der Dimension AGONALITÄT VON SCHEIN UND SEIN kann auch dadurch entstehen, dass verschiedene Entwürfe der Wahrheit miteinander konkurrieren, im Sinne einer Konkurrenz zwischen verschiedenen Sachverhaltskonstituierungen (vgl. Felder 2006, 15). Dabei geht es zumeist um die Interpretation der Daten. Die Akteure beanspruchen jeweils die korrekte Auslegung der Daten für sich, teilweise in Abgrenzung von anderen Interpretationen. Vor allem wird auch auf eine mögliche andere Wahrnehmung der Daten, zu der ein Betrachter gelangen könnte, referiert. Die Sprecher positionieren sich als Experten im Diskurs, die die korrekte Auslegung der Datenlage kennen und Fakten schaffen wollen. Dies zeigt sich etwa im folgenden Beispiel:

> (F34) "The Mon looks prettier than it ever did, but you **can't judge water quality just by the way it looks**," said Myers [...]. (Pittsburgh Post Gazette, 6.6.2010)

Der Sprecher stuft mögliche Interpretationen der Daten als falsch ein: Man könnte den Zustand des Flusses Mon (F34) falsch deuten und die falschen Schlüsse aus den Beobachtungen ziehen (etwa, dass das Flusswasser von guter Qualität ist). Der Sprecher positioniert sich selbst als Experte, der Zusammenhänge erkennt und diese transparent macht. In einer Wissensgesellschaft vermag er damit eine Autoritätsstellung einzunehmen. Der agonale Kontrast liegt hier zwischen verschiedenen Sachverhaltsdeutungen, die im Raum stehen. Es gibt in dieser Darstellung eine objektive Wahrheit, die aber nicht allen ersichtlich ist. Die Datenlage wird nicht als Meinungsfrage präsentiert, sondern als unbestreitbare Wahrheit, die nur als solche erkannt werden muss. Das wird auch in Zitaten wie diesem aus dem US-Hurrikankorpus klar:

> (H20) "There's been a series of extreme weather incidents," said New York Gov. Andrew M. Cuomo (D). "That's not a political statement; that's a **factual** statement. [...]" (Washington Post Blogs, 2.11.2012)

Auslegung und gegebenes Datum werden vom Sprecher voneinander abgegrenzt. Sprechen über den Klimawandel ist politisch aufgeladen (vor allem in den USA, s. Kapitel 5), aber die gegebenen Daten, von denen der Akteur Cuomo hier ausgeht, werden als eindeutig wahr (*factual*) dargestellt. Gleichzeitig werden auch sie wiederum Teil von Argumentationen.

Eine weitere Ausprägung dieser Dimension stellt der Verweis auf eine grundsätzlich ungeklärte Datenlage im Diskurs dar. Niemandem wird explizit unterstellt, im Besitz von Daten zu sein, die er zurückhält, sondern die Wahrheit ist – zumindest für den Moment – nicht zu ermitteln. Dies sorgt für Vagheit im Diskurs und damit für Unsicherheit. Hier konfligiert der diskursübergreifende ›Wunsch nach Wahrheit‹ mit der ›Vagheit‹, also dem Unvermögen, an diese Wahrheit zu gelangen. Damit sind hier tatsächlich intersubjektive Daten gemeint, nicht die perspektivische Kreation von Fakten (vgl. Felder 2013):

> (F35) "The scientific community **doesn't have enough data** to know how TDS [Total Dissolved Solids, Anm. AM] are affecting fish in the Mon, so it's critical we survey these critters every year. We'll use different pieces of a pie to understand the whole picture." (Pittsburgh Post Gazette, 6.6.2010, Zitat des Biologen Ventorini)
> (H21) "Whether that's global warming or what, **I don't know**, but we'll have to address those issues." (Mail Online, 31.10.2012, Zitat Bloomberg)

In beiden Fällen herrscht Unklarheit, was hinter der aktuellen Situation steckt und welche Auswirkungen sie haben wird. Trotzdem ist Handlungsbedarf da, dem unterschiedlich begegnet wird, und es wird versucht, die Vagheit zu beseitigen und tieferes Verständnis zu erlangen.

Eine weitere Variante des agonalen Kampfs um Geltungsansprüche in der Dimension AGONALITÄT VON SCHEIN UND SEIN ist die Zuschreibung von bewussten Falschaussagen. Es wird postuliert, dass Akteure (bewusst oder unbewusst) ein falsches Bild kreieren, das den Diskursrezipienten oder andere manipulieren soll. Dies lässt sich an den folgenden Beispielen verdeutlichen:

(F36) David Cameron's pledge to vote blue and go green was nothing more than **a con**, designed **to trick** people into thinking the Tories had changed. (independent.co.uk, 12.5.2012)
(H22) Kathleen Hall Jamieson, of the University of Pennsylvania, said a natural disaster gives a president 'unlimited access to the media to say **things the public wants and needs to hear** in a fashion that reinforces that he is president.' (Mail Online, 31.10.2012)
(H23) Aber so wie frühere Präsidenten von diesen Herausforderungen in Wahlzeiten profitierten, wird das Weiße Haus alles daran setzen, den Präsidenten in den kommenden Tagen als Staatsmann zu **präsentieren**, für den das Land weit vor der Partei kommt. (Welt Online, 29.10.2012)
(H24) Die Umfragen in den Einzelstaaten liefern ein widersprüchliches Bild, das beide Lager für ihre Zwecke zu **retouchieren** versuchen. (Welt Online, 3.11.2012)

In allen Beispielen geht es um politische Akteure, die der Darstellung zufolge ein möglichst positives Bild von sich präsentieren wollen, das aber dem Sprecher bzw. Schreiber zufolge nicht völlig zutreffend bzw. manipulativ verzerrt ist. In (F36) wird der britische Premierminister Cameron sogar mit dem Ausdruck *con* (dt. Betrug, Schwindel) sprachlich in die Nähe der Kriminalität gerückt. Als Opfer wird die breite Öffentlichkeit dargestellt, der ein falsches Bild präsentiert wird. Damit einher geht Kritik der Sprecher an dem unehrlichen Verhalten, das sie den Politikern unterstellen: Die Öffentlichkeit wird in dieser Darstellung getäuscht, z.B. durch eine bestimmte Präsentation von Gegebenheiten und Personen (H23 und H24). Die Sprecher präsentieren sich als Aufdecker der wahren Motive. In manchen Fällen kann Enttäuschung eine Rolle spielen, wie das folgende Beispiel aus einem kritischen Porträt David Camerons zeigt:

(F37) Ms Smith, now leader of WWF's global climate and energy initiative, revealed she was "impressed" by the Tory leader on the infamous dog-sled trip, but today is fearful of a lack of conviction. "We understood that part of it was about promoting the new greening of the Tory party, but it also **seemed** to us to be genuine, beyond some false commitment and a nod to climate change." (independent.co.uk, 12.5.2012)

Hier kommt auch eine zeitliche Komponente (s. Kapitel 4.2.2) hinzu: Aus dem Eindruck ehrlicher Unterstützung ist Ernüchterung geworden. Die Verwendung des past tense (*seemed*) macht dies hier deutlich. Das Motiv ›Politische Akteure im Diskurs lügen‹ klingt hier an. Grundsätzlich erscheint die Erkenntnis von Schein und Sein als zentral, aber schwierig und umkämpft:

(F38) The most important underlying scope of this study has been separating **fact from fiction**. (Guardian, 16.2.2012)
(F39) Mrs Harris **presents an opinion** that people will be sickened or will die because of gas drilling. Council members surely **have a right to their opinions on this matter but not to their own facts**. (Pittsburgh Post Gazette, 21.11.2010)

(F40) "Our goal is mainly to dispel any of the **myths or untruths** that are being talked about." (Pittsburgh Post Gazette, 15.3.2011, Zitat des republikanischen Politikers Critz)

Hier wird in allen Beispielen postuliert, dass es Ansichten zum Thema gibt, die falsch sind. Es wird insgesamt von Unwahrheiten und Fiktionen (*untruths, fiction*) gesprochen, die von der Wahrheit abweichen und die daher negativ gewertet werden.

Zusammenfassung: Die Dimension AGONALITÄT VON SCHEIN UND SEIN zeigt sich auf vielfältige Weise. Insgesamt ergibt sich in dieser qualitativen Textanalyse insbesondere in Bezug auf die Risiken beim Fracking in diesem Diskurs ein großer Teil der konfliktreichen Punkte aus den unklaren und umkämpften Wahrheitsansprüchen im Diskurs. Sehr verschiedene sprachliche Mittel können ausgemacht werden, mit denen auf unterschiedliche Aspekte dieser Problematik hingewiesen wird.

Agonalität entsteht in dieser Dimension aus unterschiedlichen Interpretationen von Daten, aus der ungleichen Wissensverteilung oder der Vermutung, dass falsche Informationen bewusst oder unbewusst präsentiert werden. Insgesamt entsteht ein übergreifendes agonales Konzept ›Schein vs. Sein‹. Diese Kontraste werden in semantischen Kämpfen ausgehandelt, wobei jeder Sprecher seine Position diskursiv als Wahrheit darstellt.

4.2.7 Die Dimension AGONALITÄT DER LEXIKALISCHEN GEGENÜBERSTELLUNG

Bei Agonalität, die durch lexikalische Gegenüberstellungen konstruiert wird, handelt es sich um eine Dimension mit besonderem Bezug zu Sprach- und Weltwissen. Auch in den anderen Dimensionen der Agonalität spielen das Wissen über Zusammenhänge in der Welt oder das bereits gewonnene und vorausgesetzte Diskurswissen eine Rolle, aber in einigen Fällen ist dies für die Darstellung der Agonalität so zentral, dass hier eine eigene Dimension eingeführt wird. Die Agonalität wird hier dadurch evoziert, dass zwei oder mehr Ausdrücke kontrastiert werden, die speziell in diesem Kontext einander agonal gegenüberstehen, oder dass einzelne Ausdrücke agonalen Charakter erhalten, die sonst für gewöhnlich nicht agonal sind. Das unterscheidet diese Dimension von der AGONALITÄT DER EXPLIZITEN GEGENÜBERSTELLUNG: Die Indikatoren, die zu der Dimension AGONALITÄT DER EXPLIZITEN GEGENÜBERSTELLUNG gehören, verweisen textunspezifisch auf agonale Kontexte, während die Indikatoren der AGONALITÄT DER LEXIKALISCHEN GEGENÜBERSTELLUNG genau in dem vorliegenden Kontext miteinander kontrastiert werden und stärker textspezifisch sind. Der Wissensbestand des

Lesers macht klar, dass die konkrete Gegenüberstellung potenziell Konflikte auslösen kann, z.B. durch eine zu erwartende negative Entwicklung. Dies wird oftmals nicht explizit auf der sprachlichen Ebene so benannt, anders als bei der AGONALITÄT DER EXPLIZITEN GEGENÜBERSTELLUNG. Auch Wehrstein (2013) betont Gegenüberstellungen in Dichotomien als wichtige Textstrategie in ihren Untersuchungstexten.

Ein Beispiel für diese Dimension aus dem Frackingdiskurs stellt die mehrfache Referenz auf den Sachverhalt dar, dass Chemikalien ins Grundwasser gelangen können: Chemikalien und Grundwasser werden jeweils auf der Sprachoberfläche genannt und implizit einander gegenübergestellt. Diese Kombination von Sachverhalten wird oft nicht explizit auf der Textoberfläche als negativ gewertet. Das mögliche Risiko dabei wird dem Leser jedoch aus seinem Weltwissen klar, sodass eine potenzielle Agonalität impliziert wird. Man könnte die Präsupposition hier als „Trinkwasser sollte aus Gesundheitsgründen nicht mit Chemikalien in Kontakt kommen" formulieren. Die folgenden Textausschnitte sollen dies verdeutlichen:

> (F41) The senator's request that the state Department of Environmental Protection and the U.S. Environmental Protection Agency step up sporadic radiation testing follows a New York Times report that hydraulic fracturing wastewater at 116 of 179 deep gas wells in the state had been found to contain high levels of **radiation**. (Pittsburgh Post Gazette, 2.3.2011)
> (F42) [S]hale-drilling wastewater, which is laden with salty compounds, toxic metals, and some **radioactive particles** disgorged from the earth during fracking. (Philadelphia Inquirer, 10.7.2011)

In diesen beiden Fällen kann man unterschiedliche Ausprägungen des Rezipientenwissens sehen, die hier relevant werden. In (F41) geht es um einen Sachverhalt, der, wenn man um Strahlungen (*radiation*) und Folgen weiß, befremdlich ist: Wasser in Frackinggebieten enthält ein hohes Maß an Strahlung. Aufgrund seines Weltwissens weiß der Rezipient, dass dies eine womöglich gefährliche und voraussichtlich unerwünschte Erscheinung ist. In (F42) hängt das Weltwissen noch stärker an den Wörtern; es handelt sich also um Sprachwissen in Kombination mit Diskurswissen. Wieder geht es um chemische Substanzen, die ins Wasser gelangen, also einen Sachverhalt, den wir aufgrund unseres Weltwissens befremdlich finden. Aber hier hängen auch ganze Wissensbestände an Ausdrücken wie *toxic* und ihrer diskursiven Geschichte. Dies trifft im Besonderen auf *radioactive particles* zu, die im Kotext mit *wastewater* genannt werden. Sowohl im Deutschen als auch im Englischen wurde an Großkorpora die Verwendung des Ausdrucks *radioactive/radioaktiv* getestet. Besonders im DWDS-Korpus werden im Wortprofil Ausdrücke wie *Verseuchung* angezeigt, die explizit negativ werten; im Corpus of Contemporary American English (COCA) findet sich als gemeinsames Vorkommen *waste*, als radioaktiver Abfall, den wir auch aus unserem Welt- und Diskurswissen als problematisch kennen. *radioactive* verknüpft also problematische Sachverhalte und erscheint deshalb auch hier in der Kombination mit Wasser als negativ. Unser Weltwissen, von Ereignissen wie dem Reaktorunfall in Tschernobyl 1986 oder dem Unglück in Fukushima 2011 gespeist, kennt die Gefahren von Radioaktivität für die menschliche Gesundheit und stuft den beschriebenen Vorgang als gefährlich ein. Die Kollokate im DWDS-Korpus sind tendenziell noch negativer als im US-amerikanischen COCA, z.B. *hochgiftig* oder *verseuchen* (s.o.). Dies könnte mit der langen Tradition von Kernkraftgegnerschaft (vgl. Sieferle 1984) und der verhältnismäßig mächtigen Partei der Grünen in Deutschland zusammenhängen, die für eine tiefere Verankerung im Diskurs sorgen (vgl. Jung 1995). Insgesamt spielen hier Weltwissen und Sprachwissen über den Gebrauch bestimmter Wörter eine Rolle.

Diese Dimension der Agonalität ist auf der Textoberfläche schwierig mit halbautomatisierten Verfahren festzustellen, da jeweils anderes Weltwissen vorausgesetzt wird und unterschiedlichste diskursspezifische Ausdrücke verwendet werden, die das Diskurswissen kognitiv aufrufen. Dies zeigt die Relevanz der qualitativen Analyse auf. Am ehesten funktioniert eine gezielte qualitative Suche über lexikalische Kontraste, wie sie etwa in den folgenden Beispielen zu finden sind:

> (F43) Drilling companies look for **immediate fixes**. They typically don't want to make a **long-term solution**. (Philadelphia Inquirer, 10.7.2011, Zitat des Geschäftsmanns Leisenring)
> (H25) In ihm steckt eine Botschaft des **schwarzen** Präsidenten an das **weiße**, konservative Amerika: Wir erzählen diese Geschichte weiter, sie ist unsere gemeinsame Geschichte. (Frankfurter Rundschau, 8.11.2012)

Beide Zitate beinhalten lexikalische Kontraste, die eine Gegenüberstellung deutlich machen, und damit das agonale Potenzial, das in diesen Zitaten steckt. In (F43) ist dies die Kontrastierung von *immediate fixes* mit *long-term solution*. Prinzipiell ist eine schnelle Lösung (*immediate fix*) eines Problems nichts Negatives. Hier jedoch findet eine Kontrastierung mit einer nachhaltigen Lösung statt, die favorisiert wird. *Long-term solution* fungiert hier als Hochwertwort im Sinne einer Aufwertung (vgl. zu dieser Verwendung Janich ⁶2013, 169), mit dem die kurzfristige Lösung kontrastiert wird. Diese Gegenüberstellung sorgt für die negative Wertung des Vorgehens der Bohrfirmen. In (H25) ist wiederum stärker das Welt- und Diskurswissen des Rezipienten gefragt: Dass manche weißen US-Amerikaner Barack Obama gegenüber Vorurteile hegen könnten, weiß der Leser aus den Berichterstattungen oder seinen Kenntnissen über die amerikanische Bürgerrechtsbewegung. Hier wird auch die Dimension BEENDEN DES AGONALEN ZUSTANDS (s. Kapitel 4.2.10) evoziert, wenn der agonale Konflikt, der durch den lexikalischen Kontrast konstruiert wird, in eine *gemeinsame Geschichte* (H24) eingehen soll.

Zusammenfassung: Die Dimension AGONALITÄT DER LEXIKALISCHEN GEGENÜBERSTELLUNG beinhaltet Kontraste auf lexikalischer Ebene und impliziert Konflikte, die sich dem Leser durch weiterführendes Wissen über die Diskurse und/oder die Verwendung einzelner Ausdrücke erschließen. Diese Dimension zu finden ist in einem quantitativen Ansatz schwierig, da die einzelnen Beispiele sehr spezifisch für die jeweiligen Texte sind, erscheint aber in einer qualitativen Analyse durchaus möglich und gewinnbringend.

4.2.8 Die Dimension AGONALITÄT DER EXTERNEN HANDLUNGSAUFFORDERUNG

Diese Dimension versammelt Äußerungen der Macht bzw. wie sich Macht auf andere auswirkt. Dabei spielen besonders Aspekte wie 'Zwang' oder 'Verbot' eine Rolle. Dabei wird einem Diskursteilnehmer eine Handlungsweise von einem Akteur oder einer bestimmten Situation auferlegt, eventuell ohne dass diese Handlungsweise von ihm sonst gewählt worden wäre. Beispielsweise werden die Präsidentschaftskandidaten Barack Obama und Mitt Romney durch den Sturm gezwungen, ihren Wahlkampf zu unterbrechen, was sie sonst kurz vor der Wahlentscheidung nicht getan hätten. Die Analyse dieser semantischen Kategorie steht von den bisher aufgeführten am stärksten in der Tradition der Critical Discourse Analysis, die Machtverhältnisse im Diskurs besonders genau untersucht (s. Kapitel 2.3.3). Damit geht in der Tradition Foucaults die Frage nach diskursiven Bestimmungen und Zwängen einher. Hier werden ungewollte Machtausübungen aus der Perspektive des Machtlosen als Teil von Agonalität betrachtet.

Als sprachliche Konstruktionen sind hier Imperative und passivische Konstruktionen interessant (s. auch Kapitel 4.3.2.1 und 4.3.2.5). Imperative üben einen direkten Appell auf den Angesprochenen aus und vermitteln den Wunsch des Sprechers. Es bleibt offen, ob dann auch entsprechend gehandelt wird, z.B.:

> (H26) „Bitte **hören Sie auf** ihre [sic!] lokalen und regionalen Behörden", bat der Präsident, **„zögern Sie nicht, stellen Sie (Anordnungen) nicht infrage,** sonst wird es möglicherweise tödliche Konsequenzen geben." (Welt Online, 29.10.2012, runde Klammern im Original)

> (H27) During his introduction, Christie, known for his brash demeanor, said that he forgave residents of Brigantine for not following his order to 'get the hell out' before the storm hit Monday night. (Mail Online, 31.10.2012)

Es geht bei dieser diskursiven Darstellung darum, dass Akteure mit Macht wie der US-Präsident oder der Gouverneur Chris Christie versuchen, anderen eine bestimmte Handlungsweise nahezulegen oder aufzuzwingen. In passivischen Konstruktionen wird dies ebenfalls deutlich:

> (H28) Romney **ist** in diesen Tagen zur weitgehenden Passivität **gezwungen**. (Welt Online, 29.10.2012)

Es wird deutlich gemacht, dass eine Situation (hier durch den Hurrikan Sandy verursacht) den Akteur Romney von etwas abhält, was er tun möchte, in diesem Fall den Wahlkampf weiterzuführen.

Das Motiv von Druck und Zwang kann sich auch anders zeigen, z.B.:

> (H29) US-Börsen **unter Druck** (Börsen-Zeitung, 10.11.2012)
> (H30) 'Whether that's global warming or what, I don't know, but we'll **have to** address those issues.' (Mail Online, 31.10.2012, Zitat Bloomberg, s. auch Zitat H21)
> (F44) Auch Deutschland war bereits von Liefersperren betroffen, mit denen man Durchleitungsländer zu höheren Preisen **zwingen** wollte. (Aachener Zeitung, 12.8.2011)
> (F45) Texas' law will force drillers to post the chemicals and the amounts used beginning in July 2012. (New York Times, 21.6.2011)

In (H29) fällt *Druck* als Indikator auf: Es stellt sich eine Situation dar, in der die Börsen gezwungen sind, zu reagieren. In diesen Bereich fallen auch Versprachlichungen von Regeln und Verboten. (H30) verweist auf den großen Bereich der Modalverben wie *have to, müssen* etc. (s. Kapitel 4.3.2.1). (F44) und (F45) versprachlichen Zwang (*zwingen/force*), der in (F45) nicht direkt auf einen menschlichen mächtigen Akteur zurückgeht, sondern auf Gesetze. Es besteht eine Opposition zwischen dem Gewollten und dem durch diese Entitäten Vorgegebenen.

Ein weiterer Aspekt dieser Dimension, der gerade beim Fracking eine Rolle spielt, ist Kontrolle. Dabei wird die Macht etwa eines Unternehmens oder einer Person beschränkt, z.B.

> (F46) Mr. McKinley announced his membership in the group with a news release, in which he said he hoped it would be **a check on** the Obama administration. (Pittsburgh Post Gazette, 15.3.2011)
> (H31) Warum sind unsere Politiker nicht in der Lage, wie „Sandy" Wall Street und Banken **in die Schranken zu weisen** und die Finanzmärkte durch wirksame Gesetze **zu beherr-**

schen, damit sie kein weiteres wirtschaftliches Desaster anrichten können? (Berliner Morgenpost, 3.11.2012, Leserbrief)

In beiden Beispielen geht es darum, einem Akteur, der kritisch betrachtet wird, eine Kontrolle aufzuerlegen. In (H31) ist die metaphorische Verwendung interessant. Hurrikan Sandy kommt dabei eine eigene personifizierte Rolle zu. Er fungiert als Entität, die Macht ausübt, auch wenn das hier metaphorisch gemeint ist.

Zusammenfassung: Insgesamt zeigt diese Dimension auf, dass der Wettkampf um Geltungsansprüche bedeuten kann, dass sich eine Seite auf Kosten einer anderen durchsetzt. In diesem Machtaspekt ist vielleicht ein Grundgedanke der CDA – die Analyse von Machtstrukturen – am deutlichsten. Bestimmte sprachliche Konstruktionen, die in Kapitel 4.3 genauer untersucht werden, verweisen auf diese Dimension, welche Machtverhältnisse in Diskursen aufzeigt.

4.2.9 Die Dimension AGONALITÄT DER ENTSCHEIDUNGSTHEMATISIERUNG

Agonalität kann sich auch äußern, indem Entscheidungen und der Weg zu ihnen thematisiert werden. Entscheidungen implizieren, dass zwei oder mehr Gegensätze vorhanden sind, zwischen denen eine Entscheidung stattfindet (vgl. ausführlich zu Entscheidungen aus linguistischer Sicht K. Jacob (2017)). Beispielsweise muss in der Situation des Hurrikans Sandy entschieden werden, ob bestimmte Gebiete evakuiert werden oder nicht: Zwischen beiden Optionen muss eine Entscheidung fallen. Domke (2006, 100) betont die sprachlichen Aspekte von Entscheidungsprozessen.

Es scheint wenig spezifisches Vokabular zu geben, das konkret als Linguistik des Entscheidens zu betrachten ist. Jacob (2017) verweist vor allem auf pragmatische Phänomene und Entscheidungsstränge. Metasprachliche Verweise auf Entscheidungen konnten in der qualitativen Analyse dennoch gefunden und quantitativ überprüft werden, z.B.:

(F47) Der Bundesrat hat erst vor zwei Wochen einen **Beschluss gefasst**, wonach „Fracking" in Deutschland nicht in Wasserschutzgebieten durchgeführt werden soll. (Aachener Nachrichten, 13.2.2013)
(H32) Some residents were unhappy with Mayor Michael R. Bloomberg's **decision** to evacuate low-lying areas. (washingtonpost.com, 30.10.2012)
(H33) "People are going to have to make **choices**. ...We've got to **make hard choices**. They've got to **decide**: Do they want to rebuild? Or do they want to move out? I still believe that's an individual **choice**. I don't think it's a governmental **choice**. I'm not con-

demning their property." (Philadelphia Inquirer, 1.11.2012, Zitat von Chris Christie, leichte Formatanpassung)

In den schwierigen Situationen aus den Beispielen werden Entscheidungen getroffen. Es gibt zwei (oder mehr) Alternativen, die umgesetzt werden können und auf welche referiert wird. Bei einer Entscheidungssituation handelt es sich um eine grundsätzlich agonale Situation, in der verschiedene Konzepte miteinander um Geltung ringen, sei es in einer Gruppe, in der verschiedene Personen die einzelnen Optionen vertreten, oder in der Entscheidung einer Einzelperson wie im Zitat von Chris Christie.

Eine Vorstufe der Entscheidung, die mit unterschiedlichen sprachlichen Mitteln thematisiert wird, sind die Überlegungen, die dorthin führen, z.B.:

> (F48) Deshalb gebe es **Überlegungen**, das Bergrecht in Sachen Öffentlichkeitsbeteiligung zu ändern. (ddp Basisdienst, 28.1.2011)
> (F49) He said the caucus likely will stage field hearings in areas of heavy shale development, such as Western Pennsylvania, and it might **consider legislation** at some point. (Pittsburgh Post Gazette, 15.3.2011)
> (H34) When the governor was asked if officials were **contemplating** building a levee in the city's harbour, he replied: 'It is something we're going to have **to start thinking about**. [...]' (Mail Online, 31.10.2012)

Hier wird das Entscheiden als Prozess thematisiert. Die Entscheidung selbst ist nach Katharina Jacob ein Moment, der am Ende des gesamten Prozesses, des Entscheidens, steht (Jacob 2017, 93); sie macht damit nur einen Teil des gesamten Entscheidensvorgangs aus. In diesen Beispielen werden die Momente vor der Entscheidungsfindung thematisiert, vor allem die kognitive Komponente des Abwägens (verdeutlicht in *Überlegungen* (F48), *consider* (F49), *contemplating* (H34) oder *start thinking about* (H34)). Eine Entscheidung wird mit diesem kognitiven Prozess möglicherweise vorbereitet, aber ob es zu einer Entscheidung kommen wird, ist noch unklar. Diese Situation bereitet den Boden für agonalen Wettstreit: Verschiedene Ideen und Konzepte (z.B. zwischen bestehendem Bergrecht und möglichen Änderungen daran) stehen einander gegenüber.

Entscheidungen werden auch im Nachhinein angezweifelt, und es wird ein neuer Entscheidensprozess angestoßen, z.B.:

> (F50) Congress **should revisit** the gas extraction method with an eye toward ensuring the quality of drinking water, a precious resource in the dry West. [Absatz] Specifically, Congress **ought to repeal** the exemption that allows hydraulic fracturing to escape regulation by the federal Safe Drinking Water Act. (Denver Post, 19.11.2008)

(F51) Romney will auch Obamas Wall-Street-Reform **rückgängig machen**. (Die Zeit, 31.10.2012)

In (F50) werden mit Modalverben deontische Forderungen aufgestellt. *revisit* und *repeal* verweisen auf zuvor getroffene Entscheidungen, die nun dem Sprecher zufolge revidiert werden sollten. Damit wird eine Art unendlicher Entscheidungsprozess möglich, dessen vorläufig abschließende Entscheidung immer wieder in Frage gestellt und in einem neuen Entscheidungsprozess verändert werden kann. In (F51) wird dies an die Intentionen zweier Akteure geknüpft.

Zusammenfassung: Bei Entscheidungen handelt es sich um inhärent agonale Situationen. Mit ihrer Thematisierung wird ein Kampf um Geltungsansprüche konstruiert. Wichtig ist es dabei, den gesamten Entscheidungsprozess (einschließlich möglicher Revidierungen der Entscheidungen) zu betrachten.

4.2.10 Die Dimension BEENDEN DES AGONALEN ZUSTANDS

Diese Dimension stellt gewissermaßen einen Rückverweis auf einen vorausgehenden agonalen Zustand dar. Dieser soll beendet werden; es wird versucht, einen Konsens herzustellen. Die versöhnliche Perspektivierung impliziert jedoch, dass die Situation nicht immer konsensual war. Beispielsweise kann über eine Einigung bezüglich des Frackingverfahrens berichtet werden, bei der impliziert wird, dass der Konsens erst nach agonal geführten Debatten erreicht werden konnte.

Meist geht es hier auf einer Metaebene um Verhältnisse zwischen Akteuren, die thematisiert werden. Es wird auf vorausgehende oder noch andauernde Wettkämpfe referiert, die sich in konsensualer Weise auflösen sollen. Dies muss nicht immer funktionieren; thematisiert wird teilweise auch nur der Versuch einer solchen Herstellung von Konsensualität. Agonalität wird dabei als tendenziell kontraproduktiv betrachtet, während die Bemühungen um Konsensualität eher als konstruktiv bewertet werden (siehe unten in Beispiel (H35)).

In politischen Diskursen geht es dabei vor allem um Konflikte zwischen Politikern und/oder Parteien, z.B.:

(F52) Since the latter's [Chris Huhne's, Anm. AM] departure, **his language has been tempered**. "George [Osborne, Anm. AM] has **drawn a line under the antagonistic stuff** now Chris has gone," says one Tory minister. "Politics is based on people and relationships – shock!" adds another. (independentcouk, 12.5.2012, leichte Formatanpassung)

(H35) He [Barack Obama, Anm. AM] was joined on the presidential helicopter, Marine One, for the one-hour tour by Republican New Jersey Governor Chris Christie, **who has put partisan politics aside in the wake of the disaster**. (Mail Online, 31.10.2012)

Die persönliche Komponente der Politik wird hier betont: In (F52) wird der Tonfall nach dem Weggang des Politikers Huhne gemäßigter (*tempered*); die Agonalität, hier mit der Mehrwortverbindung *antagonistic stuff* markiert, wird beendet (*drawn a line*). In (H35) wird darauf eingegangen, dass agonale Zustände ausgesetzt werden können, wenn eine negative Situation (*disaster*) geregelt werden muss: *partisan politics* – Parteipolitik – erscheint hier nicht wichtig. Agonale Diskurse zwischen Republikanern und Demokraten in den USA werden also im Angesicht der Katastrophe (für einige Zeit) suspendiert. Der Ausdruck *partisan politics* charakterisiert agonale Diskurse als eher negativ. Eine Recherche in COCA zeigt, dass *partisan politics* vorwiegend in negativen Kontexten verwendet wird, wenn es eher um Parteizugehörigkeit als um Inhalte der agonalen Diskussion geht. Belege wie *tired of partisan politics* oder *nonsensical partisan politics* zeigen die kritische Wertung, mit der die Mehrwortverbindung verwendet wird.

Agonale Zustände werden folglich nicht von allen als positiv gewertet. In politischen Zusammenhängen entsteht bei solchen Verwendungen der Eindruck, dass verfestigte Gegnerschaften nur noch wenig mit den Inhalten zu tun haben. Dies wird teils negativ gewertet. Das agonale Moment des guten Streits (s. Kapitel 4.1) kann also auch ins Negative gewendet werden, wenn es sich nicht mehr um ein Rennen wie im ursprünglichen Wortsinn, sondern um Stagnation handelt (s. dazu auch die Analyse in Kapitel 5.2.2.3 und 5.3.2.4).

Die Diskussion an sich kann aber auch positiv gewertet und als eine Form von wahrer Agonalität (im Kontrast zu verhärteten und nicht mehr diskutierenden Fronten) präsentiert werden, z.B.:

(F53) "We want to bring industry in and we want to bring in folks who are on the other side of the equation and get **the full realm of the discussion** going," Mr. Critz said. (Pittsburgh Post Gazette, 15.3.2011)

Angestrebt wird auch hier eine Einigkeit, die durch die Diskussion zwischen den Vertretern der einzelnen Positionen entstehen soll. Es kommen also Akteure zusammen, die normalerweise nicht miteinander zu tun haben, aber einander agonal gegenüber stehen und gegensätzliche Überzeugungen hegen. Diese sollen zusammengebracht werden, womit der agonale Zustand vielleicht nicht beendet, aber auf einen Konsens gebracht werden könnte.

Auch auf einer weniger personenbezogenen Ebene kann es um einen Ausgleich zwischen Sachverhalten, die in ihrer Bedeutung konträr sind, gehen.

Dabei geht es darum, einen Ausgleich zwischen zwei bedeutenden, aber nicht zu vereinbarenden Sachverhalten zu finden, die vielleicht auch in ihrer Bedeutung unterschiedlich beurteilt werden (s. auch Kapitel 4.2.3 AGONALITÄT DER RELEVANZKONKURRENZ), vgl. das folgende Beispiel:

> (F54) State leaders in all of the areas touched by the Marcellus formation must **find a balance** between the need for energy and the need to protect water. (New York Times, 15.10.2008)

Hier wird eine Balance gefordert, die die Bedürfnisse (welche von verschiedenen Gruppen betont werden) ausgleicht, also die konkurrierenden Aspekte in ein Gleichgewicht bringt. Die beiden konkurrierenden Bedürfnisse, die sich als agonales Zentrum ›Energie muss gefördert werden‹ vs. ›Wasser muss geschützt werden‹ formulieren lassen, sollen in Einklang gebracht werden, sodass die agonale Diskussion abgeschwächt wird.

Zusammenfassung: Insgesamt versammelt diese Kategorie vor allem metasprachliche Indikatoren. Die Agonalität wird zwar beendet, aber die Hinweise zeigen, dass eine bestimmte Situation nicht immer konsensual war. Daher darf diese Dimension nicht mit Konsensualität gleichgesetzt werden: Sie markiert vielmehr ein Streben nach Konsensualität, das gelingen oder scheitern kann.

4.2.11 Die verschiedenen Dimensionen der Agonalität: Zwischenfazit

Agonalität wurde in Kapitel 4.1 auf der Grundlage der bisher eher vagen Definitionen als weit verstandene Opposition oder Polarität definiert, die sich sprachlich auf verschiedene Weise äußern kann. Bei der Annotation der Texte fielen verschiedene semantische Muster auf. Diese wurden in 4.2 in die hier vorgestellten zehn Dimensionen gegliedert: (1) AGONALITÄT DER EXPLIZITEN GEGENÜBERSTELLUNG; (2) AGONALITÄT DER ZEITLICHEN GEGENÜBERSTELLUNG; (3) AGONALITÄT DER RELEVANZKONKURRENZ; (4) AGONALITÄT DER (NEGATIVEN) WERTUNG; (5) AGONALITÄT DER NEGATIVEN EMOTIONEN; (6) AGONALITÄT VON SCHEIN UND SEIN; (7) AGONALITÄT DER LEXIKALISCHEN GEGENÜBERSTELLUNG; (8) AGONALITÄT DER EXTERNEN HANDLUNGSAUFFORDERUNG; (9) AGONALITÄT DER ENTSCHEIDUNGSTHEMATISIERUNG; (10) BEENDEN DES AGONALEN ZUSTANDS.

Mithilfe dieser Charakterisierung können spezifische Konstruktionen von Agonalität in Diskursen genauer beschrieben werden. Damit ist eine genauere Analyse in einzelnen Kontexten möglich. Dadurch können agonale Kontexte in Diskursen wesentlich klarer beschrieben werden.

Indikatoren für die einzelnen Dimensionen wurden in den Einzeldarstellungen bereits qualitativ herausgearbeitet. In Kapitel 4.3 und 4.4 werden nun deduktiv Agonalitätsindikatoren für die zehn Dimensionen sowie zwei weitere deduktiv gewonnene Dimensionen ergänzt.

Im Fazit des Kapitels (4.5) sind sämtliche Dimensionen in Abbildung 9 zu finden.

4.3 Der Agonalität auf der Spur (I) – deduktives Vorgehen mit Grammatiken

4.3.1 Einleitung: Grammatikwerke und Agonalität

Im letzten Abschnitt wurden nach einer qualitativen Analyse der Texte semantische Dimensionen von Agonalität herausgearbeitet und mit Beispielen erklärt. In diesem Abschnitt und dem folgenden (Kapitel 4.4) soll nun eine stärker deduktive Sichtweise auf Agonalität gewählt werden, um das Phänomen genauer zu untersuchen. Mithilfe der Kombination von deduktiven und induktiven Verfahren sollen die verschiedenen Facetten der Agonalität möglichst umfassend ergründet und potenzielle Agonalitätsindikatoren für weitere qualitative und quantitative Analysen gefunden werden.

Bisher wird das linguistische Wissen, das in Lexikographie und Grammatiktradition enthalten ist, eher selten im Detail für Diskursanalysen herangezogen.[71] In der vorliegenden Arbeit wird ausdrücklich dafür plädiert, linguistische Diskursanalysen und traditionelle philologische Methoden und Werke enger miteinander zu verbinden.[72] Es soll Hinweisen aus Grammatiken und Wörterbüchern (Kapitel 4.4) nachgegangen werden, die auf agonalitätsverwandte Konzepte verweisen. Diese werden wohlgemerkt in den einzelnen Werken nicht mit dem Ausdruck „Agonalität" benannt (schon gar nicht in englischsprachigen Grammatiken). Die Beschreibungen verweisen aber, wie sich zeigen wird, auf Konzepte, die zu den einzelnen Dimensionen der Agonalität, wie sie in Kapitel 4.2 eruiert wurden, gut passen. Sie liegen nur auf einer geringeren Abstrakti-

---

[71] In der Korpuslinguistik werden dagegen grammatische Grundlagen fruchtbar genutzt und weiterentwickelt, vgl. etwa Hunston/Francis (2000) in ihrer Untersuchung grammatischer Muster und Bubenhofer/Konopka/Schneider (2014) in ihrer Entwicklung einer Korpusgrammatik. Erste diskursanalytische Anwendungen von grammatischen Aspekten finden sich auch bei Pearce (2014) und Marcus Müller (2015).

[72] Vgl. zum Verhältnis von Deduktion und Induktion in der Analyse auch genauer Bubenhofer (2009).

onsstufe und zeigen eher funktionale Perspektiven auf. Mit welchen Beschreibungen in den Grammatiken indirekt auf das Phänomen Agonalität verwiesen wird und welche zusätzlichen Gesichtspunkte dadurch interessant werden, soll in diesem Kapitel untersucht werden. Zwei weitere Dimensionen der Agonalität – (11) AGONALITÄT DER NICHT EINGETRETENEN OPTION und (12) AGONALITÄT DER NEGATION – können herausgearbeitet und die bereits empirisch erarbeiteten genauer beschrieben werden.

Verschiedene Grammatiken des Deutschen und Englischen liegen dieser deduktiven Analyse zugrunde. Für das Englische wurden Huddlestons und Pullums *Cambridge Grammar of the English Language* (2002) sowie die *Comprehensive Grammar of English* von Quirk/Greenbaum/Leech/Svartvik (1985) ausgewählt. Die verwendeten deutschen Grammatiken sind das von der Duden-Redaktion herausgegebene Werk *Duden – Die Grammatik* (^{9}2016) und Weinrichs *Textgrammatik der deutschen Sprache* (^{4}2007). Sie wurden für dieses Kapitel ausgewählt, da sie sich als klassische umfassende Grammatiken der beiden Sprachen, nicht als Einzeluntersuchungen weniger Phänomene verstehen. Somit bieten sie umfassende Einblicke in alle Aspekte der Grammatik, die dann noch genauer vertieft werden können.

Nach eingehender Lektüre der Grammatiken ergeben sich in verschiedenen Kapiteln grammatische Beschreibungskategorien, die für die Untersuchung von Agonalität im Englischen und Deutschen interessant sein könnten und nun genauer mit Beispielen vorgestellt werden. Im Folgenden wird gezeigt, in welchen Bereichen sich Übereinstimmungen mit der induktiven Analyse ergeben und welche weiteren Erkenntnisse für die Darstellung von Agonalität gewonnen werden können. Es wird dabei vor allem darauf geachtet, wie die Funktionen der grammatischen Konstruktionen und Konzepte beschrieben werden. Dabei sollen die folgenden grammatischen Phänomene der Sprachen beschrieben und verglichen werden: Modality bzw. Modalität (Kapitel 4.3.2.1), das Zusammenspiel von Konzession, Kondition und Kontrast (Kapitel 4.3.2.2), Evaluationen (Kapitel 4.3.2.3), Negationen (Kapitel 4.3.2.4) und Diathese (4.3.2.5). Mögliche Begleiter der Agonalität, die ihren Grad verstärken oder schwächen können, werden ebenfalls diskutiert (Kapitel 4.3.3). In den Untersuchungskorpora wird jeweils überprüft, wie die universal geschilderten grammatischen Phänomene in den Korpora vorkommen. Ausgewählte Beispiele aus den Korpora verdeutlichen, wie genau sich die Agonalität in Zusammenhang mit grammatischen Besonderheiten in den untersuchten Diskursausschnitten um Mensch und Natur zeigt.

Eine tabellarische Übersicht über alle im Folgenden dargestellten grammatischen Aspekte und ihren Zusammenhang mit den Dimensionen der Agonalität ist in Kapitel 4.3.4 zu finden.

4.3.2 Agonalität und grammatische Kategorien

4.3.2.1 Das Konzept Mood/Modality[73] bzw. Modus/Modalität und Agonalität

Ausdrücke der Modalität fielen in der qualitativen Analyse wiederholt auf. Die vielfältige Kategorie soll deshalb in den gewählten Grammatiken genauer betrachtet werden.

4.3.2.1.1 Mood/Modality: Beschreibung in englischen Grammatiken

Eine für die Agonalität zentrale Kategorie, die in beiden untersuchten englischen Grammatiken ausführlich (wenn auch mit leichten Variationen) beschrieben wird, wird durch die Grundbegriffe mood und modality (Modus und Modalität) bezeichnet. In der Linguistik verweist modality auf die Einstellung, den zugrunde gelegten Geltungsanspruch und die Positionierung des Sprechers zu seiner Aussage und bezeichnet damit ein semantisches Konzept. Unter mood wird dabei die Grammatikalisierung dieses inhaltlichen Konzepts modality verstanden, vor allem im Verbsystem der englischen Grammatik mit Verben wie *may, might* etc. (Huddleston/Pullum 2002, 172).[74] Deshalb wurde diese grammatische Kategorie für die Untersuchung von Agonalität ausgewählt: Mit den entsprechenden grammatischen Formen wird eine Positionierung zur Proposition im Satz vorgenommen, die prinzipiell in einer agonalen Diskussion in Zweifel gezogen werden könnte (s. Beispiele ab (F55)).

Quirk et al. (1985) stufen dabei zwischen intrinsic und extrinsic modality ab. Intrinsic modality beinhaltet vor allem die Teilbedeutung der 'Erlaubnis', während extrinsic modality auf die Teilbedeutung 'Möglichkeit' verweist. Huddleston/Pullum (2002, 178) unterscheiden zwischen epistemic und deontic modality: epistemic modality bezieht sich auf Abstufungen des Geltungsan-

---

[73] Da in dieser sprachvergleichenden Arbeit englische Fachausdrücke eine entscheidende Rolle spielen, werden sie wie die deutschen Fachausdrücke in recte geschrieben und (außer wenn dies für das Verständnis entscheidend ist) nicht übersetzt.

[74] Beispielsweise würde sich ein Sprecher in dem Satz „It might rain tomorrow" als unsicher positionieren, ob es am nächsten Tag wirklich regnet (modality), was mit dem Hilfsverb *might* ausgedrückt wird (mood).

spruchs einer Aussage (z.B. der unterschiedlich starke Geltungsanspruch der Aussage in *he is coming* vs. *he might be coming*); deontic modality auf Aspekte wie Verpflichtung und Erlaubnis (z.B. *I must go*). Sie stufen verschiedene Stärken von modality voneinander ab.[75] Dies entspricht der Abstufung verschiedener Grade von Agonalität, wie sie in Kapitel 4.1 (vgl. Abbildung 3) vorgenommen wurde. Insgesamt zeigen sich in der grammatischen Beschreibung mehrere Aspekte, die auch in der Definition von Agonalität und in der qualitativen Analyse auffielen: Bezug zu persönlichen Einstellungen, Äußerung einer eigenen Meinung und Einstufungen des Wahrscheinlichkeitsgrades (vgl. Huddleston/Pullum 2002, 173) oder Machtverhältnisse, etwa in der Teilbedeutung der Erlaubnis (vgl. Huddleston/Pullum 2002, 182f.).

Beide Grammatiken verweisen an sehr unterschiedlichen Stellen auf modality. Dabei werden verschiedene sprachliche Mittel vorgestellt. Zentral sind hier vor allem bestimmte Verben, die als sogenannte modal verbs die semantische Komponente bereits im Namen tragen. Wichtige Modalverben des Englischen sind *may, might, can, will, should, shall, could, ought, need*. Der grammatikalisierte Ausdruck von Modalität im Englischen (und damit der Sprechereinstellung) liegt schwerpunktmäßig bei diesen Verben. Der Fokus liegt im Folgenden auf der Darstellung von Einstellungen (zu weiteren Verwendungen vgl. König/Gast 2012).

Die Modalverben wurden in den englischsprachigen Untersuchungskorpora auf ihr Agonalitätspotenzial geprüft. An dem folgenden Beispiel aus dem US-Frackingkorpus soll die Rolle, die diese Modalverben bei der Agonalität spielen, exemplarisch erläutert werden:

(F55) Economics 101 tells us that an industry imposing large costs on third parties **should** be required to "internalize" those costs – that is, to pay for the damage it inflicts, treating that damage as a cost of production. Fracking **might** still be worth doing given those costs. But no industry **should** be held harmless from its impacts on the environment and the nation's infrastructure. (Pittsburgh Post Gazette, 8.11.2011, leichte Formatanpassung)

Drei Verwendungen von Modalverben sind in diesem Textausschnitt zu finden. Beide Verwendungen von *should* verdeutlichen die sogenannte extrinsic modality: Ein Zustand wird als wünschenswert, aber noch nicht als etabliert angesehen. Dieser Ausdruck eines Mangels fällt in die agonale Dimension AGO-

---

[75] Zu allgemeinen Erläuterungen des Begriffs modality vgl. auch Palmer (2003), Portner (2009), Salkie/Busuttil/van der Auwera (Hg.) (2009), Hale/Hoffmann (Hg.) (2010). Die sogenannte dynamic modality, die Huddleston und Pullum ebenfalls aufführen, spielt hier eine weniger wichtige Rolle.

NALITÄT DER (NEGATIVEN) WERTUNG und kann auch als Forderung gelesen werden, gerade in der zweiten Verwendung von *should*. Der Satz „Fracking might still be worth doing given those costs" verweist auf eine Möglichkeit, die stark in Zweifel gezogen wird. *Might* ist dabei ein stärker Zögerlichkeit anzeigender Indikator als etwa *could*, ein Modalverb, das hier grammatikalisch ebenfalls möglich wäre. Die Darstellung von Bedenken gegenüber Fracking spielt hier auf sehr subtile Weise eine Rolle und wird durch Modalverben evoziert.

Die analytische Form der Modalverben mit ihren unterschiedlichen Bedeutungen ist nicht die einzige Art, die Sprechereinstellung im Sinne der Modalität in der englischen Sprache auszudrücken (vgl. Huddleston/Pullum 2002, 173ff.). Auch Autosemantika, sogenannte lexical modals, können die Sprechereinstellung zu einer Proposition ausdrücken. Dazu gehören Adjektive (z.B. *possible, supposed, likely*), Adverbien (z.B. *perhaps, certainly*), Vollverben (z.B. *insist, require*) und Substantive (z.B. *permission, necessity*) (vgl. Huddleston/Pullum 2002, 173). Ferner kann in konditionalen Sätzen auch die Wahl einer past-Form geringe Wahrscheinlichkeit ausdrücken.[76] Auch die Satzart des Imperativ-Satzes kann als grammatisches Mittel der Forderung eines Sprechers eingesetzt werden und so seine Einstellung zur Proposition deutlich machen (nämlich, dass diese umgesetzt werden soll). Nebensätze mit bestimmten Einleitungen können stärker modalisiert sein als Hauptsätze (z.B. beansprucht *I assume he is coming* eine weniger sichere Geltung als der Hauptsatz *He is coming*).

Auch diese weiteren Modalitätsformen des Englischen wurden in den Untersuchungskorpora geprüft. Zwei Beispiele aus dem US-Frackingkorpus sollen hier den Zusammenhang mit der Agonalität verdeutlichen:

> (F56) "We **certainly** don't oppose hydraulic fracturing or shale gas. But we **want to** get rid of the current exemptions this type of gas development has from US environmental laws," says Jim Presswood, an energy analyst at the Natural Resources Defense Council in Washington. (Christian Science Monitor, 25.6.2010)
> (F57) "**If** Democrats **remain** united and win votes from Brown, Cantwell, Collins and Snowe, **they will eclipse** the filibuster-proof 60 votes needed to send the bill to Obama. **If necessary, they could wait** until the Democratic governor of West Virginia names a replacement for Sen. Robert C. Byrd, who died last month." (washingtonpost.com, 13.7.2010, Zitat von Brady Dennis)

Die Beispiele zeigen, wie unterschiedlich die Modalität angebenden Ausdrücke zum Einsatz kommen und auf welch verschiedene Weise sie bei der Analyse von

---

[76] Zum Beispiel: *If you study hard, you will pass* vs. *If you studied hard, you would pass*: Die Wahrscheinlichkeit, dass fleißig gelernt wird, wird im zweiten Beispiel als geringer eingeschätzt.

Agonalität in Texten eine Rolle spielen können. In (F56) fungiert *certainly* als Verstärker der Sprecherposition, der aber nicht nötig wäre, wenn nicht Zweifel an der Haltung des Sprechers ausgeräumt werden müssten. Der mit dem adversativen Indikator *but* angeschlossene Satz stellt nach der Konzession die eigentlichen Ziele gegenüber. Die Sprecherposition wird hier auch mit *want to* ausgedrückt; eine Forderung wird damit klar als solche markiert. Beispiel (F57) zeigt die Wirkung verschiedener Konditionalsatzkonstruktionen. Beide Sätze können als Prognosen, aber auch als Empfehlungen des Sprechers an die demokratische Partei gelesen werden. Dabei bleiben die Vorschläge in der Schwebe. Implizit existieren zwei Alternativen, die sich agonal gegenüberstehen: Die Demokraten könnten geschlossen auftreten, dies könnte aber auch nicht passieren. Entsprechend ist auch der Ausgang der Situation, die Folge, unklar.

Insgesamt ist die semantische Kategorie modality, wie sie in englischen Grammatiken beschrieben wird, der Agonalität eng verwandt. Unter dieser Überschrift werden zahlreiche sprachliche Phänomene beschrieben, die agonale Aspekte aufweisen und in der konkreten Verwendung Agonalität evozieren.

4.3.2.1.2 Modus/Modalität: Beschreibung in deutschen Grammatiken

Modalität wird in Bezug auf die Semantik ähnlich beschrieben wie modality im Englischen. Der Modus der Verben im Deutschen wird – zumindest was Indikativ und Konjunktiv betrifft – klar definiert. Während der englische subjunctive im modernen Englischen auf sehr wenige Verwendungen eingeschränkt ist und die in Kapitel 4.3.2.1.1 geschilderten Modalverben zur Darstellung der Modalität im Englischen eine größere Rolle spielen, ist der Konjunktiv im Deutschen dagegen ein häufig verwendeter Verbmodus mit verschiedenen Bedeutungen zum Ausdruck von Modalität. Weinrich beschreibt die Grundbedeutung folgendermaßen:

> Während die indikativischen Tempusformen dem Hörer eine feste, jedoch nach den Tempusgruppen und deren einzelnen Tempora unterschiedlich nuancierte Geltungsweise der betreffenden Prädikation anzeigen, drücken die Formen des Konjunktivs für ihre Prädikationen eine unfeste Geltung aus. Durch sie erfährt der Hörer, daß er sich in seiner Einstellung nicht ohne weiteres auf die Geltung der betreffenden Prädikation verlassen kann. (Weinrich ^{4}2007, 240)

Die Duden-Grammatik weist allerdings darauf hin, dass der Konjunktiv diese Bedeutung der unfesten Geltung nicht immer entfaltet, etwa nicht bei allen Verwendungen in Nebensätzen (Duden-Grammatik ^{9}2016, 512ff.). Der Indirektheitskonjunktiv wird als Distanzmarker beschrieben, mit dem der Sprecher eine

Aussage einer anderen Instanz zuschreibt. Zeit und Modalität werden als eng verbunden definiert:

> Die Dimensionen „Zeit" und „Modalität" sind nicht nur im grammatischen System der Verbformen miteinander verflochten. Sie überlagern sich teilweise auch begrifflich. Dies wird deutlich, wenn man die deiktisch basierten Begriffe Vergangenheit, Gegenwart und Zukunft [...] näher betrachtet: Vom Jetzt des Sprechers aus ist die Zukunft nicht entschieden; sie kann so oder so ausfallen. An der Vergangenheit lässt sich nichts mehr ändern – sie ist, wie sie ist. Dasselbe trifft auf die Gegenwart im engen Sinne zu. Für den Sprecher hat die Zukunft demnach grundsätzlich einen anderen Stellenwert als die Vergangenheit und die Gegenwart. Er kann über das, was aus seiner Sicht in die Zukunft fällt, nicht im selben Sinne Bescheid wissen wie über die Vergangenheit und die Gegenwart; zukünftige Geschehen können nicht im selben Sinne wirklich sein, dem Bereich der Realität angehören wie vergangene und gegenwärtige. (Duden-Grammatik ^{9}2016, 514)

Es gilt also eine enge Verbundenheit der Modalität mit der Temporalität, was eine enge Verbindung zur Dimension AGONALITÄT DER ZEITLICHEN GEGENÜBERSTELLUNG zeigt.

Abgesehen von den synthetischen Möglichkeiten der Modalitätsdarstellung mit der Wahl eines Verbmodus kommen weitere, analytische Möglichkeiten dazu, die Modalität ausdrücken können. Dabei ist das aufgelistete Repertoire an Modalpartikeln sehr groß: Helbigs Lexikon der Modalwörter (Helbig/Helbig 1990) listet eine Vielfalt von Wörtern auf, die die Sprechereinstellung unterschiedlich charakterisieren. Dazu gehören nach seiner Kategorisierung Emotiva (z.B. *bedauerlicherweise*), Hypothesenindikatoren (z.B. *anscheinend*), Gewissheitsindikatoren (z.B. *bestimmt*) und Bewertungsindikatoren (z.B. *erklärtermaßen*). Wie im Englischen flexibilisieren auch im Deutschen Modalverben die Geltung einer Aussage (vgl. Weinrich ^{4}2007, 297) und können durch Kontextfaktoren wie Modalpartikeln noch verändert werden. Zum Repertoire der Modalverben zählen im Deutschen *wollen, können, müssen, dürfen, brauchen, sollen*, die unterschiedliche Formen der eingeschränkten Geltung aufzeigen, die Weinrich (^{4}2007, 297–309) im Wechselspiel zwischen „Disposition" und „Gebot" beschreibt. Insgesamt weist das Deutsche zahlreiche synthetische und analytische Varianten auf, um Modalität anzuzeigen.

Wie wirken diese Modalität ausdrückenden sprachlichen Mittel im Diskurs und wie stehen sie im Zusammenhang mit der Agonalität? Sowohl Konjunktivverwendungen, Modalverben sowie das komplette Lexikon von Helbig/Helbig (1990) wurden anhand der Untersuchungskorpora untersucht. Dabei stellte sich heraus, dass einige der Ausdrucksweisen für Modalität Affinität zu bestimmten Dimensionen der Agonalität zeigen.

Die Dimension AGONALITÄT DER (NEGATIVEN) WERTUNG wird besonders mit bestimmten Modalausdrücken deutlich, wie in den folgenden Beispielen aus dem deutschsprachigen Frackingkorpus:

> (F58) Es versteht sich, dass kein Republikaner verseuchtes Grundwasser und vergewaltigte Landschaften vor der Haustür seiner Wähler möchte. **Gern** aber anderswo. (Welt am Sonntag, 20.5.2012)
> (F59) **Leider** versucht Wirtschaftsminister Rösler, die EU-Energieffizienzrichtlinie bei der Umsetzung abzuschwächen, womit er Deutschlands Stärke schadet. (Welt Online, 17.5.2013, Beitrag des Grünen-Politikers Reinhard Bütikofer)

In beiden Beispielen wird das Gesagte bewertet, als wünschenswert oder bedauerlich. In (F58) wird ironisch der Wunsch der republikanischen Politiker, weit weg von ihren Wählern Fracking zu betreiben, mit *gern* dargestellt. *Leider* wertet in (F59) die Politik des Wirtschaftsministers negativ. Äquivalente der Ausdrücke, die Helbig/Helbig (1990) im Deutschen als Modalwörter klassifizieren, sind auch im Englischen zu finden. In den hier untersuchten Grammatiken werden sie als Evaluationsadverbien betrachtet und etwas stärker von der Geltung abgekoppelt, was die Semantik betrifft (s. auch Kapitel 4.3.2.3).

Die Distanzierung im Sinne der unfesten Geltung zeigt sich vor allem im Modalverb *sollen*, das in den Pressetexten unter anderem eingesetzt wird, um indirekte Zitate zu kennzeichnen. In (H36) markiert das Modalverb im Konjunktiv nur die indirekte Rede:

> (H36) Obama forderte, auf die Anweisungen der Behörden zu hören. Niemand **solle** einen Evakuierungsalarm missachten. (Nürnberger Nachrichten, 30.10.2012)

Andere Verwendungen von *sollen* (vgl. zu dieser spezifischen Form im Deutschen König/Gast 2012, 109f.) verweisen dagegen auf unfeste Geltungen, bei denen noch nicht genau geklärt ist, was wahr ist (vgl. die Dimension AGONALITÄT VON SCHEIN UND SEIN), z.B.:

> (F60) Zentrale Ergebnisse: Erdgas **soll** weit klimaschädlicher sein als angenommen – und gar ein größerer Klimakiller als Kohle, wenn es mit der sogenannten [sic!] gefördert wird. (Spiegel Online, 12.4.2011)
> (F61) In Europa **sollen** riesige Vorkommen unter der Erde schlummern – das größte davon wird in Polen vermutet. (Die Welt, 17.6.2011)

Eine Dimension, die vor allem in der Grammatik verankert ist und hier bei der gezielten grammatischen Analyse der Modalität als Muster auffällt, ist die Dimension AGONALITÄT DER NICHT EINGETRETENEN OPTION. Formen der Modalität eröffnen Welten, die keine Geltung in der Realität der Texte besitzen. Teils sind dies Wünsche oder Optionen, die das Potenzial zur Realisierung haben, aber teilweise handelt es sich auch um irreale Optionen, die definitiv nicht eingetreten sind. Die folgenden Beispiele sollen dies verdeutlichen:

> (H37) „Lass uns mal davon ausgehen, dass die Apokalypse ausbleibt und einfach weitermachen", antwortet meine Frau vernünftig. Ich denke: Schade, eigentlich. Apokalypse **wäre** weniger anstrengend. (Welt Online, 29.10.2012)
> (H38) „**Wenn** New York **nicht wäre** – die Lower East Side, Harlem, die Bronx und Brooklyn – **wäre ich heute nicht** die Frau oder Künstlerin, die ich heute bin", schrieb die 26-Jährige [die Sängerin Lady Gaga, Anm. AM] auf ihrer Internetseite Littlemonsters.com. (Agence France Presse, 8.11.2012)

Die tatsächliche Situation ist eine andere als die, die in den Sätzen mit Konjunktiv beschrieben wird. Ein Kontrast zwischen beiden Situationen wird dargestellt und ein Gedankenspiel angestellt. Die Gegenwelt, die fiktional mit dem Konjunktiv entworfen wird, steht im Kontrast zu der realen Welt, wie sie im Indikativ des restlichen Texts postuliert wird. Zwei Welten werden mithilfe des grammatischen Konzepts der Modalität (und der Konditionalität, s. Kapitel 4.3.2.2) einander agonal gegenübergestellt. Dies wird hier als nicht eingetretene Option und damit als weitere Dimension der Agonalität, AGONALITÄT DER NICHT EINGETRETENEN OPTION, definiert.

Die Dimension AGONALITÄT DER EXTERNEN HANDLUNGSAUFFORDERUNG zeigt sich bei der Verwendung modaler Ausdrücke vor allem in Zwängen und ungewollten Handlungen. Mit grammatischen Mitteln der Modalität wird eine Situation dargestellt, in der Akteure etwas tun, zu dem sie keine intrinsische Motivation besitzen. Weinrich (⁴2007, 300f.) nennt dies das „Gebot", das mit Modalverben wie *müssen* oder *nicht dürfen* dargestellt wird. Beispiele aus dem Korpus sind etwa:

> (H39) Ohnehin **muss** sich Obama gegen Vorwürfe aus dem republikanischen Lager wehren, über die Umweltschutzbehörde EPA [Environmental Protection Agency, Anm. AM] die Unternehmen mit Klima-Regulierungen zu gängeln und damit Arbeitsplätze aufs Spiel zu setzen. (Agence France Presse, 2.11.2012)
> (H40) Ein junger Araber redete aufgeregt auf seine Mutter und Schwester ein: „Boston! Hier geht's nach Boston! Mit dem Bus **müsst** ihr raus!" (Spiegel Online, 29.10.2012)
> (H41) Allerdings ist sie dermaßen jung, dass sie im Ernstfall, also wenn sie gewählt würde, ihr Amt als Präsidentin gar **nicht antreten dürfte**. (Welt Online, 6.11.2012)

Alle drei Akteure, die in den Beispielen mit Modalitätsausdrücken thematisiert werden, befinden sich in Situationen, die prinzipiell nicht selbstgewählt sind. Wer oder was die Situation auslöst, wird nicht immer explizit genannt, aber die Modalität in diesen Sätzen ist dergestalt, dass klar wird, dass die drei Akteure das nicht selbst beabsichtigen. Die Umstände oder rechtlichen Vorgaben (besonders in (H40)) treffen auf die Positionen der Akteure, die damit nicht übereinstimmen (etwa der Wunsch der Kandidatin in (H41), Präsidentin zu werden, mit den Altersvorgaben der USA für dieses Amt). Die Diskrepanz zwischen den Wünschen und den Situationen wird als Ausformung der Agonalität in Form der Dimension AGONALITÄT DER EXTERNEN HANDLUNGSAUFFORDERUNG betrachtet.

4.3.2.1.3 Zusammenfassung und Vergleich im Hinblick auf Agonalität

Modalität und Modality werden in den englischen und deutschen Grammatiken ähnlich beschrieben. Es handelt sich um Kategorien, unter die viele unterschiedliche semantische Nuancen gefasst werden. Am wichtigsten erscheinen dabei im Hinblick auf Agonalität die Sprechereinstellung, die epistemische und deontische Komponente und das Entwerfen von nichtrealisierten Welten. In diesem Zusammenhang zeigt sich Affinität zu folgenden in Kapitel 4.2 eruierten Dimensionen bzw. einer weiteren neu hinzugetretenen Dimension:

- AGONALITÄT DER (NEGATIVEN) WERTUNG: Vor allem Modalausdrücke vermitteln eine Bewertung seitens des Sprechers. Besonders in den deutschen Grammatiken werden diese ausführlich geschildert.
- AGONALITÄT VON SCHEIN UND SEIN: Diese Dimension ist in beiden Sprachen u.a. mit grammatischen Mitteln ausgeprägt und wird durch Ausdrucksformen der Modalität realisiert. Die Einstellung des Sprechers gegenüber dem Dargestellten und seinem Wahrheitsgehalt wird durch Ausdrucksformen der Modalität angezeigt. Während beide Sprachen auf ein breit eingesetztes Repertoire von Modalverben zurückgreifen können, steht im Deutschen zudem der Modus des Konjunktivs zur Verfügung, um die Geltung synthetisch anzuzeigen.
- AGONALITÄT DER EXTERNEN HANDLUNGSAUFFORDERUNG: Diese Dimension zeigt sich vor allem in Zwängen und ungewolltem Tun, in Form der deontischen Modalität, die auf Erlaubnis und Verpflichtung verweist. Dies wird z.B. mit Modalverben wie *must/have to* und *müssen* angezeigt.
- AGONALITÄT DER NICHT EINGETRETENEN OPTION (neu): Diese Dimension zeigt sich z.B. beim Konjunktiv, der andere Welten entwirft, oder den Modalverben, die Möglichkeiten aufzeigen. Diese Optionen stehen im Kontrast zur tatsächlich eingetretenen Option/Situation, die diesen nicht eingetretenen Optionen agonal gegenübersteht.

Insgesamt wird Modalität als grammatisches Konzept unterschiedlich realisiert. Sowohl analytisch als auch synthetisch zeigt sich im Deutschen bei dieser Kategorie große Varianz, etwa mit dem Konjunktiv und zahlreichen Modalwörtern. Im Englischen wird die Kategorie vor allem von Modalverben, die mit semantischen Varianten eingesetzt werden, und Modalwörtern ausgedrückt. Diese verschiedenen Ausdrucksformen können dann auch korpuslinguistisch jeweils sprachspezifisch gesucht werden, wenn das Korpus im Hinblick auf die genannten Dimensionen der Agonalität analysiert wird.

4.3.2.2 Die Konzepte Konzession, Kondition, Kontrast und Agonalität

Konzession und Kontrast sind in der deutschen Forschung zur Agonalität bereits genauer untersucht worden (s. Angaben in Kapitel 4.3.2.2.2). Sie sollen nun im Sprachvergleich in Bezug auf Agonalität untersucht werden.

4.3.2.2.1 Concession, condition und contrast: Beschreibung in englischen Grammatiken

In den beiden englischen Grammatiken, die hier hauptsächlich betrachtet wurden, werden die Kategorien unterschiedlich behandelt. In der *Cambridge Grammar* wird der Konzession (d.h. sprachlichen Mitteln des Zugeständnisses an eine andere Position) besonders bei den Adjunkten größere Aufmerksamkeit gewidmet. Sie wird wie folgt definiert:

> i The subordinate clause is entailed.
> ii The truth of the subordinate clause might lead one to expect that the superordinate clause would be false.
> iii In fact, the truth of the subordinate clause does not detract from the truth of the superordinate clause. (Huddleston/Pullum 2002, 734)

Die Konzession wird folglich vor allem über nicht erfüllte Annahmen definiert, während in deutschen Grammatiken oft mit der Semantik des unwirksamen Gegengrundes argumentiert wird (s. Kapitel 4.3.2.2.2). Quirk et al. (1985) betrachten Konzession, Kontrast und auch Kondition als eng miteinander zusammenhängend und mit temporalen Beziehungen verbunden. Aus diesem Grund wurden die drei Kategorien auch in diesem Kapitel zusammengefasst, auch wenn Konditionalität selbstverständlich auch in Kapitel 4.3.2.1 im Abschnitt zu Modalität eine Rolle spielte (vgl. AGONALITÄT DER NICHT EINGETRETENEN OPTION). Quirk et al. (1985) beschreiben den Zusammenhang wie folgt:

> We have seen that some clauses of time and place may express a general notion of a contingency relationship between the situations described in the subordinate and matrix clauses, a relationship also conveyed by conditional if-clauses [...]. We have also noted that some temporal clauses may imply relationships of condition [...] and concession [...], and that some clauses of place may imply contrast [...]. We now further note that many subordinators and conjuncts expressing those three logical relationships of condition,

concession, and contrast may otherwise convey meanings of time and place [...] (Quirk et al. 1985, 1087f.).

Der enge Zusammenhang von agonalen Beziehungen und temporalen Bezügen wurde bereits in Kapitel 4.2.2 (AGONALITÄT DER ZEITLICHEN GEGENÜBERSTELLUNG) herausgestellt. Auch in der grammatischen Darstellung zeigt sich hier die enge Verwandtschaft von mit der Agonalität verbundenen Konzepten wie Einräumung und Gegenüberstellung mit temporalen Aspekten (s. auch oben zu *meanwhile*). Dies wird in den Beispielen, die die Grammatiken als Indikatoren für Konzessionen nennen, und die teilweise schon in den Analysen in Kapitel 4.1 und 4.2 auffielen, deutlich, etwa *as long as, whereas, while*.

Eine gezielte Suche nach diesen Indikatoren im US-Hurrikankorpus ergibt zahlreiche Belege für eine gegenüberstellende agonale Verwendung. Einige Beispiele sollen dies verdeutlichen:

> (H42) But at least it's a lead rather than a deficit, **whereas** Mr. Romney's non-Ohio paths would require him to win states where he is now three or four percentage points behind. (New York Times Blogs, 1.11.2012)
> (H43) **While** it's impossible to say how this scenario might have unfolded if sea-ice had been as extensive as it was in the 1980s, the situation at hand is completely consistent with what I'd expect to see happen more often as a result of unabated warming and especially the amplification of that warming in the Arctic. (New York Times Blogs, 28.10.2012)
> (F62) Cabot Oil Gas has since pumped cement into the entire length of its well casings in Dimock – a safeguard similar to what has been prescribed in the other states – and believes that measure, which is more extensive than state regulations require, will solve the problem.[Absatz] **Yet** Pennsylvania's DEP [Department of Environmental Protection, Anm. AM] sees no need to require full-length cementing at all the state's wells, because what is happening in Dimock is "an anomaly." (Pittsburgh Post Gazette, 26.4.2009)

Alle drei Beispiele verweisen auf Gegenüberstellungen von Konzepten im Sinne einer Einräumung/eines Zugeständnisses (als concession in den Grammatiken beschrieben): ›Vorsprung‹ vs. ›Aufholjagd‹ (H42 mit *whereas*), ›unklare Situation bei nicht gegebener konditionaler Voraussetzung‹ vs. ›voraussehbare Situation eingetreten‹ (H43 mit *while*) und ›Verhalten der Firma in Dimock‹ vs. ›sonstiges Verhalten‹ (F62 mit *yet*).

Konzession und Kontrast werden ebenfalls im Zusammenhang mit Nebensätzen beschrieben. Dabei werden die Zusammenhänge folgendermaßen dargestellt:

> Concessive clauses indicate that the situation in the matrix clause is contrary to expectation in the light of what is said in the concessive clause. In consequence of the mutuality, it is often purely a matter of choice which clause is made subordinate [...] Often they also

imply contrast between the situations described by the two clauses. (Quirk et al. 1985, 1097)
Clauses of contrast are introduced by several of the subordinators that introduce concessive clauses [...]: *whereas, while* and *whilst*. Indeed, there is often a mixture of contrast and concession. (Quirk et al. 1985, 1102, Hervorhebung im Original)

Der Zusammenhang zwischen Konzession und Kontrast wird auch hier als sehr eng beschrieben. Vielfach wird erst aus dem Kontext ersichtlich, ob es sich um eine Kontrastierung oder eine Einschränkung handelt. Es werden abgesehen von den bereits genannten auch temporalen Konnektoren in erster Linie *although, though, whereas, (even) though/if*[77] und *but* aufgeführt.[78]

Beispiele aus den Korpora sollen verdeutlichen, wie diese Konnektoren im Einzelnen wirken und was sie mit Agonalität zu tun haben:

(F63) New York State has declared a moratorium on hydrofracking and horizontal drilling until the Department of Environmental Conservation develops an acceptable system to regulate it, a Draft Supplemental Generic Environmental Impact Statement. [Absatz] **But** the statement it has proposed will not adequately protect our water supply or our living space. **Even, if** somehow, close regulation could mitigate this blight, the DEC [Department of Environmental Conservation, Anm. AM] has only 17 men in its gas and oil division to cope with the impending gold rush of 10,000 applications. (Buffalo News New York, 27.11.2009)
(F64) **Although** not new to California, fracking has come under increasing scrutiny recently as states such as Pennsylvania and New York experience a boom in the technique, which involves the high-pressure injection of chemical-laced fluids into the ground to crack rock formations and extract oil and gas. (Los Angeles Times, 13.4.2013)
(F65) **Although** the word "voluntary" is associated with FracFocus, some state regulators are mandating disclosure of chemicals. So far, **though**, the EPA's [Environmental Protection Agency, Anm. AM] involvement in fracking regulation has been limited. (The Daily Oklahoman, 22.4.2012)

In (F63) wird mit *but* dem Moratorium der inadäquate Schutz agonal gegenübergestellt. Mit *even if* wird betont, dass selbst wenn die Bedingung der *close regulation* erfüllt wäre, die DEC trotzdem überfordert wäre. In (F64) stellt *although* der Bekanntheit des Verfahrens die erhöhte aktuelle Aufmerksamkeit gegenüber (s. zur umstrittenen Neuartigkeit des Verfahrens ausführlich Kapitel 5.2.3.3). In Beispiel (F65) folgt eine Vernetzung konzessiver Ausdrücke. Insgesamt steht den Forderungen nach Einblick in die chemische Zusammensetzung der beim Fracking verwendeten Flüssigkeit die aktuelle Situation mit mangeln-

---

[77] *Even* verstärkt hier die überraschende Komponente (vgl. Quirk et al 1985, 1098).
[78] Das Potenzial dieser Ausdrücke für die Eruierung agonaler Zentren konnte auch in Jacob/Mattfeldt (2016) und Mattfeldt (2018) bestätigt werden.

der Regulierung und freiwilligen Angaben gegenüber. Die Beteiligung der EPA an der Frackingregulierung wird mit *though* einschränkend als gering dargestellt, entgegen der möglichen Erwartung. Konzepte werden mithilfe von kontrastiven und konzessiven Funktionsausdrücken auf engstem Raum kontrastiert. Damit steht diese grammatische Kategorie vor allem der Dimension AGONALITÄT DER EXPLIZITEN GEGENÜBERSTELLUNG nahe.

4.3.2.2.2 Konzession, Kondition und Kontrast: Beschreibung in deutschen Grammatiken

In deutschsprachigen Diskursstudien zur Agonalität wurden grammatische Mittel des Kontrasts bereits verschiedentlich untersucht (vgl. Schedl 2011/2017, Felder 2012, Mattfeldt 2014, Felder/Luth 2015). Dabei wurden vor allem Konnektoren auf ihr Potenzial, Agonalität anzuzeigen, untersucht.[79] Konzessive, adversative und auch substitutive Konnektoren erwiesen sich dabei als besonders geeignet, Agonalität auch in größeren Korpora quantitativ zu untersuchen und agonale Zentren herauszuarbeiten.

Bei Konnektoren (Duden-Grammatik [9]2016; Weinrich [4]2007 spricht von Junktoren) handelt es sich um eine semantische Klasse, die verschiedene Wortarten beinhaltet. Diese haben alle eine Verknüpfungsfunktion in Sätzen oder Texten gemeinsam. Welche Wortarten genau zu den Konnektoren gehören, ist je nach Definition unterschiedlich. Die Duden-Grammatik legt dabei (anders als etwa Pasch et al. 2003) eine sehr breite Definition an und verbindet die Definition der kausalen Konnektoren im weiteren Sinne mit der Kondition:

> **Im weiteren Sinne kausale Konnektoren** bauen auf einem konditionalen *wenn-dann*-Verhältnis auf, das meist stillschweigend vorausgesetzt ist. Neben den kausalen Konnektoren im engeren Sinne, die Begründungsbeziehungen bezeichnen, stellen auch die konsekutiven, die modal-instrumentalen und die finalen Konnektoren eine gleichläufige Interpretation der konditionalen Beziehung her. Dagegen versprachlichen adversative und konzessive Verknüpfungen das Verhältnis aus einer gegenläufigen Perspektive, verweisen also auf einen Gegensatz. (Duden-Grammatik [9]2016, 1103, Hervorhebung im Original)

Das konditionale Verhältnis spielt folglich eine entscheidende Rolle und wird auf Kausalität in einem weiten Verständnis angewandt.

Sowohl Weinrich als auch die Duden-Grammatik operieren mit den Ausdrücken Adversativität und Konzessivität. Weinrich ([4]2007, 812f.) schreibt der Ad-

---

[79] Zu Konnektoren allgemein vgl. Pasch et al. (2003), die Beiträge in Degand/Cornillie/Pietrandrea (Hg.) (2013), Breindl/Volodina/Waßner (2014); zu adversativer und konzessiver Verwendung auch Breindl (2004), Stede (2004), Di Meola (2004), Breindl/Walter (2009).

versativität die semantische Komponente der Wendung zu, während die Konzessivität ein Überraschungsmoment beinhaltet, was er im Zusammenhang mit Argumentationsadverbien beschreibt (Weinrich ⁴2007, 603). Die Duden-Grammatik nutzt die gleichen Kategorien, beschreibt Konzessivität aber eher im Sinne eines „unwirksamen Gegengrundes" (Duden-Grammatik ⁹2016, 1112). In der Duden-Grammatik (⁹2016, 1110) werden u.a. folgende Beispiele für adversative Konnektoren genannt: *gegen, entgegen, statt, während, aber, sondern, dagegen, dennoch, stattdessen, zum einen – zum anderen*; für die Konzessivität werden beispielsweise die Ausdrücke *trotz, obwohl, obgleich, wenngleich, allerdings* oder *nichtsdestotrotz* aufgeführt (Duden-Grammatik ⁹2016, 1112).

Folgende Beispiele aus den Korpora mit *obwohl* und *aber* sollen die Konzessivität bzw. die Adversativität verdeutlichen:

(H44) Denn **obwohl** etwa die Plaza Towers Elementary School seit fünf Jahrzehnten mitten im Tornado-Gebiet stand, war sie weder stabil gebaut noch verfügte sie über Sturmschutzkeller. (Spiegel Online, 21.5.2013)
(H45) Das Amerikanische Rote Kreuz erklärte, Hilfe sei unterwegs nach Staten Island, das von Manhattan mit der Fähre in 25 Minuten erreicht werden kann. [Absatz] Vielen Bürgern dauert es **aber** zu lange, bis Hilfe kommt, die Volksseele kocht. (Welt Online, 2.11.2012)
(H46) Mit meinem heiligen „ballot" zog ich mich in eine Wahlkabine zurück. **Aber** was heißt hier Wahlkabine: Es handelte sich um einen kleinen Blechkasten auf einem Gestell mit Rädern, eigentlich eine Art Pult, das auf der Stirnseite mit dem Sternenbanner verziert war – gerade so groß, dass ich meinen Kopf hineinstecken und nun meinen Wahlzetteln [sic!] mit einem Kugelschreiber markieren konnte. (Welt Online, 6.11.2012)
(F66) Seismologische Untersuchungen mit Geräten vor Ort oder Bohrungen für das Fracking-Verfahren stehen derzeit nicht an. **Dennoch** solle der Alb-Donau-Kreis jetzt Stellung beziehen, fordert die Kreistagsfraktion von Bündnis 90/Die Grünen. (Südwest Presse, 5.12.2012)

Das Beispiel in (H44) mit dem konzessiven Konnektor *obwohl* verdeutlicht die von der Duden-Grammatik genannte Semantik des „unwirksamen Gegengrundes" (Duden-Grammatik ⁹2016, 1112); eigentlich würde die Lage der Schule in einem bedrohten Gebiet nahelegen, z.B. mit baulichen Veränderungen zu reagieren, doch die Reaktion bleibt, wie die Informationen im Hauptsatz zeigen, aus. In (H45) und (H46) wird der adversative Konnektor *aber* verwendet, um Gegensätze zu verdeutlichen. In (H45) wird der anlaufenden Hilfe die lange Verzögerung aus Sicht der Betroffenen beim Sturm Sandy gegenübergestellt. In (H45) handelt es sich um eine Korrektur der Wortwahl: Die Semantik des Ausdrucks *Wahlkabine* passt für den Sprecher nicht zu dem Ort, an dem er seinen Wahlzettel ausfüllen soll. In (F66) wird der Tatsache, dass zur Zeit keine Untersuchungen stattfinden, die Forderung, bereits eine klare Haltung zum Fracking einzunehmen, gegenübergestellt. In allen Beispielen werden zwei Sachverhalte mithilfe dieser Konnektoren agonal kontrastiert. Gegensätze und Einräumungen mit Konnektoren der Adversativität und Konzessivität stellen prototypische Indikatoren der Agonalität dar, die auch quantitativ leicht gesucht und zur Eruierung agonaler Zentren genutzt werden können (vgl. Schedl 2011/2017, Felder 2012).

Abgesehen von Konnektoren (bei denen bisher vor allem Konjunktionen und Subjunktionen im Hinblick auf Agonalität untersucht wurden, vgl. Felder 2012) werden Kontrastierungen jedoch auch mithilfe anderer Wortarten evoziert, die grammatisch beschrieben werden. Dazu zählen etwa Präpositionen (die nicht in allen Definitionen Konnektoren sind) wie *entgegen* oder *gegenüber*, die Weinrich jeweils als „Gegenposition" und „Gegenüberstellung" charakterisiert (Weinrich ⁴2007, 670). Abtönungspartikeln und Gesprächspartikeln, die etwa bei der grammatischen Beschreibung gesprochener Sprache genannt werden, können ebenfalls Kontrastpotenzial entfalten. Diese sind als unflektierbare Indikatoren genau wie Konjunktionen und Subjunktionen besonders gut für eine quantitative Suche nach agonalen Kontexten geeignet und können die Konnektorensuche, wie sie etwa in Felder (2012) praktiziert wird, ergänzen. Beispiele aus den Grammatiken wären etwa *ja* oder *doch*, die Überraschung oder Erinnerung an bekannte Information ausdrücken (vgl. Weinrich ⁴2007, 844–847), oder *naja* als Skepsis ausdrückende Gesprächspartikel (vgl. Weinrich ⁴2007, 836f.). Die Duden-Grammatik nennt zudem sogenannte Konnektor- oder Konjunktionaladverbien, die nicht zu den klassischen Konnektoren zählen, aber trotzdem zwei Sachverhalte auf verschiedene Weisen verknüpfen können (vgl. Duden-Grammatik ⁹2016, 596). Darunter sind auch Konjunktionaladverbien, die konzessiv oder adversativ verknüpfen wie *dessen ungeachtet*, *immerhin*, *indessen*, *demgegenüber* (vgl. Duden-Grammatik ⁹2016, 597).

Betrachtet man diese grammatischen Hinweise in den Korpora, zeigt sich das Potenzial für Agonalität, etwa im folgenden Beispiel:

> (F67) „Seit den vierziger Jahren", sagt Martin Salesch mit betont ruhiger Stimme, „heißt es, das Öl reiche nur noch 40 Jahre." **Na ja**, wendet der Besucher ein, **aber** irgendwann sei **doch** Schluss. (Die Zeit, 8.11.2012)

Das Beispiel zeigt eine Gegenüberstellung und gehören damit zur Dimension AGONALITÄT DER EXPLIZITEN GEGENÜBERSTELLUNG, wie sie in Kapitel 4.2.1 vorgestellt wurde. Die konzessiven und adversativen Indikatoren verschiedener Wortarten indizieren dabei, dass das Folgende oder Vorhergehende im Kontrast zu lesen ist. Die Indikatoren bilden vor allem ein enges Netz an Verweisen. Verschiedene Indikatoren verweisen hier auf unterschiedliche Dimensionen der Agonalität. *mit betont ruhiger Stimme* vermittelt den Eindruck, dass die Ruhe übertrieben sei: Die Dimension AGONALITÄT VON SCHEIN UND SEIN spielt hier eine wichtige Rolle, da vermittelt wird, dass der Aussage nicht ganz zu trauen sei. Dies ist eine lexikalische Markierung, die sehr stark kontextabhängig ist, aber in diesem Einzelbeispiel eine starke Wirkung entfaltet. Das Sprach- und Weltwissen ermöglicht es dem Leser, das Zitat einzuordnen; der Konjunktiv und der Inhalt des Satzes (die Warnungen sind nicht eingetreten) zeigen auf, dass sich der Sprecher von der Position, die er schildert, distanziert. Es folgt die Position des „Besucher[s]", dessen Replik in indirekter Rede wiedergegeben wird. Hier sind besonders die Gesprächspartikel *naja* und die Abtönungspartikel *doch* Anzeichen, dass das Gesagte vom Besucher hinterfragt wird und er einen Einwand ausdrücken will. Diese verweisen auf die Dimension AGONALITÄT DER EXPLIZITEN GEGENÜBERSTELLUNG.[80]

4.3.2.2.3 Zusammenfassung und Vergleich im Hinblick auf Agonalität

Kontrast und Konzession werden in beiden Sprachen in engem Zusammenhang mit Kondition geschildert. Dabei ergeben sich viele Entsprechungen. Die Beschreibungen von Adversativität und Konzessivität passen vor allem zur Dimension AGONALITÄT DER EXPLIZITEN GEGENÜBERSTELLUNG (Kapitel 4.2.1). Auch temporale Aspekte spielen eine Rolle, was den Zusammenhang mit der AGONALITÄT DER ZEITLICHEN GEGENÜBERSTELLUNG, der im Kapitel zu Modalität aufgezeigt wurde, noch verstärkt.

Auffällig ist in beiden Sprachen der Zusammenhang mit der Konditionalität, den die Grammatiken aufgreifen. Dies ist aber im Aufbau der Grammatiken unterschiedlich angelegt. In den beiden englischen Grammatiken wird der Zusammenhang durch die gemeinsame Anordnung in den Kapiteln verdeutlicht, während in den untersuchten deutschen Grammatiken Konditionalgefüge zum einen im Zusammenhang mit Konnektoren, zum anderen im Zusammenhang mit Modalität beschrieben werden (s. Kapitel 4.3.1.2). Der Fokus liegt hier folglich auf unterschiedlichen Zusammenhängen. Dies ist teilweise dem individuellen Aufbau der Grammatiken geschuldet, könnte aber auch mit den Perspektiven in den jeweils beschriebenen Einzelsprachen zusammenhängen. Während im Deutschen mit dem Konjunktiv ein prototypischer Verbmodus in engem Zusammenhang mit der Konditionalität geschildert wird ist, stehen für den Ausdruck von Modalität im Englischen verschiedene analytische Mittel im Fokus. In den deutschen Grammatiken werden entsprechende sprachliche Formen wiederum z.B. im Zusammenhang mit den Konnektoren beschrieben. Die

---

80 S. zum Potenzial von Abtönungspartikeln als Abschwächung auch Kapitel 4.3.3.2.

Zusammenhänge, in denen auf die Semantik von Kontrast, Konzession und Kondition eingegangen wird, sind damit in den einzelnen Sprachen verschieden, was auf unterschiedliche Konzeptualisierungen in den Sprachen hindeuten kann (zum Weltbild in den Sprachen s. auch die Kapitel 2.5 und 4.4). Wohlgemerkt handelt es sich hier nur um Tendenzen, wie sie sich in den hier untersuchten Grammatiken widerspiegeln.

Insgesamt sind die grammatischen Darstellungen von Adversativität und Konzession von entscheidender Bedeutung für die diskursive Konstruktion von Agonalität, insbesondere in der Dimension AGONALITÄT DER EXPLIZITEN GEGENÜBERSTELLUNG.

4.3.2.3 Das Konzept Evaluation und Agonalität

Wertungen fielen in der qualitativen Analyse immer wieder auf, sodass die Dimension AGONALITÄT DER (NEGATIVEN) WERTUNG herausgearbeitet werden konnte. Inwieweit sich in Grammatiken Hinweise auf diese Kategorie finden, soll im Folgenden erläutert werden.

4.3.2.3.1 Evaluation: Beschreibung in englischen Grammatiken

Das semantische Konzept der Evaluation oder Bewertung/wertenden Einschätzung, das bei der qualitativen Analyse als bedeutend für die Agonalitätsdarstellung herausgearbeitet wurde (AGONALITÄT DER (NEGATIVEN) WERTUNG, Kapitel 4.2.4), scheint in den Grammatiken nur eine untergeordnete Rolle zu spielen. Bei Quirk et al. wird das Konzept nicht näher betrachtet; Huddleston und Pullum verweisen nur bei den Adjunkten darauf:

> With adjuncts of this kind the residual proposition is presented as a fact, and the adjunct expresses the speaker's evaluation of it. They are therefore subjective, and in this respect (as in others too) resemble the subjective type of act-related adjunct [...]. There are quite a large number of evaluative adverbs [...]. There are also PPs [prepositional phrases, Anm. AM] of similar meaning: *to my amazement, by good fortune* [...] and so on. (Huddleston/Pullum 2002, 771, Hervorhebung im Original)

Anders als bei modality, einer stark grammatikalisierten semantischen Kategorie, bleiben für die Evaluation nur Randnotizen in klassischen Grammatiken. Martin und White kritisieren diese Haltung in ihrer Arbeit zu sprachlichen Wertungen:

> Our concern is also with what has traditionally been dealt with under the heading of 'modality' and particularly under the headings of 'epistemic modality' and 'evidentiality'. We extend traditional accounts by attending not only to issues of speaker/writer certainty,

commitment and knowledge but also to questions of how the textual voice positions itself with respect to other voices and other positions. In our account, these meanings are seen to provide speakers and writers with the means to present themselves as recognising, answering, ignoring, challenging, rejecting, fending off, anticipating or accommodating actual or potential interlocutors and the value positions they represent. We also attend to what has been dealt with under headings such as 'intensification' and 'vague language', providing a framework for describing how speakers/writers increase and decrease the force of their assertions and how they sharpen or blur the semantic categorisations with which they operate. (Martin/White 2007, 2)

Martin und White verweisen auf den engen Zusammenhang zwischen Modalität und Evaluation. Auch Fairclough (2003) verbindet beide Konzepte aus diskursanalytischer Sicht. Beide können eine Sprechereinstellung konstruieren, weshalb sie Modalität in ihr Evaluationskonzept eingliedern.[81] Dies wurde auch bei den deutschen Grammatiken deutlich, die bei vielen Äquivalenten der englischen Evaluationsadverbien von „Modalwörtern" sprechen (s. 4.3.2.1). In den englischen Grammatiken wird jedoch stärker zwischen Modalität und Evaluation getrennt. Dabei wird vor allem auf Adverbien der Evaluation verwiesen.

Einige Beispiele dieser Art aus dem Korpus sollen das Agonalitätspotenzial dieser Adverbien aufzeigen:

(F68) "I don't have all the answers yet. There will be layoffs, **unfortunately**, some reductions, but I'm not prepared to provide specifics at this time," John Hanger, state DEP [Department of Environmental Protection, Anm. AM] secretary, said Friday in Pittsburgh. (Pittsburgh Post Gazette, 19.10.2009)
(F69) **Sadly** the Welsh Government remains on the fence, especially with other local authorities such as Bridgend giving permission for test drilling. (Western Mail, 11.11.2011)

Die Adverbien beinhalten Wertungen der Aussagen aus der Sicht des Sprechers und verweisen damit auf die Dimension AGONALITÄT DER (NEGATIVEN) WERTUNG. In (F68) wird mit *unfortunately* Bedauern ausgedrückt; die Situation mit den Entlassungen wird vom Sprecher negativ bewertet. In (F69) wird ebenfalls mit dem Evaluationsadverb *sadly* eine negative Wertung des unentschlossenen Verhaltens der walisischen Regierung ausgedrückt. In beiden Beispielen ist das agonale Potenzial deutlich: Einfach formuliert gäbe es keine Entlassungen, wenn sie nicht jemand angeordnet hätte – gleichzeitig werden sie aber bedauert als eine Option, die vielleicht nicht gewollt war. Im zweiten Fall verändert die satzeinleitende Wertung die Perspektive auf das Verhalten der walisischen Regierung und wertet es negativ.

---

[81] Vgl. dazu auch die ausführliche Behandlung von modality in Hunston (2011, v.a. 66–70).

Für die direkte Gegenüberstellung sind auch Vergleiche, unter dem Stichwort *comparison* geschildert, von Interesse. Diese grammatische Kategorie ist Adjektiven und Adverbien vorbehalten und wird im Englischen je nach Eigenschaften des Grundwortes analytisch oder synthetisch ausgedrückt. Hier werden mit Komparativen zwei Entitäten einander gegenübergestellt, wobei dieser Vergleich kompetitiv und Grundlage für eine Wertung sein kann. In den folgenden beiden Beispielen soll diese Semantik auch im Hinblick auf Agonalität genauer betrachtet werden:

> (H47) First, can an airline really run a refinery **better** than an oil company? (Philadelphia Inquirer, 1.1.2013)
> (F70) Viewed this way, our energy future seems reassuring. We've become vastly **more efficient**. (washingtonpost.com, 26.1.2012)

In den Zitaten wird ein Vergleich angestellt, mit dem zwei Handlungsalternativen angeboten werden. In (H47) geht es um Kompetenzen: Welcher Akteur kann etwas besser? Die Handlungen der zwei Akteure werden abgewogen. Beide stehen sich hier also agonal gegenüber. *better* verweist auf eine Wertung, bei der einer der beiden Akteure der Gewinner sein wird, auch wenn das in diesem Beispiel noch als Frage formuliert wird.[82] In (F70) wird eine Entwicklung von der Vergangenheit bis heute (und in die mögliche Zukunft) aufgezeigt; die vergangene und die neue Situation stehen einander gegenüber. Auch eine solche implizite Andeutung von agonal gegenüberstehenden Konzepten kann mithilfe der Evaluation im Komparativ herausgearbeitet werden. Das sprachliche Phänomen des Vergleichs kann also möglicherweise dabei helfen, auch quantitativ implizite Evozierungen von Agonalität in Korpora zu finden, die sonst eher in einer qualitativen Analyse auffallen.

4.3.2.3.2 Evaluation: Beschreibung in deutschen Grammatiken

In den deutschen Grammatiken wird vor allem auf die Evaluationsadverbien verwiesen. Weinrich führt zunächst die eindeutig positiv bzw. negativ wertenden Evaluationsadverbien an:

> Mit Evaluations-Adverbien, die im einzelnen [sic!] eine sehr differenzierte Bedeutung haben können, wird eine wertende Einstellung ausgedrückt. Der Sprecher zeigt dem Hörer an, wie die Qualität eines Sachverhalts subjektiv einzuschätzen ist [...]

---

82 Vgl. zur Signalisierung von Evaluierung und dem Zusammenhang der Darstellung von Problem und Lösung auch Hoey (1994).

(1) Eine Gruppe der Evaluations-Adverbien ist dadurch gekennzeichnet, daß die Beurteilung des Sachverhalts eindeutig positiv oder negativ ausfällt, zum Beispiel:

POSITIV WERTEND	NEGATIV WERTEND
gern (gerne)	*ungern*
hoffentlich	*leider*
glücklicherweise	*unglücklicherweise*
dankenswerterweise	*bedauerlicherweise*

(Weinrich ⁴2007, 589)

Viele Indikatoren in dieser Gruppe evozieren klar die Dimension AGONALITÄT DER (NEGATIVEN) WERTUNG. Im Deutschen wird diese Wertung vielfach mithilfe von Adverbien geleistet, was den Ausführungen zum Englischen in Kapitel 4.3.2.3.1 entspricht. Die folgenden Beispiele verdeutlichen die Ähnlichkeit:

(F71) Saubere Gaskraftwerke, die aufgrund ihrer schnellen Regelbarkeit idealer Partner der erneuerbaren Energien sind, kommen **leider** immer weniger zum Einsatz. (Welt Online, 10.3.2013, Zitat von Matthias Bichsel)

(H48) „Alles ist total unorganisiert, und Lipa [Long Island Power Authority, Anm. AM] scheint **unglücklicherweise** die Kontrolle über die Situation verloren zu haben – daher werden so viele Menschen wütend", sagte der Republikaner Peter King. (Spiegel Online, 11.11.2012)

In beiden Fällen wird wie in den englischen Beispielen in Kapitel 4.3.2.3.1 eine negative Wertung vorgenommen: Der aktuelle Einsatz der Gaskraftwerke (F71) und der Kontrollverlust (H48) werden negativ bewertet. Eine andere, agonal entgegengesetzte Position wird damit implizit vertreten: Ein umfassenderer Einsatz der Gaskraftwerke (F71) bzw. eine bessere Organisation (H48) sind die stattdessen gewünschten Optionen, die als besser bewertet werden.

Es wird jedoch auch eine andere Form der Evaluation mithilfe von Evaluations-Adverbien von Weinrich angeführt. Er differenziert damit die Wertung wie folgt:

Eine weitaus größere Gruppe von Evaluations-Adverbien zeichnet sich dadurch aus, daß auf eine Erwartung Bezug genommen wird. Der Sprecher gibt dem Hörer zu erkennen, ob das Eintreffen eines Sachverhalts erwartbar ist oder nicht:

UNERWARTET	ERWARTET
überraschenderweise	*verständlicherweise*
erstaunlicherweise	*begreiflicherweise*
sonderbarerweise	*notwendigerweise*

UNERWARTET	ERWARTET
seltsamerweise	*erwartungsgemäß*

> Wie die vorher besprochene Gruppe besteht auch diese Gruppe der Evaluations-Adverbien vorwiegend aus Formen, die durch das Suffix *-weise* von einem Adjektiv abgeleitet sind. Das jeweilige Adjektiv zeigt dann an, wie der Sachverhalt qualitativ beurteilt wird [...]. (Weinrich ⁴2007, 590)

Die Evaluation bezieht sich hier Weinrich zufolge vor allem auf die Erwartungen der Sprecher. Der mögliche Zusammenhang mit der Agonalität soll in den folgenden Beispielen betrachtet werden:

> (H49) Als der Hurrikan ‚Sandy' Santiago verwüstete, habe ich um meinen auf der Straße geparkten Volkswagen gebetet. **Seltsamerweise** war ich nicht auf die Idee gekommen, ihn gegen ein Trinkgeld in einer der staatlichen Tiefgaragen zu parken. (Spiegel Online, 15.2.2013)
> (H50) Die Eroberung eines Kontinents gegen widrige Naturgewalten – und **verständlicherweise** feindselig reagierende Vorbesitzer – ist Teil der kulturellen DNA: In der Not hilft jeder jedem, der Fremde wird Freund, jeder Freund ist Familie. (Welt Online, 22.5.2013)

In (H49) stehen sich die erwartbare Situation und die stattdessen eingetretene Situation gegenüber, d.h. ›das Parken des Autos in einer sicheren Garage‹ vs. ›das Parken auf der Straße‹. Es handelt sich hierbei um eine Variation der in 4.3.1 eruierten Dimension AGONALITÄT DER NICHT EINGETRETENEN OPTION. In (H50) wird eher eine Wertung aus Sicht des Sprechers vorgenommen. Diese ist positiv und verweist eher implizit auf die Möglichkeit, dass man den dargestellten Sachverhalt auch anders werten könnte. Die in der Textgrammatik von Weinrich angeführten Adverbien sind damit in ihren verschiedenen Ausprägungen für die Agonalität im Deutschen interessant. Sie lassen sich teilweise den unterschiedlichen Dimensionen der Agonalität zuordnen.

Die deutschen Grammatiken beschreiben den Komparativ ebenfalls. Weinrich fokussiert auch hier vor allem auf die Semantik der übertroffenen Erwartung:

> Die komparativische Vergleichsstufe des Adjektivs beruht auf einem Vergleich zwischen der vom Sprecher im Text gemeinten Adjektiv-Bedeutung und einer abweichenden Bedeutungserwartung, die beim Hörer besteht oder vermutet wird. Die Bedeutung des Komparativs baut sich aus den semantischen Merkmalen ›GLEICHSTELLUNG‹ und ›KORREKTUR‹ auf. (Weinrich ⁴2007, 497f.).

Es werden damit zwei Positionen potenziell agonal gegenübergestellt: das im Adjektiv angelegte Konzept und das mit dem Komparativ verstärkte Konzept. Wie sich das konkret als agonal äußern kann, sollen die folgenden Beispiele verdeutlichen, die teils mehrere Komparative enthalten:

> (H51) Wir sind schwach, wenn die Natur zürnt. Doch wir können unsere Chancen verbessern, manche Krise **besser** zu überstehen (abendblatt.de, 1.11.2012)
> (H52) Haiti ist die **schlechtere** Show
> Der Hurrikan Sandy hat New York schwer getroffen. In Haiti waren die Folgen aber viel **schlimmer**. Warum will uns das einfach nicht interessieren? (Zeit Online, 5.11.2012)

In (H51) klingt die AGONALITÄT DER (NEGATIVEN) WERTUNG an. Es wird die Veränderung der bestehenden Situation gefordert, in der der Umgang mit der Krise nicht gut ist und *besser* sein kann. In (H52) geht es um den Vergleich zwischen zwei Orten. Thematisch ist hier interessant, dass nicht nur die Dimension AGONALITÄT DER (NEGATIVEN) WERTUNG anklingt (mit der Wertung der Folgen in Haiti als *schlimmer*), sondern auch die AGONALITÄT DER RELEVANZKONKURRENZ, die hier offen angesprochen wird: Das Ausmaß des Sturms war in Haiti größer, aber die Medien verweisen öfter auf die Auswirkungen in den USA, wodurch die Relevanz als größer konstruiert wird, da Haiti medial eine *schlechtere Show* sei. Genau das wird an dieser Stelle thematisiert (s. Genaueres in Kapitel 5.3.4 und zur bildlichen Darstellung in diesem Zeitungsartikel Kapitel 6.1.2).

4.3.2.3.3 Zusammenfassung und Vergleich im Hinblick auf Agonalität

Die Evaluation hängt vor allem mit der Dimension AGONALITÄT DER (NEGATIVEN) WERTUNG zusammen. Sie spielt in Grammatiken vor allem im Kontext der Adverbien und der Modalität eine Rolle.

Beim Komparativ, der evaluierend zwei Entitäten gegenüberstellt, fällt die Gewichtung von verschiedenen Positionen, Situationen oder Akteuren auf. Die doppelseitige Struktur der Agonalität ist dabei besonders eindrücklich: Bei komparativen Strukturen wird immer etwas mit etwas anderem verglichen, sodass sich zwei Konzepte gegenüberstehen.[83] Dabei kann es auch um die Gewichtung von Konzepten im Diskurs insgesamt gehen, sodass die Dimension AGONALITÄT DER RELEVANZKONKURRENZ eine Rolle spielen kann. Die Bedeutung der Evaluation ist beiden untersuchten Sprachen gemeinsam, ebenso die Möglichkeit der impliziten Realisierung im Komparativ.

---

83 Ausgenommen wird hier der Norm-Komparativ wie etwa in „eine ältere Dame" (vgl. Weinrich ⁴2007, 503ff.).

4.3.2.4 Das Konzept Negation und Agonalität

Negationen sind bereits bei der qualitativen Analyse in Kapitel 4.2. aufgefallen. Die Nennung einer Proposition mit einem gleichzeitigen Außerkraftsetzen ihrer Gültigkeit passt offensichtlich zum Konzept der Agonalität; eine Position und der Verweis auf ihre Ungültigkeit stehen auf engstem Raum zusammen. Automatisch werden damit zwei Positionen evoziert: die gültige und die nicht gültige.

4.3.2.4.1 Negation: Beschreibung in englischen Grammatiken

Aus der Warte der englischen Grammatik ist die Negation schon lange von Interesse.[84] Huddleston/Pullum (2002, 786) verbinden Negation mit polarity, d.h. der Möglichkeit, Negierung und Nicht-Negierung von Aussagen grammatisch anzuzeigen. Sie treffen verschiedene syntaktische und semantische Unterscheidungen. Wichtig ist dabei zum einen die Unterscheidung zwischen verbaler und nonverbaler Negation, d.h. ob die Negation am Verb vorgenommen wird oder mit anderen lexikalischen Mitteln (vgl. Huddleston/Pullum 2002, 788). Auch Halliday (^{4}2014, 172f.) verweist auf den engen Zusammenhang von polarity, modality und Negation, wobei Israel (2011, 29) betont, dass Polarität über Negation hinausgeht und er auch lexikalische Indikatoren nennt. Bei der verbalen Negation kann nach Huddleston/Pullum (2002, 788f.) weiter zwischen synthetischen und analytischen Verfahren der primären Verbalnegation unterschieden werden, also zwischen kontrahierten und nicht kontrahierten Formen der Negation (vgl. z.B. *won't* vs. nicht kontrahiert *will not*). Die kontrahierten Formen sind der Grammatik zufolge konzeptionell mündlich und stark informell, sodass sie auch bei Zitaten in Zeitungstexten genutzt werden:

> (F72) Besides creating jobs and tax revenue, gas companies donate to libraries, schools, 4-H clubs and any other fundraiser they're asked to support, he said. [Absatz] "These people **don't say no.**" [Absatz] Unless a town **says no** to them. (Pittsburgh Post Gazette, 9.8.2011)

Dieses Beispiel zeigt zum einen synthetische Negation im wörtlichen Zitat (*don't*), zum anderen lexikalische nichtverbgebundene Negation (*say no*). Die Firmen, die in den Ort investieren wollen, werden als nicht ablehnend gekennzeichnet: Die Möglichkeit der Ablehnung, d.h. dass sie doch nein sagen könnten (*say no*), wird dabei aber auch durch die Negation evoziert. Im Nachsatz wird

---

[84] Vgl. zum Beispiel die Titel in Horn/Kato (Hg.) (2000) und in Iyeiri (Hg.) (2005) mit einem Forschungsüberblick in der Einleitung (Iyeiri 2005, 2).

die Ausnahmebedingung genannt, unter der das negierte Nein-Sagen eintreten könnte; die andere Option, gekennzeichnet mit *unless*, ist durchaus möglich, wenn eine Stadt den Frackingfirmen widerspricht. Damit wird auch die AGONALITÄT DER NICHT EINGETRETENEN OPTION (s. Kapitel 4.3.2.1) evoziert.

In den englischsprachigen Korpora finden wir die synthetische Negation sowohl in Zitaten als auch im Fließtext, wie hier:

> (F73) It was realised 18 months ago that the seismic in that area **wasn't good** [...]. (Aberdeen Press and Journal, 7.1.2013)

Huddleston und Pullum unterscheiden bei der nicht-verbgebundenen Negation zwischen verschiedenen Graden und Formen der Negation: absolute Negation (Huddleston/Pullum 2002, 812–815, mit Indikatoren wie *no, nobody, nothing, none, neither, nor, never*), sogenannte approximate negators mit schwächerer Kraft und weniger ausgeprägter Ausschließlichkeit (Huddleston/Pullum 2002, 815–821, z.B. *few, little, barely, scarcely*) und Negationsaffixe (Huddleston/Pullum 2002, 822f.), die auch in Quirk et al. (1985) detailliert dargestellt werden (*a-, non-...*). Letztere eröffnen eine weitere sprachsystematische Möglichkeit, Agonalität auszudrücken, nämlich auf der Morphemebene. Interessant ist auch die unterschiedliche Stärke der Negation, die hier postuliert wird und die mit unterschiedlichen Graden der Agonalität einhergeht (s. oben in Abbildung 3). Man vergleiche die folgenden Beispiele:

> (H53) "We know **very little** about what is taking place over the ocean," said Prof Martin Benitson who heads the institute for environmental research at the University of Geneva. (guardian.co.uk, 20.6.2013)
> (H54) It should go without saying – although Barack Obama and Mitt Romney were keen to say little else yesterday – that **no one** should "play politics" with a storm as awesome and once-in-a-century-sized as Hurricane Sandy. [Absatz] But it also goes without saying that in the election campaign headquarters in Boston and Chicago, the strategists are thinking of absolutely **nothing** else, even as they order their candidates to look straight ahead and appear as "presidential" as possible. (telegraph.co.uk, 29.10.2012, leichte Formatanpassung)

In (H53) wäre die Aussage stärker, wenn das Institut nichts – *nothing* – über die Ereignisse über dem Ozean wüsste. So weiß man der Aussage des zitierten Professors zufolge sehr wenig, aber doch etwas. In (H54) sind die Aussagen dagegen absolut negiert. Dies fällt vor allem durch den Kontrast auf. Mit *no one* wird ein absoluter Negator gesetzt; niemand sollte den Hurrikan Sandy für Wahlkampfzwecke nutzen. Dem steht ein ebenso absoluter Negator entgegen: *nothing* (verstärkt mit *absolutely*) in der Aussage, dass die Strategen beider Lager an nichts anderes als den Wahlkampf denken. Die Stärke der Aussage in agonalen Kontexten und der Grad der Agonalität werden also durch die Stärke des Negators mitdeterminiert. Die approximate negators spielen auch als Begleiter von Agonalität (s. Kapitel 4.3.3) eine entscheidende Rolle.

Die Negationsaffixe werden in verschiedenen Kategorien beschrieben. Es wurde hier ein weiteres Werk herangezogen, das sich speziell mit den Affixen des Englischen beschäftigt (Stein 2007). Als häufige und passende Affixe zur Negation wurden daraus die folgenden Präfixe und Suffixe betrachtet und in den Korpora überprüft: *a-, anti-, contra-, counter-, cross-, de-, dis-, -free, -less, non-, un-*. Die Verneinung wird synthetisch am Wortstamm angezeigt. Dabei gibt es semantische und syntaktische Unterschiede. Während die Suffixe die Wortart ändern können, beschränken sich die Präfixe vor allem auf die semantische Änderung. *De-* und *dis-* sind Präfixe, die vor allem Verben und Substantive verneinen. Auch semantisch bestehen Unterschiede: Während *-free* und *-less* anzeigen, dass eine Eigenschaft abwesend ist, vermitteln etwa *counter-* und *anti-* eher Gegnerschaften und könnten auch dem Konzept Kontrast zugeordnet werden. Wie verschieden die Verwendungen jedoch auch sein können, zeigt etwa Steins Definition des Präfixes *non-*:

> 1 not of the quality, not showing the characteristic, state or quality that is denoted by the noun or adjective [...]
> 2 (non-1 + noun) the opposite or the very opposite of what is denoted by the noun [...]
> 3 (non-1 + noun derived from a verb) the lack of, the fact of not doing or having done what is expressed by the noun [...] (Stein 2007, 116)

Beispiele aus den Korpora für die genannten Affixe sind etwa *unemployment, uncertainty, unlikely, unable, disruption, discontinued, homeless, jobless*: Alle diese Ausdrücke verweisen auf die Verneinung von Einzelausdrücken und den Konzepten, die damit verbunden werden. Damit sind sie mit der Dimension AGONALITÄT DER EXPLIZITEN GEGENÜBERSTELLUNG, die in Kapitel 4.2.1 ausgeführt wurde, besonders verwandt. Mit den Affixen tritt damit die sprachsystematische Ebene der Morphologie zur Analyse von Agonalität hinzu, die bisher noch nicht genauer betrachtet wurde.

4.3.2.4.2 Negation: Beschreibung in deutschen Grammatiken

Weinrich definiert Negation wie folgt:

> Jede Negation erhebt Einspruch gegen eine bestehende Erwartung und setzt diese außer Kraft. Durch den „Erwartungsstopp" wird das Sprachspiel umorientiert: es ist nun wieder alles offen für neue Bedeutungen und neue Feststellungen. Wir beschreiben daher die allen Negations-Morphemen gemeinsam zugrunde liegende Bedeutung mit dem semantischen Merkmal <EINSPRUCH>. Zwischen Affirmation und Negation oder – auf der Merk-

malebene – zwischen <ZUSPRUCH> und <EINSPRUCH> besteht eine binäre Opposition, derzufolge eine bestehende Erwartung beim Dialogpartner entweder akzeptiert oder angehalten wird. (Weinrich ⁴2007, 864)

Die geänderte Erwartung und die Neuorientierung sind der Dimension AGONALITÄT DER EXPLIZITEN GEGENÜBERSTELLUNG (s. Kapitel 4.2.1) verwandt. Etwas wird durch die Negation in Frage gestellt, wodurch eine Gegnerschaft zwischen Positionen oder Sachverhalten eröffnet wird. Die Semantik des grammatischen Konzepts Negation wird im Englischen und Deutschen sehr ähnlich beschrieben.[85]

Im Deutschen gibt es laut Duden-Grammatik keine reinen Negationswörter; *nicht*, das wichtigste Negationswort, kann auch als Fokuspartikel gebraucht werden (vgl. Duden-Grammatik ⁹2016, 917). Zahlreiche grammatische Mittel können aber Negation ausdrücken. Dazu gehören auf Morphemebene Präfixe wie *Miss-* oder *Un-* (vgl. Weinrich ⁴2007, 1010–1014), auf der Einzelwortebene Adverbien wie *mitnichten* oder *keineswegs* (Duden-Grammatik ⁹2016, 917) und Pronomen wie *niemand* (vgl. Duden-Grammatik ⁹2016, 923); auf Syntagmenebene das satzwertige *nein* (vgl. Duden-Grammatik ⁹2016, 608). Die Duden-Grammatik erwähnt dabei Möglichkeiten der genaueren zeitlichen Bestimmung (*noch nicht*) oder Verstärker (vgl. Duden-Grammatik ⁹2016, 918).

In den Korpora finden sich verschiedene Belege, wie die Negation im Einzelnen in Bezug auf Agonalität wirkt.

(H55) Die erste Nacht, in der der Sturm wütet, ist **nicht** die schlimmste. Denn dann hofft und kämpft man noch. Es ist der verfluchte Alltag danach, der deprimiert. Die Tage, wenn nur Geduld und Gleichmut weiterhelfen. **Keine** Eigenschaften, die den New Yorkern nachgesagt werden. (Welt Online, 30.10.2012)
(H56) Ist es wirklich so schlimm? **Mitnichten.** Obamas Sieg war **weder** Erdrutsch **noch** Mandat. (Spiegel Online, 16.11.2012)
(H57) Einen so verheerenden Tropensturm wie „Sandy" wird es in Deutschland **nicht** geben. Natürlich **nicht**. Und doch ist Christoph Unger, der Präsident des Bundesamts für Bevölkerungsschutz und Katastrophenhilfe, besorgt. (Welt Online, 30.10.2012)

In allen Beispielen wird das Geäußerte negiert, jeweils mit bestimmten Funktionen. Erwartungen werden dabei widerlegt (dass die erste Nacht eines Sturms die schlimmste sei, dass die New Yorker besonders geduldig seien (H55), dass Obamas Sieg *so schlimm* (H56) sei). Die Erwartungen werden negiert, aber dennoch in der Negation genannt und damit kognitiv aufgerufen. Die kognitiven Effekte dieser Form der Negation haben Fellbaum/Felder (2013) anschaulich zusammengefasst. Die Proposition, die im Unterschied zur negierten gilt, wird

---

85 Zur Negation im Deutschen vgl. auch Stickel (1970) und Brütsch/Nussbaumer/Sitta (1990).

meist noch genauer erklärt; etwa im letzten Beispiel wird eingeräumt, dass ein Experte trotz der *[n]atürlich nicht* so gefährlichen Lage besorgt ist. Die Kontrastierung der Proposition mit ihrer durch die Negation hergestellten Abwesenheit kann für einen Effekt von Agonalität sorgen, besitzt also hohes Agonalitätspotenzial (s. Kapitel 4.1).

Die Grammatiken beschreiben anders als die beiden englischen Grammatiken kaum Wortbildungselemente wie Affixe, doch es finden sich wie im Englischen Affixe, die Gegensätze zur Basis anzeigen, wie z.B. *des-* (vgl. Weinrich [4]2007, 1014). Ausdrücke wie *unklar, unverändert, Unsicherheit, Unglück* mit dem negierenden Präfix *un-* evozieren das entgegengesetzte Konzept in den untersuchten Korpora.

4.3.2.4.3 Zusammenfassung und Vergleich im Hinblick auf Agonalität

Die Negation ist für beide Sprachen von großer Bedeutung. Während es im Englischen möglich ist, synthetisch die Negation in kontrahierten Formen auszudrücken, variiert das Deutsche im Ausdruck von Negation erheblich und besitzt eher verschiedene Negationswörter. Dies wird auch im Kapitel zu Wörterbüchern (4.4) deutlich werden. Verschiedene Grade der Negation können unterschieden werden.

Man könnte die Negation den Dimensionen EXPLIZITE GEGENÜBERSTELLUNG, (NEGATIVE) WERTUNG oder NICHT EINGETRETENE OPTION zuordnen. Gleichzeitig handelt es sich bei der Negation aber um eine wichtige grammatische Kategorie, die sehr vielfältige Funktionen hat und sich musterhaft in Bezug auf Agonalität zeigt. Auch Angermüller/Scholz (2013, 310) betonen die Relevanz von Negation für Diskurse. Da die Negation damit besonders von Interesse ist, wird hier folglich von einer weiteren Dimension der Agonalität ausgegangen, in der ein Sachverhalt negiert und gerade dadurch im Kontrast zum geltenden Sachverhalt evoziert wird. Diese soll im Folgenden AGONALITÄT DER NEGATION genannt werden. Mit den verschiedenen Verfahren der Negation auf unterschiedlichen sprachlichen Ebenen wird diese grammatisch verankerte Dimension realisiert.

4.3.2.5 Das Konzept Passiv/Aktiv und Agonalität

Die Beschreibung der Verbkategorie Genus Verbi – die Unterscheidung zwischen Aktiv und Passiv – gibt es sowohl in den deutschen als auch in den englischen Grammatiken. Auch dabei gab es in der qualitativen Analyse in Kapitel 4.2 Auffälligkeiten. Ihre Besonderheiten und Unterschiede sowie der Bezug zu den Dimensionen der Agonalität sollen im Folgenden herausgearbeitet werden.

4.3.2.5.1 Passiv und Aktiv: Beschreibung in englischen Grammatiken

In den englischen Grammatiken wird die Unterscheidung zwischen Aktiv und Passiv als *voice* bezeichnet. Die „Stimme" kann also aktiv oder passiv sein, mit der ein Geschehen ausgedrückt wird.

Huddleston und Pullum (2002, 1427–1447) behandeln das Passiv nicht nur im Rahmen der Verbkategorien, sondern hauptsächlich in ihrem Kapitel *Information packaging*. Damit ist diese grammatische Kategorie für sie eine Eigenschaft, die die Information von Elementen im Satz betrifft, also stark mit der Pragmatik verbunden ist.

Formales Hauptmerkmal des Passivs ist es, dass das Patiens das grammatische Subjekt bildet, nicht das Agens. Im Englischen ist es wie im Deutschen möglich, das Agens bei Passivkonstruktionen zu nennen oder wegzulassen (vgl. Huddleston/Pullum 2002, 1430).[86] Es wird mit dem sogenannten by-agent ausgedrückt. Bei der formalen Bildung sind Passivkonstruktionen mit *be* und mit *get* zu unterscheiden (vgl. Huddleston/Pullum 2002, 1429f.). Dies ähnelt dem Zustands- und Vorgangspassiv im Deutschen (s.u.), weist aber entscheidende Unterschiede auf. *Get* wird in formalen Texten als stilistisch niedrig stehend vermieden (vgl. Huddleston/Pullum 2002, 1442). Es besitzt eigene Bedeutungskomponenten, etwa was Intentionalität auch des Patiens betrifft (vgl. etwa den Beispielsatz *Jill got herself arrested* (Huddleston/Pullum 2002, 1442), der anzeigt, dass das Subjekt des Satzes, Jill, sich in einer Weise verhalten hat, die zu einer Festnahme führte).

Verschiedene pragmatische Faktoren werden von Huddleston und Pullum (2002, 1443–1447) genannt, die die Verwendung von Passivkonstruktionen begünstigen. Darunter sind Vorgaben von Textsorten, etwa in wissenschaftlichen Texten, aber auch Motive, die vor allem mit dem short passive und der Möglichkeit, den by-agent auszusparen, zu tun haben. Dieses Agens kann unbekannt sein oder es kann darum gehen, die Verantwortung für die im Verb ausgedrückte Handlung bewusst keiner Instanz zuzuschreiben. In diesen Fällen erlaubt das Passiv eine geeignete Perspektivierung.

Für die Agonalität ist dies besonders im Hinblick auf die Dimension AGONALITÄT DER EXTERNEN HANDLUNGSAUFFORDERUNG potentiell von Interesse. Wenn eine Passivkonstruktion verwendet wird, wird die Aufmerksamkeit auf das gelenkt, was mit dem Patiens geschieht. Es wird also sprachlich fokussiert, welche Handlung auf dieses Patiens ausgeübt wird, sei es mit seiner Zustimmung oder nicht. Folgende Beispiele sollen dies verdeutlichen:

---

[86] Vgl. auch Beedham (1982), Fox/Hopper (Hg.) (1994), vergleichend zu verschiedenen Sprachen Lyngfelt/Solstad (Hg.) (2006).

(F74) A lack of government regulation **has been widely blamed** for explosions and pollution in the US, where hydraulic fracturing or "fracking" is taking place in some areas on the scale **envisaged** for Britain **by** Cuadrilla Resources. (Guardian Unlimited, 23.9.2011)
(F75) Councillor Paul Church said: "The Welsh Government has fudged its role. [Absatz] "This council's leader, Gordon Kemp, wrote to the First Minister asking him to call in this application. He was **rebuffed**. [Absatz] The Welsh Government should take responsibility for this big issue." (Western Mail, 21.10.2011)

(F74) zeigt zwei passivische Verwendungen, die mit dem Agens jeweils unterschiedlich umgehen und andere Wirkungen in Bezug auf Agonalität entfalten. In der ersten Verwendung wird eine breite Ablehnung des Patiens (Mangel an Regelungen) postuliert; wer dies tut, wird höchstens durch die Verortung *in the US* klar. Die zweite Verwendung zeigt eine Passivkonstruktion als verkürzten Relativsatz, wobei das Agens, *Cuadrilla Resources*, genannt wird. (F75) zeigt mit *rebuffed* eine Zurückweisung, bei der das Agens aus dem Kontext hervorgeht, aber die Kürze des Satzes die Wirkung erhöht. Daraus resultiert die hier gezogene Schlussfolgerung für die walisische Regierung. In diesem Beispiel ist die Dimension AGONALITÄT DER EXTERNEN HANDLUNGSAUFFORDERUNG oder Machtausübung am deutlichsten: Eine Absicht des Patiens wurde vereitelt.

Beispielsweise sind im US-Fracking-Korpus teilweise by-agents genannt, wenn passivische Konstruktionen verwendet werden; es zeigt sich, dass der by-agent auch häufig ein substantiviertes Verb sein kann, z.B. in *by drilling*. Das häufigste Trigramm im US-Frackingkorpus, das als by-agent verwendet wird, ist *by the state*: staatliche Institutionen sind folglich das Agens und führen bestimmte Aktionen durch (*approved, regulated...*).

Insgesamt ist vor allem die Verschweigung des Agens für die englische Passivbildung eine häufige Option. In Beispielen wie *He was rebuffed* zeigt sich auch die Relevanz für die Dimension AGONALITÄT DER EXTERNEN HANDLUNGSAUFFORDERUNG. Dies trifft vor allem für menschliche Akteure, Institutionen oder zumindest anthropomorphisierte Akteure zu. Insgesamt ergibt sich aber keine klare Relation zwischen Passivverwendung und Agonalität.

4.3.2.5.2 Passiv und Aktiv: Beschreibung in deutschen Grammatiken

Das Passiv wird in den ausgewählten deutschen Grammatiken ausführlich beschrieben. Die Duden-Grammatik fokussiert vor allem auf die Semantik der Täterverschweigung, die das Passiv im Deutschen genau wie im Englischen möglich macht:

> Der Vorgangs- oder Prozesscharakter des Geschehens tritt gegenüber der Dimension des Handelns oder Verursachens in den Vordergrund. Das Passiv wird deshalb oft „täterabgewandt" genannt. (Duden-Grammatik ^{9}2016, 557)

Weinrich legt dagegen eher den Fokus auf das Geschehen und betont:

> Auch mit passivisch gebrauchten Verben kann ohne weiteres dynamisch-aktives Verhalten ausgedrückt werden, sogar sehr ausdrücklich. (Weinrich ⁴2007, 155)

Doch auch er verortet das Passiv als besonders geeignete Ausdrucksform, wenn es um die Betonung des Verlaufs und weniger um ein handelndes Subjekt geht:

> Die *Bedeutung* des Subjekts und die *Form* des Objekts werden getilgt. Ebendarin liegt die Unterwertigkeit, die in manchen Situationen dem Ausdruckszweck entgegenkommen kann. Bisweilen ist es nämlich einem Sprecher nicht besonders daran gelegen, über das Subjekt einer Handlung genauere Auskunft zu geben, sei es, daß er es nicht genau kennt, sei es, daß er es nicht nennen will. Man findet das Passiv daher vorzugsweise in solchen Sprachspielen, in denen eine Handlung nicht so sehr von ihrem Urheber („Agens") her, sondern in den Bedingungen ihres Verlaufs (Vorgangs-Passiv) oder Verlaufsresultats (Zustands-Passiv) gesehen werden soll. (Weinrich ⁴2007, 166, Hervorhebungen im Original)

Auch in der deutschen Beschreibung ist daher vor allem die Rollenverteilung von Agens und Patiens interessant, die mit dem Passiv auf besondere Weise perspektiviert werden kann (vgl. Müller 2015, 32). Im Deutschen stehen die Präpositionen *von* und *durch* für den Anschluss des Agens im erweiterten Passiv zur Verfügung, wobei *von* stärker auf die Quelle einer Handlung, *durch* dagegen auf den Weg zu dieser Handlung verweist (vgl. Weinrich ⁴2007, 168).

Die folgenden Beispiele sollen verdeutlichen, wie Passiv und Agonalität im Deutschen zusammenwirken können und wo die Grenzen des Zusammenhangs liegen:

> (H58) Der Tropensturm Sandy in der Karibik hat sich zu einem Hurrikan der Kategorie 1 verstärkt und bewegt sich auf die Insel Jamaika zu. Dort herrschte Alarm, die Bewohner **wurden aufgefordert**, Sicherheitsvorkehrungen zu treffen. (Euro-News, 24.10.2012)
> (H59) Seit Jahren **wird** vor extremen Fluten, Hitzewellen und Stürmen als Folge des Klimawandels **gewarnt**. Doch Forscher betonen, dass Supersturm „Sandy" mit der globalen Erwärmung nur wenig zu tun habe. (Welt Online, 31.10.2012)

In Beispiel (H58) wird die Bevölkerung aufgefordert, Vorkehrungen zu treffen, es gibt klare Handlungsvorgaben; die AGONALITÄT DER EXTERNEN HANDLUNGSAUFFORDERUNG wird angedeutet. In (H59) liegt das agonale Potenzial weniger in der Passivkonstruktion als in der Semantik des Verbs *warnen*.

Es lässt sich feststellen, dass das Passiv im Deutschen von den Grammatiken eher mit Fokus auf das Geschehen und die Täterabgewandtheit beschrieben wird als mit dem Blick auf Machtausübung gegenüber dem Patiens. Dies deckt sich größtenteils mit den vorgestellten Beispielen. Insgesamt kann das Passiv im Deutschen daher nicht als allgemeiner Agonalitätsindikator betrachtet werden, es kann aber mit anderen Ausdrücken gemeinsam zu einer Vernetzung agonaler Ausdrücke an der Sprachoberfläche beitragen.

4.3.2.5.3 Zusammenfassung und Vergleich im Hinblick auf Agonalität

Zusammenfassend betrachtet kann das Passiv sowohl im Deutschen als auch im Englischen die Dimension AGONALITÄT DER EXTERNEN HANDLUNGSAUFFORDERUNG (mit)konstruieren. Andererseits wird hier ausdrücklich nicht unbedingt davon ausgegangen, dass jede Passivverwendung auch mit einem Machtgefälle einher geht, das sich agonal deuten lässt. Besonders im Deutschen erscheinen die Funktionen des Passivs als zu vielfältig, als dass man sie eindeutig der Agonalität zuordnen könnte. Gleichzeitig zeigen sich aber durchaus Einzelfälle, gerade in Bezug auf die Dimension AGONALITÄT DER EXTERNEN HANDLUNGSAUFFORDERUNG, in denen das Passiv eine unterstützende Rolle in der Konstruktion von Agonalität spielt. Folglich kann die agonale Bedeutung des Passivs nicht verallgemeinert werden, aber in Einzelfällen kann das Passiv eine agonale Konstruktion stützen.

4.3.3 Begleiter der Agonalität

In diesem Abschnitt soll es um grammatische Mittel gehen, die anders als die in Kapitel 4.3.2 angeführten Kategorien und Indikatoren nicht im eigentlichen Sinne Agonalität anzeigen, aber doch für die Analyse von agonalen Beziehungen in Texten und Diskursen von großer Bedeutung sind, besonders was den Grad der Agonalität (s. Abbildung 3) betrifft. Es handelt sich um verstärkende und abschwächende Mittel, die hier als Begleiter der Agonalität bezeichnet werden. Sie bilden keine eigene semantische Dimension der Agonalität. Dennoch sind sie für diese Arbeit relevant, da sie die verschiedenen Ausdrücke verstärken können, die zur Agonalität beitragen. Sie tragen damit zu einem gesamten Netz von Agonalität in Texten und Diskursen bei. Insbesondere helfen sie, den Grad der Agonalität im Einzelfall zu determinieren. Dafür steht jeweils ein breites Repertoire an unterschiedlichen sprachlichen Mitteln in den beiden Vergleichssprachen deutsch und englisch zur Verfügung. Selbstverständlich können auch andere Konzepte als Agonalität von diesen sprachlichen Mitteln verstärkt werden. Wenn aber Agonalität in Kombination mit diesen sprachlichen Ausdrücken auftritt, erhält sie im Text einen veränderten Stellenwert, auch wenn dies in den beiden Kategorien Verstärkung und Abschwächung unterschiedlich geschieht. Dies soll im Folgenden erläutert werden.

4.3.3.1 Potenzielle Verstärkung der Agonalität

4.3.3.1.1 Potenzielle Verstärkung der Agonalität: Beschreibung in englischen Grammatiken

In den englischen Grammatiken gibt es verschiedene Kategorien, in denen sprachliche Mittel der Verstärkung beschrieben werden. Einige der degree adverbs, die Huddleston und Pullum (2002, 584) aufführen, sind hier zu nennen, z.B. *altogether, outright, strongly* u.a. Diese verstärken vor allem den Grad des Konzepts, das angeschlossen wird. Die focusing modifiers, die restriktive Bedeutung haben, betonen dagegen das angeschlossene Konzept, z.B. *alone, just, purely* u.a. (Huddleston/Pullum 2002, 586ff.). Zum semantischen Hintergrund dieser breiten Kategorien wird bei Huddleston/Pullum wenig gesagt, während Quirk et al. genauer darauf eingehen:

> There is a range of subjuncts concerned with expressing the semantic role of modality [...] which have a reinforcing effect on the truth value of the clause or part of the clause to which they apply. In adding to the force (as distinct from the degree) of a constituent, emphasizers do not require that the constituent concerned should be gradable. When, however, the constituent emphasized is indeed gradable, the adverbial takes on the force of an intensifier [...]. (Quirk et al. 1985, 583)

Bei den einzelnen verstärkenden Ausdrücken differenzieren Quirk et al. noch weiter:

> Group (a) consists mainly of items that can also function as disjuncts expressing the comment that what is being said is true [...]. Group (b) consists mainly of items that can also function as disjuncts conveying the speaker's assertion that his words are the unvarnished truth [...] Since it is normally expected that a person intends his hearer to accept what he says is true, the addition of the comment or assertion in no way alters but merely emphasizes the truth of communication. When these emphasizers are positioned next to a part of the communication, without being separated intonationally or by punctuation, their effect is often to emphasize that part alone, though there may be ambivalence as to whether the emphasis is on the part or on the whole. (Quirk et al. 1985, 583f.)

In der Gruppe a) nennen Quirk et al. Beispiele wie *actually* und *certainly*, in Gruppe b) Beispiele wie *honestly* und *literally*, und betonen die verstärkende Funktion.

Beispiele aus den Korpora zeigen, wie diese Verstärker konkret zur Agonalität eines Texts beitragen können:

> (F76) 'With any commodity, having a transparent and open pricing mechanism is **really important**,' he [Ed Daniels, Anm. AM] says. (Mail Online, 28.5.2013)

(H60) They shared legitimate concerns that the de facto racial-quota system that Garaufis is trying to force down the city's throat isn't just unfair, but **outright** dangerous both to the public and to other firefighters whose lives depend on their colleagues being able to do the job. (New York Post, 31.10.2012)
(F77) In Germany and Denmark consumers are **actually** paid to consume energy at certain times of the day, enabling the turbines to be kept going – contrast this position with Scotland where on Apr 29, the turbines had to be turned off and operators compensated to the tune of £1.7m. (Irish Examiner, 18.5.2013)

In (F76) und (H60) wird das Bezugswort des verstärkenden Adverbs betont: im ersten Beispiel der Faktor der Relevanz, im zweiten der Faktor der Gefahr.[87] In (F77) geht es vor allem um die Sprechereinstellung zum Gesagten und nicht primär um Verstärkung: *actually* vermittelt hier vor allem die Einstellung des Sprechers, der angesichts der Verhältnisse in Deutschland und Dänemark überrascht ist. Das verstärkt die Aussage in ihrer Auffälligkeit, hat aber hier auch eigenes leicht agonales Potenzial; die Überraschung, die *actually* ausdrückt, zeigt, dass hier Erwartungen widersprochen wird. Das entspricht der Dimension AGONALITÄT DER NICHT EINGETRETENEN OPTION. Der Rest des Satzes macht deutlich, dass diese Überraschung auf dem Kontrast zwischen den Verhältnissen in Schottland und in Dänemark bzw. Deutschland beruht. Einige Verstärker haben also rein verstärkende Funktion, während andere weitere Bedeutungskomponenten beinhalten. Letztere, wie etwa *actually*, werden von den Grammatiken teils mit den anderen zusammengefasst.

4.3.3.1.2 Potenzielle Verstärkung der Agonalität: Beschreibung in deutschen Grammatiken

Verschiedene sprachliche Mittel der deutschen Grammatik, die Bezugswörter verstärken, werden in den Grammatiken aufgeführt und in den Einzelkapiteln genannt.[88] Besonders Verstärkungsformen von Adjektiven werden kommentiert, etwa der Elativ und seine Alternativformen. Der Elativ ist ein Superlativ, der

---

87 Vgl. zur Semantik von *really* ausführlich Paradis (2003).
88 Die Duden-Grammatik beschäftigt sich in ihren neueren Auflagen auch mit gesprochener Sprache. Deshalb wird zusätzlich die Betonungsfunktion der Intonation geschildert: die wichtigsten Aspekte eines Konzepts können phonetisch hervorgehoben werden. Dies ist ein Hinweis darauf, dass auf allen sprachlichen Ebenen, auch der Phonologie/Phonetik, sprachliche Mittel zu finden sind, die zu einem Netz agonaler Indikatoren beitragen. Auch mit dem betonten bestimmten Artikel (in Sätzen wie „Das war *die* Enttäuschung des Abends" mit einer Betonung auf *die*) können Aspekte hervorgehoben werden (vgl. Duden-Grammatik ^{9}2016, 292ff.).Da in dieser Arbeit aber aufgrund der Korpuszusammenstellung besonders auf schriftliche Indikatoren geachtet wird, werden im Folgenden eher die schriftlichen Indikatoren betrachtet.

einen sehr hohen Grad ausdrückt (z.B. *bei bester Gesundheit*, vgl. Duden-Grammatik ⁹2016, 380). Als Alternativformen werden Gradausdrücke wie *sehr* oder *höchst* genannt, deren Übersetzungen ähnlich in den englischen Grammatiken beschrieben werden (Duden-Grammatik ⁹2016, 380). Darüber hinaus werden andere Möglichkeiten wie die Wiederholung des Adjektivs (etwa in literarischen Texten) genannt; auf Wortbildungsebene werden Präfixe wie *Erz-* in *Erzfeind* oder Substantive wie *stein-* in *steinreich* erwähnt (Duden-Grammatik ⁹2016, 381). Die deutsche Sprache besitzt in Bezug auf Adjektive somit ein breites Repertoire an Möglichkeiten, Konzepte zu verstärken.

Gradpartikeln und Fokuspartikeln werden in der Duden-Grammatik zudem gesondert aufgeführt. Fokuspartikeln sind mit den restrictive focusing modifiers in den englischen Grammatiken vergleichbar. Sie werden wie folgt definiert:

> Im Gegensatz zur Gradpartikel haben nur wenige Fokuspartikeln graduierende Funktion. Fokuspartikeln setzen Alternativen zu ihrem Bezugswort voraus und schließen andere Möglichkeiten aus oder ein. Im ersten Fall (Ausschluss) handelt es sich um exklusive oder restriktive Fokuspartikeln, im zweiten Fall (Einschluss) um inklusive oder additive:
> **Einzig/nur** die Lehrerin spielte mit (sonst niemand; exklusiv).
> **Sogar/selbst/auch/besonders** die Lehrerin spielte mit (andere auch; inklusiv).
> (Duden-Grammatik ⁹2016, 602, Hervorhebung im Original)

Wichtiger ist hier der zweite Fall der inklusiven Verwendung, der das Besondere und damit Verstärkte betont; aber auch restriktive Fokuspartikeln heben das Bezugswort hervor. Wie bei *actually* (F77) ist hier die Teilbedeutung der Überraschung in *sogar/selbst/auch/besonders* enthalten, was beispielhaft deutlich macht, dass Verstärker auch im Deutschen zusätzliche semantische Funktionen haben können: Hier wird nicht nur verstärkt, sondern darüber hinaus verdeutlicht, dass es sich um etwas Unerwartetes handelt.

Weinrich referiert in seiner Grammatik eher auf verstärkende Intensitätsadverbien und auf Geltungsadverbien mit bekräftigter Geltung. Letztere definiert er wie folgt:

> In der deutschen Sprache bilden die freien Geltungs-Morpheme *ja* und *nein* sowie die gebundenen Geltungs-Morpheme ø und *nicht* jeweils strenge Zweierparadigmen mit binärer Opposition der Merkmale <ZUSPRUCH> und <EINSPRUCH> (vgl. 8.2). Diese Merkmal-Opposition bildet nun die semantische Grundlage für die ganze Gruppe der Geltungs-Adverbien. Das Paradigma *ja* vs. *nein* kann nämlich im Text nuanciert werden durch den Gebrauch verschiedener Geltungs-Adverbien, durch die der Sprecher dem Hörer anzeigt, mit welchen Nuancen eine Prädikation seiner Ansicht nach gilt oder nicht [...]
> Entsprechend dem Grad der Gewißheit, die der Sprecher über die Geltung einer Feststellung hat, lassen sich die Geltungs-Adverbien in zwei Gruppen einteilen. Einige dieser Adverbien kommen in selteneren Fällen auch – allerdings oft mit veränderter Bedeutung –

als flektierbare Adjektive vor[...] (Weinrich ⁴2007, 599, Hervorhebungen im Original, Formatänderung)

Als geltungsbekräftigend nennt Weinrich *zweifellos, selbstredend, bekanntlich, freilich, durchaus, allerdings, erwiesenermaßen* sowie *sicher, bestimmt, selbstverständlich, natürlich, tatsächlich, offensichtlich, wirklich,* die auch in adjektivischer Verwendung vorkommen (vgl. Weinrich ⁴2007, 599).

Die Geltungsadverbien besitzen wie die Entsprechungen im Englischen (s. Kapitel 4.3.3.1.1) eine eigene Bedeutung bei der Vermittlung der Sprechereinstellung. Die Haltung, die deutlich wird, kann sich in eine agonale Konstruktion einfügen. Auch hier sollen Beispiele aus den deutschsprachigen Korpora das Gesagte verdeutlichen:

> (F78) In Deutschland ist das Verfahren **höchst** umstritten (Aachener Zeitung, 11.2.2013)
> (F79) Allerdings werde es [Fracking] **höchst** kontrovers diskutiert. (Kölnische Rundschau, 9.2.2013)
> (F80) Fracking zur Erdgasgewinnung ist nicht nur **sehr** umstritten, es ist auch **sehr** gefährlich für unser Trinkwasser. (Aachener Nachrichten, 1.10.2012, Leserbrief)
> (F81) Das aktuellste neue Lehnwort ist **zweifellos** „Fracking" – das Herauspressen von Gas und Öl aus tiefen Schichten mit Flüssigkeit. (Der Tagesspiegel, 5.3.2013, leichte Formatanpassung)
> (F82) Es ist **selbstverständlich**, dass sich die Politik aufgrund der gewollten Energiewende mit allen Möglichkeiten der Energieerzeugung auseinandersetzt. (Rheinische Post Düsseldorf, 10.5.2011, Zitat des Politikers Meesters)

Höchst und *sehr* als prototypische Verstärker erhöhen in den ersten drei Beispielen die Wirkung der Bezugswörter. Diese zeigen Agonalität an, sodass die Agonalität allgemein durch die Verstärker noch erhöht wird. In (F81) und (F82) dagegen vermitteln *zweifellos* und *selbstverständlich* eher den Eindruck von der festen Überzeugung des Sprechers.

4.3.3.1.3 Zusammenfassung und Vergleich der Verstärkung im Hinblick auf Agonalität

Beide Sprachen weisen ein breites Repertoire an Verstärkern auf. Gemeinsam mit agonalen Indikatoren benutzt können sie die Dimensionen der Agonalität steigern. Die Stärke der Agonalität wird dadurch beeinflusst. Die entsprechenden Kategorien in den Grammatiken schließen allerdings auch noch Ausdrücke ein, die hier in die in Kapitel 4.2 erklärten Dimensionen der Agonalität fallen, besonders wenn es um die Sprechereinstellung geht. Dies ist nicht immer klar zu trennen, etwa beim Beispiel *actually*, das sowohl die Aussage verstärkt als auch semantisch die Teilbedeutung der Überraschung beiträgt. Dennoch wird hier dafür plädiert, die genuinen Verstärker und die semantisch reicheren Indikatoren analytisch voneinander zu trennen und letztere den semantischen Agonalitätsdimensionen zuzuordnen, während die Verstärker verschiedene Dimensionen in ihrem Agonalitätsgrad verstärken können.

4.3.3.2 Abschwächung und Agonalität

Diese Klasse erhöht anders als die Verstärkung nicht immer die Stärke der Agonalität, sondern kann die Stärke des agonalen Bezugsworts auch mindern. Gleichzeitig handelt es sich hier aber auch um eine Klasse von Wörtern, die dazu geeignet sind, selbst Einschränkungen anzuzeigen. Das macht sie zu potenziellen Ausdrucksmitteln der Dimensionen der Agonalität selbst, etwa als Ausnahme oder als Konzession in der Dimension der AGONALITÄT DER EXPLIZITEN GEGENÜBERSTELLUNG (s. auch Kapitel 4.3.2.2). Ihr Potenzial soll in diesem Abschnitt dargelegt werden.

4.3.3.2.1 Abschwächung: Beschreibung in englischen Grammatiken

Quirk et al. beschreiben mit dem treffenden Terminus Downtoners die abschwächende Bedeutung bestimmter Ausdrücke:

> Downtoners have a generally lowering effect on the force of the verb or predication and many of them apply a scale to gradable verbs. They can be divided into four groups [...]:
> (a) APPROXIMATORS serve to express an approximation to the force of the verb, while indicating that the verb concerned expresses more than is relevant.
> (b) COMPROMISERS have only a slight lowering effect and tend, as with (a), to call in question the appropriateness of the verb concerned.
> (c) DIMINISHERS scale downwards and roughly mean 'to a small extent'.
> (d) MINIMIZERS are negative maximizers, '(not) to any extent'. (Quirk et al. 1985, 597)

Quirk et al. nennen Beispiele für die einzelnen Klassen:

- *almost* und *nearly* für Approximators (vgl. S. 597). Das Besondere an dieser Klasse ist die Verneinung der Aktion, die durch das Verb angezeigt wird (vgl. S. 599): Eine Handlung wird nur fast vollzogen und tritt nicht wirklich ein. Dies trifft auf die anderen Wörter der Klasse Downtoners nicht zu.
- *kind of, sort of, quite, rather enough, sufficiently, more or less* für Compromisers
- *mildly, partially, partly, quite, slightly, somewhat, only, merely, just* etc. für Diminishers
- *barely, hardly, little, scarcely, in the least, in the slightest, at all, a bit* für Minimizers

Es erscheint hier sinnvoll, die sogenannten Downtoners gemeinsam aufzuführen. Der Bezug zur Agonalität zeigt sich beim Blick in einige Beispiele aus den Untersuchungskorpora:

> (F83) For a start, Facebook may turn out to be nothing more than a fad, whereas Ireland is **more or less** a proper country. (Sunday Business Post, 12.2.2012)
> (F84) Today's **mildly**-improved US gas price is well below its peak of $14 per thousand cubic feet in 2005 when US looked set to become a major importer and the shale industry was in its infancy. (independent.co.uk, 18.8.2012)
> (F85) However, it [fracking, Anm. AM] is **hardly** risk-free. (The Scotsman, 21.12.2012)

Die aufgeführten Beispiele zeigen, wie unterschiedlich die Verwendung der downtoners ausfallen kann und wie sehr ihr eigenes agonales Potenzial vom jeweiligen Kontext abhängt. In dem ironisch gehaltenen Satz in (F83) wird im Nebensatz mit dem Compromiser *more or less* zwar zugestanden, dass es sich bei Irland um ein Land handelt – andererseits wird mit *more or less* auch überhaupt deutlich gemacht, dass es an diesem Faktum Zweifel geben könnte, was hier zur Ironie des satirischen Texts beiträgt. Der Downtoner sorgt hier also für agonales Potenzial, das aber erst aus dem breiteren Kontext deutlich wird. In (F84) wird durch *mildly* deutlich, dass die Verbesserung der Gaspreise nicht allzu groß war, wodurch die positive Aussage geschwächt wird. In (F85) wiederum wird durch *hardly* überhaupt erst Agonalität hergestellt. Das positive Adjektiv *risk-free* wird durch *hardly* außer Kraft gesetzt. Der Minimizer fungiert damit als Verneinung, was Huddlestons und Pullums (2002, 815) Klassifizierung als approximate negator erklärt: Einige dieser Downtoners setzen das vorhandene Konzept nicht ganz außer Kraft, schränken seine Geltung aber sehr stark ein, sodass die Wirkung ähnlich ist.

In einem anderen grammatischen Zusammenhang geschildert, aber dennoch hier von Bedeutung sind die approximate negators wie *little* oder *few* (s. auch Kapitel 4.3.2.1 mit Beispielen, Huddleston/Pullum 2002, 815). Sie schwächen Aussagen ebenfalls ab und setzen ihre Gültigkeit fast, wenn auch nicht vollständig, außer Kraft.

Insgesamt kann man an diesen Beispielen sehen, dass diese Indikatoren eine wichtige Rolle in der Schwächung und gelegentlich auch Herstellung von Agonalität in allen Dimensionen haben können. Besonders der Zusammenhang mit der grammatischen Kategorie der Negation ist auffällig. Dies soll auch im Deutschen geprüft werden.

4.3.3.2.2 Abschwächung: Beschreibung in deutschen Grammatiken

Wie bei den Verstärkern nennt Weinrich auch abschwächende Ausdrücke als Intensitäts- und Geltungsadverbien in der Klasse der Fokusadverbien. Die abschwächenden Intensitätsadverbien beschreibt er wie folgt:

> Die Gruppe derjenigen Intensitäts-Adverbien, die anzeigen, daß eine Eigenschaft nicht in vollem Maße ausgeprägt ist (semantisches Merkmal <EINSCHRÄNKUNG>), umfaßt wesentlich weniger Elemente. Dazu gehören die folgenden Morpheme:
> recht, ziemlich, relativ, einigermaßen, vergleichsweise, halbwegs
> (Weinrich ⁴2007, 594, leichte Formatanpassung, Hervorhebungen im Original)

Bei den Geltungsadverbien werden die folgenden genannt (Weinrich ⁴2007, 599):

> Adverbien: höchstwahrscheinlich, ausreichend, wohl, vielleicht, möglicherweise, womöglich, schwerlich, kaum
> auch als Adjektive: wahrscheinlich, scheinbar, eventuell, vermutlich, voraussichtlich

Ein Blick auf die einzelnen Beispiele zeigt, dass die Gruppe der Geltungsadverbien sehr heterogen ist. Während *höchstwahrscheinlich* die Geltung des Gesagten zwar infrage stellt, aber nicht sehr schwächt, ist *kaum* eher dazu geeignet, die Geltung einzuschränken. Diese Adverbien passen vor allem zum Konzept der Modalität, wie es in Kapitel 4.3.2.1 geschildert wurde.

Die einschränkenden Intensitätsadverbien, die Weinrich anführt, passen am besten zu der Gruppe der downtoners. Auch bei diesen potenziellen Indikatoren oder Begleitern soll das Agonalitätspotenzial getestet werden:

> (F86) Bisher sieht es so aus, als wären die meisten Staaten mit dem derzeitigen Kursniveau **halbwegs** einverstanden. (Euro am Sonntag, 27.4.2013)
> (F87) Wir haben in Deutschland im europäischen Vergleich schon **relativ** viel Wettbewerb. (Welt Online, 20.5.2013, Zitat des Politikers Oettinger)
> (F88) Damit kam er [Dirk Landau, Anmerkung AM] der Oppositionsforderung nach einem Moratorium **ziemlich** nahe. (Wiesbadener Tagblatt, 28.2.2013)
> (H61) Doch Bloomberg hat auch **relativ** gute Nachrichten: Die Regenfronten seien bis auf einige Schauer abgezogen, der Wind werde sich [sic!] bald leicht schwächer werden, gegen 6 Uhr Ortszeit werde Ebbe dafür sorgen, dass viele zur Zeit überfluteten Straßen wieder auftauchen würden. (Welt Online, 31.10.2012)

Es zeigt sich, dass der jeweilige Effekt ähnlich wie bei den englischen Downtoners ist. Die Konzepte ›Einverständnis‹ (F86), ›viel Wettbewerb‹ (F87) und ›Nähe zur Forderung der Opposition‹ (F88) werden jeweils mit den abschwächenden Intensitätsadverbien eingeschränkt. In (F86) ergibt sich damit ein gewisses agonales Potenzial; das Einverständnis ist da, scheint aber nicht allumfassend zu sein, Streitpunkte sind möglich. In (H61) dagegen wird mit *relativ* die Agonalität geschwächt: Der Wettbewerb zwischen verschiedenen Akteuren besteht, er ist aber immer noch weniger agonal als in anderen Staaten. In Beispiel (H61) wird besonders deutlich, wie durch diese Ausdrücke eine positive Wertung geschwächt werden kann; Bloomberg hat nur *relativ* betrachtet gute Nachrichten; im Hinblick auf die aktuelle Katastrophe sind sie zwar positiv zu werten, aber in anderen Situationen wäre das Nachlassen von Regen noch keine gute Nachricht. Der Ausdruck *relativ* verdeutlicht, dass es eine negative Situation gibt, in deren Kontext diese Nachrichten zu werten sind, und stellt die Aussage in einen agonalen Zusammenhang.

Insgesamt ist das Repertoire dieser Ausdrücke, wie Weinrich explizit formuliert (s.o.), recht gering. Im Unterschied dazu erscheint die Darstellung in den englischen Grammatiken umfassender.

4.3.3.2.3 Zusammenfassung und Vergleich der Abschwächung im Hinblick auf Agonalität

Insgesamt spielen die abschwächenden Begleiter eine doppelte Rolle für die Agonalität:
– Zum einen können sie in agonalen Kontexten die Stärke der Agonalität verringern. Sie sind daher für agonale Kontexte von Interesse, um zu sehen, wie ausgeprägt die evozierte Gegenüberstellung ist und wie hoch der Grad der Agonalität (s. Abbildung 3) ist.
– In nicht agonalen Kontexten dagegen können die Indikatoren als Einschränkungen – ähnlich den konzessiven Konnektoren – fungieren. Dadurch können sie die Geltung eines Sachverhalts oder einer Position relativieren und anzeigen, dass die Situation nicht ganz dem Geschilderten entspricht, und damit ähnlich wie die in Kapitel 4.3.2.1 geschilderten Ausdrücke der Modalität den Geltungsanspruch modifizieren. Besonders in sehr positiven Wertungen etc. kann eine Abschwächung des positiven Konzepts eine Andeutung von Agonalität bedeuten.

Im Sprachvergleich erscheinen die Möglichkeiten, Einschränkungen dieser Art auszudrücken, im Englischen vielfältiger als im Deutschen. Andererseits sind viele Abtönungspartikeln im Deutschen anderweitig erfasst in den Kategorien, die bereits in Kapitel 4.3.2 beschrieben wurden. Die Ähnlichkeit der Benennung – „downtoner" und „Abtönung" – zeigt, dass die Funktionen ähnlich sind. Das Englische drückt diese Funktion tendenziell nur stärker am Bezugswort aus, mit Adverbien, während das Deutsche auch auf Abtönungspartikeln zurückgreift, die freier im Satz einsetzbar sind. Insgesamt können sowohl die verstärkenden als auch die abschwächenden Begleiter eine Rolle bei der Konstruktion von Agonalität in beiden Sprachen spielen.

4.3.4 Zusammenfassung: Grammatik und Agonalität

Die Dimensionen der Agonalität treten in verschiedenen Formen auf und werden durch unterschiedliche grammatische Mittel evoziert. Sie sind miteinander verwoben und ergeben ein Netz von Agonalitätsindikatoren an der Textoberfläche, das mit einer semantischen Darstellung verschiedenster Dimensionen von Agonalität einhergeht. Die agonalen Indikatoren des Kontrasts werden dabei verschieden kombiniert. Gemeinsam ergeben sie den Effekt einer agonalen Diskussion im Diskurs in verschiedenen inhaltlichen Dimensionen der Agonalität, wie sie in Kapitel 4.2 skizziert wurden.

Eine zusätzliche Dimension der Agonalität, die aus der Betrachtung der Grammatiken gewonnen werden konnte, ist die Dimension AGONALITÄT DER NICHT EINGETRETENEN OPTION, bei der eine Gegenwelt konstruiert wird, welche aber keine Geltung erlangt und damit der eingetretenen Option agonal gegenübersteht. Diese kann vor allem mit sprachlichen Mitteln der Modalität bzw. modality ausgedrückt werden.

Eine weitere deduktiv eruierte Dimension ist die AGONALITÄT DER NEGATION. Die Negation wird als so breite grammatische Kategorie beschrieben, dass ihre Bedeutung als eigene Dimension der Agonalität betrachtet wird. Hier wird ebenfalls eine Gegenwelt benannt, die der Sprecher negiert, welche aber kognitiv aufgerufen wird.

Im Sprachvergleich fallen zahlreiche Ähnlichkeiten auf. So teilen etwa Evaluation, Modalität, Verstärker und Abschwächer in vielen Beispielen die semantische Facette einer Wertung durch den Sprecher. Grammatische Kategorien wie die Passiv/Aktiv-Unterscheidung oder die Modalität werden in beiden Sprachen realisiert. Das Repertoire kann jedoch verschieden ausgeprägt sein. Auch in der konkreten Realisierung ergeben sich Unterschiede; beispielsweise weist das Deutsche mit dem Konjunktiv einen häufigen synthetischen Ausdruck von Modalität auf, deren Semantik im Englischen vor allem mit Modalverben realisiert wird.

Zusammenfassend erweist sich die Betrachtung der Grammatiken damit als hilfreich, um eine andere, stärker deduktive Sichtweise auf Agonalität einzunehmen. Es ergeben sich neue Perspektiven und Ansatzpunkte, um Agonalität in Diskursen und Texten zu untersuchen.

Die folgende Tabelle soll eine Übersicht über die grammatischen Kategorien und ihren Zusammenhang mit den bisher gewonnenen Dimensionen der Agonalität geben.[89]

Tabelle 5: Agonalität und Grammatik

Grammatische Kategorie	Dimension(en) der Agonalität	Beispiele
Modalität/ modality	– Neu: AGONALITÄT DER NICHT EINGETRETENEN OPTION – AGONALITÄT DER (NEGATIVEN) WERTUNG – AGONALITÄT VON SCHEIN UND SEIN – AGONALITÄT DER EXTERNEN HANDLUNGSAUFFORDERUNG – AGONALITÄT DER ZEITLICHEN GEGENÜBERSTELLUNG	Englisch – Modalverben *may, must/have to, might, should, could, can, ought* – lexikalische Verweise auf Modalität wie *possible, likely, supposed, perhaps, certainly, insist, require, permission, necessity* etc. Deutsch – Konjunktiv – Modalverben *wollen, können, müssen, brauchen, sollen* – Modalpartikeln, Modalwörter (*leider* etc.)
Konzession, Kondition und Kontrast	– AGONALITÄT DER EXPLIZITEN GEGENÜBERSTELLUNG – AGONALITÄT DER NICHT EINGETRETENEN OPTION – AGONALITÄT DER ZEITLICHEN GEGENÜBERSTELLUNG	Englisch – Konzessive und adversative Konnektoren wie *but, although, despite...* – Temporale Indikatoren wie *whereas, while, as long as...* Deutsch – Adversative und konzessive Konnektoren: *obwohl, aber, jedoch, dennoch...* – Konjunktionaladverbien wie *dessen ungeachtet, indessen...* – Temporale Indikatoren wie *während*

---

[89] Eine allgemeine Übersicht geordnet nach den Dimensionen ist in Kapitel 4.5 zu finden.

Grammatische Kategorie	Dimension(en) der Agonalität	Beispiele
Evaluation	– vor allem: AGONALITÄT DER (NEGATIVEN) WERTUNG – Auch: AGONALITÄT DER NICHT EINGETRETENEN OPTION, AGONALITÄT DER NEGATIVEN EMOTIONEN, AGONALITÄT DER RELEVANZKONKURRENZ	Englisch – Wertende Adjektive und Adverbien – Comparison Deutsch – Evaluations-Adverbien (Sachverhalte und Sprechereinstellungen betreffend) – Komparativ
Negation	– Neu: AGONALITÄT DER NEGATION – Auch: AGONALITÄT DER NICHT EINGETRETENEN OPTION	Englisch – Absolute Negation (*no, not, nobody, never...*) – approximate negators (*few, little, hardly, scarcely...*) – Negationsaffixe (*a-, anti-, non-, un-, -less...*) Deutsch – Absolute Negation (*Nicht, nichts*) – Affixe wie *Miss-, un-,...* – Ausdrücke wie *mitnichten, keineswegs, niemand...*
Passiv	– in Einzelfällen AGONALITÄT DER EXTERNEN HANDLUNGSAUFFORDERUNG – eher allgemeine Strategie der Täterverschweigung	Englisch/Deutsch – Ähnliche Haupt- und Nebenformen – In beiden Sprachen Täterverschweigung möglich
Verstärkende Ausdrücke	– Keine einzelne Dimension, aber verstärken das agonale Potenzial in agonaler sprachlicher Umgebung – Teilweise Überraschungsmoment etc. als zusätzliche semantische Komponente	Englisch – Degree adverbs wie *altogether, strongly...* – Focusing modifiers wie *alone, just* Deutsch – Gradpartikeln (*sehr, höchst...*) – Fokuspartikeln (*einzig, sogar* etc.) – Elativ – Präfixe wie *erz-, stein-* (v.a. bei Adjektiven)
Abschwächende Ausdrücke	– Teils einfache Abschwächung – Verwandt mit der Negation	Englisch – Approximators (*almost, nearly...*)

Grammatische Kategorie	Dimension(en) der Agonalität	Beispiele
	– wichtig für den Grad der Agonalität – durch Abschwächung positiver Konzepte auch NEGATIVE WERTUNG	– Compromisers (*kind of, more or less...*) – Diminishers (*mildly, partly...*) – Minimizers (*hardly, in the least, at all...*)
		Deutsch – Einige Gradpartikeln – Abschwächende Intensitätsadverbien (*recht, ziemlich...*) – Geltungsadverbien (*wahrscheinlich, scheinbar, kaum...*)

Nach diesem Blick in Grammatiken sollen nun das Repertoire von Indikatoren und der Blick auf Strukturen des Wortschatzes im Deutschen und Englischen in Kapitel 4.4 mithilfe thematischer Wörterbücher beider Sprachen in einem zweiten deduktiven Schritt erweitert werden.

4.4 Der Agonalität auf der Spur (II): Deduktive Analyse thematischer Wörterbücher

Die traditionelle Disziplin der Lexikographie bildet den Hintergrund dieses zweiten Teils der deduktiven Untersuchung. Gerade die Lexikographie ist von Korpuslinguisten öfter als „armchair linguistics" kritisiert worden (s. dazu kritisch Fillmore 1992), d.h. als theoretische Disziplin, die angeblich ohne empirische Belege arbeite. Dies trifft jedoch gerade auf die moderne Lexikographie, die intensiv mit Großkorpora arbeitet, keinesfalls zu (vgl. dazu Engelberg/Lemnitzer [4]2009, 238–243; Schlaefer [2]2009, 104–107; Möhrs/Müller-Spitzer 2013, 11–14;). Die Lexikographie wird auch in der vorliegenden Diskursstudie als wertvolle und lang etablierte Ergänzung der bisher gewonnenen empirischen Erkenntnisse betrachtet, die dabei helfen kann, das Repertoire von Ausdrücken mit Agonalitätspotenzial zu erweitern. Dieser Erweiterung schließt sich ein korpuslinguistischer Blick auf den semantischen Tagger USAS der Universität Lancaster an (Kapitel 4.4.4).

Ziel dieses Kapitels ist es, auf der Grundlage des bisher Dargestellten in Verbindung mit thematischen Wörterbüchern des Deutschen und Englischen die folgenden Fragen zu beantworten:

1. Wie ordnen thematisch organisierte Wörterbücher des Deutschen und Englischen die Welt in Kategorien (Kapitel 4.4.1)?
2. Wie verhalten sich diese Kategorien zur Agonalität beziehungsweise den bisher eruierten Dimensionen der Agonalität (Kapitel 4.4.2)?
3. Welche sprachimmanenten Indikatoren passen noch als Ergänzungen in die bereits gebildeten Dimensionen der Agonalität? Kann das Repertoire an Agonalität anzeigenden Indikatoren um weitere ergänzt werden (Kapitel 4.4.3 und 4.4.4)?

Diese Fragen sollen im Folgenden nacheinander geklärt werden. Die gewählten Wörterbücher des Deutschen und Englischen sind dabei nicht einfach alphabetisch sortierte Darstellungen des Wortschatzes, sondern thematisch angelegte Wörterbücher, die die Ausdrücke und Phrasen der Einzelsprachen semantisch klassifizieren. Aus dieser Ordnung ergibt sich ein perspektivierter sprachlicher Zugriff auf die Welt, der von der Anlage des einzelnen Wörterbuchs, aber auch von der inhärenten kulturellen Perspektivierung der jeweils dargestellten Sprache geprägt ist.

4.4.1 Die Ordnung der Welt und der Sprache: Thematisch gegliederte Wörterbücher

Sowohl für das Englische als auch für das Deutsche existieren zahlreiche Wörterbücher. Die lexikographische Tradition ist in beiden Sprachen sehr ausgeprägt. Besonders für das Englische ist in Sprachsammlungen außerdem versucht worden, die im Vokabular der Sprache erfassten Ausdrücke thematisch zu gliedern. Wie solche Wörterbücher die Sprachen ordnen und welche kulturelle Perspektive sich dabei erkennen lässt (Frage 1), soll im Folgenden dargestellt werden.

Für das Englische werden zur Bearbeitung dieser Fragestellung der *Historical Thesaurus* des Oxford English Dictionary (Onlineausgabe, Stand September 2016) und *Rogets Thesaurus of English Words and Phrases* (ursprünglich 1852; 2002 in einer Jubiläumsausgabe von Davidson herausgegeben) herangezogen, für das Deutsche Dornseiffs *Der deutsche Wortschatz nach Sachgruppen* (^{8}2004). Alle drei Werke sind traditionsreiche thesaurische Werke, die von verschiedenen Seiten wissenschaftlich rezipiert wurden.[90] Der Historical Thesaurus des

---

[90] Vgl. dazu im Überblick zum Beispiel Hüllen (2009) zu Rogets Thesaurus, Crystal (2014) zum historischen Thesaurus des Oxford English Dictionary, Werner (1999) zu Dornseiff.

Oxford English Dictionary wird dabei vor allem für den Blick auf die Ordnung der Welt herangezogen, weniger aufgrund seines historisch breiten Wortschatzes. Rogets Thesaurus und Dornseiffs Werk sind auch für die weiteren Fragestellungen nach dem Repertoire der Agonalität (s. Kapitel 4.4.3 und 4.4.4) von Interesse, zumal ihr Vokabular immer wieder erweitert wurde.[91]

Alle drei betrachteten Wörterbücher ordnen die Welt hierarchisch. Sie legen dabei unterschiedliche Akzente. Die folgenden Schaubilder zeigen die höchsten hierarchischen Ebenen in den Wörterbüchern; aus Gründen der Übersichtlichkeit wurden nur die ersten Kategorien benannt. Bei allen Wörterbüchern wird die Aufteilung in Unterkategorien noch genauer. Hier interessiert aber zunächst einmal ein grober Blick auf die Hierarchisierung des Vokabulars.

Das erste Schaubild (Abbildung 4) verdeutlicht die zugrunde gelegte Weltsicht im Historical Thesaurus. Es werden aus Gründen der Übersichtlichkeit vor allem Kategorien aufgeführt, die später auch für die Frage nach der Agonalität wichtig werden (weitere werden mit ... angedeutet).[92]

Insgesamt gibt es drei übergeordnete Bereiche, in die die Welt eingeordnet wird: THE EXTERNAL WORLD, THE MIND und SOCIETY. Interessant erscheint hier vor allem, welche hohe Stellung in dieser Hierarchie die Kategorie MIND[93] besitzt. Dieser Gliederung zufolge gehört etwa ein Drittel des Vokabulars des Englischen zu *mind*. Dazu zählen auch Sprache, Gefühl und Wille.

---

[91] Da die Ordnungen der Wörterbücher die gesamten Werke betreffen, wird für die erste Übersicht auf die Nennung von einzelnen Seitenzahlen verzichtet.
[92] Hier und in den anderen Darstellungen in diesem Kapitel werden die Kategorienbezeichnungen wörtlich aus den jeweils angegebenen Wörterbüchern übernommen.
[93] *Mind* mit „Geist" zu übersetzen wäre zu kurz gegriffen. Das Collins Dictionary definiert *mind* unter anderem als „the human faculty to which are ascribed thought, feeling, etc; often regarded as an immaterial part of a person" oder als „intelligence or the intellect, esp as opposed to feelings or wishes" (Collins ^{9}2007, 1036).

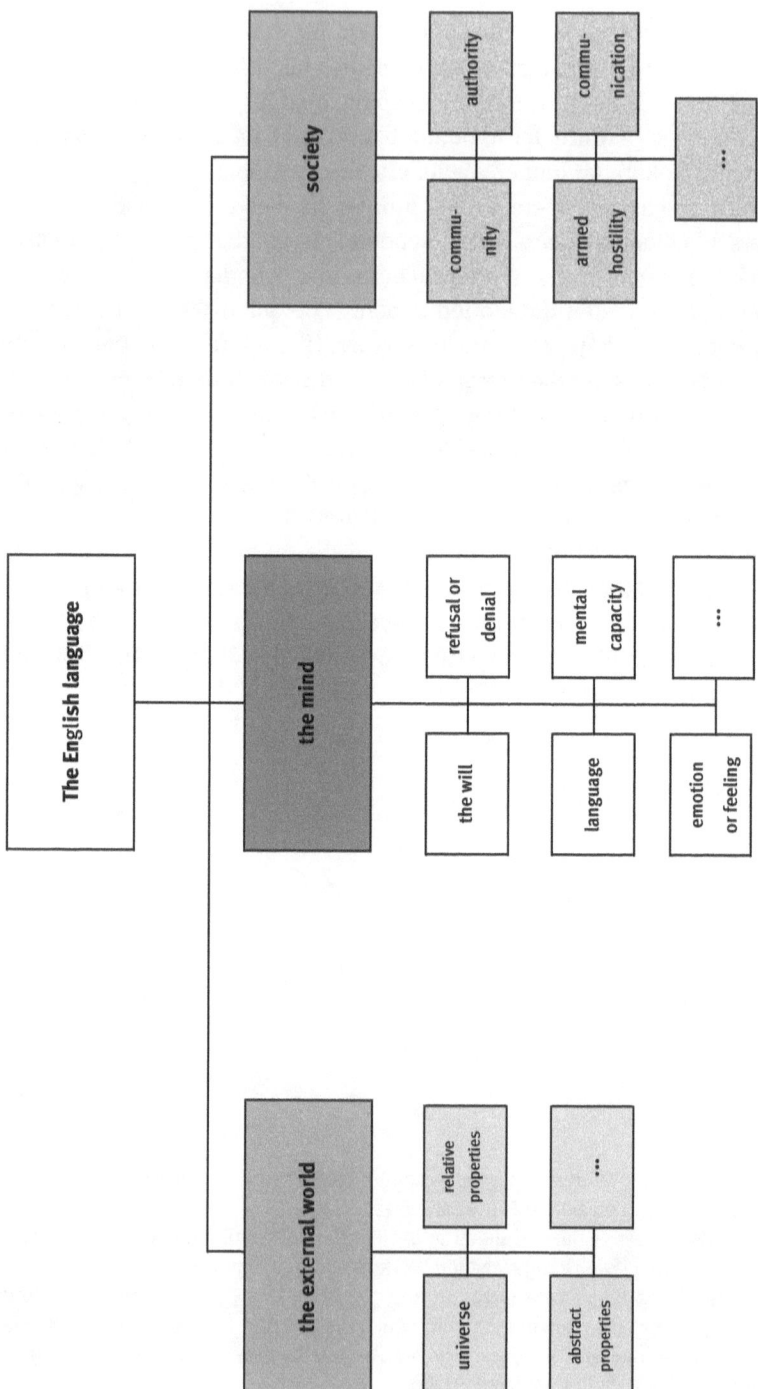

Abbildung 4: Ordnung der Kategorien im Historical Thesaurus

Im Thesaurus von Roget (2002) gestaltet sich die Ordnung anders. Die wichtigsten Kategorien werden in der folgenden Übersicht gezeigt (Abbildung 5).

Mit sechs Kategorien und weiteren Unterkategorien, die ebenfalls recht abstrakt sind (vgl. im Überblick Roget 2002, xliv–lvii), stellt dieses Modell eine breite und komplexe Sicht auf das Englische dar. Im Vergleich zum historischen Thesaurus erscheint interessant, dass Wille und Intellekt hier klar voneinander getrennt und beide als übergeordnete Kategorien betrachtet werden, während sie im Historischen Thesaurus beide in der Kategorie MIND verortet werden. Auch die Welt der Dinge, die EXTERNAL WORLD im Historischen Thesaurus, ist hier viel differenzierter gegliedert. Emotionen und Religion spielen ebenfalls eine übergeordnete Rolle. Beide Wörterbücher weisen eine sehr genaue Feingliederung innerhalb dieser Kategorien auf.

Dornseiffs lexikographisches Werk setzt bereits auf der ersten Ebene mit einer wesentlich breiteren Gliederung des Deutschen an. Franz Dornseiff, ein klassischer Philologe, teilt den deutschen Wortschatz in 22 Sachgruppen ein, die wiederum in Einzelkategorien unterteilt sind. Diese enthalten vor allem Beispiele auf der Wortebene (Verben, Substantive, Adjektive), aber auch auf Morphem- und Syntagmenebene. Das Werk wurde in den späteren Auflagen immer wieder in seinem Wortschatz aktualisiert. Die jeweiligen Gruppen sind sehr breit angelegt. Abbildung 6 vermittelt zu diesem Werk einen Überblick über das darin angelegte Vokabular. Diese Ordnung gestaltet sich anders als in den englischen Werken. Es gibt wesentlich mehr gleichberechtigte Hauptkategorien, in die die Ausdrücke eingeordnet werden. Vieles, was in den englischen Thesauri hierarchisch geordnet ist, ist in Dornseiffs Werk auf der gleichen Ebene angesiedelt. Dem DENKEN kommt anders als THE MIND (Abbildung 4) oder THE INTELLECT (Abbildung 5) zum Beispiel keine übergeordnete Stellung in der Gliederung gegenüber Sprache (ZEICHEN, MITTEILUNG, SPRACHE) zu. Für die englischen thesaurischen Werke ist Kommunikation klar mit der geistigen Leistung und/oder der Gesellschaft verknüpft, während Dornseiffs Benennung ZEICHEN, MITTEILUNG, SPRACHE die Sprache stärker mit externer Manifestierung in Zeichen verbindet.

150 — Agonalität und ihre sprachlichen Indikatoren im Deutschen und Englischen

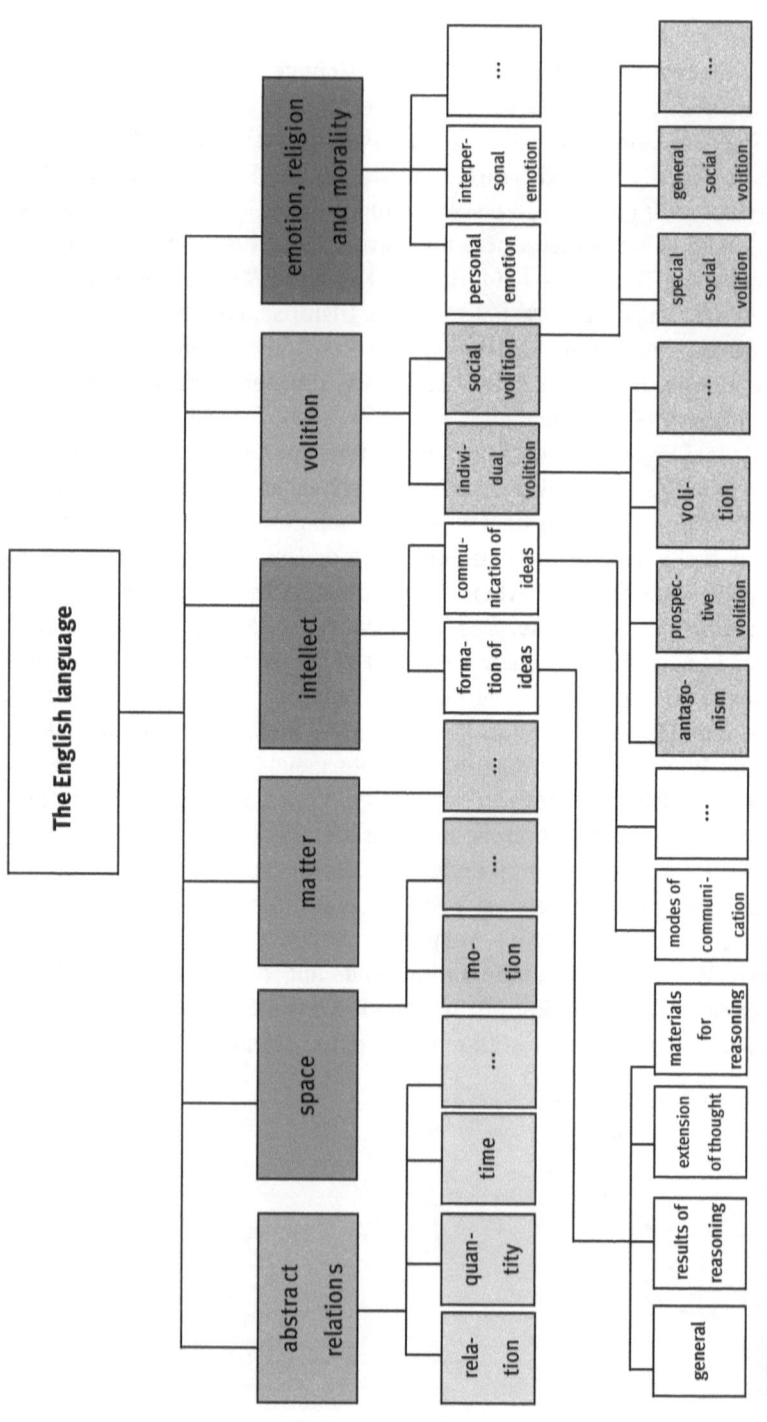

Abbildung 5: Ordnung der Kategorien in Rogets Thesaurus

Abbildung 6: Ordnung der Kategorien in Dornseiffs *Wortschatz nach Sachgruppen*

Insgesamt zeigt sich, dass die einzelnen Werke sehr unterschiedliche Blicke auf das Vokabular der Sprachen werfen. Dies kann eine sprachlich geprägte andere Sicht auf die Welt und damit verschiedene kulturelle Perspektiven (s. Kapitel 2.5) indizieren. Betrachtet man z.B. eine Willensäußerung als Teil des Geistes (Historical Thesaurus), als eigenständige Kategorie, die sich in individuellem und sozialem Willen äußern kann (Rogets Thesaurus) oder als direkt mit Handlung verknüpft (s. die Kategorie WOLLEN UND HANDELN in Dornseiffs Werk)? Die unterschiedlichen Ordnungen des Englischen zeigen, dass auch innerhalb von Einzelsprachen verschiedene Hierarchisierungen möglich sind, je nach Präferenzen des Autors; doch auch ein Zusammenhang mit der in der Einzelsprache angelegten kulturellen Perspektive könnte bestehen. Die Ordnungen eröffnen einen Blick auf die kulturellen Zusammenhänge, die zwischen den einzelnen Wörtern und Sachverhalten hergestellt werden. Sie sind ein Versuch, das Vokabular zu erklären und zu gliedern. Diese kulturellen Perspektivierungen sollten bei allen Betrachtungen des Vokabulars und möglicher Indikatoren mitgedacht werden.

Für die hier vorliegende Analyse von Agonalität im Deutschen und Englischen ist dieser Blick auf die Ordnung des Vokabulars auch im Hinblick auf die weiteren Fragestellungen dieses Abschnitts von Bedeutung. Zum einen wird in allen drei Werken die Gliederung noch wesentlich genauer ausdifferenziert. Die darin vorkommenden Unterkategorien sind teilweise den Dimensionen der Agonalität sehr nahe verwandt. Dies wird in Kapitel 4.4.2 genauer ausgeführt. Zum anderen bietet das Vokabular in diesen Kategorien eine Möglichkeit, weitere potenzielle sprachliche Mittel der Agonalität zu finden (s. Kapitel 4.4.3).

4.4.2 Wörterbuchkategorien und Dimensionen der Agonalität

4.4.2.1 Englische Wörterbuchgliederungen und Dimensionen der Agonalität

Die folgenden Tabellen und Schaubilder sollen eine Übersicht geben, wie die Dimensionen der Agonalität und die Kategorien in den Wörterbüchern zusammenhängen, also Frage (2): „Wie verhalten sich diese Kategorien zur Agonalität beziehungsweise den bisher eruierten Dimensionen der Agonalität?" beantworten helfen. Dabei wurden die angegebenen Ausdrücke in den einzelnen Kategorien gesichtet. In der Tabelle für das Englische wird zunächst Rogets Thesaurus aufgeführt. Fett markiert wurden die Kategorien auf der untersten hierarchischen Ebene; die nicht fett markierten Begriffe bezeichnen die jeweiligen Oberkategorien. Die hier angegebenen Unterkategorien weisen enge Parallelen zu Teilbedeutungen der Dimensionen auf. Der in ihnen enthaltene Wortschatz beinhaltet zahlreiche potenzielle Agonalitätsindikatoren (vgl. dazu Tabelle 8 in Kapitel 4.4.3). Kategorien auf der gleichen Ebene werden mit Schrägstrich getrennt gemeinsam genannt.

Tabelle 6: Kategorien aus Rogets Thesaurus mit Bezug zu Agonalität

Dimension der Agonalität	Semantisch verwandte Kategorien aus Rogets Thesaurus
(1) AGONALITÄT DER EXPLIZITEN GEGEN-ÜBERSTELLUNG	ABSTRACT RELATIONS → RELATION → ABSOLUTE → **CONTRARIETY (8)** / **DIFFERENCE (8f.)**
	ABSTRACT RELATIONS → RELATION → PARTIAL → **DISSIMILARITY (10f.)**
	ABSTRACT RELATIONS → RELATION → GENERAL → **DISAGREEMENT (14)**
	ABSTRACT RELATIONS → CAUSATION → COMBINATION OF CAUSES → **COUNTERACTION (97f.)**
	SPACE → MOTION → WITH REFERENCE TO DIRECTION → **DIVERGENCE (157)**
	INTELLECT: THE EXERCISE OF THE MIND (DIVISION ONE: FORMATION OF IDEAS) → PRECURSORY CONDITIONS AND OPERATIONS → **COMPARISON (239)**
	INTELLECT: THE EXERCISE OF THE MIND (DIVISION ONE: FORMATION OF IDEAS) → RESULTS OF REASONING → **DISSENT (255f.)**
	VOLITION: THE EXERCISE OF THE WILL (DIVISION ONE: INDIVIDUAL VOLITION) → ANTAGONISM → ACTIVE → **OPPOSITION (397)** / **OPPONENT (397)**
	EMOTION → INTERPERSONAL EMOTION → SOCIAL → **ENMITY (512)**
(2) AGONALITÄT DER ZEITLICHEN GEGEN-ÜBERSTELLUNG	ABSTRACT RELATIONS → TIME → RELATIVE (TO SUCCESSION) → **DIFFERENT TIME (64)**
	ABSTRACT RELATIONS → CHANGE → SIMPLE → **REVOLUTION (76)**
	INTELLECT: THE EXERCISE OF THE MIND (DIVISION ONE: FORMATION OF IDEAS) → EXTENSION OF THOUGHT (TO THE FUTURE) → **LACK OF EXPECTATION (269)**
(3) AGONALITÄT DER RELEVANZKONKURRENZ	VOLITION: THE EXERCISE OF THE WILL (DIVISION ONE: INDIVIDUAL VOLITION) → PROSPECTIVE VOLITION → SUBSERVIENCE TO ENDS (DEGREES OF SUBSERVIENCE) → **IMPORTANCE (347f.)** / **UNIMPORTANCE (349)**
	ABSTRACT RELATIONS → QUANTITY → COMPARATIVE (BY COMPARISON WITH AN OBJECT) → **SUPERIORITY (20ff.)** / **INFERIORITY (22)**
(4) AGONALITÄT DER (NEGATIVEN) WERTUNG	ABSTRACT RELATIONS → QUANTITY → CONCRETE → **INCOMPLETENESS (36)**
	INTELLECT: THE EXERCISE OF THE MIND (DIVISION ONE: FORMATION OF IDEAS) → EXTENSION OF THOUGHT (TO THE FUTURE) → **DISAPPOINTMENT (269f.)**

Dimension der Agonalität	Semantisch verwandte Kategorien aus Rogets Thesaurus
	INTELLECT: THE EXERCISE OF THE MIND (DIVISION TWO: COMMUNICATION OF IDEAS) → MODES OF COMMUNICATION → **EXAGGERATION (296)**
	VOLITION: THE EXERCISE OF THE WILL (DIVISION ONE: INDIVIDUAL VOLITION) → PROSPECTIVE VOLITION → SUBSERVIENCE TO ENDS → **INSUFFICIENCY (346f.)**
	VOLITION: THE EXERCISE OF THE WILL (DIVISION ONE: INDIVIDUAL VOLITION) → PROSPECTIVE VOLITION → SUBSERVIENCE TO ENDS (DEGREES OF SUBSERVIENCE) → **BADNESS (352f.) / IMPERFECTION (354f.) / DETERIORATION (362f.)**
	VOLITION: THE EXERCISE OF THE WILL (DIVISION ONE: INDIVIDUAL VOLITION) → PROSPECTIVE VOLITION → SUBSERVIENCE TO ENDS (CONTINGENT SUBSERVIENCE) → **DANGER (369f.) / PITFALL:SOURCE OF DANGER (371)**
	VOLITION: THE EXERCISE OF THE WILL (DIVISION ONE: INDIVIDUAL VOLITION) → PROSPECTIVE VOLITION → PRECURSORY MEASURES → **MISUSE (377)**
	VOLITION: THE EXERCISE OF THE WILL (DIVISION ONE: INDIVIDUAL VOLITION) → ANTAGONISM → CONDITIONAL → **DIFFICULTY (392f.)**
	EMOTION, RELIGION AND MORALITY → MORALITY → OBLIGATION → **WRONG (532f.)**
(5) AGONALITÄT DER NEGATIVEN EMOTIONEN	VOLITION: THE EXERCISE OF THE WILL (DIVISION ONE: INDIVIDUAL VOLITION) → VOLITION IN GENERAL → ACTS → **UNWILLINGNESS (324)**
	EMOTION, RELIGION AND MORALITY → PERSONAL EMOTION → PASSIVE → **DEJECTION. SERIOUSNESS (474f.)**
	EMOTION, RELIGION AND MORALITY → PERSONAL EMOTION → PROSPECTIVE → **FEAR (490ff.) / DISLIKE (497f.)**
	EMOTION, RELIGION AND MORALITY → INTERPERSONAL EMOTION → SOCIAL → **RESENTMENT. ANGER (520f.)**
	EMOTION, RELIGION AND MORALITY → INTERPERSONAL EMOTION → DIFFUSIVE → **MALEVOLENCE (525f.)**
	EMOTION, RELIGION AND MORALITY → INTERPERSONAL EMOTION → SPECIAL → **REVENGE (531) / JEALOUSY (531) / ENVY (531)**
	EMOTION, RELIGION AND MORALITY → MORALITY → SENTIMENTS → **CONTEMPT (537f.)**
(6) AGONALITÄT VON SCHEIN UND SEIN	INTELLECT: THE EXERCISE OF THE MIND (DIVISION ONE: FORMATION OF IDEAS) → MATERIALS FOR REASONING → **EVIDENCE (241f.) / COUNTEREVIDENCE (242)**
	INTELLECT: THE EXERCISE OF THE MIND (DIVISION ONE: FORMATION OF IDEAS) → MATERIALS FOR REASONING (DEGREES OF EVIDENCE) → **PROBABILITY (243f.) / IMPROBABILITY (244) / CERTAINTY (245) / UNCERTAINTY (245f.)**
	INTELLECT: THE EXERCISE OF THE MIND (DIVISION TWO: COMMUNICA-

Der Agonalität auf der Spur (II): Deduktive Analyse thematischer Wörterbücher — 155

Dimension der Agonalität	Semantisch verwandte Kategorien aus Rogets Thesaurus
	TION OF IDEAS) → MODES OF COMMUNICATION → CONCEALMENT (281f.)/ FALSEHOOD (292f.) / DECEPTION (293f.) / UNTRUTH (294f.) VOLITION: THE EXERCISE OF THE WILL (DIVISION ONE: INDIVIUAL VOLITION) → VOLITION IN GENERAL → CAUSES → PRETEXT (334)
(7) AGONALITÄT DER LEXIKALISCHEN GEGENÜBERSTELLUNG	---
(8) AGONALITÄT DER EXTERNEN HANDLUNGSAUFFORDERUNG	VOLITION: THE EXERCISE OF THE WILL (DIVISION ONE: INDIVIDUAL VOLITION) → VOLITION IN GENERAL → ACTS → NECESSITY (322f.) / REJECTION (330) VOLITION: THE EXERCISE OF THE WILL (DIVISION ONE: INDIVIDUAL VOLITION) → ANTAGONISM → ACTIVE→ HINDRANCE (394f.) VOLITION: THE EXERCISE OF THE WILL (DIVISION TWO: SOCIAL VOLITION) → GENERAL SOCIAL VOLITION → COMMAND (422f.) / DISOBEDIENCE (423f.) / COMPULSION (424f.) / SUBJECTION (428f.)
(9) AGONALITÄT DER ENTSCHEIDUNGSTHEMATISIERUNG	INTELLECT: THE EXERCISE OF THE MIND (DIVISION ONE: FORMATION OF IDEAS) → RESULTS OF REASONING → JUDGMENT:CONCLUSION (249f.) VOLITION: THE EXERCISE OF THE WILL (DIVISION ONE: INDIVIDUAL VOLITION) → VOLITION IN GENERAL → ACTS → WILL (324) / TERGIVERSATION: CHANGE OF ALLEGIANCE (327f.) / CHOICE (328f.) VOLITION: THE EXERCISE OF THE WILL (DIVISION ONE: INDIVIDUAL VOLITION) → VOLITION IN GENERAL → CAUSES → DISSUASION (333)
(10) BEENDEN DES AGONALEN ZUSTANDS	ABSTRACT RELATIONS → CAUSATION → POWER IN OPERATION → MODERATION (95) VOLITION: THE EXERCISE OF THE WILL (DIVISION ONE: INDIVIDUAL VOLITION) → ANTAGONISM → ACTIVE → CONCORD (401) / MEDIATION (408) VOLITION: THE EXERCISE OF THE WILL (DIVISION TWO: SOCIAL VOLITION) → SPECIAL SOCIAL VOLITION → CONSENT (434)
(11) AGONALITÄT DER NICHT EINGETRETENEN OPTION	INTELLECT: THE EXERCISE OF THE MIND (DIVISION ONE: FORMATION OF IDEAS) → MATERIALS FOR REASONING (DEGREES OF EVIDENCE) → POSSIBILITY (242f.) / IMPOSSIBILITY (243)
(12) AGONALITÄT DER NEGATION	ABSTRACT RELATIONS → TIME→ ABSOLUTE (DEFINITE / INDEFINITE) → NEVERNESS (60) SPACE → SPACE IN GENERAL → RELATIVE SPACE → ABSENCE (102f.) INTELLECT: THE EXERCISE OF THE MIND (DIVISION ONE: FORMATION OF IDEAS) → RESULTS OF REASONING → IGNORANCE (257f.) INTELLECT: THE EXERCISE OF THE MIND (DIVISION TWO: COMMUNICATION OF IDEAS) → MODES OF COMMUNICATION → NEGATION (287f.)

Dimension der Agonalität	Semantisch verwandte Kategorien aus Rogets Thesaurus
	VOLITION: THE EXERCISE OF THE WILL (DIVISION ONE: INDIVIDUAL VOLITION) → VOLITION IN GENERAL → ACTS → ABSENCE OF CHOICE (329f.)

Erläuterungen zur Tabelle

Insgesamt zeigen sich in dieser Tabelle einige Parallelen zu den Dimensionen der Agonalität. Interessant ist die Relevanz der Hauptkategorien INTELLECT, VOLITION und EMOTION für die Agonalität in vielen verschiedenen Dimensionen. Diese Kategorien enthalten besonders viele Subkategorien, die den Agonalitätsdimensionen verwandt sind. Dies zeigt auch auf, wie facettenreich die einzelnen Dimensionen sind – etwas, was in Verbindung mit dem komplexen hierarchischen System von Rogets Thesaurus stärker auffällt. Beispielsweise können verschiedene Parallelen zur Dimension AGONALITÄT DER ENTSCHEIDUNGSTHEMATISIERUNG ausgemacht werden: in Bezug auf den Intellekt (INTELLECT), aber auch auf den Willen (VOLITION). Mit beiden hängt die Entscheidung zwischen zwei sich agonal gegenüber stehenden Positionen zusammen.

Die AGONALITÄT DER NEGATIVEN EMOTIONEN steht erwartungsgemäß eng in Verbindung mit Rogets Kategorie EMOTION, RELIGION AND MORALITY. Die verschiedenen dort aufgeführten Emotionen zeigen auf, wie breitgefächert das sprachliche Repertoire für menschliche Gefühle ist. Die negativen Emotionen sind dabei für die Agonalität äußerst wichtig. Besonders relevant für Agonalität ist dabei die Subkategorie INTERPERSONAL EMOTIONS: Die Gefühle eines Subjekts gegenüber einem anderen oder einem Sachverhalt sind negativ und stellen damit Potenzial für einen Konflikt dar.

Interessant ist die Menge an Subkategorien, die der Kategorie INTELLECT angehören und der agonalen Dimension AGONALITÄT VON SCHEIN UND SEIN semantisch entsprechen. Konflikte zwischen Anschein und Wahrheit scheinen im Englischen der geistigen Leistungs- und Unterscheidungsfähigkeit zuzuordnen zu sein.

Die AGONALITÄT DER LEXIKALISCHEN GEGENÜBERSTELLUNG kann hier nicht mit Kategorien des Wörterbuchs untersucht werden. Dies liegt in der Natur dieser Dimension: Spezifische Wissensbestände werden evoziert, die textspezifisch sind und in einem bestimmten Gebrauch kontrastiert werden. Allgemeine diskursunabhängige Kategorien und sprachliche Mittel dieser Art zu finden ist kaum möglich.

Ein Blick auf den Historical Thesaurus

Für die Zusammenhänge mit dem Historical Thesaurus gestalten sich ähnliche Relationen.[94] In der Kategorie THE EXTERNAL WORLD fanden sich vor allem Bezugspunkte zu Agonalität in der Unterkategorie RELATIVE PROPERTIES, dann genauer beschrieben als CONTRAREITY OR CONTRAST bzw. DIFFERENCE. Der Begriff der Relation ist für die Agonalität entscheidend, wurde jedoch bisher noch nicht in den Mittelpunkt gerückt. Agonalität setzt aber logischerweise immer eine Relation voraus: zwischen Akteuren, die um Geltungsansprüche in Diskursen ringen, sowie zwischen den konkurrierenden Positionen. Gibt es keine andere Entität oder Position, die ebenfalls um Geltung wetteifert, so gibt es auch keine Agonalität. DIFFERENCE passt dabei vor allem zu den bereits im Grammatikteil analysierten Komparativen. CONTRAST als Bestandteil der prototypischen Dimension AGONALITÄT DER EXPLIZITEN GEGENÜBERSTELLUNG, wie in Kapitel 4.2 beschrieben, findet sich auch hier.

Wesentlich differenzierter sind jedoch die zur Agonalität passenden Belege, die in der Oberkategorie THE MIND gefunden wurden und der Kategorie INTELLECT bei Roget entsprechen. Hier ist die Subkategorie EMOTIONS/FEELINGS besonders für die AGONALITÄT DER NEGATIVEN EMOTIONEN interessant. Genannte Emotionen sind ANGER, HATRED/ENMITY genauso wie GRIEF und FEAR, die hier als Kategorien auftauchen. Dafür werden verschiedene (auch veraltete) Beispiele angeführt. Wichtiger insgesamt für die Dimension AGONALITÄT DER NEGATIVEN EMOTIONEN ist aber die klare Gliederung der emotionalen Zustände in diesem Abschnitt. Während die Beispiele in ANGER sowie HATRED/ENMITY eher auf den Konflikt zwischen Akteuren verweisen, verweist GRIEF eher auf einen geringeren Grad von Agonalität. FEAR kann sich auch auf die ungewisse Zukunft beziehen, die ebenfalls bei den agonalen Dimensionen diskutiert wurde.

Vokabular und semantische Beschreibungen des Entscheidungsprozesses werden vor allem in der Kategorie THE MIND und dessen Unterkapitel WILL behandelt. Dabei werden Aspekte von Plänen und Entscheidungsfindungen behandelt, z.B. WILLINGNESS, HESITATE, SCRUPLE, DECISIVE STEP, CONSTANCY/STEADFASTNESS, RESOLVE/DECIDE. Entscheidungen und persönliche Pläne hängen eng zusammen. Dies korreliert mit der Dimension AGONALITÄT DER ENTSCHEIDUNGSTHEMATISIERUNG (s. Kapitel 4.2.9).

Eng miteinander verwandt, aber unterschiedlichen Grundkategorien zugeordnet sind die Kategorien THE MIND → REFUSAL OR DENIAL und SOCIETY → AUTHO-

---

94 Da die Kategorien des Historical Thesaurus eher für den allgemeinen Blick auf Agonalität wichtig sind und nicht noch einmal speziell in Kapitel 4.4.3 bei der Eruierung der Indikatoren aufgegriffen werden, wurde hier auf eine Tabelle verzichtet.

RITY → LACK OF SUBJECTION OR SUBMISSION. Machtinstanzen spielen für die Agonalität eine wichtige Rolle, was in der Dimension AGONALITÄT DURCH EXTERNE HANDLUNGSAUFFORDERUNG deutlich wurde (s. Kapitel 4.2.8). Ihre Infragestellung birgt Konfliktpotenzial. Das Aufbegehren gegen Machtinstanzen wird vom Historical Thesaurus eher als gesellschaftliche Frage behandelt, während die Ablehnung selbst im Denken (THE MIND) zuerst stattfindet.

Die Kommentierung von Sprache ist ebenfalls entscheidend. LANGUAGE und alle Unterkategorien werden im Historical Thesaurus dem Bereich THE MIND zugerechnet. Sprache ist dieser Einteilung zufolge keine soziale Handlung (dann wäre sie dem Bereich SOCIETY zugeordnet), sondern hat primär mit dem kognitiven Bereich zu tun. Verschiedene Aspekte und Unterkategorisierungen passen hier zur Agonalität. Dazu gehört die Charakterisierung der Art zu sprechen (z.B. IN AN UNDERTONE oder LOUD AND ANGRY) genauso wie die Charakterisierung von STATEMENTS AND DECLARATIONS. Dabei kann es um den Wahrheitsgehalt gehen (etwa wenn eine ASSERTION WITHOUT PROOF gemacht wird, mit Beispielen auf der Ausdrucksebene wie *allegedly*), oder um direkten Widerstand in den Subkategorien SPEAKING AGAINST OR CONTRADICTION oder OBJECTION. Auch hier wird die Nähe zu Machtverhältnissen deutlich (s.o.). Die Bedeutung der Subkategorien innerhalb von LANGUAGE lenkt das Augenmerk auf einen zentralen Punkt: Die agonale Aushandlung von Geltungsansprüchen in Diskursen findet primär sprachlich statt. Agonalität ist ein genuin sprachlich ausgedrücktes Konzept. Dies wurde auch in Kapitel 4.1 deutlich und lässt sich im Weltbild der Sprachen bestätigen. Bilder mögen entscheidend zu Agonalität in Texten und Diskursen beitragen (s. dazu die Analyse in Kapitel 6.1), aber sie sind nicht primär im Fokus, wenn wir Ausdrücke betrachten, die diskursunabhängig agonales Potenzial besitzen.

Auch der dritte Großbereich des erfassten Vokabulars des historischen Thesaurus, SOCIETY, enthält semantische Beschreibungen, die für eine Analyse der Agonalität interessant sein könnten. Dazu zählt vor allem die Unterkategorie COMMUNITY → DISSENSION/DISCORD. Darin finden sich etwa Charakterisierungen wie DISAGREEMENT, LACK OF PEACEFULNESS, QUARREL, COMPETITION OR RIVALRY oder FIGHTING, jeweils mit genauen Angaben zur Art der Rivalität etc. Zum Leben in einer Gemeinschaft gehört Agonalität als zentrales Element. Der Mensch eckt mit seinen Mitmenschen an und wetteifert mit ihnen, ohne dass dadurch die Gemeinschaft zerstört wird (s. Kapitel 4.1). Auch Konsensualität wird angedeutet mit Kategorien wie ABSENCE OF DISSENSION OR PEACE. Es scheinen jedoch im Rahmen dieser Wörterbuchzusammenstellung andere Kategorien zentral zu sein.

Macht spielt, wie bereits angedeutet, eine wichtige Rolle. Der Bereich SOCIETY → AUTHORITY mit seiner Vielfalt in den Ausprägungen zeigt auf, wie diese Punkte in einer Gesellschaft im Einzelnen geregelt sind. Gleichzeitig zeigt das Vokabular der Rebellion auch auf, dass Auflehnung gegen eine Autorität und die von ihr gesetzten Geltungsansprüche ebenso bedeutend ist. Dies ist der Dimension AGONALITÄT DER EXTERNEN HANDLUNGSAUFFORDERUNG verwandt.

Insgesamt zeigen sich agonale Tendenzen in der englischen Sprache in diesen semantischen Ausformungen in verschiedenster Weise. Der Historical Thesaurus bricht quasi drei große Schneisen durch das Vokabular der englischen Sprache. In allen spielt das Konzept der Agonalität auf besondere Weise eine Rolle: Agonalität gehört als Relation zur externen Welt genauso wie zum geistigen Bereich als sprachliche und emotionale Komponente und zur sozialen Welt als Teil des Zusammenlebens in Gemeinschaften. Dies schlägt sich im Vokabular der englischsprachigen Gesellschaft nachhaltig nieder.

Ein Schaubild soll in einer Kombination aus beiden Werken, Historical Thesaurus und Rogets Thesaurus, die Bereiche verdeutlichen, die insgesamt am meisten mit der Agonalität zu tun haben und die sich durch die Analyse englischsprachiger Wörterbücher ergeben haben. Dabei werden die Dimensionen der Agonalität, zu denen sich Entsprechungen fanden, hinzugefügt:

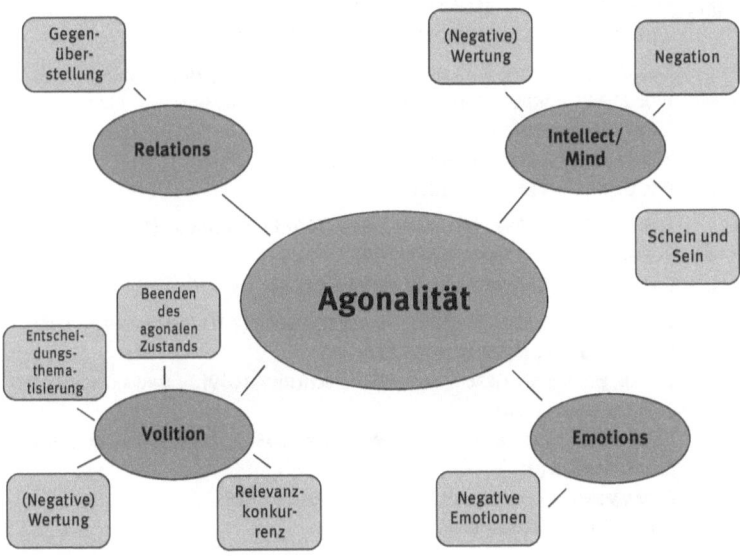

Abbildung 7: Agonalität – Dimensionen und semantische Wörterbuchkategorien des Englischen

4.4.2.2 Deutsche Wörterbuchgliederungen und Dimensionen der Agonalität

Die Übersicht in Dornseiffs *Der deutsche Wortschatz nach Sachgruppen* wurde ebenso bearbeitet wie die Kategorien in den englischen Wörterbüchern. Auch hier wurde eine Tabelle erstellt, die die Zusammenhänge zwischen den Dimensionen der Agonalität und den Wörterbuchkategorien verdeutlicht.

Tabelle 7: Kategorien aus Dornseiffs *Der deutsche Wortschatz nach Sachgruppen* mit Bezug zu Agonalität

Dimension der Agonalität	Semantisch ähnliche Kategorien aus Dornseiffs *Der deutsche Wortschatz nach Sachgruppen*
(1) AGONALITÄT DER EXPLIZITEN GEGENÜBERSTELLUNG	WESEN, BEZIEHUNG, GESCHEHNIS → VERSCHIEDEN (75) / GEGENSATZ (75f.) WOLLEN UND HANDELN → GEGENWIRKUNG (163f.) DAS DENKEN → MEINUNGSVERSCHIEDENHEIT (214) ZEICHEN → WIDERLEGUNG (234) / EINSCHRÄNKUNG (234f.) ZUSAMMENLEBEN → ABLEHNUNG (278) / WIDERSTAND (288f.) / STREIT (289f.)
(2) AGONALITÄT DER ZEITLICHEN GEGENÜBERSTELLUNG	WESEN, BEZIEHUNG, GESCHEHNIS → VERÄNDERUNG (76) / PLÖTZLICHE VERÄNDERUNG (76f.) DAS DENKEN → ÜBERRASCHUNG (213)
(3) AGONALITÄT DER RELEVANZKONKURRENZ	GRÖSSE, MENGE, ZAHL → HÖHERER GRAD (65) / GERINGERER GRAD (66) WESEN, BEZIEHUNG, GESCHEHNIS → DAS WESENTLICHE (71) WOLLEN UND HANDELN → WICHTIG (151f.) / UNWICHTIG (152)
(4) AGONALITÄT DER (NEGATIVEN) WERTUNG	GRÖSSE, MENGE, ZAHL → ZU VIEL (54f.) / ZU WENIG (55f.) / UNVOLLSTÄNDIG (63) WOLLEN UND HANDELN → VERSCHLIMMERUNG (159) / GEFAHR (164) / MISSLINGEN (166) / MINDERWERTIG (158f.) WIRTSCHAFT, FINANZEN → VERLUST (370f.) DAS DENKEN → VERGLEICH (201)
(5) AGONALITÄT DER NEGATIVEN EMOTIONEN	FÜHLEN → HASS (195) / UNZUFRIEDENHEIT (180f.) / ABNEIGUNG (194) ZUSAMMENLEBEN → FEINDSCHAFT (289) DAS DENKEN → UNGEWISSHEIT, MISSTRAUEN (204f.)
(6) AGONALITÄT VON SCHEIN UND SEIN	ZEICHEN → ÜBERTREIBUNG (236) / UNVERSTÄNDLICH (231) / UNWAHRHEIT, LÜGE, FIKTION (235f.) / MISSDEUTUNG (233) WESEN, BEZIEHUNG, GESCHEHNIS → WAHRSCHEINLICH (69f.) / UNWAHRSCHEINLICH (70) / UNGEWISS (70) DAS DENKEN → VERMUTUNG (205) / WAHRHEIT (205f.) / FALSCH, IRRTUM (206) / ENTTÄUSCHUNG (214) ZUSAMMENLEBEN → VERLEUMDUNG (282) / BETRUG (291f.) RECHT, ETHIK → UNREDLICH (393)
(7) AGONALITÄT DER LEXIKALISCHEN GEGENÜBERSTELLUNG	---
(8) AGONALITÄT DER	WOLLEN UND HANDELN → UNFREIWILLIG (135) / WIDERWILLE (136) / VERHINDERUNG

Dimension der Agonalität	Semantisch ähnliche Kategorien aus Dornseiffs *Der deutsche Wortschatz nach Sachgruppen*
Externen Handlungsaufforderung	(163f.) Recht, Ethik → Pflicht (400f.)
(9) Agonalität der Entscheidungsthematisierung	Das Denken → Unterscheiden (201) / Urteil, Bewertung (214f.) Recht, Ethik → Vertrag (396f.) / Vor Gericht (403f.)
(10) Beenden des agonalen Zustands	Wesen, Beziehung, Geschehnis → Rückverwandlung (77f.) Das Denken → Übereinstimmung (214) Zusammenleben → Eintracht (283f.) / Vermittlung (287) / Verzeihung (286)
(11) Agonalität der nicht eingetretenen Option	Wollen und Handeln → Misslingen (166f.) Wesen, Beziehung, Geschehnis → Unmöglich (69)
(12) Agonalität der Negation	Größe, Menge, Zahl → Nichts, Null (56) Raum, Lage, Form → Abwesenheit (33f.) Zeit → Nie (87)

Verschiedene Aspekte zeigen sich hierbei, besonders im Vergleich mit Tabelle 6. Wollen und Handeln spielen auch für das Deutsche eine entscheidende Rolle bei der Agonalität. Interessant und nicht ganz so erwartbar ist die Nähe zur Kategorie Größe, Menge, Zahl, die mit zu viel oder Nichts, Null Aspekte beinhaltet, die für die Agonalität interessant sind. Im Englischen waren diese stärker an der externen Welt orientierten Kategorien weniger wichtig.

Die Dimension Agonalität der expliziten Gegenüberstellung wurde bei der qualitativen Analyse gewonnen und stellt quasi die prototypische Form der Agonalität dar, die in verschiedenen Studien etwa zu Konnektoren (s. auch Kapitel 4.3) untersucht wurde. Betrachtet man die Kategorien aus Dornseiffs Werk, die semantische Ähnlichkeit zu dieser Dimension aufweisen, genauer, so zeigt sich, welche großes Spektrum an Bedeutungen in diese Dimension fällt: Es finden sich so unterschiedliche Sachgruppen wie „Streit", „Vergleich" und „Einschränkung".

Genau wie in der Analyse von Rogets Thesaurus können viele Sachgruppen der Dimension Agonalität von Schein und Sein zugeordnet werden. Es gibt verschiedenste sprachliche Mittel, etwas als wahr und unumstritten darzustellen; genauso gibt es zahlreiche Mittel, das Gegenteil anzuzeigen. Beides wurde hier in die Darstellung aufgenommen. Bei den Zweifel anzeigenden Gruppen ist klar, dass es sich hier um den Ausdruck von Agonalität zu einer anderen Position handelt. Die Darstellung von einer Position als wahr ist ein subtileres Mittel der Agonalität, das vor allem in Opposition wirkt, wenn die eigene Position im Kontrast zu einer anderen als wahr dargestellt wird.

Die Menge der hierzu zugehörigen Sachgruppen macht deutlich, wie differenziert diese Dimension im Lexikon einer Sprache ist. Der Mensch strebt danach, Wissen zu erlangen und faktisch gesicherte Informationen zu bekommen (vgl. Felder 2013). Ausdrücke mit verschiedensten semantischen Nuancen machen deutlich, wie facettenreich diese Dimension ist und welche Rolle sie im Englischen und Deutschen spielt.

Die Dimension AGONALITÄT DER LEXIKALISCHEN GEGENÜBERSTELLUNG kann wie bei Rogets Thesaurus nicht klar zu bestimmten Gruppen sinn- und sachverwandter Wörter zugeordnet werden. Dies erscheint logisch, da die Kontraste zwischen Ausdrücken sich aus den Kontexten ergeben und als solche nicht näher erläutert werden (s.o.). Sie können außerdem selbstverständlich aus verschiedensten Wissensbereichen stammen, sodass dies kaum erfasst werden kann. Hier ist eine qualitative Analyse einzelner Belege erforderlich.

Bei der Dimension BEENDEN DES AGONALEN ZUSTANDS finden sich vor allem Entsprechungen aus Dornseiffs Werk dazu, die den zwischenmenschlichen Bereich betonen. Agonalität zwischen Positionen ist an Akteure gebunden, die ihre Kontroversen auch beenden und zu einem Kompromiss finden können.

Abbildung 8: Agonalität – Dimensionen und semantische Wörterbuchkategorien des Deutschen

Auch diese Zusammenhänge soll eine Überblicksgraphik verdeutlichen (siehe zum Vergleich für das Englische Abbildung 7). Aufgrund der Vielfalt von Kategorien wurden hier nur die wichtigsten aufgenommen. Die für diesen Kontext wichtigsten Dimensionen der Agonalität wurden bewusst ohne Verbindungslinien gesetzt und eher grob um die entsprechenden Wörterbuchkategorien angeordnet, da die Verbindungen oft sehr vielfältig sind.

4.4.2.3 Zusammenfassung: Wörterbuchkategorien und Dimensionen der Agonalität

In diesem Abschnitt wurden thematische Wörterbücher genutzt, um zu sehen, wie lexikographische Traditionen beider untersuchter Sprachen agonale Relationen in das lexikalische System einordnen. Die lexikographische Beschreibung zeigt die enge Verwobenheit der Agonalität mit intellektuellen Kategorien, aber auch mit Sprache an sich sowie dem Zusammenleben in Gemeinschaften. Ferner spielt das willentliche Handeln eine entscheidende Rolle, ebenso wie Emotionen. Die Dimensionen sind insbesondere in den englischen Wörterbüchern mit Kategorien des Geistes und des Willens verknüpft. Im Deutschen passen dagegen auch Kategorien zur Agonalität, die eher mit objektiven Bezügen wie Zahl etc. zu tun haben.

Nachdem in diesem Kapitel die Zusammenhänge zwischen Agonalität und Wörterbuchkategorien dargestellt wurden, folgt nun ein Blick auf das sprachliche Repertoire der Agonalität, das gewonnen werden konnte.

4.4.3 Erweiterung des sprachlichen Repertoires der Agonalität

In Kapitel 4.4.2 wurden die Unterkategorien, die semantische Nähe zu den Dimensionen der Agonalität aufweisen, genauer betrachtet. Um auf die oben gestellte dritte Frage nach weiteren Indikatoren einzugehen, werden nun (3) Ausdrücke, die in diesen Kategorien Erwähnung finden, genauer auf ihr Potenzial als Agonalitätsindikatoren untersucht. Dabei werden nur Rogets Thesaurus und Dornseiffs Wörterbuch einbezogen, da der historische Thesaurus eher auf historische Sprachbetrachtung fokussiert.[95]

Ausdrücke aus den Subkategorien werden in den Großkorpora COCA bzw. DWDS getestet. Dabei wird geprüft, mit welchen Kollokaten die Ausdrücke vor-

---

95 Für eine weiterführende Arbeit kann das Werk jedoch auch für eine sprachhistorische Betrachtung von Agonalität von Interesse sein.

kommen. Teilweise zeigt sich dabei bereits die Eignung eines Ausdrucks als Agonalitätsindikator. Deuten die Kollokate auf agonale Ausdrücke hin, werden zusätzlich die von den Korpora zufällig ausgewählten Konkordanzlinien betrachtet. Zeigten sich auch hier agonale Zusammenhänge in der qualitativen Lektüre der Konkordanzen, wurde der Ausdruck als zuverlässiger Indikator mit hohem Potenzial ausgewählt.

Prototypische Beispiele aus Roget und Dornseiff sind in den folgenden Tabellen zusammengestellt. Doppelungen wurden bewusst so belassen, da einige Ausdrücke je nach Kontext auf unterschiedliche Dimensionen der Agonalität verweisen. Es wurden in einigen Fällen Wildcards (*) hinzugefügt, wenn sich mehrere Formen aus einem Lexemverband für die Untersuchung von Agonalität als relevant erwiesen (s. Kapitel 4.1).

Tabelle 8: Agonalitätsindikatoren aus Rogets Thesaurus

Dimension der Agonalität	Beispiele mit hohem Agonalitätspotenzial aus Rogets Thesaurus
(1) AGONALITÄT DER EXPLIZITEN GEGENÜBERSTELLUNG	CONTRAREITY (8): *opposite*, ambivalen*, hostil*, to cancel out, on the other hand, ...* DIFFERENCE (8f.): *unlike*, disparity, a different kettle of fish, discriminat*, ...* DISSIMILARITY (10f.): *disparate, ...* DISAGREEMENT (14): *nonagreement, disproportion*, asymmetr*, (in) opposition, unsuitabl*, despite, ...* COUNTERACTION (97f.): *antipathy, repercussion, to interfere, to undo, in spite of, despite, notwithstanding, against, contrary to, ...* DIVERGENCE (157): *diverg*, complete divergence, ...* COMPARISON (239): *compar*, confront*, setting side by side, in comparison with, to institute a comparison, ...* DISSENT (255f.): *agreement to disagree/differ, diversity of opinion, disaffection, dissatisf*, withdraw*, rebel, ecowarrior, ...* OPPOSITION (397): *antagonis*, repugnan*, the other side, opposite parties, unfavourable, contradictory, at variance, go against, set one's face against, to face, against the tide, ...* OPPONENT (397): *oppos*, partisan, bitter-ender, foe, competitor, to compete, ...* ENMITY (512): *antagonis*, unfriendl*, animosity, hostil*, alienate*, on bad terms, bear malice, ...*
(2) AGONALITÄT DER ZEITLICHEN GEGENÜBERSTELLUNG	DIFFERENT TIME (64): *another time, ago, earlier, once upon a time, someday, ...* LACK OF EXPECTATION (269): *lack of warning, unanticipated, like a bombshell, unexpecting, unaware, to spring something on someone, to as-*

Dimension der Agonalität	Beispiele mit hohem Agonalitätspotenzial aus Rogets Thesaurus
	tound, to let all hell loose, ... Revolution (76): *sudden change, earth-shaking, to subvert, to overturn, to break with the past, to change the face of, ...*
(3) Agonalität der Relevanzkonkurrenz	Importance (347f.): *prima*, priority, consequence, distinct*, vital concern, no laughing matter, importan*, cornerstone, of consideration, to be taken seriously, ...* Unimportance (349): *insignifican*, trivial*, matter of indifference, inessential*, low-level, worthless, never mind!, ...* Superiority (20ff.): *eminen*, privileg*, superior, major, preferable, highest, to prevail, to come first, ...* Inferiority (22): *minority, subordination, in a lower class, to lose face, to concede, ...*
(4) Agonalität der (negativen) Wertung	Incompleteness (36): *dissatisf*, inadequa*, to leave in the air, ...* Disappointment (269f.): *disgruntled, to expect otherwise, to be crestfallen, to leave discontent, to dissatisfy, ...* Exaggeration (296): *overemphasi*, disproportion, overdone, overstated, extremist, to go to extremes, ...* Insufficiency (346f.): *not enough, drop in the bucket, incompeten*, half measures, ...* Badness (352f.): *bad qualities, obnoxious*, decay, corrupt*, vile, bad at, incompeten*, sinister, disadvantage*, unlikeable, to mishandle, amiss, wrong, ...* Imperfection (354f.): *not one's best, uneven*, failure, fallibility, not ideal, tainted, to fall short of perfection, not quite, ...* Deterioration (362f.): *debasement, collapse, ruin*, not improved, fail*, declin*, to worsen, to fall apart, ...* Danger (369f.): *cause for alarm, perilous, slippery, treacherous, run the risk of, ...* Pitfall:Source of Danger (371): *thin ice, a wolf in sheep's clothing, ...* Misuse (377): *mismanage*, to misdirect, to divert, ...* Difficulty (392f.): *intricacy, problem, impediment, catch-22-situation, critical situation, problem*, inconvenien*, to be at a loss, to stir up a hornet's nest, with much ado, despite, ...* Wrong (532f.): *wrongness, mischief, odd, against the rules, inexcusable, objectionable, uneven, to err, to transgress, deny justice, unrightfully, unjustly, with criminal intent, ...*
(5) Agonalität der negativen Emotionen	Unwillingness (324): *disinclin*, to demur, objection, noncooperation, unenthusias*, reluctan*, under threat, ...* Dejection. Seriousness (474f.): *sinking heart, disillusion, crestfallen, ...* Fear (490ff.): *consternation, fearful*, afraid, frightened, scared, alarmed, anxious, worried, dreadful, sinister, dismay, ...* Dislike (497f.): *disinclin*, reluctan*, displeasure, abhor*, detestation, displeased, undesirable, to prefer not to, to turn away, to shrink from, to*

Dimension der Agonalität	Beispiele mit hohem Agonalitätspotenzial aus Rogets Thesaurus
	disincline, to deter, ... **Resentment. Anger (520f.):** *displeasure, vexation, to insult, to affront, last straw, reproachful, spiteful, vindictive, hot under the collar, to flare up, to fly into a temper, to infuriate, heatedly, ...* **Malevolence (525f.):** *truculen*, heart of stone, ill-disposed, unamiable, atrocious, to annoy, spitefully, out of spite, ...* **Revenge (531):** *thirst for revenge, vengeful, relentless, to avenge oneself, to harbour a grudge, to refuse to forget, ...* **Jealousy (531):** *pangs of jealousy, to distrust, to mistrust, to suspect, competitive, ...* **Envy (531):** *envious, ill will, greedy, to resent, ...* **Contempt(537f.):** *disdainfulness, smile of contempt, despicable, beneath contempt, to feel utter contempt, to scorn, to ignore, to dismiss, to set no store by, ...*
(6) Agonalität von Schein und Sein	**Evidence (241f.):** *hearsay, proof, authority, alleg*, word of mouth, evidentiary, corroborative, reliable, to speak for itself, to vouch for, ...* **Counterevidence (242):** *ambiguous, to weigh against, to fail to confirm, per contra, concession, ...* **Probability (243f.):** *likelihood, real risk, verisimilitude, likely, to be expected, logical, persuasive, to presume, to take for granted, ...* **Improbability (244):** *unlikelihood, doubt, dubious, not likely, not on your life, ...* **Certainty (245):** *certitude, certain knowledge, assuredness, validation, ...* **Uncertainty (245f.):** *unpredictable, indecisive, open to suggestion, untrustworthy, unwarranted, to suspect, to wonder, ...* **Concealment (281f.):** *disguis*, misinform*, cover-up, conspiracy, hidden, to sweep under the carpet, to neither confirm nor deny, to cover one's tracks, ...* **Falsehood (292f.):** *false*, treacher*, deceitfulness, not true, insincere, to tamper with, to pretend, to keep something back, ...* **Deception (293f.):** *tongue in cheek, wolf in sheep's clothing, to delude, to pull the wool over one's eyes, to hoodwink, deceitfully, ...* **Untruth (294f.):** *lie, false excuse, cock-and-bull-story, evasive, to not hold water, ...* **Pretext (334):** *alleg*, excuse, pretence, find a loophole, ...*
(7) Agonalität der lexikalischen Gegenüberstellung	---
(8) Agonalität der externen Handlungsaufforderung	**Necessity (322f.):** *indispensable, important, compulsory, mandatory, necessitated, unavoidable, to make a virtue of necessity, perforce, ...* **Rejection (330):** *nonacceptance, to spurn, unsuitable, ineligible, to not accept, to rebuff, to vote against, to disclaim, disdain, to mock, ...* **Hindrance (394f.):** *restrict*, control, unexpected obstacle, spanner in the*

Dimension der Agonalität	Beispiele mit hohem Agonalitätspotenzial aus Rogets Thesaurus
	works, mischief-maker, uncooperative, nip in the bud, take the wind out of one's sails, to raise objections, … **Command (422f.):** to order, countermand, imperative, decisive, insistent, to enforce, obligatory, to put one's foot down, requisition, to make claims upon, … **Disobedience (423f.):** disloyal*, breach of the peace, anarchy, to not obey, to throw off one's shackles, … **Compulsion (424f.):** spur of necessity, needs must, to constrain, to put into force, regiment, to make a point of, to force upon, … **Subjection (428f.):** constraint, oppression, to treat like dirt, …
(9) Agonalität durch Entscheidungsthematisierung	**Judgment: Conclusion (249f.):** conclusive, to find for, to review, under investigation, … **Will (324):** decision, intent*, free choice, to impose one's will, to have one's way, to have a mind to, to judge for oneself, … **Tergiversation: Change of Allegiance (327f.):** change of mind, to break with the past, revocation, fickle, to think again, to turn one's coat, … **Choice (328f.):** picking out, right of choice, first choice, show of hands, optional, select, choice, to make one's choice, to make up one's mind, to take the plunge, … **Dissuasion (333):** contrary advice, reproof, deterrent, to remonstrate, to disincline, (to) disgust, …
(10) Beenden des agonalen Zustands	**Moderation (95):** harmlessness, nonviolent, to euphemize, in moderation, within bounds, to go easy, to keep within bounds, to take the edge off, to mollify, to take the sting out, … **Concord (401):** unanim*, coexistence, eye to eye, to keep the peace, … **Mediation (408):** good offices, intervention, go-between, to intercede, to act as agent, … **Consent (434):** agreement, accord, acquiescence, acceptance, to say yes, to fall in with, to concede, to jump at, to clinch a deal, …
(11) Agonalität der nicht eingetretenen Option	**Possibility (242f.):** potential*, the might-have-been, eventuality, arguable, conceivable, may, might, be open to, potentially, perhaps, perchance, if humanly possible, … **Impossibility (243):** not a snowball's chance in hell, ruled out, against nature, …
(12) Agonalität der Negation	**Neverness (60):** when pigs fly, not ever, at no time, out of time, … **Absence (102f.):** no one, not found, lost, to have no place in, to go away, not there, neither here nor there, nowhere, … **Ignorance (257f.):** nescience, lack of news, no word of, unawareness, nonrecognition, incomprehension, inexpertness, anybody's guess, to lack information, to have no clue, … **Negation (287f.):** negative, nay, no, refusal, challenge, disclaimer, renunciation, contravention, to contravene, disaffirm, to controvert, to revoke,

Dimension der Agonalität	Beispiele mit hohem Agonalitätspotenzial aus Rogets Thesaurus
	to nullify, not at all, a thousand times no, ... ABSENCE OF CHOICE (329f.): no alternative, zero option, without alternative, unresolved, to take no sides, to waive one's choice, take it or leave it, neither...nor..., ...

In Dornseiffs Werk lassen sich viele zuverlässige Agonalitätsindikatoren für das Deutsche finden:

Tabelle 9: Agonalitätsindikatoren aus Dornseiffs *Der deutsche Wortschatz nach Sachgruppen*

Dimension der Agonalität	Beispiele mit Agonalitätspotenzial aus Dornseiff
(1) AGONALITÄT DER EXPLIZITEN GEGENÜBERSTELLUNG	VERSCHIEDEN (75): *Unterschied, unvereinbar*, divergieren, ...* GEGENSATZ (75f.): *Anti-, Gegen-, Wider-, zuwider-, Dissens, Zwiespalt, obschon, trotz, kontrastieren, streiten, ...* GEGENWIRKUNG (163f.): *Opposition, Polarisierung, Widerstand, entgegenwirken, durchkreuzen, ...* MEINUNGSVERSCHIEDENHEIT (214): *Unvereinbarkeit, Widersprüchlichkeit, Kontra, Protest, erzwungen, zwiespältig, aber, dennoch, abweichen, protestieren, vorbringen, sich wenden gegen, ...* WIDERLEGUNG (234): *Widerspruch, Gegenteil, Kehrseite, kontrovers, nicht schlüssig, widersinnig, entkräften, ...* EINSCHRÄNKUNG (234f.): *Ausnahme, Vorbehalt, allerdings, cum grano salis, Ausnahmen zulassen, ...* ABLEHNUNG (278): *Ablehnung, Protest, Rechtsstreit, ablehnend, von sich weisen, dagegen sein, abblitzen, ...* WIDERSTAND (288f.): *Widerstand, Einspruch, Einwand, Feindschaft, Gegensatz, Konflikt, Unvereinbarkeit, Opposition, trotzen, ...* STREIT (289f.): *Streitigkeiten, Differenzen, Debatte, Kampf, Uneinigkeit, Unversöhnlichkeit, umstritten, befehden, widerlegen, sticheln, verargen, sich entzweien, einen Keil treiben zwischen, ...*
(2) AGONALITÄT DER ZEITLICHEN GEGENÜBERSTELLUNG	VERÄNDERUNG (76): *Um-, Veränderung, Umsturz, Zeitwende, entzaubern, anders kommen, ...* PLÖTZLICHE VERÄNDERUNG (76f.): *plötzlich, abrupt, schlagartig, überstürzt, ...* ÜBERRASCHUNG (213): *auf einmal, unversehens, ausgerechnet, unerwartet, ...*
(3) AGONALITÄT DER RELEVANZKONKURRENZ	HÖHERER GRAD (65): *Großteil, Oberwasser, Privilegierung, Vorherrschaft, Vormacht, Vorrang, insbesondere, erst recht, ...* GERINGERER GRAD (66): *einigermaßen, leidlich, sich verschlechtern, zu kurz*

Dimension der Agonalität	Beispiele mit Agonalitätspotenzial aus Dornseiff
	kommen, den Kürzeren ziehen, ... **DAS WESENTLICHE (71):** *Grund-, Haupt-, wesentlich, eigentlich, tatsächlich, an sich, schließlich, ...* **WICHTIG (151f.):** *Wichtig*, Bedeutung, in erster Linie, beachtenswert, bedeutsam, überschätzen, übertreiben, um die Wurst gehen, ...* **UNWICHTIG (152):** *Bagatelle, kein Deut, Nichtigkeit, unwichtig, meinetwegen, von mir aus, nichtinfrage kommen, lächerlich, ...*
(4) AGONALITÄT DER (NEGATIVEN) WERTUNG	**ZU VIEL (54f.):** *Hyper-, Über-, zu viel, Übermaß, mehr als genug, viel zu viel, ungeheuer, verschwenden, ...* **ZU WENIG (55f.):** *Mangel, Verlegenheit, lediglich, unzureichend, ...* **UNVOLLSTÄNDIG (63):** *Fehler, mangelhaft, entbehren, ...* **VERSCHLIMMERUNG (159):** *Erniedrigung, verschlimmern, um sich greifen, ...* **GEFAHR (164):** *Gefahr, Gefährlichkeit, nicht geheuer, mulmig, ...* **MISSLINGEN (166):** *Zusammenbruch, Krise, Umsturz, Blamage, Abweisung, aus der Traum, schief gehen, ...* **VERLUST (370f.):** *Verlust, Nachteil, Untergang, beeinträchtigen, verwirken, zusetzen, abhandenkommen, den Letzten beißen die Hunde, ...* **MINDERWERTIG (158f.):** *Miss-, Minderwertigkeit, minderwertig, furchtbar, schlecht, unter aller Würde sein, zu wünschen übrig lassen, ...* **VERGLEICH (201):** *Kontrast, annähernd, vergleichen, gegenüberstellen, ...*
(5) AGONALITÄT DER NEGATIVEN EMOTIONEN	**HASS (195):** *Hass, Zwist, Widerwille, hassen, sich vergessen, verabscheuen, Groll hegen, unausstehlich finden, ...* **FEINDSCHAFT (289):** *Feindschaft, Abneigung, Groll, Unversöhnlichkeit, Zwietracht, Gegner, aufsässig, gram sein, sich abwenden, ...* **UNZUFRIEDENHEIT (180f.):** *lange Gesichter, Frust, Häme, motzen, verdrießen, enttäuschen, ...* **ABNEIGUNG (194):** *Abscheu, Befremden, Feindschaft, grauenvoll, widerwärtig, Anstoß erregen, etwas satt haben, vor den Kopf stoßen, missfallen, ...* **UNGEWISSHEIT, MISSTRAUEN (204f.):** *Argwohn, Skrupel, befürchten, Lunte riechen, ...*
(6) AGONALITÄT VON SCHEIN UND SEIN	**ÜBERTREIBUNG (236):** *Übertreib*, übertrieben, verschlimmern, den Bogen überspannen, ...* **WAHRSCHEINLICH (69f.):** *Annahme, anscheinend, hoffentlich, glaublich, vermutlich, einleuchten, den Eindruck machen, ...* **UNWAHRSCHEINLICH (70):** *unglaublich, zweifelhaft, ...* **UNGEWISS (70):** *Unsicherheit, Zweifel, gewissermaßen, infrage stellen, heikel, unsicher, anfechtbar, zaudern, schwanken, bezweifeln, ...* **VERMUTUNG (205):** *Ahnung, Befürchtung, Verdacht, Wahn, vermuten, unterstellen, ...* **WAHRHEIT (205f.):** *Fakt, Gemeinplatz, Realität, Tatsache, Echtheit, unbezweifelbar, unumstößlich, unwiderlegt, eigentlich, ernstlich, weiß Gott, ...* **FALSCH, IRRTUM (206):** *Irrtum, angreifbar, bedenklich, unwahr, verlogen, trügerisch, irreführend, nichtig, trügen, beschönigen, ...*

Dimension der Agonalität	Beispiele mit Agonalitätspotenzial aus Dornseiff
	UNVERSTÄNDLICH (231): *Ungenauigkeit, Verwicklung, unfassbar, spanisch vorkommen, ...* **MISSDEUTUNG (233):** *Missdeutung, Denkfehler, Missverständnis, Schönfärberei, verfälschen, bemänteln, verkennen, ...* **UNWAHRHEIT, LÜGE, FIKTION (235f.):** *Unwahrheit, unrichtige Darstellung, Ausrede, Hinterlist, heuchlerisch, erlogen, vorgaukeln, so tun als ob, Papier ist geduldig, ...* **VERLEUMDUNG (282):** *Verleumdung, boshaft, infam, denunzieren, verunglimpfen, ...* **BETRUG (291f.):** *Vorwand, Lügner, auf den Leim gehen, beschönigen, abluchsen, ...* **UNREDLICH (393):** *Unredlichkeit, Unrecht, Lüge, Arg, Arglist, Missstand, bedenklich, fragwürdig, schmierig, unrühmlich, falsch, heuchlerisch, unwahr, dubios, unsauber, zum Himmel stinken, täuschen, ...* **ENTTÄUSCHUNG (214):** *Täusch*, Misslingen, enttäuschen, vereiteln, reinfallen, ...*
(7) AGONALITÄT DER LEXIKALISCHEN GEGENÜBERSTELLUNG	---
(8) AGONALITÄT DER EXTERNEN HANDLUNGSAUFFORDERUNG	**UNFREIWILLIG (135):** *Unterdrückung, unter Druck, drängend, notwendig, zwingend, bedrohen, keine Wahl lassen, genötigt sein, müssen, nicht umhin können, ...* **WIDERWILLE (136):** *Widerwille, Antipathie, Zweifel, wenn es sein muss, verleiden, sich abfinden, ...* **VERHINDERUNG (163f.):** *Verhinderung, Verbot, Zwang, Widersacher, Kontra, hemmen, hindern, zunichtemachen, zu Fall bringen, ...* **PFLICHT (400f.):** *Pflicht, Last, Verantwortung, *pflicht, *pflichtig, verpflichtend, befehlen, ...*
(9) AGONALITÄT DER ENTSCHEIDUNGSTHEMATISIERUNG	**UNTERSCHEIDEN (201):** *Urteil, Kritik, auswählen, bestimmen, beurteilen, differenzieren, ...* **URTEIL, BEWERTUNG (214f.):** *Abschätzung, Beurteilung, Kritik, Gutachten, urteilen, bestimmen, absprechen, verurteilen, ...* **VERTRAG (396f.):** *Abmachung, Verhandlung, vertraulich, abgemacht, übereinkommen, sich abfinden, versprechen, feilschen, schlichten, vereinbaren, ...* **VOR GERICHT (403f.):** *Prozess*, Entscheid*, prozessieren, appellieren, klagen, als Kläger auftreten, verteidigen, begutachten, einklagen, schlichten, den Prozess machen, zur Verantwortung ziehen, ...*
(10) BEENDEN DES AGONALEN ZUSTANDS	**RÜCKVERWANDLUNG (77f.):** *Rück-, Reue, Umkehr, wiederherstellen, ...* **ÜBEREINSTIMMUNG (214):** *Verständigung, Brückenschlag, Einigung, Einklang, Frieden, einhellig, billigen, zugestehen, übereinkommen, aner-*

Dimension der Agonalität	Beispiele mit Agonalitätspotenzial aus Dornseiff
	kennen, den Wünschen entgegenkommen, ... EINTRACHT (283f.): Einvernehmen, Friede, Übereinstimmung, einmütig, sich vertragen, sich anpassen, entgegenkommen, sich verbrüdern, sich einigen, unter einen Hut bringen, ... VERMITTLUNG (287): Schlichtung, eingreifen, in Einklang bringen, zur Entscheidung bringen, ... VERZEIHUNG (286): Verzeihung, Amnestie, Vergebung, Vergleich, Aussöhnung, versöhnlich, entschuldigen, Frieden stiften, ...
(11) AGONALITÄT DER NICHT EINGETRETENEN OPTION	UNMÖGLICH (69): auf keinen Fall, undenkbar, unvorstellbar, ... MISSLINGEN (166f.): ergebnislos, aus der Traum, fehlschlagen, ...
(12) AGONALITÄT DER NEGATION	NICHTS, NULL (56): Nichts, Lücke, nichts, rein gar nichts, niemand, fehlen, ... ABWESENHEIT (33f.): Ab-, aus-, ent-, Nichts, Abwesenheit, Machtvakuum, ohne, verbannen, ... NIE (87): Sankt-Nimmerleins-Tag, nie, ausgeschlossen, kaum, keinesfalls, nie und nimmer, unmöglich...

Die hier aufgeführten Indikatoren lassen sich weiter ergänzen, beispielsweise durch Synonymwörterbücher. Diese ergeben zahlreiche weitere Beispiele für die einzelnen Dimensionen. Ausgangspunkt können Ausdrücke, die bereits durch die bisherigen Analyseschritte in Kapitel 4.1–4.3 als „agonalitätsverdächtig" aufgefallen waren, sein. Daraus entsteht für jede Dimension eine Liste an Ausdrücken, die potenziell in agonalen Kontexten stehen. Diese können wiederum für quantitative Analysen nutzbar gemacht werden.

Für die prototypische Dimension AGONALITÄT DER EXPLIZITEN GEGENÜBERSTELLUNG wurden zusätzlich potenzielle Indikatoren aus dem Duden-Synonymwörterbuch (⁶2014) im DWDS getestet und verifiziert. Geeignete Agonalitätsindikatoren sind in der folgenden Tabelle zu finden. Aus Platzgründen wurden weitere mögliche Indikatoren für die anderen Dimensionen der Agonalität hier nicht aufgeführt; die Liste ließe sich aber für die anderen Dimensionen erweitern. Für germanistische Diskurslinguisten, die korpuslinguistisch arbeiten, kann eine solche Ergänzung besonders von Nutzen sein, wenn sie die verschiedenen Dimensionen der Agonalität an einem Korpus untersuchen möchten und Indikatoren suchen, in deren Umgebung sich potenziell agonale Kontexte finden lassen.

Tabelle 10: Agonalitätsindikatoren aus dem Duden-Synonymwörterbuch (^{6}2014) am Beispiel der AGONALITÄT DER EXPLIZITEN GEGENÜBERSTELLUNG

Potenzielle Indikatoren aus dem Duden-Synonymwörterbuch (^{6}2014) für die Dimension AGONALITÄT DER EXPLIZITEN GEGENÜBERSTELLUNG: Beispiele

---

a) Substantive
Antipathie (100): *ablehnende Haltung, Ablehnung, Abneigung, Ungeneigtheit, Widerstreben, Widerwille,* [...]
Debatte (251): a) *Auseinandersetzung, Diskussion, Streitgespräch, Wortgefecht, Wortwechsel,* [...]
Diskrepanz (265): *Abweichung, Gegensatz, Kluft, Kontrast, Missverhältnis, Trennung, Unstimmigkeit, Unterschied, Unterschiedlichkeit, Verschiedenartigkeit, Verschiedenheit, Widersprüchlichkeit, Zwiespalt;* (bildungsspr.): *Antagonismus, Differenz, Disproportionalität, Divergenz, Heterogenität,* [...]
Diskussion (266): *Auseinandersetzung, Aussprache, Debatte, Erörterung, Meinungsaustausch, Meinungsstreit, Streitgespräch, Wortgefecht, Wortstreit,* [...]
Dissens (266): *Differenz, Dissonanz, Meinungsverschiedenheit, Reibereien, Uneinigkeit, Unstimmigkeit,* [...]
Einwand (317): *Aber, Beanstandung, Bedenken, Beschwerde, Einspruch, Einwendung, Einwurf, Gegenargument, Gegenbehauptung, Gegengrund, Gegenmeinung, Gegenstimme, Klage, Kritik, Protest, Vorbehalt, Vorhaltung, Widerrede, Widerspruch, Zweifel,* [...]
Feind, Feindin (380): *Antagonist, Antagonistin, Gegenspieler, Gegenspielerin, Gegner, Gegnerin, Widersacher, Widersacherin;* (bildungsspr.): *Kontrahent, Kontrahentin,* [...]
Feindschaft (380): 1. *Feindlichkeit, Feindseligkeit, Hass, Zank,* [...]
Gegensatz (428): 1. *Andersartigkeit, Gegeneinander, Kluft, Kontrast, Gegensätzlichkeit, Unterschied, Unterschiedlichkeit, Verschiedenartigkeit, Verschiedenheit, Widerstreit,* (bildungsspr.): *Antagonismus, Divergenz, Heterogenität, Inhomogenität, Polarität,* [...] 2. *Gegenbegriff, Gegenbehauptung, Gegensatzwort,* [...] 3. *Widerspruch, Widersprüchlichkeit, Zwiespalt,* (bildungsspr.) *Diskrepanz,* [...]
Gegensätze (428): *Differenzen, Dissonanzen, Meinungsverschiedenheiten, Reibungen, Reibungspunkte, Spannungen, Unstimmigkeiten,* [...]
Gegenüberstellung (429): *Entgegensetzung, Konfrontation, Konfrontierung, Nebeneinanderstellung;* (bildungsspr.) *Kontrastierung*
Kampf (543): [...] 2. a) *Auseinandersetzung,* [...] *Kollision, Konflikt, Streit, Zusammenstoß, Kontroverse,* ...
Konflikt (570): 1. a) *Auseinandersetzung, Spannung, Streit, Uneinigkeit, Verstimmung,* (geh.): *Hader, Zerwürfnis, Zwietracht,* ... 2. *Dilemma, Schwierigkeit, Unentschiedenheit, Widerstreit, Zerrissenheit, Zwiespalt,* [...]
Konkurrent, Konkurrentin (571): *Antagonist, Antagonistin, Gegenpart, Gegenspieler, Gegenspielerin, Gegner, Gegnerin, Konkurrenz, Mitbewerber, Mitbewerberin, Opponent, Opponentin, Rivale, Rivalin, Widersacher, Widersacherin,* [...]
Konkurrenz (571): 1. *Gegnerschaft, Nebenbuhlerschaft, Wettstreit;* (bildungsspr.): *Rivalität;* (Wirtsch.): *Wettbewerb.* 2. *Begegnung, Wettbewerb, Wettspiel, Wettstreit,* ... (bes. Sport): *Wettkampf*
Kontrahent, Kontrahentin (574): *Antagonist, Antagonistin,* [...] *Feind, Feindin, Gegenspieler,*

Potenzielle Indikatoren aus dem Duden-Synonymwörterbuch (⁶2014) für die Dimension AGONALITÄT DER EXPLIZITEN GEGENÜBERSTELLUNG: Beispiele

Gegenspielerin, Gegner, Gegnerin, Gegenpart, Gegenpartei, Opponent, Opponentin, Widersacher, Widersacherin, [...]
Kontrast (574): *Abweichung, Gegensatz, Gegensätzlichkeit, Kluft, Unterschied, Unterschiedlichkeit, Verschiedenartigkeit, Verschiedenheit, Widersprüchlichkeit, ...*
Kontroverse (574): *Auseinandersetzung, Debatte, Diskussion, Geplänkel, Meinungsstreit, Polemik, Streit(gespräch), Streitigkeit, Uneinigkeit, Unstimmigkeit, Wortgefecht, Wortstreit, Wortwechsel, Zank, ...*
Kritik (583): *1. Beanstandung, Bemängelung, Missbilligung, Tadel, [...]*
Opposition (677): *1. Ablehnung, Absage, Einspruch, Gegensatz, Gegenteil, Nein, Weigerung, Widerspruch, Widerstand, Zurückweisung, ...*
Problem (707): *[...] 2. Ärger, Erschwernis, Erschwerung, Schwierigkeit, Komplikation, Unannehmlichkeit, ...*
Protest (710): *Aber, ablehnende Haltung, Ablehnung, Abneigung, Abwehr, Bedenken, Beschwerde, Boykottierung, Einspruch, Einwand, Gegenmeinung, Gegenstimme, Gegenwehr, Klage, Kritik, Missbilligung, Nein, [...] Vorbehalt, Vorhaltung, Weigerung, Widerrede, Widerspruch, Widerstand, Widerstreben, Zurückweisung, Zweifel, ...*
Streit (865): *Auseinandersetzung, [...] Differenz, Entzweiung, Fehde, [...] Missverständnis, Reibereien, Reibung, Streitigkeit, [...] Unstimmigkeit, Wortgefecht, Wortstreit, Wortwechsel, Zank, [...]*
Streitfrage (866): *Hauptfrage, Hauptproblem, Kardinalfrage, Kardinalproblem, Kernfrage, Kernproblem, [...] kritischer Punkt, [...] Problem, Problematik, Schwierigkeit, Streitfall, Streitgegenstand, strittiger Punkt; wesentliche/zentrale Frage, wesentliches/zentrales Problem;* (bildungsspr.): *Krux, Zentralproblem, [...]*
Streitgespräch (866): *Auseinandersetzung, Debatte, Diskussion, Erörterung, Kontroverse, Meinungsstreit, Wortgefecht, Wortstreit, Wortwechsel;* (bildungsspr.): *Diskurs, Disput;* (verhüll.): *Meinungsstreit;* (griech. Antike): *Agon, [...]*
Unterschied (968): *Abweichung, Andersartigkeit, Gegensatz, Kluft, Kontrast, Missverhältnis, Trennung, Ungleichheit, Unstimmigkeit, Unterschiedlichkeit, Verschiedenartigkeit, Verschiedenheit, Widersprüchlichkeit, Zwiespalt,* (bildungsspr.): *Antagonismus, Differenz, Diskrepanz, [...] Divergenz, Heterogenität, [...]*

b) Verben
debattieren (251): *ausdiskutieren, sich auseinandersetzen, [durch]diskutieren, durchsprechen, [...]*
diskutieren (266): *1. a) sich aussprechen, sich austauschen, debattieren [...] b) sich auseinandersetzen, debattieren, streiten [...]. 2. [sich] bereden, [sich] besprechen, debattieren, durchsprechen, [...]*
divergieren (267): *sich abheben, abweichen, auseinandergehen, in Gegensatz/Kontrast stehen, nicht übereinstimmen, sich unterscheiden, [...]*
entgegnen (330): *[...], dagegenhalten, dagegensetzen, einwenden, einen Einwand erheben/vorbringen, einwerfen, entgegenhalten, erwidern, kontern, widersprechen, zu bedenken geben, [...]*
entzweien (338): *auseinanderbringen, einen Keil treiben zwischen, entfremden, gegeneinander*

Potenzielle Indikatoren aus dem Duden-Synonymwörterbuch (⁶2014) für die Dimension AGONA-
LITÄT DER EXPLIZITEN GEGENÜBERSTELLUNG: **Beispiele**

aufbringen, spalten, trennen, uneins machen, Unfrieden stiften; [geh.]: Zwietracht säen
entzweien, sich (338): *auseinandergehen, miteinander brechen, sich trennen, sich überwerfen, uneins sein, sich verfeinden, sich zerstreiten, [...]*
gegenüberstellen (429): *1. konfrontieren. 2. [...] konfrontieren, nebeneinanderhalten, nebeneinanderstellen, parallelisieren; (bildungsspr.): kontrastieren. 3. dagegensetzen, entgegensetzen, entgegenstellen.*
kämpfen (543): *[...] 2. aneinandergeraten, sich anlegen, sich ein Duell/eine Auseinandersetzung liefern, einen Kampf/Streit austragen, fechten,[...] 4. sich abmühen, ankämpfen, sich anstrengen, sich bemühen, sich einsetzen, sich engagieren, sich Mühe geben, nichts unversucht lassen, Partei ergreifen, protestieren, ringen, seine ganze Kraft aufbieten, streben, [...] vorgehen gegen, sich widersetzen, Widerstand leisten, sich wehren, sich zur Wehr setzen, [...]*
konfrontieren (570): *gegenüberstellen, in Beziehung bringen, in Parallele bringen/setzen/stellen, nebeneinanderhalten, parallelisieren, zum Vergleich heranziehen; (bildungsspr.): kontrastieren.*
Kontrastieren (574): *1. sich abheben, abstechen, abweichen, sich herausheben, einen Gegensatz/Kontrast bilden, herausstechen, in Gegensatz/Kontrast stehen, nicht übereinstimmen, sich unterscheiden, [...] sich widersprechen, [...] 2. abgrenzen, gegenüberstellen, [...]*
Opponieren (677): *sich aufbäumen, sich auflehnen, sich dagegenstellen, sich dagegenstemmen, die Stirn bieten, sich empören, sich entgegenstellen, entgegentreten, entgegenwirken, Front machen, meutern, sich sträuben, Sturm laufen, sich wehren, sich widersetzen, Widerspruch erheben, Widerstand leisten, sich zur Wehr setzen, [...]*
Partei ergreifen (684): *sich aussprechen, sich bekennen, eine Lanze brechen, ...*
protestieren (710f.): *ablehnen, beanstanden, bezweifeln, sich beklagen, sich beschweren, dagegenhalten, dagegensetzen, einen Einwand erheben/vorbringen, einwenden, einwerfen, entgegenhalten, [...] kontern, kritisieren, opponieren, Protest erheben/einlegen, reklamieren, sein Missfallen zum Ausdruck bringen, sich verwahren, von sich weisen, [...] sich wehren, sich widersetzen, widersprechen, Widerspruch erheben, sich zur Wehr setzen, zu bedenken geben, [...]*
rivalisieren (743): *in Konkurrenz/Wettbewerb stehen, in Konkurrenz/ Wettbewerb treten, Konkurrenz machen, konkurrieren, um den Vorrang kämpfen, wetteifern, wettstreiten, [...]*
streiten(865): *ankämpfen, bekämpfaen, sich einsetzen, eintreten für, sich engagieren, kämpfen, sich Mühe geben, nichts unversucht lassen, Partei ergreifen, protestieren, ringen, seine ganze Kraft aufbieten, vorgehen gegen, sich widersetzen, [...]*
streiten, sich: *aneinandergeraten, sich anfeinden, sich anlegen, sich auseinandersetzen, sich bekriegen, sich beschimpfen, debattieren, sich entzweien, im Streit liegen, in Streit geraten, kollidieren, polemisieren, Streit bekommen, Streit haben, uneins sein, unsachlich werden, unterschiedlicher Meinung sein, [...]*
unterscheiden, sich (865f.): *sich abheben, abstechen, abweichen, auseinandergehen, einen Gegensatz/Kontrast bilden, [...]*
widersprechen (1083): *1. a) für falsch/unrichtig/unwahr/unzutreffend erklären, nicht gelten lassen, sich verwahren, widerreden, zurückweisen [...] b) Einspruch erheben, nicht zustimmen, opponieren, Protest einlegen, protestieren, widersagen; (bildungsspr.): ein Veto einlegen. 2. sich ausschließen, hohnsprechen, im Widerspruch stehen, nicht übereinstimmen, unvereinbar*

**Potenzielle Indikatoren aus dem Duden-Synonymwörterbuch (⁶2014) für die Dimension AGONA-
LITÄT DER EXPLIZITEN GEGENÜBERSTELLUNG: Beispiele**

sein, widerstreiten.
widersprechen, sich (1083): sich in Widersprüche verwickeln, unlogisch/unstimmig sein, [...]

c) Adjektive
entgegengesetzt (329): [...] 2. entgegen[stehend], gegensätzlich, gegenteilig, unvereinbar, unverträglich, völlig unterschiedlich/verschieden, widersprechend, widersprüchlich, widerstreitend, zuwider, [...]
feindlich (380): a) ablehnend, feindschaftlich, feindselig, gegnerisch, hasserfüllt, unversöhnlich [...] b) verfeindet, zerstritten.
gegensätzlich (428): entgegengesetzt, gegenteilig, unvereinbar, sich widersprechend, widersprüchlich, widerstreitend; (bildungsspr.): antagonistisch, antithetisch, diametral, diskrepant, dualistisch, konträr, oppositär, polar, [...]
konträr (574): entgegengesetzt, gegensätzlich, gegenteilig, nicht vereinbar, unvereinbar, völlig unterschiedlich/verschieden, sich widersprechend, widersprüchlich, widerstreitend, zuwider, [...]
kontrovers (574): a) [einander] entgegengesetzt, gegensätzlich, in sich uneins, widersprüchlich, zwiespältig. b) anfechtbar, angreifbar, beanstandbar, bestreitbar, bezweifelbar, kritisierbar, streitig, strittig, umstritten, [...]
unterschiedlich (968): abweichend, ander..., andersartig, auseinandergehend, entgegengesetzt, ungleich, verschieden[artig], wahlweise, [...] (bildungsspr.): antagonistisch, diametral, different, disparat, divergent, divergierend, [...] konträr.
strittig (867): fraglich, fragwürdig, klärungsbedürftig, kontrovers, offen, problematisch, streitig, umstritten, [...] zweifelhaft, [...]

d) weitere Wortarten
aber (32): 1. a) andererseits, dabei, doch, dagegen, demgegenüber, hingegen, im Gegensatz dazu, jedoch; (geh.): dahingegen, [...] b) doch, jedoch; (geh.): allein, [...] 2. allerdings, doch, dennoch, freilich, gleichwohl, hingegen, immerhin, jedoch, mindestens, wenigstens, trotzdem, jedenfalls, zum Mindesten, [...]
andererseits (74): aber, allein, allerdings, anderenteils, auf der anderen Seite, dabei, dagegen, demgegenüber, doch, freilich, hingegen, immerhin, im Gegensatz/Vergleich dazu, jedoch, mindestens, wenigstens, wieder[um], zum andern, [...]
anstatt (98): als Ersatz, anstelle dafür, ersatzweise, für, im Austausch, statt, stellvertretend, [und] nicht, [...]
dagegen (243): 1. demgegenüber, im Gegensatz/Vergleich dazu. 2. als Ausgleich/Ersatz/Gegenwert, anstatt, anstelle, dafür, ersatzweise, im Austausch/Gegenzug, stattdessen, stellvertretend. 3. aber, allerdings, andererseits, dabei, doch, dagegen, demgegenüber, hingegen, freilich, im Gegensatz dazu, jedoch, [...]
obwohl (672): auch wenn, obgleich, ungeachtet der Tatsache, dass..., wenn auch, wenngleich, wennschon; (geh.): obschon, obzwar, wiewohl, [...]
oder (673): 1. alias, auch/außerdem ... genannt, mit anderem Namen, sonst.... genannt. 2. andernfalls, besser gesagt, beziehungsweise, das heißt, entweder...oder, genauer gesagt, im anderen Fall, sonst [oder] vielmehr, sonst, [...]

**Potenzielle Indikatoren aus dem Duden-Synonymwörterbuch (⁶2014) für die Dimension AGONA-
LITÄT DER EXPLIZITEN GEGENÜBERSTELLUNG: Beispiele**

sondern (828): *aber, dagegen, doch, hingegen, im Gegenteil, jedoch, nur, vielmehr;* (geh.): *dahingegen*
statt (850): *als Ausgleich, als Ersatz, anstatt, anstelle, dafür, ersatzweise, für, im Austausch, im Gegenzug, [und] nicht*
trotz (901): *entgegen, obgleich, obwohl, ohne Rücksicht, unbeschadet, wenn auch, wenngleich;* (geh.): *obschon, ungeachtet*
trotzdem (1) (901): *dennoch, doch, gleichwohl, nichtsdestoweniger, nun gerade/erst recht, ohne Rücksicht darauf zu nehmen, trotz alledem/allem,* [...]
trotzdem (2) (901): *auch wenn, obgleich, obwohl, unbeschadet/ungeachtet der Tatsache, dass..., wenn auch, wenngleich;* (geh.): *obschon, obzwar, wiewohl,* [...]

4.4.4 Thematische Wörterbücher 2.0 – ein Blick auf die automatisierte semantische Annotation

Es gibt im Zeitalter der Korpuslinguistik die Möglichkeit, mithilfe semantischer Tagger Ausdrücken in Korpora automatisiert semantische Klassen zuzuweisen. Dabei wird den Wörtern in einem Korpus computergestützt eine Kategorie zugewiesen. Nach der Untersuchung traditioneller Wörterbücher soll nun zur Überprüfung der erarbeiteten Dimensionen ein Blick auf diese korpuslinguistische Anwendung geworfen werden. Für das Englische liegt dafür der Tagger UCREL Semantic Analysis System (USAS) vor, der an der Universität Lancaster entwickelt wurde.[96] Für das Deutsche gab es zum Zeitpunkt der Erstellung dieser Arbeit keinen ähnlich zuverlässigen und entwickelten Tagger.[97] Bei der Weiterentwicklung des Ansatzes, thematische Wörterbücher deduktiv zu analysieren, sollen in diesem Unterkapitel ebenfalls die Ausgangsfragestellungen zur Betrachtung der thematischen Wörterbücher untersucht werden (s. Einleitung zu Kapitel 4.4): Wie wird die Welt durch diese Annotation gegliedert? Wo lässt sich dabei die Agonalität verorten? Welche Indikatoren werden bei einem Test

---

[96] Vgl. im Überblick http://ucrel.lancs.ac.uk/usas/ (letzter Zugriff 11.4.2018), auch zu Weiterentwicklungen in anderen Sprachen wie dem Portugiesischen und Chinesischen.
[97] Ein framebasierter Tagger für das Deutsche, der weiterentwickelt wird, ist etwa der Tagger des SALSA-Projekts: http://www.coli.uni-saarland.de/projects/salsa/page.php?id=index (zuletzt abgerufen am 11.4.2018).

in zwei Untersuchungskorpora[98] in passenden Kategorien angezeigt – und deckt sich dies mit den bisherigen Ergebnissen?

Der Tagger USAS beruht ursprünglich auf McArthurs *Longman Lexicon of Contemporary English* und wurde im Laufe der Zeit weiter ergänzt (vgl. Piao et al. 2004; Piao et al. 2015). Auch Mehrworteinheiten werden erkannt und annotiert. Besonders für gegenwartssprachliches Englisch gilt der Tagger als sehr zuverlässig (vgl. Piao et al. 2004; Rayson et al. 2004). Folgende übergreifenden Kategorien werden verwendet (teilweise mit zahlreichen Unterkategorien): [99]

- A GENERAL & ABSTRACT TERMS
- B THE BODY & THE INDIVIDUAL
- C ARTS & CRAFTS
- E EMOTIONAL ACTIONS, STATES & PROCESSES
- F FOOD & FARMING
- G GOVERNMENT & THE PUBLIC DOMAIN
- H ARCHITECTURE, BUILDINGS, HOUSES & HOMES
- I MONEY & COMMERCE
- K ENTERTAINMENT
- L LIFE & LIVING THINGS
- M MOVEMENTS, LOCATION, TRAVEL & TRANSPORT
- N NUMBERS & MEASUREMENTS
- O SUBSTANCES, MATERIALS, OBJECTS & EQUIPMENT
- P EDUCATION
- Q LINGUISTIC ACTIONS, STATES & PROCESSES
- S SOCIAL ACTIONS, STATES & PROCESSES
- T TIME

---

98 Für die Hilfe bei der Umsetzung der semantischen Annotation meiner englischsprachigen Untersuchungskorpora danke ich Laurence Anthony.
99 Vgl. ucrel.lancs.ac.uk/usas/usas_guide.pdf/ (Übersicht über alle Unterkategorien, letzter Zugriff 27.4.2018)

- W THE WORLD & OUR ENVIRONMENT
- X PSYCHOLOGICAL ACTIONS, STATES & PROCESSES
- Y SCIENCE & TECHNOLOGY
- Z NAMES & GRAMMATICAL WORDS

Auffällig ist in dieser Ordnung die große Klasse GENERAL AND ABSTRACT TERMS, die viele Aspekte beinhaltet, z.B. Evaluation oder Vergleiche (letztere waren als Unterkategorie COMPARISON, DISSENT in Rogets Thesaurus der Oberkategorie INTELLECT zugeordnet). Die Systematik ist sehr breit angelegt und bezieht konkrete Lebensbereiche wie FOOD & FARMING oder EDUCATION auf der Ebene der Oberkategorien mit ein. Die Kategorie Z NAMES & GRAMMATICAL WORDS wurde hinzugefügt, um alle Ausdrücke in einem Korpus möglichst umfassend zu erfassen (vgl. Rayson et al. 2004). Diese Kategorie ist damit sehr groß und beinhaltet etwa in der Unterkategorie GRAMMATICAL BIN zahlreiche synsemantische Ausdrücke, die mithilfe grammatischer Beschreibungskategorien genauer klassifiziert werden sollten. Gerade im Bereich der Synsemantika ist der Tagger sehr grob angelegt. In einem zweiten Schritt soll auch hier verglichen werden, welche Unterkategorien zu den Dimensionen der Agonalität passen. Die herausgearbeitete Zuordnung wird in der folgenden Tabelle skizziert.

Tabelle 11: Kategorien des semantischen Taggers USAS mit Bezug zur Agonalität

Dimension der Agonalität	Semantisch ähnliche Kategorien
(1) AGONALITÄT DER EXPLIZITEN GEGENÜBERSTELLUNG	A GENERAL & ABSTRACT TERMS → **A6.1 COMPARING: SIMILAR / DIFFERENT** A GENERAL & ABSTRACT TERMS → **A6.3 COMPARING: VARIETY** S SOCIAL ACTIONS, STATES & PROCESSES → S7 POWER → **S7.3 COMPETITION**[100]
(2) AGONALITÄT DER ZEITLICHEN GEGENÜBERSTELLUNG	A GENERAL & ABSTRACT TERMS → A2 AFFECT → **A2.1 MODIFY, CHANGE** T TIME → T1.1 TIME: GENERAL → **T1.1.1 TIME: GENERAL: PAST** T TIME → T1.1 TIME: GENERAL → **T1.1.2 TIME: GENERAL: PRESENT; SIMULTANEOUS**

---

[100] Die Kategorie POWER wird auch bei (8) AGONALITÄT DER EXTERNEN HANDLUNGSAUFFORDERUNG aufgeführt; die Unterkategorie COMPETITION erscheint hier jedoch als besonders zur Dimension (1) AGONALITÄT DER EXPLIZITEN GEGENÜBERSTELLUNG zu passen.

Dimension der Agonalität	Semantisch ähnliche Kategorien
	T TIME → T1.1 TIME: GENERAL → **T1.1.3 TIME: GENERAL: FUTURE**
	T TIME → **T2 TIME: BEGINNING AND ENDING**
	T TIME → **T3 TIME: OLD, NEW AND YOUNG; AGE**
(3) AGONALITÄT DER RELEVANZKONKURRENZ	A GENERAL & ABSTRACT TERMS → A11 IMPORTANCE → **A11.1 IMPORTANCE: IMPORTANT**
	A GENERAL & ABSTRACT TERMS → A11 IMPORTANCE → **A11.2 IMPORTANCE: NOTICEABILITY**
(4) AGONALITÄT DER (NEGATIVEN) WERTUNG	A GENERAL & ABSTRACT TERMS → **A5.1 EVALUATION: GOOD/BAD**
	S SOCIAL ACTIONS, STATES & PROCESSES → **S1.2.3: EGOISM**
	X PSYCHOLOGICAL ACTIONS, STATES & PROCESSES → X9: ABILITY → **X9.2 ABILITY: SUCCESS AND FAILURE**
(5) AGONALITÄT DER NEGATIVEN EMOTIONEN	E EMOTIONAL ACTIONS, STATES & PROCESSES → **E1: GENERAL**
	E EMOTIONAL ACTIONS, STATES & PROCESSES → **E3: CALM/VIOLENT/ANGRY**
	E EMOTIONAL ACTIONS, STATES & PROCESSES → **E4: HAPPY/SAD**
	E EMOTIONAL ACTIONS, STATES & PROCESSES → **E5: FEAR/BRAVERY/SHOCK**
	E EMOTIONAL ACTIONS, STATES & PROCESSES → **E6: WORRY, CONCERN, CONFIDENT**
(6) AGONALITÄT VON SCHEIN UND SEIN	A GENERAL & ABSTRACT TERMS → **A5.2 EVALUATION: TRUE/FALSE**
	A GENERAL & ABSTRACT TERMS → **A5.3 EVALUATION: ACCURACY**
	A GENERAL & ABSTRACT TERMS → **A5.4 EVALUATION: AUTHENTICITY**
(7) AGONALITÄT DER LEXIKALISCHEN GEGENÜBERSTELLUNG	---
(8) AGONALITÄT DER EXTERNEN HANDLUNGSAUFFORDERUNG	A GENERAL & ABSTRACT TERMS → **A1.7 CONSTRAINT**
	S SOCIAL ACTIONS, STATES & PROCESSES → **S6 OBLIGATION AND NECESSITY**
	S SOCIAL ACTIONS, STATES & PROCESSES → **S7 POWER**
(9) AGONALITÄT DER ENTSCHEIDUNGSTHEMATISIERUNG	X PSYCHOLOGICAL ACTIONS, STATES & PROCESSES → **X6 DECIDING**
	X PSYCHOLOGICAL ACTIONS, STATES & PROCESSES → **X7 WANTING, PLANNING, CHOOSING**
(10) BEENDEN DES AGONALEN ZUSTANDS	---

Dimension der Agonalität	Semantisch ähnliche Kategorien
(11) Agonalität der nicht eingetretenen Option	Z: Names & Grammatical Words → Z7 If
(12) Agonalität der Negation	Z: Names & Grammatical Words → Z6 Negative

Auffällig ist hier vor allem die Relevanz der Oberkategorien A General & Abstract Terms, E Emotional States, Actions & Processes und T Time. Viele Aspekte, die für Agonalität relevant sind, werden in eine allgemeine abstrakte Kategorie eingeordnet.

Die hier herausgearbeiteten Kategorien wurden in zwei der Untersuchungskorpora (UK-Frackingkorpus und UK-Hurrikankorpus), die mit dem Tagger annotiert wurden, gezielt gesucht. Dabei wurde darauf geachtet, welche Ausdrücke konkret annotiert wurden. Damit sollte auch geschaut werden, inwieweit sich die in den bisherigen Unterkapiteln eruierten Indikatoren tendenziell als passend erweisen. Hierbei wurde besonders auf Quantität geachtet. Häufige Beispiele aus den Kategorien, die in den Korpora eine Rolle spielen, sind in der folgenden Übersicht zusammengestellt:

Tabelle 12: Agonalitätsindikatoren aus den UK-Korpora in den USAS-Tagger-Kategorien

Dimension der Agonalität	Semantisch ähnliche Kategorien mit Indikatoren
(1) Agonalität der expliziten Gegenüberstellung	A6.1 Comparing: Similar/Different. Beispiele: *another, compare, contrast, difference, instead, conflict, ...* A6.3 Comparing: Variety. Beispiele: *alternate, diverse, range, various, ...* S7.3 Competition. Beispiele: *competitive, rival, contest, challenger, ...*
(2) Agonalität der zeitlichen Gegenüberstellung	A2.1 Modify, Change. Beispiele: *change, growth, development, increase, decline, ...* T1.1.1 Time: General: Past. Beispiele: *already, past, ago, used to, originally, ...* T1.1.2 Time: General: Present; Simultaneous. Beispiele: *yet, today, current, so far, at the moment, ...* T1.1.3 Time: General: Future. Beispiele: *future, next, predict, pending, postpone, ...* T2 Time: Beginning and Ending. Beispiele: *still, former, start, begin, remain, end, stop, shutdown, resume, no longer, ...* T3 Time: Old, New and Young; Age. Beispiele: *recent, innovation, old, young, ...*

Dimension der Agonalität	Semantisch ähnliche Kategorien mit Indikatoren
(3) AGONALITÄT DER RELEVANZKONKURRENZ	**A11.1 IMPORTANCE: IMPORTANT.** Beispiele: *major, significant, key, main, serious, central, minor, vital, crucial, priority, fundamental, ...* **A11.2 IMPORTANCE: NOTICEABILITY.** Beispiele: *obvious, marginal, landmark, striking, ...*
(4) AGONALITÄT DER (NEGATIVEN) WERTUNG	**A5.1 EVALUATION: GOOD/BAD.** Beispiele: *disaster, bad, terrible, acceptable...* **S1.2.3 EGOISM.** Beispiele: *boast, arrogant, smug, selfish, vanity...* **X9.2 ABILITY: SUCCESS AND FAILURE.** Beispiele: *fail, lose, defeat...*
(5) AGONALITÄT DER NEGATIVEN EMOTIONEN	**E1 GENERAL.** Beispiele: *moody, hysteria, temper, ...* **E3 CALM/VIOLENT/ANGRY.** Beispiele: *threat, ire, bully, furious, ...* **E4 HAPPY/SAD.** Beispiele: *despair, disappoint, frustrate, regret, fed up, ...* **E5 FEAR/BRAVERY/SHOCK.** Beispiele: *afraid, alarm, fear, panic, ...* **E6 WORRY, CONCERN, CONFIDENT.** Beispiele: *worry, concern, emergency, trouble, distress, ...*
(6) AGONALITÄT VON SCHEIN UND SEIN	**A5.2 EVALUATION: TRUE/FALSE.** Beispiele: *in fact, distort, evidence, false, true, ...* **A5.3 EVALUATION: ACCURACY.** Beispiele: *accurate, error, misrepresentation, wrong, ...* **A5.4 EVALUATION: AUTHENTICITY.** Beispiele: *actually, forge, genuine, ...*
(7) AGONALITÄT DER LEXIKALISCHEN GEGENÜBERSTELLUNG	---
(8) AGONALITÄT DER EXTERNEN HANDLUNGSAUFFORDERUNG	**A1.7 CONSTRAINT.** Beispiele: *regulatory, limited, stuck, ...* **S6 OBLIGATION AND NECESSITY.** Beispiele: *should, need, must, necessary, ...* **S7 POWER.** Beispiele: *force, order, powerful, ...*
(9) AGONALITÄT DER ENTSCHEIDUNGSTHEMATISIERUNG	**X6 DECIDING.** Beispiele: *decision, estimate, resolve, ...* **X7 WANTING, PLANNING, CHOOSING.** Beispiele: *choice, election, target, ...*
(10) BEENDEN DES AGONALEN ZUSTANDS	---
(11) AGONALITÄT DER NICHT EINGETRETENEN OPTION	**Z7 IF.** Beispiele: *if, whether, ...*
(12) AGONALITÄT DER NEGATION	**Z6 NEGATIVE.** Beispiele: *not, nothing, negative, ...*

Darüber hinaus finden sich Kategorien (v.a. in der Oberkategorie GENERAL AND ABSTRACT TERMS), die zu den in Kapitel 4.3.3 beschriebenen möglichen Begleitern der Agonalität passen:

Tabelle 13: Verstärker und Abschwächer aus den UK-Korpora in den Tagger-Kategorien

Verstärker	A GENERAL & ABSTRACT TERMS → A 13 DEGREE → **A 13.2 DEGREE: MAXIMIZERS**. Beispiele: *most, total, completely*, …
	A GENERAL & ABSTRACT TERMS → A 13 DEGREE → **A 13.3 DEGREE: BOOSTERS**. Beispiele: *very, really, particularly*, …
	A GENERAL & ABSTRACT TERMS → **A 14 EXCLUSIVIZERS/PARTICULARIZERS**. Beispiele: *especially, sheer*, …
Abschwächer	A GENERAL & ABSTRACT TERMS → A 13 DEGREE → **A13.4 DEGREE: APPROXIMATORS**. Beispiele: *almost, fairly, around*, …
	A GENERAL & ABSTRACT TERMS → A 13 DEGREE → **A13.5 DEGREE: COMPROMISERS**. Beispiele: *quite, rather*, …
	A GENERAL & ABSTRACT TERMS → A 13 DEGREE → **A13.6 DIMINISHERS**. Beispiele: *little, less, merely*, …
	A GENERAL & ABSTRACT TERMS → A 13 DEGREE → **A13.7 MINIMIZERS**. Beispiele: *at least, at all*, …

Einige der Beispiele aus Tabelle 12 und 13 fanden sich bereits in der qualitativen Analyse und unter den in Kapitel 4.4.3 eruierten Indikatoren aus den Wörterbüchern; weitere kommen durch dieses Verfahren hinzu. Es lässt sich durch diese korpuslinguistische Anwendung zum einen bestätigen, dass die Indikatoren aus den Wörterbüchern in den konkreten Untersuchungskorpora relevant sind und auf dieser Grundlage mit den Korpora weitergearbeitet werden kann. Zum anderen zeigt sich, dass auch über die traditionellen Wörterbücher hinaus mit dem korpuslinguistischen semantischen Tagger ähnliche Kategorien gefunden werden, die den Dimensionen der Agonalität entsprechen. Dies kann als Bestätigung des bisherigen Vorgehens und als Bestärkung im Hinblick auf die Indikatoren, die in Kapitel 5 verwendet werden, dienen.

In Kapitel 5 wird nach den einzelnen Indikatoren gesucht, die semantischen Klassen des Taggers werden jedoch vorwiegend nicht automatisiert herangezogen. Dies geschieht aus zwei Gründen: Erstens lag zum Zeitpunkt der Analyse für die deutschen Korpora kein vergleichbarer zuverlässiger Tagger vor, sodass die Vergleichbarkeit nicht gewährleistet gewesen wäre; zweitens ist mit einer gezielten Suche nach einzelnen Ausdrücken und dem Blick auf ihre Kollokationen und Konkordanzen ein genauerer Blick möglich, der für die Eruierung der agonalen Zentren wichtig ist. Zudem gibt es Dimensionen wie die AGONALI-

TÄT DER LEXIKALISCHEN GEGENÜBERSTELLUNG und BEENDEN DES AGONALEN ZUSTANDS, die nicht automatisiert abgebildet werden können. Für die agonalen Zentren ist eine genaue Betrachtung des Umfelds dieser Indikatoren entscheidend; die Indikatoren selbst sind nur der erste Ausgangspunkt für eine genaue Analyse der Korpora. Diese wird in Kapitel 5 erfolgen. Dennoch erfüllt der Test dieser automatisierten Variante die wichtige Funktion, die erarbeiteten Dimensionen und teils auch die spezifischen Indikatoren zu bestätigen und erneut das Repertoire zu erweitern; die korpuslinguistische Anwendung kommt hier zu ähnlichen Ergebnissen wie die anderen in Kapitel 4 angewendeten Verfahren.

4.4.5 Zusammenfassung: Lexikographische Werke und Agonalität

In diesem Abschnitt wurden thematische Wörterbücher genutzt, um zu sehen, wie 1) thematische Wörterbücher des Deutschen und Englischen die Welt betrachten, wie 2) lexikographische Traditionen beider untersuchter Sprachen agonale Relationen in das lexikalische System einordnen und 3) welche zusätzlichen Indikatoren sich finden lassen, um gezielt nach Agonalität zu suchen. Dabei wurden Unterschiede zwischen den einzelnen lexikographischen Werken bereits in der Gliederung des Vokabulars deutlich.

Die lexikographische Beschreibung zeigt die enge Verwobenheit der Agonalität mit intellektuellen Kategorien, aber auch mit Sprache an sich sowie dem Zusammenleben in Gemeinschaften. Der Wille spielt ebenfalls eine wichtige Rolle. Es zeigen sich unterschiedliche Blickwinkel auf die Welt, die von den jeweiligen kulturellen Perspektiven geprägt sind.

Die einzelnen genannten und quantitativ überprüften Ausdrücke aus den thematischen Wörterbüchern (s. die Tabellen 8 und 9) können den Ausgangspunkt für genauere Analysen von Agonalität in Diskursen (qualitativ und quantitativ) bilden. Die Dimensionen, die in Kapitel 4.1 und 4.2 eruiert wurden, konnten bestätigt werden. Zudem wurde die umfassende Dimension AGONALITÄT DER EXPLIZITEN GEGENÜBERSTELLUNG in Kontrast und Opposition differenziert. Die Indikatoren konnten durch den semantischen Tagger USAS für die englische Sprache bestätigt und erweitert werden.

Insgesamt zeigt sich, dass ein deduktiver Ansatz wie dieser wertvolle zusätzliche Erkenntnisse für diskurslinguistische Phänomene wie Agonalität bringen kann. Traditionelle linguistische Ansätze wie Lexikographie oder Grammatik (s. Kapitel 4.3 und 4.4) bieten in ihrer sprachsystematischen Beschreibungen wichtiges Potenzial für empirische Sprachbetrachtungen der linguistischen Diskursanalyse.

Im Anschluss sollen die gewonnenen Ergebnisse zur Agonalität im Deutschen und Englischen aus Kapitel 4 im Überblick zusammengefasst werden.

4.5 Fazit: Agonalität im Deutschen und Englischen

In Kapitel 4 wurde die erste Hauptfragestellung dieser Dissertation untersucht: Welche Möglichkeiten existieren im Deutschen und Englischen, Agonalität in Texten und Diskursen auszudrücken?

Bei der Analyse bereits existierender Definitionen von Agonalität bzw. agonalen Zentren wurde deutlich, dass die bisher vorliegenden Ansätze nur wenig zu konkreten sprachlichen Mitteln der Agonalität aussagen. Agonalität wurde daraufhin als weit verstandene kompetitive Opposition oder Polarität von Sachverhalten, Themen etc. definiert, die nicht an konkret benannte Akteure gebunden sein muss und sich auf der sprachlichen Oberfläche unterschiedlich äußern kann.

An diese Definitionsfragen schloss sich zunächst eine qualitative Analyse deutscher und englischer Texte aus den Korpora an. Analysiert wurden in Kapitel 4.2 alle Phänomene auf der Textoberfläche, die auf einen Wettstreit verwiesen, eine Opposition eröffneten oder die Existenz eines Konflikts oder mehrerer Opponenten anzeigten. Daraus ergaben sich Muster, die als semantische Dimensionen der Agonalität betrachtet werden können. Das recht vage Konzept der Agonalität wird damit genauer gegliedert. Die gewonnenen Dimensionen sind (1) AGONALITÄT DER EXPLIZITEN GEGENÜBERSTELLUNG; (2) AGONALITÄT DURCH ZEITLICHE GEGENÜBERSTELLUNG; (3) AGONALITÄT DER RELEVANZKONKURRENZ; (4) AGONALITÄT DER (NEGATIVEN) WERTUNG; (5) AGONALITÄT DER NEGATIVEN EMOTIONEN; (6) AGONALITÄT VON SCHEIN UND SEIN; (7) AGONALITÄT DER LEXIKALISCHEN GEGENÜBERSTELLUNG; (8) AGONALITÄT DER EXTERNEN HANDLUNGSAUFFORDERUNG; (9) AGONALITÄT DER ENTSCHEIDUNGSTHEMATISIERUNG; (10) BEENDEN EINES AGONALEN ZUSTANDS.

In Kapitel 4.3 wurde nach diesem induktiven Verfahren deduktiv mit Grammatiken gearbeitet, um zu sehen, welche darin geschilderten grammatischen Phänomene der Sprachen Deutsch und Englisch eine Rolle bei der Agonalität spielen. Es zeigte sich, dass die Dimensionen um zwei semantische Aspekte erweitert werden müssen, nämlich um (11) AGONALITÄT DER NICHT EINGETRETENEN OPTION und (12) AGONALITÄT DER NEGATION. Modalität, Negation, Evaluation, Kontrast, Konzession und Konditionalgefüge spielen insgesamt für die Agonalität eine wichtige Rolle. Die Rolle des Genus Verbi ist dagegen nicht eindeutig zu klären; diese grammatische Kategorie ist als Indikator für quantitative Analysen von Agonalität nur mit Vorsicht einzusetzen. Die Dimensionen sollen hier graphisch im Überblick dargestellt werden:

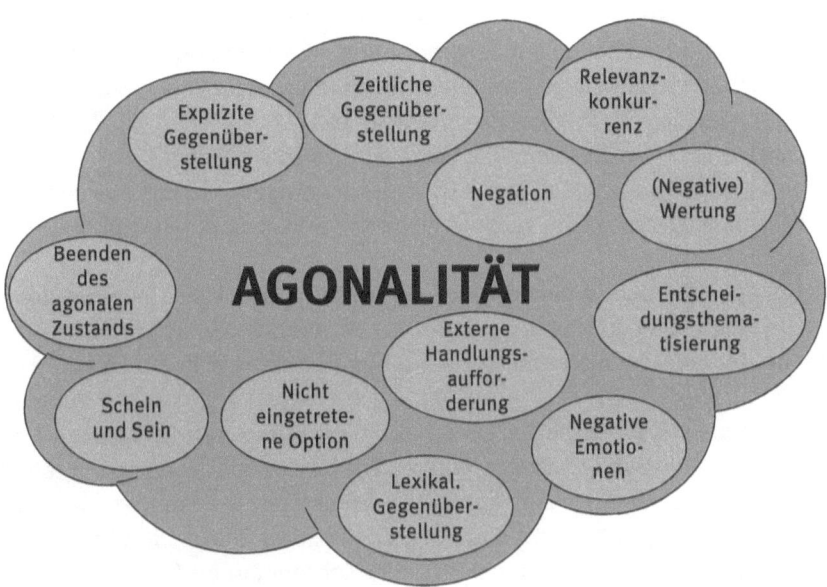

Abbildung 9: Dimensionen der Agonalität im Überblick

In der Analyse der thematischen Wörterbücher ging es vor allem darum, weiteres Vokabular als verlässliche Indikatoren für die verschiedenen Dimensionen der Agonalität zu finden. Dabei zeigte sich, wie verschieden sich dieses in unterschiedlichen Werken oder Traditionen gestaltet. Das trifft insbesondere auf die erste Dimension zu, die AGONALITÄT DER EXPLIZITEN GEGENÜBERSTELLUNG, die sehr verschiedene Beispiele beinhaltet. Insgesamt ergibt sich aus der Betrachtung eine differenzierte Sicht auf die Dimensionen der Agonalität mit zahlreichen Beispielen. Dies könnte in weiterführenden Arbeiten zu einem umfassenden Lexikon der Agonalität ausgebaut werden.

Insgesamt erweist sich der deduktive Ansatz als hilfreiche Ergänzung bei der Analyse der Agonalität. Grammatik und Lexikographie haben insbesondere in so gut erforschten Sprachen wie den hier untersuchten eine lange Tradition der Sprachbeschreibung. Diese präzisen Analysen können auch für linguistische Diskursanalysen nutzbar gemacht werden, wenn Phänomene wie die Agonalität in Diskursen untersucht werden. Es wird in der vorliegenden Arbeit daher dafür plädiert, die traditionellen linguistischen Ansätze intensiver als bisher mit den diskursanalytischen und korpuslinguistischen Verfahren zu verknüpfen. Formal betrachtet fanden sich sprach- und diskursübergreifend verschiedenste sprachliche Indikatoren auf unterschiedlichen sprachlichen Ebenen.

- <u>Morphemebene</u>: z.B. Präfixe wie *Non-*, *Anti-* etc.
- <u>Lexemebene</u>: z.B. Autosemantika wie *Streit*, *Kontroverse* etc.
- <u>Syntax- und Syntagmenebene</u>: z.B. Redewendungen wie *not a snowball's chance in hell*, ebenso wie satzübergreifende Konstruktionen, z.B. mit Konnektoren.
- <u>Textebene</u>: Argumentationsstrukturen, die in qualitativen Analysen deutlich werden; hier sollen auch Text-Bild-Beziehungen und ihr Bezug zur Agonalität noch genauer untersucht werden (s. Exkurs in Kapitel 6.1).

In den folgenden Kapiteln soll die Agonalität spezifisch auf die Themen Fracking bzw. Hurrikan Sandy bezogen werden. Die hier gewonnenen Erkenntnisse bezüglich der Agonalität bzw. die konkreten Indikatoren werden in der Analyse der Subthemen im Sprach- und Kulturvergleich angewandt. Damit wird herausgearbeitet, wie sich Agonalität konkret in den Korpora äußert (vgl. zusammenfassend zur Agonalitätsanalyse auch Kapitel 5.4).

Die Dimensionen der Agonalität sowie ihre Ausprägungen in Lexik und Grammatik sollen im Folgenden in einer Übersichtstabelle zusammengefasst werden.

Tabelle 14: Übersicht über die Dimensionen der Agonalität und ihre Zusammenhänge mit Grammatik und Lexik

Agonale Dimension	Kurzcharakterisierung	Zusammenhang mit Grammatik	Beispiele aus den thematischen Wörterbüchern/qualitativer Analyse/USAS-Tagger
(1) AGONALITÄT DER EXPLIZITEN GEGENÜBERSTELLUNG	– Prototypische Dimension der Agonalität, in der zwei Sachverhalte, Akteure oder Konzepte explizit konzepte explizit kon-	Kondition, Kontrast, Konzession: Vielfach ausgedrückt über Konnektoren, Partikeln etc.	<u>Englisch:</u> *adverse, opposite, despite, in spite of, disagree, antagonism, controversy...* <u>Deutsch:</u>

Agonale Dimension	Kurzcharakterisierung	Zusammenhang mit Grammatik	Beispiele aus den thematischen Wörterbüchern/qualitativer Analyse/USAS-Tagger
	trastiert werden		*Unterschied, Anti-, Gegen-, Kontrast, Widerstand, Opposition...*
(2) AGONALITÄT DER ZEITLICHEN GEGENÜBERSTELLUNG	– Gegenüberstellung von zwei oder mehr Zeitpunkten, oft verbunden mit einer Auf- oder Abwertung einer der Zeitebenen	Zeitadverbien, Kontraste zwischen Tempora	Englisch: *ago, earlier, someday, sudden change, break with the past, used to...* Deutsch: *plötzlich, abrupt, schlagartig, auf einmal, unversehens...*
(3) AGONALITÄT DER RELEVANZKONKURRENZ	– Zwei oder mehr Sachverhalte, Ansichten oder Akteure konkurrieren im Diskurs um Relevanz	Comparison/ Komparativ	Englisch: *priority, vital concern, to be taken seriously, essential, triviality...* Deutsch: *Steigerung, Großteil, leidlich, Haupt-, wesentlich, eigentlich, bedeutsam...*
4) AGONALITÄT DER (NEGATIVEN) WERTUNG	– Ein Sachverhalt, ein Akteur etc. werden explizit bewertet – Besonders wichtig ist dabei die negative Wertung	Evaluationsadverbien, Komparativ	Englisch: *inadequate, incompetence, defective, problem, wrong...* Deutsch: *Miss-, widerwärtig, grauenvoll, Anstoß erregen*
(5) AGONALITÄT DER NEGATIVEN EMOTIONEN	– Negative Emotionen werden in der Argumentation angeführt, um einen Sachverhalt o.Ä. abzuwerten – Negative Emotionen wie Hysterie etc. können auch		Englisch: *fear, worried, dislike, affront, vengeful, to harbour a grudge...* Deutsch: *Hass, verabscheuen, Abscheu, Angst, Elend, Missgunst, Neid...*

Agonale Dimension	Kurzcharakterisierung	Zusammenhang mit Grammatik	Beispiele aus den thematischen Wörterbüchern/qualitativer Analyse/USAS-Tagger
	den Gegnern in der Argumentation zugeschrieben werden, um ihr Verhalten als nicht rational zu charakterisieren		
(6) AGONALITÄT VON SCHEIN UND SEIN	Die Faktenlage ist ungeklärt oder es existieren verschiedene Ansichten zur Wahrheit	Modality/ Modalität	Englisch: hearsay, unpredictable, certain knowledge, sweep under the carpet, falseness, lie, tongue in cheek, pretence... Deutsch: erfunden, erlogen, Anschein, belügen, fingieren, verschleiern...
(7) AGONALITÄT DURCH LEXIKALISCHE GEGENÜBERSTELLUNG	Durch Weltwissen und lexikalisches Wissen wird implizit klar, dass es Konfliktpotenzial gibt		---
(8) AGONALITÄT DURCH EXTERNE HANDLUNGSAUFFORDERUNG	Ein Akteur wird durch andere Akteure oder eine äußere Situation zu einer Verhaltensweise gebracht, die er sonst möglicherweise nicht gewählt hätte	Imperativ, teilweise Passivverwendung	Englisch: privilege, concede, order, constraint, oppression Deutsch: Anordnung, Befehl, kapitulieren, sich gezwungen sehen, gezwungenermaßen, verpflichtet sein
(9) AGONALITÄT DURCH ENTSCHEIDUNGSTHEMATISIERUNG	Eine Entscheidungssituation zwischen mindestens zwei entgegengesetzten Al-	Entscheidungsfragen	Englisch: change of mind, selection, choice, make up one's mind, judgement...

Agonale Dimension	Kurzcharakterisierung	Zusammenhang mit Grammatik	Beispiele aus den thematischen Wörterbüchern/qualitativer Analyse/USAS-Tagger
	ternativen wird thematisiert		Deutsch: beurteilen, eine Entscheidung treffen, beschließen, optieren, wählen, sich entscheiden...
(10) BEENDEN DES AGONALEN ZUSTANDS	– Mit dem Beilegen eines Konflikts wird auch der zuvor stattgefundene Konflikt aufgegriffen		Englisch: eye to eye, acceptance, to meet one halfway, to mollify... Deutsch: Kompromiss, Einigung, den Streit beilegen, das Kriegsbeil begraben
(11) AGONALITÄT DER NICHT EINGETRETENEN OPTION	– Eine fiktionale Welt, die eine Alternative zur eingetretenen Option bildet, wird thematisiert	Modality/ Modalität: Konjunktiv, Modalverben, Konditionalkonstruktionen	Englisch: potential, perhaps... Deutsch: unvorstellbar, Option, Chance...
(12) AGONALITÄT DER NEGATION	– Mit Negationen wird die Gültigkeit einer Proposition außer Kraft gesetzt	Negationen (Verbalnegation sowie Negationsausdrücke) und Abschwächer (z.B. downtoners)	Englisch: not, nobody, never, not at all... Deutsch: keineswegs, nicht, niemals, kein bisschen, niemand, auf keinen Fall...

5 Agonalität in den Untersuchungskorpora: Analyseergebnisse

5.1 Einleitung: Vorgehen und Überblick

In Kapitel 4 wurden potenzielle Indikatoren für Agonalität im Deutschen und Englischen mithilfe texthermeneutischer, quantitativer, grammatischer und lexikologischer Verfahren herausgearbeitet. Dabei konnten zwölf verschiedene Dimensionen der Agonalität und zahlreiche lexikalische und grammatikalische Indikatoren für diese Dimensionen im Sprachvergleich herausgearbeitet werden.[101]

Beim gezielten Suchen nach den Indikatoren traten bereits erste agonale Themenkomplexe in den Untersuchungskorpora zutage. In diesem Kapitel soll nun gezeigt werden, wie sich Agonalität in den Medienkorpora zu den Themen Fracking bzw. Hurrikan Sandy konkret äußert. Im Vordergrund steht damit die beispielhafte diskursanalytische Anwendung der in Kapitel 4 herausgearbeiteten Ergebnisse bezüglich der Indikatoren, um damit die zweite Fragestellung dieser Arbeit (s. Kapitel 1) zu bearbeiten: Wie gestaltet sich die Agonalität in den Diskursen um Fracking und Hurrikan Sandy in den beiden Sprachen, und welche Sprach- und Kulturspezifika lassen sich dabei ausmachen? Wie wird das Verhältnis von Mensch und Natur dabei diskursiv gestaltet?

Dazu wurden die einzelnen Indikatoren aus Kapitel 4 in den Korpora quantitativ und qualitativ überprüft. Dabei konnten verschiedene agonale Zentren eruiert werden, die teilweise Bezüge zueinander aufwiesen. Bei der Analyse bildeten sich folglich verschiedene übergeordnete Themenbereiche heraus, die in den Korpora agonal verhandelt werden. Nach diesen übergreifenden Themenbereichen wird das Kapitel gegliedert; die Gliederung ergibt sich folglich aus den Analyseergebnissen. Dabei fallen Unterschiede und Gemeinsamkeiten zwischen den Subkorpora auf, die im Folgenden erörtert werden. Das Hauptau-

---

[101] Folgende Dimensionen konnten dabei eruiert werden: 1) AGONALITÄT DER EXPLIZITEN GEGENÜBERSTELLUNG, 2) AGONALITÄT DER ZEITLICHEN GEGENÜBERSTELLUNG, 3) AGONALITÄT DER RELEVANZKONKURRENZ, 4) AGONALITÄT DER (NEGATIVEN) WERTUNG, 5) AGONALITÄT DER NEGATIVEN EMOTIONEN, 6) AGONALITÄT VON SCHEIN UND SEIN, 7) AGONALITÄT DER LEXIKALISCHEN GEGENÜBERSTELLUNG, 8) AGONALITÄT DER EXTERNEN HANDLUNGSAUFFORDERUNG, 9) AGONALITÄT DER ENTSCHEIDUNGSTHEMATISIERUNG, 10) BEENDEN DES AGONALEN ZUSTANDS, 11) AGONALITÄT DER NICHT EINGETRETENEN OPTION, 12) AGONALITÄT DER NEGATION. Zum Überblick über die Indikatoren, nach denen in den Korpora gezielt gesucht wurde, siehe Kapitel 4.2, 4.3 und 4.4.

genmerk liegt entsprechend der Darlegungen in Kapitel 4 darauf, was agonal in den Diskursen verhandelt wird. Die Analyseergebnisse werden mit Beispielzitaten und -tabellen erläutert.[102]

In Kapitel 5.2 werden die Korpora zum Thema Fracking im Hinblick auf Agonalität analysiert. Dabei ergeben sich agonale Zentren in der Behandlung von Umwelt- und Sicherheitsaspekten (Kapitel 5.2.1), in der Thematisierung politischer Aspekte (Kapitel 5.2.2), in der Diskussion wirtschaftlicher und globaler Auswirkungen der Frackingtechnologie (Kapitel 5.2.3) und der Debatte um gesellschaftliche und kulturelle Aspekte (Kapitel 5.2.4). Im Anschluss werden die wichtigsten Aspekte zusammengefasst (Kapitel 5.2.5) und die Dimensionen der Agonalität erneut in den Vordergrund gerückt, um zu zeigen, welche Bereiche sich in welcher Dimension besonders manifestieren (Kapitel 5.2.6).

In Kapitel 5.3 werden die Analyseergebnisse zum Mediendiskurs um Hurrikan Sandy präsentiert. Die wichtigsten agonal behandelten Themen sind hier die Kontroverse um das Ausmaß der Naturkatastrophe (Kapitel 5.3.1), die Präsidentschaftswahl (Kapitel 5.3.2), gesellschaftliche Implikationen (Kapitel 5.3.3) und das zugrunde liegende Naturverständnis (Kapitel 5.3.4). Die agonal behandelten Themen sind hier stärker auf zeitlich nahe Gegenstände bezogen, da es sich beim Hurrikan um ein einzelnes Ereignis handelt, während Fracking ein Verfahren ist, das kontinuierlich angewendet und diskutiert wird. Die Themen können somit einer anderen „nominale[n] Sorte[]" (vgl. Konerding 2007, 116) zugerechnet werden. Der jeweilige semantische Relevanzrahmen, d.h. der Konzeptframe (vgl. Konerding 2007, 121ff.), ist damit ein anderer (Ereignis vs. fortlaufende Handlung), was sich auch auf die agonal dargestellten Aspekte auswirkt. Auch bei der Analyse der Hurrikankorpora wird ein Fazit zu den Dimensionen angeschlossen.

In den Kapiteln 5.4 und 5.5 wird die Bedeutung der Ergebnisse beider Analysekapitel im Hinblick auf Sprachvergleich und Unterschiede bzw. Affinitäten zwischen den Dimensionen diskutiert. In Kapitel 5.6 werden die Erkenntnisse zum Mensch-Natur-Verhältnis in den Korpora zusammengefasst.

---

[102] Aufgrund der Fülle an Belegen in den sechs Untersuchungskorpora konnten nicht alle Beispiele aufgeführt werden. Weitere Beispiele zur Illustration können auf Anfrage zugänglich gemacht werden; genauere Angaben zu den zitierten Korpustexten in diesem Kapitel finden sich im Anhang des Buches.

5.2 Agonalität im Mediendiskurs zu Fracking

Wie in Kapitel 3 beschrieben handelt es sich beim Frackingverfahren um eine Bohrtechnik, die es erlaubt, an bisher schwer zugängliches Schiefergas heranzukommen. Der erste Eindruck, der unter anderem dazu führte, das Thema für eine Agonalitätsanalyse auszuwählen, war der einer kontrovers geführten Debatte um verschiedene Aspekte im Zusammenhang mit diesem Verfahren.

Dieser Eindruck bestätigt sich bei einem ersten Blick auf die Agonalitätsindikatoren der EXPLIZITEN GEGENÜBERSTELLUNG (s. Kapitel 4.2.1 und weitere Indikatoren in Kapitel 4.3 und 4.4): Mit den konzessiven und adversativen Konnektoren *but/although/though/however/despite* bzw. *aber/obwohl/trotzdem/jedoch/ trotz* werden die folgenden Autosemantika als signifikante Kollokate in den Korpora berechnet:[103]

Tabelle 15: Erster Überblick über Autosemantika konzessiver und adversativer Konnektoren

Korpus	Autosemantische Kollokate adversativer und konzessiver Konnektoren
US-Fracking-Korpus	gas, said, drilling, oil, state, new, natural, energy, water, fracking, mr., industry, shale, environmental, year
UK-Fracking-Korpus	gas, shale, energy, fracking, said, uk, oil, new, year, government, prices, water, well, power, production, potential, drilling, people, environmental, industry
D-Fracking-Korpus	können, Fracking, geben, müssen, wollen, sollen, Jahr, groß, machen, gut, Deutschland, kommen, USA, gehen, Land, Gas, dürfen, Verfahren

Die Autosemantika geben einen ersten Einblick in agonal verhandelte Sachverhalte und Konzepte in den Korpora. Das Verfahren sowie die Energieformen Öl und Gas selbst werden agonal debattiert; Wasser spielt eine wichtige Rolle, ebenso Akteure wie *government*. Die Neuheit des Verfahrens wird debattiert. Die Umwelt ist dabei ein wichtiger Aspekt der agonalen Diskussion, was sich auf der ausdrucksseitigen Ebene mit der Benennung *environmental* zeigt. Es zeigen

---

[103] Verwendet wurde der T-Score, berechnet innerhalb 10 Wörter links und rechts. Im deutschen Korpus lemmatisierte Version. Die Lemmatisierung wurde mit dem Programm CorpusTransfer (Version 1.3) von Friedemann Vogel (2010–) vorgenommen

sich außerdem spezifische Aspekte in den Korpora: In den Kollokaten des UK-Korpus fällt z.B. der Ausdruck *prices* auf (s. Kapitel 5.2.2).

Diese Kollokate geben einen ersten Einblick, man kann auf ihrer Grundlage aber noch nichts Genaues über die Agonalität in den Korpora aussagen. Dies soll eine genauere Analyse in den nächsten Unterkapiteln mit Blick auf die verschiedenen Dimensionen leisten. Dass das Frackingverfahren umstritten ist, lässt sich aus dieser Tabelle trotzdem bereits erahnen. Die Adjektive *controversial/umstritten* werden eng mit dem Diskussionsgegenstand Fracking verknüpft, wenn man die Kollokate des Ausdrucks selbst betrachtet.

Das agonale Potenzial dieser Diskussion entlädt sich an verschiedenen Punkten. Eine wichtige Rolle spielt dabei die Thematisierung von Umweltproblemen und Sicherheitsfragen. Dies gilt für alle drei Subkorpora, auch wenn die Schwerpunkte verschieden sind. Dieser Aspekt spielt auch in die politischen, wirtschaftlichen und gesellschaftlichen Erörterungen mit hinein.

Es wird folgendermaßen vorgegangen: Die in Kapitel 4 eruierten potenziellen Indikatoren der verschiedenen Dimensionen der Agonalität (sowohl die lexikalischen Ausdrücke als auch die grammatischen Konstruktionen) werden gezielt in den Subkorpora zum Thema Fracking gesucht. Bei häufigen Indikatoren wird dabei quantitativ auf Kollokate geachtet, bei weniger häufigen werden Konkordanzen genau qualitativ ausgewertet (vgl. dazu auch Baker 2006). Bei diesem Verfahren ergeben sich Sachverhalte, Akteure und Positionen, die einander immer wieder gegenübergestellt werden und die zu agonalen Zentren zusammengefasst werden. Diese ähneln einander teilweise thematisch, sodass sie in die Bereiche Umwelt- und Sicherheitsaspekte (Kapitel 5.2.1), die Thematisierung politischer Aspekte (Kapitel 5.2.2), die Diskussion wirtschaftlicher und globaler Auswirkungen der Frackingtechnologie (Kapitel 5.2.3) und die Debatte um gesellschaftliche und kulturelle Aspekte (Kapitel 5.2.4) eingeordnet werden können. Die thematische Gliederung ergibt sich folglich aus der Analyse. Genauso wird bei den Analyseergebnissen zur Berichterstattung zum Hurrikan Sandy in Kapitel 5.3 verfahren.

Viele der agonalen Zentren weisen eine Affinität zu bestimmten Dimensionen der Agonalität auf, während andere durch ganz unterschiedliche sprachliche Mittel konstruiert werden. Dies soll bei der Nennung der agonalen Zentren kurz erwähnt und dann in 5.2.6 genauer diskutiert werden, während zunächst die Diskussion und Analyse der einzelnen agonalen Zentren im Vordergrund stehen.

5.2.1 Agonale Thematisierung von Umwelt- und Sicherheitsaspekten

Zahlreiche agonale Zentren beziehen sich auf die thematischen Aspekte Umwelt und Sicherheit. Dazu gehören die Diskussion von Trinkwassersicherheit (Kapitel 5.2.1.1), Erdbebengefahr (Kapitel 5.2.1.2), Klimawandel (Kapitel 5.2.1.3), Bewertung von Umweltschützern (Kapitel 5.2.1.4), Fracking im Vergleich mit anderen Energiegewinnungsformen (Kapitel 5.2.1.5) und ästhetischen Naturbildern (Kapitel 5.2.1.6). Aus der Analyse der Agonalitätsindikatoren ergeben sich agonale Aspekte, die dabei diskutiert werden und im Folgenden dargestellt werden.

5.2.1.1 Agonale Thematisierung der Trinkwassersicherheit: ›Fracking gefährdet das Trinkwasser‹ vs. ›Bei korrekter Anwendung der Technologie gefährdet Fracking das Trinkwasser nicht‹

Hierbei relevante Agonalitätsindikatoren: aus verschiedenen Dimensionen, v.a. AGONALITÄT DER EXPLIZITEN GEGENÜBERSTELLUNG, AGONALITÄT DER ZEITLICHEN GEGENÜBERSTELLUNG und AGONALITÄT VON SCHEIN UND SEIN.

Bei der Untersuchung der verschiedenen Agonalitätsindikatoren aus Kapitel 4 fällt vor allem in den deutschen und amerikanischen Texten die Thematisierung der Trinkwassersicherheit auf. Dies ist einer der wichtigsten Punkte, die agonal in diesem Diskurs verhandelt werden, was sich auch daran zeigt, dass *water* in den englischsprachigen Subkorpora ein enges Kollokat der adversativ und konzessiv verknüpfenden Konnektoren (AGONALITÄT DER EXPLIZITEN GEGENÜBERSTELLUNG) ist (siehe Tabelle 15); doch auch mit Indikatoren anderer Dimensionen kommt das agonale Zentrum vor. Dies kann mit verschiedenen sprachlichen Verweisen auf die Konzepte ›Fracking gefährdet das Trinkwasser‹ vs. ›Bei korrekter Anwendung der Technologie gefährdet Fracking das Trinkwasser nicht‹ geschehen; das agonale Zentrum stellt eine Abstraktion dieser zahlreichen Einzelbeispiele dar.

Während die Frackingbefürworter die Gefährdung des Trinkwassers durch Bohrung und Chemikalien verneinen, wird auf Seiten der Gegner eine potenzielle Verseuchung des Trinkwassers gefürchtet (vgl. die folgenden Beispiele aus dem US-Frackingkorpus):

(F89) **"No one wants to admit it, but** at some point, even with reuse of this water, you have to confront the disposal question," said Brent Halldorson, chief operating officer of Aqua-Pure/Fountain Quail Water Management, adding that the wastewater contains barium, strontium and radioactive elements that need to be removed. (New York Times, 2.3.2011)

(F90) "Water is the new oil. It's going to be priceless someday," Rodden said. "It can be very tempting to take the money, **but** taking money and allowing this to happen could be to the detriment of eastern Colorado." (Denver Post, 13.4.2011)

(F91) "We **had** the best water here," said Fiorentino, 67. [Absatz] That was before Marcellus Shale gas drilling came to Dimock. **At first**, Fiorentino said her water got a little cloudy. **Then** her well blew up on New Year's Day. The blast shattered the well's heavy concrete cover and scattered it on her front yard. (Philadelphia Inquirer, 13.12.2009)

(F92) **Notwithstanding exaggerated fears** of damage to ground water systems, the rampup in shale-gas production has been the **best economic and environmental news** in years. (Buffalo News New York, 14.3.2010)

Die Verseuchung des Wassers wird als Problem beschrieben, das von den Verantwortlichen nicht transparent dargestellt wird (vgl. Beispiel (F89): *no one wants to admit it*). In (F90) wird der finanzielle Anreiz (*take the money*) mit dem Konnektor *but* dem möglichen Schaden (*detriment*) gegenübergestellt. Hier geht es damit vor allem um die Abwägung zwischen wirtschaftlichem Vorteil und Umweltfragen: ein Aspekt, der auch in anderen Kontexten relevant wird. In (F91) wird die Verschlechterung der Wasserqualität als ZEITLICHE GEGENÜBERSTELLUNG aufgezeigt: Vor der Frackingbohrung war das Wasser von hoher Qualität (vgl. die Form *we had*); danach wird die Qualität als mangelhaft bewertet, was als fortschreitender Prozess mit Indikatoren der ZEITLICHEN GEGENÜBERSTELLUNG beschrieben wird (*at first* und *then*). Der Einsatz von Fracking wird hier kausal verantwortlich gemacht, da er der Qualitätsverschlechterung vorausging (post hoc ergo propter hoc). Die Frackingbefürworter hingegen stellen die Ängste als übertrieben (*exaggerated fears*) dar (F92) und betonen die Vorteile für Umwelt und Wirtschaft. Immer wieder werden in diesem Zusammenhang auch der Methanaustritt aus dem Wasserhahn und das Entflammen von Wasser thematisiert (siehe auch Kapitel 6.1).

Auch im deutschen Frackingkorpus finden sich ähnliche Zitate, teils mit Hinweis auf die Situation in den USA:

(F93) In den USA gibt es Fracking schon seit den 50er Jahren, bei bisher etwa einer Million Anwendungen ist dort **kein Grundwasserschaden bekannt**. (Aachener Nachrichten, 20.2.2013)

(F94) Sensiblen Grundwasserschichten kommt man daher viel näher **als früher**. Geologe Sass rät daher zur Zurückhaltung. (Stuttgarter Nachrichten, 20.10.2012)

(F95) Drei Zutaten – mehr sind nicht drin im deutschen Bier. Wasser, Gerstenmalz und Hopfen. Entsprechend empfindlich reagieren die Brauereien, wenn einer dieser Grundstoffe bedroht ist. Peter Hahn findet daher klare Worte: „Fracking **gefährdet unser Brauwasser**", warnt der Hauptgeschäftsführer des Deutschen Brauer-Bundes. (Die Welt, 20.4.2013, leichte Formatanpassung)

(F96) Was völlig unmöglich erscheint, ist in diversen Gemeinden an der amerikanischen Ostküste Realität: Ihr Trinkwasser enthält neuerdings brennbares Erdgas, Brunnen werden unbrauchbar, erboste Anwohner stellen Videos wie das vom **brennenden Wasser** zu Hunderten ins Internet. (Welt Online, 26.4.2012)

Beispiel (F93) postuliert, dass *kein Grundwasserschaden bekannt* sei: Diese NEGATION durch *kein* ruft allerdings mental den möglichen Grundwasserschaden auf und impliziert, dass es durchaus nicht bekannt gewordene Schäden geben könnte (siehe dazu auch Kapitel 4.3 zur Dimension AGONALITÄT DER NEGATION). (F94) stellt dagegen die besondere Gefährdung gegenüber früher in einer ZEITLICHEN GEGENÜBERSTELLUNG (wie schon zuvor in (F91)) dar. Spezifisch für das deutsche Korpus ist die Thematisierung der Wassergefährdung im Hinblick auf Brau- und auch Mineralwasser (*gefährdet* stellt eine NEGATIVE WERTUNG dar) (F95). Der sogenannte Brandbrief der Brauer an die Bundesregierung wird auch vereinzelt als typisch deutsches Phänomen in der britischen Presse aufgegriffen:

(F97) Fracking could **ruin** German beer industry, brewers tell Angela Merkel; German brewers have warned Chancellor Angela Merkel that any law allowing the **controversial** technique known as fracking could damage the country's cherished beer industry. (telegraph.co.uk, 23.5.2013)

(F98) FRACKING, which involves using chemicals and water at high pressure underground to extract shale gas, is hugely **controversial**. It has even been linked to earthquakes. But I've found a new reason to **oppose** it. Fracking could **ruin** beer. German brewers say it could pollute water used for brewing. That would make me very **bitter**. (The Express, 31.5.2013, Großschreibung im Original)

Während (F97) eher berichtend auf die Sorgen der Brauer verweist und nur am Rande auf die Bierkultur Deutschlands hindeutet (*the country's cherished beer industry*), ist der Artikel in (F98) klar wertend und positioniert den Autor, der als *I* auch in Erscheinung tritt, klar als Gegner von Fracking und auf der Seite der deutschen Brauer. Dies geschieht mit Indikatoren aus verschiedenen Dimensionen: *controversial* und *oppose* verweisen auf die EXPLIZITE GEGENÜBERSTELLUNG, *ruin* ist eine NEGATIVE WERTUNG, und *bitter* bezieht sich hier auf die NEGATIVE EMOTION des Autors. Eine spezifisch deutsche Ergänzung zum agonal verhandelten Konzept ›Fracking gefährdet das Trinkwasser‹ wäre damit ›Fracking gefährdet Mineral- und Brauwasser‹, was auch wirtschaftliche Folgen für die betroffenen Zweige der Lebensmittelindustrie hätte (siehe auch Kapitel 6.1).

Teils einher mit der Thematisierung von Gefahren geht die Kritik an der mangelnden Transparenz, was die Frackflüssigkeit und das Verfahren an sich betrifft. Die agonale Dimension SCHEIN UND SEIN ist dabei sehr ausgeprägt. Umweltschützer und Frackingbefürworter werfen sich gegenseitig Verschleierung vor und stellen die andere Seite als nicht offen kommunizierend dar:

> (F99) The main one they've relied upon for years – the **alleged threat** of groundwater pollution – has nearly run its course. If fracking fluids were able to migrate thousands of feet through layers of shale to well water, you'd think one such instance would eventually come to light. **It hasn't.** (Denver Post, 24.3.2012, leichte Formatanpassung)
> (F100) Schlimm, diese **Meinungsmache** gegen, so der treffendere Ausdruck, Fracturing. Es wurden schon viele Bohrungen in Deutschland mit diesem Verfahren behandelt in 50 Jahren – **ohne Folgen** für die Umwelt. Ihr Aufmacher macht aber den Eindruck, als ob dieses Verfahren höchst gefährlich und unsicher ist. Bei den **gefährlichen flüssigen Chemikalien** handelt es sich um **Wasser** und als Viscosifier **Xanthan Gummi, das man auch in Zahncreme etc. hat.** (Hamburger Abendblatt, 18.2.2013, Leserbrief, leichte Formatanpassung)
> (F101) **Wer** gibt sie [wissenschaftliche Bohrungen, Anm. AM] in Auftrag, **wer** bezahlt sie, **wer** wertet sie aus, und **wie** steht's um die demokratische Kontrolle? Dahinter steckt der **Verdacht**, dass hier die Konzerne eine wichtige Rolle spielen könnten, das erkenntnisleitende Interesse der Forscher zu steuern. (Rheinische Post Düsseldorf, 21.9.2012)

Teil der Argumentation pro Fracking ist, dass es für die Gefährdung des Wassers und des Bodens keine Beweise gebe. Dies wird in (F99) und (F100) deutlich. In (F99) wird mit *alleged* ein Indikator aus der Dimension SCHEIN UND SEIN verwendet, um die Realität dieser Bedrohung anzuzweifeln. In der Fortsetzung zeigt der *If*-Satz eine NICHT EINGETRETENE OPTION auf: Kein Beispiel ist bekannt (siehe auch Beispiel (F93)), was als Beweis für die grundlose Sorge gilt. In (F100) wird mit *Meinungsmache* unseriöse Berichterstattung unterstellt. Der Verfasser des Leserbriefs verweist mit einer Negation von Folgen durch *ohne* ebenfalls auf den Mangel an Beweisen hin. Zudem wird in der AGONALITÄT DER LEXIKALISCHEN GEGENÜBERSTELLUNG die Behauptung, gefährliche Chemikalien kämen zum Einsatz, mit der Nennung von Wasser bzw. harmlosen Chemikalien kontrastiert (*gefährlichen flüssigen Chemikalien* vs. *Xanthan Gummi, das man auch in Zahncreme etc. hat*). Dadurch soll die Behauptung des Gefahrencharakters durch die Frackinggegner entkräftet werden. In (F101) wird dagegen die Unabhängigkeit von wissenschaftlichen Studien zum Thema angezweifelt. Dies geschieht mithilfe einer Liste von Fragen, die ungeklärt im Raum stehen bleiben, sowie dem Indikator *Verdacht*, der die Ehrlichkeit in diesem Diskurs in Zweifel zieht. Insgesamt erscheint das Wissen um die Gefahren in diesem Diskurs wenig gesichert und umstritten und Transparenz als hoher Wert, den aber verschiedene Seiten und Positionen für sich beanspruchen. Die technische Beherrschung der Natur erscheint aus der einen Position heraus als möglich, wünschenswert und als zugrunde zu legendes Naturkonzept, aus der anderen Position jedoch nicht. Da die Beweislage umstritten ist und die jeweiligen Beweisansprüche von der anderen Seite nicht akzeptiert werden, kommt es in der Frage der Trinkwassersicherheit nicht zum Konsens.

5.2.1.2 Agonale Thematisierung der Erdbebengefahr: ›Fracking verursacht Erdbeben‹ vs. ›Fracking verursacht keine Erdbeben‹

Hierbei relevante Agonalitätsindikatoren: aus verschiedenen Dimensionen, vor allem AGONALITÄT DER RELEVANZKONKURRENZ und AGONALITÄT DER NEGATION

Dieses agonale Zentrum herrscht vor allem im UK-Korpus vor. Die Vorkommnisse werden hier auch ausdrucksseitig als *earthquake(s)* benannt und in Kotexten agonaler Indikatoren thematisiert. Dies liegt mit hoher Wahrscheinlichkeit daran, dass konkrete seismische Vorfälle in Nordengland kontrovers diskutiert werden, während in Deutschland mit dem Bodensee ein Trinkwassergebiet im Vordergrund der Diskussion steht und in den USA vornehmlich Klagen über Wasserverschwendung und -qualität verhandelt werden. Dies zeigt, wie die Prägung durch einen spezifischen Pressediskurs die Informationen, die ein Diskursteilnehmer erhält, filtert, denn die Erdbebengefahr wirkt bei Beschränkung des Blicks auf den amerikanischen und deutschen Diskurs als kaum bedeutsam und als irrelevant für den Diskurs.[104]

Folgende Beispiele aus dem UK-Korpus zeigen, wie mit der Unklarheit über die Ursache von Erdbeben im Zusammenhang mit Fracking diskursiv umgegangen wird:

> (F102) The scientists rightly point out that tremors resulting from subterranean meddling are nothing new. Half of all the UK's earthquakes in the last 100 years were caused by coal mining. They also rightly highlight that the biggest vibration likely to result from gas fracking – about magnitude three – might crack the plaster in a house unlucky enough to be overhead, but **it will not rend Lancashire asunder.** (Guardian, 17.4.2012, leichte Formatanpassung)
>
> (F103) A group of independent experts found last month that the use of fracking to extract the shale gas had **likely caused the recent earthquakes** across the north-west. (Morning Star, 24.11.2011)
>
> (F104) The saga of the **trivial** Lancashire tremors sums up the vacuity of the Coalition's energy policy. (Mail Online, 24.3.2013)

---

[104] Im UK-Korpus ist das Lemma *earthquake* ein zentrales Keyword (Referenzkorpus: US-Frackingsubkorpus). Zur Berechnung siehe. Kapitel 3. Die meisten der Erkenntnisse, die in Kapitel 5 über das UK-Korpus dargestellt werden, beziehen sich auf Großbritannien, weniger auf Nordirland, sofern nicht anders angegeben.

Diese drei Textausschnitte verdeutlichen beispielhaft, wie sich das agonale Zentrum ›Fracking verursacht Erdbeben‹ vs. ›Fracking verursacht keine Erdbeben‹ manifestiert. Vor allem die Dimension AGONALITÄT DER RELEVANZKONKURRENZ spielt dabei eine Rolle: Befürworter des Frackings verneinen nicht unbedingt die (seismisch messbaren und damit faktual belegbaren) Erdbeben, sehen die Erdbeben aber als *trivial* (F104) und damit als nicht relevant für die allgemeine Entscheidung über Fracking an. In (F102) wird leicht ironisch darauf hingewiesen, dass Lancashire durch diese geringfügigen Erschütterungen nicht auseinandergerissen werde (*it will not rend Lancashire asunder*); mit einer NEGATION wird die Relevanz der Erdbeben dabei bestritten. Gleichzeitig finden sich zahlreiche allgemeine Berichte über die Erdbeben mit dem Verweis auf einen Zusammenhang (*likely caused the recent earthquakes*) mit Fracking (siehe F103). Das Zitat (F104) macht außerdem deutlich, welchen politischen Einfluss die Erdbeben in Lancashire haben, auch wenn ihnen Ausmaß und Wahrheitscharakter abgesprochen werden.

Sowohl die Trinkwassersicherheit als auch die Erdbeben sowie Auswirkungen auf Luft und Boden werden insgesamt im Diskurs als ungeklärte agonale Aspekte betrachtet. Dies gilt für alle drei Frackingkorpora. Fracking wird damit in Bezug auf die direkten Umweltfolgen kontrovers konzeptualisiert.

5.2.1.3 Agonale Thematisierung des Klimawandels: ›Fracking beeinflusst den Klimawandel negativ‹ vs. ›Fracking beeinflusst den Klimawandel positiv‹

Hierbei relevante Agonalitätsindikatoren: verschiedene Dimensionen, vor allem AGONALITÄT DER EXPLIZITEN GEGENÜBERSTELLUNG und AGONALITÄT DER (NEGATIVEN) WERTUNG

Climate change ist ein häufiger Ausdruck in den untersuchten englischsprachigen Korpora und spielt in diesem Diskurs eine wichtige Rolle. Dies ist eine Gemeinsamkeit, die beide hier untersuchten Diskursthemen teilen, denn auch im Korpus mit Texten zu Hurrikan Sandy geht es um den Klimawandel (s. 5.3), was die Bedeutung dieses Konzepts für verschiedenste Umweltthemen zeigt.[105]

---

[105] Vgl. dazu auch Nerlich/Forsyth (2012) und Tereick (2016).

Tabelle 16: *Klimawandel/climate change* in den Untersuchungskorpora[106]

Korpus	Zahl der Nennungen von *Klimawandel*/ climate change*	Korpus	Zahl der Nennungen von *Klimawandel* / climate change*
US-Fracking-korpus	522 (186,5/Mio. Wörter)	US-Hurrikan-korpus	1271 (212,5/Mio. Wörter)
UK-Fracking-korpus	2016 (733,6/Mio. Wörter)	UK-Hurrikan-korpus	978 (313/Mio. Wörter)
D-Fracking-korpus	65 (58,2/Mio. Wörter)	D-Hurrikan-korpus	400 (378/Mio Wörter)

Besonders im UK-Frackingkorpus wird *climate change* häufig genannt (zum Vergleich: im Corpus of Contemporary American English (Stand 7.11.2016) kommt *climate change* nur 16,5mal pro Million Wörter vor). Im Verhältnis von Mensch und Natur ist der Klimawandel ein zentrales Konzept und wird, wie in den Beispielen zu sehen sein wird, sowohl von Befürwortern als auch von Gegnern als Argument eingesetzt (vgl. Wengeler 2013, 199 zu Topoi, die von verschiedenen Seiten zur Begründung genutzt werden, sowie Wengeler 2003 allgemein zu Topoi). Fracking wird folglich nicht nur im Zusammenhang mit lokalen und regionalen Einflüssen auf Wasser, Luft und Boden agonal diskutiert, sondern auch in seinen Umweltauswirkungen auf globaler Ebene. In den britischen Medien wird dies besonders intensiv zur Sprache gebracht und zeigt sich etwa auch in einem Konflikt zwischen dem als umweltbewusst bekannten Kronprinzen Charles und Wirtschaftsvertretern.[107]

Frackingbefürworter, insbesondere in den USA, werten den Einfluss von Fracking auf den Klimawandel positiv, vor allem im Hinblick auf die geringere Luftverschmutzung im Vergleich zu Kohle.

> (F105) Those who would ban fracking or regulate it into oblivion **ignore the exceptional benefits** that inexpensive natural gas can provide in the biggest environmental **fight** of our time – against climate change. (washingtonpost.com, 7.10.2012, leichte Formatanpassung)

---

106 Die relativen Häufigkeiten werden pro Million Wörter angegeben; vgl. zu normalisierten Angaben auch Evison (2012, 126).
107 Als Beispiel mag hier das folgende Zitat aus dem Korpus dienen: „Prince Charles has attacked corporate lobbyists and climate change sceptics for turning the Earth into a "dying patient", making his most outspoken criticism yet of the world's failure to tackle global warming." (Guardian, 10.5.2013)

(F106) Since gas can produce electricity with less than half the greenhouse-gas emissions of coal, the environmental benefits might enable the United States to play a pivotal role in the **battle against** climate change. (Buffalo News New York, 14.3.2010)

Der Klimawandel wird in den Beispielen als militanter Gegner mit Ausdrücken wie *fight* (F105) oder *battle against* (F106) perspektiviert, wodurch ein agonaler Kampf postuliert wird. Fracking ist hier als Möglichkeit dargestellt, die Umwelt gegen einen solchen Gegner zu schützen, besonders im Vergleich mit anderen Energiegewinnungsformen. Wie in (F105) wird den Frackinggegnern vielfach vorgeworfen, die klimabezogenen Vorteile des Frackings zu ignorieren (*ignore the exceptional benefits*). Auch die Befürworter des Frackings argumentieren also mit dem Schutz der Umwelt, hier auf einer globalen Ebene, und nicht nur auf wirtschaftlicher Basis (s. Kapitel 5.2.2).

Die Gegner des Frackingverfahrens dagegen betrachten das Klimaschutzargument entweder als schwach im Hinblick auf die oben dargestellten direkten Auswirkungen auf Boden, Wasser und Luft oder als völlig falsch (F107):

(F107) Gas is not a green option. Gas may be **greener** to burn in the production of electricity than either coal or oil **but** burning gas still means spewing out millions of tonnes of carbon dioxide into the atmosphere, causing **disastrous** climate change in many areas of the world. (East Kent Mercury, 12.7.2012)

Auch wenn in (F107) grundsätzlich zugestanden wird, dass Gas im Vergleich zu anderen fossilen Brennstoffen tatsächlich *greener* ist, wird diesem Zugeständnis mit *but* die immer noch enorme CO_2-Belastung gegenübergestellt. Die NEGATIVE WERTUNG *disastrous* perspektiviert verstärkend die Auswirkung auf den Klimawandel. Eine Variation dieser Argumentation ist die Sorge, dass erneuerbare Energien, die – was im Diskurs Konsens scheint – die Klimaerwärmung nicht negativ beeinflussen, nun angesichts der Investitionen in Fracking kaum noch finanziell gefördert werden (F108). Dem steht die Behauptung gegenüber (etwa von EU-Energiekommissar Günter Oettinger vertreten), dass Fracking eher als Übergangslösung (*complementary* in (F109)) zu sehen sei, bis erneuerbare Energien flächendeckend eingesetzt werden können.

(F108) ZEIT: Die IEA [International Energy Agency] betont, dass Gas eine Brücke zu den erneuerbaren Energien ist. Tatsächlich wird in den USA nicht nur Kohle durch Gas ersetzt, das billige Gas **hemmt** obendrein **Investitionen** in die Sonnen- oder Windenergie. (Zeit Online, Interview mit IEA-Chefin van der Hoeven, 7.2.2013)

(F109) Some in the gas industry claim the gas is **complementary** to renewables, as it can provide flexible back-up power. This argument is accepted by Oettinger, who says gas and renewable energy will each be needed for flexible, low-carbon, power. (Guardian, 21.4.2011)

Insgesamt wird der Klimawandel in den Korpora vielseitig als Argument genutzt. Andere Energieformen werden dabei teilweise als Vergleich herangezogen, was in Kapitel 5.2.1.5 ausführlicher diskutiert wird.

5.2.1.4 Wertung der Umweltschützer als Gruppe: ›Umweltschützer sind eine wichtige Gruppe‹ vs. ›Umweltschützer sind eine nicht ernstzunehmende oder schädliche Gruppe‹

Hierbei relevante Agonalitätsindikatoren: insbesondere aus den Dimensionen AGONALITÄT DER (NEGATIVEN) WERTUNG und AGONALITÄT DER NEGATIVEN EMOTIONEN

Wie schon in Kapitel 5.2.1.3 gezeigt wird der Schutz des Klimas auch von Befürwortern des Frackingverfahrens zumindest teilweise als relevant eingestuft und dient als Argument für die Gasförderung. Umweltschutzgruppen werden dabei allerdings – ganz besonders im US-Korpus – teilweise sehr negativ dargestellt. Ihre Argumente werden als nicht rational eingestuft (etwa mit Indikatoren der Dimension AGONALITÄT DER NEGATIVEN EMOTIONEN) und sie werden als Akteursgruppe stark abgewertet. Dies gilt weniger für das deutsche Korpus, vermutlich da grüne Anliegen hier seit längerer Zeit politisch und gesellschaftlich eine wichtige Rolle spielen. Doch auch hier wird vereinzelt mit negativer Emotionszuschreibung versucht, die Sorgen von Umweltschützern als wenig vernunftgeleitet einzustufen:

> (F110) When even **a reflexively overreaching extremist** like US Environmental Protection Administrator Lisa Jackson sees only an upside to hydraulic fracturing, isn't it time for Albany to climb on board too? (New York Post, 26.2.2012)
> (F111) They [the people] aren't overwhelmingly concerned about the **fear tactics** being employed by the administration and its **enviro-extremist** pals to slow down drilling in the United States. (The Oklahoman, 28.1.2012)
> (F112) Es ist **kein versprengter Haufen radikaler Naturschützer**, der gegen die Fördermethode zu Felde zieht, von der sie eine Bedrohung für das Grundwasser befürchten. Für ihren Kampf gegen Fracking haben Bürgerinitiativen aus Nordrhein-Westfalen und Niedersachsen nach eigenen Angaben 13.000 Unterschriften gesammelt, die nun dicke Aktenordner füllen. (dapd Landesdienst, 9.8.2011)

In (F110) und (F111) werden Umweltschützer als extremistisch und rationalen Argumenten aus Fanatismus nicht zugänglich eingestuft (siehe *a reflexively overreaching extremist* (F110) und das Determinativkompositum *enviro-extremist* (F111)). Den extremen Umweltschützern wird taktische Angstverbreitung vorgeworfen. Es ergibt sich ein Netz aus agonalen Verflechtungen, die die NEGATIVE

WERTUNG der Naturschützer zeigen. Auch in (F112) ist diese NEGATIVE WERTUNG in Ansätzen erkennbar: Zwar werden die Bürgerinitiativen als beeindruckend und relevant dargestellt; aber das Gegenbild *radikaler Naturschützer* ist hier zumindest in der Negation präsent (vgl. Fellbaum/Felder 2013 und Kapitel 4.3.2.4). Es muss also auch im deutschsprachigen Raum ein negatives Konzept eines radikalen Naturschützers existieren, das hier negiert wird, um die hier vorliegende Initiative als seriös zu kennzeichnen. *Versprengter Haufen* kontrastiert dabei lexikalisch mit *Bürgerinitiativen*, die organisierter wirken und damit in dieser Darstellung bessere Chancen auf Erfolg haben (s. Kapitel 5.2.4.2).

Es gibt somit in allen Frackingkorpora das Konzept des ›radikalen Naturschützers‹, der negativ bewertet wird. Während im deutschen Korpus stärker auch andere umweltbewusste Positionen neutral oder positiv auftreten, ist dieses Konzept im US-Korpus durchaus in negativer Form ausgeprägt und fungiert als Klischee, um die Frackinggegner zu diskreditieren. Natur ist in dieser Vorstellung eine vom Menschen zu nutzende Ressource; wer sich der Nutzung verweigert, tut bereits etwas Radikales und stellt diese Vorstellung in Frage.

5.2.1.5 Fracking und andere Energieformen: ›Fracking ist besser als erneuerbare Energien‹ vs. ›Erneuerbare Energien sind besser als Fracking‹

Hierbei relevante Agonalitätsindikatoren: vor allem die Dimensionen AGONALITÄT DER (NEGATIVEN) WERTUNG und AGONALITÄT DER RELEVANZKONKURRENZ

Wie schon in Kapitel 5.2.1.3 dargelegt bewerten Frackinggegner erneuerbare Energien als klimafreundlicher und damit als besser als die Gasförderung. Gleichzeitig gibt es aber gerade in den US- und UK-Frackingkorpora starke Abwertungen der erneuerbaren Energien. Vor allem im UK-Korpus zeigt sich eine ausgeprägte Gegnerschaft gegen die Windenergie. Einhergehend mit einer teilweise sehr NEGATIVEN WERTUNG von Umweltschützern (s. Kapitel 5.2.1.4) werden erneuerbare Energien als unwirtschaftliche fixe Idee der Naturschützer und insgesamt als unzuverlässig betrachtet. Dies wird in Kapitel 5.2.1.6 bei der Betrachtung der Natur unter ästhetischen Aspekten noch genauer beschrieben. Vorerst sollen einige Beispiele die NEGATIVE WERTUNG der erneuerbaren Energien verdeutlichen:

(F113) By abandoning wind, nuclear and other **failed, risky** or **dubious** 'renewables', and exploiting the benefits of shale gas, we can simultaneously boost our economy and shrink

our national carbon footprint. It would be irresponsible to ignore such an opportunity. (Mail Online, 17.3.2013)
(F114) Forget renewables, they're too **unpredictable**. (New Scientist, 12.6.2010)
(F115) Green Party policy is to depend on (often **unreliable**) renewables and to be more energy-efficient, but how will this meet increasing global energy needs? It won't. (Belfast Telegraph, 8.12.2011, Leserbrief)

Die erneuerbaren Energien werden in (F113)–(F115) mit NEGATIVEN WERTUNGEN attribuiert (*failed, risky, dubious, unpredictable, unreliable*). Alle potenziellen Energiequellen speisen sich aus Rohstoffen, doch die erneuerbaren Energien gelten trotz ihrer auch zukünftigen Verfügbarkeit als die unsicheren und unzuverlässigen Quellen im Vergleich zu fossilen Brennstoffen. Während im UK-Frackingkorpus dabei vor allem die Windenergie als unzuverlässig kritisiert wird, betrachten einige Akteure in den USA auch die Solarenergie als gescheitert.[108] Erneuerbare Energien werden damit nicht unbedingt als Weg in die Zukunft perspektiviert. Teilweise wird sogar die Kohleindustrie befürwortet, als nach wie vor besonders gut zu nutzende Quelle.

(F116) Dirty, fickle and dangerous, coal may seem an **odd contender** in a world where promising renewable energy sources like solar, wind and hydroelectric power are attracting attention. Anathema to environmentalists because it creates so much pollution, coal still has the **undeniable advantages** of being widely available and easy to ship and burn. (New York Times Blogs, 12.11.2012)

In (F116) wird zugestanden, dass Kohle nicht mithalten kann, was die Sauberkeit der Energie betrifft (*odd contender* in der DIMENSION DER RELEVANZKONKURRENZ), doch pragmatische Faktoren, die nicht zu leugnen seien (*undeniable*), spielen ebenfalls eine Rolle.

Verschiedene Energieformen befinden sich in diesem Diskurs folglich im Wettstreit und werden agonal gegeneinander positioniert. Der Bezug zu Mensch und Natur wird dabei unterschiedlich dargestellt. Die Natur muss bei allen Energieformen genutzt werden (sei es zum Kohleabbau oder zur Nutzung von Wind etc.). Ihre Zuverlässigkeit wird dabei aber zum einen unterschiedlich eingeschätzt: Lagerstätten von Kohle oder Gas wird dabei größere Zuverlässigkeit zugesprochen als zeitgebundenen Wetterphänomenen wie Sonnenschein oder Wind. Zum anderen wird abgewogen, wie langfristig die einzelnen Energiefor-

---

108 Immerhin 19mal findet sich im US-Fracking-Korpus im Kotext von *fail** der Ausdruck *solar* (10l10r, T-Score ≈4,5), während im UK-Fracking-Korpus kein gemeinsames Vorkommen von *solar* und *fail** zu finden ist.

men nutzbar sind. Ethische Fragestellungen, ob die Natur in dieser Form überhaupt genutzt werden darf, werden in den Korpora kaum geäußert.

5.2.1.6 Ästhetische Naturbilder: Konflikte im Zusammenhang mit dem Konzept von Natur als Idylle

Hierbei relevante Agonalitätsindikatoren: aus verschiedenen Dimensionen

Ausgangspunkt dieser Dissertation ist Agonalität in Diskursen um das Verhältnis von Mensch und Natur. Die Energiegewinnung durch Fracking ist dabei eine Möglichkeit, die Natur für den Menschen nutzbar zu machen. In den Abschnitten zur wirtschaftlichen Nutzung (Kapitel 5.2.3) wird das Konzept ›Natur als nutzbar‹ im Vordergrund stehen. Gleichzeitig existiert aber im Diskurs an vielen einzelnen Stellen bei der Argumentation gegen Fracking auch das Konzept von ›Natur als ästhetisch schön‹. In allen drei Subkorpora wird, wenn auch tendenziell am Rande und eher implizit bei qualitativem Lesen von Konkordanzen zu finden, agonal thematisiert, dass sich Fracking auf den Urzustand der Natur auswirkt, und zwar in negativ gewerteter Weise. Dies unterscheidet sich von den oben thematisierten Streitfragen um Grundwasser oder globale Erwärmung insofern, als es hier um optisch oder akustisch direkt wahrnehmbare Auswirkungen geht, die die Schönheit der Natur aus Sicht der Kritiker beeinträchtigen. Dies zeigt sich etwa im US-Korpus am feststehenden Syntagma *change the face*, mit dem auf Landschaften Bezug genommen wird; die Landschaft wird mit dem Verweis auf veränderte Gesichtszüge anthropomorphisiert. Natur wird in diesen Verwendungen als Idylle perspektiviert, die vom Fracking gestört wird.

Die folgenden Beispielzitate verdeutlichen, wie sich dies in den Korpora äußern kann:

> (F117) **Compare** the **ruined** Pennsylvania forest with our **intact** New York State forest. (Buffalo News New York, 1.12.2010, im Original mit Bilderstrecke)
> (F118) Sir Simon said failure to have a plan meant **unprotected** areas of the countryside would be targeted by developers, and that the 60 to 70 per cent of land in England that is **not protected** by a special designation, such as an **Area of Outstanding Natural Beauty**, **faced a "serious threat"**. (Daily Telegraph, 7.3.2013)
> (F119) Too bad Sean Scherer's wonderful store and farmhouse are likely to be **ruined** by the natural-gas rush in the Catskills. (New York Times, 5.11.2009, Leserbrief)

In (F117) und (F118) wird die Befürchtung geäußert, dass Fracking die Landschaft zerstört. In (F117) geschieht dies innerhalb der agonalen DIMENSION DER

EXPLIZITEN GEGENÜBERSTELLUNG mit dem Indikator *compare*, der einen Landesteil der USA, in dem Fracking bereits praktiziert wird, dem noch unberührten und idyllischen Wald in New York State gegenüberstellt (*ruined* vs. *intact*). In (F118) ist die Natur im Vereinigten Königreich, die nicht speziell geschützt ist, bedroht und wird möglicherweise in der Zukunft zerstört (vgl. z.B. den Indikator *face* aus der AGONALITÄT DER ZEITLICHEN GEGENÜBERSTELLUNG). Beachtenswert ist dabei die Rolle der ›Natur als passiv und menschlichen Schutzes bedürftig‹ (*unprotected; not protected*); dies kann mit der Rolle im Diskurs um Hurrikan Sandy in Kapitel 5.3 kontrastiert werden, aber auch mit dem Blick auf ›Natur als unberechenbar‹ (wie oben im Abschnitt 5.2.1.5 zu den erneuerbaren Energien beschrieben). Die Naturidylle als handlungsleitendes Konzept wird auch in der institutionalisierten Bezeichnung *Area of Outstanding Natural Beauty* deutlich: Diese besonderen Bereiche werden geschützt aufgrund ihrer Naturschönheit. Natur in einer als ästhetisch empfundenen Form ist folglich etwas Schützenswertes.[109] In (F119) wird deutlich, wie stark der Bezug dieser Betrachtung von Natur zum Menschen ist. Der kleine Laden und das idyllische Farmhaus (*wonderful store and farmhouse*) – also eigentlich menschliche Schöpfungen – sind hier Teil der Naturidylle, die ruiniert wird.[110]

Dies reiht sich ein in klassische Naturbilder von der unberührten und ursprünglichen Natur, von bukolischer Schäferdichtung bis zu Protesten von Naturschützern seit Beginn der Industrialisierung.[111] Dabei steht hier jedoch der Mensch als Nutznießer der Natur im Vordergrund. Es geht weniger um Natur als schützenswerte Entität, sondern vielmehr darum, dass der Mensch unter der durch Fracking oder andere Energiegewinnungsformen ruinierten Ästhetik zu leiden hat. Auch in dieser umweltschützenden Perspektive, die hier vorherrscht, steckt folglich eine anthropozentrische Sichtweise (vgl. auch Pusch 1997, 48f.).

---

109 Gerbig (2000, 212) geht davon aus, dass *nature* im Englischen im Vergleich zum deutschen Ausdruck *Natur* noch besonders stark romantisch geprägt ist.
110 Siehe zu ähnlichen Befürchtungen auch Jaspal/Turner/Nerlich (2014). Pluder geht grundsätzlich davon aus, dass Natur eng mit unserer eigenen Wahrnehmung zusammenhängt, und eigentlich ein Gedankenkonstrukt ist (vgl. Pluder 2013). Siehe zum Bild der Idylle, die gerade in Amerika kleine Bauernhöfe und andere Teile menschlicher Zivilisation mit einschließt, auch Fleming (1988) mit Verweis auf den frühen Naturschützer Aldo Leopold, und zu deutschen Ausprägungen Piechoki (2007a), 234.
111 Vgl. zum Wandel des Naturverständnisses im kritischen Überblick Pusch (1997), 15f. und 33–35; Bernd Busch (2007), 8–12; sowie die Beiträge in Fill/Mühlhäusler (Hg.) (2001) und Gräb-Schmidt (Hg.) (2015).

Es gibt vereinzelte Verweise, die zeigen, dass die Energieunternehmen versuchen, das Konzept ›Fracking zerstört die Natur‹ zu entkräften. Dies wird etwa in folgendem Bericht zu einem von einem Energieunternehmen produzierten Kinderbuch deutlich:

> (F120) In the coloring book, the same plot of land doesn't look much different in the "Before Drilling" and "After Drilling" illustrations. If anything, the "after" image seems more **pastoral**: **new trees** have been planted, a bald **eagle** soars over the hill, a **rainbow** has appeared. (Pittsburgh Post Gazette, 19.6.2011)

Hier wird die Naturidylle geradezu durch das Fracking in einer ZEITLICHEN GEGENÜBERSTELLUNG hervorgerufen; die Bildlichkeit ist nach Beginn der Bohrungen sogar noch lieblicher, was sich auf der Ausdrucksebene mit dem Komparativ *more pastoral* und Ausdrücken wie *rainbow* als schöne Naturerscheinung zeigt. Es wird keine traditionelle Idylle beschrieben, sondern geradezu eine neu durch Fracking erschaffene. Diese Perspektive wird jedoch im Anschluss in Zweifel gezogen, was sich hier schon in der Verwendung von *seem* als Indikator der AGONALITÄT VON SCHEIN UND SEIN andeutet: Womöglich ist dem schönen Schein mit den neu geschaffenen idyllischen Naturaspekten nicht zu trauen. Insgesamt herrscht in den untersuchten Korpora die Perspektive, dass Fracking die Natur zerstört, vor.

Dies gilt insbesondere im UK-Korpus auch für andere Energiegewinnungsverfahren, speziell Windenergie, die in den britischen Texten stark agonal thematisiert wird. Widerstand gegen die Windenergie hat zum einen wirtschaftliche Gründe (s. Kapitel 5.2.3), zum anderen aber auch ästhetische Motive, wie die folgenden Beispiele verdeutlichen:

> (F121) Dame Helen said councils need another year to draw up local plans and ensure development like wind turbines do not happen **in the wrong place**. (Daily Telegraph, 7.3.2013)
> (F122) Even apparently environmentally pure technologies, such as wind turbines or solar panels, have a carbon cost in their construction, while large sections of the population regard them as a **blot on the landscape**. (The Herald Glasgow, 1.7.2013)
> (F123) Mysteriously, in the eyes of environmentalists – and bird conservation bodies such as the Audubon Society and the RSPB [Royal Society for the Protection of Birds, Anm. AM] – all those deaths, no matter how rare the species involved, are acceptable collateral damage in the great war to save the world from the **unproven** threat of "man-made global warming". If you want more details of their **dishonesty** and **hypocrisy**, read here. (telegraph.co.uk, 15.3.2013)

In (F121) und (F122) werden Windräder negativ bewertet: Sie können *in the wrong place* stehen und damit die Landschaft ruinieren (F121) oder werden grundsätzlich als ästhetisch unschön, als *blot on the landscape*, empfunden (F122), eine Sicht, die einem großen Teil der Bevölkerung zugeschrieben wird. In (F123) wiederholt sich sogar die sehr negative Sicht auf Umweltschützer (siehe Kapitel 5.2.1.4): Das Naturschutzargument ›seltene Tierarten muss man schützen‹ (vgl. zum Artenschutz, besonders von Vögeln, Piechoki 2007b) wird der Forderung nach erneuerbaren Energien gegenübergestellt. Mit Ausdrücken wie *mysteriously, unproven, dishonesty* und *hypocrisy* werden mit Mitteln der AGONALITÄT VON SCHEIN UND SEIN die Argumente der Naturschützer als unwahr perspektiviert. Als wahre Naturschützer werden diejenigen dargestellt, die sich der Windkraft widersetzen und die Vögel vor den Windrädern schützen.

5.2.1.7 Kurzzusammenfassung: Agonal thematisierte Umwelt- und Sicherheitsaspekte

Zahlreiche agonale Indikatoren aus verschiedenen Dimensionen finden sich im Kontext von Umwelt- und Sicherheitsdebatten zum Thema Fracking. Ob Trinkwasser (und auch Brauwasser) durch Fracking gefährdet wird, wird agonal verhandelt; dabei erscheint die zugrundeliegende Beweislage als Teil der Kontroverse, da diese noch ungeklärt zu sein scheint. Eine mögliche Erdbebengefahr wird vor allem im UK-Frackingkorpus diskutiert. Der Klimawandel wird als Argument pro und contra Fracking von der jeweiligen Seite instrumentalisiert. Unterschiedliche Energieformen konkurrieren mit Fracking, worin sich das Konzept von Natur als nutzbarer Ressourcenansammlung herauskristallisiert. Insgesamt ist auch das Konzept der Natur als schön und schützenswert in diesem Diskurs sehr präsent; gleichzeitig stehen zudem andere umweltpolitische Erwägungen, die den Menschen nicht nur in seinem ästhetischen Empfinden, sondern möglicherweise in seiner Gesundheit und Lebensqualität betreffen, in der Diskussion. Die agonal verhandelten Umweltthemen sind zentral und ziehen sich durch die im Folgenden zu analysierenden politischen (5.2.2), wirtschaftlichen (5.2.3) und gesellschaftlichen (5.2.4) Aspekte des Fracking.

5.2.2 Agonale Thematisierung politischer Aspekte

Fracking spielt auch in politischen Kontexten eine Rolle. Politische Entscheidungen bestimmen, ob und wo Fracking stattfindet. Deshalb wird in Kapitel 5.2.2.1 auf die agonale Thematisierung von Entscheidungsprozessen eingegangen. Dabei spielen politische Akteure, die diese Entscheidungen treffen, eine wichtige Rolle. Wie diese Akteure bewertet werden, steht in Kapitel 5.2.2.2 im Vordergrund. In Kapitel 5.2.2.3 soll es um die Darstellung des Verhältnisses der politischen Institutionen zueinander gehen, das als agonal oder einhellig beschrieben werden kann. In letzterem Fall stehen eher Parteien als personalisierte politische Akteure im Fokus. Die Einteilung dieser drei Unterkapitel ergibt sich vor allem aus den Agonalitätsdimensionen mit ihren Indikatoren: Die Agonalität in Kapitel 5.2.2.1 wird vor allem von Indikatoren der AGONALITÄT DER ENTSCHEIDUNGSTHEMATISIERUNG hergestellt, in Kapitel 5.2.2.2 durch die AGONALITÄT DER (NEGATIVEN) WERTUNG, und in Kapitel 5.2.2.3 durch die Dimension BEENDEN DES AGONALEN ZUSTANDS.

5.2.2.1 Agonale Thematisierung des Entscheidungsprozesses um Fracking

Hierbei relevante Agonalitätsindikatoren: vor allem aus der Dimension AGONALITÄT DER ENTSCHEIDUNGSTHEMATISIERUNG

Zahlreiche politische Akteure treten in agonalen Kontexten im Frackingdiskurs auf und fungieren dabei als Entscheidungsträger. Die am häufigsten genannten sollen jeweils in der Übersicht gezeigt werden:[112]

Tabelle 17: Personalisierte politische Akteure in den Frackingkorpora

Korpus	Politische Akteure
US-Frackingkorpus	*Obama* (2688 → 960,4/Mio.Wörter), *Cuomo* (1513 → 540,6/Mio.Wörter), *Romney* (1056 → 377,3/Mio.Wörter), *Corbett* (597 → 213,3/Mio.Wörter)
UK-Frackingkorpus	*Osborne* (1719 → 625,5/Mio.Wörter), *Cameron* (746 → 271,5/Mio.Wörter), *Davey* (659 → 239,8/Mio.Wörter).
D-Frackingkorpus	*Altmaier* (1043 → 934,3/Mio.Wörter), *Rösler* (416 → 372,6/Mio.Wörter), *Obama* (364 → 326,1/Mio.Wörter), *Oettinger* (314 → 281,3/Mio.Wörter)

Im deutschen Korpus werden abgesehen von diesen personalisierten Akteuren wesentlich häufiger die einzelnen Parteien genannt (vgl. etwa 1570 Nennungen für CDU; 1406,4 pro Mio. Wörter). An der vergleichsweise häufigen Nennung von Obama zeigt sich bereits der auffällige Blick der deutschen Medien auf die USA. Während in Großbritannien und Deutschland die Zuständigkeiten eher bei

---

112 Bei der Suche wurden Flexionsformen mit einbezogen.

den einzelnen Ministerien liegen (Davey und Altmaier waren Umweltminister, Osborne war Finanzminister, Rösler Wirtschaftsminister), werden in den USA Gouverneure und der Präsident benannt, also eher regional zuständige Personen und der mächtigste Akteur des Landes.[113] Dabei kommt es ihnen vor allem zu, angesichts der diskussionsoffenen Umweltfragen (s. Kapitel 5.2.1) und der wirtschaftlichen Erwägungen eine Entscheidung über das Fracking zu fällen. Dabei kann die Entscheidung tendenziell zwischen drei verschiedenen Möglichkeiten fallen, die als skaliertes agonales Zentrum in drei Abstufungen geschildert werden können: ›Fracking sollte erlaubt werden‹ vs. ›Fracking sollte erst nach genaueren Prüfungen und nicht überall erlaubt werden‹ vs. ›Fracking sollte vollständig verboten werden‹. Vor allem die zweite und dritte Position haben große Relevanz in den Korpora. Politiker und staatliche Institutionen wie etwa die Environmental Protection Agency (EPA) werden als Entscheidungsträger perspektiviert. Deshalb spielen besonders die Indikatoren für die Dimension AGONALITÄT DER ENTSCHEIDUNGSTHEMATISIERUNG eine zentrale Rolle.

Besonders im US-Korpus zeigt sich bei der Entscheidung, ob und in welchem Ausmaß an der US-Ostküste gefrackt werden sollte, die Agonalität als langer Entscheidungsprozess, als Ringen zwischen verschiedenen Positionen. Die Entscheidung um den agonalen Kampf obliegt im Bundesstaat New York Gouverneur Andrew Cuomo (vgl. die folgenden Beispiele):

> (F124) Indeed, it's been more than two months since Gov. Cuomo pledged to "have a **decision** in a couple of months." (New York Post, 23.4.2012)
> (F125) "We've made no **decision** with hydrofracking," Cuomo said in an interview on an Albany radio station last week. "DEC [Department of Environmental Conservation, Anm. AM] has to analyze ?the [sic!] science, and they haven't finished analyzing the science." (Buffalo News New York, 17.6.2012)
> (F126) After the panel discussion, Cuomo said, "We will make the (fracking) **decision** based on the facts." [Absatz] He said currently there is **a "lot of emotion"** and **"very little information"** about the **real benefits** and concerns about fracking in upstate's gas-rich Marcellus Shale region that borders Pennsylvania. [Absatz] Cuomo gave no timetable for when a decision will be made. (New York Post, 23.8.2012)

Der Entscheidungsprozess (in allen drei Textstellen mit *decision* angezeigt) zieht sich über längere Zeit hin. Es wird in (F126) angedeutet, dass der Entscheidungsprozess in diesem sehr unklaren, zu emotionalen (*a "lot of emotion"*) und mit wenig eindeutigem Wissen (*very little information*) geführten Diskurs

---

113 Eine auffällig untergeordnete Rolle spielt Bundeskanzlerin Angela Merkel mit nur 241 Erwähnungen.

schwierig ist, da Schein und Wahrheit schwer zu bestimmen sind (vgl. *real benefits*).

Allgemeine Unsicherheit im Entscheidungsprozess um Fracking zeigt sich ebenfalls im UK-Korpus:

> (F127) The **indecision** is not confined to the UK; it is a Europe-wide phenomenon. (telegraph.co.uk, 1.7.2013)
> (F128) **To frack, or not to frack**, is arguably the most pressing environmental decision facing the "greenest government ever" at present. (Guardian Unlimited, 29.6.2012)

Die Schwierigkeit, zu einer Entscheidung zu kommen, wird mit Indikatoren wie *indecision* (F127) und dem parodierten Hamlet-Zitat *to frack, or not to frack* (F128) deutlich gemacht. Britische Politiker werden größtenteils als skeptisch geschildert (F129), doch es gibt Ausnahmen (F130).

> (F129) Ministers decide there is **not enough** gas under UK to justify controversial 'earthquake' drilling (independent.co.uk, 19.5.2012)
> (F130) Environment Secretary Owen Paterson said: 'The gas volumes in the survey are astounding: this is a natural **bonanza** which we **must grasp**. [...]' (Mail Online, 30.6.2013)

Während in (F129) die Menge des Gases als gering (*not enough*) eingeschätzt wird und dies als ausschlaggebend in der Entscheidung gegen das Verfahren wirkt, das zudem mit Erdbebengefahr verknüpft wird, schätzt der Minister in (F130) das Vorkommen als groß ein (*bonanza*) und postuliert mit der Hilfe des Modalverbs *must* einen Handlungszwang (*must grasp*). Wirtschaftlichkeit und Umweltgefahren spielen in die Entscheidung hinein. In Deutschland wird dabei auf der Rechtsgrundlage des Bergrechts argumentiert. Dieses ist zunächst gültig, da Fracking ein noch neues Verfahren ohne spezielle rechtliche Vorgaben ist; das Bergrecht wird aber zunehmend als unpassend eingestuft, was neue rechtliche Regelungen nötig macht (siehe (F131) und (F132)). Mit Moratorien und besonderen Regelungen für den Bodensee wird Fracking von politischer Seite sehr viel direkter eingeschränkt als in Großbritannien und den USA (F133):

> (F131) Demnach **soll** für alle Fracking-Vorhaben künftig ein Planfeststellungsverfahren mit Öffentlichkeitsbeteiligung und Umweltverträglichkeitsprüfung **vorgeschrieben werden**. Das entspricht auch einer zentralen Forderung des Umweltverbandes BUND. Um das zu erreichen, muss auf Bundesebene das Bergrecht geändert werden, das die Ausbeutung von Bodenschätzen privilegiert. (taz, 16.5.2012)
> (F132) Bisher gibt es in Deutschland keine klare Handhabe, Fracking zu **verbieten**. Daher gibt es zumindest Einigkeit, dass eine bundesweite Regelung her **muss**. (Main-Taunus-Kurier, 15.5.2013)
> (F133) Auf **Drängen** der baden-württembergischen Union wurde von der Koalitionsarbeitsgruppe Fracking eine Art „Lex Bodensee" aufgenommen: Das sogenannte Fracking

soll nun im Einzugsgebiet von Trinkwasserseen **untersagt** werden, was vor allem die Region um den Bodensee betrifft. Talsperren, wie zunächst diskutiert, sollen aber nicht unter die Ausnahmen fallen. (Welt Online, 17.5.2013)

Sprachlich fallen hier besonders die Agonalitätsindikatoren der EXTERNEN HANDLUNGSAUFFORDERUNG auf (*soll...vorgeschrieben werden* (F131), *verbieten* (F132), *muss* (F131 und F132), *Drängen* (F133), *untersagt* (F133)). Diese sind gerade im deutschen Korpus zum Thema Fracking besonders relevant, etwa im Vergleich zum Korpus zu Hurrikan Sandy: Der Ausdruck *müssen* kommt signifikant häufiger vor als in diesem Vergleichskorpus.[114] Die politischen Akteure scheinen hier im Konflikt mit Frackingbefürwortern zu sein, befinden sich aber in der Machtposition, bestimmte Vorgänge verbieten oder Gesetze ändern zu können. Besonders die Bedenken um Wasser und Boden tragen in allen Frackingkorpora zu politischen Entscheidungsprozessen bei.

5.2.2.2 Kritik an bestimmten politischen Akteuren und Institutionen in Bezug auf Frackingpolitik

Hierbei relevante Agonalitätsindikatoren: vor allem aus der Dimension AGONALITÄT DER (NEGATIVEN) WERTUNG

Agonale Kontexte, in denen politische Akteure vorkommen, beschränken sich nicht nur auf die AGONALITÄT DER ENTSCHEIDUNGSTHEMATISIERUNG. NEGATIVE WERTUNGEN von politischen Akteuren und ihren Handlungen finden sich ebenfalls in den vorliegenden Korpora und sollen im Folgenden thematisiert werden.

In den englischsprachigen Korpora dominiert (stärker als im deutschsprachigen Korpus) harsche Kritik an führenden Politikern – häufigstes autosemantisches Kollokat des Verbs *to fail* ist *government* im UK-Korpus![115] Die EXPLIZITE (NEGATIVE) WERTUNG gilt als einzelnem Akteur im US-Frackingkorpus insbesondere US-Präsident Barack Obama, dessen schwieriger Stand in der Umweltpolitik auch im deutschen und britischen Korpus erwähnt wird (vgl. die folgenden Zitate):

---

114 Lemmatisierte Korpora, Chi-Square 10,208 (die Nullhypothese kann mit 99% Wahrscheinlichkeit verworfen werden).
115 Die Suche nach den Kollokaten von *fail** mit dem T-Score (10l10r) ergab 75 Treffer für *government* (T-Score ≈8,6).

(F134) Yes, of course, presidents have no direct control over gas prices. But the American people know something about this president and his **disdain** for oil. The "fuel of the past," he **contemptuously** calls it. (washingtonpost.com, 16.3.2012)

(F135) The answer to our current energy needs is not Obama administration crony capitalism and **corruption**. It is time to put the green-energy nonsense aside, stop wasting taxpayer money on it, and drill here, drill now. (Philadelphia Inquirer, Leserbrief, 29.9.2011)

(F136) President Obama on Thursday **doubled down** on his sudden support of hydraulic fracturing as a key to the nation's energy future, a move that has thrilled supporters of "fracking" – and baffled environmentalists – in New York. (Buffalo News New York, 27.2.2012, leichte Formatanpassung)

(F137) But as President Obama learned in his first years in office as he tried to undo some of his predecessor's industry-friendly energy and environmental policies, such **promises are easier to make than keep**. (New York Times, 7.10.2012)

(F138) Trotz seiner **halbherzigen** Klimaschutzpolitik gilt Barack Obama als grüner Träumer, der die Zeichen der Zeit nicht erkannt hat. Fast hämisch titelte deshalb das „Wall Street Journal" kurz vor Beginn der Klimakonferenz in Durban: „Vergesst grüne Energie – Öl und Gas sorgen für amerikanische Arbeitsplätze". (Kölner Stadt-Anzeiger, 6.12.2011, leichte Formatanpassung)

Obama wird einerseits als Präsident gezeigt, der dem Fracking negativ gegenübersteht (vgl. die NEGATIVEN EMOTIONEN *disdain* und *contemptuously* in (F134)), dabei aber nicht verlässlich ist (*doubled down* macht in (F136) eine überraschende Entscheidung Obamas pro Fracking wieder rückgängig). Obamas Regierung wird als korrupt kritisiert und das Fracking dabei befürwortet (F135). Für Frackingbefürworter erscheint Obama als zu grün ausgerichteter Präsident. Gleichzeitig wird seine Umweltpolitik etwa im Blick aus Deutschland als *halbherzig* gesehen (F138) und er selbst als unfähig und zum Scheitern verurteilt, wenn es gilt, seine Energieziele durchzusetzen (siehe *such promises are easier to make than keep* in (F137)). Das agonale Zentrum lässt sich zusammenfassen als ›Obamas Politik ist zu umweltfreundlich‹ vs. ›Obamas Politik ist nicht umweltfreundlich genug‹. Ersteres geht einher mit der NEGATIVEN WERTUNG von Umweltschützern im amerikanischen Diskurs (s. Kapitel 5.2.1.1). Der wichtigste politische Entscheidungsträger wird damit insgesamt als kritisch gegenüber Fracking perspektiviert, aber auch als nicht so umweltfreundlich, wie er sein könnte.

Die Energiepolitik britischer Politiker wird ebenfalls vielfach negativ beurteilt:

(F139) The Labour government's **reckless failure** to replace ageing power stations, and its **infatuation** with **forcing customers** to squander billions subsidising inefficient technologies like solar panels and wind farms, saw the number of households in fuel poverty double between 2004 and 2010. That left five million homes struggling to stay warm in winter. (Sunday Telegraph, 30.6.2013)

(F140) So shiver on, dear readers, because a generation of **incompetent politicians** and **greedy businessmen** have conspired to make Europe's most energyrich country the place where bills are the **highest** and supplies are the **lowest**. (Scottish Express, 27.3.2013)
(F141) Half the problem is ideological: green and growth just don't go together in Osborne's delusional Top Gear world. And half the problem is political: the backseat drivers on the Tory backbenches share Clarkson's disdain for electric cars and wind turbines. (Guardian, 21.3.2013)

In (F139) wird mit Indikatoren wie *reckless failure* und *infatuation* postuliert, dass sich die letzte Regierung nicht vernünftig verhalten hat, sondern von NEGATIVEN EMOTIONEN wie Verantwortungslosigkeit hat leiten lassen. Der Leidtragende ist in dieser Darstellung die Bevölkerung, die gezwungen wird (*forcing customers*), ineffiziente Energieprojekte zu unterstützen, und deshalb keinen Brennstoff mehr hat (indiziert mit Indikatoren der AGONALITÄT DER EXTERNEN HANDLUNGSAUFFORDERUNG wie *forcing*). Im Beispiel (F140) wird die AGONALITÄT DER LEXIKALISCHEN GEGENÜBERSTELLUNG noch einmal deutlich: Hohe Rechnungen und niedrige Versorgung werden mit *highest* und *lowest* in Kontrast gesetzt. Im Zusammenspiel entsteht eine zutiefst NEGATIVE WERTUNG der Situation in Großbritannien. Die Schuld daran wird *incompetent politicians* und *greedy businessmen* zugeschrieben. Politiker werden hier als verantwortungslose und unbegabte Akteursgruppe dargestellt; die Öffentlichkeit (in Form der *dear readers*) ist das Opfer von schlechter Politik. Während in (F140) dabei die grüne Energiepolitik kritisiert wird, wird in (F141) die schlechte Energiepolitik im Sinne von zu wenig Förderung grüner Energie kritisiert. Auch hier zeigt sich die AGONALITÄT DER LEXIKALISCHEN GEGENÜBERSTELLUNG. *Green* und *growth* sind im Sprachsystem normalerweise keine Antonyme, werden aber in diesem Sprachgebrauch zu Gegensätzen gemacht: ›Grüne Energie‹ wird ›Wirtschaftswachstum‹ gegenübergestellt, zumindest in der Sichtweise des Politikers Osborne, die als fehlgeleitet (*delusional*) negativ gewertet wird. Interessanterweise wird dies hier mit einer kulturspezifischen Mentalität verknüpft, die an einer TV-Sendung exemplifiziert wird, dem Automagazin Top Gear mit dem langjährigen Moderator Jeremy Clarkson. In dieser sehr erfolgreichen Sendung des Senders BBC Two werden oft auf humorvolle Weise Autos vorgestellt und bewertet und Prominente eingeladen. Wie dem Moderator der Sendung wird den britischen Politikern eine negative Einstellung zu elektrischen Autos und grüner Energie allgemein zugesprochen. Es entsteht der Eindruck einer autobegeisterten, aber nicht zukunftsorientierten Mentalität, die aber im Hinblick auf Großbritanniens Entwicklung problematisch ist.

Im deutschen Korpus fällt die Kritik an einzelnen politischen Parteien oder Politikern weniger scharf aus. Hier wird eher die Meinung einzelner Parteien zum Thema Fracking kontrastiert, was im nächsten Abschnitt im Vordergrund steht.

5.2.2.3 Konflikte und Einigkeit zwischen Parteien in Bezug auf Fracking

Hierbei relevante Agonalitätsindikatoren: aus verschiedenen Dimensionen, vor allem aus der Dimension BEENDEN DES AGONALEN ZUSTANDS

Die Meinung der Parteien zum Fracking lässt sich aus dem Diskurs für die USA und Großbritannien etwa folgendermaßen zusammenfassen: Während die Labour-Partei in Großbritannien und die Demokraten in den USA dem Fracking tendenziell etwas zögerlicher gegenüberstehen, sind die jeweils konservativer einzustufenden Parteien in Deutschland dem Fracking gegenüber aufgeschlossener. Doch dies sind eher Tendenzen: Auch konservative Politiker in Großbritannien prüfen die möglichen Umweltnachteile genau. In Deutschland dagegen kristallisiert sich eher das Bild einer relativ geschlossenen politischen Front gegen Fracking heraus, aus der lediglich die FDP und einzelne politische Akteure wie der frühere Kommissar für Energie Oettinger herausfallen. Hier wird besonders auf lokaler Ebene über traditionelle parteipolitische Grenzen Agonalität in der gemeinsamen Gegnerschaft gegen das Fracking aufgehoben. Dies zeigt sich etwa in den folgenden Beispielen: Die Ausdrücke *einhellig* in (F142) und (F143) sowie *einig* in (F142) verweisen auf Konsens und sind Indikatoren für die Dimension BEENDEN DES AGONALEN ZUSTANDS. Deren Besonderheit wird hier noch einmal deutlich: Agonalität ist ein prototypischer und grundsätzlich erwünschter Zustand zwischen Parteien demokratischer Systeme. Sie offenbart sich in politischen Prozessen anhand unterschiedlicher Themen. Das Thema Fracking erscheint hierbei im deutschen Diskurs aufgrund der konsensuellen NEGATIVEN BEWERTUNG – zumindest auf lokaler Ebene – als eine Ausnahme.

> (F142) Die Empörung ist **einhellig** und reicht quer durch alle Fraktionen. Ein klares Nein zu Fracking, ruft der CDU-Gemeinderat. Wenn die erst mal bohren, dann ist es zu spät, sagt die Frau von der Freien Liste. Nach knappen 30 Minuten ist man sich im Bürgersaal **einig**. Eine Resolution verwahrt sich gegen Fracking auf Pfullendorfer Gemarkung und appelliert an die grün-rote Landesregierung, für eine Umweltverträglichkeitsprüfung zu sorgen und die Kommunen in solch grundsätzliche Entscheidungen mit einzubeziehen. (taz, 8.9.2012, leichte Formatanpassung)
>
> (F143) Von politischer Seite wird das Fracking ebenso **einhellig** abgelehnt. Die Gegner befürchten verschmutztes Grundwasser, kleinere Erdbeben und brennbares Wasser aus dem Wasserhahn wegen der Bohrungen. Schäden werden vor allem für das Grundwasser befürchtet: So wird nur ein Teil der eingesetzten Flüssigkeit zurückgepumpt, die krebserre-

genden Chemikalien bleiben am Gestein zurück und könnten ins Grundwasser sickern. (Welt am Sonntag, 19.5.2013)

Die parteiübergreifende lokalpolitische Einigkeit gilt aber auf nationaler Ebene nicht unbedingt. Innerhalb der Regierungskoalition des Kabinetts Merkel II wird ein längerer Einigungsprozess beschrieben, der an den Politikern Altmaier und Rösler festgemacht wird:

> (F144) Bundesumweltminister Peter Altmaier (CDU) und Wirtschaftsminister Philipp Rösler (FDP) haben sich auf Regeln für die umstrittene Schiefergasförderung **verständigt**. Sie plädieren für ein vollständiges Verbot von Tiefbohrungen zur Erschließung von Erdgas-Quellen in Wasserschutzgebieten. Zudem soll eine Prüfung der Umweltverträglichkeit bei allen übrigen Einsätzen der sogenannten Fracking-Technologie Pflicht werden. (Die Welt, 27.2.2013, leichte Formatanpassung)
> (F145) Peter Altmaier und Philipp Rösler konnten sich zwar auf Regeln für das risikoreiche Fracking **einigen**. Doch in der Beurteilung der Gasfördermethode bleiben Umwelt- und Wirtschaftsminister unterschiedlicher Meinung. (Spiegel Online, 26.2.2013)

Hier erscheint die Einigung nicht ganz so einfach, auch wenn die Dimension BEENDEN DES AGONALEN ZUSTANDS mit *verständigt* (F144) und *einigen* (F145) aufgerufen wird. Die Verben verweisen darauf, dass ein Aushandlungsprozess zwischen zwei oder mehr zuvor gegensätzlichen Positionen stattfinden musste, um eine Einigung zu erzielen. Umweltministerium und Wirtschaftsministerium sind hier als zwei vom Fracking betroffene Bereiche an der politischen Entscheidung eng beteiligt. Es wird aber auch deutlich, dass sich diese Interessen gegenüberstehen. Die Einigung, die starke Einschränkungen bei Probebohrungen vorsieht, wird kritisiert:

> (F146) The law is an attempt to balance standards tough enough to **satisfy** fracking opponents from the Green Party and Social Democrats in order to reduce the political potency of the issue ahead of elections later in the year. Yet there is no certainty Merkel and her allies will succeed and fracking remains a contentious national and regional issue, indeed several regions have enacted their own bans. (Business Monitor Online, 1.4.2013, leichte Formatanpassung)
> (F147) SPD, Linke und Grüne reagierten mit scharfer Kritik und warfen der Regierung eine **Verneblungstaktik** vor. Der Bundesrat hatte gefordert, den Einsatz umweltgefährdender Substanzen beim Fracking solange zu verbieten, bis die Risiken restlos geklärt sind. Der Chemiekonzern BASF, der am Gas- und Ölförderer Wintershall beteiligt ist, begrüßte die Einigung zwischen Rösler und Altmaier: „Ich hoffe, das führt zu einer Versachlichung der Diskussion", sagte Konzernchef Kurt Bock. Fracking dürfe kein Angstthema werden. (Welt kompakt, 27.2.2013)

Auch die Probebohrungen gehen anderen Parteien zu weit; der Business Monitor beurteilt die Einigung als Beruhigung für die Gegner (*satisfy* (F146)). Die

AGONALITÄT VON SCHEIN UND SEIN ist zu erkennen, wenn der Regierung eine *Verneblungstaktik* (F147) unterstellt wird. Anders als auf lokaler Ebene existieren in der deutschen Bundespolitik starke Kontraste in der Beurteilung von Fracking. Besonders die SPD positioniert sich sehr gegen das Fracking, was aber auch negativ gewertet wird (s. (F150)). Der Ausdruck *verhinder** kommt häufig mit dem Kollokat *Fracking* vor und wird dabei meist mit dem Akteur *SPD* verknüpft (siehe (F148) und (F149)).[116]

> (F148) SPD will Fracking bundesweit **verhindern** (Hamburger Abendblatt, 13.11.2012)
> (F149) SPD, Grüne und Linke wollen das sogenannte Fracking in Hamburg **verhindern**, aber der Umweltausschuss soll über die Fördermethode beraten. (abendblatt.de, 28.3.2013)
> (F150) „Die SPD ist von der Partei des technischen Fortschritts zur Partei der Technikfolgen-Abschätzung geworden", **beklagte** sich der frühere Vorsitzende Franz Müntefering einmal, womit er aus Sicht seiner ökologisch engagierten Parteifreunde freilich nur seine Gestrigkeit bewies. (Spiegel Online, 30.9.2012)

In (F150) wird die Gegnerschaft der SPD mit Verweis auf eine agonale ZEITLICHE GEGENÜBERSTELLUNG (*ist... geworden*) von Franz Müntefering kritisiert (vgl. *beklagte*), da dies eigentlich nicht zu der ursprünglichen Ausrichtung der Partei passe. Dies wird allerdings mit *Gestrigkeit* als Ausdruck einer veralteten Gesinnung entwertet. Auch hier scheinen Technik und Ökologie im Widerspruch zu stehen.

Insgesamt bietet sich gerade im deutschsprachigen Korpus ein unklares Bild, was die Verknüpfung von Parteizugehörigkeit und Ansicht zum Fracking betrifft: Während SPD, Grüne und Linke in der Darstellung der Zeitungen eher gegen das Fracking argumentieren, scheint die FDP tendenziell dafür; die CDU positioniert sich diskursiv uneinheitlich. Dies gilt jedoch vor allem auf Bundesebene. Die betroffenen Gebiete scheinen dagegen über politische Parteigrenzen hinweg gegen das Frackingverfahren zu sein. Hier wird Agonalität im Angesicht einer empfundenen Gefahr zurückgestellt. Dies wird auch in Kapitel 5.3 im Diskursvergleich von Interesse sein. In den USA und Großbritannien lassen sich die Parteilandschaften klarer auf wenige Akteure beschränken und das politische Bild erscheint eindeutiger.

5.2.2.4 Kurzzusammenfassung: Agonal thematisierte politische Aspekte

Insgesamt fallen (auch quantitativ) mit Blick auf politische Streitpunkte vor allem die politischen Akteure auf. Politik hängt in diesem Diskurs insbesondere

---

[116] Der Ausdruck *SPD* wird mit *verhinder** zudem auch ohne den zusätzlichen Kotext *Fracking* verbunden (Kollokate 10l10r, T-Score ≈5,7).

von Entscheidungsträgern ab, und auch wenn Wirtschaft und Umweltschützer Einfluss nehmen, so wird die zu fällende Entscheidung in der diskursiven Darstellung doch von Politikern und politischen Parteien dominiert. Dabei wird agonal thematisiert, wie die Entscheidung ausfallen soll – der ganze Diskurs wirkt wie eine Metathematisierung des Entscheidungsprozesses. Akteure werden, vor allem in den USA und Großbritannien, von den Medien und indirekt von Bürgern (durch Zitate und Leserbriefe) kritisiert. Interessant im Hinblick auf die Dimension BEENDEN DES AGONALEN ZUSTANDS ist die Thematisierung von Einigungen nach den vorausgegangenen Diskussionen. Nach diesem Blick auf politische Aspekte des Frackingverfahrens, die wirtschaftspolitische Erwägungen bereits streifen, soll nun die wirtschaftliche Seite mit Blick auf nationale und globale Aspekte in den Blickpunkt rücken.

5.2.3 Agonale Thematisierung von wirtschaftlichen und globalen Auswirkungen

Im Hinblick auf die Wirtschaft werden globale Auswirkungen einbezogen, sodass beides hier zusammengefasst erläutert wird. Agonal thematisiert werden das wirtschaftliche Potenzial des Frackingverfahrens (5.2.3.1), die Schaffung von Arbeitsplätzen (5.2.3.2), die Veränderungen, die durch Fracking entstehen (5.2.3.4) und die globalen wirtschaftlichen Auswirkungen (5.2.3.5).

5.2.3.1 Agonale Thematisierung des wirtschaftlichen Potenzials: ›Fracking kurbelt die Wirtschaft in großem Ausmaß an‹ vs. ›Das wirtschaftliche Potenzial von Fracking ist nicht so groß wie behauptet‹

Hierbei relevante Agonalitätsindikatoren: vor allem aus den Dimensionen AGONALITÄT DER RELEVANZKONKURRENZ und AGONALITÄT DER NICHT EINGETRETENEN OPTION

Die wirtschaftlichen Vorteile des Frackings stellen das Hauptargument der Frackingbefürworter dar. Dazu passt die Referenz auf die Finanzkrise, die sich in angrenzenden Diskursen um Griechenland, die Eurokrise etc. immer wieder am Rande durch den Diskurs zieht. Agonal wird diskutiert, wie groß die wirtschaftlichen Vorzüge des Frackings sind. Dabei wird mit Mitteln der Agonalität zunächst thematisiert, wie wirtschaftlich die Gas- und Ölgewinnung ist. Es stehen sich agonal die Positionen ›Fracking kurbelt die Wirtschaft in großem Ausmaß an‹ und ›Das wirtschaftliche Potenzial von Fracking ist nicht so groß wie behauptet‹ gegenüber. Eindrucksvoll zeigt dies z.B. die Zahl der Treffer für *potential* als Adjektiv und Substantiv im UK-Korpus mit mehr als 2500 Treffern; *potential* ist Keyword im Vergleich mit dem UK-Hurrikankorpus.[117] Sowohl die Risiken als auch die Chancen scheinen hier ungeklärt und offen und werden intensiv diskutiert; den Zusammenhang mit Schiefergas und Energiegewinnung zeigen auch die Trigramme (vgl. in der Tabelle besonders Rang 5, 10, 11, 13 und 14, die konkret auf das Gas (*shale gas*) oder die Energie (*energy*) verweisen und fett markiert werden).

Tabelle 18: Cluster mit *potential* im UK-Fracking-Korpus (Trigramme)

Rang	Häufigkeit	Cluster
1	262	the potential to
2	190	the potential for
3	160	has the potential
4	106	the potential of
5	99	**shale gas potential**
6	62	about the potential
7	55	potential of the
8	53	of the potential
9	47	have the potential
10	47	**new potential energy**
11	47	**potential energy resource**
12	46	and the potential
13	44	**potential shale gas**
14	43	**potential for shale**
15	41	with the potential

Der Blick auf die USA zeigt vor allem das erste Konzept des agonalen Zentrums: die postulierte Chance, durch Fracking wirtschaftlich erfolgreich zu sein.

(F151) "The oil industry is runnin' and gunnin,'" Myers said. "The opportunities are **astounding.**" (Star Tribune Minneapolis, 16.10.2011)
(F152) Mindestens 24 Milliarden Barrel Öl, so viel wie das Scheichtum Katar besitzt, womöglich sogar zwanzigmal mehr, lagern nach Schätzungen von Experten hier in einem

---

117 *p*-Wert <0,001.

gigantischen unterirdischen Schieferfelsen. **Mehr als genug**, um Amerikas Öldurst, der fast ein Viertel der weltweiten Produktion verschlingt, für einige Zeit zu stillen. (Zeit Online, 19.7.2012)

(F153) Die USA sind wieder zu einem Land der Bohrtürme geworden. Ob Öl, ob Gas – moderne Fördertechniken machen die Nation, das [sic!] sich schon damit abgefunden hat, dass ihre Energiereserven zur Neige gehen, seit einem halben Jahrzehnt zu '**Saudi-Amerika**'. (Stuttgarter Zeitung, 22.11.2012, leichte Formatanpassung)

Mit Superlativen wird hier Amerikas Gewinn durch Fracking hervorgehoben: Mit positiven Hervorhebungen wie *astounding, gigantischen, mehr als genug* wird dies herausgestellt. *Saudi-Amerika* (F153) verweist darauf, dass hier eine Machtumkehrung zu arabischen Staaten stattgefunden hat. Dass Amerikas Wirtschaft stark vom Frackingboom profitiert hat, wird politisch nur vereinzelt bezweifelt, z.B.:

(F154) The Prime Minister claims that fracking in America has been a success. This is **not true**. (Daily Telegraph, 15.12.2012, Leserbrief)

Hier wird die Erfolgsgeschichte mit *not true* als faktual falsch dargestellt (vgl. AGONALITÄT VON SCHEIN UND SEIN). Dies stellt jedoch im britischen Diskurs eine vereinzelte Position dar: Hier wird die Entwicklung in den USA mit dem frequenten Syntagma *competitive (dis)advantage* als wirtschaftliche Konkurrenz zu Großbritannien gesehen. Besonders wichtig ist im wirtschaftlichen Zusammenhang insgesamt die Dimension AGONALITÄT DER RELEVANZKONKURRENZ, wenn die Energiegewinnungsmethoden, aber auch die verschiedenen Länder, die Energie produzieren, verglichen werden. Dies zeigt sich etwa auch in Clustern wie *major energy*.

Das wirtschaftliche Ausmaß für Deutschland, Großbritannien und ganz Europa wird anders als das relativ einhellig dargestellte große Potenzial von Fracking in den USA häufig agonal thematisiert; hier erscheint die weitere Entwicklung umstritten (vgl. die folgenden Beispiele).

(F155) In der Wirtschaft wird die Technologie etwas anders beurteilt. „Die unkonventionelle Gasförderung hat in den USA zu sinkenden Energiepreisen und zum Aufschwung der Industrie geführt", sagte Tobias Knahl, Abteilungsleiter für Energie und Umwelt bei der Handelskammer. „Diese Entwicklung geht teilweise zulasten Europas. Auch in Europa und Deutschland finden sich große Vorkommen. Die Erschließung ist hier wegen der dichten Besiedlung zwar **schwieriger**. Dennoch sollte im Rahmen der Energiewende auch an die unkonventionelle Förderung gedacht werden." (Die Welt, 16.2.2013)

(F156) Nordrhein-Westfalen beispielsweise hat das Fracking erst einmal **verboten**, bis gesicherte Erkenntnisse über die Technologie vorliegen. „Die Politik könnte mit Umweltschutzauflagen den Schiefergasboom noch **aufhalten**", meint Citi-Stratege Morse. **Doch** im energiehungrigen Amerika erwarten die Experten keine größeren Hürden, zumal das Land bei der Förderung bereits heute technologisch führend ist. (Welt Online, 12.7.2012)

(F157) **Selbst wenn** man in Deutschland und Europa das Fracking-Verfahren **mit Einhaltung** aller hohen Umweltstandards teilweise wirklich nutzen sollte, so ist die Erwartung paradiesischer Zustände wohl eher übertrieben. (abendblatt.de, 18.3.2013)

(F158) Shale: the **hidden treasure** that could transform Britain's fortunes (telegraph.co.uk, 6.9.2012)

(F159) One of them, who gave her name as Sarah from Bristol, says: Fracking is a desperate bid to suck the last, most difficult to reach fossil fuels out of the planet. It is a **road to nowhere**. (Guardian Unlimited, 1.12.2011)

Die wirtschaftlichen Chancen in Bezug auf Fracking werden für Deutschland in (F155)–(F157) als geringer eingestuft als in den USA, die als fixer Vergleichspunkt dienen. Die Einschränkungen (*schwieriger, verboten, aufhalten, Selbst wenn, mit Einhaltung aller hohen Umweltstandards*) zeigen auf, wie unwahrscheinlich die erwähnten paradiesischen Zustände sind. Das wirtschaftliche Ausmaß wird damit im deutschen Diskurs insgesamt auch von Befürwortern als gering im Vergleich zu den USA eingestuft, was das Potenzial für Deutschland betrifft. In Großbritannien wird zum einen mit Ausdrücken wie *hidden treasure* (F158) auf das Schiefergas referiert, zum anderen aber die Wirtschaftlichkeit als *road to nowhere* (F159) in Zweifel gezogen. Eine negative Entwicklung wird fossilen Brennstoffen allgemein zugesprochen, was sich auch an den Kollokaten von *declin** zeigt (v.a. *production* und *oil*; *gas* wird teilweise dieser Entwicklung gegenübergestellt oder es geht um einen Preisverfall durch das Fracking). Insgesamt wird das wirtschaftliche Potenzial entweder als sehr groß oder als wenig vielversprechend charakterisiert.

Eine interessante Nuance zeigt sich, wenn man in den aufgeführten Zitaten den Blick auf die Natur betrachtet. Die Natur wird hier als *treasure* perspektiviert (F158), der paradiesische Zustände verheißt (F157). Sie ist hier ein Schatz von Möglichkeiten, die zu Reichtum führen können und ungeahntes Ausmaß haben (vgl. zu diesem traditionellen, teilweise auch aus der Bibel abgeleiteten Naturbild Glacken 1988 und Coleman 1988). Damit wirkt sie wie ein Faszinosum, das wie ein Geschenk (vgl. *gifts* in (F160)) perspektiviert wird. Der Unmut der Frackingbefürworter darüber, dass dies nicht genutzt werden soll, wird auch abschließend in folgendem Zitat deutlich:

(F160) The United States is a country that has received many **blessings**, and once upon a time you could assume that Americans would come together to take advantage of them. But you can no longer make that assumption. The country is more divided and more clogged by special interests. Now we groan to absorb even the most wondrous **gifts**. (New York Times, 4.11.2011)

Die Ausdrücke *blessings* und *most wondrous gifts* verweisen auf eine göttliche Segnung der Vereinigten Staaten, die aber auf ein gespaltenes Land trifft. Gesellschaftliche Konflikte stehen im Kontrast zu einer früheren Einigkeit der Nation, die hier behauptet wird. Das Bild einer gespaltenen Nation zeigt sich auch im Hurrikan-Diskurs und wird dort ausführlicher besprochen (s. Kap. 5.3.3).

Insgesamt wird die wirtschaftliche Chance, die Fracking für den europäischen Raum bietet, unterschiedlich dargestellt; es ergibt sich kein klares Bild. In den USA wird das Potenzial weitgehend übereinstimmend als groß dargestellt und es geht eher darum, wie dieses Potenzial zu nutzen ist.

5.2.3.2 Agonale Thematisierung von Arbeitsplätzen

Hierbei relevante Agonalitätsindikatoren: vor allem aus den Dimensionen AGONALITÄT DER RELEVANZKONKURRENZ und AGONALITÄT DER ZEITLICHEN GEGENÜBERSTELLUNG

Insbesondere im US-amerikanischen Diskurs ist die Schaffung von Arbeitsplätzen ein wirtschaftliches Hauptargument, besonders in der Industrie. Gerade für nicht gut ausgebildete Arbeitsuchende bieten sich hier Möglichkeiten. Der Verlust von Stellen durch die Finanzkrise und neue Jobchancen durch das Fracking werden einander gegenübergestellt.

Frackinggegner stellen die Tatsache, dass neue Jobs geschaffen werden, nicht infrage. Vielmehr verweisen sie auf die in Kapitel 5.2.1 beschriebenen Vorbehalte aufgrund der ungeklärten Umwelt- und Gesundheitsfragen. Ein agonales Zentrum innerhalb des Themenbereichs kann hier also nicht beschrieben werden, vielmehr eine Gegenüberstellung ›Arbeitsplätze haben Priorität‹ vs. ›Umwelt und Gesundheit haben Priorität‹. Es geht hier also konkret um die AGONALITÄT DER RELEVANZKONKURRENZ: Wird ›Umwelt‹ oder ›Wirtschaft‹ dominant gesetzt, um über Fracking zu entscheiden? Da diese beiden Konzepte sich durch den gesamten Pressediskurs ziehen, werden sie hier als Diskursrahmen, d.h. als übergeordnete Konzepte, definiert, die den Diskurs als Ganzes prägen und oberhalb der konkreteren agonalen Zentren anzusiedeln sind (vgl. in ähnlicher Verwendung Yildiz 2009 zu Nation als Diskursrahmen).

Diese Frage, die latent im ganzen Diskurs mitschwingt, ist im US-Diskurs besonders prägnant an der Diskussion um Arbeitsplätze zu sehen. Die folgenden Beispiele sollen dies verdeutlichen:

(F161) "You have to evaluate which is **more important**, the money or the water," said a Dimock resident who declined to be named because he doesn't want to antagonize Cabot, which he says will pay him more than $600,000 this year for the wells on his property.

"The economy is so tough. Suppose you could stop drilling – no one wants Cabot to go away." (Pittsburgh Post Gazette, 26.4.2009, leichte Formatanpassung)
(F162) "However, increasing the responsible development of clean-burning American natural gas will continue to create thousands of **good-paying** jobs while helping to drive down our nation's dangerous dependence on energy from unstable and unfriendly regions of the world." (Pittsburgh Post Gazette, Zitat von Travis Windle von der Marcellus Shale Coalition, 5.6.2011)
(F163) Supporters said it would save and create jobs, but van Rossum, who is also a lawyer, says the project would have **little impact** on the port's business **while** threatening critical **wildlife**. (Philadelphia Daily News, 13.8.2012)
(F164) Indeed, one can point to drilling and production in the Marcellus as the main reason Pennsylvania added more jobs last year than any state except Texas. **By contrast**, New York, with an effective moratorium on shale gas drilling, continued to lose jobs in 2010. (Pittsburgh Post Gazette, 26.1.2011)

In (F161) wird die RELEVANZKONKURRENZ klar benannt: Ob Geld oder Wasser *more important* ist, wird dann implizit beantwortet, wenn der anonyme Anwohner klar betont, dass die Energiefirma Cabot den Ort nicht verlassen solle. Beides ist essentiell für die Anwohner, doch eine Vereinbarung beider Alternativen scheint in dieser Perspektive nicht möglich. In (F162)–(F164) wird die Schaffung von Arbeitsplätzen in Frackinggebieten betont (in (F162) positiv gewertet als *good-paying*), während New York, das ein Moratorium ausgesprochen hat und viel bürgerliche Gegnerschaft zum Fracking erfährt (etwa auch von Prominenten wie Yoko Ono), Arbeitsplätze verliert. In (F163) wird die Wirtschaftlichkeit von Fracking in Zweifel gezogen (*little impact*) und kontrastiv mit *while* die Bedrohung der Tierwelt gegenübergestellt.

In den anderen Korpora spielt das Argument neu geschaffener Stellen kaum eine Rolle, höchstens mit Blick auf die Situation in den Vereinigten Staaten und im Hinblick auf die gesellschaftlichen Veränderungen durch Fracking (s. Kapitel 5.2.4) wird es überhaupt erwähnt.[118] Energieunabhängigkeit wird hier diskutiert, wenn es um wirtschaftliche Argumente geht. Dies wird in Abschnitt 5.2.3.4 genauer erläutert.

---

118 Zum Vergleich: Im US-Korpus kommt *jobs* im Vergleich zum UK-Korpus überzufällig häufig vor, *p*-Wert <0,001 (es wurde nach der Pluralform gesucht, da diese häufiger bei der Argumentation eine Rolle spielt).

5.2.3.3 Zeitliche Gegenüberstellungen in Bezug auf Fracking

Hierbei relevante Agonalitätsindikatoren: aus den Dimensionen AGONALITÄT DER EXPLIZITEN GEGEN-
ÜBERSTELLUNG und AGONALITÄT DER ZEITLICHEN GEGENÜBERSTELLUNG

Die AGONALITÄT DER ZEITLICHEN GEGENÜBERSTELLUNG wird in diesem Diskurs vielfach pointiert eingesetzt und argumentativ genutzt. Kontrastiert wird zumeist der Zustand vor dem Einsatz des Frackingverfahrens mit dem jetzigen Zustand. Die wirtschaftlichen, gesellschaftlichen und politischen Veränderungen, die dies zur Folge hatte, werden dabei herausgestellt. Dies betont die Relevanz des Frackingverfahrens und zeigt seine Bedeutung auf. Das zeigt sich zum Beispiel im Ausdruck *game-changer*, mit dem Fracking im amerikanischen und britischen Korpus verknüpft wird. Der Ausdruck verdeutlicht den sportlichen Kampfcharakter der Agonalität (s. Kapitel 4.1): Fracking verändert den agonalen Wettkampf zwischen Wirtschaftszweigen, politischen Parteien und energieproduzierenden Nationen. Die verbesserten Bohrverfahren sorgen dafür, dass es überhaupt zu diesem Diskurs kommt und Diskussionen entstehen, wie bei den folgenden ZEITLICHEN GEGENÜBERSTELLUNGEN:

> (F165) "New and advanced exploration, well drilling and completion technologies are allowing us increasingly better access to domestic gas resources – especially 'unconventional' gas – which, **not that long ago**, were considered impractical or uneconomical to pursue," said John B. Curtis, a geology professor at the Colorado School of Mines and the report's principal author. (New York Times, 18.6.2009, leichte Formatanpassung)
>
> (F166) **Just a few years ago** it seemed that like falling domestic gas production would force the United States to rely increasingly on imports. Instead, new drilling technologies – hydraulic fracturing and horizontal drilling – have enabled energy companies to tap vast quantities of gas trapped in rock. (New York Times, 17.1.2011, leichte Formatanpassung)
>
> (F167) **Binnen weniger Jahre** sind die Preise für Gas, Kohle und Strom in den USA so stark eingebrochen wie nie zuvor. Plötzlich hat Amerika wieder Energie im Überfluss und selbst der Traum von der Unabhängigkeit vom Öl fremder Länder scheint zum ersten Mal seit Jahrzehnten tatsächlich erreichbar. Allein von 2010 auf 2011 haben die USA ihre Ölimporte um eine Million Barrel pro Tag reduziert. (Stern, 21.9.2012)

In allen drei Zitaten wird die Situation ein paar Jahre zuvor (*not that long ago* (F165), *just a few years ago* (F166), *binnen weniger Jahre* (F167), also mit Indikatoren der AGONALITÄT DER ZEITLICHEN GEGENÜBERSTELLUNG) mit der jetzigen kontrastiert. Die Abruptheit dieser Entwicklung wird verdeutlicht; die Veränderungen werden als groß und weitreichend beschrieben. Die Verfahren werden als neu charakterisiert (*new and advanced exploration, new drilling technologies*), was als Begründung der weitgehenden Umschwünge gesehen werden kann. Eine neue technische Entwicklung kann die Wirtschaft komplett zum Vorteil der Nationen, die sie anwenden, verändern, so das Argument der Befürworter.

Diese ZEITLICHE GEGENÜBERSTELLUNG zeigt sich auch quantitativ, etwa im Vergleich zwischen dem US-Frackingkorpus und dem US-Hurrikankorpus: *ago* ist ein Keyword mit sehr hoher Signifikanz, bei *now* als Kontrastierung mit dem jetzigen Zustand ist die Wahrscheinlichkeit einer überzufälligen Häufigkeit immerhin noch 99 Prozent (s. Kapitel 3 zu den statistischen Testmaßen).

Agonal verhandelt wird aber auch, wie neu das Verfahren eigentlich ist. Hier stehen sich agonal die Konzepte ›Fracking ist neu und noch nicht gut getestet‹ und ›Fracking ist eine altbewährte Technologie‹ gegenüber. Die Befürworter betonen, dass Fracking schon lange angewendet wird; die Gegner argumentieren, dass Schiefergas und -öl in sogenannten unkonventionellen Vorkommen noch nicht lange mit Fracking gefördert werden, vgl. die folgenden Beispiele:

> (F168) "Fracking is **neither a new nor controversial process**," said Lou D'Amico, president and executive director of the Pennsylvania Independent Oil and Gas Association. "Any controversy is based on **hysteria**, not facts. It's had no negative impact on groundwater anywhere it's been used." (Pittsburgh Post Gazette, 23.7.2010)
> (F169) **Neu** ist Fracking in Deutschland **nicht**. Selbst herkömmliche Vorkommen in porösem Gestein werden längst auf diese Weise erschlossen. Um die Förderraten zu steigern, setzen die Konzerne in Kombination mit Fracking verstärkt auf die sogenannte Horizontalbohrtechnik. (Frankfurter Rundschau, 10.3.2011)

In (F168) und (F169) wird die Neuartigkeit von Fracking, die an anderer Stelle immer wieder postuliert wird,[119] negiert. *Nicht* ist im deutschen Korpus ein häufiges Kollokat von *neu*.[120] Hier kommt die AGONALITÄT DER NEGATION besonders deutlich zum Tragen. Der allgemeinen Auffassung, Fracking sei neu und damit potenziell mit noch unbekannten Gefahren besetzt, muss aus Sicht der Befürworter entgegengewirkt werden. Dies geht in (F168) erneut mit einer Entwertung der Gegenposition als *hysteria* einher.

Besonders im deutschen Korpus kommt zudem hinzu, dass genauere Umweltprüfungen als zeitlich markierte Grenze und Hürde perspektiviert werden,

---

[119] *neu* gehört zu den signifikant häufigen Keywords im deutschen Frackingkorpus (Referenzkorpus: D-Hurrikankorpus, beide Korpora in lemmatisierter Version) mit einem Chi-Square-Wert von 451,388 (die Nullhypothese kann mit 99,9% Wahrscheinlichkeit verworfen werden).
[120] Berechnung mit T-Score im lemmatisierten Korpus, 10l10r, 203 gemeinsame Vorkommen (T-Score ≈13,3).

vor der Fracking nicht stattfinden soll. Dies wird mit Ausdrücken wie *zuvor* oder *solange* perspektiviert, wie etwa in den folgenden Beispielen:

> (F170) Die Bezirksregierung Arnsberg muss jeder einzelnen Bohrung **zuvor** zustimmen. Die Bezirksregierung hat zugesagt, die Verfahren „transparent" zu gestalten und die betroffenen Kommunen und die Öffentlichkeit einzubinden. (Rheinische Post Düsseldorf, 17.5.2012)
> (F171) Die Grünen drangen darauf, Fracking **solange** nicht zu erlauben, bis die Risiken besser erforscht sind. (Der Tagesspiegel, 21.11.2011)
> (F172) Vor jeder Untersuchung oder Probebohrung müsste der Konzern weitere Genehmigungen beantragen, und die werde sie nicht erteilen, sagt Puttrich, **solange** Gutachten zu den Gefahren der Fördertechnik nicht vorliegen. (Frankfurter Rundschau, 27.4.2012)

Insgesamt besitzt der Diskurs eine starke temporale Komponente, die sich durch die wirtschaftlichen Erwägungen zieht. Da sich durch Fracking vieles verändert – von der Landschaft bis zu den wirtschaftlichen Verhältnissen –, kommen zahlreiche Indikatoren aus der Dimension AGONALITÄT DER ZEITLICHEN GEGENÜBERSTELLUNG vor. Dem Wunsch nach Innovation und wirtschaftlicher Stärke steht Skepsis bezüglich neuer Verfahren gegenüber, was als agonaler Konflikt dargestellt wird.

5.2.3.4 Agonale Aushandlung globaler Einflüsse von Fracking

Hierbei relevante Agonalitätsindikatoren: aus verschiedenen Dimensionen

Agonale Konflikte in der globalen Weltlage werden als verändert durch das Fracking perspektiviert. Mit den wirtschaftlichen Möglichkeiten des Frackings, so die Befürworter, werden Nationen wie die USA potenziell unabhängig von Energielieferanten aus arabischen Staaten, mit denen es seit langer Zeit politische Konflikte gibt. Energieunabhängigkeit ist eines der wichtigsten Argumente pro Fracking.[121] Die grundsätzlichen Konflikte mit anderen Energielieferanten, aber auch anderen Zielen, werden etwa in folgenden Zitaten implizit angedeutet:

> (F173) You keep those dollars within the **U.S. economy**, **repatriating** not just wealth but jobs and denying them to **foreign unfriendlies**. Drilling is the single most important

---

121 Zur Energieunabhängigkeit durch Fracking vgl. auch Mildner/Westphal/Howald (2016).

thing we can do to spur growth **at home** while strengthening our hand **abroad**. (washingtonpost.com, 16.3.2012)

(F174) Natural gas may be America's most ignored blessing. With resources now equivalent to Iran's oil reserves, domestic shale gas offers a chance to meaningfully reduce the country's **dependence** on foreign oil, cut the deficit and even reduce greenhouse gas emissions. (New York Times, 17.1.2011)

(F175) It is a difficult, even paradoxical task. Addressing climate change and ensuring domestic energy independence have sometimes proved to be **contradictory goals**, analysts said. (New York Times, 4.3.2013)

In (F173) zeigt sich die AGONALITÄT DER LEXIKALISCHEN GEGENÜBERSTELLUNG: Die *U.S. economy* und *repatriating* werden mit *foreign unfriendlies* kontrastiert, ebenso *at home* und *abroad*. Die Förderung von Schiefergas wird hier zum patriotischen Projekt, das die Machtverhältnisse zugunsten der USA beeinflusst. Auch in (F174) wird die Abhängigkeit (*dependence*) beklagt, die nun aber reduziert werden kann. In (F175) werden mithilfe der AGONALITÄT DER RELEVANZKONKURRENZ die Ziele ›Klimawandel verhindern‹ und ›Energieunabhängigkeit‹ einander gegenübergestellt (*contradictory goals*). Erneut widerstreiten die übergeordneten Konzepte ›Umwelt‹ und ›Wirtschaft‹. Eine Vereinbarkeit wird hier als unmöglich dargestellt. Welches übergeordnete Konzept die Oberhand gewinnt, bleibt hier offen.

Auch in den deutschen und britischen Texten ist Energieunabhängigkeit ein agonal verhandeltes Konzept. Allerdings steht dabei vor allem Russland als wichtiger Energielieferant im Fokus. Auch hier gibt es massive politische Konflikte, sodass eine Produktion innerhalb Deutschlands, Großbritanniens oder (von außen betrachtet) Polens die Machtverhältnisse beeinflussen würde. Die folgenden Zitate zeigen dies:

(F176) Natürlich gibt es gute Gründe, sich als Gesetzgeber dennoch mit den Möglichkeiten zu beschäftigen – zumal das Fracking-Fieber Amerika, aber auch andere Staaten wie Polen bereits voll ergriffen hat. Während die USA allerdings dank der Technik und gewaltiger Vorkommen tatsächlich vor einer neuen Ära als Energieexport-Nation stehen, ginge es in Deutschland eher darum, etwas **unabhängiger von russischem Gas** zu werden. (Passauer Neue Presse, 11.2.2013)

(F177) Könnten Erdgaslieferungen aus Russland oder dem kaspischen Meer mit Hilfe der Förderung von Schiefergas **künftig unwichtiger** werden? (Die Welt, 29.8.2012)

(F178) Doch gerät Russland schon jetzt mächtig unter Druck, auch ohne deutsches Schiefergas. „Gazprom **kapituliert** derzeit beim Preis", sagt US-Analyst Blanchard. Etwa 10 Prozent seines Gases verkaufe das Unternehmen zu Mechanismen, die sich am Spotmarkt orientieren. Eon und andere haben beim Einkauf schon jetzt bessere Karten. (manager magazin online, 4.2.2013)

Ausdrücke wie *unabhängiger von russischem Gas* (F176), *künftig unwichtiger* (F177) und *unter Druck* oder *kapituliert* (F178) zeigen den agonalen Kampf um Russlands Stellung. Besonders in Deutschland und Großbritannien wird in diesem Zusammenhang auch auf Polen geblickt, das in (F176) als begeistert von Fracking dargestellt wird. Das Potenzial (s. Kapitel 5.2.3.1) wird hier aber teils als gering dargestellt (›Polen kann energieunabhängig werden‹ vs. ›Polen kann nicht energieunabhängig werden‹).

> (F179) In Poland, however, the exploitation of shale gas is well on the way to becoming something of a **national mission**. Poland's Prime Minister, Donald Tusk (below), has described shale gas as his country's **"great chance"** to turn Poland from an energy importer to a major exporter within a generation. And the subtext for Warsaw is that shale gas could not only make Poland into an exporter, but also end its age-old energy dependence on Russia. (independent.co.uk, 27.9.2011)
>
> (F180) Gas-Großmacht Polen? Als die aussichtsreichsten geologischen Formationen gelten die in Polen, in Niedersachsen und Südschweden. Vor allem Polen **träumt** davon, eine neue Gas-Großmacht zu werden, und hat für die Unternehmen daher günstige steuerliche Bedingungen geschaffen. (Focus Money, 4.8.2010)
>
> (F181) Doch wie am kanadischen Klondike River, an dem im 19. Jahrhundert längst nicht alles Gold war, was glänzte, so könnte auch den Schatzsuchern in Polen noch manche **Enttäuschung** bevorstehen. Kritiker warnen vor verheerenden Folgen für die Umwelt. Und auch der ökonomische Nutzen zumindest für die einheimische Wirtschaft ist fraglich. (Zeit Online, 15.8.2011)

In Wertungen, die auch Emotionen ausdrücken, wird das Bestreben Polens beschrieben (*national mission, great chance* (F179), *träumt* (F180), *Enttäuschung* (F181)), von Russlands Energielieferungen unabhängig zu werden. Doch zunehmend wird in Zeitungen beschrieben, dass sich Firmen zurückziehen, woraufhin *Enttäuschung* einsetzt (F181). Die rauschhafte Stimmung, die durch Ausdrücke wie *Schatzsuchern* (F181) perspektiviert wird, kennzeichnet die Entwicklung in Polen als schnell, überstürzt und nicht von Dauer. Auch den Frackingbefürwortern wird in diesem Fall Emotionalität zugeschrieben, die sich hier aber als negativ gewertet herausstellt.

Energieunabhängigkeit ist damit insgesamt ein wichtiges Argument für Fracking. Als erstrebenswertes Ziel wird dieser Faktor nicht angezweifelt. Ihm stehen vor allem Bedenken hinsichtlich der Umwelt und des tatsächlichen wirtschaftlichen Ausmaßes von Fracking entgegen.

5.2.3.5 Kurzzusammenfassung: Agonal verhandelte wirtschaftliche Themen

Insgesamt sind Wirtschaftsthemen im Frackingdiskurs sehr präsent. Dabei werden folgende Bereiche agonal thematisiert: wirtschaftliches Potenzial (5.2.3.1), Arbeitsplätze (5.2.3.2), zeitliche Gegenüberstellungen angesichts der rasanten

Entwicklung (5.2.3.3) und globale Auswirkungen (5.2.3.4). Zwischen den Subkorpora ergeben sich zahlreiche Gemeinsamkeiten, aber auch Unterschiede etwa im Hinblick auf die Thematisierung von neu geschaffenen Stellen, die eher in den USA wichtig sind. Die hier dargestellten agonalen Aspekte aus der Wirtschaft haben wiederum Wechselwirkungen mit den politischen Themen (s. Kapitel 5.2.2), spielen aber auch bei der Thematisierung gesellschaftlicher Aspekte eine Rolle (s. Kapitel 5.2.4).

5.2.4 Agonale Thematisierung gesellschaftlicher und kultureller Aspekte

Der Diskurs um Fracking beinhaltet abgesehen von Umweltaspekten, politischen Konflikten und wirtschaftlichen Erwägungen auch gesellschaftliche und kulturelle Problemfelder, die agonal thematisiert werden. Dazu gehören die Fragen, welche gesellschaftlichen Effekte Fracking hat (5.2.4.1), welche Rolle Bürgerinitiativen spielen (5.2.4.2), wie Fracking filmisch dargestellt wird (5.2.4.3) und – kulturspezifisch im UK-Korpus – ob die Angst vor Stromausfällen gerechtfertigt ist (5.2.4.4).

5.2.4.1 Agonale Thematisierung gesellschaftlicher Auswirkungen des Fracking: ›Fracking hat positive gesellschaftliche Effekte‹ vs. ›Fracking hat negative gesellschaftliche Effekte‹

Hierbei relevante Agonalitätsindikatoren: aus verschiedenen Dimensionen

Dieses agonale Zentrum bezieht sich vor allem auf gesellschaftliche Folgen von Fracking in den USA. Hier geht es vor allem um die Gebiete, in denen gebohrt wird, und die Frage, welche Auswirkungen dies für die Anwohner und die hinzugezogenen Arbeiter hat:

> (F182) "These gas people have brought **new life** to this town," he [Mr. Quinet, Restaurantbesitzer, Anm. AM] said. "Before, it was almost like a **ghost town**." (Pittsburgh Post Gazette, 9.8.2011)
> (F183) While the biggest incentive would be cheaper household energy bills, communities who agree to shale-gas extraction in their area could alo [sic!] be offered funding for **new sports clubs** or community centres and other local amenities, according to the Financial Times. (telegraph.co.uk, 29.4.2013)
> (F184) Allein die Versorgung mit Lebensmitteln wird in Williston mit seinen 15 000 Einwohnern zu einem täglichen **Kampf**. Walmart ist oft ausverkauft, McDonald's schließt

manchmal schon am Mittwoch, weil die Frikadellen ausgehen. [Absatz] Manche Geschäfte finden kein Personal, die Jobs in der Ölindustrie sind viel attraktiver. (Stern, 29.11.2012)
(F185) Tex Hall aber geht alles eher zu langsam. Als er am 1. April 2011 vor einem Unterausschuss des Kongresses für „Indianer- und Alaska-Ureinwohner-Angelegenheiten" aussagte, **beklagte** der Stammeschef, das Reservat habe seine Interessen wegen der Verschleppung durch das US-Innenministerium zu spät wahrnehmen können. Er schilderte zugleich die enormen Schäden des Booms, der die dreizehn Beamten der Stammespolizei überfordere und die überwiegend unasphaltierten Straßen zerstöre. So höflich wie es der Stolz der MHA [Mandan, Hidatsa und Arikara, Anm. AM] Nation und der Status des Abhängigen geboten, ließ Tex Hall keinen Zweifel daran, dass Washington mit seinen Vorschriften, Prüfungsverfahren, Parteienstreitigkeiten für seine Völker die **Probleme** schaffe, statt sie zu lösen. (Welt am Sonntag, 20.5.2012)

In den Zitaten in (F182) und (F183) werden die Auswirkungen auf die Städte positiv gewertet. Wieder wird eine deutliche ZEITLICHE GEGENÜBERSTELLUNG der Zeit vor dem Fracking (*ghost town*) und danach vorgenommen, die positiv bewertet wird (*new life* (F182), *new sports club* (F183)). In dieser Darstellung leben die Gemeinden auf, wenn sich Firmen ansiedeln. In (F184) konkurrieren traditionelle Jobs in Geschäften mit den gut bezahlten neuen Beschäftigungen, und die Infrastruktur ist auf den Ansturm der Arbeiter nicht vorbereitet. Ein selten berührtes, aber als Einzelbeispiel interessantes Thema wird in (F185) angesprochen: Hier werden im deutschen Pressediskurs, also aus der Außenperspektive, Konflikte zwischen Native Americans und den Bohrfirmen deutlich. Die Frage, wer die Entscheidung über die Nutzung des Landes zu treffen hat – Regierung, Bohrfirmen, Anwohner, Bewohner der Reservate –, wird agonal verhandelt und erhält durch die spezifisch amerikanische Geschichte der Besiedlung besondere Sprengkraft. Die amerikanische Gesellschaft scheint insgesamt heterogen und wird in vielen Fragen immer wieder als gespalten dargestellt. Diese diskursive Darstellung wird auch beim Diskurs um Hurrikan Sandy zu beobachten sein (s. Kapitel 5.3.3). Hier soll ein Beispiel als Illustration dienen, in dem die Spaltung unter anderem Präsident Obama im Wahlkampf angelastet wird. Fracking ist bei diesen Kritikpunkten nur einer von vielen Aspekten, die die Nation spalten:

(F186) Auf diesem Geständnis des eigenen Scheiterns, Amerika in allen zentralen Belangen nicht geheilt und versöhnt zu haben, war das gesamte Bewerbungsgespräch aufgebaut, das Barack Obama via Fernsehen mit Millionen Wählern führte, die nicht mehr (oder noch immer nicht) wissen, woran sie mit ihm sind. Jetzt müssten sie es sein. (General-Anzeiger Bonn, 8.9.2012)

Die gesellschaftlichen Folgen von Fracking in amerikanischen Bohrgebieten werden im deutschen Diskurs häufig in Reportagen dargestellt, die auch einzelne Anwohner und ihre Perspektiven in den Vordergrund rücken. Es entspinnt sich das Bild einer wie vom Goldrausch besessenen Gesellschaft, in der die Arbeiter in Scharen in die Bohrgebiete strömen, um dort für die Ölfirmen zu arbeiten, sodass die Gemeinden es nicht schaffen, alle unterzubringen, die von der neuen Entwicklung profitieren wollen:

> (F187) Ohne Aussicht auf einen ordentlich bezahlten Arbeitsplatz schloss sich Dan in seinem altersschwachen Mitsubishi dem Sternenmarsch in die Ölfelder an. „Ich will meinen Fuß in die Industrie bekommen, um möglichst schnell viel zur Seite legen zu können." Dafür nimmt er einiges in Kauf. Mit drei anderen Arbeitern zog er in ein verfallenes Präriehaus ohne Licht und Klo. Dafür blätterte er seinem Vermieter in Williston jeden Monat 500 Dollar auf den Tisch und musste sich verpflichten, die Leitungen für Strom, Wasser und Abfluss selber zu verlegen. (Aachener Nachrichten, 20.8.2012)
>
> (F188) Reinkes Concordia Lutheran Church zu Williston, North Dakota, gewährt rund 50 obdachlosen Männern Obhut in ihren Räumen oder, den Glücklicheren mit eigenem Auto, auf dem Parkplatz. Zu viele. Reinke schickt, mit schlechtem Gewissen, Dankgebete zum Himmel für jeden, den er abweisen kann, wegen Alkohol, Drogen, Aggressivität. (Welt Online, 20.5.2013)

Die Wohnungssituation steht dabei im Vordergrund: Die Städte erscheinen überfordert mit der Situation (siehe (F187) zur NEGATIVEN WERTUNG von *verfallenes Präriehaus*; und in (F188) den Widerspruch zwischen dem Wunsch des Pfarrers, den neuangekommenen Menschen Obdach zu gewähren, und dem wenigen Platz, was zu *schlechtem Gewissen* führt). Dem Profit stehen die gesellschaftliche Überforderung und das Konfliktpotenzial gegenüber, das durch den Zuzug entsteht (vgl. auch Jaspal/Turner/Nerlich 2014).

Insgesamt werden im Diskurs positive und negative gesellschaftliche Effekte des Fracking vor allem auf die lokale Ebene bezogen. Das Geld, das in zuvor strukturschwache Städte und Gemeinden fließt, sorgt für ein lebendiges Leben an den betroffenen Orten, von dem Einheimische und Neuankömmlinge profitieren. Auf der anderen Seite führt die Masse der neu hinzugezogenen Personen zur Überforderung der Gemeinden. Dies verändert die gesellschaftliche Struktur der Gemeinden und stellt diese vor Probleme, was die Wohnsituation betrifft. Die Entwicklung wird als rasant dargestellt, da sich die gesellschaftlichen Effekte sehr schnell einstellen. Der Blick der Zeitungsmedien, auch in Großbritannien und Deutschland, richtet sich dabei vor allem auf die USA.

5.2.4.2 Agonale Thematisierung in Bezug auf Bürgerinitiativen

Hierbei relevante Agonalitätsindikatoren: vor allem aus der Dimension AGONALITÄT DER NEGATIVEN EMOTIONEN

In allen drei Korpora wird auf die Rolle von Anwohnern, Umweltverbänden und Bürgerinitiativen eingegangen. In diesem Diskurs wirken die organisierten Bürger als zusätzliche Akteure im Diskurs. Die Bürger nehmen dabei meist eine kritische Haltung gegenüber Fracking ein. Dies entspricht den politischen Entscheidungen, die auf lokaler Ebene einhellig gegen Fracking auszufallen scheinen (s. Kapitel 5.2.2.3). Vor allem Befürchtungen in Bezug auf Umweltschäden werden dabei geäußert. Interessant ist hier, dass abseits der etablierten politischen Einflussmöglichkeiten wie Wahlen andere Organisationsformen gefunden werden, etwa die Petition oder die Demonstration. Da dies auch als gesellschaftliche Entwicklung beschrieben wird und mit Schilderungen individueller und bürgerlicher Situationen einhergeht, wird diese agonale Thematisierung der Bürgerproteste in diesem Kapitel zu gesellschaftlichen Auswirkungen thematisiert, auch wenn sich Parallelen zu politischen Themen ergeben.

> (F189) Last month, at Balcombe in Sussex, around 200 residents squeezed into the village hall to **give** Mark Miller of Cuadrilla **a roasting** over his company's proposal to start fracking nearby, a process that posed no health dangers, he insisted. "**Go away**," screamed members of the audience. "You're talking rubbish," others shouted. (Observer, 25.2.2012)
> (F190) Displaying their discontent: Anti-fracking protesters, concerned that the controversial natural gas production method would poison the state's drinking water, stage a rally Thursday in front of the downtown Buffalo offices of the state Department of Environmental Conservation. (Buffalo News New York, 13.4.2012)
> (F191) The meeting became so **heated** that the obligatory tea and cakes (gluten and fat-free, naturally) went ignored at the back of the hall. And it provided rare excitement in a village where the only other news of note was the theft of two spaniels. (telegraph.co.uk, 13.1.2012)
> (F192) „No Fracking" plakatieren die Umweltverbände, bis jetzt sind dem Appell die Gemeinderäte in Konstanz, Friedrichshafen, Überlingen, Hohenfels, Pfullendorf, Wald und Herdwangen-Schönach gefolgt. (Südwest Presse, 17.11.2012)
> (F193) Die Bürgerinitiative gegen Gasbohren ist **alarmiert**. (Rheinische Post Düsseldorf, 27.2.2013)

In allen Zitaten werden Bürgerinitiativen in Gegnerschaft zum Fracking dargestellt (in (F192) mit der AGONALITÄT DER NEGATION im Slogan *No Fracking*); keine Bürgerbewegung äußert sich positiv. Die Gegnerschaft wird als vehement, aber eher emotional als rational dargestellt: z.B. mit *give... a roasting* und Zitaten wie *go away* und *you're talking rubbish* in (F189), *heated* in (F191) und *alarmiert* in

(F193). In (F191) wird angedeutet, dass der Protest vor allem Abwechslung von einem langweiligen Dorfalltag bedeutet. Hier fließen gesellschaftliche Aspekte mit ein, wobei das Leben in dem Dorf, in dem die protestierenden Bürger leben, stereotyp dargestellt wird. Implizit wird angedeutet, dass der Protest auch eine Möglichkeit ist, das Dorfleben etwas interessanter zu machen.

Insgesamt wird eher auf die Emotionen der Gegner eingegangen als auf ihre konkreten Forderungen und Argumente. Implizit werden die Gegner damit auch in vorgeblich neutralen Medienartikeln abgewertet, so wie dies in den US- und UK-Frackingkorpora mit Umweltschützern allgemein passiert (s. Kapitel 5.2.1.4). Hier entsteht das Bild eines Mobs, der rationalen Argumenten nicht zugänglich ist, was dem Anliegen der Bürgerinitiativen kaum zuträglich sein dürfte.

Im UK-Korpus wird zudem der Protest gegen Fracking mit jenem gegen Windkraft verglichen:

> (F194) The visual impact of gas rigs will make the public animosity to wind farms seem **trivial by comparison.** (The Scotsman, 13.12.2012)
> (F195) We cannot know precisely how public opinion would react to parts of Britain beginning to resemble Texas, but we can make an educated guess from how much some people **hate the sight** of an object as harmless as a wind turbine. (Observer, 9.12.2012)
> (F196) You should be in no doubt that the **roaring protests** against fracking will make the opposition to wind farms look like a **gentle breeze**. Wind turbines are entirely harmless beyond changing the view: fracking, if done badly, risks polluting water and leaking methane. (guardian.co.uk, 6.6.2013)

Wie bereits in Kapitel 5.2.1 geschildert, ist der Widerstand gegen Windkraft in Großbritannien sehr ausgeprägt. Während an anderer Stelle eher das Konzept ›Windkraft stört mehr als Fracking‹ postuliert wird, wird hier die These vertreten, dass die Menschen Fracking noch weniger schätzen werden als Windkraft. Im Vokabular der AGONALITÄT DER RELEVANZKONKURRENZ lässt sich dies hier zeigen mit *trivial by comparison* (F194) oder in Vergleichen zwischen *roaring protests* und *gentle breeze* (F196), wenn es um den Widerstand gegen Windkraft geht. Die Gegnerschaft wird mit der ästhetischen Beeinträchtigung (*visual impact* (F194), *hate the sight* (F195)) von Frackingbohrtürmen und Windkrafträdern begründet; in (F196) wird dem das zusätzliche Gefahrenpotenzial von Fracking gegenübergestellt.

Insgesamt wird der Protest gegen Windkraft als massiv, aber wenig rational dargestellt und Fracking als noch größerer potenzieller Konfliktstoff. Bürger sind in diesem Diskurs engagierte Akteure im Sinne der *citoyens*, die auf aktuelle Ereignisse, die sie betreffen, auch außerhalb institutionalisierter Wahlentscheidungen Einfluss nehmen wollen (vgl. Krüger 2007, 232). Als Akteursgruppe erscheinen sie besonders in Form von Protesten, also reaktiv auf die Veränderungen.

5.2.4.3 Agonalität in der Bewertung filmischer Darstellungen von Fracking

Hierbei relevante Agonalitätsindikatoren: verschiedene Dimensionen, vor allem AGONALITÄT VON SCHEIN UND SEIN

Das Thema Fracking wird auch mit filmischen Mitteln behandelt, worüber ebenfalls in den Zeitungsbeiträgen berichtet wird. Im Vordergrund stehen dabei zwei filmische Darstellungen: die Dokumentation „Gasland" von Regisseur Josh Fox und der Spielfilm „Promised Land" von Regisseur Gus Van Sant mit dem bekannten Schauspieler Matt Damon in der Hauptrolle, der u.a. auf der Berlinale gezeigt wurde. In der Dokumentation „Gasland" wird gezeigt, wie Josh Fox zu verschiedenen Bohrstellen fährt und in den Gegenden Anwohner befragt. Vielfach wird von Gesundheitsproblemen berichtet; bekannt wurde das Bild des Wasserhahns, an dem mit einem Streichholz eine Stichflamme entzündet werden konnte, was als Hinweis für starke Methanentwicklung im Wasser gewertet wurde (s. dazu auch Kapitel 6.1). Im Film „Promised Land" gehört der fiktive Protagonist einer Frackingfirma an und soll mit seiner Kollegin in einer Gemeinde möglichst viele Menschen zum Verkauf ihres Landes bewegen, was von einem vorgeblichen Umweltschützer (der sich später als von der Energiefirma bezahlt herausstellt) mit falschen Vorspiegelungen durchkreuzt wird. Eine klare Haltung zum Fracking wird im Film nicht eingenommen, während sich „Gasland" relativ klar gegen das Fracking positioniert. Beide Filme spielen in den USA. Auffällig ist in beiden Filmtiteln der Verweis auf Bodenschätze: „Gasland" verweist auf die Nutzung des Landes in der Wortbildung des Determinativkompositums, „Promised Land" in einer biblischen Referenz auf das gelobte Land, also ein Heilsversprechen durch Fracking. Dies entspricht der teilweise sehr positiven Wertung und dem Reichtum, den sich Befürworter des Frackings versprechen (siehe oben).

Agonale Darstellungen fallen insbesondere bei der Bewertung beider Filme auf. Bei der Dokumentation wird vor allem mit der AGONALITÄT VON SCHEIN UND SEIN der Wahrheitsgehalt der Darstellung im agonalen Zentrum ›die Darstellungen in der Dokumentation sind wahr‹ vs. ›die Darstellungen in der Dokumentation sind nicht wahr‹ verhandelt. Besonders die Frackingindustrie, aber auch Umweltbehörden kritisieren den Film:

(F197) The industry lobby had earlier written to the Academy arguing that the film was ineligible for a best documentary Oscar because of **inaccuracies**. "The many **errors, inconsistencies and outright falsehoods** catalogued cast **serious doubt** on Gasland's worthiness for this most honoured award, and directly violate both the letter and spirit of the published criteria that presumably must be met by Gasland's competitors in this category," the letter said. (Guardian, 22.2.2011)
(F198) John Hanger, the painfully conscientious head of Pennsylvania's DEP [Department of Environmental Protection, Anm. AM], isn't a fan of "Gasland." Mr. Hanger called the documentary **"fundamentally dishonest,"** perhaps because the filmmaker offered him a glass of water from one of the affected properties on camera. He doesn't drink it, of course. He's no fool. (Pittsburgh Post Gazette, 9.7.2010)
(F199) Fox insists the movie "is **not partisan**," though visitors to the Gasland website are greeted by pleas to support anti-drilling causes. (Philadelphia Inquirer, 24.6.2010)
(F200) Cornered, Mr. Borawski issued what he called "my sincerest and most heartfelt apology" to Mr. Fox a few days ago: "I used very poor judgment trying to compare the work of a filmmaker to the propaganda spewed by Joseph Goebbels and the Nazi regime in World War II," he said. (Pittsburgh Post Gazette, 18.3.2011)

In (F197) wird die Faktizität der Darstellung in der Dokumentation stark in Zweifel gezogen, mit Ausdrücken wie *inaccuracies, errors, inconsistencies, falsehoods, serious doubts* oder in (F198) *fundamentally dishonest*. In (F198) wird aber wiederum die Position des Kritikers angezweifelt, da er kein Wasser aus dem Frackinggebiet trinken wollte. Der Regisseur selbst betont die Neutralität seines Films in (F199) (*not partisan*), doch die Verweise auf seiner Homepage legen laut dieser Darstellung mangelnde Neutralität nahe. Kritiker müssen teilweise ihren Vergleich mit Nazipropaganda zurücknehmen (F200): Dies zeigt zum einen die moralischen Grenzen der im Diskurs erlaubten Filmkritik auf, zum anderen aber auch, wie heftig teilweise die Angriffe auf den Film ausfallen und wie kontrovers das Thema in verschiedenen Darstellungen aufgegriffen wird. Insgesamt entsteht der Eindruck einer einflussreichen, aber umstrittenen Dokumentation, der durch Berichte in anderen Medienformen wie Zeitungen weitreichende Strahlkraft zukommt.

Der Film „Promised Land" wird weniger an seinem Wahrheitsgehalt gemessen. Hier werden eher die filmischen Mittel und die Logik der Geschichte mit Mitteln der Bewertung beurteilt, im agonalen Zentrum ›der Film „Promised Land" ist ein gut gemachter Film‹ vs. ›der Film „Promised Land" ist ein schlecht gemachter Film‹. Die Bewertungskriterien für Dokumentation und Spielfilm sind unterschiedlich: In der Dokumentation zählt die Wahrheit dessen, was gezeigt wird, beträchtlich, während der Spielfilm sich an anderen Kriterien (schauspielerische Leistung, Qualität des Drehbuchs, Spannung und Logik der Handlung etc.) messen lassen muss. Die Bewertungen fallen unterschiedlich aus:

(F201) Umso geradliniger verfolgt dagegen Gus Van Sant in „Promised Land" sein Ziel: Ausgerechnet der Regisseur so radikaler Kunstfilme wie „Elephant" und „Last Days" übt sich hier **sehr erfolgreich** im Genre des argumentativen gesellschaftskritischen Aufklärungsfilms. (Berliner Zeitung, 9.2.2013)

(F202) **Große Gegenwartsthemen** reißen ausgerechnet die Amerikaner an. Matt Damon beschäftigt sich in 'Promised Land' mit der Technik des 'Fracking', einer womöglich die Umwelt belastenden Methode zur Gasgewinnung, die nun auch in Deutschland angewendet werden soll, und Steven Soderbergh widmet sich im Thriller 'Side Effects' der Welt der Psychopharmaka. (Stuttgarter Nachrichten, 13.2.2013)

(F203) Van Sant schaut auf das, was viele als Herz Amerikas begreifen, jenes mythische Land, das einst armen Einwanderern selbstbestimmtes Leben bot. Und auf deren Nachkommen, die nun entscheiden müssen, ob sie Erbe gegen Geld tauschen wollen. Letztlich geht es um Verantwortung für die Schöpfung, eine urchristliche Fragestellung, die Konzernen fremd zu sein scheint und die US-Gesellschaft **spaltet**. (Stuttgarter Nachrichten, 9.2.2013)

(F204) But "Promised Land" feels divided against itself, not quite sure how to reconcile its **polemical** intentions with its storytelling impulses, and thus finally unable to fulfill its own promise. (New York Times, 28.12.2012)

Besonders in den deutschen Medien wird im Zusammenhang mit der Berlinale, die der Hauptdarsteller Matt Damon selbst besucht hat, viel über den Film berichtet. Hervorgehoben wird durchaus positiv (*sehr erfolgreich* (F201)) die Tiefe des Themas (auch *große Gegenwartsthemen* (F202) in einer RELEVANZKONKURRENZ zu anderen Filmen mit anderen Themen). Der Film stellt den Kritiken zufolge erfolgreich den amerikanischen Mythos eines freien weiten Landes dar – allerdings mit sehr gespaltener Bevölkerung (s. *spaltet* in (F203) und unten ausführlich in Kapitel 5.3.3). Die Machart des Films wird dagegen in der New York Times eher negativ bewertet und die Gesellschaftskritik als *polemical* bezeichnet (F204).

Die Relevanz filmischer Mittel bei der Herausbildung der öffentlichen Meinung wird teils als hoch eingeschätzt:

(F205) The idea behind Promised Land was presumably to engage audiences who would have been **alienated by an earnest documentary** on the same subject. (Independent, 9.2.2013)

(F206) Still, **movies prevail**. Regardless of how films are shown or sold, they will continue to be made, **screened, enjoyed and loved** by writers, directors and audiences all over the world. (Sunday Business Post, 6.1.2013)

(F205) und (F206) betonen den Unterhaltungswert von Filmen, der hoch eingeschätzt wird (vgl. *screened, enjoyed and loved* in (F206)). (F205) kontrastiert dabei Dokumentationen und Spielfilme: Fiktionale Darstellungen können Personen ansprechen, die sich eine faktuale Darstellung eher nicht ansehen würden (*alienated by an earnest documentary*) und so für ein Thema Interesse entwickeln, über das sie sonst nichts wissen. (F206) sieht Filme geradezu als Grundbedürfnis des Menschen an (*movies prevail*).

Die Frage, ob Filme tatsächlich eine Auswirkung auf das Verhalten von Menschen haben, kann hier nicht beantwortet werden. Dass mit ihnen jedoch eine weitere Ebene existiert, auf der Menschen mit Themen konfrontiert werden und die durchaus im kulturellen Gedächtnis von Gemeinschaften eine Rolle spielt, ist dagegen nach Ansicht der Autorin als nicht gering einzuschätzen. Prototypische Situationen und Konflikte können in fiktionalen Werken beispielhaft und in Bezug auf individualisierte Charaktere dargestellt werden. Filme und auch andere fiktionale Werke wie Romane betrachten das Thema anhand fiktionaler Charaktere und damit abseits des öffentlichen faktualen Diskurses und können dabei stark agonale (s. zur Graduierung der Agonalität Kapitel 4.1 und 4.3) Situationen aufzeigen. Auch deshalb wird in Kapitel 6.2 in einem Exkurs die fiktionale Ebene der Agonalität in zwei Romanen zum Thema Fracking untersucht.

5.2.4.4 Kulturspezifische Sorge um die Sicherheit der Stromversorgung

Hierbei relevante Agonalitätsindikatoren: verschiedene Dimensionen

Zuletzt soll noch ein für dieses Thema wichtiger Aspekt untersucht werden, der im Zusammenhang mit der Untersuchung der Agonalität v.a. im UK-Korpus auffiel. Es handelt sich um die Sorge, dass der Strom in Großbritannien ausfallen könnte, vor allem in privaten Haushalten. Dies wird immer wieder aufgegriffen und als Argument (besonders für das Fracking, das dies möglicherweise verhindern könnte) angeführt. Dieses agonal verhandelte Thema findet sich in diesem Ausmaß nicht im deutschsprachigen oder im US-amerikanischen Korpus. Ein möglicher Grund könnte in der Infrastruktur liegen: Das Stromnetz im Vereinigten Königreich ist teilweise 80 Jahre alt, und im Winter müssen besondere Vorkehrungen getroffen werden, damit die Netze wegen der vermehrten Heizung nicht überlastet werden. In den 1970er Jahren gab es zahlreiche Stromausfälle in Großbritannien.[122] Dies ist zwar seither nicht mehr in diesem Ausmaß

---

[122] Siehe dazu den Artikel „Großbritannien kämpft gegen den Blackout" von Katja Joho am 9.2.2016: http://www.wiwo.de/unternehmen/energie/schwache-stromnetze-grossbritannien-kaempft-gegen-den-blackout/12927826.html (letzter Zugriff 11.4.2018).

vorgekommen, könnte sich aber in das kulturelle Gedächtnis so intensiv eingebrannt zu haben, dass Stromausfälle als reale Gefahr eingeschätzt werden:

> (F207) And today there were warnings from energy giant SSE [Scottish and Southern Energy, Anm. AM] of the 'very **real risk**' of the lights going out in Britain. (Mail Online, 21.3.2013)
>
> (F208) Jeremy Nicholson, of the manufacturers association EEF [Engineering Employers' Federation, Anm. AM], confirmed there was a **real risk** of blackouts in two years. (Daily Mail, 20.2.2013)
>
> (F209) Last week, Ofgem, the energy regulator, upstaged Mr Davey's own set of announcements on subsidies for renewables by warning in stark terms that lack of progress on energy investment meant a **real risk** of power cuts from the middle of the decade onwards. (telegraph.co.uk, 1.7.2013)

Das Syntagma *real risk* in allen drei Beispielen betont die Bedeutung dieses Risikos, das als groß eingeschätzt wird. Die Stromausfälle werden als reale Bedrohung geschildert. Noch näher am Alltag der Briten geschieht dies bei dem Ausdruck *take for granted*: Selbstverständlichkeiten des Alltags erscheinen gefährdet, wie etwa im folgenden Beispiel:

> (F210) Up until now we have all lived in a world where we expect to enjoy electricity on demand. When we want a cup of tea, for example, we **take it for granted** that we can put on the kettle there and then. It would strike us as barmy beyond measure that we might have to wait for two or three hours until such time as the National Grid deemed it fit to provide us with the electricity we desired. (telegraph.co.uk, 22.12.2012)

Als prototypisches Beispiel dient hier die kulturtypische Tasse Tee, auf die man in einer möglichen Zukunft stundenlang warten müsste. Mit den Mitteln der ZEITLICHEN GEGENÜBERSTELLUNG (*up until now* markiert eine mögliche Grenze) wird hier postuliert, dass in der Zukunft ein ungewollter Zustand eintreten könnte. Die Sorge um ein sicheres Stromnetz ist als Hintergrund der britischen Diskussion um Fracking zu betrachten. Dazu gehört auch die Sorge um steigende Energiepreise. Dies spielt zwar auch in den anderen Korpora eine Rolle, wird aber im UK-Korpus stärker mit der Auswirkung auf einzelne Individuen und Privathaushalte verknüpft als mit einer allgemeinen Entwicklung von Energiepreisen, etwa in den folgenden Beispielen mit den Verwendungen *keep bills down* (F211), *won't bring down bills* (F212) und *lower gas bills for households* (F213):

> (F211) Fergus Ewing, the SNP [Scottish National Party] Energy Minister, said green energy "is essential if we are **to keep bills down** for ordinary families, boost the economy and meet our climate change targets." (Daily Telegraph, 14.5.2012)

(F212) Joss Garman, from Greenpeace, said: "The shale gas bubble has burst. Despite all the hype, even the energy companies now acknowledge shale gas isn't the answer to Britain's energy needs. Ministers are having to face up to the fact that there isn't much of it, it **won't bring down bills**, and it's damaging to our climate." [Absatz] Today, Ed Davey, the Liberal Democrat Energy Minister was publishing the Government's long-awaited Energy Bill, promising that it will **bring down energy bills** and secure future supplies. (Western Mail, 22.5.2012)

(F213) Aside from the controversy and danger surrounding fracking it still isn't clear if it will definitely mean **lower gas bills for households**. (Mail Online, 13.12.2012)

Im britischen Korpus lässt sich auf der Grundlage der Diskussion um Stromrechnungen stärker als in den USA und Deutschland das agonale Zentrum ›Fracking senkt die Stromrechnungen‹ vs. ›Fracking senkt die Stromrechnungen nicht‹ festmachen. So ist das Cluster *energy bill** im UK-Fracking-Korpus insgesamt 581mal zu finden (sowie 74mal *electricity bill** und 14mal *utility bill**), im US-Fracking-Korpus dagegen insgesamt nur 37mal (bzw. 4mal *electricity bill* und 9mal *utility bill*), was einen völlig unterschiedlichen Fokus zeigt. Die privaten Auswirkungen auf den Einzelnen, was die finanzielle Situation betrifft, sind im UK-Korpus wesentlich wichtiger.[123]

5.2.4.5 Kurzzusammenfassung: Agonal verhandelte gesellschaftliche Themen

Der Frackingdiskurs verweist auf verschiedene gesellschaftliche Aspekte, die agonal diskutiert werden. Dazu zählen etwa gesellschaftliche Veränderungen an Orten, an denen Fracking stattfindet. Besonders fällt auf, dass sich auch eine breitere gesellschaftliche Schicht wie die betroffenen Bürger oder künstlerisch Schaffende in die Debatte einschalten. Der Diskurs bringt dabei nicht nur spezifische Formen der gesellschaftlichen Äußerung wie Bürgerproteste hervor, sondern verweist auch auf gesellschaftliche Missstände abseits des Diskurses, etwa die Spaltung der amerikanischen Gesellschaft.

5.2.5 Zusammenfassung: Charakterisierung der Agonalität in den Korpora zum Thema Fracking

Beim Thema Fracking handelt es sich um ein vielseitig agonal verhandeltes Thema. Dies wird sowohl auf der Metaebene, auf der die Debatte als kontrovers

---

123 Dies könnte in anderen deutschsprachigen Energieversorgungsdiskursen allerdings anders sein, vgl. Hinweise in Bentele/Nothhaft (2011, 59f.); in Bezug auf die Frackingthematik wurde die Angst vor Stromausfällen im deutschen Subkorpus kaum agonal thematisiert.

charakterisiert wird, deutlich, als auch in den verschiedenen Kontexten, in denen die Indikatoren der Agonalität auftreten. Es ergeben sich bei der Analyse der Agonalität zahlreiche Parallelen zwischen den Korpora, aber auch kulturspezifische Unterschiede. Die wichtigsten Konfliktfelder treten in den Bereichen Umwelt, Sicherheit, Politik, Wirtschaft, globale Entwicklungen und gesellschaftliche Folgen auf.

Vorherrschend ist in der Umweltthematik das agonale Zentrum ›Fracking beeinträchtigt das Trinkwasser‹ vs. ›Fracking beeinträchtigt das Trinkwasser nicht‹. In Deutschland und den USA ist dies besonders wichtig (in Deutschland zusätzlich in Verbindung mit Mineralwasser und dem Bierbrauprozess). In Großbritannien wird agonal auch besonders die Erdbebengefahr im agonalen Zentrum ›Fracking verursacht Erdbeben‹ vs. ›Fracking verursacht keine Erdbeben‹ thematisiert. Mangelnde Transparenz wird den Firmen vor allem bei der unbekannten Zusammensetzung der Frackflüssigkeit, die in den Boden gepumpt wird, vorgeworfen. Ebenfalls agonal verhandelte Themen sind der Klimawandel und die erneuerbaren Energien bzw. wie sich Fracking auf beides auswirkt. Den Diskursrahmen bilden Naturvorstellungen von der Natur als zu nutzender Ressource oder als ästhetisch und idyllisch – entsprechend variiert je nach zugrunde gelegter Haltung gegenüber der Natur die Beurteilung von Fracking.

In der Politik wird Fracking vor allem als agonale Entscheidung thematisiert, die in Gesetzesvorhaben mündet. Dabei ergibt sich das skalierte agonale Zentrum mit den Abstufungsgraden ›Fracking sollte vollständig verboten werden‹ vs. ›Fracking sollte nur unter bestimmten Auflagen erlaubt werden‹ vs. ›Fracking sollte erlaubt werden‹. Kritik an einzelnen Akteuren wie Obama oder Politikern als gesamter Gruppe wird deutlich, ebenso Konflikte zwischen einzelnen Akteuren wie z.B. innerhalb der schwarz-gelben Koalition in Deutschland.

In der Wirtschaft wird das Frackingpotenzial unterschiedlich eingeschätzt, insbesondere für Europa. Konflikte zwischen traditionellen und neuen Energiemächten werden thematisiert. Hauptargumente für das Fracking in den USA sind Arbeitsplätze und Energieunabhängigkeit. Die wirtschaftliche Entwicklung wird mit Mitteln der AGONALITÄT DER ZEITLICHEN GEGENÜBERSTELLUNG verdeutlicht.

Gesellschaftliche Veränderungen in den USA werden ebenfalls agonal thematisiert und sowohl positiv als auch negativ bewertet. Bürgerinitiativen treten in diesem Diskurs als Akteure auf; es wäre in weiterführenden Untersuchungen zu vergleichen, ob sich ein Trend zur Bürgerbeteiligung gerade in Umweltfragen abzeichnet (man denke etwa an die Diskussion um das Bahnprojekt Stuttgart 21 und die Proteste in diesem Zusammenhang). Kulturell wird das Thema Fracking von zwei Filmen aufgegriffen, die ebenfalls widersprüchlich bewertet werden.

Insgesamt befinden sich wirtschaftliche und ökologische Erwägungen als Diskursrahmen im Konflikt miteinander. Während die Umweltbedenken angezweifelt werden und in diesem Punkt insgesamt viel Unsicherheit und Intransparenz herrscht, werden die wirtschaftlichen Vorzüge eher in ihrem Ausmaß in Frage gestellt. Was den Ausschlag für eine Gesellschaft geben soll, ist ein agonaler Kampf, der sich durch die gesamte Diskussion zieht. In Tabelle 25 in Kapitel 5.4 werden alle wichtigen agonalen Zentren zusammengefasst.

In Bezug auf die Frackingthematik wurde eine Fülle von Aspekten agonal thematisiert. Viele Konfliktpunkte traten dabei kultur- und sprachübergreifend auf, zeigten aber leichte Verschiebungen innerhalb der Korpora. Nach diesem Blick auf den Frackingdiskurs soll im Vergleich die Agonalität in den Medientexten zu Hurrikan Sandy in Kapitel 5.3 analysiert werden.

5.2.6 Dimensionen der Agonalität im Frackingdiskurs: ein Fazit

In Kapitel 5.2.5 wurde zusammengefasst, welche Themen agonal in den Diskursen auftauchen. Dabei wurden auch die jeweiligen Indikatoren der Agonalität, die sich in Kapitel 4 ergeben haben, betrachtet, besonders bei den einzelnen Beispielzitaten. Sie waren der Ausgangspunkt für die Suche nach agonalen Konfliktpunkten und Grundlage der Analyse. Daraus kristallisierten sich die oben genannten agonalen Konfliktpunkte heraus. Im Folgenden soll nun noch einmal konkret auf die zwölf Dimensionen geblickt und gezeigt werden, welche Punkte besonders auffällig in welcher Dimension diskutiert werden.

1) Agonalität der expliziten Gegenüberstellung

Die Indikatoren dieser Dimension beinhalten v.a. die konzessiven und adversativen Konjunktionen, Subjunktionen, Syntagmen und Präpositionen, die sich als Indikatoren für die Suche nach agonalen Darstellungen bewährt haben. Sie gaben auch hier einen ersten Einblick in zahlreiche Konfliktfelder, die im Diskurs eine Rolle spielen (s. Kapitel 5.2.1). Es wird empfohlen, in weiteren Untersuchungen mit Indikatoren aus dieser Dimension die Analyse zu beginnen, um sich einen ersten Überblick zu verschaffen. Allerdings ist diese Dimension auch sehr breit gefasst und genaue Aussagen über agonal verhandelte Positionen können nicht getroffen werden. Ein genauerer Blick durch die „Lupe" der anderen elf Dimensionen macht das Bild dann deutlicher.

2) Agonalität der zeitlichen Gegenüberstellung

Hier zeigt sich vor allem die zeitliche Gegenüberstellung der Situation vor Fracking und danach. Diese Dimension erweist sich als äußerst interessant im Hinblick auf den vorliegenden Diskurs, da es sich um eine neue Entwicklung handelt (vgl. aber andererseits die Behauptung, das Verfahren sei gar nicht so neu). Dies geht oft mit Wertungen einher. Verweise auf die Bewährtheit des Verfahrens können auch strategisch als Traditionsbezug eingesetzt werden, um das Vertrauen in das Frackingverfahren zu erhöhen (vgl. zu Vertrauensbildung Bentele/Nothhaft 2011, 50).

3) Agonalität der Relevanzkonkurrenz

Welche Sachverhalte relevant sind, wenn es gilt, das Frackingverfahren zu bewerten, ist umstritten. Deshalb sind die entsprechenden Indikatoren der AGONALITÄT DER RELEVANZKONKURRENZ von größtem Interesse. In diesem Zusammenhang werden vor allem der Beitrag der verschiedenen Energieformen zum Energiebedarf, die Schwere von möglichen Naturauswirkungen wie Erdbeben oder auch die grundsätzliche Frage verhandelt, ob der Diskursrahmen ›Umwelt‹ oder der Diskursrahmen ›Wirtschaft‹ als relevanter einzustufen sind.

4) Agonalität der (negativen) Wertung

Negativ bewertet werden verschiedene Aspekte im Diskurs. Dies betrifft das Fracking selbst, aber auch andere Energieformen wie Windkraft. Was Akteure betrifft, werden vor allem Politiker negativ bewertet (in Großbritannien stärker als gesamte Gruppe, während in den USA vor allem Obama als einzelner Akteur einer Wertung unterzogen wird), doch auch die Umweltschützer werden (spezifisch im US- und teils auch im UK-Korpus) negativ bewertet. Ebenso werden die erwähnten Filme einer Wertung unterzogen. Insgesamt ist Wertung ein sehr breites Konzept, das in diesem Diskurs eine entscheidende Rolle spielt.

5) Agonalität der negativen Emotionen

Emotionen werden in diesem Diskurs generell eher als negativ betrachtet. Vor allem Frackinggegnern und Umweltschützern wird vorgeworfen, sich zu sehr von ihren Gefühlen leiten zu lassen und nicht rational zu handeln. Doch Emotionen werden auch verwendet, um den teilweise vorhandenen rauschhaften Zustand zu beschreiben, mit dem Menschen auf die Neuigkeiten von Schiefergasförderung reagieren (vgl. etwa die Schilderung zur Situation in den USA und in Polen). Die Parallelen zur AGONALITÄT DER (NEGATIVEN) WERTUNG sind sehr eng;

Emotionen erscheinen in einer von Rationalität geprägten Welt tendenziell als eher negativ.[124]

6) Agonalität von Schein und Sein

Die AGONALITÄT VON SCHEIN UND SEIN spielt in diesem Diskurs eine besonders wichtige Rolle, da es schwierig ist, sicheres und konsensuales Wissen über die Auswirkungen von Fracking überhaupt festzumachen. Vieles, was eigentlich auf der Ebene des Faktualen zu klären sein müsste, ist umstritten, etwa was die verwendeten Chemikalien betrifft. Da dies im Diskurs nicht transparent wird, entstehen Vorwürfe, die beteiligten Firmen würden lügen, während Frackingbefürworter andererseits mit denselben Indikatoren die Meinungen der Gegner in Frage stellen. Auch die Faktualität der Angaben in der Dokumentation „Gasland" wird in dieser Weise bezweifelt.

7) Agonalität der lexikalischen Gegenüberstellung

Wie schon in Kapitel 4 beschrieben lässt sich die AGONALITÄT DER LEXIKALISCHEN GEGENÜBERSTELLUNG kaum quantitativ erfassen. Auf qualitativer Ebene wirken die jeweiligen Gegenüberstellungen jedoch besonders eindrucksvoll und verstärken jeweils den agonalen Charakter.

8) Agonalität der externen Handlungsaufforderung

Die AGONALITÄT DER EXTERNEN HANDLUNGSAUFFORDERUNG betrifft in diesem Diskurs vor allem Politiker, die in Form von Gesetzesvorhaben und Umweltprüfungsvorschriften Einfluss auf Unternehmen ausüben. Gleichzeitig werden widersprüchliche Forderungen an die Regierungen laut, Fracking zuzulassen oder zu verbieten.

9) Agonalität der Entscheidungsthematisierung

Die AGONALITÄT DER ENTSCHEIDUNGSTHEMATISIERUNG spielt eine wichtige Rolle. Der agonale Konflikt gestaltet sich insgesamt als langer Entscheidungsprozess um die Zulassung von Fracking, an dem verschiedene Akteure beteiligt sind, bei dem jedoch den nationalen oder regionalen Politikern die letzte Entscheidung obliegt (vgl. AGONALITÄT DER EXTERNEN HANDLUNGSAUFFORDERUNG).

---

124 In anderen Kontexten setzen Unternehmen Emotionen dagegen bewusst ein (vgl. Janich ⁶2013 zu Werbesprache oder Burel 2015 zur Selbstdarstellung der DAX-30-Unternehmen).

10) Beenden des agonalen Zustands

Diese Dimension ist vornehmlich im deutschen Korpus zu finden. Hier wird vor allem auf lokaler Ebene Einigkeit zwischen Politikern perspektiviert, die geschlossen gegen das Frackingverfahren zu sein scheinen. Auf Bundesebene muss diese Einigkeit innerhalb der damals amtierenden Regierungskoalition erst ausgehandelt werden. Im US-Korpus und im UK-Korpus geht es eher um das Erzielen von Einigungen zwischen Grundbesitzern und Unternehmen; eine klare Systematik lässt sich hier aber nicht ausmachen.

11) Agonalität der nicht eingetretenen Option

Vieles ist im Diskurs um Fracking noch ungeklärt, was sich in dieser Dimension widerspiegelt. Ob Fracking überhaupt in Europa möglich und wie groß das Potenzial ist, wird hier agonal verhandelt. Dies trifft besonders auf die Thematisierung Polens zu. Insgesamt bietet sich allerdings kein klares Bild bei dieser Dimension, was den Frackingdiskurs betrifft.

12) Agonalität der Negation

Ähnlich wie bei der AGONALITÄT DER EXPLIZITEN GEGENÜBERSTELLUNG finden sich die Indikatoren der AGONALITÄT DER NEGATION in zahlreichen Kontexten. Vor allem klare Absagen an Fracking, aber auch allgemein Widerspruch zu der jeweils anderen Position finden sich hier. Wie auch die AGONALITÄT DER EXPLIZITEN GEGENÜBERSTELLUNG kann die AGONALITÄT DER NEGATION gut als erster Zugang zu Agonalität in einem Diskurs genutzt werden, der dann mithilfe der anderen Dimensionen verfeinert wird.

In der folgenden Tabelle werden die wichtigsten Erkenntnisse in Bezug auf die einzelnen Dimensionen als Übersicht zusammengefasst.

Tabelle 19: Überblick über Dimensionen der Agonalität in den Frackingkorpora

Dimension der Agonalität	Wichtigste Ergebnisse und Auffälligkeiten im Überblick
AGONALITÄT DER EXPLIZITEN GEGENÜBERSTELLUNG	– erster Einblick in die agonalen Zusammenhänge der Diskurse – Cluster und Kollokate sind besonders aufschlussreich – z.B.: Gegenüberstellung von Regionen, Ländern, – Energieformen

Dimension der Agonalität	Wichtigste Ergebnisse und Auffälligkeiten im Überblick
AGONALITÄT DER ZEITLICHEN GEGENÜBERSTELLUNG	– Situation vor dem Einsatz des Frackingverfahrens vs. danach
RELEVANZKONKURRENZ	– ›Umwelt‹ und ›Wirtschaft‹ werden einander als Grundkonzepte/Diskursrahmen gegenübergestellt – Die Relevanz der Umweltschäden wird agonal verhandelt – Die Relevanz der Energieformen wird agonal verhandelt
(NEGATIVE) WERTUNG	– Akteure (vor allem Politiker, Umweltschützer und Frackingfirmen) werden negativ gewertet – Fracking an sich wird negativ bewertet – filmische Darstellungen werden kritisiert
NEGATIVE EMOTIONEN	– als negative Zuschreibung für Umweltschützer – enge Verwandtschaft zur NEGATIVEN WERTUNG
SCHEIN UND SEIN	– insgesamt Eindruck eines wenig transparenten Diskurses – gegenseitige Vorwürfe der Verschleierung – abwertend gegenüber der Dokumentation „Gasland"
LEXIKALISCHE GEGENÜBERSTELLUNG	– keine systematischen Themenbezüge erkennbar, aber in Einzelbeispielen verstärkend
EXTERNE HANDLUNGSAUFFORDERUNG	– Politiker verpflichten Unternehmen zu bestimmten Auskünften und Vorsichtsmaßnahmen – auch Forderungen an Politiker
ENTSCHEIDUNGSTHEMATISIERUNG	– agonaler Konflikt insgesamt als langer Entscheidungsprozess – Politiker als Entscheidungsinstanzen
BEENDEN DES AGONALEN ZUSTANDS	– vor allem im deutschen Korpus zwischen Politikern der Regierungskoalition – weniger klares Bild in den englischsprachigen Korpora
NICHT EINGETRETENE OPTION	– Diskussion, inwieweit Fracking in welchen Gebieten möglich ist
NEGATION	– allgemeiner Einblick in agonale Zusammenhänge im Diskurs

Eine Übersicht der agonalen Zentren ist in Kapitel 5.4 (Tabelle 25, S. 299) zu finden.

5.3 Agonalität im Mediendiskurs zum Hurrikan Sandy

Mit dem Hurrikan Sandy wird wie in Kapitel 1 beschrieben ein Diskursthema gewählt, in dem andere Machtverhältnisse zwischen Mensch und Natur gelten als beim Thema Fracking: Die Natur wirkt auf den Menschen ein und dieser muss mit dieser Gegebenheit – auch sprachlich – umgehen. Anders als beim Fracking handelt es sich nicht um einen dauerhaft durchgeführten, etablierten Vorgang oder eine Handlung, sondern um ein einmaliges, zeitlich begrenztes Ereignis, was sich auch auf den Diskurs auswirkt. Dieses Ereignis etabliert einen eigenen Diskursstrang, der hier in Bezug auf Agonalität analysiert werden soll. Das US-Korpus besitzt eine besondere Relevanz, da das Ereignis in den USA stattfand und die Medien in Europa aus der Außenperspektive berichten.

Bei der Analyse agonal behandelter Aspekte ergeben sich Verdichtungen in den Diskussionen um das Ausmaß des Sturms (Kapitel 5.3.1), die politischen Auswirkungen mitten im Wahlkampf um das Amt der US-Präsidentschaft (Kapitel 5.3.2), die gesellschaftlichen Auswirkungen (Kapitel 5.3.3) sowie Diskussionen um Umweltschutz (Kapitel 5.3.4). Nach diesen Themen ist das Kapitel gegliedert. Viele dieser Aspekte lassen sich mit jenen, die für die Frackingkorpora analysiert werden konnten, vergleichen.

5.3.1 Agonale Thematisierung des Ausmaßes

Agonal thematisiert wird zunächst einmal das Ausmaß des Sturms. Auch die Bildebene (s. Kapitel 6.1) trägt dazu bei, das Ausmaß aufzuzeigen, etwa mit Aufnahmen der zerstörten Gebiete. Ein Sturm von erheblichem Ausmaß rechtfertigt unter anderem Diskussionen über umweltpolitische Konsequenzen (Kapitel 5.3.4). Dabei ergeben sich die agonalen Thematisierungen ›das vorliegende Naturereignis besitzt ein bedrohliches Ausmaß‹ vs. ›das vorliegende Naturereignis besitzt nur ein schwaches Ausmaß‹ (5.3.1.1), ›New York und das Umland sollten vor dem Hurrikan Sandy evakuiert werden‹ vs. ›Eine Evakuierung New Yorks und des Umlands vor dem Hurrikan Sandy ist nicht notwendig‹ (5.3.1.2), ›Hurrikan Sandy ist nicht so schlimm wie Hurrikan Katrina‹ vs. ›Hurrikan Sandy ist genauso schlimm wie Hurrikan Katrina oder schlimmer‹ (5.3.1.3) und ›Hurrikan Sandy hat langfristige wirtschaftliche Auswirkungen‹ vs. ›Hurrikan Sandy hat nur kurzfristige wirtschaftliche Auswirkungen‹ (5.3.1.4). Diese agonalen Zentren sollen im Folgenden erläutert werden.

5.3.1.1 Agonale Thematisierung des Ausmaßes von Hurrikan Sandy: ›Das vorliegende Naturereignis besitzt ein bedrohliches Ausmaß‹ vs. ›Das vorliegende Naturereignis besitzt nur ein schwaches Ausmaß‹

Hierbei relevante Agonalitätsindikatoren: aus verschiedenen Dimensionen, vor allem AGONALITÄT DER RELEVANZKONKURRENZ, AGONALITÄT DER NEGATIVEN EMOTIONEN und AGONALITÄT DER EXPLIZITEN GEGENÜBERSTELLUNG

Ob das Ausmaß des Sturms groß oder klein ist, wird insbesondere in den ersten Pressebeiträgen zu diesem Thema agonal verhandelt. Hier spielt auch die Bezeichnung des Naturereignisses eine Rolle, etwa in der Frage, ob es sich um einen *Sturm* oder einen *Hurrikan* handelt. An dem Konflikt um die Benennung kann man sehen, dass sich die Perspektivität auf das ontisch gegebene Naturereignis mit der Benennung ändern kann und dies auch den Verantwortlichen bei ihren Bedeutungsfixierungsversuchen bewusst ist (vgl. zu Bedeutungsfixierungsversuchen Felder 2006, 15 sowie Wimmer 1979 und 1998, hier auch „Referenzfixierung"). Dies wird in den folgenden Beispielen deutlich:

> (H62) This week we've watched as Hurricane Sandy swept through the Caribbean, approached the eastern seaboard and, **despite being downgraded** to a storm, wreaked havoc in at least 14 coastal and interior states and several Canadian provinces. (Orange County Register California, 2.11.2012)
> (H63) Sandy was reclassified from a hurricane to a post-tropical cyclone shortly before making landfall near Atlantic City, New Jersey, **but** according to Kerry Emanuel, a professor of meteorology at the Massachusetts Institute of Technology, it had an "astoundingly low" barometric pressure, giving it tremendous energy to push water inland. (The Scotsman, 31.10.2012)
> (H64) Sandy **verlor** am Freitagabend ein wenig **an Kraft** und wurde als Hurrikan der Stufe eins bewertet. Seine Windböen erreichten eine Geschwindigkeit von 120 Kilometer pro Stunde. [Absatz] Auf den Acklins-Inseln der Bahamas fiel der Strom aus, ein Großteil der Straßen wurde überflutet, wie Regierungssprecher Berkeley Williams mitteilte. Der größte Schaden entstand auf Exuma, wo Bäume entwurzelt, Strommasten und Häuser zerstört wurden. (abendblatt.de, 27.10.2012, leichte Formatanpassung)

In den Textbelegen (H62)–(H64) stehen sich meteorologische, fachsprachliche Einordnungen sowie die Außenwahrnehmung gegenüber. Auf der einen Seite wird das Ausmaß sprachlich als abnehmend eingeschätzt, mit Ausdrücken wie *downgraded to a storm* (H62) oder *verlor... an Kraft* oder *Stufe eins* (H62); auf der anderen Seite wird dieser Sicht mithilfe von adversativen und konzessiven Konnektoren (*despite* in (H62) und *but* in (H63)) das Ausmaß des Sturms in anderer Hinsicht gegenübergestellt. In (H64) geschieht dies eher implizit durch die Schilderung der konkreten Auswirkungen auf den Bahamas.

Andere Benennungen, die dem Naturereignis verliehen werden, betonen dagegen eher sein großes Ausmaß. Dazu zählen vor allem die Bezeichnungen *superstorm*, *megastorm* und *Frankenstorm*. Diese werden vor allem im UK-Korpus verwendet (alle Ausdrücke inkl. Flexionsformen):

Tabelle 20: Bezeichnungen des Hurrikans (absolute und relative Häufigkeiten)

	Superstorm/ Supersturm	*Megastorm/ Megasturm*	*Frankenstorm/ Frankensturm*
US-Hurrikankorpus	1066 / 178,2 pro Mio. Wörter	40 / 6,7 pro Mio. Wörter	222 / 37,1 pro Mio. Wörter
UK-Hurrikankorpus	2085 / 667,3 pro Mio. Wörter	70 / 22,4 pro Mio. Wörter	311 / 99,5 pro Mio. Wörter
Deutschland-Hurrikankorpus	165 / 155,9 pro Mio. Wörter	15 / 14,2 pro Mio. Wörter	171 / 161,6 pro Mio. Wörter

Frankenstorm stellt ein Wortspiel mit *Frankenstein* dar, einem Romantitel von Mary Shelley, in dem der Protagonist Frankenstein ein starkes Monster aus Leichenteilen erschafft, über das er die Kontrolle verliert. Die Kombination verschiedener Naturphänomene, aber auch die Stärke und Unberechenbarkeit des Sturms werden in dieser Bezeichnung deutlich. Dass ein Neologismus dieser Art zur Bezeichnung gebildet wird, zeigt das allgemeine Bedürfnis, das hohe Ausmaß des Sturms hervorzuheben. Es wird zudem deutlich, wie sich fiktive Darstellungen auch auf die faktuale Berichterstattung auswirken können. Deshalb wird neben der Analyse der Medientexte im Exkurs in Kapitel 6.2 in Form eines Exkurses auch auf Romandarstellungen geblickt. Die Bezeichnungen *Supersturm*, *Frankenstorm* oder *megastorm* werden in den folgenden Beispielen aufgegriffen, in (H65) und (H67) mit Anführungszeichen als Distanzmarker, was die ungewöhnliche Wortbildung noch verdeutlicht.

(H65) Denn während „Sandy" vom Atlantik her auf die Ostküste zurast, weht von Kanada aus ein Wintersturm auf dieselbe Region zu. Die beiden Wettersysteme könnten sich zu einem „**Supersturm**" vereinigen, dessen Folgen schwer abzusehen sind. Ganz im Geist von Halloween und in Erinnerung an Frankenstein hat der Sturm den Spitznamen „**Frankenstorm**" verliehen bekommen. (Berliner Zeitung, 28.10.2012)

(H66) Weather forecasters warned on Sunday that the approaching **megastorm** which could wreak havoc across 800 miles of the East Coast has the potential be the largest storm ever to hit the United States. (Mail Online, 28.10.2012)

(H67) An unusual nasty mix of a hurricane and a winter storm that forecasters are now calling **"Frankenstorm"** is likely to blast most of the East Coast next week, focusing the worst of its weather mayhem around New York City and New Jersey, although Pennsylvania won't be spared. (Pittsburgh Post Gazette, 25.10.2012)

Um das Ausmaß des Sturms evaluativ zu thematisieren, werden auch Vergleiche genutzt. Etwa bei Hurrikan Irene kann dies zu einer Einschätzung von Hurrikan Sandy als bedrohlich führen, wenn letzterer als stärker eingeschätzt wird, aber auch zu einer Wertung als weniger bedrohlich, wenn Sandy als weniger stark oder beide als wenig beängstigend eingeschätzt werden:

(H68) The daring – or, if you prefer, the foolish – could cite recent history: the experience with Hurricane Irene last year. The city **was supposed to** be hit hard then, and other parts of the state relatively spared. **Instead**, the city squeaked by with little damage while others were pounded. For those disinclined by nature to trust authority, it was evidence that the scientists don't know what they're talking about. (New York Times Blogs, 30.10.2012)

(H69) The storm could be more **fearsome** than Irene, which caused more than $15 billion in damage. (Philadelphia Inquirer, 28.10.2012)

(H70) Many bracing for Sandy are still **scared** by Irene, which wreaked havoc when it ripped across the Eastern Seaboard last August, causing more than $15 billion in damages as it downed trees and flooded homes. (Daily News New York, 28.10.2012)

(H71) Bei Hurrikan „Irene" im vergangenen Sommer hatten sie dem Evakuierungsbefehl noch Folge geleistet. „Und dann kam ja nicht mehr als ein laues Lüftchen vorbei." (Focus Magazin, 5.11.2012)

Ebenso wie die Einschätzung des Ausmaßes von Hurrikan Irene wird auch der zur Einschätzung benutzte Vergleich an sich hinsichtlich der grundsätzlichen Vergleichbarkeit agonal verhandelt. Dabei wird unter anderem mit Mitteln der AGONALITÄT DER NEGATIVEN EMOTIONEN das Ausmaß beider Stürme unterstrichen (s. *fearsome* (H69) und *scared* (H70)). Die Zitate (H68) und (H71) verweisen auf die fehlerhafte Einschätzung des Ausmaßes von Hurrikan Irene (vgl. etwa in (H68): *was supposed to* als Indikator der AGONALITÄT DER NICHT EINGETRETENEN OPTION) und ziehen einen Vergleich. Anschließend wird der Vergleich zur Grundlage eines Analogieschlusses, aus dem handlungsleitende Konsequenzen abgeleitet werden. Der Vergleich ist jeweils Argument für beide agonalen Positionen, d.h. für und gegen ein bedrohliches Ausmaß und die damit verbundenen Konsequenzen (s. zur Bedeutung des Vergleichs für die Agonalität auch Kapitel 4.3). Es wird deutlich, wie wichtig Vergleichseinordnungen in der Wahrnehmung der Natur sind. Sogar auf längst vergangene Katastrophen wird dabei verwiesen:

(H72) [A]m genauesten ist die Geschichtsschreibung meist dann, wenn es um Kriege geht. Und so gilt es heute als nahezu unbestritten, dass zumindest der folgenreichste Hurrikan aller Zeiten der noch namenlose „Great Hurricane" aus dem Jahr 1780 war, der mitten im US-amerikanischen Unabhängigkeitskrieg zwischen 20.000 und 22.000 Todesopfer forderte – eine Anzahl, die seither in keiner gesamten Hurrikan-Saison mehr erreicht wurde. Seine Stärke, seine Windgeschwindigkeit lässt sich nur schätzen, laut zeitgenössischen Berichten soll sie ungeheuer gewesen sein. (Die Welt, 30.10.2012)

Vergleiche dienen als sprachliches Mittel, um das Ausmaß zu verdeutlichen; gleichzeitig entstehen daraus auch im wahrsten Sinne des Wortes „handlungsleitende" Konzepte, z.B. ob evakuiert werden sollte oder nicht. Dies wird im folgenden Abschnitt behandelt. Der beispielhafte Vergleich stellt folglich eine Form der Argumentation dar (vgl. dazu auch Schwegler in Vorb.), die in diesem Diskurs besonders wichtig ist. Der Vergleich mit Hurrikan Katrina beinhaltet ein besonders starkes agonales Potenzial, sodass er in Kapitel 5.3.1.3 gesondert diskutiert wird. Das Ausmaß selbst wird vor allem durch Bezeichnungen (inkl. Bezeichnungskonkurrenzen etwa zwischen *superstorm* und *frankenstorm*) und konkrete Vergleiche thematisiert.

5.3.1.2 Agonale Thematisierung der Evakuierung New Yorks und des Umlands: ›New York und das Umland sollten vor dem Hurrikan Sandy evakuiert werden‹ vs. ›Eine Evakuierung New Yorks und des Umlands vor dem Hurrikan Sandy ist nicht notwendig‹

Hierbei relevante Agonalitätsindikatoren: vor allem AGONALITÄT DER EXTERNEN HANDLUNGSAUFFORDERUNG, ENTSCHEIDUNGSTHEMATISIERUNG und NEGATION

Eng gekoppelt an die Diskussion um das Ausmaß des Hurrikans ist das agonale Zentrum ›New York und das Umland sollten vor dem Hurrikan Sandy evakuiert werden‹ vs. ›Eine Evakuierung New Yorks und des Umlands vor dem Hurrikan Sandy ist nicht notwendig‹. Je nachdem, wie das Ausmaß beurteilt wird, erlangt das eine oder das andere handlungsleitende Konzept Geltung. Politiker wie Gouverneur Chris Christie und US-Präsident Obama fordern die Bevölkerung zur Evakuierung der bedrohten Gebiete auf. Teile der Bevölkerung, doch auch Politiker wie Lorenzo Langford (früherer Bürgermeister von Atlantic City, New Jersey) betrachten dies als nicht zwingend notwendig. Es zeigen sich folglich unterschiedliche Einschätzungen je nach Akteursgruppe und persönlicher Deutung der Ereignisse.

Die folgenden Zitate zeigen die Aufforderung zur Evakuierung oder anderen Vorsichtsmaßnahmen beispielhaft:

(H73) **Stay** indoors. **Drive** only if necessary. (washingtonpost.com, 28.10.2012)
(H74) The National Weather Service issued the **stark warning** last night as the massive weather front surged closer to the East Coast. [Absatz] A statement read: 'If you are reluctant [to evacuate (Anm. im Text)], **think** about your loved ones...**think** about the rescue/recovery teams who will rescue you if you are injured or recover your remains if you do not survive.' (Mail Online, 29.10.2012)
(H75) Mayor Michael Bloomberg said that those living in low-lying areas **must evacuate** and that all public schools will be closed today as the storm barrels towards the city. [Absatz] He also **warned** people not to forget about their pets, telling them to bring them with them as no one knows when they may get home again. (Mail Online, 30.10.2012)

Die Anweisung zur Evakuierung wird vor allem mit Mitteln der AGONALITÄT DER EXTERNEN HANDLUNGSAUFFORDERUNG ausgedrückt (Imperativmodus in (H73), *stark warning* und Imperative in (H74), *must evacuate* und *warned* in (H75)). In (H74) werden zudem die eigenen Emotionen denen anderer Personen (der Familie oder der Rettungsteams) gegenübergestellt. Behörden und Politiker fungieren als Instanzen der Handlungsaufforderung. Auch quantitativ zeigt sich die Bedeutung dieser Aufforderung mit mehr als 100 Belegen für das Cluster *mandatory evacuation(s)* im US-Hurrikankorpus.

Der Notwendigkeit zu evakuieren wird aber auch widersprochen, etwa in den folgenden Beispielen:

(H76) Doch trotz der eindringlichsten Warnungen waren viele New Yorker geneigt, den Sturm **nicht allzu ernst** zu nehmen. Viele Menschen in den Evakuierungszonen ignorierten den Befehl. Für einige New Yorker war die Unterbrechung ihres hektischen Alltags gar ein willkommener Anlass zum Feiern. (Berliner Zeitung, 30.10.2012)
(H77) „Dies ist ein ernstzunehmender und gefährlicher Sturm", warnte Bloomberg. Auch für schmale Inseln vor New York gab es am Sonntag Evakuierungsbefehle. [Absatz] Doch **nicht alle Bürger** beugten sich dem Zwang. „Das haben wir das letzte Mal mitgemacht, das reicht uns", sagte der Bewohner eines Hauses direkt am Wasser in Battery Park City. „Wir bleiben." (Spiegel Online, 28.10.2012)
(H78) Some, remembering the compulsory evacuations and panic buying of water which greeted the arrival of Hurricane Irene in late August 2011, decided that Sandy too would be a non-event and decided to **ignore** advice to evacuate or stock up on essentials. (The Scotsman, 4.11.2012)

Vor allem mit Indikatoren der AGONALITÄT DER NEGATION (*nicht allzu ernst, ignorierten* (H74), *nicht alle Bürger* (H77), *ignore* (H78)) wird hier dem Evakuierungsbefehl die Position der Gegner gegenübergestellt. Der Vergleich mit Hurrikan Irene (s. Kapitel 5.3.1.1) verleitet dazu, den Sturm in seinem Ausmaß als gering einzuschätzen, da der Vergleich mit Irene nahe liegt (immerhin wurde dieselbe

Stadt getroffen) und dieser Sturm geringere Auswirkungen hatte als zuvor befürchtet. Interessant ist in (H78) die AGONALITÄT DER ENTSCHEIDUNGSTHEMATISIERUNG: Hier liegt es im Ermessen des Betrachters, ob der Hurrikan zu einer ernsten Bedrohung oder einem *non-event* wird, dem man keine Relevanz beimisst. Tatsächliche Handlungen wie Evakuierungen sind u.a. Ergebnisse sprachlicher Aushandlungen über das Ausmaß. Die sprachliche Ebene trägt mit Bezeichnungen und Vergleichen zum weiteren Vorgehen und den Folgen auf lebensweltlicher Ebene bei.

5.3.1.3 Vergleiche mit Hurrikan Katrina: ›Hurrikan Sandy ist nicht so schlimm wie Hurrikan Katrina‹ vs. ›Hurrikan Sandy ist genauso schlimm wie Hurrikan Katrina/schlimmer als Hurrikan Katrina‹

Hierbei relevante Agonalitätsindikatoren: verschiedene Dimensionen, vor allem AGONALITÄT DER RELEVANZKONKURRENZ

Wie Hurrikan Irene dient auch Hurrikan Katrina als Vergleichsfolie für das aktuelle Ereignis.[125] Während sich jedoch bei Hurrikan Irene relativ schnell konsensual herauskristallisiert, dass der Sturm ein geringeres Ausmaß als Sandy hatte, ist dies bei der Naturkatastrophe Katrina von 2005 umstritten; deshalb wird dieses agonale Zentrum auch als einzelner Punkt in Abstufung zu Kapitel 5.3.1.1 behandelt. Hurrikan Katrina traf vor allem New Orleans und forderte zahlreiche Todesopfer. Kritisiert wurde in diesem Zusammenhang auch das Verhalten von George W. Bush, dem damaligen Präsidenten der USA (siehe dazu unten auch die Thematisierung politischer Aspekte in Kapitel 5.3.2). Amanda Potts (2013) stellt in ihrer Dissertation dar, wie im Diskurs um diesen Hurrikan gesellschaftliche Spannungen zutage traten (vgl. auch Potts/Bednarek/Caple 2015). Diese lassen sich auch implizit in den Erinnerungen an den Diskurs verfolgen, wenn man die Korpora zu Hurrikan Sandy analysiert. Relevant sind dabei vor allem die Hurrikankatastrophen Katrina und Irene: Hurrikan Irene aufgrund der zeitlichen und räumlichen Nähe zum Ereignis, Hurrikan Katrina aufgrund des großen Ausmaßes.[126]

---

125 Die folgenden Ausführungen zum Vergleich der beiden Naturkatastrophen sind in veränderter Form auch in Mattfeldt (2016) dargestellt.
126 Diese Relevanz bestimmter Hurrikans in der Erinnerung zeigt sich auch quantitativ: während der Ausdruck *Katrina* 936mal im US-Korpus vorkommt und *Irene* immerhin noch 697mal genannt wird, wird etwa Hurrikan *Rita* weniger als 100mal erwähnt.

Vielfach wird Hurrikan Katrina als der Hurrikan mit dem größeren Ausmaß betrachtet, wie etwa in den folgenden Beispielen, die mit *nowhere near* (H77) bzw. *far cry from* (H78) die Unterschiedlichkeit – auch in der Relevanz – der beiden Ereignisse perspektivieren:

> (H79) Sandy is a category one storm, meaning it is **nowhere near** as powerful as Katrina in 2005. (The Daily Telegraph, 30.10.2012)
>
> (H80) The risk-modeling firm EQECAT predicts the storm's economic damages will be similar to hurricane Irene in 2011 at $10 billion or hurricane Ike in 2008 at $20 billion. That's a **far cry from** hurricane Katrina in 2005, which did economic damage in the neighborhood of $100 billion. (Christian Science Monitor, 29.10.2012)

Hurrikan Katrina erscheint auch nach vielen Jahren aufgrund des extremen Ausmaßes und der großen Zerstörung als die Vergleichsfolie schlechthin. Ein Skalenvergleich ist für Naturkatastrophen üblich (etwa bei normierten Skalen für Windstärken oder der Richter-Skala bei Erdbeben) und ein Vergleich mit dem äußersten Ende der Skala ist argumentativ besonders stark. Vielfach wird zudem in einer ZEITLICHEN GEGENÜBERSTELLUNG erneut auf das schlechte Krisenmanagement in New Orleans verwiesen:

> (H81) Hurrikan Sandy hat gemessen an der Vorausschau bisher weniger Schaden angerichtet, vor allem aber weniger Menschenleben gekostet als befürchtet. Katrina, das Desaster in den Südstaaten 2005, forderte mehr als 1 500 Tote. Noch heute laboriert New Orleans an den Folgen. New York, wo Wind und Wasser am brutalsten zuschlugen, wird sich schneller berappeln als viele annehmen. Nach dem 11. September 2001 hat die Stadt **unzerstörbare Widerstandskräfte** entwickelt. Vieles spricht dafür, dass in punkto Prävention **die nötigen Lehren** aus dem Katrina-Desaster gezogen wurden, als Städte, Bundesstaaten und die Zentrale in Washington unzureichend vorbereitet waren. (General-Anzeiger Bonn, 30.10.2012)
>
> (H82) After Hurricane Katrina struck in 2005, people in Louisiana were **berated** by politicians and opinion-formers for **ignoring warnings** and not getting out in time before the levees broke. Not mentioned was the fact that the storm victims who failed to flee had previously been repeatedly subjected to unfulfilled apocalyptic warnings. No wonder politicians become privately cynical about such exaggerations, disastrously wrong-footing themselves as heartless and incompetent when, as with Katrina, or Hurricane Andrew in Florida in 1992, the forewarnings turned out for once to be all too true. (independent.co.uk, 4.11.2012)

In (H81) fällt beim Vergleich vor allem auf, wie aus dieser Außensicht der deutschen Presse New York und New Orleans beurteilt werden. Zum einen wird die Annahme, dass New York sich schnell erholen wird, mit den *nötigen Lehren* aus dem fatalen Sturm von 2005 begründet. Zum anderen wird die Begründung im Charakter der New Yorker gesehen, die als widerstandsfähig gelten (*unzerstörbare Widerstandskräfte*). Dies ist eine interessante Außenwahrnehmung und lässt sich kontrastieren mit der Perspektivierung der Opfer von Hurrikan Katrina. Hier stellt Potts (2013, 183) eine massive Herabwürdigung der Opfer im zeitgenössischen Diskurs fest: Die Opfer sind laut dieser Darstellung selbst an der Misere mitschuldig und können sich nicht selbst helfen. Dies kommt auch im Zitat aus der englischen Presse kritisch zum Tragen (H82). Hier wird agonal verhandelt, ob die Opfer selbst schuld waren oder die falschen Warnungen und die Haltung der Politiker dazu beigetragen haben, dass Evakuierungsbefehle ignoriert wurden. Bemerkenswert ist dabei auch die passivische Konstruktion *people in Louisiana were **berated** by politicians and opinion-formers*: Ihnen werden Vorwürfe gemacht, aber sie selbst erhalten keine diskursive Stimme. Insgesamt wird ein Bild von New York als widerstandsfähiger im Vergleich zu New Orleans gezeichnet und damit ein Kontrast in der US-amerikanischen Gesellschaft dargestellt.

Die Position, dass Hurrikan Sandy eine größere Naturkatastrophe darstellt als Hurrikan Katrina, wird kontrovers von Gouverneur Andrew Cuomo vertreten:

> (H83) New York Gov. Andrew Cuomo (D) [Democrat, Anm. AM] **compares** Hurricane Sandy to Hurricane Katrina, **and some aren't happy about it.** (Washington Post Blogs, 28.11.2012)
> (H84) New York Gov. Andrew Cuomo (D), who has said he is seeking a special federal appropriation for relief, estimated the cost of the storm to the state at $33 billion. [Absatz] "Katrina, which is the obvious comparison, in many ways was not as impactful as Sandy," Cuomo said. "Because of the density of New York, **the number of people affected and the number of properties affected was much larger** in Hurricane Sandy than Hurricane Katrina." (Washington Post, 3.12.2012)

Hier wird die Relevanz beider Hurrikans auch in finanzieller Hinsicht verglichen (AGONALITÄT DER RELEVANZKONKURRENZ); Gouverneur Cuomo sieht Hurrikan Sandy rein finanziell als zerstörerischer (s. *number of properties affected* in (H84)). Diese Einschätzung wird von anderen kritisiert (*some aren't happy about it* in (H83)). Diskurse um die Relevanz, die bestimmten Gebieten und auch Bevölkerungsgruppen zugeschrieben wird (insbesondere hier New York als bekannter Ort mit besonderem Status), treten wieder zutage (vgl. dazu auch Mattfeldt 2016). Es geht hier nicht allein um die finanzielle Unterstützung, sondern auch um die Frage, welche Landesteile der USA und welche Städte als besonders wichtig für die amerikanische Gesellschaft bewertet werden. Es entsteht der Eindruck einer geteilten Nation. Noch stärker kommt dies im folgenden Beispiel in einem Zitat eines Senators zum Ausdruck, der das Ausmaß des Sturms Katrina abwertet (*nothing in comparison*) und dies zurücknehmen muss (*forced last week to apologize, forced* als Indikatoren für AGONALITÄT DER EXTERNEN HANDLUNGSAUFFORDERUNG):

> (H85) Noting that Congress had provided help after Hurricane Katrina more quickly and generously than after Sandy, Reid said: "The people of New Orleans and that area, they were hurt, but **nothing in comparison** to what happened to the people in New York and New Jersey. Almost one million people have lost their homes. One million people lost their homes. That is homes, that is not people in those homes." [...] Using the word "nothing" anywhere in the vicinity of Katrina defies both belief and decency, and Reid was indeed **forced last week to apologize**, his effort to shame his Republican foes having brought a full measure of shame to his own doorstep, yet again. (New York Times, 13.1.2013)

An anderer Stelle wird die Zweiteilung der Gesellschaft aus Sicht der britischen Presse an der Armutsgrenze festgemacht:

> (H86) In the wake of Katrina, it was obvious that the federal response was inadequate, but here in New York City, the reality is a little more complicated. Yes, Fema [Federal Emergency Management Agency, Anm. AM] and the National Guard are here and have distribution sites set up, **but** for the people stuck in public housing, without cellphone service or radios, how do they get to the aid? Some areas have been helped quickly, while others are struggling. And as in New Orleans, this often breaks down **along lines of race and class**. Just as in New Orleans, rumors of looting and violence lead all too often to a heavier police presence in traumatized neighborhoods than aid worker presence. (Guardian Unlimited, 6.11.2012)

Hier wird der oben geschilderten Einschätzung, New York könne mit einer Naturkatastrophe wesentlich besser umgehen, widersprochen. Vielmehr kommt die Hilfe nur für bestimmte Menschen sehr zuverlässig, doch anderen geht es schlechter (*along the lines of race and class*). Soziale Unterschiede spielen also auch innerhalb New Yorks und nicht nur zwischen New Orleans und New York eine Rolle.

Insgesamt zeigt sich das Bild einer geographisch und sozial gespaltenen Gesellschaft, auf welche die Naturkatastrophen einwirken. Dadurch, dass mit Hurrikan Katrina eine Naturkatastrophe sehr großen Ausmaßes als Vergleich genutzt wird, wird auch der Schaden, der durch Hurrikan Sandy verursachte wurde, mit den Schäden, die damals entstanden, verglichen. Mit dem Süden der USA wurden 2005 eine ganz andere Region und eine tendenziell ärmere Bevölkerungsschicht getroffen. Wenn die beiden Katastrophen verglichen werden, geht es nicht nur um messbare Unterschiede in Windstärke etc., sondern auch um die Menschen, die Opfer der Katastrophe wurden. Wenn impliziert wird, dass Hurrikan Sandy schlimmer war als Hurrikan Katrina, wird dies teils als Herabwürdigung der Opfer von Katrina verstanden. Bei Naturkatastrophen treten Spannungen zutage, die schon zuvor vorhanden waren, sich aber nun auch für Medienberichterstatter aus anderen Ländern beobachten und an einzelnen Phänomenen in der Krisenbewältigung festmachen lassen. Dies betrifft im Vergleich Unterschiede in der Krisenbewältigung in Süd- und Nordstaaten, aber auch Unterschiede in der Betroffenheit verschiedener Gesellschaftsschichten (s. dazu ausführlicher Kapitel 5.3.3). Das teils extreme soziale Gefälle in den USA machen auch Lammert/Vormann (2016) aus; hier spiegelt es sich in der regionalen Darstellung.

Als Mittel der Agonalität (vor allem in der Dimension AGONALITÄT DER RELEVANZKONKURRENZ zur Graduierung des Ausmaßes) zeigt sich hier insbesondere der Indikator des Vergleichs (sei es mit dem Komparativ oder mit lexikalischen Umschreibungen). Vergleiche dienen in diesem Diskurs der Einordnung eines Ereignisses und der Handlungsaufforderung. Ihr agonales Potenzial ergibt sich daraus, dass die Relevanz eines Ereignisses evaluativ aus dem Vergleich hervortritt. Daraus können sich konkrete Entscheidungen für weitere Handlungen ergeben, etwa wie hoch die finanzielle Hilfe ausfallen soll. Der Vergleich mit Hurrikan Katrina erweist sich damit als hochgradig konfliktbeladen, da er angrenzende Diskurse zu gesellschaftlichen Problemen und Spaltungen in den USA, die durch den Sturm verstärkt werden, berührt, an eine Krise erinnert und unterschwellige Konflikte ans Tageslicht bringt.[127]

5.3.1.4 Agonale Thematisierung der wirtschaftlichen Auswirkungen von Hurrikan Sandy: ›Hurrikan Sandy hat langfristige wirtschaftliche Auswirkungen‹ vs. ›Hurrikan Sandy hat nur kurzfristige wirtschaftliche Auswirkungen‹

Hierbei relevante Agonalitätsindikatoren: aus verschiedenen Dimensionen

Die Meinungen über die Auswirkungen von Hurrikan Sandy gehen ebenfalls auseinander, was wirtschaftliche und finanzielle Entwicklungen sowohl für den Einzelnen als auch überindividuell betrifft, sowie in der Frage, wie stark der Sturm sich längerfristig auf die amerikanische Wirtschaft auswirkt. Auch dies wird agonal thematisiert.

Die zeitweilige Schließung der Börse wird als Auswirkung benannt, die eine Ausnahmesituation darstellt, aber eher eine kurzfristige Wirkung hat.

---

[127] Zur Bedeutung von Sprache bei der Erinnerung vgl. Amberber (2007, 1) sowie Wierzbicka (2007, 14) zu Erinnerung als Konstruktion.

(H87) The closure has made several records in the history of the exchange, as Monday's closing was the first time that the markets were formally shut since the days following the September 11 attacks in 2001. [Absatz] Beyond that, it was the **first time** that it closed **since Hurricane Gloria** 27 years ago. (Mail Online, 30.10.2012)
(H88) Wirbelsturm „Sandy" **zwingt** die New Yorker Börse **zur Pause**. (manager magazin online, 29.10.2012)

Auch hier werden beim Ausmaß des Hurrikans Vergleichspunkte aus der Vergangenheit (*first time ... since*) herangezogen (H85). In (H86) wird mit der AGONALITÄT DER EXTERNEN HANDLUNGSAUFFORDERUNG dem Sturm eine geradezu bewusste Handlung unterstellt (vgl. *zwingt*). Die Börsenschließung hat internationale Auswirkungen und wird daher auch in Großbritannien und Deutschland thematisiert. Die Schließung wird aber eher als kurzfristige, wenn auch extreme Auswirkung perspektiviert.

Dis Diskussion langfristiger Effekte betrifft besonders die Auswirkungen auf Versicherungen, die nach dem Sturm den Versicherten Geld auszahlen müssen. Hier werden die Auswirkungen unterschiedlich eingeschätzt:

(H89) „Sandy ist **zwar nicht so stark** wie viele andere Hurrikans, **aber wesentlich größer**," teilte Meteorologe Markus Stowasser vom Versicherungskonzern Allianz Re mit. (Berliner Morgenpost Online, 30.10.2012)
(H90) Insurance industry experts estimate the industry will have to pay between $10 to $20 billion in Sandy claims. [Absatz] That's a **"manageble"** [sic!] amount compared to the $47 billion hit on the industry from Hurricane Katrina, said Robert Hartwig, president of Insurance Information Institute, a trade umbrella group. (Daily News New York, 12.11.2012)
(H91) Auch der weltgrößte Rückversicherer, Munich Re, der Erstversicherern wie der Allianz Risiken abnimmt, schlägt sich gut. Die Münchner, an denen die US-Investoren-Legende Warren Buffett maßgeblich beteiligt ist, **leiden weniger** unter dem jüngsten Hurrikan „Sandy" in den USA als zuerst befürchtet: Im Ausbreitungsgebiet sind nur Schäden über 5,5 Milliarden Dollar versichert. Die Gewinnprognose der Munich Re für 2012 ist Analysten zufolge daher **nicht gefährdet**. (Focus Magazin, 5.11.2012)

Auch hier spielt das Ausmaß eine Rolle (siehe den Komparativ *wesentlich größer* in (H89)), das zunächst umstritten ist und zu Unsicherheiten in der Versicherungsbranche führt. Insgesamt kristallisiert sich eine Belastung für die Versicherungen heraus, die diese aber zu verkraften scheinen (siehe *manage[a]ble* in (H90) oder mit NEGATIONEN wie *leiden weniger, nicht gefährdet* in (H91)).

Auch beim Arbeitsmarkt ist von längerfristigen Folgen die Rede:

(H92) It turns out the superstorm has yet another **victim**: the labor market. [Absatz] New claims for jobless benefits surged to their highest level in more than a year last week after Hurricane Sandy pummeled the Northeast, temporarily shuttering businesses and schools and closing down construction sites. (Daily News New York, 16.11.2012)

(H93) Mr. Greenlaw says he doesn't expect "significant permanent job loss" or energy impacts in the wake of Sandy. (Christian Science Monitor, 1.11.2012)
(H94) Economists fear worst for superstorm Sandy's damage to fragile US recovery (Guardian Unlimited, 2.11.2012)

Die Meinungen, ob Arbeitsplätze durch den Hurrikan gefährdet sind, gehen auseinander. Insbesondere in (H92) fällt die metaphorische Perspektivierung des Sturms als bewusst handelnde Entität auf, die den üblichen Ablauf im Nordosten der USA durcheinanderbringt. Natur wirkt hier als Gegenpol zum Menschen, dessen Pläne durchkreuzt werden (s. dazu auch H.-D. Weber 1989, 8). Der Arbeitsmarkt wird als *victim* bezeichnet, auf einer Ebene mit den Todesopfern und Verletzten. In (H93) wird allerdings mit einer NEGATION die langfristige Auswirkung verneint. In (H94) wird auf die ohnehin fragile Erholung nach der Finanzkrise verwiesen. Wie im Frackingdiskurs bildet auch bei Hurrikan Sandy die Finanzkrise einen wichtigen Diskurshintergrund, der in den agonalen Diskussionen mitschwingt.

Insgesamt wird Hurrikan Sandy als Sturm mit großen wirtschaftlichen Auswirkungen für den Einzelnen und überindividuell dargestellt (im Hinblick auf Versicherungszahlungen und Arbeitsmarkt), dessen Relevanz im Vergleich mit anderen Hurrikans jedoch unterschiedlich perspektiviert wird. Gerade gegenüber anderen Hurrikankatastrophen erscheint Hurrikan Sandy als nicht ganz so gravierend und für die Wirtschaft verkraftbar.

5.3.1.5 Kurzzusammenfassung: Agonale Aspekte in Bezug auf das Ausmaß des Hurrikans

Das Ausmaß des Sturms wird insgesamt agonal thematisiert. Dabei spielt der Indikator des Vergleichs eine besonders wichtige Rolle. Besonders konfliktbeladen ist dabei die Gegenüberstellung von Hurrikan Sandy und Hurrikan Katrina, der soziale Unterschiede in der amerikanischen Gesellschaft zutage treten lässt. Wie das Ausmaß eingeschätzt wird, hat ganz konkrete Auswirkungen, etwa in Form von Evakuierungen. Im nächsten Abschnitt soll es nun um politische Auswirkungen des Sturms Sandy gehen, die aufgrund der anstehenden Präsidentschaftswahl besonders ausgeprägt im Korpus vertreten sind.

5.3.2 Agonale Thematisierung politischer Aspekte

Hurrikan Sandy trifft die USA zu einem entscheidenden Zeitpunkt, mitten in der letzten Woche des US-Präsidentschaftswahlkampfs zwischen dem amtierenden demokratischen Präsidenten Barack Obama und dem republikanischen Herausforderer Mitt Romney. Agonale Aspekte aus der Politik werden in den Medien aufgegriffen. Bei der Korpuskonstitution wurde vor allem darauf geachtet, dass die Texte den Hurrikan erwähnten (s. Kapitel 3); es wurde aber auch bewusst mit Texten gearbeitet, die den Hurrikan nur am Rande berühren. Dadurch soll es möglich werden, herauszufinden, in welchen Diskursen der Sturm subthematisch auftritt und aus welchem Grund er Erwähnung findet. Dies gilt vor allem für politische Aspekte, bei denen der Sturm teils mehr als Aufmacher wirkt denn als wirklich ernsthaft behandeltes Thema.

Politische Entscheidungsträger treten in allen drei Subkorpora auf. Anders als in den Frackingkorpora sind die Diskursakteure hier auch aus der Außenperspektive fast identisch, mit nur leichten Verschiebungen (etwa bei den Gouverneuren wie Christie). Die Thematisierung des politischen Bereichs geschieht wiederum (wie bei Fracking) zu einem großen Teil über die namentliche Nennung von spezifischen Politikern.

Tabelle 21: Personalisierte politische Akteure in den Hurrikankorpora

Korpus	Akteure[128]
US-Hurrikankorpus	*Obama* (7235 → 1209,5 pro Mio. Wörter), *Romney* (3813 → 637,4 pro Mio. Wörter), *Christie* (3253 → 543,8 pro Mio. Wörter), *Bloomberg* (2271 → 379,7 pro Mio. Wörter), *Cuomo* (1796 → 300,2 pro Mio. Wörter)
UK-Hurrikankorpus	*Obama* (6357 → 2034,6 pro Mio. Wörter), *Romney* (4066 → 1301,4 pro Mio. Wörter), *Christie* (2031 → 650,1 pro Mio. Wörter), *Bloomberg* (1528 → 489,1 pro Mio. Wörter),
D-Hurrikankorpus	*Obama* (4516 → 4267,8 pro Mio. Wörter), *Romney* (2091 → 1976,1 pro Mio. Wörter), *Bloomberg* (913 → 862,8 pro Mio. Wörter), *Christie* (408 → 385,6 pro Mio. Wörter)

Auffällig ist gerade mit Blick auf die relativen Häufigkeiten in der Außensicht, wie wichtig die politische Ebene ist und dass sie als für die Leser besonders interessant angesehen wird (man beachte etwa die sehr hohen relativen Vorkommenshäufigkeiten von *Obama* im UK-Korpus sowie im deutschsprachigen Korpus!).

Politische Auswirkungen des Sturms und Interferenzen mit der Wahl werden im Diskurs besonders häufig aufgegriffen. Dass eine Naturgewalt auf die

---

[128] Gesucht wurden jeweils auch die Flexionsformen.

Wahl der mächtigsten Person der Welt trifft und damit menschliche Machtverhältnisse beeinflusst, ist ein Grund, warum gerade dieses Naturereignis so spannend für die Analyse des diskursiv gestalteten Verhältnisses von Mensch und Natur ist und in dieser Arbeit ausgewählt wurde. Agonal thematisiert werden dabei die Präsidentschaftskandidaten Obama und Romney (5.3.2.1), die Frage, ob der Sturm Einfluss auf den Wahlverlauf hatte (5.3.2.2), ob Obama den Sturm politisch nutzen konnte (5.3.2.3) und die Frage, ob Gouverneur Chris Christie und Präsident Obama einander unterstützen sollten oder nicht (5.3.2.4).

5.3.2.1 Agonale Gegenüberstellung der Präsidentschaftskandidaten: ›Obama ist der bessere Präsidentschaftskandidat‹ vs. ›Romney ist der bessere Präsidentschaftskandidat‹

Hierbei relevante Agonalitätsindikatoren: aus verschiedenen Dimensionen, vor allem AGONALITÄT DER EXPLIZITEN GEGENÜBERSTELLUNG, AGONALITÄT VON SCHEIN UND SEIN, AGONALITÄT DER (NEGATIVEN) WERTUNG, AGONALITÄT DER ZEITLICHEN GEGENÜBERSTELLUNG

In diesem ersten politikbezogenen agonalen Zentrum, das im Korpus vorkommt, wird die Gegenüberstellung der Präsidentschaftskandidaten beschrieben. Eigentlich könnte man das agonale Zentrum als Teil eines anderen Diskurses (um die Präsidentschaftswahl an sich) betrachten; es findet aber aufgrund des zeitlichen Zusammenfalls von Sturm und Wahl subthematischen Eingang in den hier untersuchten Diskursausschnitt um Hurrikan Sandy – so wie man auch aus entgegengesetzter Perspektive behaupten könnte, dass Hurrikan Sandy im Diskurs um die Präsidentschaftswahl subthematisch auftritt. Dieses agonale Zentrum um den Präsidentschaftskandidaten hat weniger mit dem Hurrikan selbst zu tun, ist aber diskursiv sehr präsent. Es trägt entscheidend zum Verständnis der anderen politischen agonalen Zentren in Kapitel 5.3.2.2–5.3.2.4 bei, in denen es um die konkreteren Wechselwirkungen der Naturkatastrophe und des als eng und hart umkämpft dargestellten Wahlkampfes geht. Deshalb soll dieses agonale Zentrum hier als Erstes erläutert werden.

Die Kandidaten werden einander als Akteure gegenübergestellt und in ihren politischen Ansichten und ihren Persönlichkeiten verglichen. In dem agonal ausgetragenen Konflikt zwischen den beiden muss am Ende die Entscheidung stehen, wer Präsident wird; deshalb spielt die AGONALITÄT DER ENTSCHEIDUNGSTHEMATISIERUNG hier eine zentrale Rolle. Fokussiert wird dabei auch die Entscheidung zwischen verschiedenen handlungsleitenden Konzepten, für die die Akteure stehen: Romney für eine wirtschaftsnahe Sicht (s. (H93) *business-*

friendly challenger), Obama für eine Weltsicht, die den Staat in einer zentralen Rolle im Leben der US-Bürger sieht (siehe H94). Die folgenden Zitate verdeutlichen diese Gegenüberstellung (mit Indikatoren der EXPLIZITEN GEGENÜBERSTELLUNG):

> (H95) What about the case for the more business-friendly challenger? If it comes to money, the US investment community has a simple rule of thumb. Mitt Romney would be better for equities, **whereas** Obama would be better for bonds. The argument is that the former would bring in policies that, on balance, favoured companies – less regulation, tax cuts etc – **whereas** the latter would press on with the Federal Reserve policy of quantitative easing, which would hold down interest rates. (independent.co.uk, 31.10.2012, leichte Formatanpassung)
>
> (H96) Obama **dagegen** glaubt, dass der Staat eine positive Rolle im Leben seiner Landsleute spielen kann. Gouverneur Romney bietet einen klaren **Kontrast** dazu. (Passauer Neue Presse, 31.10.2012)
>
> (H97) Ist das Land so gespalten, wie es oft beschrieben wird? [Absatz, Antwort der Interviewpartnerin] Die beiden Kandidaten stehen für zwei **komplett unterschiedliche** Weltbilder. In der Wertedebatte gibt es eine unheimliche **Kluft**. Die Demokraten profitieren nach dem Hurrikan vom Leitbild „Gemeinsam sind wir stark, in der Krise stehen wir zusammen". Der republikanische Spitzenkandidat Mitt Romney wollte dagegen die Gelder für die staatlichen Hilfen zusammenstreichen. Hier musste er seine Ziele jetzt wie oft in der Vergangenheit selbst revidieren. Aber seine Grundphilosophie „Ich bin meines Glückes Schmied" zieht in der Bevölkerung immer noch. (Main-Taunus-Kurier, Interview mit Cathryn Clüver, 5.11.2012)

Die gewählten Beispiele stammen aus der britischen und deutschen Presse, wo besonders prononciert für die größtenteils nicht in den USA beheimateten Leser zusammengefasst wird, wo die Unterschiede liegen. Mithilfe der Indikatoren der AGONALITÄT DER EXPLIZITEN GEGENÜBERSTELLUNG werden die Positionen und Akteure gegenübergestellt: etwa mit der zweifachen Verwendung von *whereas* in (H95), *dagegen* und *Kontrast* in (H96). In (H97) wird auf *unterschiedliche Weltbilder* und eine *Kluft* in der *Wertedebatte* verwiesen: Die Diskursrahmen, die beide Kandidaten ihren Wählern anbieten, werden also auch als so unterschiedlich perspektiviert, dass die Wahlentscheidung für einen Kandidaten einer Entscheidung für bestimmte Werte in der amerikanischen Gesellschaft gleichkommt. Hurrikan Sandy wirkt als eine Art Katalysator, der die Besonderheiten beider Kandidaten noch einmal zutage treten lässt.

Mit Ausdrücken der AGONALITÄT VON SCHEIN UND SEIN wird beiden Kandidaten zudem eine nicht wahrheitsgemäße Darstellung der Wirklichkeit zu verschiedenen Aspekten unterstellt. Dies gilt insbesondere für Mitt Romney, aber teils auch für Barack Obama:

(H98) Vor allem ließen die Amerikaner Romney nicht durchgehen, dass dieser mit Fakten nicht sorgsam umging. Er beleidigte damit die Intelligenz der Wähler. Am Ende stand seine eigene **Glaubwürdigkeit infrage**. (Main-Taunus-Kurier, 8.11.2012)
(H99) Mr Obama and his representatives lambasted Mr Romney as **dishonest** for broadcasting a television spot there claiming that production of the Jeep was being shipped to China – a claim that Chrysler, the maker of the model, has itself denied – and as a **fake** for his expressions of support for Hurricane Sandy victims. (independent.co.uk, 2.11.2012)
(H100) Obama is a socialist **in sheep's clothing**, and with no third term to worry about, he'll ditch the fleecy threads and pounce. (New York Times, 4.11.2012)

Das Vokabular der AGONALITÄT VON SCHEIN UND SEIN (z.B. *Glaubwürdigkeit infrage* (H98), *dishonest, fake* (H99), *in sheep's clothing* (H100)) verweist auf die Unehrlichkeit, die beiden zugeschrieben wird. Bei Romney geht es dabei vor allem um seine Aussagen zur Autoindustrie und die Behauptung, die Produktion des Jeeps werde nach China verlagert. Diese Aussagen werden in verschiedenen Publikationen in Zweifel gezogen, vom betroffenen Autohersteller Chrysler widerlegt und vom politischen Gegner aufgegriffen. Obama dagegen wird von seinen politischen Gegnern als *socialist* dargestellt und in anderen Kontexten in die Nähe extremer Positionen gerückt. Bei ihm geht es vor allem darum, ihn als insgesamt verdächtig zu charakterisieren. Dieses Misstrauen zeigen die Darstellungen im Frackingkorpus (s. Kapitel 5.2.2): Auch hier werden Politiker teilweise als unehrlich perspektiviert. Es entsteht der Eindruck einer Kluft zwischen der Wahrheit und der Darstellung durch bestimmte Politiker. Texte, die sich eigentlich mit einer Hurrikankatastrophe auseinandersetzen, gehen anthropozentrisch auch auf die Wahl ein und rücken solche politischen Grundsatzkonflikte ins Blickfeld.

Mit Indikatoren der AGONALITÄT DER ZEITLICHEN GEGENÜBERSTELLUNG werden die letzte Präsidentschaftswahl und die aktuelle gegenübergestellt. Dabei wird vor allem die Stimmung kontrastiert: Während die Wahl Obamas 2008 als euphorisches Zeichen einer Gesellschaft im Aufbruch geschildert wird, werden besonders Obama 2012 als weniger enthusiastisch und seine Anhänger als enttäuscht dargestellt, wie in den folgenden Beispielen:

(H101) "**Four years ago**, candidate Obama spoke to the scale of the times," Mr. Romney said. "**Today**, he shrinks from it, trying instead to **distract our attention** from the biggest issues to the smallest – from characters on Sesame Street and silly word games to misdirected personal attacks he knows are false." (New York Times, 27.10.2012, leichte Formatanpassung)
(H102) Obama is not the same politician he was **four years ago**. If he wins, who would he be **with another four years**? (washingtonpost.com, 6.11.2012)
(H103) But Democrats' enthusiasm was not nearly as high **this time** after many of the President's promises were lost to Washington gridlock and his soaring rhetoric was weighed down by the burdens of office. (Daily News New York, 7.11.2012)

Auch hier schwingt der Vorwurf der Unehrlichkeit mit, besonders in (H101) im Vorwurf des politischen Gegners (*distract our attention*). Obama gilt nicht mehr als Hoffnungsträger wie bei der Wahl vier Jahre zuvor; seinen Idealen steht die politische Realität gegenüber (s. (H103)). Dass sich die Situation für Obama verändert hat, wird in allen Beispielen verdeutlicht. Indikatoren der ZEITLICHEN GEGENÜBERSTELLUNG machen dies deutlich (*four years ago – now* in (H101), *four years ago – with another four years* (H102), *this time* (H103)). Der Sturm wirkt nun als eine Art Katalysator, der die Situation für die beiden Kandidaten zuspitzt und sie so zwingt, zu reagieren. Dies wird im folgenden Abschnitt 5.3.2.2 besonders wichtig, wenn dargestellt wird, inwieweit der Sturm Einfluss auf die Wahl nimmt.

5.3.2.2 Der umstrittene Einfluss des Hurrikans auf den Wahlverlauf: ›Der Sturm beeinflusst den Wahlverlauf entscheidend‹ vs. ›Der Sturm beeinflusst den Wahlverlauf nicht auf entscheidende Weise‹

Hierbei relevante Agonalitätsindikatoren: aus verschiedenen Dimensionen, vor allem AGONALITÄT DER RELEVANZKONKURRENZ, AGONALITÄT DER EXPLIZITEN GEGENÜBERSTELLUNG und (metaphorisch auf den Sturm bezogen) AGONALITÄT DER EXTERNEN HANDLUNGSAUFFORDERUNG

Die Kontrastierung von Romney und Obama, die in Kapitel 5.3.2.1 geschildert wurde, ist eine agonale Gegenüberstellung, die im Kontext einer personalisierten Wahl zu erwarten ist und die sich in allen drei Korpora zeigt. Auf diesen menschlichen und institutionalisierten agonalen Machtkampf trifft nun der Sturm Sandy. Es wird agonal verhandelt, ob der Sturm Einfluss auf das Wahlergebnis und den Wahlverlauf hat oder nicht. Da das „Rennen" (teilweise auch mit diesem Ausdruck, der auf den Ursprung des Agon verweist, benannt) im Vorfeld als knapp perspektiviert wird, ist diese Frage äußerst relevant.

In Kapitel 5.3.2.3 wird es darum gehen, ob einer der Kandidaten politisch von dem Sturm profitieren konnte. Doch auch die Auswirkungen des Sturms auf Infrastrukturen, die für eine Wahl nötig sind, werden dargestellt. Die Wahlmöglichkeiten für Menschen in betroffenen Gebieten werden als eingeschränkt charakterisiert. Dies wird besonders in der US-amerikanischen Presse beschrieben:

> (H104) The storm's arrival on the eve of the election could hold repercussions for both Mr. Obama and Mr. Romney, particularly if it **inhibits** voter turnout in crucial states. In Ohio in particular, the Obama campaign has been counting on its field operation to urge people to vote early, with buses taking voters to the polls after Obama rallies. (New York Times, 28.10.2012)

(H105) "The first question we're asking when we talk to a voter is, 'How are you doing and what do you need?' and the second is to make sure they're in a position that they can get out to vote," says Bishop, who thinks his race will hinge on turnout and estimated that half of Long Island was still without power Sunday morning. "But people without power are worrying about power; people without gas in the tank are worried about how they're getting to work on Monday. ...The variety of really, really serious needs that people have" **trump voting.** (washingtonpost.com, 5.11.2012, leichte Formatanpassung)

(H106) The massive storm has **hampered** early voting and created concern that those in ravaged areas may have **difficulty** getting to the polls next Tuesday. (washingtonpostcom, 30.10.2012)

(H107) The election seemed **trivial** in the tattered landscape, especially in coastal towns of southern Brooklyn and Queens, where Sandy's surge ruined homes. The polling station at Bay Academy, the local high school in Sheepshead Bay in Brooklyn, had been submerged. There were rumors of contingency plans, **but nobody knew for sure.** (washingtonpost.com, 5.11.2012)

Die Beispiele zeigen die Hindernisse auf, die dem normalen Wahlverhalten entgegenstehen. Gleichzeitig stehen die Wahl und andere Sorgen der Opfer in einem Konkurrenzverhältnis, was besonders in (H105) und (H107) deutlich wird. Ausdrücke wie *trump voting* oder *trivial* verdeutlichen in der AGONALITÄT DER RELEVANZKONKURRENZ, dass die Wahl angesichts der Auswirkungen auf die betroffene Bevölkerung weniger wichtig erscheint. Es stellt sich die Frage, was tatsächlich in einer Ausnahmesituation wie dieser wichtig ist, wie auch in Kapitel 5.3.3 zu sehen sein wird. Die Wahl nimmt dabei einen geringeren Raum ein. Vereinzelt werden Korruptionsvorwürfe laut; insbesondere die Wahlmaschinen werden teilweise als manipuliert perspektiviert. Ein normaler Ablauf der Wahl ist nicht möglich; die Naturkatastrophe verhindert hier die demokratischen Vorgänge (vgl. *inhibits* (H104), *hampered* und *difficulty* in (H106) sowie das Anzeigen allgemeiner Unsicherheit mit *nobody knew for sure* in (H107)).

Die agonale Darstellung der Wahl geschieht – um dies bis hierhin festzuhalten – mit Indikatoren der EXPLIZITEN GEGENÜBERSTELLUNG, der RELEVANZKONKURRENZ und der AGONALITÄT VON SCHEIN UND SEIN. Der Sturm wirkt sich vor allem auf die Wahrnehmung der Relevanz der Wahl aus. Gleichzeitig wird eine Verschiebung der Wahl als unwahrscheinlich dargestellt; letztlich wurde die Präsidentschaftswahl wie geplant durchgeführt. Mithilfe von Indikatoren der AGONALITÄT DER EXTERNEN HANDLUNGSAUFFORDERUNG wird der Hurrikan Sandy als eine Entität perspektiviert, welche Handlungen und Vorgänge, die anders vorgesehen waren (wie z.B. die Wahl), stark beeinflusst. Die Wahl ist Teil einer politischen Normalität, die durchbrochen und für eine Weile gestört wird. Diese Sicht auf den Hurrikan als Macht, die sich auf Menschen auswirkt, wird auch in Kapitel 5.3.4 thematisiert.

5.3.2.3 Politische Auswirkungen für US-Präsident Obama: ›Obama kann von Hurrikan Sandy politisch profitieren‹ vs. ›Obama kann von Hurrikan Sandy nicht politisch profitieren‹

Hierbei relevante Agonalitätsindikatoren: AGONALITÄT DER (NEGATIVEN) WERTUNG und der EXTERNEN HANDLUNGSAUFFORDERUNG

Intensiv diskutiert wird die Frage, welchem Präsidentschaftskandidaten der Sturm nützt oder schadet. Dies geht einher mit Erwägungen, ob überhaupt angesichts des Ausmaßes dieses Sturms Wahlkampf geführt werden sollte. Es scheint bestimmte Verhaltensweisen bei Naturkatastrophen zu geben, die gesellschaftlich nicht akzeptiert werden: Das betrifft im politischen Diskurs das persönliche Ausnutzen der Extremsituation für den eigenen Wahlkampf (zu weiteren gesellschaftlichen Erwartungen s. 5.3.3). Dies wird vor allem für Romney, der, ohne Ärger zu erregen, nicht weiter Wahlkampf machen kann, als Problem gesehen, während Barack Obama dieser Darstellung zufolge profitiert:

(H108) Der „Frankensturm" **zwingt** die Präsidentschafts- und Kongresskandidaten auf der Zielgeraden des Wahlkampfs umzudisponieren. (Usinger Anzeiger, 29.10.2012)
(H109) Nach letzten Umfragen wird es ein sehr knappes Rennen gegen den Republikaner Mitt Romney. Der ist gegenüber Obama klar **im Nachteil**: Der Präsident kann sich als Krisenmanager profilieren; Romney bleibt zunächst kaum mehr als die Rolle des Statisten. (abendblatt.de, 1.11.2012)
(H110) Seit Montagmittag aber war der Ex-Gouverneur zum Zuschauen **verurteilt**. Für Dienstag kündigte er immerhin seine Teilnahme an einer Veranstaltung für die durch „Sandy" Geschädigten an. Die „Sturmhilfe-Veranstaltung" fand praktischerweise in Ohio statt. Aber Romney **musste** dort einen Drahtseilakt absolvieren, um seinen Hinweis, er habe die Kampagne aus „Mitgefühl mit den Opfern" unterbrochen, nicht in Frage zu stellen. (Welt Online, 30.10.2012)

In (H108) wird mit dem Indikator *zwingt* die externe Macht betont, die der hier personalisierte Sturm auf die menschlichen politischen Entscheidungen ausübt. Der Mensch ist der Natur zumindest im Kontext dieses Ereignisses ausgeliefert und muss seine gewohnten Abläufe der Naturerscheinung unterordnen. Romney wird zudem mit Indikatoren der EXTERNEN HANDLUNGSAUFFORDERUNG als zur Wahlkampfpause gezwungen dargestellt (erkennbar an den Agonalitätsindikatoren *im Nachteil* in (H109) und *verurteilt/musste* in (H110)), während dem US-Präsidenten die Rolle des Krisenmanagers zukommt. Das unausgesprochene handlungsleitende Konzept ›man macht bei Katastrophen keinen persönlichen Wahlkampf‹ schwingt in (H110) mit.

Ähnliche Stimmen sehen Obama als klaren Profiteur des Sturms, da er seiner Rolle als Präsident gerecht werden kann. Im folgenden Beispiel wird die Natur dabei im Bild der Wettergötter, die in die Wahl eingreifen, perspektiviert (s. mehr zur Darstellung der Natur in Kapitel 5.3.4):

> (H111) If he [Obama, Anm. AM] is comfortably re-elected on Tuesday, it will be at least in part because the fickle **weather gods** came out on his side. (independent.co.uk, 2.11.2012)

Hier zeigt sich die Divergenz zwischen den Naturbildern, die in den Korpora zu Fracking und Hurrikan Sandy jeweils vorherrschen. Der Mensch scheint an eine Beherrschung und Nutzung der Natur gewöhnt (s. Kapitel 5.2.4), etwa durch Energiegewinnung, auch wenn hier im Kontext der erneuerbaren Energien bereits die Unberechenbarkeit von Natur anklingt. Wird die Natur jedoch wie bei Hurrikan Sandy auf eine Art und Weise unberechenbar, die den Menschen ungewohnterweise in eine passive und hilflose Rolle drängt, so werden mythische Gottesvorstellungen wie die *weather gods* aufgerufen. Trotz scherzhafter Konnotation wird doch deutlich, wie nahe der Verweis auf Natur als mächtige (oder gar göttliche) Entität auch in faktualen Texten des 21. Jahrhunderts wie dem hier vorliegenden liegt. Der Sturm wird als Wettergott personifiziert, der ganz in antiker Tradition in die Geschicke der Menschen eingreift und den Kandidaten Obama bevorzugt.

Allerdings wird auch das Risiko für Obama betont: Wenn er sich als amtierender Präsident als inkompetent präsentiert, kann dies die Wahlentscheidung zugunsten Romneys beeinflussen. Dabei wird erneut, wie bei der Diskussion um das Ausmaß des Sturms, an den Hurrikan Katrina erinnert. In diesem Fall geht es um das konsensual als negativ gewertete Verhalten von Präsident Bush (vgl. NEGATIVE WERTUNGEN wie *Fehler* in (H112) und (H113) oder *Inkompetenz/incompetence* in (H112) und (H115)), das als Warnung für Obama dient:

> (H112) Das Bild des vom Flugzeug aus auf das überschwemmte New Orleans blickenden George W. Bush aus dem Jahr 2005 hat sich als Symbol der **Gleichgültigkeit und Inkompetenz** tief eingebrannt. Obama wird einen solchen **Fehler** nicht wiederholen. (Stuttgarter Zeitung, 30.10.2012)
> (H113) Und vor allem für Barack Obama gilt: Er darf sich nicht jene **Fehler** – Aussitzen und mangelhafte Überwachung der Hilfsaktionen – leisten, die im Jahr 2005 George W. Bush nach Hurrikan »Katrina« jede Menge Sympathien kosteten. (Aachener Zeitung, 31.10.2012, leichte Formatanpassung)
> (H114) Hurricanes can have a **treacherous effect** on the fortunes of a president, most notably in the case of Hurricane Katrina and George W. Bush in 2005. But they can also help rally support, as in [sic!] final four months of the 2004 campaign, when Florida was pounded by three successive hurricanes, Charley, Frances and Ivan. (New York Times, 30.10.2012)

(H115) But the storm carries a **political risk** for Obama. If something major goes wrong in the response, it will be on his head. [Absatz] "He does not want to be an echo to President George W. Bush's response to hurricane Katrina, which became a symbol of **incompetence**," writes Princeton historian Julian Zelizer at CNN.com. (Christian Science Monitor, 29.10.2012)

Diese Auswahl an Beispielen aus vielen ähnlichen Erinnerungen an Katrina macht deutlich, dass es mehr oder weniger explizit formulierte Regeln für amtierende Präsidenten gibt, was den Umgang mit Katastrophen betrifft, und Obamas Vorgänger diese Regeln massiv verletzt hat. Deshalb wird hier auch mit *treacherous effect* und *political risk* die Gefahr aufgegriffen, die politisch für einen Präsidenten in dieser Situation besteht. Es stehen sich damit auch agonal die Konzepte ›der amtierende Präsident kann von einer Naturkatastrophe profitieren‹ und ›bei falschem Verhalten hat eine Naturkatastrophe Nachteile für den amtierenden Präsidenten‹ gegenüber. Einmal mehr wird deutlich, wie stark sich Hurrikan Katrina in das kulturelle Gedächtnis (vgl. Assmann [6]2007) Amerikas, aber auch auswärtiger Beobachter in den ausländischen Medien eingebrannt hat. Interessant ist dabei auch im Hinblick auf den Vergleich zwischen den Ländern, wie die Situation auf vergleichbare Ereignisse übertragen wird, etwa im folgenden Beleg:

(H116) Vor der Flut hatten Union und FDP klar in Führung gelegen, **doch** bei der Bundestagswahl am 22. September reichte es noch einmal für Rot-Grün. Der Machtmensch Schröder hatte sich ebenfalls als „Macher" profiliert und wurde als „Flut-Kanzler" etikettiert. Die Zeitung „Die Welt" schrieb damals süffisant, Schröder habe den Unions-Kanzlerkandidaten Edmund Stoiber „im Hochwasser versenkt". (abendblatt.de, 1.11.2012)

Wie Obama war Bundeskanzler Gerhard Schröder als Amtsinhaber in einem nationalen Wahlkampf mit einer Naturkatastrophe konfrontiert. Anders als Bush und ähnlich wie Obama konnte er sich in dieser Darstellung als guter Amtsinhaber präsentieren und die Wahl trotz ungünstiger Umfragen für sich entscheiden. Der Vergleich mit dem ehemaligen deutschen Bundeskanzler, der hier für die deutschen Leser naheliegt und aufgegriffen wird, ist ein interessantes Einzelphänomen; wesentlich häufiger wird jedoch in den deutschen Zeitungen wie auch in den britischen und amerikanischen Medien der Vergleich mit Bush herangezogen. Obama wird insgesamt als Gegenbeispiel zu Bush dargestellt, d.h. als fähig, aus dieser mahnenden Erinnerung die richtigen Schlüsse zu ziehen.

5.3.2.4 Agonale Thematisierung des Verhältnisses zwischen Politikern: ›Chris Christie und Barack Obama sollten als politische Gegner agieren‹ vs. ›Chris Christie und Barack Obama sollten einander unterstützen‹

Hierbei relevante Agonalitätsindikatoren: aus den Dimensionen AGONALITÄT DER ZEITLICHEN GEGENÜBERSTELLUNG, AGONALITÄT DER RELEVANZKONKURRENZ, BEENDEN DES AGONALEN ZUSTANDS

Ein eher am Rande aufgegriffener Konflikt dreht sich um das Verhältnis eines weiteren republikanischen Politikers zum Präsidenten. Der Republikaner Chris Christie, zur Zeit des Sturms Gouverneur von New Jersey, wird häufig im US-amerikanischen Korpus benannt (vgl. Tabelle 21). Er wird im Zusammenhang mit Hurrikan Sandy oftmals als politische Figur zitiert, etwa mit Evakuierungsbefehlen oder Aussagen zum weiteren Vorgehen nach dem Sturm. Dem Präsidenten wird er einerseits als politischer Gegner gegenübergestellt, der ihn immer wieder scharf kritisiert. Gleichzeitig wird mithilfe von Indikatoren der AGONALITÄT DER ZEITLICHEN GEGENÜBERSTELLUNG diese Sicht der aktuellen Situation im Angesicht der Katastrophe gegenübergestellt. Hier scheint zumindest für den Moment der agonale Zustand zwischen beiden Politikern beendet zu sein (vgl. die Dimension BEENDEN DES AGONALEN ZUSTANDS).

> (H117) Mr. Obama was greeted by Mr. Christie in Atlantic City, the epicenter of the storm's devastation. The president, placing a hand on Mr. Christie's back, guided him to Marine One, where the two men – political **antagonists-turned-partners** – took a grim flight over shattered seawalls, burning houses, and a submerged roller coaster. (New York Times Blogs, 31.10.2012, leichte Formatanpassung)
>
> (H118) Christie, who is a vocal supporter of GOP [Grand Old Party, Bezeichnung für die Republikanische Partei, Anm. AM] nominee Mitt Romney, has **changed his partisan tune** after the storm, regularly singing Obama's praises in relation to the federal aid given toward disaster relief support. (Mail Online, 31.10.2012)
>
> (H119) Der Republikaner Christie, **sonst** einer der härtesten Kritiker des US-Präsidenten, rühmte dann noch die Zusammenarbeit mit Barack Obama. (Welt Online, 30.10.2012)

Hier ist insbesondere die ZEITLICHE GEGENÜBERSTELLUNG (*antagonists-turned-partners, changed his partisan tune, sonst*) beim BEENDEN DES AGONALEN ZUSTANDS klar zu erkennen: Der Sturm verändert die Beziehung der früheren Gegner. Die Gegensätzlichkeit der Wertung fällt hier ebenfalls auf, in LEXIKALISCHEN GEGENÜBERSTELLUNGEN wie *antagonists* vs. *partners*, *Kritiker* vs. *rühmte*.

Mit diesen Berichten über einen unerwarteten Konsens der politischen Kontrahenten geht auch die Frage einher, ob diese positiven Wertungen des politischen Gegners durch Chris Christie richtig oder falsch sind. Dies lässt sich in einem größeren Rahmen in der Fragestellung verorten, ob überparteiliche Zusammenarbeit zu begrüßen oder agonales Aushandeln von Problemen in konfliktbehafteter Weise vorzuziehen ist. Bei Christie kommt es dabei vor allem zu Kritik aus dem eigenen Lager:

> (H120) A former Romney aide said: 'Christie **went way beyond** doing his job. No one begrudges him hosting the President or touring damaged areas with him. But did he really need to be so effusive and go out of his way to praise Obama as **the greatest thing ever?**' (Mail Online, 13.12.2012)
> (H121) The outspoken figure [Chris Christie, Anm. AM], a strong supporter of Romney over the past year, described his critics as 'know-nothing, disgruntled Romney supporters' who did not respect the **duty** he owed to the people of his state. (Mail Online, 6.11.2012)
> (H122) Republicans worried that Christie saying anything favorable about Obama **is politically disloyal** need to remember that a governor's **first responsibility** is to his or her state and its people. Those in the media looking to determine political winners and losers in this situation should stop. We Republicans ought to be proud of public officials who, like Christie, are faithful to the job they're elected to do. (washingtonpost.com, Zitat des ehemaligen Gouverneurs von Mississippi, 2.11.2012)

In (H120) wird Christies Haltung als übertrieben positiv Obama gegenüber kritisiert (etwa in der Formulierung *went way beyond* und dem gesteigerten Superlativ *the greatest thing ever*). Die Kritik kommt hier nach der Wahl, die Obama für sich entscheiden konnte, und im Kontext der Ursachensuche bei den Republikanern. Auch in (H122) wird die Kritik an Christie als *politically disloyal* aufgegriffen. In dieser Perspektive sollte ein Politiker im Wahlkampf zur eigenen Partei halten. (H121) und (H122) fordern vor allem die Loyalität eines Gouverneurs gegenüber den Menschen in seinem Staat; mit Ausdrücken wie *duty* und *first responsibility* wird hier die Relevanz der Aufgabe als Gouverneur höher eingeschätzt als die der Aufgabe als Wahlhelfer eines Parteikollegen. Auch hier zeigt sich wieder die AGONALITÄT DER RELEVANZKONKURRENZ. Wie schon im Frackingkorpus werden das BEENDEN VON AGONALITÄT und die Zusammenarbeit über Parteigrenzen hinweg unterschiedlich bewertet. Agonalität (zumindest in ihrer institutionalisierten und starren Form mit Parteipolitik und teils verhärteten Fronten zwischen Parteien) ist nicht nur positives Mittel, eine Gesellschaft im Konflikt voranzubringen, sondern kann auch hinderlich sein, wenn es darum geht, gemeinsam Lösungen zu finden.

Auch bei Obama wird die Frage nach der überparteilichen Zusammenarbeit gestellt. Bei ihm wird allerdings eher negativ hervorgehoben, dass ihm das sonst schwer fällt, und dass dieses Verhalten Christie gegenüber eine positive Ausnahme darstellt, was auch international kommentiert wird:

(H123) Der gemeinsame Auftritt mit Gouverneur Christie widerlegt zudem die Behauptung der Republikaner, Obama verweigere die überparteiliche Kooperation. (Der Tagesspiegel, 1.11.2012)

(H124) The **admirable bipartisanship** of two old foes, Gov. Chris Christie of New Jersey, a Republican, and President Obama, in the aftermath of Hurricane Sandy is a timely reminder that the purpose of politics is – or should be – the public good, not personal triumphalism. (New York Times, 2.11.2012, Leserbrief, leichte Formatanpassung)

(H125) Doch als Präsident zeigte Obama plötzlich ein überraschendes Defizit in seiner politischen Persönlichkeit: Er, der Prediger des Konsenses, tat sich ungeheuer schwer damit, auf die Republikaner, auch die moderateren, zuzugehen. [...] Bis heute unterhält er keinen einzigen engeren Kontakt zu einem republikanischen Senator oder Abgeordneten. [...] Diese Abneigung gegen **politische Verbrüderung** wirkt durchaus sympathisch angesichts der Übermacht von Lobbyisten und Großspendern in Washington. Doch fehlt Obama damit, was Richard Neustadt [...] einst als wichtigstes Werkzeug eines Präsidenten beschrieben hat: seine power of persuasion, seine Macht der Überzeugung. Und zwar nicht nur gegenüber den eigenen Anhängern, sondern vor allem gegenüber dem politischen Gegner. (Die Zeit, 8.11.2012, leichte Formatanpassung)

Überparteiliche Zusammenarbeit wird hier insgesamt als positiv gewertet (*admirable bipartisanship* in (H124)), auch wenn in (H125) *politische Verbrüderung* als falsch bewertet wird. Obama scheint insgesamt einen Ruf als wenig überparteilich arbeitend zu besitzen (H125); eine solche feindselige Haltung gegenüber anderen Parteien erscheint jedoch gerade in Ausnahmesituationen wie Naturkatastrophen nicht sinnvoll. Agonalität, der Grundzustand politischer Arbeit in Demokratien, ist also je nach Situation zu bewerten. Das Beenden oder kurzfristige Aussetzen eines agonalen Zustands kann für die Allgemeinheit durchaus sinnvoll sein. Naturkatastrophen haben damit das Potenzial, die agonale Struktur einer demokratischen Gesellschaft vorübergehend außer Kraft zu setzen und andere Konzepte wie Konsensualität – zumindest für eine Weile – dominant als handlungsleitend zu etablieren.

5.3.2.5 Kurzzusammenfassung: Agonale politische Themen

In diesem Kapitel zu agonalen Thematisierungen im Bereich der Politik ging es vor allem um die Wahl zum US-Präsidenten: welcher Kandidat geeigneter ist (5.3.2.1), ob der Sturm Einfluss auf die Wahl hat (5.3.2.2), ob Obama politisch von diesem Sturm profitiert (5.3.2.3) und ganz spezifisch um das Verhältnis von zwei bestimmten Politikern unterschiedlicher Parteien (5.3.2.4). Ethische Fragen (z.B. wie sich ein Präsident im Angesicht von Katastrophen verhalten sollte oder wie wichtig Parteipolitik in Ausnahmesituationen ist) kommen bei allen politischen agonalen Thematisierungen auf und prägen den gesamten Diskurs. Die Berichterstattung zur Naturkatastrophe ist bei allem Einfluss, den die Natur nimmt, stark anthropozentrisch geprägt. Welche Konzepte als ethisch richtig in

Ausnahmesituationen betrachtet werden, ist auch in der agonalen Thematisierung gesellschaftlicher Implikationen von entscheidender Bedeutung und wird im folgenden Kapitel untersucht.

5.3.3 Agonale Thematisierung gesellschaftlicher Implikationen

Abgesehen vom Ausmaß und von politischen Auswirkungen werden auch gesellschaftliche Aspekte agonal thematisiert. Dabei geht es vor allem um korrektes Verhalten im Hinblick auf den Sturm, was in Bezug auf Politiker ebenfalls aufgegriffen wird, etwa bei der Thematisierung der Rolle George W. Bushs beim Hurrikan Katrina. Gleichzeitig werden (wie auch in der oben erwähnten Arbeit von Potts (2013) für den Hurrikan Katrina konstatiert) soziale Konflikte angesichts des Sturms in den Vordergrund gerückt und debattiert. Aus der Sicht der ausländischen Medien werden Stereotype über den amerikanischen Umgang mit der Katastrophe aufgegriffen. Diese Aspekte zeigen sich vor allem in den agonalen Thematisierungen des New York City Marathons (5.3.3.1), der gesellschaftlichen Spaltungen (5.3.3.2), der Medienkritik (5.3.3.3) und der Verhaltensdarstellungen (5.3.3.4).

5.3.3.1 Auswirkungen auf Sportveranstaltungen: ›Sportliche Ereignisse wie der New York City Marathon sollen trotz des Sturms wie geplant stattfinden‹ vs. ›Sportliche Ereignisse wie der New York City Marathon sollten wegen des Sturms abgesagt werden‹

Hierbei relevante Agonalitätsindikatoren: vor allem AGONALITÄT DER ENTSCHEIDUNGSTHEMATISIERUNG, AGONALITÄT DER NEGATIVEN EMOTIONEN und AGONALITÄT DER (NEGATIVEN) WERTUNG

Wenige Tage nach dem Sturm hätte in New York der jährliche international bekannte Marathon durch die Stadt stattfinden sollen. Dieser wurde nach längerem Zögern und widersprüchlichen Aussagen durch Bürgermeister Bloomberg abgesagt. Auch bei anderen Sportereignissen wie einem Basketballspiel wird agonal thematisiert, ob sie stattfinden sollen; der Marathon jedoch wird besonders in den Vordergrund gerückt und auch in der Außenperspektive aufgegriffen.

Der agonale Konflikt wird mit Indikatoren der AGONALITÄT DER ENTSCHEIDUNGSTHEMATISIERUNG und der (NEGATIVEN) WERTUNG perspektiviert. Der Entscheidungsprozess wird von verschiedenen Argumenten flankiert; Entscheidungsträger ist Bürgermeister Bloomberg. Befürworter sehen vor allem eine Ablenkung vom Leid durch den Sport sowie die Verantwortung gegenüber den Sportlern, die aus aller Welt anreisen und die Reise nicht mehr stornieren können.

Lange Zeit scheint es so, als würde das Ereignis weiterhin stattfinden können, was auch in deutschen Medien aufgegriffen wird:

> (H126) Einige Bürger äußerten **Unmut** über die Pläne, trotz Sandy am New-York-Marathon am Sonntag festzuhalten. (taz.de, 3.11.2012)
> (H127) Trotz der Folgen des Hurrikans „Sandy": Der traditionelle Marathon in New York soll am Sonntag stattfinden. Allerdings gibt es **Kritik** an der Entscheidung von Bürgermeister Michael Bloomberg. Das erste Basketball-Stadtderby zwischen den Nets und den Knicks wurde hingegen verschoben. (Spiegel Online, 1.11.2012)

In den beiden Beispielen wird mit *Unmut* und *Kritik* mit Indikatoren der NEGATIVEN WERTUNG und der NEGATIVEN EMOTIONEN auf die Gegnerschaft zu der (vorläufigen) Entscheidung perspektiviert. Gegner führen vor allem die Knappheit von Ressourcen wie Strom an. Wichtig ist aber auch die Erwägung, inwieweit eine Durchführung des Marathons angemessen ist, wenn gleichzeitig Einwohner der Stadt leiden:

> (H128) "This will forever tarnish the marathon as a brand and an event," said Stephen Robert Morse, a 27-year-old from Brooklyn who started stopthemarathon.tumblr.com. "There are still thousands of people downtown and businesses that still lack necessities and it's **insulting** to have tourists prioritized over the people of this city." (New York Times, 3.11.2012)
> (H129) Wittenberg, who makes virtually every major decision for her group, said that Road Runners would contribute $1 million to relief efforts. The gesture did little to stem the **anger** and the prospect of runners racing past **hostile** crowds on Sunday. (New York Times, 5.11.2012)

NEGATIVE EMOTIONEN werden hier evoziert (*insulting, anger, hostile*). Es wird eine Gegnerschaft (auch auf medialer Ebene in (H128)) zwischen Einwohnern und Marathonläufern konstruiert. Die andere Seite argumentiert mit humanitärer Hilfe wie in (H129). Wenn schließlich gegen den Marathon entschieden wird, protestieren die Läufer vor allem gegen die Kurzfristigkeit, auch in internationalen Medien:

> (H130) Tens of thousands of runners found themselves in the same predicament, flying from Italy and France and Brazil and every state in the United States. Many of them spent thousands of dollars, only to learn that they would not be running 26.2 miles on Sunday as **opposition** continued to mount against putting on the race when so many were recovering from a devastating storm. (New York Times, 3.11.2012)
> (H131) „Wir waren total **frustriert**"; Die Absage überrascht auch Athleten aus Berlin (Der Tagesspiegel, 4.11.2012)

Auch hier dominieren NEGATIVE EMOTIONEN wie Enttäuschung und Frustration (siehe *frustriert* in (H131)), die beschrieben werden.

Insgesamt wird das Verhalten des Bürgermeisters und der Vorsitzenden des Verbandes kritisiert, zunächst für die Entscheidung, den Marathon stattfinden zu lassen, später für die sehr kurzfristige Absage. Mehr oder weniger explizit ausgesprochen lässt sich schon hier – zugespitzt auf diese Situation eines Sportereignisses – erkennen, dass hinter den Diskussionen ein Wissensrahmen (s. Kapitel 2.2) um ›angemessenes und pietätvolles Verhalten‹ angesichts einer Katastrophe steht. Dieser scheint einzuschließen, dass sportliche Großereignisse an Relevanz verlieren, wenn Ressourcen für das Lebensnotwendige benötigt werden, und insgesamt in Katastrophensituationen eher unpassend sind. Der Stellenwert des Sports tritt an dieser Stelle zurück. Prägnant wird dies im folgenden Zitat zusammengefasst:

> (H132) While Hurricane Sandy might someday be looked upon as the turning point in our national discussion (or at least a regional one) about infrastructure and climate change, it could also be a pivotal point in a discussion about the **outsize place** sports has cleared for itself in our society. Maybe the whole firestorm over whether the New York City Marathon should be run Sunday, through a city freshly devastated by a giant storm, will end up being this city's squabble, quickly forgotten. But in a twist of fate, it will also be the first New York City Marathon televised live nationally, so the country will have a front-row seat for the race, which is being run despite much opposition and with the sentiment among many New Yorkers that this is an insane use of city resources in the middle of a disaster. (New York Times, 3.11.2012)

Der übergroße gesellschaftliche Stellenwert (*outsize place*) von Sport wird hier kritisiert. In der Tat erweist sich Sport insgesamt als wichtiges Thema im Diskurs um Hurrikan Sandy, und seine Relevanz zeigt sich etwa im Vergleich mit den Frackingkorpora. *Marathon/marathon, Basketball/basketball* und *Sport/sports* sind Keywords in allen drei Hurrikankorpora im Vergleich mit dem jeweiligen Korpus zum Thema Fracking als Referenzkorpus.[129] Besonders die Relevanz des Marathons fällt in allen drei Subkorpora zu Hurrikan Sandy auf. Sport im Allgemeinen wird eher im US-Hurrikankorpus aufgegriffen; so sind z.B. die stattfindenden Basketballspiele besonders in den USA von Interesse. Inwieweit diese Bedeutung des Sports gesellschaftlich in einer Ausnahmesituation sinnvoll ist, wird, wie hier gezeigt werden konnte, agonal in den Medien diskutiert.

---

[129] Die Keywords sind jeweils mit 99,9% signifikant, mit Ausnahme von *sports* im UK-Hurrikankorpus, bei dem die Nullhypothese mit 95% Wahrscheinlichkeit verworfen wurde. Bei *marathon* beziehen sich im US-Frackingkorpus zudem fast alle der wenigen Belege auf die Firma Marathon Oil.

Sport erscheint als wichtiger Teil des normalen gesellschaftlichen Lebens; das einzelne Ereignis des Sturms trifft die Welt des Sports genau wie die Wahl des Präsidenten (s. Kapitel 5.3.2). Politische und gesellschaftliche Ereignisse sind also vom Hurrikan betroffen – wie stark dies die gewohnten Abläufe durchbricht, wird angesichts der Menge an Belegen zum Thema Sport klar.

5.3.3.2 Auswirkungen auf verschiedene Gesellschaftsschichten: ›Der Sturm trifft alle gleich‹ vs. ›Der Sturm trifft verschiedene Gesellschaftsschichten unterschiedlich‹

Hierbei relevante Agonalitätsindikatoren: verschiedene Dimensionen, vor allem AGONALITÄT DER NEGATION und AGONALITÄT DER LEXIKALISCHEN GEGENÜBERSTELLUNG

Das erste Konzept dieses agonalen Zentrums wirkt zunächst einmal einleuchtend. Eine Naturkatastrophe wie der Hurrikan Sandy wirkt ohne bewusste Auswahl eines Ortes oder einer Gesellschaftsschicht auf Städte und Landschaften ein. Schreibt man der Natur nicht eine bewusste Intention zu, so kann man nicht davon ausgehen, dass ein Sturm einen Unterschied zwischen Arm und Reich macht. Es müsste folglich das Konzept ›der Sturm trifft alle gleich‹ gelten, wie dies auch defensiv im folgenden Zitat beansprucht wird:

> (H133) But understand that Hurricane Sandy actually hit everyone: **rich and poor, privileged and nonprivileged.** It is actually refreshing to see one article reporting on one facet of the disaster that nobody outside of us living here in the city gets to see and experience. True, it is a bit light, and it's hard to feel for the privileged. But if you want to know what is happening here in New York, you have to see it from all views. (New York Times, 15.11.2012, Leserbrief)

Dieser Leserbrief postuliert, dass alle Gesellschaftsschichten gleich getroffen werden, evoziert dabei aber aus einer defensiven Position heraus die Gegenposition: Anlass für den Beitrag ist die allgemeine Kritik an einem anderen Zeitungsbeitrag, der das Leid der privilegierten Bevölkerung von New York darstellte. Die LEXIKALISCHEN GEGENÜBERSTELLUNGEN *rich and poor, privileged and nonprivileged* verweisen zum einen auf die Gewalt des Sturms, der alle gesellschaftlichen Klassen getroffen hat, zum anderen aber auch darauf, dass es gesellschaftliche Unterschiede im Mikrokosmos New York gibt, die sich auf den Schweregrad der Schädigung auswirken.

Insgesamt herrscht daher doch das alternative Konzept vor, dass Personen je nach sozialem Status, aber auch abhängig von Faktoren wie Alter oder Familienanschluss unterschiedlich unter dem Hurrikan und seinen Folgen zu leiden haben. Es wird dabei abgestuft, wie groß oder klein dieses Leid ist. Dem reicheren Teil der Bevölkerung wird dabei eher ein geringeres Leid zugesprochen, wie im folgenden Zitat:

> (H134) Not all of the storm coverage has been of this gritty sort. Much has been made on the Web and on Twitter of a few articles in the features sections about the **trials** of Manhattan's affluent, reduced to flushing their toilets with white Zinfandel, or about the **horrors** of storm-related weight gain. (New York Times, 11.11.2012)

In dieser Metadarstellung der Berichterstattung zum Hurrikan wird ironisch auf die Auswirkungen auf die vermögende Schicht der New Yorker verwiesen: Der Verlust des teuren Weins oder die Gewichtszunahme werden überspitzt mit Ausdrücken wie *trials* oder *horrors* dargestellt. In beträchtlichem Kontrast stehen die Schilderungen des Leids der ärmeren Bevölkerungsschichten:

> (H135) In a Coney Island apartment block, where tenants huddle together in one room and human waste spills out of the toilet, tenant Jeffery Francis despairs that help is not getting to **Brooklyn** faster. [Absatz] 'We are scavenging for food like animals,' he told the New York Daily News. 'We are in a crisis and no one will help us. Look at us. We are misery. **Everyone** cares about **Manhattan**. **No one** is looking out for us. Nothing.' (Mail Online, 3.11.2012)
> (H136) Concerns were also mounting over the elderly and poor, all but trapped on upper floors of housing complexes in the powerless area, and who face pitch-black hallways, elevators and dwindling food supplies. (The Scotsman, 2.11.2012)

In (H135) wird mit Ausdrücken der NEGATION und der direkten LEXIKALISCHEN GEGENÜBERSTELLUNG gearbeitet: *Brooklyn* wird mit *Manhattan* kontrastiert,[130] ebenso *everyone* mit *no one*. Beide Gegenden werden unterschiedlich getroffen, doch der zitierte Einwohner Brooklyns hebt im Zitat starke Kontraste bei der Hilfestellung hervor. Die Abwesenheit von Hilfeleistung wird mehrfach mit NEGATIONEN betont. Die konkreten Probleme (Mangel an Essen und Strom) werden in (H135) und (H136) geschildert, als Probleme armer und älterer Menschen. Ihre Probleme erscheinen weit gravierender. Diese Beispiele verweisen auf die zweite Seite des agonalen Zentrums: Der Sturm trifft die Menschen unterschiedlich, da schon die individuellen Bedingungen vor dem Sturm unterschiedlich sind und die Hilfe nicht allen gleichzeitig und gleichermaßen zukommt.

---

130 Vgl. zur Abgrenzung zwischen Brooklyn und Manhattan spezifisch aus Sicht der Bewohner von Brooklyn Beatrix Busse (2013).

Der quantitative Vorrang Manhattans in der Berichterstattung scheint den Vorwurf in (H133) zu bestätigen. Dies betrifft alle drei Untersuchungskorpora (mit Ausnahme von Brooklyn im US-Hurrikankorpus):

Tabelle 22: Häufigkeiten der Ortsnennungen (US-Ostküste) in den Berichterstattungen (ohne Flexionsformen)

	Manhattan	Brooklyn	Queens	Bronx	Staten Island
US-Hurrikan-korpus	3078 / 514,6 pro Mio. Wörter	3515 / 587,6 pro Mio. Wörter	1616 / 270,2 pro Mio. Wörter	732 / 122,4 pro Mio. Wörter	1323 / 221,2 pro Mio. Wörter
UK-Hurrikan-korpus	2315 / 740,9 pro Mio. Wörter	861 / 275,6 pro Mio. Wörter	618 / 197,8 pro Mio. Wörter	126 / 40,3 pro Mio. Wörter	649 / 207,7 pro Mio. Wörter
D-Hurrikan-korpus	721 / 681,4 pro Mio. Wörter	386 / 367,6 pro Mio. Wörter	276 / 260,8 pro Mio. Wörter	46 / 43,5 pro Mio. Wörter	186 / 175,8 pro Mio. Wörter

Manhattan ist in allen drei Untersuchungskorpora besonders häufig erwähnt. Es scheint sich auch für den Blick von außen um den geradezu prototypischen Teil New Yorks zu handeln, bekannt auch aus Filmen und Serien, während andere Teile New Yorks in den Hintergrund treten. Im US-Korpus ist zudem *Brooklyn* besonders wichtig (auch in Benennungen wie Brooklyn Tunnel), was eine Verschiebung innerhalb des US-Korpus mit anderer Perspektive zeigt: Hier kommt *Brooklyn* auch quantitativ eine größere Bedeutung zu.

Langfristige Probleme werden ebenfalls agonal thematisiert. Dabei wird vor allem auf finanzielle Schwierigkeiten verwiesen:

> (H137) As with others before it, the storm will **disproportionally** affect lower income people, who face high unemployment and weren't being looked to as big contributors to retail sales growth this year, he [Kemmsies] said. He doubted the storm would have any negative effect on middle and upper income people. (Journal of Commerce, 30.10.2012)
>
> (H138) A **disproportionate** share of the benefits flowed to well-to-do vacation homeowners and developers. A **disproportionate** share of the expenditures covered repeat losses on older properties in flood plains – which, through one of the program's perverse quirks, happened to pay the lowest premiums. (washingtonpost.com, 3.11.2012, leichte Formatanpassung)

Vor allem der Indikator *disproportion** der AGONALITÄT DER RELEVANZKONKURRENZ wird hier verwendet, um zu zeigen, wie unterschiedlich die verschiedenen Gesellschaftsschichten getroffen werden. Es zeigt sich das Bild einer geteilten

Gesellschaft, deren Spaltung durch den Sturm nicht hervorgerufen, aber verdeutlicht und ins Schlaglicht gerückt wird.

Dies wird auch geographisch verortet. Das betrifft zunächst einmal die verschiedenen Stadtteile in New York. Die verschiedenen Stadtteile erscheinen geradezu als zwei verschiedene Welten, deren Unterschiede durch den Sturm zutage treten:

> (H139) **More privileged** New Yorkers unearth deep guilt among the piles of donated clothes as it dawns on some that, even before the storm, misery existed so close to home. (Pittsburgh Post Gazette, 17.11.2012)
> (H140) Four days after Hurricane Sandy struck the city, parts of downtown New York were still without electricity, phones or water. A **not so invisible line**, clearly demarcated by the absence of street and traffic lights, ran along 23rd Street in Manhattan and has all but **divided** the city into two **separate post-Sandy worlds.** Crossing it is a surreal experience. (independent.co.uk, 5.11.2012)

Die Teilung in arm und reich und in Stadtteile, die stark und nicht so stark von Sandy getroffen sind, wird in beiden Zitaten deutlich, mithilfe von Komparativen wie *more privileged* (H139) oder expliziten Verweisen auf geographische Teilungen wie *not so invisible line, divided, separate post-Sandy worlds* (H140). Schuldgefühle werden ebenfalls angesprochen, genauso wie die Tatsache, dass die Trennung schon lange vorher da war.

Noch extremer zeigt sich diese Trennung in unterschiedliche Betroffenheit durch den Sturm beim Blick auf Haiti, der aber nur selten angestellt wird. Hier wird die Bevölkerung als besonders arm charakterisiert, weshalb die Auswirkungen noch größer sind als in den USA. Insgesamt wird jedoch kaum über die Situation in Haiti berichtet, was auch kritisiert wird. Dies wird im nächsten Abschnitt zur Medienkritik genauer thematisiert.

Insgesamt zeigt sich, dass der Sturm Sandy – ähnlich wie schon Katrina – gesellschaftliche Unterschiede in den Fokus rückt. Vermögende Stadtteile und Individuen können mit der Katastrophe besser fertig werden als ärmere. Gleichzeitig wird auch deutlich, wie prononciert die Unterschiede eigentlich sind. Die sprachlichen Praktiken kreieren hier einander gegenübergestellte, konkurrierende Räume (vgl. weiterführend zu Prozessen des urban place-making im Überblick B. Busse/Warnke 2014). Ob der Sturm diese unterschiedlichen Räume, Charaktere und Schichten noch mehr entzweit oder eher eint, soll in Kapitel 5.3.3.4 diskutiert werden.

5.3.3.3 Agonale Thematisierung der Rolle der (neuen) Medien

Hierbei relevante Agonalitätsindikatoren: vor allem AGONALITÄT VON SCHEIN UND SEIN

Medien sind in dem vorliegenden Untersuchungskorpus zentral. Sie bilden die Grundlage der Texte. Durch sie erfahren Leser in Deutschland und Großbritannien, was in den USA passiert. Parallel zu den Online- und Printmedien, die hier das Korpus konstituieren, existieren jedoch auch weitere Medienformate, die noch neueren Charakter haben. Informationen zu erhalten ist in der Notsituation zentral.

Gerade die klassischen Printmedien müssen sich an ihrer wahrheitsgemäßen Darstellung messen lassen und können auch als wichtige Instanz zur Aufdeckung von Missständen dienen (vgl. Bentele/Seidenglanz ³2015, die Journalisten als investigative „Diskrepanzsucher" (421) betrachten). Ist ein erschienener Artikel erwiesenermaßen inkorrekt, muss für gewöhnlich eine Gegendarstellung erfolgen. Redakteure und Journalisten werden in Bewerbungsverfahren ausgewählt und besitzen in der Regel eine entsprechende Berufsausbildung.

Neue Medienformate weisen diese Gatekeeper-Funktionen oft nicht auf. In Formaten wie Twitter oder Facebook kann prinzipiell jeder etwas posten, sofern er über einen Internetzugang verfügt, und dies in sehr schneller Zeit ohne eine lektorierende Redaktionsinstanz (vgl. Burger/Luginbühl ⁴2014, 447). Diese Tweets werden wiederum auch von den Printmedien reproduziert, oft zum Beispiel, um die Meinungen von Prominenten, die dieses Format nutzen, wiederzugeben. Teilweise wird jedoch die Glaubwürdigkeit dieser nicht überprüften Belege in Zweifel gezogen:

> (H141) "In electronic media, **lying** has become less serious. We seem to have a more cavalier attitude to the truth than we did a long time ago," Mr. Smith said. "There's no longer a clear distinction between reality and fantasy because with social media, the distinction between news and entertainment has been so eroded, that this clear and important difference has been lost." (New York Times Blogs, 4.11.2012)
> (H142) Debra Jasper, a co-founder of the social media consulting company Mindset Digital, says fact-checking is as quick on Twitter as the spreading of **misinformation.** (USA Today, 31.10.2012)
> (H143) Nach mehreren Stunden des Schweigens schrieb der Nutzer am Dienstagabend (Ortszeit) schließlich, er wolle sich bei der Bevölkerung der Stadt „aufrichtig, demütig und bedingungslos" entschuldigen. Während eine Naturkatastrophe die Stadt bedroht habe, habe er eine Reihe **„verantwortungsloser und unrichtiger Tweets"** geschrieben. (Welt Online, 31.10.2012)

Vor allem durch Indikatoren der AGONALITÄT VON SCHEIN UND SEIN konnte dieser Konflikt im Diskurs aufgespürt werden (s. Ausdrücke wie *lying* (H141), *misinformation* (H142), *unrichtiger Tweets* (H143)). Teils wird, wie in (H141), der Welt der elektronischen Medien eine andere Einstellung zur Faktualität zugeschrieben. In (H142) wird jedoch von Nachprüfungen gesprochen. In (H143) entschuldigt sich ein Nutzer für das Verfassen *verantwortungsloser und unrichtiger Tweets*, mit denen er durch übertriebene Darstellungen der Gefahr Panik bei einigen Lesern auslöste. Es entsteht der Eindruck von fehlerhaften medialen Berichten, sowohl in noch neueren Onlineformaten als auch in traditionell vertrauenswürdigen Sendern und Zeitungen. In der Situation der Naturkatastrophe, in der Informationsmöglichkeiten – möglicherweise durch Stromausfall – gering sind, ist dies besonders fatal. Das Ansehen von Informationsmedien leidet damit insgesamt. Klare Kritik an den Verantwortlichen findet sich in diesen Zeitungen als Angehörigen der „alten Medien". Dies geht einher mit der Diskussion um korrektes Verhalten während einer Naturkatastrophe (s. 5.3.3.4). Klare Handlungsanweisungen werden beispielsweise mit Imperativen gegeben:

(H144) Before you share: a weather event like this once again shows the power of social media, but the amount of shared misinformation also reached new heights as users scrambled to find new information. **Investigate** a photo or a news update before you share. (Guardian Unlimited, 2.11.2012)

Die besondere Situation, dass überhaupt online so viele Informationsmöglichkeiten bestehen und sich so viele Einzelpersonen mit unterschiedlichem Grad an Zuverlässigkeit an Diskussionen beteiligen können, wird andererseits der Situation in der Vergangenheit gegenübergestellt, etwa beim Hurrikan Katrina, mithilfe der AGONALITÄT DER ZEITLICHEN GEGENÜBERSTELLUNG. An die veränderte mediale Situation müssen sich Nutzer und Vertreter der klassischen Medien anpassen.

Doch auch an den traditionelleren Medien gibt es Kritik, vor allem was die Auswahl der Darstellung betrifft. Diese ist zwar eher mit qualitativer Lektüre zu finden als quantitativ auffällig, soll jedoch als interessantes Metaphänomen beschrieben werden. Die Kritik bezieht sich vor allem auf die mangelnde Darstellung der Situation in anderen Ländern als den USA und soll an einem Beispiel aus dem UK-Korpus verdeutlicht werden:

(H145) Some readers **lamented** that there was more coverage of Sandy striking the USA with 'X' deaths than there was of Sandy striking Cuba and Jamaica with 'X plus' deaths. This is, of course, true. It's down to a combination of journalistic resource, and the estimated (by editors) largest potential audience interest levels. The belief is that more people reading in the UK have a link to NYC and the eastern seaboard of the USA than to Cuba and Jamaica. As ever, you will tell us if you believe this to be true. (i independent print, 31.10.2012)

Die Zeitung geht auf direkte Kritik ihrer Leser (*lamented*) an der ungleichen Menge an Informationen ein. Der Eindruck der kritischen Leser in (H145) lässt sich beim Blick ins Korpus bestätigen: Blickt man quantitativ auf die britischen und deutschen Korpora,[131] lässt sich eindeutig eine Gewichtung zugunsten der Information über die USA feststellen (vgl. die folgende Tabelle).

Tabelle 23: Nennungen betroffener Gebiete/Städte/Bevölkerungsgruppen (inkl. Verwendungen als Adjektive, in Komposita etc.)

	USA+US	New York*	Haiti*	Karibi*/ Caribbean
UK-Hurrikankorpus	6660 / 2131,6 pro Mio. Wörter	11810 / 3780,0 pro Mio. Wörter	568 / 181,8 pro Mio. Wörter	919 / 294,1 pro Mio. Wörter
D-Hurrikankorpus	6284 / 5938,6 pro Mio. Wörter	5369 / 5073,9 pro Mio. Wörter	410 / 387,5 pro Mio. Wörter	454 / 429 pro Mio. Wörter

Ganz besonders betrifft dies die Berichterstattung über New York, die bei weitem überwiegt. Betrachtet man die agonalen Zentren, die sich aus der vorliegenden Analyse ergeben, zeigt sich dies ebenfalls: Viele der Agonalitätsindikatoren finden sich in Kontexten, die New York betreffen (etwa wenn es um den Marathon geht).

Auch die Zeitschrift *i independent* bestätigt diese Tendenz in (H145) und begründet diese mit interkulturellen Verbindungen, die beim Leser vermutet werden. Hier wetteifern also agonal das ›vermutete Interesse der Leserschaft‹ und das ›Ausmaß des Sturms‹ als journalistische Selektionskriterien (vgl. zur Auswahl von Nachrichtenthemen in Medien Maier/Stengel/Marschall 2010, Burger/Luginbühl ⁴2014). Einmal mehr wird deutlich, dass eben für viele Diskursteilnehmer kein direkter Blick auf die Ereignisse möglich ist. Die Richtigkeit und Auswahl der Informationen spielt daher eine besonders große Rolle. Anders als im Frackingdiskurs wird hier auch die Rolle der Medien in Zweifel gezogen, während sich die AGONALITÄT VON SCHEIN UND SEIN beim Frackingdiskurs vor allem auf die Darstellungen der Unternehmen und Politiker bezieht. Am Verhal-

---

[131] Dass in den USA tendenziell mehr über die Ereignisse im Land selbst berichtet wird, erscheint offensichtlich; hier wurde auf das deutsche Korpus sowie das UK-Korpus geblickt.

ten der Medien kann es also (Selbst-)Kritik geben, wie auch am Verhalten der Einzelpersonen; letzteres soll im nächsten Kapitel thematisiert werden.

5.3.3.4 Agonale Diskussion angemessenen Verhaltens angesichts einer Naturkatastrophe: ›Menschen halten bei Katastrophen zusammen‹ vs. ›Menschen halten bei Katastrophen nicht zusammen‹

Hierbei relevante Agonalitätsindikatoren: aus verschiedenen Dimensionen

---

Die Analyse agonalitätsindizierender Ausdrücke und Konstruktionen zeigt auf, dass unterschiedliche Darstellungen bestehen, wie sich Menschen im Angesicht von Katastrophen verhalten: entweder als besonders loyal und hilfsbereit oder als vor allem auf sich selbst bedacht. Bei dieser agonalen Darstellung ergeben sich auch wichtige Anknüpfungspunkte beim Blick auf Unterschiede zwischen den Korpora.

Einerseits wird postuliert, dass Menschen im Angesicht einer Katastrophe zusammenhalten und sich gegenseitig helfen, also eine Katastrophe zu größerer Verbundenheit zwischen Unbekannten führt. Dies wird etwa in folgenden Zitaten deutlich:

> (H146) New Yorkers, parochially devoted to their neighborhoods and suspicious of others, found themselves in new and exotic parts of the city they previously might have disdained. They marveled at the customs and culture of their new, temporary locales, grateful for the ports they had found in the storm and amazed that so many **disparate towns** could exist on the same island. (New York Times, 8.11.2012)
>
> (H147) "Latter-day Saints believe there is no amount of money they can spend to receive the satisfaction and joy that comes from serving others – including our neighbors and our community," said Mission Viejo Stake Elder Douglas F. Higham. [Absatz] "We don't consider this work! It is fun to gather and meet with neighbors and city officials as we work side by side to beautify our surroundings for years to come. It feels like something that Jesus Christ himself would enjoy." (Orange County Register California, 3.5.2013, leichte Formatanpassung)

In (H146) werden die Unterschiede in der Gesellschaft New Yorks (*disparate towns*), die auch in Kapitel 5.3.3.2 dargestellt wurden, deutlich. Hier wird die Situation als temporäre Aufhebung der Grenzen beschrieben. In (H147) wird von der wohltätigen Arbeit der religiösen Gemeinschaft der *Latter-Day Saints* berichtet, die in der Situation bereitwillig helfen und spenden. Dies wird in einen religiösen Kontext eingebettet: sich gegenseitig aus Nächstenliebe zu helfen, erscheint aus dem christlichen Ethos als das Richtige.

Der hier geschilderten Hilfsbereitschaft und dem Zusammenhalt stehen andererseits weniger optimistische Einschätzungen der menschlichen Natur angesichts von Katastrophen gegenüber:

> (H148) **Greedy** looters swiped clothes, food and other goods from stores and restaurants in Manhattan, Brooklyn and Queens. (New York Post, 31.10.2012)
> (H149) Es **mag** allerorten Bekenntnisse zur Nation geben und viele Schwüre auf die stolzen Stars and Stripes. Aber **wenn** es ans Bezahlen geht, wenn Kosten umgelegt werden sollen, wenn Solidarität eingefordert wird, verfliegt aller Gemeinsinn. (Der Spiegel, 5.11.2012)
> (H150) The well-documented theory, also affirmed in the Sept. 11 attacks, holds that after disasters "neighbors come together to help, as opposed to the **opposite view**, often articulated, that people will fly to pieces and turn all their attention to looting until the authorities arrive." (New York Times, 9.11.2012, Binnenzitat des Geschichtsprofessors Scott G. Knowles)

Dass Plünderer (negativ gewertet mit *greedy*) die Ausnahmesituation ausnutzen (H148), steht der oben beschriebenen selbstlosen Hilfsbereitschaft gegenüber. In (H149) ist die gemeinsame Investition in bessere Infrastruktur angesichts der Katastrophe eine Option, die nach Einschätzung des Textes vermutlich nicht eintreten wird (*mag... aber wenn* in der AGONALITÄT DER NICHT EINGETRETENEN OPTION). Das Zitat (H150) kontrastiert agonal beide Positionen in einer EXPLIZITEN GEGENÜBERSTELLUNG: die Einschätzung ›Menschen halten nach Katastrophen zusammen‹ und die Einschätzung ›Menschen halten nach Katastrophen nicht zusammen‹. Evidenz für beides wird in den Medien berichtet. Ethische Fragen nach dem Zusammenleben in einer Gemeinschaft werden also agonal thematisiert. Wie schon bei der Schilderung der Konflikte zwischen sozialen Gruppen in Kapitel 5.3.3.2 bringt der Sturm diese Haltungen als Katalysator zum Vorschein.

Von Seiten der deutschen und auch vereinzelt in den britischen Medien werden Schilderungen des Verhaltens mit Stereotypen von Amerikanern im Allgemeinen und New Yorkern im Besonderen verknüpft:

> (H151) Während wir „Katastrophen-Pasta" auf dem Gasherd kochen, bäumen sich um 20:26 Uhr die Glühbirnen ein letztes Mal auf. Dann wird es schlagartig dunkel. Jubelschreie und Applaus aus den Nachbarhäusern. New Yorker mögen **Herausforderungen**. (Welt Online, 31.10.2012)
> (H152) Würde man sich hierzulande auch brav stundenlang in die Schlange stellen, um sein Handy aufzuladen, einen Bus zu ergattern, ein paar Liter Benzin abzuzapfen? In solchen Krisen schalten Amerikaner offenbar **automatisch** in einen Pioniermodus. Und Jammern scheint geradezu verboten. (Welt Online, 5.11.2012)
> (H153) Die Stimmung ist nahezu heiter aufgekratzt, denn man hat ja gerade gemeinsam etwas Großes überstanden. Selbst der Stromausfall wird hier in erster Linie als großer

Thrill erlebt: „Ich bin total abgeschaltet", sagt eine Frau, die ihren klopfenden Freunden gerade die Tür öffnet. „Und ich finde es toll." (Welt Online, 31.10.2012)

Die betroffenen Amerikaner werden als humorvoll und tapfer im Angesicht einer Katastrophe dargestellt, was mit Annahmen über erwartbare deutsche Reaktionen in einer entsprechenden Situation kontrastiert wird. Dies wird zum einen mit der Lust auf Abenteuer (*Herausforderungen, Thrill*), zum anderen mit der historischen amerikanischen Mentalität begründet. Die Pionierhaltung der Amerikaner erscheint als Mythos, der geradezu angeboren, *automatisch* (H152) wirkt. Als kulturelles Erbe erscheint hier die Fähigkeit, sich bei katastrophalen Situationen nicht zu beschweren, sondern solidarisch zu warten, bis man mit seinen Bedürfnissen an der Reihe ist.

Kritisiert werden für ihr Verhalten teils auch Einzelpersonen, die sich in Onlinemedien auf eine unangebracht erscheinende Weise äußern. Dies schließt an die allgemeine Unsicherheit gegenüber den medialen Informationen an, die in Kapitel 5.3.3.3 geschildert wurde. Die Kritik betrifft einzelne Prominente ebenso wie Unternehmen:

> (H154) After the provocative email launched the 36 hour sale to relieve 'boredom' from the storm, many took to Twitter **outraged** by the inappropriate and exploitative nature of the sales pitch. [Absatz] Mashable highlighted an angry tweet from David Honig that read: 'Really @americanapparel? Sandy Sale email blast? really? The lowest of low. RT [Retweet, Anm. AM] this if you are insulted.' [Absatz] Whitney Hess agreed: 'I just received a 'Hurricane Sandy sale' email blast from @americanapparel. I will forever boycott their stores. RT if you're with me.' (Mail Online, 31.10.2012)
>
> (H155) A Brazilian glamour model has been slammed for posing against the trail of destruction left by superstorm Sandy. [Absatz] Nana Gouvea, 30, who has reportedly graced the pages of Playboy, posted a series of images to her Facebook page showing her leaning against fallen trees and standing on top of wrecked cars in the streets of New York. [Absatz] The photographs instantly sparked **outcry**, and Gawker mocked: 'The turmoil following a devastating natural disaster is a great opportunity to get out there and try poses, angles, and wardrobe choices you normally wouldn't. [Absatz] 'This is a time for introspection and re-examining your personal style. Also a great time to stomp all over cars and things.' (Mail Online, 2.11.2012)

Sowohl das Bekleidungslabel American Apparel als auch ein Supermodel werden für ihre Eigenwerbungen, die aufgrund der Bilder oder Formulierungen auffallen und einen Bezug zum Sturm herstellen, kritisiert. Reaktionen auf das Verhalten werden mit Indikatoren der AGONALITÄT DER NEGATIVEN EMOTIONEN (vgl. *outraged* in (H154), *outcry* in (H155)) perspektiviert und das Verhalten wird als beleidigend gewertet. Unausgesprochen ist ein Wissensrahmen verankert, wie man sich angemessen bei einer Naturkatastrophe verhalten soll. Dieser Rahmen scheint pietätvolle Zurückhaltung zu beinhalten und persönliche Vorteilsnahme auszuschließen. Dies knüpft an die mehr oder weniger impliziten Erwartungen an, die sich in Kapitel 5.3.3.1 beim Konflikt um den Marathon zeigten: Auch dieser erschien zahlreichen New Yorkern nach einer schweren Katastrophe unpassend. Ebenso wurde in Kapitel 5.3.2 diese Frage nach der angemessenen Handlungsweise in Bezug auf den Wahlkampf angeschnitten.

5.3.3.5 Kurzzusammenfassung: Gesellschaftliche Konflikte

Insgesamt zeigt sich durch die Analyse der Agonalität, dass gesellschaftliche Spannungen durch die Naturkatastrophe entweder hervorgerufen werden können – etwa bei der Diskussion um Sportereignisse wie den Marathon oder als taktlos empfundene Reaktionen wie in den sozialen Medien oder durch Individuen – oder implizit bereits vorhanden sind. In letzterem Fall treten sie durch den Sturm zutage: Der Hurrikan wirkt also als Katalysator, der schlummernde Konflikte ans Licht bringt.

5.3.4 Hurrikan Sandy und das diskursive Naturverständnis

Auch im Zusammenhang mit dem Ausgangspunkt dieser Arbeit, dem Verhältnis von Mensch und Natur, ergaben sich agonal thematisierte Aspekte. Diese betreffen einerseits Ursachen und Folgen des Sturms, andererseits auch die teils perspektivierte Sicht auf den Sturm als belebte Entität. Auch wenn dies metaphorisch geschieht, zeigt dies auf interessante Weise Denkmuster auf, die wir mit einem Sturm verbinden. Dabei werden folgende Punkte agonal behandelt: ›Hurrikan Sandy ist durch den Klimawandel verursacht‹ vs. ›Hurrikan Sandy ist nicht durch den Klimawandel verursacht‹ (5.3.4.1), ›die Klimapolitik wird sich nach Hurrikan Sandy ändern‹ vs. ›die Klimapolitik wird sich nach Hurrikan Sandy nicht ändern‹ (5.3.4.2), ›man kann Naturkatastrophen wie den Hurrikan Sandy vorhersagen und sich schützen‹ (5.3.4.3) vs. ›man kann Naturkatastrophen wie den Hurrikan Sandy nicht zuverlässig vorhersagen und sich schützen‹ und das Naturverständnis an sich (5.3.4.4).

5.3.4.1 Agonale Thematisierung eines möglichen Zusammenhangs mit dem Klimawandel: ›Hurrikan Sandy ist durch den Klimawandel verursacht‹ vs. ›Hurrikan Sandy ist nicht durch den Klimawandel verursacht‹

Hierbei relevante Agonalitätsindikatoren: vor allem AGONALITÄT DER NEGATION, AGONALITÄT VON SCHEIN UND SEIN

Wie auch im Frackingdiskurs ist in den Hurrikan-Korpora *climate change* ein häufiges Cluster, ebenso *Klimawandel* als Kompositum im deutschen Korpus (dort weniger im Frackingkorpus, während der Klimawandel im UK-Frackingkorpus eine sehr wichtige Rolle spielt). Das Narrativ um den Klimawandel wird folglich in beiden Fällen häufig und in agonalen Kontexten evoziert (s. Tabelle 16 in Kapitel 5.2). Hier geht es vor allem darum, ob und wie viel der Klimawandel mit der Entstehung des Sturms und mit seinem Ausmaß zu tun hatte. Inwieweit Klimawandel überhaupt existiert, wird vor allem in US-amerikanischen Medien agonal thematisiert, in denen das Kompositum insgesamt, wie in Tabelle 16 zu sehen war, nicht so häufig auftritt.

Dass Hurrikan Sandy durch den Klimawandel an sich verursacht wurde, wird eher negiert (AGONALITÄT DER NEGATION).[132] Jedoch wird von Seiten der Klimaschützer vor allem postuliert, dass das Ausmaß des Sturms (s. Kapitel 5.3.1) ohne den Klimawandel nicht so extrem gewesen wäre. Die Klimaveränderung hätte damit einen ohnehin entstandenen Sturm drastisch verschärft:

> (H156) So, freak storm or climate change? [Absatz] The answer is unknowable. No individual weather event can be conclusively linked to man-made climate change. Scientists also say global warming is more likely to intensify disasters than to cause them. So a logical conclusion is that Sandy would have happened with or without climate change, but **that extra heat and humidity fed its strength**. (USA Today, 31.10.2012, leichte Formatanpassung)
> (H157) The **ferocity** of Hurricane Sandy is directly linked to climate change. Man-made global warming has increased the temperature of the sea surface around the world. This leads to Hurricane Sandy having more energy to suck up and in turn becoming more ferocious. (independent.co.uk, 31.10.2012, Leserbrief)
> (H158) These documented impacts all effect [sic!] the strength, scale, and direction of Hurricane Sandy. No one is saying that a Hurricane Sandy would not have happened if not

---

132 So kommt etwa im US-Hurrikankorpus mit dem Ausdruck *climate change* 108mal *not* vor (10 Wörter links bzw. rechts, T-Score ≈9,78). Die Belege verweisen vielfach auf Negation des Klimawandels oder Negation eines direkten Zusammenhangs mit dem vorliegenden Naturereignis.

for climate change. But I believe there is little doubt that the **record-breaking scale and potential destructiveness** of Sandy is due in large part to the amplifying effects of warmer ocean temperatures, higher atmospheric moisture content, and unusual Arctic weather patterns. (New York Times Blogs, 30.10.2012)

In allen drei Zitaten wird das Ausmaß betont (mit *strength* in (H156), *ferocity* in (H157) und *record-breaking scale and potential destructiveness* in (H158)). Dieses wird vor allem mit dem Klimawandel in Verbindung gebracht. Wenn der Zusammenhang zwischen Klimawandel und Sturm bezweifelt wird, geschieht dies entweder mit Verweis auf die unzureichende Wissenslage (H156) oder mit der Einstellung, dass die Existenz des Klimawandels nicht bestätigt sei. Der Hurrikan erscheint dann als besonders starker Sturm in einer Tradition heftiger Naturereignisse, die es immer schon gegeben habe. Gerade in den USA wird die Existenz des Klimawandels agonal thematisiert. Es scheint sich also im Hinblick auf die Ursachen um einen Diskurs mit nicht gesichertem, umstrittenem Wissen zu handeln. Beispiele für die Diskussion finden sich im Folgenden:

(H159) Your editorial begins, "We do not know if climate change had a thing to do with Hurricane Sandy's bizarre and devastating track through the Northeast." Rest assured it **did not.** (Tampa Tribune, 5.11.2012, Leserbrief)
(H160) The idea that human emissions will cause dangerous climate change is merely **a hypothesis**, one that looks increasingly improbable as science advances. (The Daily Oklahoman, 1.6.2013, Leserbrief)
(H161) Ausgerechnet das Land, in dem der Klimawandel vielfach noch als **Hirngespinst** belächelt wird, war 2012 wie kein anderes von wetterbedingten Naturkatastrophen betroffen. Erst verwandelte eine Dürre die Kornkammer der USA in Staub, dann verwüstete der Hurrikan „Sandy" New York. (Berliner Zeitung, 4.1.2013)
(H162) **Niemand kann mit Sicherheit beurteilen**, ob der Megahurrikan „Sandy" oder zumindest seine Ausmaße bereits eine Folge des Klimawandel [sic!] sind. „Sandy" dürfte zwar als bisher größter tropischer Sturm – mit der unfassbaren Ausdehnung von 3 000 Kilometern – in die Geschichte eingehen. Zudem gibt es Hinweise darauf, dass das fortschreitende Schmelzen des Nordpol-Eises über Einflüsse auf die Wetterfronten-Systeme seine ungewöhnliche Zugbahn beeinflusst haben könnte. [Absatz] Trotzdem gilt: New York sowie die gesamte Ostküste der USA erleben immer wieder Hurrikane. (Frankfurter Rundschau, 1.11.2012, leichte Formatanpassung)

Es wird vor allem mit Indikatoren der AGONALITÄT VON SCHEIN UND SEIN (*hypothesis*, *Hirngespinst*, Negation von *mit Sicherheit* in (H162)) darauf verwiesen, dass das Wissen in diesem Diskurs nicht gesichert ist. In (H161) wird ein solcher Zweifel an der Existenz des Klimawandels den USA zugesprochen; dies wird mit den massiven Naturereignissen kontrastiert.

Auch für die Betrachtung des Verhältnisses von Mensch und Natur sind diese Diskussionen um die Ursachen des Sturms hochgradig relevant. Menschen haben schon in der Antike und zuvor versucht, sich Naturphänomene zu erklären, sei es durch Zuschreibung göttlicher Macht (s. auch das Beispiel mit den Wettergöttern (H111)) oder später durch Versuche, die Natur wissenschaftlich zu erklären. Die wissenschaftliche Einordnung der Heftigkeit des Hurrikans als durch den Klimawandel begründet ist eine Auffassung, die im Raum steht, aber nicht von allen angenommen wird. Die ZEITLICHE GEGENÜBERSTELLUNG einer Welt vor dem Klimawandel und danach wird in Zweifel gezogen. Einzelne extreme Wetterereignisse auf einen klaren Grund zurückzuführen, der allen Diskursteilnehmern einleuchtet, erscheint auch in der Wissensgesellschaft des 21. Jahrhunderts schwierig.[133]

5.3.4.2 Mögliche Auswirkungen auf die Klimapolitik: ›Nach dem Hurrikan Sandy wird sich die Klimapolitik ändern‹ vs. ›Nach dem Hurrikan Sandy wird sich die Klimapolitik nicht ändern‹

Hierbei relevante Agonalitätsindikatoren: aus verschiedenen Dimensionen

Auf Grundlage der diskursiv umkämpften Ursachendiskussion wird auch über mögliche Folgen diskutiert. Während es gerade im Hinblick auf Städte wie New York einerseits um kurzfristige und konkrete Maßnahmen geht, wird andererseits allgemein über Möglichkeiten, dem Klimawandel entgegenzuwirken, gesprochen. Dies geht einher mit der Berichterstattung zur Klimakonferenz in Doha, die kurz nach dem Sturm stattfand, und zur Präsidentschaftswahl (s. Kapitel 5.3.2). Wie schon im Frackingdiskurs wird Obama tendenziell als Politiker eingestuft, der Umweltfragen breiten Raum einräumt; entsprechend hoch sind auch hier die Erwartungen, er solle sich – gerade nach einer solchen Naturkatastrophe – positionieren. Insgesamt klingt jedoch Skepsis an, auch was die Auswirkungen des Sturms insgesamt betrifft. Mit dem Hinweis auf frühere Stürme wird argumentiert, dass sich nach diesen Ereignissen politisch nichts geändert habe. Besonders in den deutschen Medien treten diese Fragen zutage:

(H163) Die Hoffnung währte kurz: Mit einigen sorgenvollen Sätzen zur Erderwärmung ließ US-Präsident Obama nach seiner Wiederwahl Klimaschützer aufhorchen. Doch beim Kli-

---

[133] Groh/Kempe/Mauelshagen (2003) verweisen auf Parallelen zwischen dem heutigen Klimawandeldiskurs und dem früheren theologischen Diskurs bei Naturkatastrophen, besonders was moralisierende Tendenzen betrifft.

magipfel in Doha spielen die USA die gewohnte **Blockiererrolle.** Der **Groll auf den Ex-Heiland** Obama wächst. (Spiegel Online, 5.12.2012)

(H164) US-Präsident Obama, so beklagen viele Umweltschützer, messe dem Thema keine Bedeutung bei. Nun hat sich Obama nach längerer Pause wieder mit dem Klima-Thema beschäftigt, bliebt [sic!] jedoch eher vage. (Spiegel Online, 15.11.2012)

Den USA wird insgesamt (s. Kapitel 5.3.4.1) eine skeptische und nicht sehr umweltfreundliche Haltung zugeschrieben. Zum kulturellen Stereotyp der Amerikaner gehört ein ablehnendes Verhalten, was den Glauben an den Klimawandel betrifft; dies wird kritisch von deutscher Seite aus thematisiert (*Blockiererrolle*, *Groll auf den Ex-Heiland*). Die Macht der USA wird immer wieder betont, aber diese Macht scheint sich wenig in Klimapolitik auszudrücken. Auch insgesamt wird das Treffen in Doha kritisiert, etwa wegen der Ausrichtung im nicht sehr klimafreundlichen Energiestaat Katar oder wegen der allgemein geringen Aufmerksamkeit für das Ereignis.

Insgesamt zeigt sich, dass der Klimawandel und Wege, mit ihm umzugehen, agonal diskutiert werden. Es wird jedoch eher auf einer Metaebene diskutiert, wer sich maßgeblich an dieser Diskussion beteiligt und wer nicht. Auch hier kommt es darauf an, ob man den Klimawandel als Mythos oder als gesichertes Wissen betrachtet.

5.3.4.3 Naturkatastrophen und Vorhersehbarkeit: ›Man kann Naturkatastrophen wie den Hurrikan Sandy vorhersagen und sich schützen‹ vs. ›Man kann Naturkatastrophen wie den Hurrikan Sandy nicht zuverlässig vorhersagen und sich schützen‹

Hierbei relevante Agonalitätsindikatoren: aus verschiedenen Dimensionen

Neben den großen klimapolitischen Diskussionen geht es um konkrete Möglichkeiten, sich vor den Gewalten der Natur zu schützen. Dies setzt voraus, dass die Natur hier als mächtige Entität aufgefasst wird, welcher der Mensch nur wenig entgegenzusetzen hat. Dazu gehören z.B. deichartige Barrieren in New York, die kontrovers diskutiert werden:

(H165) Computer simulations indicate that hard barriers, which have worked elsewhere around the world, would do a good job of shielding New York neighborhoods behind them. [Absatz] **But** they'd actually make flooding worse just outside the barriers, where surging waters would pile up with nowhere to go. (Mail Online, 25.11.2012)

(H166) Deputy Mayor Cas Holloway said **no specific measures** – whether more wetlands, higher seawalls or harbor barriers – **have been ruled out** because 'there's no one-size-fits-all solution.' (Mail Online, 25.11.2012, leichte Formatanpassung)

Barrieren zum Schutz werden wegen ihrer Nebenwirkungen (in (H165) mit *but* gegenübergestellt) für andere Gebiete kritisiert, doch auch weitere Möglichkeiten werden debattiert. Es existieren also verschiedene Möglichkeiten, einer Naturkatastrophe Einhalt zu gebieten. Für das Verhältnis von Mensch und Natur bedeutet dies, dass die Natur als Gefahr betrachtet wird, die es aufzuhalten gilt, was aber ohne Schwierigkeiten nicht möglich zu sein scheint.

Auch die Frage der Vorhersehbarkeit kommt auf. Abgesehen von den oben genannten Diskussionen um die Entwicklung des globalen Klimas wird über meteorologische Modelle gesprochen. Europäische Modelle sagten dabei Hurrikan Sandy teilweise korrekt voraus, während die amerikanischen Modelle einen anderen Verlauf vorhersagten. Insgesamt zeigt sich aber schon wie in den Diskussionen um Hurrikan Sandys Ausmaß und an der Unsicherheit, ob sich zwei oder drei Stürme hier zu einem vereinigen, dass die Vorhersagbarkeit von Naturereignissen begrenzt scheint. Einerseits werden also Versuche unternommen, Naturereignisse vorherzusagen und kurzfristige Maßnahmen (Evakuierung) und langfristige Strategien (Barrieren etc.) zu entwickeln. Andererseits sind die Maßnahmen umstritten und das Wissen über den Verlauf eines Hurrikans ist trotz aller Messdaten und Modelle immer noch gering. Der Natur wohnt also nach wie vor ein unberechenbares Element inne. Dies wird auch im nächsten, abschließenden Abschnitt zum Naturverständnis in der Berichterstattung zu Hurrikan Sandy eine Rolle spielen.

5.3.4.4 Schön, gefährlich, belebt, unbelebt? Naturkonzepte im diskursiven Wettstreit

Verschiedene Naturkonzepte kommen in diesem Diskurs zum Ausdruck, die zusätzlich auf einer Meta-Ebene kommentiert werden. Dies geschieht nicht immer in agonaler Form, soll jedoch trotzdem in diesem letzten Analysepunkt resümierend thematisiert werden, da dieser in direktem Zusammenhang mit dem Hintergrund der ausgewählten Diskurse, dem Verhältnis von Mensch und Natur, steht. Das Verhältnis von Mensch und Natur wird bei der Berichterstattung zum Hurrikan wesentlich expliziter thematisiert als beim Thema Fracking, weshalb es hier gesondert aufgegriffen wird.

Wie im Frackingdiskurs wird die Natur in diesen Korpora als schwer berechenbar perspektiviert. In Kapitel 5.3.4.3 konnte gezeigt werden, dass es durchaus Versuche gibt, Naturkatastrophen vorherzusagen, diese Berechnungen aber immer einen Rest Unsicherheit beinhalten. Im Frackingdiskurs bezieht sich diese Unsicherheit auf die erneuerbaren Energiequellen und wird als Argument gegen Windenergie etc. verwendet. Hier zeigt sich die Unberechenbarkeit in der Diskussion um das Ausmaß des Sturms (s. 5.3.1), das erst unterschätzt wurde.

Hurrikans werden mit menschlichen Namen wie Sandy benannt, was die unberechenbare Natur greifbar macht und hilft, Naturereignisse voneinander zu unterscheiden. Dies geschieht zumeist ohne weiteren Kommentar und ohne Distanzierungsmarker, wie etwa im folgenden Beispiel:

> (H167) „Eigentlich wollte Sandy nur einen Kurzurlaub einlegen", scherzt eine Frau in einem Supermarkt, „wenn sie aber ihre Meinung ändert und länger bleiben will, dann sollte man sich darauf einstellen." (Euro-News, 24.10.2012)

In diesem Zitat einer Frau aus Jamaika wird die menschliche Benennung zu einer weiteren Personalisierung ausgestaltet. Die Metaphorik wird ausgebaut: Sandy ist hier eine Urlauberin mit eigener Meinung, die ihren *Kurzurlaub* plant, keine unbelebte Natur ohne sinnvolle Überlegung.

Teilweise wird diese Tendenz zur Namensgebung aber auch kommentiert, als Versuch, Naturereignisse zu personalisieren:

> (H168) Seit 1953 tragen Hurrikane Namen – anfangs nur weibliche, ab 1979 abwechselnd Jungen- und Mädchennamen. Das machte es den Zeitgenossen auch hierzulande leicht, einige besonders folgenreiche Wirbelstürme fest im Gedächtnis zu verankern. (Welt Online, 3.11.2012, leichte Formatanpassung)
>
> (H169) A catastrophic storm has no feelings, no fury, no compassion and certainly no political position. Hurricanes **may sound** like bridge partners at the Boca community center – Sandy, Irene and Katrina – until they land and **become monsters**. The mistake, perhaps, is trying to anthropomorphize them. (New York Times Blogs, 1.11.2012, leichte Formatanpassung)

Es geht folglich darum, den Sturm zu charakterisieren und ihn kenntlich und greifbar zu machen. In (H169) wird diese Tendenz als verharmlosend kritisiert. Den Stürmen werden vielmehr monströse Eigenschaften zugeschrieben. Dies passt zur oben geschilderten Bezeichnung als „Frankenstorm", einer monströsen Kreatur (s. Kapitel 5.3.1.1). Auch dies wird auf einer Metaebene kommentiert und mit dem Klimawandel verbunden: Der Mensch hat in dieser Darstellung das Monster selbst erschaffen, indem er das Klima so stark verändert hat. Mary Shelleys Roman erscheint geradezu als Grundnarrativ unseres menschlichen schuldhaften Handelns. Dieser Darstellung, dass der Mensch quasi die Quittung für sein Handeln erhält, wird aber auch widersprochen:

> (H170) So what is the climate "saying" to us? Basically that we have been bad, greedy, so obsessed with development and growth that we have let our planet fall into disrepair. In a

video commentary that eerily echoes those issued by Christian cranks in the wake of every natural disaster, the influential American green Bill McKibben declares, "It's really important that everybody, even those who aren't in the kind of path of this storm, reflect about what it means... We really, finally need to have this reckoning – either the fossil fuel industry keeps pouring carbon into the atmosphere and we keep seeing this kind of event, or we take some action." The idea that a storm "means" something, that it has sentience, ideas, purpose, something for us to reflect on, is as **daft** when it is dressed up in green-leaning lingo as it is when it's dolled up in Biblical nonsense. What McKibben is really saying is that mankind must reflect on his behaviour and change it. No, not by having less gay sex, but by stopping being so greedy. (telegraph.co.uk, 30.10.2012, leichte Formatanpassung)

In (H170) wird die Vermenschlichung des Sturms und die Sinnzuschreibung kritisiert (siehe z.B. *daft*), egal ob aus religiöser oder umweltbewusster Perspektive. Der zugeschriebenen Botschaft ›Naturkatastrophen bedeuten, dass wir uns anders verhalten, d.h. nachhaltiger leben sollen‹ steht agonal gegenüber, dass Naturkatastrophen keine tiefere Bedeutung besitzen. Sinnerklärungen beinhalten teils Ausdrücke wie *Mother Nature* oder *Gaia*, die menschliche Rollen und Namen weiterführen, aber auch göttliche Konnotationen besitzen.[134]

Der Mensch wird insgesamt zwar als möglicher Verursacher des Sturms perspektiviert, doch auch als relativ hilflos gegenüber der Kraft der Natur. Politik und Gesellschaft werden, wie oben geschildert, förmlich durcheinander gewirbelt. Fragen des Zusammenlebens, des richtigen Verhaltens in Ausnahmesituationen und der Relevanz politischer Grabenkämpfe treten in den Vordergrund. Dies wird teilweise explizit kommentiert, was die folgenden Zitate verdeutlichen sollen:

(H171) For all those left homeless, for all those left scared and frightened, there is an enormous lesson from this hurricane – mother nature will do what she wants, when she wants. (Daily Mirror, 31.10.2012, leichte Formatanpassung)
(H172) America, most sophisticated of nations, is powerless in the face of nature's **fury**. There is a lesson for us all here. You can never plan for all contingencies. As the old saying goes, "Man proposes, God disposes". (Scottish Express, 30.10.2012)

---

[134] Die Relevanz, die konkrete Bezeichnungen für Objekte in der Natur besitzen, und die Zusammenhänge mit Naturkonzepten verdeutlicht auch Carbaugh (2001). Chawla (2001) sieht technisierte Sprache als Ursache, warum Natur nicht holistisch wahrgenommen wird, während Schultz (2001, 109f.) vor allem kommerzielle Konzeptualisierungen von Natur kritisiert. Penman (2001) zeigt, wie unterschiedliche Sprachverwendungen und Konzeptualisierungen des Mensch-Natur-Verhältnisses zu Kommunikationsschwierigkeiten zwischen Farmern und Umweltschützern führen können. Zu unterschiedlichen Naturkonzepten siehe auch Meyer-Abich (2007, 18f.) und zusammenfassend Kapitel 7.4.

Die Macht der Natur wird hier der ungewohnten Ohnmacht des Menschen gegenübergestellt. In einer hochtechnisierten Welt ist es ungewöhnlich und spannend zu sehen, dass nicht alles geplant werden kann. In (H171) wird dies auf eine anthropomorphisierte Natur (*mother nature*) zurückgeführt, eine Haltung, die in (H170) kritisiert wurde. Der Natur wird Handeln zugeschrieben, sogar Emotion (*fury* in H172); sie nimmt eine aktive Rolle ein, anders als im Frackingdiskurs, und erteilt Lektionen. Die Kommentare und Belege sind dabei in allen drei Subkorpora ähnlich. Der Mensch betrachtet sich in dieser Darstellung nicht als Teil der Natur. Vielmehr versucht er, sich die Natur mit Personalisierungen von Naturereignissen wie Namensgebung ähnlich zu machen und sie als menschlich und damit verstehbar zu perspektivieren. Damit wird Natur metaphorisch in agonale Konflikte eingebunden. Einer personalisierten Entität kann zudem die Schuld am Ereignis zugewiesen werden; der Sturm kann als der Schuldige ausgemacht werden, nicht etwa der Mensch selbst.

Selten wird darauf verwiesen, dass auch die belebte nichtmenschliche Natur selbst von der Natur getroffen wird, etwa indem Bäume entwurzelt werden oder Tiere getötet werden, z.B.:

> (H173) Over the coming months, hunters and hikers will certainly find evidence of Sandy's wrath. It may take time, **but** wildlife populations almost always **rebound and recover**. (Pittsburgh Post Gazette, 4.11.2012)
>
> (H174) My walk does not feel as therapeutic or serene as it usually does. How could it? The storm's devastation is inescapable. If I glance toward where the beach walls once stood, I see rubble. The once-stately homes along the beach now hang like cardboard boxes. [Absatz] I feel a terrible sadness, and so I will myself to look only at the ocean, to concentrate on the rhythmic beauty of the waves – and how in spite of everything it still feels like my **old, dear friend.** (New York Times, 28.1.2013, leichte Formatanpassung)

In (H173) wird auf die Selbstheilungskräfte der Natur verwiesen. Wie schon in der Einleitung erwähnt, sind Naturkatastrophen immer menschliche Katastrophen; die Natur selbst wird als regenerationsfähig dargestellt. In (H174) wird die Natur, speziell das Meer, aus einer persönlichen Perspektive anthropomorphisiert, hier als *old, dear friend*. Das Naturverständnis, das sonst von einer schönen und geradezu heilsamen Vorstellung geprägt ist, wurde durch den Sturm erschüttert, doch das Narrativ der freundlichen und schönen Natur wird hier – drei Monate nach der Naturkatastrophe – wieder aufgegriffen.

5.3.4.5 Kurzzusammenfassung: Agonale Thematisierungen von Natur

Insgesamt wird die Natur als massiv und übermächtig im Katastrophendiskurs geschildert. Der Mensch steht ihr relativ hilflos, aber möglicherweise auch schuldig gegenüber. Gleichzeitig wird trotz dieser Gegenüberstellung von

Mensch und Natur versucht, der Natur etwas Menschliches zuzuschreiben, was sich bereits in der Namensgebung für Naturkatastrophen zeigt, oder in religiös anmutenden Bildern wie von „Mutter Natur". Narrative, die der Natur menschliche Züge zuschreiben und versuchen, Naturereignisse zu erklären, mögen heute verwissenschaftlicht auftreten (etwa im Verweis auf die Klimawandeldiskussion) – letztlich bleiben die sprachlichen Sinnzuschreibungen jedoch erstaunlich ähnlich, insbesondere im Angesicht von Katastrophen, die den technischen Fortschritt vergessen machen (vgl. zur Glaubensmetaphorik in technischen Diskursen auch Schwegler in Vorb.).

5.3.5 Zusammenfassung: Charakterisierung der Agonalität in den Korpora zum Thema Hurrikan Sandy

Die Analyse zeigt, wie viele Erkenntnisse über einen Diskurs sich aus dem Fokus auf Agonalität mithilfe der in Kapitel 4 eruierten Indikatoren gewinnen lassen. Die agonalen Thematisierungen im Mediendiskurs um Hurrikan Sandy erweisen sich mit Blick auf die amerikanischen, britischen und deutschen Medien als relativ homogen. Anders als beim Thema Fracking betrifft das Thema Hurrikan Sandy vor allem eine der drei Nationen: die USA. Der Blickwinkel in den Korpora mit Texten aus dem Vereinigten Königreich und Deutschland ist notwendigerweise eine Außenperspektive, die von der Berichterstattung aus den USA beeinflusst ist. Auffällig sind Unterschiede in der Thematisierung vor allem, wenn es um den Klimawandel und die Klimakonferenz in Doha geht: Ob der Klimawandel ein wichtiges Thema oder überhaupt real ist, wird unterschiedlich bewertet.

Agonal thematisiert wird unter anderem das Ausmaß des Sturms. Dabei gibt es insbesondere zu Beginn des Sturms unterschiedliche Einschätzungen, wie stark der Sturm ist; dies zeigt die (auch sprachlich) schwierige Einschätzung des vorliegenden Naturereignisses. Besonders auffällig ist der Wunsch nach einem konkreten Vergleich zur Einordnung des Ausmaßes. Vor allem Hurrikan Irene und Hurrikan Katrina werden dem aktuellen Sturm agonal gegenübergestellt. Entscheidungen für oder gegen Evakuierungsausmaßen hängen eng mit der Bewertung des Ausmaßes dieses Hurrikans zusammen.

Auf politischer Ebene wird vor allem die anstehende Präsidentschaftswahl als institutionalisierter agonaler Konflikt thematisiert. Der Einfluss des Sturms auf diese Wahl wird unterschiedlich perspektiviert. Auch die Frage nach dem angemessenen Verhalten eines Politikers wird agonal thematisiert, vor allem in der Erinnerung an das als negativ empfundene Verhalten des ehemaligen US-

Präsidenten George W. Bush. Die Politik wird zwar im Rahmen der AGONALITÄT DER RELEVANZKONKURRENZ als weniger wichtig eingestuft; gleichzeitig zeigen aber die häufigen Nennungen politischer Akteure und die verzweigten agonalen Diskussionen, dass die politischen Themen nach wie vor eine wichtige Rolle spielen.

In Bezug auf die Gesellschaft werden in der Berichterstattung vor allem die Dichotomie zwischen dem Sturm, der keinen bewussten Unterschied zwischen verschiedenen Orten und Gesellschaftsschichten macht, und die gesellschaftlichen Unterschiede, die vor der Katastrophe vorhanden sind, agonal thematisiert. Letztere werden durch die Naturkatastrophe noch verstärkt: Wer weniger besitzt, kann sich schlechter schützen, vielleicht auch nicht evakuieren und wird noch stärker vom Sturm getroffen als andere. Gesellschaftliche Stereotype des US-Amerikaners und speziell des New Yorkers als besonders resistent gegen Katastrophen werden in deutschen und britischen Medien dargestellt. Die Rolle insbesondere der neuen Medien wird am Rande des Diskurses kritisch gestreift.

Die Natur wird stark personalisiert dargestellt; dies gilt insbesondere für den Hurrikan selbst. Die Diskussion um Ursachen stellt infrage, was man über die Welt und die Natur wissen kann und wie man danach handeln sollte. Dem bedrohlichen Bild der Natur steht vereinzelt ein idyllischeres Bild gegenüber, wie es auch schon im Frackingdiskurs skizziert wurde.

Trotz aller Relevanz, die dem Sturm auch mithilfe von Indikatoren der AGONALITÄT DER RELEVANZKONKURRENZ zugeschrieben wird, entsteht der Eindruck eines störenden Elements, dessen Einfluss für den Moment zwar sehr groß ist, das aber keinen langanhaltenden Eindruck hinterlässt, anders als etwa Hurrikan Katrina. Der Status quo scheint schnell wieder erreicht zu sein, sowohl im Hinblick auf die Wirtschaft als auch in Bezug auf die Klimapolitik. Der Natur kommt in diesem Mediendiskurs folglich die Rolle eines „Störenfrieds" zu, der aber bewältigt wird und sich wieder der Macht des Menschen unterordnet.

In Tabelle 26 in Kapitel 5.4 (S. 300) werden die agonalen Zentren zusammengefasst.

5.3.6 Dimensionen der Agonalität: Unterschiede und Gemeinsamkeiten

Wie schon für den Mediendiskurs um Fracking wurden bei der Analyse der Hurrikankorpora die in Kapitel 4 eruierten Indikatoren betrachtet und Dimension für Dimension, Korpus für Korpus analysiert. Wie zuvor soll an dieser Stelle resümierend betrachtet werden, welche Dimensionen welche agonalen Zentren besonders perspektivieren.

1) AGONALITÄT DER EXPLIZITEN GEGENÜBERSTELLUNG

Wie schon im Frackingkorpus zeigt sich, dass die Indikatoren der AGONALITÄT DER EXPLIZITEN GEGENÜBERSTELLUNG in verschiedensten Kontexten gebraucht werden und damit einen guten Einstieg in Diskurse bieten, bevor sich in den anderen Dimensionen eher qualitative Untersuchungen anschließen. Betrachtet man quantitativ und qualitativ die Konfliktfelder, zeigen sich viele der hier analysierten agonalen Aspekte wie die Präsidentschaftswahl, die Diskussion um den Marathon oder auch die Debatte um den möglichen Zusammenhang mit dem Klimawandel.

2) AGONALITÄT DER ZEITLICHEN GEGENÜBERSTELLUNG

Die AGONALITÄT DER ZEITLICHEN GEGENÜBERSTELLUNG verdeutlicht zunächst einmal die Ausnahmesituation angesichts des Hurrikans, etwa wenn politische Kontrahenten plötzlich zusammenarbeiten. Andere Aspekte, die agonal im Hinblick auf die zeitliche Veränderung gegenübergestellt werden, sind Vergleiche zwischen Hurrikan Katrina, Hurrikan Irene und Hurrikan Sandy. Dabei wird deutlich, wie stark sich Hurrikan Katrina in das kulturelle Gedächtnis der USA als Vergleichspunkt von extremem Ausmaß eingegraben hat. Die AGONALITÄT DER ZEITLICHEN GEGENÜBERSTELLUNG zeigt sich auch im Vergleich zwischen dem Enthusiasmus für Barack Obama bei der Wahl vier Jahre zuvor und der ernüchtert wirkenden Darstellung im Jahr 2012.

3) AGONALITÄT DER RELEVANZKONKURRENZ

Die Indikatoren der AGONALITÄT DER RELEVANZKONKURRENZ verweisen vor allem auf die agonale Diskussion darüber, wie groß das Ausmaß des Hurrikans (auch im Vergleich mit Hurrikan Katrina) ist. Gleichzeitig zeigt sich die Bedeutung des Sturms, wenn er mit diesen Indikatoren gegenüber der Wahl oder verschiedenen Sportereignissen relevant gesetzt wird.

4) AGONALITÄT DER (NEGATIVEN) WERTUNG

Die Wertungen beziehen sich hier vor allem auf die Diskussionen um den republikanischen Politiker Chris Christie, der mit seiner sehr positiven Wertung des amerikanischen Präsidenten auffällt und dafür teilweise kritisiert wird. Sehr NEGATIVE WERTUNGEN beziehen sich teilweise auch auf den Marathon durch New

York, der erst nach vielen solcher Wertungsäußerungen kurzfristig abgesagt wird.

5) Agonalität der negativen Emotionen
Negative Emotionen wie Angst beziehen sich hier vor allem auf den Sturm selbst und verweisen auf sein großes Ausmaß. Doch es wird auch Ärger geäußert, etwa wenn es um als unpassend empfundene Äußerungen im Internet oder den Marathon durch New York geht. Insgesamt werden NEGATIVE EMOTIONEN, die mit einer NEGATIVEN WERTUNG einhergehen, hier vor allem bei als pietätlos empfundenem Verhalten geweckt. Es scheint klare implizite Regeln zu geben, wie man sich bei einem solchen Ereignis angemessen verhält; werden diese verletzt, wird dies agonal thematisiert. Emotionen werden teilweise auch dem Sturm selbst metaphorisch zugeschrieben.

6) Agonalität von Schein und Sein
Die AGONALITÄT VON SCHEIN UND SEIN spielt eine Rolle, wenn sich die beiden Präsidentschaftskandidaten gegenseitig der Lüge bezichtigen. Davon abgesehen wird deutlich, dass die Medien – insbesondere die neueren sozialen Medien – als nicht vertrauenswürdig betrachtet werden, vor allem nach einigen Meldungen, die sich als falsch erweisen. Der Diskurs um Hurrikan Sandy knüpft damit – vor allem in der Darstellung in den USA – an andere übergreifende Metadiskussionen wie jene um die Rolle der Medien an. Als nicht gesichertes Wissen gilt, besonders in den USA, der Klimawandel und sein möglicher Zusammenhang mit dem Sturm.

7) Agonalität der lexikalischen Gegenüberstellung
Die LEXIKALISCHE GEGENÜBERSTELLUNG kann wie schon beim Frackingdiskurs vor allem qualitativ analysiert werden. Sie verweist in diesem Diskurs vor allem auf gesellschaftliche Unterschiede, die vor allem im US-Korpus zutage treten, sowie auf geographische Unterschiede. Beides hängt eng miteinander zusammen, beispielsweise wenn *Brooklyn* und *Manhattan* zueinander kontrastiert werden: Die Bezirke New Yorks werden dabei in Konkurrenz gesetzt, wenn es darum geht, wer mehr Medienaufmerksamkeit und mehr staatliche Hilfe in der Katastrophensituation erhält.

8) AGONALITÄT DER EXTERNEN HANDLUNGSAUFFORDERUNG

Die AGONALITÄT DER EXTERNEN HANDLUNGSAUFFORDERUNG bezieht sich auf einer direkten Ebene vor allem auf Evakuierungsbefehle. Hier ergeben sich Konflikte zwischen den Wünschen der Menschen, von denen einige lieber in ihren Wohnungen bleiben möchten, und den Anordnungen der Regierung und der Gouverneure. Metaphorisch betrachtet wird der Sturm oft als Instanz perspektiviert, die Menschen und Institutionen wie z.B. die New Yorker Börse zu ungewünschten Handlungsweisen zwingt. Dies ist ein Anzeichen für die starke Personalisierung des Hurrikans.

9) AGONALITÄT DER ENTSCHEIDUNGSTHEMATISIERUNG

Die agonal thematisierten Entscheidungen beziehen sich vor allem auf die Präsidentschaftswahl, in der institutionalisiert eine Entscheidung zwischen zwei Kandidaten gefällt wird. Diese Entscheidung wird durch den Hurrikan Sandy durchbrochen und möglicherweise beeinflusst. Eine weitere agonal thematisierte Entscheidung betrifft den Marathon. Hier ergeben sich nahe Verbindungen zur AGONALITÄT DER (NEGATIVEN) WERTUNG und der NEGATIVEN EMOTIONEN.

10) BEENDEN DES AGONALEN ZUSTANDS

Indikatoren für das Beenden des agonalen Zustands finden sich vor allem im Zusammenhang mit ungewöhnlichen politischen Allianzen im Angesicht der Katastrophe, vor allem bei Chris Christie und Barack Obama. Dies schließt an die NEGATIVE WERTUNG an. Gleichzeitig wird das Überwinden von Differenzen teilweise auch als allgemeine gesellschaftliche Auswirkung des Sturms perspektiviert, während andere Belege die Teilung der Gesellschaft und egoistische Handlungsweisen betonen.

11) AGONALITÄT DER NICHT EINGETRETENEN OPTION

Mit der AGONALITÄT DER NICHT EINGETRETENEN OPTION wird vor allem im Vorfeld über das Potenzial des Sturms spekuliert. Auch Perspektivierungen, es hätte im Hinblick auf das Ausmaß noch schlimmer kommen können, werden hier dargestellt. Im deutschen Korpus wird auch die Nicht-Reaktion auf Klimaveränderungen als falsche Option erwähnt.

12) AGONALITÄT DER NEGATION

Wie die Indikatoren der AGONALITÄT EXPLIZITER GEGENÜBERSTELLUNG wird die NEGATION vielseitig eingesetzt, wie auch schon in den Frackingkorpora zu sehen war.

In der folgenden Tabelle werden die wichtigsten Ergebnisse in Bezug auf die einzelnen Dimensionen als Übersicht zusammengefasst.

Tabelle 24: Überblick über Dimensionen der Agonalität in den Hurrikankorpora

Dimension der Agonalität	Wichtigste Ergebnisse und Auffälligkeiten im Überblick
EXPLIZITE GEGENÜBERSTELLUNG	– Wie in den Frackingkorpora: verschiedene Gegenüberstellungen als erster Zugriff auf das Korpus
ZEITLICHE GEGENÜBERSTELLUNG	– Kontrastierung der Wahlen 2008 und 2012 – Kontrastierung der Hurrikans Katrina, Irene und Sandy
RELEVANZKONKURRENZ	– Der Sturm in Konkurrenz mit anderen Ereignissen (Wahl, Marathon...) – Konflikte zwischen verschiedenen Bevölkerungsgruppen und Regionen
(NEGATIVE) WERTUNG	– Negative Wertung des Marathons und einzelner Positionen
NEGATIVE EMOTIONEN	– Metaphorische Zuschreibungen für den Sturm – Ängste vor dem Sturm – Zorn wegen des Marathons und unpassenden Verhaltens on- und offline
SCHEIN UND SEIN	– Umstrittenes Wissen um den Klimawandel – Politiker bezichtigen sich gegenseitig der Lüge – Unsicheres Wissen in Medien
LEXIKALISCHE GEGENÜBERSTELLUNG	– Kontraste zwischen Gesellschaftsschichten und Orten
EXTERNE HANDLUNGSAUFFORDERUNG	– Aufforderung zur Evakuierung – Metaphorisch: dem Sturm wird Durchkreuzung von Plänen zugeschrieben, Personalisierung
ENTSCHEIDUNGSTHEMATISIERUNG	– Entscheidung bei der Wahl – Konflikt um den Marathon
BEENDEN DES AGONALEN ZUSTANDS	– Gesellschaftliche und politische Ausnahmesituation: Konflikte werden überwunden

Dimension der Agonalität	Wichtigste Ergebnisse und Auffälligkeiten im Überblick
NICHT EINGETRETENE OPTION	– Potenzial des Sturms wird erwogen – Konsequenzen werden diskutiert
NEGATION	– Breite Anwendung der Indikatoren

Im Folgenden sollen nun die Ergebnisse im Kultur- und Sprachvergleich betrachtet und zusammengefasst werden.

5.4 Analysefazit (Teil 1): Kultur- und Sprachvergleich der Agonalität

Nachdem in Kapitel 4 ein breites Repertoire von Agonalitätsindikatoren aus Lexik und Grammatik des Deutschen und Englischen in verschiedenen Dimensionen erstellt wurde, soll nun ein Fazit gezogen werden, was die konkrete Gestaltung von Agonalität in den zwei untersuchten Diskursen in den Untersuchungssprachen betrifft. Zur Übersicht sollen die wichtigsten agonalen Zentren, die sich bei der Analyse der beiden Diskursthemen hier noch einmal tabellarisch rekapituliert werden:

Tabelle 25: Agonale Zentren in den Frackingkorpora

›Fracking gefährdet das Trinkwasser‹	›Bei korrekter Anwendung gefährdet Fracking das Trinkwasser nicht‹
›Fracking gefährdet Mineral- und Brauwasser‹	›Fracking gefährdet Mineral- und Brauwasser nicht‹
›Fracking verursacht Erdbeben‹	›Fracking verursacht keine Erdbeben‹[135]
›Fracking beeinflusst den Klimawandel negativ‹	›Fracking beeinflusst den Klimawandel positiv‹
›Umweltschützer sind eine nicht ernstzunehmende oder schädliche Akteursgruppe‹	›Umweltschützer sind eine wichtige Akteursgruppe‹
›Fracking ist besser als erneuerbare Energien‹	›Erneuerbare Energien sind besser als Fracking‹
›Natur sollte man nutzen‹	›Natur ist schön, idyllisch und damit in ihrem Urzustand bewahrenswert‹

---

[135] Dieses agonale Zentrum ist besonders für das UK-Korpus spezifisch.

›Fracking sollte erlaubt werden‹	›Fracking sollte nur unter bestimmten Auflagen/nach eingehenden Prüfungen erlaubt werden‹	›Fracking sollte nicht erlaubt werden‹
›Obamas Politik ist zu umweltfreundlich‹		›Obamas Politik ist nicht umweltfreundlich genug‹
›Wirtschaft ist relevanter als Umwelt‹		›Umwelt ist relevanter als Wirtschaft‹
›Fracking kurbelt die Wirtschaft in großem Ausmaß an‹		›Das wirtschaftliche Potenzial von Fracking ist nicht so groß wie behauptet‹
›Die geschaffenen Arbeitsplätze haben Priorität‹[136]		›Umwelt und Gesundheit haben Priorität‹
›Fracking ist eine altbewährte Technologie‹		›Fracking ist neu und noch nicht gut getestet‹
›Energieunabhängigkeit ist wichtig‹		›Klimawandel verhindern ist wichtig‹
›Polen kann energieunabhängig werden‹		›Polen kann nicht energieunabhängig werden‹
›Fracking hat positive gesellschaftliche Effekte‹		›Fracking hat negative gesellschaftliche Effekte‹
›Windkraft stört mehr als Fracking‹		›Fracking stört mehr als Windkraft‹
›Die Darstellungen in der Dokumentation „Gasland" entsprechen nicht der Wahrheit‹		›Die Darstellungen in der Dokumentation „Gasland" entsprechen der Wahrheit‹
›Der Film „Promised Land" ist ein schlecht gemachter Film über Fracking‹		›Der Film „Promised Land" ist ein gut gemachter Film über Fracking‹
›Fracking senkt die Stromrechnungen‹		›Fracking senkt die Stromrechnungen nicht‹[137]

Tabelle 26: Agonale Zentren in den Hurrikankorpora

›Das vorliegende Naturereignis besitzt ein bedrohliches Ausmaß‹	›Das vorliegende Naturereignis besitzt nur ein schwaches Ausmaß‹
›Hurrikan Sandy war schlimmer als Hurrikan Katrina‹	›Hurrikan Katrina war schlimmer als Hurrikan Sandy‹
›New York und das Umland sollten vor dem Hurrikan Sandy evakuiert werden‹	›Eine Evakuierung New Yorks und des Umlands vor dem Hurrikan Sandy ist nicht notwendig‹
›Hurrikan Sandy hat langfristige wirtschaftliche Auswirkungen‹	›Hurrikan Sandy hat nur kurzfristige wirtschaftliche Auswirkungen‹
›Obama ist der bessere Präsidentschaftskandidat‹	›Romney ist der bessere Präsidentschaftskandidat‹

---

136 Dieses Konzept herrscht besonders im US-Korpus vor.
137 Dieses agonale Zentrum ist besonders für das UK-Korpus spezifisch.

›Der Sturm beeinflusst den Wahlverlauf auf entscheidende Weise‹	›Der Sturm beeinflusst den Wahlverlauf nicht auf entscheidende Weise‹
›Obama kann von Hurrikan Sandy politisch profitieren‹	›Obama kann von Hurrikan Sandy nicht politisch profitieren‹
›Von einer Naturkatastrophe profitiert immer der amtierende Präsident‹	›Bei falschem Verhalten profitiert der amtierende Präsident nicht unbedingt von einer Naturkatastrophe‹
›Sportliche Ereignisse wie der New York City Marathon sollen trotz des Sturms wie geplant stattfinden‹	›Sportliche Ereignisse wie der New York City Marathon sollten wegen des Sturms abgesagt werden‹
›Der Sturm trifft alle gleich‹	›Der Sturm trifft verschiedene Gesellschaftsschichten unterschiedlich‹
›Man sollte sich in der Medienberichterstattung vor allem nach Kriterien wie Ausmaß etc. richten‹	›Man sollte sich in der Medienberichterstattung vor allem nach dem vermuteten Interesse des Lesers richten‹
›Menschen halten bei Katastrophen zusammen‹	›Menschen halten bei Katastrophen nicht zusammen‹
›Chris Christie und Barack Obama sollten als politische Gegner agieren‹	›Chris Christie und Barack Obama sollten einander unterstützen‹

Alle sechs untersuchten Korpora weisen agonale Thematisierungen auf, die sich an der Sprachoberfläche festmachen lassen. Dabei ergeben sich gerade bei der Berichterstattung zum Hurrikan Sandy Ähnlichkeiten in den besonders relevanten Agonalitätszusammenhängen, den agonalen Zentren. Der US-Diskurs wirkt dabei als Ausgangsfolie, an die sich die anderen Korpora in ihrer Berichterstattung anlehnen. In der Außensicht der anderen Korpora zeigen sich aber auch Stereotype der Amerikaner.

Kulturspezifik im Sinne unterschiedlicher agonaler Zentren zeigt sich vor allem beim Thema Fracking, das alle hier untersuchten Länder betrifft und ihnen wirtschaftliche, umweltpolitische und gesellschaftliche Entscheidungen abfordert. Unterschiede ergeben sich etwa in der Thematisierung der Erdbeben, die im UK-Korpus stärker dominiert. Auffällig sind die sehr negativen persönlichen WERTUNGEN von Politikern in den englischsprachigen Korpora.

Interessant ist auch, dass die agonalen Zentren, die auf einer mittleren Abstraktionsebene[138] angesiedelt sind (vgl. Felder 2012), auf tiefere konfligierende Diskursrahmen verweisen. In diesen Diskursen betrifft das vor allem ›Umwelt‹ und ›Wirtschaft‹, die miteinander im Konflikt liegen. Außerdem geht es im Hinblick auf die Präsidentschaftswahl um Werte einer Gesellschaft, die diskursiv von den Politikern Obama und Romney in agonaler Kontrastierung verkörpert werden. Diese gesellschaftliche Spaltung der USA wird in allen sechs Subkorpora dargestellt, zieht sich also durch die Diskurse.[139]

Man kann folglich mit Blick auf Erscheinungsformen der Agonalität von drei Abstraktionsgraden ausgehen:

1) Agonalität als einzelne Vorkommen agonaler Gegenüberstellungen in Einzeltexten (niedrigste Abstraktionsebene)
Darunter fallen die verschiedensten Textstellen, an denen agonal mithilfe von Indikatoren auf der Sprachoberfläche Sachverhalte, Positionen oder Akteure gegenübergestellt werden. Diese können sich in verschiedenen Dimensionen der Agonalität wie in Kapitel 4 beschrieben äußern.

2) Agonale Zentren (mittlere Abstraktionsebene)
Agonale Zentren nach Felder sind handlungsleitende Konzepte, die miteinander im Wettstreit liegen (s. Kapitel 4.1); sie werden hier als zweite, bereits vom Analytiker stärker abstrahierte Ebene angenommen. Dazu gehören normalerweise mehrere Perspektivierungen dieser Agonalität in Texten oder auch zwischen Texten, in denen unterschiedliche Positionen vertreten werden. Dabei können in den konkreten Textvorkommen, die sich zu einem agonalen Zentrum bündeln lassen, verschiedene Dimensionen der Agonalität oder nur eine bestimmte eine Rolle spielen. Beispielsweise finden sich unterschiedliche Indikatoren bei den Textbelegen für das agonale Zentrum ›Chris Christie und Barack Obama sind politische Gegner‹ vs. ›Chris Christie und Barack Obama unterstützen einander‹, während beim agonalen Zentrum ›Sportliche Großereignisse wie der New York City Marathon sollten trotz des Sturms wie geplant stattfinden‹ vs. ›Sportliche Großereignisse wie der New York City Marathon sollten wegen des Sturms abgesagt werden‹ besonders viele Indikatoren aus den Dimensionen

---

138 Die Konzepte auf der mittleren Abstraktionsebene, die Felder (2012, 128) beschreibt, stellen eine Abstraktion von Einzeltexten dar, sind dabei aber konkreter als die sogenannten sortalen Konzepttypen wie Organismus, Ereignis etc., von denen Konerding (2007, 116f.) ausgeht.
139 Dies stimmt mit ähnlichen Verweisen in Potts (2013) überein.

AGONALITÄT DER ENTSCHEIDUNGSTHEMATISIERUNG und AGONALITÄT DER (NEGATIVEN) WERTUNG auf dieses agonale Zentrum verweisen.

3) Agonale Diskursrahmen (hohe Abstraktionsebene)
Auf einer noch abstrakteren Ebene können breitere Diskursrahmen miteinander konkurrieren. Dies betrifft z.B. gesellschaftliche Spaltungen oder Relevanzkonkurrenzen von Werten in einer Gesellschaft. Hierbei können auch Positionen konkurrieren, die die eng gefassten Diskursthemengebiete verlassen. In den hier vorliegenden Korpora konkurrieren vor allem die Diskursrahmen ›Umwelt‹ und ›Wirtschaft‹.

Betrachtet man diese drei Ebenen im Hinblick auf ihre Bedeutung im Sprachvergleich, ergibt sich folgendes Bild:

1) Sprachliche Betrachtung: Agonale Oberflächenindikatoren in konkreten Textstellen
Auf der Ebene der einzelnen Texte und Äußerungen kann man agonale sprachspezifische Gegenüberstellungen betrachten. Dabei zeigen sich sprachspezifische Einschreibungen von Agonalität in die Einzelsprachen, wie in Kapitel 4 herausgearbeitet werden konnte, z.B. in Form spezifischer Konstruktionen, grammatischer Perspektivierungen oder spezifischer lexikalischer Ausdrücke. Sie alle stehen im Kontext der Sprach- und Kulturgeschichte, in der sie sich jeweils herausgebildet haben.

2) Sprachliche Betrachtung: Agonale Zentren auf einer mittleren Abstraktionsebene
Die von den Einzeltextbelegen gespeisten agonalen Zentren können dann konkret im Kulturvergleich betrachtet werden. Sie können im Kulturvergleich ähnlich sein, aber auch kulturspezifische Eigenheiten aufweisen (etwa wenn bei der Trinkwassersicherheit in Deutschland noch das Brauwasser thematisiert wird).

3) Sprachliche Betrachtung: Agonale Diskursrahmen
Agonale Diskursrahmen werden hier als über den agonalen Zentren stehende Konkurrenzen von Diskursrahmen verstanden, die miteinander um Geltung ringen. Sie ähneln damit den Wissensrahmen nach D. Busse (2008) (s. auch Kapitel 2), beziehen sich aber weniger auf konkretes Wissen als auf breitere Konzepte, die eine Diskussion prägen. Hier ergibt sich im Kulturvergleich glei-

chermaßen ein Ringen um den Geltungsanspruch der konkurrierenden Diskursrahmen ›Umwelt‹ und ›Wirtschaft‹. In den deutschsprachigen Diskursen, zumindest beim Thema Fracking, scheint sich die Waage eher zum Diskursrahmen ›Umwelt‹ hinzuneigen, in den USA tendenziell eher zum Pol ›Wirtschaft‹. Diese Einschätzung müsste aber noch weiter diskursübergreifend betrachtet werden.[140]

Die drei Ebenen (noch unabhängig von den Dimensionen der Agonalität, die sich stärker auf den Inhalt beziehen und die in Kapitel 5.5 noch einmal aufgegriffen werden) sollen in der folgenden Abbildung verdeutlicht werden. Konkret finden sich in den Texten die einzelnen Agonalitätsindikatoren, die an einer bestimmten Textstelle Agonalität indizieren (Ebene 1). Auf der Ebene der Diskursanalyse abstrahiert der Analytiker agonale Zentren (Ebene 2). Diese lassen sich im Vergleich mit anderen agonalen Zentren, aber auch im Sprach- und Kulturvergleich auf agonale Rahmen abstrahieren, die als konfligierende Diskursrahmen fungieren (Ebene 3).

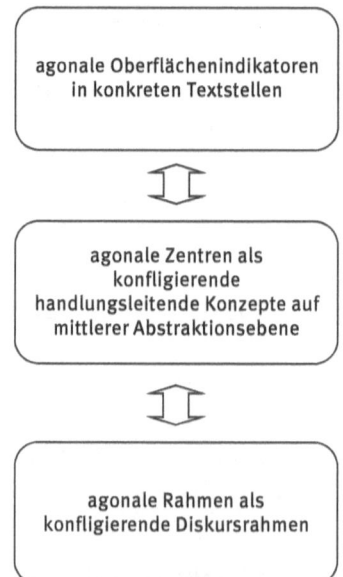

Abbildung 10: Ebenen der agonalen Darstellung

---

140 Vgl. im Kontrast dazu Schwegler (in Vorb.), die in ihrer Untersuchung von Nachhaltigkeitsberichten stärker den Diskursrahmen ›Wirtschaft‹ auch für den deutschen Diskurs um Umweltthemen als vorherrschend herausarbeitet.

Im Folgenden soll noch einmal genauer betrachtet werden, welche Dimensionen besonders hilfreich für die Analyse waren und welche sich für die vorliegenden Diskurse gruppieren lassen.

5.5 Analysefazit (Teil 2): Unterschiede und Affinitäten zwischen den Dimensionen

In Kapitel 4 wurden die Dimensionen der Agonalität herausgearbeitet. Nach der quantitativen und qualitativen Analyse der sechs Subkorpora im Hinblick auf Agonalität soll nun ein Fazit zu Unterschieden und Gemeinsamkeiten der Dimensionen gezogen werden.

Insgesamt ergeben sich aus der Analyse verschiedene Grade der Spezifik, was die Agonalität betrifft. Dies betrifft zum einen konkrete Indikatoren, zum anderen aber auch die Dimensionen selbst. Dabei lassen sich die Dimensionen in drei Gruppen einordnen:

1) Spezifitätsgrad 1

Die Dimensionen AGONALITÄT DER EXPLIZITEN GEGENÜBERSTELLUNG, AGONALITÄT DER NEGATION und AGONALITÄT DER LEXIKALISCHEN GEGENÜBERSTELLUNG verweisen mit ihren Indikatoren auf eine Vielzahl von agonalen Zusammenhängen. Sie sind auch in ihrer Benennung sehr allgemein gehalten. Gerade die adversativen und konzessiven Konnektoren in der Dimension AGONALITÄT DER EXPLIZITEN GEGENÜBERSTELLUNG sind im Deutschen und Englischen teilweise sehr häufig und eignen sich deshalb gut für einen ersten quantitativen Zugang zur Agonalität. Als Beispiel mag hier die Präposition *gegen* dienen: Im Diskurs um Hurrikan Sandy finden sich so verschiedene Cluster wie *gegen den Klimawandel, gegen Obama, gegen Bush* oder *gegen Hochwasser*. Sie geben erste Hinweise, dass Naturkonzepte und politische Akteure eine Rolle spielen könnten. Welche Konzepte hier miteinander um Geltung ringen, muss dann eine detailliertere Analyse verschiedener Konkordanzlinien oder anderer Dimensionen zeigen. Auch die NEGATION lässt sich leicht in großen Korpora suchen; die Indikatoren verweisen auf verschiedenste agonale Aspekte. Die LEXIKALISCHE GEGENÜBERSTELLUNG ist sehr spezifisch im Einzelfall zu betrachten, von ihrer prinzipiell allgemeinen Ausrichtung her passt sie aber auch in diese Gruppe.

2) Spezifitätsgrad 2

Vier Dimensionen weisen ein ebenfalls recht breites Spektrum agonaler Aspekte auf, die mit ihren Indikatoren evoziert werden, sind aber spezifischer als die zuvor genannten Dimensionen bei Spezifitätsgrad 1: die AGONALITÄT DER (NEGATIVEN) WERTUNG, DIE AGONALITÄT DER NEGATIVEN EMOTIONEN, DIE AGONALITÄT DER ZEITLICHEN GEGENÜBERSTELLUNG und die AGONALITÄT DER NICHT EINGETRETENEN OPTION. Wertung und Emotion liegen dabei oft nah beieinander, etwa wenn eine negative Wertung mit der Schilderung eines negativen Gefühls verbunden wird. Bei der ZEITLICHEN GEGENÜBERSTELLUNG sowie der NICHT EINGETRETENEN OPTION spielen zeitliche Abfolgen eine Rolle. Bei allen vier Dimensionen tritt folglich eine semantische Ebene hinzu (Wertung bzw. Zeitlichkeit), aber die Zusammenhänge sind immer noch sehr breit gefächert, wie die Analyse der Korpora zeigt: Das kann bei der NEGATIVEN WERTUNG etwa Politiker, Fracking, einen Film oder Verhaltensweisen im Angesicht einer Katastrophe betreffen.

3) Spezifitätsgrad 3

In einer dritten Gruppierung werden die AGONALITÄT DER RELEVANZKONKURRENZ, die AGONALITÄT VON SCHEIN UND SEIN, die AGONALITÄT DER EXTERNEN HANDLUNGSAUFFORDERUNG, die AGONALITÄT DER ENTSCHEIDUNGSTHEMATISIERUNG und das BEENDEN DES AGONALEN ZUSTANDS eingeordnet. Diese verweisen auf einer mittleren Abstraktionsebene oft schon recht konkret auf bestimmte Konzepte, die miteinander im Konflikt liegen, und sind etwas spezialisierter in ihrem Fokus. Sie sind sehr hilfreich als Orientierungspunkte, wenn es darum geht, aus dem ersten Schritt der AGONALITÄT DER EXPLIZITEN GEGENÜBERSTELLUNG heraus Hinweisen nachzugehen und genauer zu bestimmen, welche Aspekte agonal in einem Korpus verhandelt werden.

Selbstverständlich beziehen sich diese Gruppierungen der Dimensionen auf ungefähre Skalen. Im Einzelfall ist jede Verwendung eines Indikators konkret auf eine bestimmte Kontrastierung bezogen. Es geht vor allem darum, wie genau die Dimensionen schon in eine bestimmte semantische Richtung weisen, was die agonalen Zentren betrifft. In Abbildung 11 sollen die Gruppierungen noch einmal deutlich werden.

Insgesamt zeigt sich in der Analyse der Mehrwert der Herangehensweise über verschiedene Indikatoren in verschiedenen Dimensionen. Es gelingt, die Agonalität genauer und präziser zu beleuchten als über eine kleine Zahl von Konnektoren (s. Kapitel 4.3). Die Vielfalt agonal verhandelter Sachverhalte zeigt auf, wie zentral selbst in ganz verschiedenen Diskursen die Aushandlung agonaler Sachverhalte ist und wie relevant Agonalität für unsere diskursiven Aushandlungen ist.

Analysefazit (Teil 2): Unterschiede und Affinitäten zwischen den Dimensionen

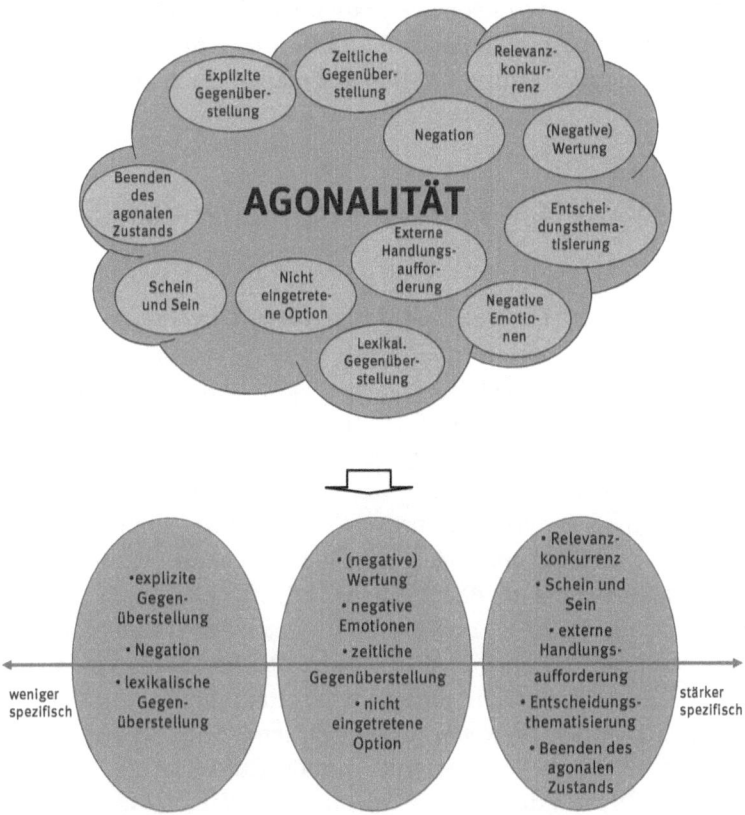

Abbildung 11: Dimensionen der Agonalität und Skala der Spezifik

Diese Arbeit fokussiert auf Pressetexte im Deutschen und Englischen und dabei vor allem auf die rein sprachliche Ebene. In zwei Exkursen soll in Kapitel 6 ein qualitativer Ausblick auf zwei weitere mögliche Anwendungsbereiche der Agonalitätsanalyse gezeigt werden: Zum einen wird auf die Ebene der Sprache-Bild-Beziehungen geblickt (Kapitel 6.1), zum anderen werden mit den Romanen *Brennendes Wasser* von Lukas Erler sowie *The Fracking King* von James Browning auch fiktionale Texte zur Frackingthematik betrachtet (Kapitel 6.2). Diese erweitern zudem den Untersuchungszeitraum: Die hier analysierten Medientexte erstrecken sich bis zum Sommer 2013, während die Romane beide 2014 erschienen. Die Bildlichkeit als weiterer Untersuchungspunkt wird außerdem gewählt, weil die Medientexte vielfach mit Bildern ergänzt werden und dies eine umfassendere Analyse ermöglicht. In Beispielen wie dem *Frankenstorm* hat sich wiederum die Bedeutung fiktionaler Texte für Diskurse über faktuale Themen gezeigt; zudem wurde auf Filme als fiktionale Umsetzungen des Themas referiert. Deshalb erscheint es hier als spannende Ergänzung, zwei Romane hinzuzuziehen.

5.6 Analysefazit (Teil 3): Das Mensch-Natur-Verhältnis in den Medien

Das Bild, das in beiden Diskursen und länderübergreifend von der Natur gezeigt wird, ist das einer Ressource, die es gilt, nutzbar zu machen und zu beherrschen. Das von Pusch kritisierte technisierte Bild von Natur, das seit dem 18. Jahrhundert vorherrscht, ist damit in diesen Mediendiskursen klar vertreten und vorherrschend (Pusch 1997, vgl. auch Sieferle 1984). Die verschiedenen Naturkonzepte – von idyllisch (vgl. dazu u.a. Fleming 1988) über nützlich (vgl. beispielsweise Glacken 1988) bis bedrohlich (vgl. u.a. Bernd Busch 2007, 12) werden immer von einer anthropozentrischen Warte aus geschildert. Natur ist in ihrem Zusammenhang mit dem Menschen wichtig, nicht als Wert an sich. Die mythischen Zuschreibungen zur Natur durchziehen den Diskurs eher subtil und vor allem beim Diskurs um Hurrikan Sandy. Das Verhältnis von Mensch und Natur unterscheidet sich dabei innerhalb der drei untersuchten Länder kaum. In Deutschland werden Umweltschützer zwar tendenziell weniger negativ dargestellt und erneuerbare Energien etwas positiver bewertet als in den USA und Großbritannien,[141] doch die Haltung gegenüber der Natur ist auch hier eine von menschlicher Dominanz. Der Mensch ist nicht Teil einer ganzheitlichen Natur, sondern Herrscher über die Natur. Selbst bei Rückschlägen wie dem Hurrikan Sandy gelingt es nur durch metaphorische Verwendung von Benennungen und Perspektivierung der Naturkatastrophe als quasi-menschliche Entität, die Natur als ebenbürtigen Akteur zu perspektivieren. Die Natur muss vermenschlicht werden, um sie wahrzunehmen und ihre Gewalt zu respektieren. Selbst dieser Zustand dauert nicht lange an. Innerhalb von kürzester Zeit verschiebt sich die Berichterstattung wieder zu Wahlen und gesellschaftlichen Erwägungen.

---

[141] Vgl. zu den Interessen der deutschen Energieindustrie an erneuerbaren Energien Seibt (2015).

6 Agonalität: Exkurse in andere Textsorten

Nach der Analyse der Hauptkorpora mit Pressetexten in Kapitel 5 soll der Blick zusätzlich schlaglichtartig auf zwei andere Untersuchungsbereiche gelenkt werden. Nachdem in Kapitel 5 Agonalität auf der Ebene des Textes (als rein schriftliches Kommunikat betrachtet) analysiert wurde, wird zunächst in einem Exkurs in Kapitel 6.1 untersucht, welche Rolle Text-Bild-Beziehungen in Bezug auf Agonalität spielen können. Dabei werden wieder Pressetexte betrachtet, diesmal allerdings ein kleineres Korpus aus Onlinetexten mit Text-Bild-Bezügen. Teilweise sind diese Texte mit ihrer schriftlichen Textgrundlage Teil der großen Untersuchungskorpora, einige wurden aufgrund auffälliger Bildlichkeit zusätzlich für diesen Exkurs ausgewählt. Dieser Exkurs erscheint zum einen sinnvoll, da Bilder häufig Zeitungstexte ergänzen und sich diese Erweiterung folglich anbietet; zum anderen hat sich die Linguistik in ihren Analysegegenständen in den letzten Jahren um eine bildliche Ebene erweitert (s. dazu Kapitel 6.1.1). In Kapitel 6.2 wird dann mithilfe zweier Romane zum Thema Fracking eine fiktionale Textsorte mit einbezogen. Wie schon in Kapitel 5.2.4 diskutiert wurde, können fiktionale Werke Diskursrezipienten auf andere Weise ansprechen und prägen als faktuale Textsorten; deshalb sind diese Formen der Themenbehandlung hier ebenfalls von Interesse. Die beiden Exkurse sollen die Möglichkeit bieten, a) einen weiterführenden Blick auf die behandelten Diskursthemen zu werfen und b) in Ansätzen zu sehen, inwieweit das Konzept der Agonalität für verschiedene Medienformen nutzbar gemacht werden kann.

6.1 Agonalität in Text-Bild-Beziehungen: ein Exkurs in Pressephotographien

6.1.1 Grundlagen der linguistischen Bildbetrachtung

Während[142] sprachliche Mittel der Agonalität zumindest im Bereich der adversativen und konzessiven Konnektoren bereits vor dieser Arbeit untersucht wurden (Schedl 2011, Felder 2012, Mattfeldt 2014), sind Bilder als Mittel der Agonalität bisher noch kaum in Betracht gezogen worden.[143] Das überrascht angesichts des sogenannten „iconic turn", der wissenschaftlichen Hinwendung zum Bild, in

---

[142] Die folgenden theoretischen Aspekte sind in veränderter Form auch ausführlich in Felder/Mattfeldt (2015) sowie Mattfeldt (2015) dargestellt.
[143] Vgl. nur als Pilotstudien Felder/Mattfeldt (2015), Mattfeldt (2015).

den 90er Jahren (Boehm ⁴2006, 13), der in Linguistik und Literaturwissenschaft zu neuer Betrachtung von Bildern geführt hat (vgl. z.B. die Beiträge in Fix/Wellmann (Hg.) 2000 sowie in Wildfeuer (Hg.) 2015). Alle Aspekte des Verhältnisses von Bildlichkeit und Schriftlichkeit und seiner linguistischen Analyse können hier nicht in vollem Umfang wiedergegeben werden (für genaue Übersichten vgl. ausführlich Stöckl 2004, Kress/van Leeuwen ²2006). Die für die Analyse der Agonalität wichtigsten Zusammenhänge sollen im Folgenden skizziert werden.

Zur Geschichte des Bildes und seiner linguistischen Untersuchung
Bildliche Darstellungen haben eine lange und wichtige Tradition in verschiedensten Kulturen. Erhaltene Zeugnisse von Bildlichkeit können bis zurück zur Höhlenmalerei verfolgt werden. Einige Schriftsysteme wie das Chinesische beruhen zumindest in ihren Ursprüngen auf piktographischen Darstellungen (vgl. Bußmann/Gerstner-Link/Lauffer ⁴2008, 533 und ausführlich Coulmas 1981).[144] In Schriftkulturen hat die Beherrschung der Schriftlichkeit auch soziolinguistische Facetten: Wer Anteil an der Schriftkultur hat, gewinnt an Macht und Zugang zu Wissen (vgl. Löffler ⁵2016, 89ff. zu soziolinguistischen Aspekten der Schriftsprachlichkeit); Coulmas spricht der geschriebenen Sprache ein besonderes Prestige zu (Coulmas 1981, 13).[145] Kress und van Leeuwen (²2006, 16) verweisen auf die Tendenz in einigen Kulturkreisen, (Schrift-)Sprache stärker mit Bildungsinhalten zu verknüpfen als Bilder (zumindest in höherer Bildung). Mit der kulturellen Wende und damit auch dem pictorial oder iconic turn treten Veränderungen in der wissenschaftlichen Betrachtung von Bildern ein (vgl. Lobinger 2012, 30). Die Rolle von Bildern wird verstärkt untersucht, auch im Vergleich zur (geschriebenen) Sprache (vgl. zur Komplementarität von Sprache und Bild und zur Bedeutung von Multimodalität Klug/Stöckl 2015).

Felder (2007a) verweist auf die schon zuvor thematisierte Fokusverschiebung und Diskussion in intellektuellen Kreisen im Rahmen der von Hugo von Hofmannsthal im Chandos-Brief diagnostizierten Sprachkrise um die Jahrhundertwende. Die Rolle der Bilder wird dabei als besonders authentisch im direkten Vergleich zur Sprache betrachtet, die als zu allgemein und manipulativ

---

[144] Vgl. genauer Eisenberg (2007) zu den Auswirkungen der Schriftlichkeit auf die Sprachbetrachtung.
[145] Coulmas (1981, 109ff.) betont gleichzeitig, dass Schriftlichkeit eine späte historische Erscheinung ist und viele Sprachen schriftlos sind.

gilt.[146] In Anlehnung daran untersucht Felder kritisch das Potenzial der Medien „Bild" und „Sprache" und kommt zu dem Schluss, dass Bilder eines zusätzlichen Mediums (wie der Sprache) bedürfen, um Ambiguitäten zu thematisieren und zu klären (Felder 2007a, 206). Bilder unterliegen nach Felder ebenso der Habitualisierung, Konventionalisierung und Schematisierung wie sprachliche Zeichen (Felder 2007a, 204); pointiert wird formuliert:

> Aus Einzelbildern in singulären Bild-Diskursen wird Massen- oder Meterware, aus spezifischen Diskursereignissen werden stereotypisierte Diskursschemata, Diskurse verlieren ihre Autonomie, aus Diskursen werden Strukturen. (Felder 2007a, 208f.)

Ausgehend vom Gebrauch verschiedener Photos von Peter Fechter, der bei seinem Versuch, die Berliner Mauer zu übersteigen, erschossen wurde, eruiert Felder (2007b) im politischen Printmediendiskurs in einer weiteren Studie Handlungen, die mit Bildern vollzogen werden können. Er unterscheidet dabei zwischen vier Handlungstypen des Bildes: 1) singulär mit konkretem, Faktizität behauptendem Bezug, 2) singulär denotierend mit den Folgen des einzelnen Ereignisses, 3) generell denotierend mit den Folgen aus dem Genre des Ereignisses, 4) Erinnerungsfunktion (Felder 2007b, 380). Aus diesen leitet er verschiedene „konkrete Sprach-/Bildhandlungen in Text-Bild-Äußerungen" ab (Felder 2007b, 380), parallel zu den Sprachhandlungen Searles (Assertiva, Deklarativa, Expressiva, Kommissiva, Direktiva) (Felder 2007b, 380). In Bezug auf Bilder in Diskursen geht Pörksen von herausgehobenen Bildern im Diskurs aus, den sogenannten „Visiotypen", die den Diskurs in besonderer Weise visualisieren und gleichsam für den gesamten Diskurs stehen (vgl. Pörksen 1997, v.a. 27; Pörksen 2000).

Wie Bilder genau definiert sind und welche möglichen Untersuchungsobjekte von der Analyse ausgeschlossen werden, wird in der Literatur unterschiedlich gesehen. Kress und van Leeuwen beziehen z.B. Graphiken mit ein, während andere Studien diese ausschließen (vgl. Felder 2007a); Kalverkämper (1993, 219) schließt Schemata aus. In den untersuchten Zeitungstexten (insbesondere zu Fracking) werden auch Graphiken eingesetzt, um Sachverhalte zu verdeutli-

---

146 Auch um Bildmanipulation gibt es zunehmend Diskussionen; viele der in den untersuchten Zeitungstexten verwendeten Bilder wurden vermutlich vor der Veröffentlichung bearbeitet. Zur Praxis der Bildbearbeitung siehe auch die interessante Debatte in den Medien selbst im Zeit-Online-Beitrag „Diese Bilder lügen" von Amrai Coen, Malte Henk und Henning Sußebach (9.7.2015): http://www.zeit.de/2015/28/fotografie-wahrheit-luege-propaganda (letzter Zugriff 11.4.2018).

chen. Hier wird deshalb ein breiter Bildbegriff favorisiert, um sämtlichen visuellen Darstellungen in den analysierten Texten gerecht werden zu können.

Bilder und Sprache im Wechselspiel
Bilder und Sprache wirken auf unterschiedliche Weise auf ihre Rezipienten. Von Bildern wird in eyetracking-Studien ausgesagt, bei gleichzeitigem Vorhandensein von Bildern und Sprache zuerst beachtet zu werden (der sogenannte Picture Superiority Effekt, vgl. zusammenfassend Geise/Brettschneider 2010, 72), auch wenn es hier Unterschiede bei verschiedenen graphischen Gestaltungen zu beachten gilt (vgl. Kaltenbacher/Kaltenbacher 2015). In Zeitungstexten nehmen Probanden oft zunächst textbegleitende Bilder wahr und lesen daraufhin erst die Überschrift und den Lead. Der eigentliche Artikeltext wird erst zuletzt gelesen und oft entscheidet der Bildreiz darüber, ob der Rest des Textes überhaupt rezipiert wird (vgl. zu diesem Experiment Lobinger 2012, 79, mit Bezug auf eine Studie des Poyntner Instituts). Dies verweist auf die besondere Bedeutung, die Bilder im Mediendiskurs einnehmen (vgl. Stocchetti 2011). Kress und van Leeuwen appellieren dafür, sie in (kritischer) Diskursanalyse nicht unbeachtet zu lassen, da die Wirkung von Bildern im Diskurs nachhaltiger und beeindruckender sein kann als die Wirkung von Sprache (vgl. Kress/van Leeuwen [2]2006, 14). Bilder bleiben zudem möglicherweise länger im Gedächtnis, während bei Sprache zumeist Wiederholung notwendig ist, damit sich Inhalte kognitiv festsetzen (vgl. Lobinger 2012, 79ff.). Sie sprechen außerdem die Gefühlsebene des Lesers an und können Emotionen der Akteure auf den Bildern zeigen (vgl. Lobinger 2012, 82f.).

In vielen germanistischen Mediendiskursanalysen, insbesondere korpuslinguistisch durchgeführten Studien, wurden Bilder dennoch bisher eher selten berücksichtigt, was auch Meier (2008, 264) kritisiert.[147] Die mangelnde Erfassbarkeit von Bildern mithilfe quantitativer Verfahren (erste Versuche, wie etwa von Jana Tereick (2016) getestet und vorgestellt, sind noch im Anfangsstadium), sollte aber nicht davon abhalten, in qualitativen Analysen die Funktion der Bilder im Diskurs zu untersuchen. Die Funktion, die ein Bild in einem spezifischen Kontext in Bezug auf Agonalität erfüllt, ist zu trennen von der tatsächlichen Wirkung, die das Bild auf einen Rezipienten hat. Letztere kann (wie die

---

[147] Eine Ausnahme bildet Vogel (2009), der auch auf Bilder in der Medienberichterstattung zu den Unruhen in den Pariser Vorstädten im Jahr 2005 eingeht; eine weitergehende Arbeit stellt der Sammelband von Wildfeuer (Hg.) (2015) dar. Auch Meier ([2]2014) betrachtet Bilddiskurse mit besonderem Fokus auf Onlinedarstellungen.

Wirkung von sprachlichen Zeichen) auf Grundlage der visuellen Inhalte in Kombination mit dem Text vermutet werden.

Grundlagen zur linguistischen Bildanalyse

Bilder werden hier aus linguistischer Perspektive betrachtet und qualitativ analysiert. Sie werden als semiotische Zeichen aufgefasst (vgl. Lobinger 2012, 55). Ein Bild des US-Präsidenten Barack Obama etwa ist ein Zeichen, das auf die reale Person verweist, das Bild ist nicht der Präsident selbst – das scheint eine banale Feststellung zu sein, aber dass im Alltag Bild und Realität gern gleichgesetzt werden, wird etwa anhand von Magrittes bekanntem Bild einer Tabakspfeife „Ceci n'est pas une pipe" („das ist keine Pfeife") deutlich. Das Bild selbst ist keine Pfeife, es zeigt nur ein Abbild einer solchen. Dass die Aussage den Betrachter zunächst verwirrt, zeigt auf künstlerische Art, wie sehr Bild und Abgebildetes kognitiv gleichgesetzt werden (vgl. dazu Fix/Wellmann 2000, XV).

Verschiedene Studien beschäftigen sich mit einzelnen konkreten bildlichen Darstellungen und gewinnen daraus theoretische Erkenntnisse über das Verhältnis von Sprache und Bild (vgl. beispielsweise die Beiträge in Fix/Wellmann (Hg.) 2000, darunter v.a. Sandig 2000 zu Textmerkmalen und Bildverwendung und Stöckl 2000 zu Bildtypen, Felder 2007a, Felder 2007b, die Beiträge in Wildfeuer (Hg.) 2015 u.v.m.). Darüber hinaus bietet das viel rezipierte Werk von Kress und van Leeuwen *Reading images. A grammar of visual design* (2006 in der zweiten Auflage erschienen) für praktische Analysen eine hilfreiche Übersicht über verschiedene Elemente von Bildern, die für eine Analyse der Bildwirkung beachtet werden sollten. Dazu gehören etwa Gewichtung, Fokus auf runden oder eckigen Objekten, Farbgebung,[148] Perspektive, Vektoren (z.B. durch Blickwirkungen) etc. Diese Analyseschritte liegen der hier vorliegenden Analyse im Exkurs zugrunde.

Von besonderer Bedeutung sind aufgrund der Korpuszusammenstellung aus Pressetexten auch Text-Bild-Verhältnisse. Dazu zählt insbesondere die Bildunterschrift. Felder definiert ihre Rolle folgendermaßen:

> Bildunterschriften weisen oft auf Einzelaspekte des Bildinhalts mit sprachlichen Zeichen hin (Fokussierungs-Funktion), paraphrasieren das Abgebildete und sind damit eigentlich größtenteils redundant oder bieten eine Art Hilfestellung bei der Bildrezeption bzw. beim Bildverstehen. (Felder 2007a, 212)

---

148 Vgl. speziell zur Farbe auch van Leeuwen (2011).

Ob die Bildunterschriften tatsächlich immer redundant sind, soll in der Bildanalyse geprüft werden. Grittmann (2001, 268f.) verweist darauf, dass Bilder erst durch Text in einen Zusammenhang eingebettet werden. Insbesondere wenn identische oder sehr ähnliche Symbolbilder in verschiedenen Kontexten mit unterschiedlichen Bildunterschriften gebraucht werden, könnte das Potenzial der Bildunterschriften weitreichender sein als angenommen.

Korpus für die linguistische Bildanalyse
Für die linguistische Bildanalyse konnte nicht auf das für die quantitativ geführte Analyse erstellte Korpus mit seinen Subkorpora zugegriffen werden, da die darin enthaltenen Texte, die mit der Datenbank Nexis gewonnen wurden (s. Kapitel 3), keine Bilder enthalten. Deshalb wurde für die linguistische Bildanalyse ein weiteres Korpus von 134 Texten erstellt (Übersicht auf Anfrage). Es besteht aus ausgewählten Pressetexten sowie Onlinetexten von Zeitungen zu den ausgesuchten Themen, die in ihrem Original (mit Bildern) untersucht wurden und teils auch im Rahmen der Analyse in Kapitel 5 betrachtet wurden.[149]

In den untersuchten Texten finden sich verschiedene Formen und Funktionen der bildlichen Darstellung:
- spezifische Abbildungen der (vermeintlichen) Realität, die das Artikelthema evoziert („vermeintlich" aufgrund der meist zu vermutenden visuellen Bearbeitungen, die für Betrachter nicht mehr eindeutig auszumachen sind)
- Bilder als Visiotypen (s. oben in diesem Abschnitt), die weniger konkrete Abbildungen des Artikelinhalts als Bilder aus Archiven sind, deren Funktion eine allgemeine visuelle Wirkungserzeugung ist
- Bildkombinationen (entweder als Photomontage oder als Verwendung mehrerer Bilder innerhalb eines Beitrags, die einen Gesamteffekt erzeugen)
- Graphiken (meist mit ergänzendem Text)
- explizite Text-Bild-Kombinationen (etwa durch Text im Bild)[150]

---

[149] Für dieses Korpus wurden auch Bilder aus der BILD-Zeitung aufgenommen, da diese für die Bildlichkeit besonders relevant ist und auf bildliche Darstellungen setzt. Gerade die Bilder werden an Kiosks etc. auch wahrgenommen, selbst wenn die Zeitung nicht käuflich erworben wird; die Onlineversionen werden ebenfalls vielfach verlinkt und angeklickt. Um den Blick zu erweitern, werden teilweise auch Bilder einbezogen, die über den Suchzeitraum der Zeitungstexte hinausgehen. Stand der hier analysierten Onlinedaten und -bilder ist Herbst 2013; teilweise wurden die Daten in der Zwischenzeit online verändert (insbesondere auf bild.de).
[150] Abgegrenzt davon wird die bloße Bildunterschrift, die bei den meisten visuellen Darstellungen vorhanden ist.

Die Bilder werden im Kontext der Beiträge qualitativ analysiert. Wie Agonalität von Bildern ausgedrückt werden kann, soll im Folgenden zusammengefasst werden. Erste Ansätze wurden in Felder/Mattfeldt 2015 und Mattfeldt 2015 entwickelt; diese bezogen allerdings noch nicht die in dieser Arbeit entwickelten Dimensionen der Agonalität mit ein. Daher soll hier untersucht werden, wie Bilder mit den in Kapitel 4 definierten Dimensionen der Agonalität zusammenwirken könnten. Es muss an dieser Stelle betont werden, dass es sich bei der Analyse nur um einen ersten Ansatz zur Untersuchung von Bildlichkeit und Agonalität handeln kann, der keine umfassende Darstellung dieses Verhältnisses beansprucht. In den Fußnoten wird der zuletzt mit Bild abgerufene Stand angegeben.

6.1.2 Bildliche Darstellungen und die Dimensionen der Agonalität

Viele der Bilder (wie auch die Indikatoren aus Kapitel 4) können auf verschiedene Dimensionen der Agonalität verweisen. Deshalb wird es Zwischenverweise auf die gewählten Analysebilder geben, wenn diese an unterschiedlichen Stellen wichtig sind. Die folgenden Dimensionen sind in der Analyse in Bezug auf die Bildwirkung in Zusammenhang mit Agonalität im Text-Bild-Korpus besonders aufgefallen und sollen mit Beispielen erläutert werden: die AGONALITÄT DER EXPLIZITEN GEGENÜBERSTELLUNG, die AGONALITÄT DER ZEITLICHEN GEGENÜBERSTELLUNG, die AGONALITÄT DER RELEVANZKONKURRENZ, die AGONALITÄT DER NEGATIVEN EMOTIONEN, die AGONALITÄT DER LEXIKALISCHEN GEGENÜBERSTELLUNG, die AGONALITÄT VON SCHEIN UND SEIN, die AGONALITÄT DER EXTERNEN HANDLUNGSAUFFORDERUNG, das BEENDEN DES AGONALEN ZUSTANDS und die AGONALITÄT DER NEGATION.[151]

Wichtig ist dabei hervorzuheben, dass es sich bei der Agonalität zuallererst um eine dezidiert sprachlich konstituierte Kategorie handelt, die sich auf sprachliches Ringen um Geltungsansprüche bezieht. Entsprechend wurden in Kapitel 4 die Dimensionen erarbeitet. Es kann sich im Folgenden folglich nur um erste Ansätze für Analogien zwischen sprachlich eruierten Dimensionen und bildlichen Entsprechungen handeln. Die Interpretation fällt notwendigerweise weit weniger eindeutig aus als im Fall der sprachlichen Indikatoren, da das Bild, wie Felder (2007a, 206) betont, immer auf die Desambiguierung durch

---

151 Die anderen Dimensionen – AGONALITÄT DER (NEGATIVEN) WERTUNG, AGONALITÄT DER ENTSCHEIDUNGSTHEMATISIERUNG, AGONALITÄT DER NICHT EINGETRETENEN OPTION – spielen zumindest im vorliegenden Bildkorpus keine Rolle. Die Bilder können aber implizit zu einer positiven oder negativen Wertung der Sachverhalte, insbesondere des Frackings, beitragen.

ein anderes Medium wie die Sprache angewiesen ist. Trotzdem können einige Analogien ausgemacht werden, die im Folgenden anhand von einzelnen Beispielen aus dem Bildkorpus dargestellt werden sollen.

AGONALITÄT DER EXPLIZITEN GEGENÜBERSTELLUNG

Die AGONALITÄT DER EXPLIZITEN GEGENÜBERSTELLUNG ist die prototypische Dimension der Agonalität und erweist sich auch in den analysierten Bildern als besonders relevant. Innerhalb der Bilder selbst können gezeigte Entitäten gegenübergestellt werden und in agonaler Weise verbunden werden.

Analysebild 1 (bild.de, 18.2.2013) [152]

Im Analysebild 1 geschieht dies durch eine Photomontage. Der Artikel aus der Bild-Zeitung mit dem Titel „Warum will Umweltminister Altmaier Fracking verbieten?" verwendet mehrere Bilder; das erste davon ist eine Kombination von zwei Bildern. Die linke Bildhälfte zeigt den damaligen Umweltminister Peter Altmaier, ein Blatt Papier in der Hand haltend, mit ernstem Blick nach rechts unten.[153] Auf der rechten Seite des Bildes ist ein Bohrturm zu sehen, hinter dem sich dunkle Wolken türmen. Der Bohrturm selbst ist beleuchtet. Auch wenn es sich um eine Kombination innerhalb eines Bildes handelt, ist klar zu erkennen,

---

152 Bildquelle: bild.de, Artikel vom 18.2.2013 (Autorenkürzel: hjk, nik): „Warum will Umweltminister Altmaier Fracking verbieten?". Angabe zum Photo: Shuli Hallak/Corbis, dapd. http://www.bild.de/politik/inland/fracking/bohrmethode-umweltschaeden-erdgas-usa-28565984.bild.html (zuletzt mit Bild abgerufen am 7.10.2013).

153 Richtungsbezeichnungen wie rechts und links werden in Anlehnung an Marion Müller und Stephanie Geise aus der Perspektive des Bildbetrachters heraus verwendet (Müller/Geise ²2015, 55).

dass die Elemente im Bild aus zwei unterschiedlichen Aufnahmen kombiniert wurden, insbesondere durch die Größenverhältnisse. Die beigefügte Bildunterschrift gibt einen Hinweis auf die Beantwortung der Frage in der Überschrift: „Umweltminister Peter Altmaier will „Fracking" in Deutschland weitgehend verbieten – aus Angst vor Umweltschäden".

Opposition zwischen dem dargestellten Akteur Altmaier und der Frackingtätigkeit wird auf verschiedene Weisen geschaffen. Die Bildunterschrift verweist auf das Konzept ›Fracking verursacht Umweltschäden‹ und schreibt diese Perspektive dem Umweltminister zu. Im Bild selbst werden der Akteur sowie symbolisch für die Frackingtätigkeit ein Bohrturm dargestellt. Die Zweiteilung des Bildes erzeugt hier die agonale Wirkung zwischen Altmaier und Fracking. Dies liegt auch daran, dass beide Bildelemente etwa gleich gewichtet werden, was die Größe und den Anteil an der zusammengestellten Montage betrifft.

Weitere Elemente, die die AGONALITÄT DER EXPLIZITEN GEGENÜBERSTELLUNG hier verstärken, liegen auf einer stärker assoziativen Ebene. Hierbei sind vor allem die Abstufung der Farben sowie die Helligkeitskontraste zu nennen. Der Bohrturm wird vor einer dunklen Kulisse von Wolken gezeigt. Verschiedene Interpretationen wären ohne Einbeziehung des weiteren Kontexts möglich. Der hell erleuchtete Turm vor der dunklen Wolkenkulisse erlaubt zunächst einmal sowohl die Interpretation ›Fracking ist ein Hoffnungssignal in dunklen Zeiten‹ als auch die gegenteilige Auffassung ›Fracking bringt Sorgen und Probleme‹, welche symbolisch in der dunklen Farbe angelegt wären. Im Bild wird durch die Unterschrift und die ernste Mimik des dargestellten Akteurs nahegelegt (vgl. AGONALITÄT DER NEGATIVEN EMOTIONEN), dass hier eher die Problematik des Fracking dominiert. Im Textteil des Beitrags wird aber auch ein optimistischer Aspekt ausgeführt, indem das Konzept ›Fracking schafft Energieunabhängigkeit‹ versprachlicht wird.

Agonalitätsbeziehungen, die im Zusammenspiel von zwei oder mehr Bildern hergestellt werden, werden hier als Agonalität zwischen Bildern bezeichnet. Das kann z.B. auch die Opposition zwischen zwei abgebildeten Personen betreffen, deren Ansichten und Absichten zueinander im Widerspruch stehen, was wiederum sprachlich dargelegt und bildlich verdeutlicht wird. In diesem Fall sind das Arrangement der Bilder und der Kotext von besonderer Bedeutung, da aus dem Bildinhalt selbst bei Personen, die einzeln abgebildet sind, nicht direkt resultiert, dass sie in einer agonalen Beziehung stehen. Hier spielen Vorwissen und Kotext eine besondere Rolle. Gleichzeitig können aber Bilder auch ohne kotextuelle Verortung als agonal in einem Diskurs betrachtet werden, etwa wenn sehr unterschiedliche Objekte auf den Bildern gezeigt werden, wie hier bei der Photomontage in Analysebild 1.

Analysebild 2 (Zeit Online, 16.8.2012) [154]

Analysebild 2 stammt aus dem Zeit-Online-Artikel „Das Ölgeschäft wird immer dreckiger". Im Zeitungsartikel geht es allgemein um Öl- und Gasförderung bzw. -handel; Fracking wird dabei ebenfalls thematisiert. Das Bild zeigt Stacheldraht im Vordergrund, dahinter Flammen, die in den Himmel aufsteigen. Die Bildunterschrift lautet „Auf einer Produktionsanlage des russischen Ölkonzerns Rosneft in Westsibirien wird Gas abgefackelt". Das Bild kann einerseits als informativ/repräsentativ (vgl. Felder 2007b und 6.1.1 zu Bildhandlungen) betrachtet werden, was auch die Bildunterschrift nahelegt: In diesem Fall wirkt sie nicht redundant (s. Kapitel 6.1.1), sondern ergänzt zusätzliche spezifische Information bei diesem sonst eher generell denotierenden Bild. Der genaue Standort ist andererseits bei der Bildbetrachtung wenig bedeutsam, und viele der Elemente im Bild stehen symbolisch für Konfliktpotenzial und Gegenüberstellung, insbesondere die Flamme und der Stacheldraht. Während der Stacheldraht mit seiner abtrennenden Funktion die EXPLIZITE GEGENÜBERSTELLUNG bzw. Differenzierung in einen Innen- und Außenbereich betont, zeigen die Flammen ein potenziell gefährliches Element. Destruktivität und Grenzen sind hier also Attribute, die geweckt werden und prinzipiell Konfliktpotenzial aufweisen. Die Bildunterschrift wirkt hier rein informativ und verortet das Bild lokal, während das Bild selbst hier vor allem Agonalität induziert: Sein Informationsgehalt ist ohne den Text gering, doch das Agonalitätspotenzial sehr hoch. Primär induziert hier folglich nicht der Kotext die Agonalität, sondern das Bild selbst. Die Überschrift verweist mit dem Adjektiv „dreckiger" zwar auf potenziell konfliktträchtige

---

[154] Bildquelle: Zeit Online, Artikel vom 16.8.2012 (Alexandra Endres): „Das Ölgeschäft wird immer dreckiger". Keine Urheberangabe zum Photo. http://www.zeit.de/wirtschaft/2012-08/oel-gas-konzerne-nachhaltigkeit (zuletzt mit Bild abgerufen am 12.2.2018).

Praktiken in der Öl- und Gasindustrie, aber die Bildelemente bringen hier neue Aspekte des Konflikts mit ein.

Die beiden ersten Beispiele verdeutlichen, wie eng Bilder und die AGONALITÄT DER EXPLIZITEN GEGENÜBERSTELLUNG zusammenhängen können. Die Funktion der Analysebilder 1 und 2 ist hier nicht primär, Informationen über Sachverhalte in der Welt zu zeigen, sondern die Bilder dienen zur Visualisierung von Gegenüberstellung und Konfliktpotenzial. Diese prototypische Dimension der Agonalität ist für den vorliegenden Diskursausschnitt am eindeutigsten in der Bildlichkeit festzustellen.

AGONALITÄT DER ZEITLICHEN GEGENÜBERSTELLUNG

ZEITLICHE GEGENÜBERSTELLUNGEN in Bildern sind weniger eindeutig als in der Sprache. Das Bild als Entität verfügt nicht über die Mittel der Grammatik, um Zeitlichkeit auszudrücken. Dennoch finden sich andere Formen, um ZEITLICHE GEGENÜBERSTELLUNGEN bildlich darzustellen, wie etwa in Analysebild 3. Das Bild zeigt ausschnittartig eine Ansicht des Globus (mit eingezeichneten US-Bundesstaaten) mit den Bildern des Hurrikanstrudels, die durch Bilder der Schauspielerin und Sängerin Olivia Newton-John ersetzt wurden. Newton-John spielte im Musicalfilm „Grease" eine Jugendliche namens Sandy; es liegt hier also Namensgleichheit zum Hurrikan vor. Die verschiedenen Bilder zeigen parallel zum geographischen und zeitlichen Fortschreiten des Hurrikans und seiner zunehmenden Gefahr die Entwicklung von Newton-Johns Figur im Musical von einem braven Mädchen zu einer rebellischen Figur. Kommentiert wird dies in der Bildunterschrift als „Grease lightning, an evolution: This meme shows the transformation of Olivia Newton John's character from innocent girl to cigarette-smoking rebel".

Mit *evolution* und *transformation* wird sprachlich auf die AGONALITÄT DER ZEITLICHEN GEGENÜBERSTELLUNG verwiesen. Auch hier wird die zunehmende Bedrohung durch den Vergleich mit einer Filmfigur veranschaulicht. Der Konflikt wird damit humorvoll aufgegriffen. Die Bilder sind in ihrer Montage etwas Besonderes, sodass ihre Rolle im Text thematisiert wird. Die ZEITLICHE GEGENÜBERSTELLUNG zeigt sich hier als Entwicklung von einem harmlosen Naturereignis zum gefährlichen Hurrikan. Dies verweist auf das agonale Zentrum ›Das vorliegende Naturereignis besitzt ein bedrohliches Ausmaß‹ vs. ›Das vorliegende Naturereignis besitzt nur ein schwaches Ausmaß‹.

Analysebild 3 (Mail Online, 29.10.2012) [155]

Es zeigt sich hier, dass beim Rezipienten eine grundlegende Kompetenz beim Lesen von Bildern und Graphiken vorausgesetzt wird. Da wir schon mehrere Bilder dieser Art von fortschreitenden Stürmen gesehen haben, wissen wir, dass die Abbildungen an der Küste in zeitlicher Abfolge zu interpretieren ist, also einen zeitlichen Verlauf des Sturms zeigen. Dies kann dann auf die verfremdete Darstellung mit den Photos der Schauspielerin übertragen werden. Ein zeitlicher Verlauf zeigt sich auch bei den Analysebildern 5 und 6, die im Abschnitt zu AGONALITÄT DER LEXIKALISCHEN GEGENÜBERSTELLUNG ausführlich diskutiert werden.[156]

AGONALITÄT DER RELEVANZKONKURRENZ

Die AGONALITÄT DER RELEVANZKONKURRENZ kann man hier allgemein auf Bildinhalte bezogen betrachten: Was besonders im Zentrum des Bildes steht und im Bild selbst großen Raum einnimmt, hat besondere Relevanz (vgl. Kress/van Leeuwen ²2006, 194f.). Mithilfe von Kontrastbearbeitungen und Nachbelichtungen können diese Hervorhebungen noch verstärkt werden. Dies betrifft die Betrachtung des Einzelbildes und kann auf die verschiedenen Bildinhalte angewandt werden. Gleichzeitig zeigt sich RELEVANZKONKURRENZ auch in den Bild-

---

155 Bildquelle: Mail Online, Artikel vom 29.10.2012 (Daily Mail Reporter): „Who says Sandy is no laughing matter? Deadly storm sparks silly Grease, SpongeBob and Mitt Romney memes" Urheberangabe zum Bild: toddhale.com. http://www.dailymail.co.uk/news/article-2225034/Who-says-Hurricane-Sandy-laughing-matter-Deadly-storm-sparks-silly-Grease-Sponge-Bob-Mitt-Romney-memes.html (zuletzt mit Bild abgerufen am 12.2.2018).
156 Ebenso denkbar wären Vorher-Nachher-Darstellungen, wie sie im Frackingkorpus sprachlich häufig auftreten (s. Kapitel 5.2.1).

inhalten selbst: Welches Bild wird ausgewählt und welche anderen Bildlichkeiten wären denkbar?

Analysebild 4 (Zeit Online, 5.11.2012)[157]

Dies wird für Analysebild 4 interessanterweise textlich auf einer Metaebene aufgegriffen und soll deshalb hier erläutert werden. Die Journalistin Alexandra Endres geht auf Darstellungen von Kindern im Zusammenhang mit Haiti und der Naturkatastrophe explizit ein. Unter dem Titel „Haiti ist die schlechtere Show" kommentiert sie:

> Wie bebildert man einen Text über die Zerstörung, die der Hurrikan Sandy in Haiti hinterlassen hat, dem vermutlich ärmsten Land Amerikas? Natürlich könnte man überschwemmte Landschaften zeigen. Haitianer, die hilflos auf die Fluten schauen oder Truppen der Vereinten Nationen, die zerstörte Brücken bewachen. Man könnte Menschen zeigen, die sich bei der Ausgabe von Lebensmitteln drängen oder eine weinende Frau in einer Zeltstadt, die nach dem schweren Erdbeben vor zwei Jahren Unterschlupf bot.
> Stattdessen zeigen wir Ihnen hier zwei Kinder. Ein Mädchen, ordentlich gekleidet und akkurat frisiert, steht zwischen Zelten und Sandsäcken und hält ein Kleinkind im Arm. Freundlich und neugierig schauen sie in die Kamera. Das Foto wurde von uns ausgewählt, weil Kinder Aufmerksamkeit bekommen. Kinderbilder klicken oft sehr gut, das Kindchenschema funktioniert auch in den Medien. Und ist es nicht das, worum es letztlich geht: den Leser für das Thema zu interessieren? (leichte Formatanpassung)

Die Bildauswahl der Redaktionen wird hier explizit thematisiert, genau wie die anderen Bilder, die zur Verfügung stünden und in RELEVANZKONKURRENZ mit dem

---

157 Bildquelle: Zeit Online, Artikel vom 5.11.2012 (Alexandra Endres): „Haiti ist die schlechtere Show". http://www.zeit.de/wirtschaft/2012-11/Haiti-Sandy-New-York-Aufmerksamkeit (zuletzt mit Bild abgerufen am 12.2.2018, keine Urheberangabe zum Photo).

gewählten Bild der beiden Kinder stehen. Hier ist bemerkenswert, dass die Journalistin der Auffassung ist, dass die drastischen Bilder, die sie schildert und welche die Wirklichkeit ebenfalls bildlich für den Leser wiedergeben können, den Leser weniger motivieren, den Artikel zu lesen (in der AGONALITÄT DER NICHT EINGETRETENEN OPTION, da diese anderen Bilder nicht zu sehen sind); zumindest nicht so, wie es das Bild mit den Kindern vermag. Der Kommentar zeigt, wie Rezipienten – zumindest nach Ansicht der zuständigen Redaktionen – von der Bildauswahl gesteuert werden, aber gleichzeitig auch, dass unsere Reaktionen auf Bilder als empirische Grundlage dienen. Ein mögliches Abstumpfen der Leserschaft sowie ein mechanisches Anspringen auf Reize wie das *Kindchenschema* werden hier erwähnt. Eine sonst für den Leser verborgen bleibende AGONALITÄT DER RELEVANZKONKURRENZ zwischen möglichen bildlichen Illustrationen wird auf diese Weise offengelegt.

AGONALITÄT DER NEGATIVEN EMOTIONEN

Bilder können die Funktion übernehmen, negative Emotionen auszulösen oder darzustellen. Ersteres kann etwa durch die Darstellung von Gefahrenpotenzial geschehen (s. Analysebild 2). Bei abgebildeten Personen kann die Mimik auf negative Emotionen verweisen, was agonal wirken kann. Dazu sei erneut auf das Analysebild 1 und die dort zu findende Erläuterung verwiesen, in der Peter Altmaiers Miene als sorgenvoll interpretiert wurde. Die dunklen Wolken tragen ebenfalls als Symbol für negative Stimmung und Gefahr zu einer solchen Interpretation bei.

Eindeutig auf negative Emotionen fokussiert ist das Analysebild 5 aus dem Hurrikankorpus. Der Zeitungsbeitrag informiert über die Folgen des Sturms und die Opfer, von denen in diesem Bild eines gezeigt wird. Im Vordergrund steht eine Frau, den Blick direkt auf die Kamera gerichtet, das Gesicht verzweifelt verzogen. Besonders bestärkt wird der Eindruck der Verzweiflung durch ihr Gestikulieren mit den Händen. Die Emotion ist hier der wichtigste Bildinhalt, der von der Bildunterschrift verstärkt wird: „Powerless: Edna Perez cries while explaining what her living conditions have been like". Die Funktion des Bildes ist hier die Evozierung der AGONALITÄT DER NEGATIVEN EMOTIONEN, während die Bildunterschrift dies hier verstärkt und zusätzlich mit dem Text in den Kontext des Hurrikans rückt.

Agonalität in Text-Bild-Beziehungen: ein Exkurs in Pressephotographien — 323

Analysebild 5 (Mail Online, 12.11.2012)[158]

AGONALITÄT DER LEXIKALISCHEN/VISUELLEN GEGENÜBERSTELLUNG

Hier liegt ein anders gearteter Fall als bei den anderen Dimensionen vor. Die AGONALITÄT DER LEXIKALISCHEN GEGENÜBERSTELLUNG beruht stark auf dem Kontext, in dem Wörter, die sonst nicht agonal waren, in Kontrast miteinander treten. Im Falle der Bilder müssten andere Elemente in Kontrast miteinander auftauchen. Diese wurden bereits bei der AGONALITÄT DER EXPLIZITEN GEGENÜBERSTELLUNG behandelt.

Man kann aber den Aspekt des Weltwissens, das es erlaubt, das Agonalitätspotenzial von Sachverhalten in der Welt zu erkennen, hier anwenden. Gegenübergestellt werden bildlich in den folgenden drei Bildern die Elemente Feuer und Wasser als Bildinhalte, die konträr zueinander sind. Es werden hier drei Bilder (6–8) im Mail-Online-Artikel „'Toxic' gas blamed for drinking water coming out of taps which can be set on FIRE" (Großschreibung im Original) verwendet. Auch ein Video konnte auf der Originalseite angesehen werden. Hier wird nur von den Bildern und nicht vom Video ausgegangen, da diese auf jeden Fall von den Rezipienten des Artikels gesehen werden, unabhängig davon, ob sie sich auch das Video ansehen möchten oder nicht. Hier geht es anders als bei den prototypisch verwendeten Archivbildern wie Analysebild 2 primär um den konkreten Inhalt des Bildes und nicht nur um eine visuell ansprechende Darstellung; das Bild, das zudem phototechnisch im Vergleich zu den anderen

---

[158] Bildquelle: Mail Online, Artikel vom 12.11.2012 (Daily Mail Reporter): „The New Jersey Town that Sandy wiped off the map: Storm destroyed all but 300 homes – as 150,000 STILL without power" (Großschreibung im Original). Urheberangabe zum Photo: Reuters. Siehe unter http://www.dailymail.co.uk/news/article-2231598/Highlands-The-New-Jersey-town-Sandy-wiped-map.html (zuletzt mit Bild abgerufen am 12.2.2018).

kaum bearbeitet scheint, hat hier die Funktion, die Behauptung, Fracking wirke sich schädlich auf das häusliche Trinkwasser aus, zu untermauern.

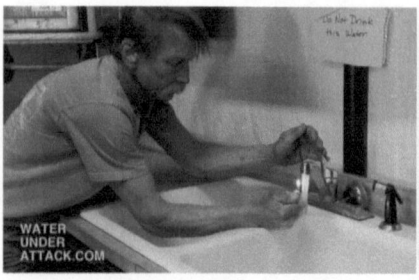 

Analysebild 6 (Mail Online, 19.1.2011)[159]   **Analysebild 7** (Mail Online, 19.1.2011)

Analysebild 8 (Mail Online, 19.1.2011)

Die Analysebilder 6 und 7 hängen eng zusammen. Das erste Bild zeigt einen Mann in seiner Wohnküche, der ein Streichholz an einen Wasserhahn hält. Das zweite Bild zeigt denselben Mann, der zurückweicht, und eine Flamme aus dem Wasserhahn. Man kann diese Bilder hier als zeitliche Abfolge sehen und damit auch eine Nähe zur AGONALITÄT DER ZEITLICHEN GEGENÜBERSTELLUNG konstatieren; eine kausale Verknüpfung in der Bildinterpretation liegt nahe. Das Agonalitätspotenzial dieser Bilder ist hoch: Dies liegt daran, dass der Alltagsbereich der Küche, der dem Leser aus seinem Weltwissen bekannt ist, mit den gefährlichen

---

[159] Bildquelle für die Analysebilder 6–8: Mail Online, Artikel vom 19.1.2011 (Daily Mail Reporter, waterunderattack.com als Bildurheber angegeben): „'Toxic' gas blamed for drinking water coming out of taps which can be set on FIRE" (Großschreibung im Original, Daily Mail Reporter). Siehe Artikel unter http://www.dailymail.co.uk/news/article-1347850/Shale-gas-trials-begin-Britain.html (zuletzt mit Bildern abgerufen am 12.2.2018).

Flammen gezeigt wird. Der Eindruck, dass hier etwas Unbekanntes, potentiell Gefährliches im privaten Lebensbereich der Menschen auftritt, verdeutlicht den Konflikt um Folgen des Fracking (vgl. das agonale Zentrum ›Fracking gefährdet das Trinkwasser‹ vs. ›Fracking gefährdet das Trinkwasser nicht‹). Dass es um Wasserqualität geht, wird aus dem Artikel, dem Zettel an der Wand mit der warnenden Aufschrift *Do not drink this water* und dem Zusatz der ursprünglichen Quelle *Water under attack.com* klar, wodurch man hier zusätzlich eine durch Text im Bild geprägte Agonalität unterstellen kann. Allerdings trägt das Bild selbst so viel zu diesem Gefühl der ernstzunehmenden Gefahr für das für viele Leser alltägliche Gut des Trinkwassers dar, dass das Bild hier eigenständig als agonalitätsinduzierend eingeschätzt wird. Analysebild 8 zeigt mit der Spüle ein weiteres solches Alltagsbild, das mit den Flammen verfremdet wird.

Die Bildunterschriften bewerten und beschreiben entsprechend, was passiert. Die Bildunterschrift „Dangerous: In the US, some residents in areas where drilling for shale gas is taking place can set fire to their drinking water" verortet das im Bild gezeigte Geschehen und bewertet es negativ als *dangerous*. Zudem wird nun auch über die Bildunterschrift dieses gefährliche Phänomen explizit mit Fracking verknüpft. Das aufgerufene Konzept ist also ›Fracking gefährdet das Trinkwasser‹. Interessant ist die genauere Kausalitätsherstellung in der zweiten Bildunterschrift: „The gas from the tap ignites. It is extracted by drilling down and then horizontally through the ground and then by 'fracking', a process of hydraulic fracturing of the shale using high pressure liquid containing chemicals to release the gas".

Die Gegenüberstellung von Wasser und Feuer und das Bildsetting einer heimischen Küche verdeutlichen die Gefahr durch den Kontrast. Das Weltwissen sagt dem Betrachter, dass hier etwas nicht stimmt. Insofern kann man hier ein Beispiel für die Anwendung der entsprechenden Dimension Agonalität der lexikalischen Gegenüberstellung sehen, allerdings nicht mit lexikalischen Mitteln, sondern in der Auswahl von konfliktären Bildinhalten. Man kann hier also vielleicht eher von einer Agonalität der Gegenüberstellung visueller Elemente sprechen, die ebenso wie die Agonalität der lexikalischen Gegenüberstellung auch viel mit dem Abrufen verstehensrelevanten Weltwissens (s. Kapitel 2.2) zu tun hat.

Agonalität von Schein und Sein

Die oben geschilderten Analysebilder 6–8 lassen in ihrer Einbettung in den Kontext auch eine Interpretation im Rahmen der Agonalität von Schein und Sein zu. Die Bilder dienen als Beweis für die Gefahr von Fracking, noch verstärkt durch die auffallend geringe Bearbeitung des Bildes. Der leichten Unschärfe könnte man die Funktion zuschreiben, Authentizität auszudrücken, da ein solches Bild in einer Zeit perfekter photographischer Bearbeitungen hervorsticht. Was der Leser im Bild sieht, muss sich, so die Annahme, real zugetragen haben – das Bild hat Beweisfunktion und soll die gegenteiligen Darstellungen der Frackingindustrie infrage stellen.[160] Die Kausalitätsherstellung wird damit besonders klar: Die Bildunterschrift besitzt explikative Funktion, während die Bilder (besonders die Analysebilder 7 und 8) als Beweise dienen und durch ihre Nähe zu dem Leser bekannten Umgebungen Unbehagen angesichts solcher Vorkommnisse wecken. Die Ähnlichkeit der Bilder und ihr direktes Aufeinanderfolgen suggerieren sowohl einen temporalen als auch einen kausalen Zusammenhang. Das Bild hat hier eine Beweisfunktion (vgl. Stegu 2000, 313): Was als Gefahr im Text geschildert wird, wird durch die Bilder „bewiesen". Die durch die Verknüpfung von Bildunterschrift und Photos hergestellte Kausalität wird zwar an anderer Stelle im Korpus, wie schon in Kapitel 5 gezeigt, teilweise auch in Frage gestellt, etwa wenn es um andere Ursachen für Gasaustritte geht. Die Bilder besitzen jedoch eine starke Wirkung und vermögen den Beweisanspruch für das agonal verhandelte Konzept ›Fracking gefährdet das Trinkwasser‹ im Ringen um den Geltungsanspruch zu untermauern.

AGONALITÄT DER EXTERNEN HANDLUNGSAUFFORDERUNG

Diese Dimension der Agonalität wird vor allem von bildlichen Darstellungen der Proteste gegen Fracking unterstützt. Dies äußert sich zum einen in den Aufforderungen der Frackinggegner, die in Form von Text im Bild geäußert werden, und zum anderen in den Darstellungen von Konflikten zwischen den Handlungen von Polizisten und den Intentionen der Demonstranten. Da sich hierzu zahlreiche Beispiele in Pressetexten zum Thema Fracking finden, soll diese Dimension besonders ausführlich dargestellt werden.

Analysebild 9 stammt aus einem Beitrag auf bild.de mit dem Titel „Berlinale wird zur Protestale". Verbal wird hier schon mit dem Wortspiel im Titel angedeutet, dass über Konfliktreiches im Zusammenhang mit dem Filmfestival in Berlin berichtet wird. Das Bild zeigt mehrere Personen in Winterkleidung mit Transparenten hinter einer Absperrung.

---

[160] Auch in der fiktionalen Darstellung spielt die Bildlichkeit als Beweis eine wichtige Rolle, vgl. 6.2.

Analysebild 9 (bild.de, 8.2.2013) [161]

Auf den Transparenten ist Verschiedenes als Text im Bild zu lesen, u.a. „Initiative GegenGasbohren" und „Grünes Herz? Nein zu Fracking" mit dem Bild eines Bohrturms kombiniert (quasi als Bild im Bild). Auf roten Papphänden ist „Stop Fracking" zu lesen. „Fracking" wird außerdem in dem Text in Bildmitte mit einem Totenkopf als Buchstabe „a" geschrieben. Die Demonstranten nutzen damit auf ihren Transparenten verschiedene sprachliche und bildliche Mittel in Kombination, um ihre Gegnerschaft zum Fracking zu zeigen. Die Bildelemente im Bild verdeutlichen das Konzept ›Fracking ist schädlich‹. Die sprachlichen Elemente verweisen eher auf den Protest an sich mit der Benennung der Initiative GegenGasbohren und der allgemeineren Aussage „Stop Fracking", die das Konzept ›Fracking sollte gestoppt werden‹ versprachlicht. Der Hintergrund wird durch Tiefenschärfe abgegrenzt, im Vordergrund stehen die Demonstranten und ihre Transparente. Beides wird im Gesamtbild mit den Personen dargestellt. Das Bild hat vor allem informativen Charakter, während die Bilder und sprachlichen Indikatoren in den Bildern eher appellativen Charakter besitzen. Agonalität in Form der Textdarstellung (durch die Texte auf den Transparenten) wird damit kombiniert mit den Akteuren, die eine kontroverse Perspektive im Diskurs vertreten, gezeigt. Der Text selbst erklärt den Zusammenhang mit dem Spielfilm „Promised Land" mit Matt Damon und Frances McDormand, der bei der Berlinale gezeigt wurde und das Thema Fracking in den USA behandelt (s. zu den filmischen Darstellungen von Fracking Kapitel 5.2.4). Es geht aber nach kurzer Erläuterung im Text mit Berichten zu den Schauspielern weiter.

---

161 Bildquelle: bild.de, Artikel vom 8.2.2013: „Berlinale wird zur Protestale". (Urheberangabe zum Photo: dpa). Siehe http://www.bild.de/unterhaltung/kino/berlinale/umwelt-aktivisten-bei-promised-land-premiere-mit-matt-damon-28452162.bild.html (zuletzt mit Bild abgerufen am 7.10.2013).

Analysebild 9 informiert über AGONALITÄT DER EXTERNEN HANDLUNGSAUFFORDE-RUNG (die Forderungen stammen hier von einer Bürgerinitiative) im Diskurs, die mit sprachlichen Mitteln konstruiert wurde. Diese sprachlichen Mittel wurden in einer realen Situation, in der das Photo gemacht wurde, auf Medien wie Plakaten dargestellt, mit Bildmitteln kombiniert und appellativ eingesetzt. Das Bild besitzt dabei die Möglichkeit, auch die Akteure, die die versprachlichten und verbildlichten Positionen vertreten, zu zeigen. Diese Agonalität ist zwar textabhängig, aber auf andere Art als die bloß kotextabhängige Agonalität (vgl. Felder/ Mattfeldt 2015), da es sich um Text im Bild selbst und damit bildintrinsische Agonalität handelt. Fracking befürwortende Konzepte finden sich im Bild nicht; sie sind eher dadurch präsent, dass sie implizit als entgegengesetzte Konzepte, die von den Partizipanten bekämpft werden, erscheinen. Am deutlichsten geschieht das in der Benennung der Initiative „GegenGasbohren", die genannt ist und mit einer Bohrturmsdarstellung kombiniert wird. Die agonale Präposition *gegen* zeigt hier, dass die Initiative gegen (nicht näher benannte) Akteure, die Fracking betreiben und durchsetzen wollen, vorgehen will.

Während die semantischen Kämpfe (Felder 2006) eher auf sprachlicher Ebene ausgetragen werden, kann die Gegnerschaft bestimmter Partizipanten sich auch in Elementen auf Photos oder im Arrangement von Photos zeigen, selbst wenn keine Schrift im Bild direkt auf die vertretenen handlungsleitenden Konzepte verweist.

Gegnerschaft und Aggression sind im Bild aber durchaus darstellbar, so zum Beispiel in Analysebild 10. Das Bild stammt aus dem UK-Frackingdiskurs. Die Zeitschrift The Mirror zeigt ein Bild der britischen grünen Abgeordneten Caroline Lucas. Lucas ist zwischen zwei Polizisten, die sie abführen, zu sehen. Der Polizist rechts sieht zur Kamera (allerdings blickt er eher nach unten und nicht direkt hinein) und scheint sie mit der Hand abzuwehren. Lucas hält ihren Schal fest und sieht ebenfalls leicht nach unten. Das Bild wirkt als *offer* (vgl. Kress/van Leeuwen [2]2006, 148), keiner sieht direkt in die Kamera. Das Bild stellt durch seine Nähe zu der prominenten Person sehr große Intimität her.[162]

---

[162] Caroline Lucas war die erste grüne Abgeordnete im britischen Parlament und bis 2012 Parteivorsitzende der Green Party.

Analysebild 10 (Mirror Online, 26.9.2013) [163]

Die Machtausübung auf die Politikerin ist klar zu erkennen; deshalb wird das Bild hier als der AGONALITÄT DER EXTERNEN HANDLUNGSAUFFORDERUNG zugehörig eingestuft. Werden die dargestellten Personen als Vertreter der jeweiligen Institutionen, denen sie angehören, gesehen, zeigen sich die Staatsgewalt und die grüne Partei als Gegner, hier beispielhaft an den Polizisten und der Prominenten. Der Kontext macht klar, dass der Konflikt sich um Fracking dreht. Während Lucas sich klar gegen Fracking positioniert, wirken die Gewalt ausübenden Polizisten als eher unpersönliche Vertreter der Staatsgewalt, deren individuelle Ansichten keine Relevanz besitzen. Die abwehrende Geste gegenüber der Kamera scheint die Presse und damit die Medien als Instanz, die diese Geste an die Öffentlichkeit transportieren, zurückzuweisen.

Das Verhalten der Abgeordneten gegenüber wird mehrfach im Text wieder aufgegriffen: einerseits im Hinblick auf die Frackingproblematik, andererseits als besonderes Beispiel des Konflikts zwischen Staatsgewalt und einzelner Politikerin. Das Bild wird dabei mehrfach thematisiert. Damit wird zum einen ein allgemeiner Konflikt zwischen Staatsgewalt und Politikerin, aber auch zwischen Staatsgewalt und Frackinggegnern an sich konstruiert und im Diskurs verankert.

---

163 Bildquelle: Mirror Online, Artikel vom 26.9.2013 (Sam Adams; Urheberangabe zum Photo: John Connors): „Green Party MP Caroline Lucas to be charged over anti-fracking protests". https://www.mirror.co.uk/news/uk-news/green-party-mp-caroline-lucas-2299663 (mit Bild zuletzt abgerufen am 12.2.2018).

330 —— Agonalität: Exkurse in andere Textsorten

Analysebild 11 (Mirror Online, 20.9.2013) [164]

Auch Analysebild 11 entstammt einem Artikel des Mirror. Vier Menschen liegen auf dem Boden und haben sich an den Armen zusammengeschlossen; andere Personen sitzen um sie herum. Im Hintergrund stehen Polizisten, die auf diese herabsehen. Der Kontrast zwischen den beiden Personengruppen wird vor allem durch die Zweiteilung des Bildes in eine obere und eine untere Bildhälfte erreicht. Die personifizierte Staatsgewalt nimmt die obere Hälfte des Bildes ein und damit eine Machtposition „über" den Frackinggegnern. Die Machtverhältnisse sind so schon über das Bildarrangement geregelt und in der Photographie gezeigt. Die Bildunterschrift kommentiert entsprechend: „Tense scenes: Environmental activists lock themselves together at the main entrance to the Cuadrilla exploratory drilling site in Balcombe, West Sussex". Der Fokus liegt in der Bildunterschrift auf den Aktivisten; gleichzeitig wird mit *tense scenes* auch sprachlich perspektiviert, dass es Spannungen gibt. Unausgesprochen besteht eine Spannung zwischen den beiden Gruppen von Partizipanten, die durch Habitus und Bildarrangement in oben und unten klar getrennt werden, sodass

---

[164] Bildquelle: Mirror Online, Artikel vom 20.9.2013 (Sam Adams; Urheberangabe zum Photo: PA): „Police officer who branded anti-fracking protesters "scum" on Twitter given 'management advice' by bosses". Siehe unter https://www.mirror.co.uk/news/uk-news/sussex-police-officer-gets-management-2287453 (zuletzt mit Bild abgerufen am 12.2.2018).

hier auch die AGONALITÄT DER EXPLIZITEN GEGENÜBERSTELLUNG angenommen werden kann. Der gesamte Text geht auf Spannungen zwischen Polizei und Demonstranten ein (ein Polizist bezeichnete auf Twitter Demonstranten als *scum* (Abschaum)) und erwähnt am Rande die Cuadrilla-Probebohrungen. Die EXTERNE HANDLUNGSAUFFORDERUNG, die Blockade vor der Firma, gegen die Widerstand geleistet wird, aufzulösen, geht wiederum von der Polizei aus. Die in Kapitel 5.2.4 geschilderte Rolle der Bürgerinitiativen zeigt sich in dieser Dimension als ausgeprägter Konflikt zwischen Staats-, Wirtschafts- und Bürgerinteressen.

BEENDEN DES AGONALEN ZUSTANDS
Hier wird der Blick vor allem auf bildliche Darstellungen gelenkt, die Agonalität im Vergleich zu den Texten nicht beenden, sondern eher abschwächen. Man könnte hier von einer bildlichen Abmilderung von Agonalität sprechen. Gemeint sind Bilder, die in einem agonalen Diskurs verwendet werden, aber selbst die Agonalität mindern – sei es durch bestimmte Motive oder Elemente im Bild oder durch die dazugehörige Bildunterschrift. Um also Agonalitätsminderung zu erkennen, ist Diskurswissen nötig: Ein agonaler Diskurs wird erkannt, gleichzeitig ist das Bild nicht von agonalen Elementen geprägt oder zeigt die Agonalität mit Elementen, die diese in ein versöhnlicheres Licht stellen.[165]

Ein passendes Beispiel dafür wäre das schon im Abschnitt zur AGONALITÄT DER RELEVANZKONKURRENZ kommentierte Bild von den Kindern in Haiti. Hier wird sogar im Artikel kritisch kommentiert, dass man ein nettes Kinderbild nehmen muss, das niemanden erschreckt, um Aufmerksamkeit für den Artikel beim Leser zu gewährleisten (s. Analysebild 4).

Ein weiteres Beispiel, ebenfalls aus dem Korpus zum Hurrikan Sandy, ist Analysebild 12. Das Bild stammt aus einem Guardian-Onlineartikel zum Hurrikan Sandy, der immer wieder Updates während des Sturms bot. Das hier gewählte Bild wurde in einem Artikel im „Atlantic", der sich hauptsächlich mit Photographien des Hurrikan Sandy und vor allem mit deren teils zweifelhafter Echtheit beschäftigt, als echt eingestuft.[166]

---

165 Man könnte sich zu dieser Dimension auch verschiedene ritualisierte Bildlichkeiten vorstellen, z.B. einen Handschlag zwischen Kontrahenten als kulturell verfestigtes Zeichen einer Einigung.
166 Vgl. Atlantic, 29.10.2012, „Sorting the real Sandy photos from the fakes" (Alexis C. Madrigal), s. unter http://www.theatlantic.com/technology/archive/2012/10/sorting-the-real-sandy-photos-from-the-fakes/264243/ (letzter Zugriff 11.4.2018).

Analysebild 12 (Guardian Online, 30.10.2012) [167]

Das Bild unter der Überschrift *Mother Nature says sorry* zeigt vor einem wolkenverhangenen Himmel zwei Regenbögen. Sie nehmen als Bildausschnitt im Guardian den Großteil des Bildes ein: Der linke Regenbogen ist deutlich zu erkennen, während der rechte Regenbogen schwächer zu sehen ist. Zum Bild wird der Twitterkommentar einer Nutzerin ergänzt, die das Bild auf Instagram ursprünglich online gestellt hatte: „Mother Nature apologizes for Sandy's wrath with an amazing double rainbow display over New York".[168]

Mit dem Regenbogen wird ein als schön und besonders konnotiertes Motiv als versöhnliches Zeichen in dem metaphorischen Konflikt gezeigt. Die bildliche Darstellung erhält dabei ihre Funktion aus der langen Tradition des Regenbogens als Symbol der Versöhnung und Harmonie, bereits in der biblischen Darstellung als Zeichen der Aussöhnung von Gott und Mensch nach der Sintflut und vielen weiteren künstlerischen und literarischen Darstellungen (vgl. ausführlich zur Symbolik des Regenbogens den Artikel im Metzler-Lexikon literarischer Symbole (Butzer/Jacob J. (Hg.) ²2012) und Kretschmer ³2011 aus kunstgeschichtlicher Perspektive). Nach der Gefahrensituation zeigt sich die Natur von einer versöhnlichen Seite. Der Regenbogen kann hier als Visiotyp im Sinne Pörksens (1997; 2000) betrachtet werden, als ein typisches Bild, das Versöhnung darstellt und damit die Funktion hat, die Dimension BEENDEN DES AGONALEN ZUSTANDS zu evozieren.

---

167 Bildquelle: Guardian.com, Artikel vom 30.10.2012 (Tom McCarthy, Haroon Siddique): „Sandy: 'Major disaster' in New York and New Jersey – as it happened." Siehe unter https://www.theguardian.com/world/2012/oct/30/sandy-superstorm-flooding-power-cuts. Das gezeigte Bild war dabei bei der Zusammenstellung des Korpus im Herbst 2013 zunächst als Vorschaubild innerhalb des Artikels zu sehen, später nur noch als Link zu Tumblr. Die Profilangaben wurden beschnitten, um das Profilphoto der Tumblrnutzerin Donna Dickens zu schützen.
168 Im Originalbild auf Instagram ist der Bildausschnitt größer und es sind einige Häuser zu sehen. Hier wurde das vom Guardian verwendete Bild analysiert.

Über die bildliche Symbolik hinaus bestärkt dies die textliche Interpretation: Mit *Mother Nature says sorry* (auch vom Guardian aufgegriffen) wird der Konflikt als in der Auflösung begriffen benannt. Mit dem Bildkommentar wird damit zum einen eine metaphorische Agonalität zwischen Mensch und Mutter Natur im Rückblick konstruiert (es muss einen Grund für die Entschuldigung der personifizierten Natur gegeben haben), zum anderen wird aber auch gezeigt, dass dieser Konflikt gemildert ist. Die metaphorische Agonalität wird damit geschwächt und vermindert, nachdem sie etabliert wurde. Die Etablierung der Agonalität findet hier in der Gesamtheit des Diskurses statt, der von der Twitterkommentatorin sowie von der Guardianredaktion zu dem Zeitpunkt des Postings vorausgesetzt wird. Das Bild wirkt damit in seiner Interpretation und durch das Bildmotiv agonalitätsmindernd und trägt zum BEENDEN DES (metaphorischen) AGONALEN ZUSTANDS bei.

Interessant ist in diesem Zusammenhang diskurslinguistisch vor allem die Deutung des Bildes. Der doppelte Regenbogen wird hier als versöhnendes Symbol oder Brückenschlag der Natur verstanden. Damit wird der Natur die Rolle einer personalisierten Entität zugeschrieben; sie wird als mächtige Instanz verstanden, die zum einen zum Fluch (*wrath*) imstande ist, zum anderen aber auch zur Entschuldigung. Beides äußert sich in vom Menschen sensuell wahrnehmbaren Zeichen wie einem Sturm oder, wie hier, einem Regenbogen. Das Verhältnis von Mensch und Natur wird hier als ein besonderes dargestellt, mehr noch: Das Photo und die Schönheit des Regenbogens fungieren als Beweis für eine entschuldigende Haltung der mächtigen Instanz Natur, die den Menschen schöne Erlebnisse wie dieses genauso bescheren kann wie Leid und Zerstörung in Form des Sturms. Die Personifizierung, die hier ausgehend vom Bild textlich hineininterpretiert wird, findet sich auch in der Textanalyse der Hauptkorpora (s. Kapitel 5.3.4).

Das BEENDEN DES AGONALEN ZUSTANDS (sowohl sprachlich als auch bildlich) anzunehmen setzt voraus, dass Agonalität im Diskurs an sich oder anderswo im Text etabliert wird. Es ist bezeichnend, dass die hier gewählten Beispiele erst zu einem vergleichsweise späten Zeitpunkt im Diskurs auftauchen, als der Hurrikan vorübergezogen und das eigentliche Diskursereignis, das die Agonalität etabliert hat, fast vorbei ist.

Als mögliches Beispiel für Agonalitätsminderung durch Gestik und Mimik von Personen soll hier ein weiteres Bild aus dem UK-Hurrikankorpus dienen, das vor allem im Vergleich mit anderen Bildern aus dem Korpus agonalitätsmindernde Wirkung aufweist.

Analysebild 13 (Mail Online, 25.10.2012) [169]

Auf dem Bild sitzen ein Mann und zwei Frauen auf einem Motorrad. Der Mann lacht und streckt die Beine nach vorne; eine Frau hält einen Schirm, unter dem sich alle vor dem Wasser zu schützen versuchen. Die Personen fahren mitten durch Wassermassen; das Wasser spritzt dabei nach oben. Die Bildunterschrift verortet die Darstellung lokal: „Drenched: These residents of Santo Domingo in the Dominican Republic brave out the storm". Die Wassermassen auf der Straße, die im Bild gezeigt werden, verdeutlichen einerseits (wie die Bildunterschrift), in welch problematischer Lage sich die Personen befinden und wie sehr das Alltagsleben verändert ist. Andererseits wirkt die Mimik der dargestellten Personen, insbesondere die des Mannes, nicht besorgt und angespannt, sondern geradezu fröhlich. Das Lächeln und die Freude an der Fahrt vermitteln in der Bilddarstellung, dass hier versucht wird, die Lage nicht zu schwer zu nehmen und eine positive Einstellung zu bewahren. Wohlgemerkt bedeutet dies nicht, dass es sich tatsächlich so verhalten muss. Es handelt sich hier ausdrücklich um die Perspektive, die im Bild in diesem Kontext vermittelt wird, und die Funktion, die das Bild in diesem Kontext hat; von dieser sind die tatsächliche Perspektive und Gefühlswelt der Personen auf dem Bild, welche der Bildrezipient nicht kennt, abzugrenzen. Interessant ist in diesem Kontext, dass Bilder wie dieses hier aus anderen vom Hurrikan betroffenen Gebieten als den USA in den Zeitungen auftauchen; dabei scheint bildlich eine besonders positive Einstel-

---

169 Bildquelle: Mail Online, Artikel vom 25.10.2012 (Travel Mail Reporter): „Hurricane Sandy latest: Florida's south coast braced for category two storm". (Urheberangabe zum Photo: EPA). http://www.dailymail.co.uk/travel/article-2222993/Hurricane-Sandy-latest-Florida-braced-Category-Two-storm.html (zuletzt mit Bild abgerufen am 12.2.2018).

lung vermittelt zu werden (vgl. auch Analysebild 4 mit den lachenden Kindern aus Haiti; kritisch dazu Nerlich/Jaspal 2013).

AGONALITÄT DER NEGATION

Negationen treten vor allem als Text im Bild auf (siehe auch Analysebild 10), insbesondere bei Protesten (teilweise auch durch eine Visualisierung als Durchstreichung). Ein besonders kulturell geprägtes Beispiel dafür soll hier betrachtet werden.

Analysebild 14 stellt ein stark kulturell geprägtes Bild aus dem britischen Diskurs dar, das Agonalität im Frackingdiskurs humorvoll veranschaulicht. Das Bild stammt aus einem kurzen Text des Guardian zu einer Umfrage. Der Titel des Textes lautet „Should fracking be banned in the UK?"; die Umfrage zeigt dann, dass ca. zwei Drittel der befragten Briten für ein solches Verbot sind. Das Bild zeigt einen Mann in kariertem Anzug mit roter Fliege, einer karierten Mütze und Backenbart, der in die Kamera lächelt. Er hält ein Transparent, auf dem mit einer Negation „No fracking please we're British" steht. Die Bildunterschrift lautet „Protesters are calling for blanket ban on fracking in the UK". Die direkte Blickrichtung, die Kress/van Leeuwen (²2006, 148) als *demand* einstufen, verdeutlicht den Appell gegen das Fracking, wie auch der Text auf dem Transparent.

Analysebild 14 (Guardian Online, 3.11.2011) [170]

---

[170] Bildquelle: guardian.com, Artikel vom 3.11.2011: „Should fracking be banned in the UK?". (Urheberangabe zum Photo: PA), https://www.theguardian.com/commentisfree/poll/2011/nov/03/should-fracking-be-banned (zuletzt mit Bild abgerufen am 12.2.2018).

Der humorvolle Unterton liegt hier in der Intertextualität begründet. „No fracking please we're British" verweist auf die Komödie „No sex please we're British" von Alistair Foot und Anthony Marriott, die von Cliff Owen verfilmt wurde und ironisch mit dem Klischee des verklemmten Briten spielt. Impliziert wird, dass es Konzepte und Sachverhalte gibt, die nicht zu den Briten passen und folglich negiert werden, und dass Fracking dazugehört. Es handelt sich also eindeutig um einen nationalen Protest (im Unterschied zu regionalen Protesten in bestimmten Regionen im Vereinigten Königreich, die von Fracking besonders betroffen sind). Dieser wird durch das Auftreten des nicht namentlich benannten Demonstranten noch verstärkt: Die bewusst altmodisch gehaltene Kleidung weckt Assoziationen an Zeiten des British Empire und „typisch britische" Charaktere.[171] Diese Aspekte des Bildes sind anders als der Text auf dem Plakat stärker subjektiv in ihrer Interpretation, aber durch den Text und den Zusammenhang gestützt. Als Akteur in der agonal geführten Debatte wird die ganze britische Nation bildlich und sprachlich benannt und symbolisch durch Attribute des ‚Britischseins' gezeigt. Der Textzusammenhang mit der Umfrage stützt dies. Das Konzept ›Fracking soll verboten werden‹, das auch bei den Protesten der deutschen Gegner bei der Berlinale anklang (s.o.), wird evoziert und benannt, aber durch den Text, die Anspielung und den Habitus der dargestellten Person stärker national verankert. Eine Teilbedeutung des Konzepts ist damit in diesem Zusammenhang das Attribut ‚britischer Protest' im Unterschied zu anderen regionalen Protesten oder nicht räumlich benannten Protesten. Die Agonalität des Bildes insgesamt ist von hohem Ausmaß durch den Text im Bild; doch durch Intertextualität und die Bilddetails (bezogen auf den Akteur) wird die Agonalität zwar ausgedrückt, jedoch humorvoll gemildert.

Agonalitätsverstärkung durch Kontrast von Text und Bild
Auch Bilder mit dezidiert nicht agonalen Inhalten können durch den Text agonal wirken, wenn dieser eine entsprechende Deutung nahelegt. Dies soll nun an einem besonders eindrücklichen Beispiel verdeutlicht werden: Das Motiv des Biers in den Darstellungen zum Thema Fracking. Analysebild 15 stammt aus einem Online-Artikel der Bild-Zeitung mit dem Titel „Reinheitsgebot in Gefahr!", der auf einen Brief von Brauereibesitzern an die Bundesregierung eingeht, in dem Fracking als gefährdend für das sogenannte Reinheitsgebot für Bier eingestuft wird. Auf dem Bild ist zu sehen, wie Bier aus dem Hahn gezapft

---

[171] Die Mütze könnte eine Anspielung auf den berühmten „deer-stalker hat" des von Arthur Conan Doyles erfundenen viktorianischen Detektivs Sherlock Holmes sein.

wird. Der Fokus liegt auf Zapfhahn und Glas, unscharf sind weitere Gläser zu sehen. Die Person mit weißem Hemd, die das Bier zapft, ist oberhalb der Handgelenke nicht zu sehen. Das warme Licht des Bildes und die dargestellten Gegenstände lassen den Betrachter ein Wirtshaus assoziieren, mit möglichen Konnotationen wie 'Gemütlichkeit' oder 'Geselligkeit'. Das Bild selbst wirkt damit nicht agonal. Die Bildunterschrift jedoch stellt es in einen agonalen Kontext: „In einem Brandbrief an die Bundesregierung warnt der Brauer-Bund vor einer Verunreinigung des Trinkwassers". Der Ausdruck *Brauer-Bund* stellt die Beziehung zum Bild her, das ansonsten recht abgekoppelt von der hier keineswegs redundanten Bildunterschrift wirkt. Gleichzeitig wird der Konflikt um das Konzept ›Fracking gefährdet das Trink- und Brauwasser‹ aufgegriffen. Dass Fracking das Problem ist, wird erst bei der Lektüre des Textes deutlich. Anders als oben kann man hier von einer Agonalität zwischen Bild und Text ausgehen, im Unterschied zur Agonalität zwischen Bildern (vgl. Analysebild 1) oder Agonalität im Bild selbst (wie in Analysebild 7).

Die Agonalität liegt somit weniger im Bild als zwischen Text und Bild. Die visuelle Darstellung erfüllt zwei wichtige Funktionen in Bezug auf Agonalität. Zum einen wird mit dem Bildmotiv die Verbindung zum Brauer-Bund als Akteur hergestellt. Zum anderen werden durch die Darstellung des Motivs möglicherweise Assoziationen an gemütliche Gelegenheiten, vielleicht sogar Erinnerungen, beim Leser geweckt.

Analysebild 15 (bild.de, 23.5.2013)[172]

---

172 Bildquelle: bild.de, Artikel vom 23.5.2013: „Reinheitsgebot in Gefahr!". (Urheberangabe zum Photo: Sascha Schuermann/dapd). S. Artikel unter http://www.bild.de/geld/wirtschaft/ brauereien/brandbrief-an-die-bundesregierung-reinheitsgebot-in-gefahr-30506256.bild.html (zuletzt mit Bild abgerufen am 7.10.2013)

Durch die potenzielle Verbindung mit der Lebenswelt der Leser wird somit die Dramatik des Konflikts, welchen der Text darstellt, eventuell verstärkt wahrgenommen – das Problem betrifft nicht nur den Brauer-Bund, sondern auch den Konsumenten, der dem Produkt „Bier" womöglich bald nicht mehr trauen kann.

Analysebild 16 (bild.de, 24.5.2013) [173]

Ähnlich wirkt auch das Analysebild 16 im Artikel „Politiker wollen Reinheitsgebot schützen", das im Zentrum des Bildes gefüllte, von nicht zu erkennenden Personen erhobene Bierkrüge vor blauem Himmel und Sonnenschein zeigt. Hier lautet die Bildunterschrift „Immer mehr Politiker fordern: Achtet das Reinheitsgebot!". Die Bildunterschrift benennt die Forderung der Politiker in Reaktion auf den Brauer-Bund und seinen Brief. Der Konflikt selbst wird eher im Haupttext verhandelt, aber auch dieses Bild sorgt dafür, dass die dargestellte Geselligkeit und Vergnügen in der Kombination mit dem Text als gefährdet wahrgenommen werden. Beide Bilder vermitteln Harmonie, was die Wirkung des Gesamttextes, der diese Harmonie als gefährdet konstruiert, insofern verstärkt, als die persönliche Lebenswelt des Lesers angesprochen wird. Die Funktion der Bilder 15 und 16 liegt in der Verstärkung der Agonalität durch den Kontrast des Textes mit dem harmonischen Inhalt, indem die Wirkung beim Leser durch das Bild verstärkt und personalisiert werden soll: Die Gemütlichkeit, die das Bild evoziert und die der Text allein so nicht herausstellt, scheint gefährdet. Diskursvergleichend sind diese Artikel mit ihren Bildern insofern interessant, als das Motiv der Deutschen, die um die Reinheit des Biers besorgt sind, von der

---

173 Bildquelle: bild.de, Artikel vom 24.5.2013 (Autorenkürzel ab, jan): „Politiker wollen Reinheitsgebot schützen". (Urheberangabe: Getty Images), http://www.bild.de/politik/inland/bier/politiker-wollen-reinheitsgebot-schuetzen-30521146.bild.html (zuletzt mit Bild abgerufen am 7.10.2013).

englischsprachigen Presse ironisiert aufgegriffen wird (s. auch Kapitel 5.2.1), auch etwa in der Überschrift „Ach nein! Germans worried they could run out of BEER!" (Daily Star Online, 24.5.2013).

Es zeigt sich hier, wie auch ein nicht an sich agonal wirkendes Bild im Wechselspiel mit dem Text eine Funktion bei der Evozierung von Agonalität übernehmen kann. Die Bildwirkungen sind im Zusammenhang mit Agonalität insgesamt unterschiedlich, und das Zusammenspiel mit dem Text, der verschiedene Bildrezeptionen desambiguiert, ist entscheidend.

6.1.3 Fazit zu Agonalität und Bildverwendung

Insgesamt zeigt sich, dass Bilder für die Konstruktion von Agonalität ebenso wie sprachliche Indikatoren eine wichtige Rolle spielen können. Gleichzeitig bleibt hier viel Raum für Interpretation. Die Bilder werden als zusätzliche Leistung in einem Geflecht agonaler Dimensionen gesehen, die auf Grundlage von Erkenntnissen zu Bildwirkungen analysiert werden können. Ihre Relevanz bei der Rezeption ist insgesamt als sehr hoch einzuschätzen. Agonale Inhalte in Bildern bzw. das Zusammenspiel mit agonalen Indikatoren in der Textstruktur verstärken damit den Grad der Agonalität in Texten.

Verschiedene Formen der Indizierung von Agonalität lassen sich ausmachen, wenn Agonalität in der Bildverwendung betrachtet wird.

- Agonalität kann zwischen Bildern bestehen bzw. aus der Bildkombination entstehen (vgl. AGONALITÄT DER EXPLIZITEN GEGENÜBERSTELLUNG).
- Agonalität kann durch die Bildinhalte selbst dargestellt werden. Dabei kann zum einen das Weltwissen des Betrachters gefordert werden (z.B. bei der Flamme aus dem Wasserhahn). Personen können sich außerdem in einem offensichtlichen Konflikt miteinander befinden; dies kann aus den Bildinhalten deutlich werden. Auch hier ist Vorwissen des Rezipienten gefordert.
- Agonalität kann durch Sprachverwendung im Kontext des Bildes entstehen. Dies kann zum Beispiel dadurch geschehen, dass Sprache im Bild abgebildet wird. Dies spielt etwa bei Transparenten von Demonstrationen eine Rolle, bei denen durch die Form des Protests aus dem Weltwissen heraus klar ist, dass hier für oder gegen eine Sache agonal Stellung bezogen wird. Gleichzeitig werden aus den Transparenten der Gegenstand des Protestes und die Position klar. Auch eine Bildunterschrift oder andere Bildaspekte können die agonale Deutung des Bildes stützen, sodass das Bild erst dadurch in einen agonalen Kontext eingebettet wird.

- Agonalität kann auch durch das Zusammenspiel zwischen Bild und Text erst entstehen. Besonders auffällig ist dies bei Bildern, die zwar harmonisch wirken, aber in der Kombination mit dem Text in agonale Kontexte gerückt werden, etwa durch die Gefährdung der visuell dargestellten Harmonie.

In Pressetexten spielen Bilder insgesamt eine zentrale Rolle. Der Exkurs zeigt, wie wichtig sie auch für eine Analyse von Agonalität sein können. Linguistische Diskursanalysen gewinnen insgesamt an Aussagekraft, wenn eine multimodale Perspektive gewählt wird.[174] Angesichts der geringen Menge an Texten kann hier keine umfassende Aussage zu Bildverwendungen in den gewählten Diskursen getroffen werden; dennoch zeigt sich, wie die Bilder Agonalität unterstützen, mildern oder umdeuten können. Vor allem das Gefahrenpotenzial von Fracking sowie die Schäden durch Hurrikan Sandy wurden in den gewählten Korpora bildlich verdeutlicht.

Was die Dimensionen der Agonalität von Bildern betrifft, lassen sich die sprachlich definierten Dimensionen mit Einschränkungen übertragen. Besonders die Dimensionen AGONALITÄT DER EXPLIZITEN GEGENÜBERSTELLUNG und AGONALITÄT DER EXTERNEN HANDLUNGSAUFFORDERUNG spielen für die hier untersuchten Korpora eine wichtige Rolle. Die Dimension AGONALITÄT DER LEXIKALISCHEN GEGENÜBERSTELLUNG muss hier allerdings als AGONALITÄT DER VISUELLEN GEGENÜBERSTELLUNG umformuliert werden, bei der wie schon bei der AGONALITÄT DER LEXIKALISCHEN GEGENÜBERSTELLUNG in besonderer Weise Welt-, Sprach- und (hier) auch Bildwissen beim Rezipienten gefordert sind. Die Bildlichkeit trägt insgesamt dazu bei, den Diskurs anschaulicher zu machen und agonale Zusammenhänge auf unterschiedliche Weise zu verstärken oder auch zu mildern. Die Rolle des einzelnen Bildes in Bezug auf Agonalität kann jedoch nur in einer qualitativen Analyse untersucht werden; dies betrifft besonders Bilder, die eigentlich wenig mit Agonalität zu tun haben (wie in den Analysebildern 15 und 16 zu Fracking und Bier), die aber durch den Kotext in ein agonales Gefüge eingebaut werden und dort die Agonalität des multimodalen Gesamtgebildes verstärken können. Insgesamt erscheint es somit durchaus sinnvoll, Bilder in die Untersuchung einzubeziehen. Schon aufgrund der in Kapitel 6.1.1 geschilderten Bildwirkung ist ihre Relevanz für Diskurse nicht zu unterschätzen, und auch in Bezug auf Agonalität spielen sie, wie hier an einer Reihe von Beispielen gezeigt werden konnte, eine wichtige Rolle, die in weiterführenden Studien noch genauer untersucht werden sollte.

---

174 Zu weiteren Möglichkeiten der multimodalen Analyse im Überblick siehe auch Kress/van Leeuwen (2001).

6.2 Agonalität in der Frackingthematik: Ein fiktionaler Ausflug

6.2.1 Einführung

Nach der Analyse des Mediendiskurses (Kapitel 5) und der Text-Bild-Beziehungen (Kapitel 6.1) soll nun ein Blick auf eine gänzlich andere Textsorte geworfen werden. In einem Exkurs wird beispielhaft an zwei Romanen zum Thema Fracking untersucht, ob sich die bisher in dieser Arbeit entwickelte Analyse der Agonalität und die Erkenntnisse zum Mediendiskurs um Fracking auch auf eine fiktionale Textsorte anwenden lassen bzw. was beim Einbezug dieser Textsorte an Aspekten hinzutritt. Auf diese Weise wird mit einer „diskurslinguistischen Brille" auf fiktionale Texte geschaut, die sich mit der Frackingthematik in einem fiktionalen Kontext beschäftigen. Ein diskurslinguistisches Verfahren wird somit hier auf eine Textsorte angewendet, deren Untersuchung tendenziell eher in das Feld der Literaturwissenschaft fällt.

Eine engere Zusammenarbeit zwischen Literatur- und Sprachwissenschaft wird in den letzten Jahren zunehmend gefordert und spiegelt sich in neueren Forschungsprojekten wider.[175] Bereits 2005 schlägt Dietrich Busse eine größere Annäherung zwischen Sprach- und Literaturwissenschaft vor (2005, 42). Auch Fix (2015) plädiert für eine größere Annäherung zwischen Linguistik und Literaturwissenschaft innerhalb der Germanistik und beklagt die Scheu beider Disziplinen voreinander (vgl. Fix 2015, 21). Breuer verweist zwar darauf, dass die Disziplinen an neuen Universitäten meist getrennt auftreten (vgl. Breuer 2015, 25); auch Gardt (2015, 28) weist auf unterschiedliche Erkenntnisinteressen hin. Doch es gibt auch Versuche der Zusammenführung von linguistischen und literaturwissenschaftlichen Ansätzen, v.a. in der anglistischen Forschung (vgl. Beatrix Busse 2006 zu vokativen Konstruktionen bei Shakespeare, Leech/Short ²2007, Short 2011, den Sammelband von Dan McIntyre und Beatrix Busse (Hg.) (2010)); diese anglistischen Ansätze verorten sich vor allem im Feld der stylistics und verwenden auch quantitative Methoden (vgl. im Überblick McIntyre/Busse 2010). Ferner liegen im germanistischen Bereich einige qualitative Arbeiten vor, wie die Dissertation von Attig (2015), die Arbeiten von Ulla Fix (Hg.) (2013) und die Beiträge in den Sammelbänden Bär/Mende/Steen (Hg.) (2015), Fludernik/Falkenhayner/Steiner (Hg.) (2015) – darin v.a. Fludernik (2015) zu Beschreibungen in Fiktionalität und Faktualität –, Beßlich/Felder (Hg.) (2016) sowie Betten/Fix/Wanning (Hg.) (2017)).

---

175 Frühere vereinzelte Ansätze zeigen zum Beispiel Trabant (1974) und Scherner (1994).

In diesem Exkurs soll die diskurslinguistische Methode, die in Kapitel 4 erarbeitet und in Kapitel 5 auf Medientexte angewendet wurde, an zwei fiktionalen Texten zum Thema Fracking erprobt werden. Das linguistische Verfahren, mithilfe von Indikatoren verschiedene Dimensionen von Agonalität und ihre Ausprägung in Texten zu finden, wird damit von faktualen Medientexten auf einen literarischen Gegenstand übertragen. Zum einen soll dies weitere Erkenntnisse zum Diskursthema Fracking ergeben, zum anderen soll untersucht werden, ob diese für faktuale Texte entwickelte Einteilung von Dimensionen mit den dazugehörigen Indikatoren auch für fiktionale Texte nutzbar gemacht werden kann, und welche Unterschiede und Gemeinsamkeiten sich bei der Anwendung ergeben.

Die Handlung der gewählten Romane wird zum besseren Verständnis in 6.2.2 skizziert. In 6.2.3 sollen die Dimensionen der Agonalität, die sich in den fiktionalen Werken finden, aufgezeigt werden. Die agonalen Zentren, die sich konkret in den untersuchten Romanen zeigen, werden in 6.2.4 erläutert. Da darüber hinaus weitere Aspekte wie Akteursdarstellungen und semantische Kämpfe eine wichtige Rolle spielen, werden diese weiterführenden Punkte in 6.2.5 ausgeführt. Anschließend wird das Mensch-Natur-Verhältnis, das in den Romanen konstruiert wird, genauer untersucht (Kapitel 6.2.6). Bei dem hier vorliegenden Kapitel handelt es sich ausdrücklich um einen Exkurs, der keine vollständige Analyse des fiktionalen Diskurses anstrebt und qualitativ vorgeht. Gleichwohl sollen die erwähnten Romane zum einen als Ergänzung zur Mediendiskursanalyse betrachtet werden; zum anderen soll der Mehrwert des Ansatzes, Dimensionen und Indikatoren der Agonalität in Texten und Diskursen zu analysieren, qualitativ für fiktionale Texte geprüft werden. Diese Ansätze könnten in weiteren Untersuchungen an einem größeren digitalen Korpus literarischer Texte ebenfalls im Geiste des Feldes der stylistics korpuslinguistisch untersucht werden, ähnlich wie in den Medientexten in Kapitel 5.

Zum Thema Naturkatastrophen und Sturmfluten gibt es bereits zahlreiche literarische Werke, denen in der Vergangenheit viel Aufmerksamkeit aus literatur- und kulturwissenschaftlicher Sicht geschenkt wurde (vgl. für Übersichten die Beiträge in Groh/Kempe/Mauelshagen (Hg.) (2003), Wanning 2005, Frömming 2006 und ausführlich F. König in Vorb.).[176] Die literarische Behandlung von Naturkatastrophen im weiteren Sinne ist damit wissenschaftlich bereits ausführlich bearbeitet worden. Das Frackingverfahren dagegen hat als relativ neuartiges Verfahren noch kaum fiktionale Bearbeitung erfahren, und die be-

---

[176] Einen Überblick über Umweltschutzanliegen in Zusammenhang mit fiktiven Katastrophen in englischer Science Fiction bietet Huffman (2002).

reits entstandenen Werke dazu wurden noch nicht in den Blick genommen. Deshalb werden hier bewusst zwei Romane zum Thema Fracking ausgewählt, da seine Behandlung in fiktionalen Textsorten noch etwas Ungewöhnliches ist und als beispielhaftes innovatives Thema für die Anwendung der linguistischen Methode gewählt werden kann.

6.2.2 Zum Inhalt der ausgewählten Romane

Es wurden ein deutsch- und ein englischsprachiger Roman ausgewählt, um diese wie in den Mediendiskursanalysen sprachlich und kulturell vergleichen zu können. Zum besseren Verständnis soll die Handlung beider Romane im Folgenden kurz zusammengefasst werden.

Lukas Erlers Buch *Brennendes Wasser* ist 2014 in zweiter Auflage im Arena-Verlag erschienen, d.h. einem Verlag, der sich vor allem auf Kinder- und Jugendliteratur spezialisiert hat. Dem Titel wird die Bezeichnung „Thriller" hinzugefügt, wodurch der Roman einem spannungsreichen Genre zugeordnet wird. Der Roman erzählt aus verschiedenen Perspektiven über das Thema Fracking. Zu den Hauptfiguren zählt der deutsche Jugendliche Josh mit seinen Freunden Caro und Speedy aus einem kleinen Ort in Niedersachsen, die eine Gasexplosion im Haus eines alten Mannes beobachten, als dieser mit seiner Pfeife an den laufenden Wasserhahn kommt. Die gleichzeitig stattfindenden Frackingbohrungen auf einem alten Brachland namens Adrians Grund (früher im Besitz von Joshs Familie, die das Land an die kanadische Firma *International Energy Exploration Systems* verkauft hat) werden als mögliche Ursache betrachtet. Dem kanadischen Unternehmer Robert Coldstone wird von seiner Firma die Schuld daran gegeben, dass es Zeugen für diesen Vorfall gibt. Er schickt heimlich einen Auftragskiller nach Deutschland, der Caro ermorden soll; Josh gelingt es jedoch, sie in letzter Minute zu retten. In einer Parallelhandlung in Colorado zwingt der Farmerssohn Gary Warshinski mit Waffeneinsatz eine Reihe von Managern der Firma *National Gas & Oil*, das angeblich ungefährliche Wasser von der Farm seiner Familie zu trinken. Er macht die Bohrungen der Firma für die Verschlechterung der Wasserqualität, die diese bestreiten (obwohl sie sich sofort in ärztliche Behandlung begeben), verantwortlich. Eine Verbindung zwischen beiden Handlungssträngen wird dadurch hergestellt, dass die Sekretärin und ehemalige Geliebte von Robert Coldstone von den Mordplänen ihres Vorgesetzten hört und ihre Schwester Gillian Hayes, die Anwältin von Gary Warshinski, informiert. Diese warnt daraufhin die deutschen Behörden und schließlich Caros

Mutter. Am Ende des Romans reist Gary nach Deutschland zu Josh, um der Rache des Unternehmens zu entgehen.

In James Brownings Roman *The Fracking King* (2014) ist der Protagonist und homodiegetische[177] Erzähler Winston Crwth (ausgesprochen wie *truth*) ebenfalls ein Jugendlicher. Aufgrund seines Talents für Scrabble erhält er ein Stipendium der Energiefirma *Dark Oil and Gas* für das Internat Hale in Pennsylvania, welches große Teile seines Landbesitzes an die Firma verpachtet hat. Diese Firma betreibt dort Fracking, was immer wieder thematisiert wird: Etwa wenn sich die Zigarette von Winstons Mitbewohner Rich Urlacher im Wohnheim Fitler am Wasserhahn entzünden lässt oder Jugendliche über Gesundheitsbeschwerden klagen. Auch Richs Vater, der Lehrer und Poet Thomas Urlacher, leidet an körperlichen Beschwerden und führt diese auf das Trinken verseuchten Wassers zurück. Winston gelingt es, durch das Scrabbleturnier, bei dem er antritt, ein Treffen mit der Gouverneurin Linda King LaRue zu erhalten. Diese steht wegen ihrer Verbindung zu *Dark Oil and Gas* in der Kritik. Beim Scrabblespiel vor der Presse bringt er sie geschickt dazu, den Ausdruck *Fracking* zu legen, der beim Scrabble kein zugelassener Ausdruck ist. Dies trägt am Ende nach Schilderung Winstons zum Skandal um ihre Verbindungen zur Industrie und ihrem schwindenden Ansehen bei.

In beiden Romanen, insbesondere in *The Fracking King*, werden auch Themen, die nichts mit Fracking zu tun haben, diskutiert. Beide enthalten beispielsweise eine Liebeshandlung und andere Aspekte aus dem Leben der Jugendlichen; in *The Fracking King* sinniert der Protagonist zudem häufig über das Scrabblespielen und seine Lehrer und Mitschüler im Internat. Für die vorliegende Arbeit stehen die Passagen, die sich mit Fracking beschäftigen, im Vordergrund; es sollte aber nicht vergessen werden, dass in den Romanen noch andere Themen und Motive von Bedeutung sind. Es handelt sich bei beiden Texten nicht primär um informierende Texte zum Thema Fracking, sondern um Entwürfe fiktionaler Welten.

Für diesen Exkurs wird qualitativ im Sinne mehrfacher intensiver Lektüre verfahren. Folgende Fragen stehen dabei im Vordergrund und bilden den Rahmen für die in diesem Kapitel diskutierten Aspekte: Welche Dimensionen der Agonalität treten in den Romanen auf? Welche agonalen Zentren aus der Mediendiskursanalyse lassen sich wiederfinden? Welche zusätzlichen Aspekte und Besonderheiten treten in den fiktionalen Texten auf bzw. welche Punkte aus der

---

177 Homodiegetische Erzähler sind Teil der erzählten Welt; da Winston seine eigene Geschichte erzählt, kann hier auch von einem autodiegetischen Erzähler gesprochen werden (vgl. Martinez/Scheffel ⁹2012).

Mediendiskursanalyse werden vertieft? Wie gestaltet sich das Mensch-Natur-Verhältnis in den Romanen?

6.2.3 Dimensionen der Agonalität in den gewählten Romanen

In Kapitel 4 wurden zwölf verschiedene Dimensionen der Agonalität herausgearbeitet, die auf Grundlage der Analyse in Kapitel 5 in drei Gruppen unterschiedlicher Spezifik eingeteilt wurden. In diesem Abschnitt soll es darum gehen, welche Dimensionen sich in den beiden Romanen wiederfinden lassen. Dabei wurde auf die Passagen, die besonders auf Fracking Bezug nehmen, fokussiert.

Die in Kapitel 4 eruierten Dimensionen und Indikatoren, die auf Grundlage von Medientexten, Lexika und Großkorpora erarbeitet wurden, finden sich auch in den fiktionalen Texten. Bei den ausgewählten Romanen gilt dies in besonderem Maße für die Dimensionen AGONALITÄT DER EXPLIZITEN GEGENÜBERSTELLUNG, AGONALITÄT DER ZEITLICHEN GEGENÜBERSTELLUNG, AGONALITÄT DER (NEGATIVEN) WERTUNG, AGONALITÄT DER NEGATIVEN EMOTIONEN, AGONALITÄT VON SCHEIN UND SEIN, AGONALITÄT DER LEXIKALISCHEN GEGENÜBERSTELLUNG, AGONALITÄT DER EXTERNEN HANDLUNGSAUFFORDERUNG und AGONALITÄT DER ENTSCHEIDUNGSTHEMATISIERUNG. Aus diesen ergeben sich agonale Zentren, die in 6.2.4 dargestellt werden.

Die Indikatoren der AGONALITÄT DER EXPLIZITEN GEGENÜBERSTELLUNG finden wie schon in den Medientexten breite Anwendung. Sie erlauben auch hier einen breiten Zugang zu agonal verhandelten Sachverhalten. Dies kann eine allgemein gefasste Gegenüberstellung von Argumenten pro und contra Fracking sein, wie im folgenden Beispiel mit dem Indikator *andererseits* (BW1)[178], oder der Benennung widersprüchlicher Handlungen (BW2):

> (BW1) Was brachte es, sich dagegenzustemmen? Entstanden nicht auch neue Jobs und neuer Wohlstand durch diese Fördermethoden? Andererseits: Was nützte der Wohlstand den Farmern, wenn sie ihr eigenes Wasser nicht mehr trinken konnten? (50)
> (BW2) Das Wasser sei unbedenklich, hatte er gesagt, aber er wollte nichts davon trinken. (39)

Auch Kampf- und Sportmetaphern tauchen vermehrt auf, was die Nähe zur ursprünglichen agonalen Situation der Antike verdeutlicht: So betrachtet bei-

---

[178] Die eingerückten Zitate aus *Brennendes Wasser* werden mit BW gekennzeichnet und nummeriert, die Zitate aus *The Fracking King* mit TFK. In Klammern wird dahinter die Seitenzahl im Roman angegeben.

spielsweise die Anwältin Hayes ihre Auseinandersetzung mit der Energiefirma als *Kampf* (BW, 170) und bezeichnet einen Erfolg mit dem Ausdruck *touchdown* (BW, 170) aus dem American Football.

Die AGONALITÄT DER ZEITLICHEN GEGENÜBERSTELLUNG betrifft in beiden Romanen vor allem die finanzielle Situation der Landbesitzer (d.h. Joshs Familie, die das Ödland für viel Geld verkauft hat, oder Winstons Schule, die Land verpachtet) sowie die Veränderung von Land und Industrie, etwa der Niedergang alter Industrien in Pennsylvania. Den Geldsorgen der Vergangenheit werden der Boom der Gegenwart und das Zukunftsbild gegenübergestellt. Die Welt ist in den Romanen im Wandel; vieles, was gestern noch galt, muss morgen nicht mehr gelten. Darin liegt Potenzial zum Konflikt; die Schlussfolgerung etwa wird im folgenden Zitat ausgespart, da die Bedeutung der Entwicklung nicht abzusehen ist:

> (TFK1) The trucks ran twenty-four hours a day, and I'd heard Dr. Goltz say that it would be forty or fifty years **before** the state was completely fracked and that meant ... (120)

Die AGONALITÄT DER RELEVANZKONKURRENZ und die AGONALITÄT DER EXTERNEN HANDLUNGSAUFFORDERUNG treten oft gemeinsam auf. In beiden Romanen spielen Machtverhältnisse eine entscheidende Rolle: Dabei wird den einzelnen Personen und teilweise auch Positionen unterschiedliche Relevanz und unterschiedlicher Einfluss auf das Verhalten anderer zugesprochen. Die jugendlichen Protagonisten treten dabei in der Rolle der weniger Mächtigen auf, denen aber ein Teilerfolg gegen die als mächtig charakterisierten Antagonisten gelingt. Die Machtunterschiede werden etwa mit Vergleichen wie *David gegen Goliath* (BW, 109) verdeutlicht; der Farmerjunge wird als *völlig bedeutungsloses Landei* perspektiviert und seine Meinung damit als irrelevant eingestuft (BW, 34). Die größere Relevanz als Akteur wird den Fracking betreibenden Firmen zugesprochen. Hinzu treten im Jugendbuch *Brennendes Wasser* (weniger in *The Fracking King*) auch LEXIKALISCHE GEGENÜBERSTELLUNGEN: So wird mit lexikalischen Gegenüberstellungen auch ein Kontrast in der Kleidung und damit implizit auch im Vermögen und dem möglichen Status der Beteiligten verdeutlicht, was Einfluss darauf hat, wie relevant ihre Positionen im Machtgefälle erscheinen. So kontrastiert die Kleidung der Frackinggegner (Gary *in Jeans, T-Shirt und Turnschuhen* (30), Gillian Hayes *mit ihren Jeans, dem T-Shirt und den Sneakers*) mit der Kleidung und dem gesamten Habitus derjenigen, die Fracking betreiben oder befürworten: Diese „trugen teure Anzüge und Uhren" (BW, 30) und beim Besuch der Anwaltskanzlei ist Gillian Hayes

(BW3) überrascht, wie sehr die Kanzlei in ihrer protzigen Aufmachung dem Bild entsprach, das in Hollywoodfilmen von den Anwaltsfirmen der Reichen und Mächtigen gezeichnet wurde. (103)

Mithilfe dieser LEXIKALISCHEN GEGENÜBERSTELLUNG innerhalb des Romans wird das finanzielle Gefälle zwischen Protagonisten und Antagonisten verdeutlicht. Insbesondere im Jugendroman kann man hier auf eine leichte Sympathielenkung zugunsten der Frackinggegner schließen, die mit ihrer Kleidung möglicherweise auf jugendliche Leser authentischer wirken als die teuer gekleideten Unternehmer. Dies geht auch mit NEGATIVEN WERTUNGEN einher, wie etwa Garys negative Beschreibung *Fünf Nadelstreifentypen, einer schmieriger als der andere* (BW, 46) mit der expliziten negativen Wertung *schmieriger*. Diese Gegenüberstellung auf einer optischen Ebene ist in *The Fracking King* weniger ausgeprägt; hier ist eher der Zugang zu Entscheidungsträgern und die Macht, Aussagen zu unterdrücken, Teil des Machtgefälles, etwa wenn die Unternehmerfamilie Dark anders als die Demonstranten Zugang zur Gouverneurin erhält und über Winstons Stipendium entscheiden kann oder die Schuldirektion die Entscheidung trifft, Winstons Mitschüler Rich Urlacher nach seinen Entdeckungen von der Schule zu weisen. Hier ist das Machtgefälle eher Teil der Dimension AGONALITÄT DER ENTSCHEIDUNGSTHEMATISIERUNG. Die AGONALITÄT DER RELEVANZKONKURRENZ betrifft in diesen Romanen vor allem die Frage, wer gesellschaftlich relevant und bedeutend genug ist und genug Macht besitzt, seine Positionen durchzusetzen – und dadurch gegebenenfalls anderen den eigenen Willen aufzudrücken, was mit Mitteln der AGONALITÄT DER EXTERNEN HANDLUNGSAUFFORDERUNG dargestellt wird. Auch wenn (oder gerade weil) die Protagonisten dabei als wenig mächtig geschildert werden, wird die Sympathie des Lesers auf die jungen Protagonisten gelenkt, die dem Fracking eher negativ gegenüberstehen.

Die Dimension AGONALITÄT DER NEGATIVEN EMOTIONEN spielt ebenfalls eine wichtige Rolle. Zum einen geht es um Gefühle der Angst gegenüber den Frackingfolgen:

(TFK2) The first person I ever saw light Fitler's water on fire was my old roommate Rich. The sight of flaming tap water **scared** the hell out of me but Rich was from Ohio and had seen whole rivers burn. (3)

Zum anderen werden den Gegnern des Fracking von den stärker negativ gezeichneten Befürwortern Hysterie und Unvernunft vorgeworfen: Negative Emotionen werden also, wie schon in Kapitel 4 festgestellt, zur Demontierung der gegnerischen Glaubwürdigkeit eingesetzt oder um Gewaltbereitschaft zu zeigen:

> (BW4) „Sie haben in ganz Colorado die Farmer **aufgehetzt** und diese Sammelklagen gegen Fracking organisiert?" (105)
> (BW5) **Hysterie** und **Unvernunft** der Umweltschützer (116)
> (TFK3) [...] David had convinced me to push him to an **angry mob**, some of whom were **lynching** his father in effigy, and introduce him to a girl who, I knew, must **hate** him and his family. (150)

Die negativen Emotionen wie *Hysterie* (BW5) oder *angry* (TFK3) werden hier dazu verwendet, die Träger dieser Emotionen als negativ und nicht seriös darzustellen. Der Ausdruck *mob* wirkt hier zusätzlich negativ wertend und kennzeichnet die Demonstranten als gefährlich und unüberlegt handelnd.

Besonders hervorzuheben ist die Dimension AGONALITÄT VON SCHEIN UND SEIN. Sie spielt in den Romanen wie schon im Mediendiskurs eine entscheidende Rolle und es lassen sich zahlreiche Indikatoren finden. Deutlich wird vor allem in *Brennendes Wasser*, welche Bedeutung in der fiktionalen Welt dem äußeren Anschein zukommt: So geht der Unternehmer Coldstone bis zum Auftragsmord, um einen möglichen Zusammenhang zwischen der Gasexplosion und dem Frackingverfahren zu vertuschen, und es werden spezialisierte PR-Berater angestellt, die das Unternehmen in der Öffentlichkeit gut darstellen sollen. In beiden Romanen werden Gutachten angezweifelt, wobei Indikatoren der AGONALITÄT VON SCHEIN UND SEIN verwendet werden:

> (TFK4) "Yeah, well, these tests **can't be right**." (119)
> (TFK5) "**I know what I saw**," I said. "Do you think you're going to **buy my silence** with two days off from school?" (92)

Als erste Bilanz kann festgehalten werden, dass verschiedene Dimensionen der Agonalität sich auch in fiktionalen Texten finden und hier teilweise auch ähnlich inhaltlich ausgeprägt werden. Genaueres zur konkreten inhaltlichen Ausprägung in Form von agonalen Zentren soll in 6.2.4 erläutert werden.

6.2.4 Agonale Zentren in den Romanen: Parallelen zur Mediendiskursanalyse

Es ergeben sich verschiedene Parallelen zum Mediendiskurs. Im Folgenden sollen die agonalen Zentren, die im Mediendiskurs auftraten und sich auch in den Romanen fanden, skizziert werden.

– ›Fracking gefährdet das Trinkwasser‹ vs. ›Bei korrekter Anwendung gefährdet Fracking das Trinkwasser nicht‹

Dieses agonale Zentrum ist in beiden Romanen zentral. Dabei werden vor allem Gesundheitsgefahren thematisiert (der Lehrer Thomas Urlacher in *The Fracking King* wird krank, nachdem er Wasser getrunken hat) sowie in der Dimension der AGONALITÄT VON SCHEIN UND SEIN auch die Unkenntnis, was die Chemikalien im Frackwasser betrifft, verbunden mit Misstrauen gegenüber offiziellen Aussagen und Gutachten. Zum potenziell entscheidenden Beweisstück wird in beiden Romanen zum einen eine Probe in einem Glas, die den Farmern exemplarisch als Beweis für das handlungsleitende Konzept ›Fracking gefährdet das Trinkwasser‹ gilt. Zum anderen ist in beiden Romanen das Ereignis, dass Wasser entflammt wird, ein zentraler Punkt in der Handlung. Die Gegenposition wird von den Frackingbefürwortern vertreten. In *Brennendes Wasser* wird dabei klar die Position der Frackinggegner als die richtige dargestellt, da die Unternehmer selbst das Wasser nur gezwungen trinken und sich hinterher ins Krankenhaus begeben müssen.

– ›Umweltschützer sind eine nicht ernstzunehmende oder schädliche Akteursgruppe‹ vs. ›Umweltschützer sind eine wichtige Akteursgruppe‹

Bei diesem agonalen Zentrum sind besonders die Dimensionen AGONALITÄT DER NEGATIVEN WERTUNG und AGONALITÄT DER NEGATIVEN EMOTIONEN wichtig. In beiden Romanen wird tendenziell durch Sympathielenkung die Perspektive der Umweltschützer eingenommen. Ihre Gegner werten den Umweltschutz negativ und schreiben den Umweltschutzaktivisten Hysterie und Unvernunft zu. In *Brennendes Wasser* wird dabei besonders der Unterschied zwischen Deutschland und den USA bzw. Kanada dargestellt. Die Umweltschutzbewegung in Europa allgemein und Deutschland im Speziellen stellt ein Hindernis für die Fracking betreibenden Firmen dar (vgl. das folgende Zitat):

> (BW6) Niemandem in diesem Raum muss ich erklären, wie kompliziert die Lage in Europa für uns ist: Bürokratie, engstirnige Gesetze und hysterische Umweltschützer, wohin man sieht. (77, Zitat des stellvertretenden Forschungsleiters der Firma)

In beiden Romanen wird die Rolle von Protestbewegungen agonal markiert (auch durch Ausdrücke wie *mob* in TFK3). In der Fortsetzung des zuletzt genannten Zitats wird auch auf Bürgerinitiativen verwiesen. Dies entspricht der besonderen Rolle von Protestbewegungen in den Medien (s. Kapitel 5.2.4.2). In *The Fracking King* kommt es zu massiven Protesten gegen die frackingfreundliche Politik der Gouverneurin Linda King LaRue. Die große Ansammlung beeindruckt den Protagonisten und macht die Relevanz der Gruppe deutlich:

> (TFK6) People swarmed the capitol like so many hungry ants – streaming up the steps to the main entrance and the chocolate double doors, climbing on a derrick right under LaRue's window. Flames shot out the top, and the head – the part that looks like the head of a mule – was chunking up and down as if the capitol were being fracked. The sight was thrilling, as if a conquering army had come to overthrow the governor, an army bearing torches from all over Pennsylvania. (161)

Interessant ist hier die ausdrucksseitige Nähe sowohl zu Naturgewalten (*swarmed*) als auch zum militärischen Kampf (*a conquering army*). Die Auseinandersetzung hat im amerikanischen Roman Anklänge an eine weit angelegte gesellschaftliche Spaltung, während im deutschen Roman eher allgemein auf den Konflikt verwiesen wird.

- ›Fracking sollte erlaubt werden‹ vs. ›Fracking sollte nur unter bestimmten Auflagen erlaubt werden‹ vs. ›Fracking sollte nicht erlaubt werden‹

In beiden Romanen werden die verschiedenen handlungsleitenden Konzepte vertreten, jedoch mit unterschiedlichen Schwerpunkten. Grundsätzlich wird die Sympathie stärker auf die Position der Protagonisten, die Fracking kritisch gegenüberstehen, gelenkt. In *Brennendes Wasser* steht am Ende in Deutschland ein Stopp des Frackings, in den USA wird die Technik weiter angewendet. In *The Fracking King* wird die mittlere Position von Seiten der Gouverneurin als die vernünftigste, aber auch die unbeliebteste dargestellt:

> (TFK7) "[...] We need fracking but we need to do it responsibly – a position that, as you can see, is making me unpopular with the crazies on the left and the crazies on the right – " (183, Zitat der Gouverneurin)

Die verantwortliche Position (*responsibly*) kontrastiert hier mit den Zuschreibungen von Wahnsinn in Bezug auf Vertreter beider Extrempositionen; die Gouverneurin bezeichnet beide Seiten als *crazies* und ordnet sie nur einem jeweils anderen politischen Spektrum zu. Wem gegenüber verantwortlich gehandelt werden soll, wird nicht explizit, doch die Verantwortung scheint sich auf die Natur und mögliche Gesundheitsauswirkungen von Fracking zu beziehen.

- ›Fracking ist eine altbewährte Technologie‹ vs. ›Fracking ist neu und noch nicht gut getestet‹

Zumindest am Rande treten auch diese Konzepte auf. Ob das Frackingverfahren neu ist oder nicht, wird agonal thematisiert, etwa in der Konversation zwischen Winston und einem Mitschüler:

(TFK8) "But there's only been fracking for a few years, right? Hale just leased its land to dark –" [Absatz] "There's been fracking in Texas and Oklahoma since the nineteen-fifties. That's how Dark knows it's safe," Hose [Winstons Mitschüler, Anm. AM] said. (23)

Interessanterweise wird dies in Brownings Roman gegenübergestellt: Der agonale Konflikt zwischen beiden Positionen wird also wiedergegeben. *for a few years* wird zeitlich gegenübergestellt zu *since the nineteen-fifties* (12).

In Erlers Roman wird das Verfahren von den Figuren im Roman vor allem als neu dargestellt, etwa im Bericht von Joshs Vater zum Angebot des Energieunternehmens:

(BW7) „Von unkonventionellen Energiequellen war die Rede und von neuen, in Amerika entwickelten Fördermethoden." (125)

Es kommt den Medien im Roman (hier in Form einer fiktiven Sondersendung, die sich Josh ansieht) zu, auch die andere Seite darzustellen. Sie erscheinen hier in der fiktiven Darstellung bemüht, durch Multiperspektivität Objektivität zu schaffen (vgl. Felder 2013, 16):

(BW8) Befürworter verweisen darauf, dass die Fracking-Technologie seit Jahrzehnten überall auf der Welt praktiziert werde, die Gegner hingegen zeigen Bilder von zerstörten Landschaften in den USA und berichten von verseuchten Böden, vergiftetem Wasser und zahlreichen Unfällen. (137)

Mithilfe der lexikalischen Gegenüberstellung von *Befürworter* und *Gegner* sowie dem explizit gegenüberstellenden Ausdruck *hingegen* wird hier multiperspektivisch kontrastiert. In der Medienanalyse in Kapitel 5 zeigte sich ebenfalls der Versuch, verschiedene Aspekte darzustellen. Auch in der fiktionalen Darstellung kommt den Medien die Rolle zu, das Verfahren zu erklären und verschiedene Positionen zum Thema aufzuzeigen.

– Konflikte zwischen den Diskursrahmen ›Wirtschaft‹ und ›Umwelt‹

Wie in den Medien treten auch in den Romanen ›Wirtschaft‹ und ›Umwelt‹ als Diskursrahmen auf, die im Konflikt liegen. Die wirtschaftlichen Erwägungen lassen sich mit Umweltschutz nur schwer vereinbaren. Dies gilt sowohl für die großen Unternehmen als auch für die Betroffenen: Die Schule und der Stipendiat Winston profitieren indirekt vom Fracking, da das verantwortliche Unternehmen sie unterstützt; Joshs Familie ist von ihren Geldsorgen befreit. Dem stehen in den Romanen die Gesundheitsschäden und Trinkwasserverseuchungen gegenüber.

– ›Fracking verursacht Erdbeben‹ vs. ›Fracking verursacht keine Erdbeben‹

Andere agonale Zentren aus der Mediendiskursanalyse kommen nur in einem der beiden Romane vor. Dazu zählt der Verweis auf Erdbeben in *The Fracking King*:

> (TFK9) David kept talking and telling Jill frightening facts about his family business – that fracking was the cause of the earthquakes in Ohio and bird kills in Arkansas. (150)

Die Erdbebengefahr wird in Erlers Roman nicht angesprochen. Hier wird dafür am Rand auch die filmische Umsetzung in den Filmen *Gasland* und *Promised Land*, die auch in den Medien besprochen wurden (vgl. Kapitel 4), angesprochen.[179] Dem Regisseur Joshua Fox wird ausdrücklich in der Widmung gedankt und Gary bezeichnet ihn als „verdammt cool" (BW, 209). Im vorangestellten Motto wird aus dem Film *Promised Land* zitiert.[180] Der Roman wird damit in andere Verarbeitungen des Themas aus dem Kulturbereich eingeordnet und positioniert sich als Teil eines kulturschaffenden Diskurses.

Die Schauplätze in beiden Romanen – Niedersachsen, Colorado und Pennsylvania – entsprechen ebenfalls den in den Mediendiskursen benannten Orten. Auch andere aus den Mediendiskursen bekannte Orte, an denen Fracking betrieben oder erwogen wird, werden genannt, z.B. Polen, Ohio und New York.

Insgesamt ergeben sich zahlreiche Parallelen zu den agonalen Zentren in der Mediendiskursanalyse. Einige Aspekte werden zusätzlich vertieft oder treten in den fiktionalen Texten hinzu. Diese sollen im folgenden Kapitel genauer erläutert werden.

6.2.5 Zusätzliche Aspekte und Unterschiede zum Mediendiskurs

– Erklärung des Verfahrens

Während in den Medientexten das Verfahren vielfach sehr genau erklärt wird, ergibt sich beim Blick auf die beiden Romane eine große Diskrepanz. In *Bren-*

---

[179] Dies geschieht in *The Fracking King* nur am Rande, wenn auf den wirkungsmächtigen Protest in New York (im Kontrast zu Pennsylvania) verwiesen wird: „They've got John Lennon's kid and a freaking fracking film" (TFK, 140).
[180] Verwendet wird als Motto ein Zitat von Matt Damons Figur: „Wir sind ein Neun-Milliarden-Dollar-Konzern. Ist dir klar, wozu wir in der Lage sind?" Das Motto verweist damit voraus auf die Machtverhältnisse, die im Roman auftauchen.

nendes Wasser wird das Verfahren mehrfach erklärt, teilweise mit sehr ähnlichen faktualen Darstellungen wie in den Medientexten. Dies fällt zum Beispiel im Vergleich zwischen den folgenden Zitaten auf:

> (F214) Dazu dient eine Methode namens Hydraulic Fracturing (kurz: Fracking). Dabei wird eine Mischung aus Wasser, Sand und Chemikalien mit hohem Druck in die Bohrlöcher gepresst. (Focus Magazin, 25.7.2011)
> (BW9) Es handelte sich um ein höchst umstrittenes Verfahren, bei dem auf der Suche nach Erdgasvorkommen riesige Mengen Wasser mit Chemikalien und Sand versetzt ins Erdreich gepresst wurden. Durch den entstehenden Druck wurde das tropfenweise im Boden vorhandene Gas an die Oberfläche befördert. (49–50)

Das Verfahren mit dem Gemisch, das unter hohem Druck in die Erde gepresst wird, wird im Roman in Zitat (BW9) so genau geschildert wie im informierenden Pressetext (F214). Es wird also wie beim Medienpublikum nicht vorausgesetzt, dass die jugendliche Zielgruppe des Romans weiß, worum es sich bei diesem Verfahren handelt. In *The Fracking King* dagegen wird kaum erklärt, worum es sich bei Fracking handelt. Grundwissen scheint vorausgesetzt zu werden; gleichzeitig folgt der Leser der homodiegetischen Perspektive Winstons, der sich mehr für Scrabble als das Frackingverfahren interessiert und in dem unsicheren Diskurs um Fracking – zumindest zu Beginn – bewusst das Nichtwissen vorzieht:

> (TFK10) My father and I had just spent several hours **trying to figure out** what fracking was, boggling at so much grass being painted green, or the kid we saw selling "frackwater" for fifty cents a glass as if it were lemonade. Fracking was everywhere in northeastern Pennsylvania – a future for a place that had been stuck in the past – but we had concluded that **we didn't want to know**. Dark Oil & Gas was paying for my education and that was enough. (19–20)

Es ist zwar von Gesundheitsschäden und anderen Problemen die Rede, aber eine explizite Definition von Fracking fehlt in diesem Werk. Möglicherweise wird von einem US-amerikanischen Lesepublikum eher erwartet, dass es mit dem Verfahren vertraut ist (vgl. Konerding (2009, 89) zu „vagen Referenzkozepte[n]" in Diskursen und Liebert 2002 zu Metaphern, die schwierig zu verstehende Zusammenhänge in Vermittlungsdiskursen verdeutlichen). Dies könnte auf einen stärker etablierten Diskurs in den USA hinweisen.[181] Als Teil des Dis-

---

[181] Dagegen sprechen allerdings Online-Rezensionen von Lesern (vgl. dazu zum Beispiel http://www.goodreads.com/book/show/ 22348611-the-fracking-king, Stand Herbst 2016), die teilweise Verständnisschwierigkeiten beklagten. Leser aus den betroffenen Gebieten gaben dagegen ihre Herkunft aus betroffenen Gebieten und ihre Primärerfahrungen mit den im Ro-

kurses geben beide Romane folglich unterschiedlich intensiv Einblick in die fachlichen und technischen Zusammenhänge der Debatte.

– Thematisierung semantischer Kämpfe

Brownings Buch setzt insgesamt viel Vorwissen über Fracking voraus, thematisiert dafür aber (anders als Erlers Roman) intensiv und sprachspielerisch den Ausdruck *Fracking* auf der parole-Ebene. Die Ebene der Formen interessiert den Protagonisten als begabten Scrabblespieler besonders, während er der semantischen Ebene wenig Interesse entgegenbringt.

Thematisiert werden dabei vor allem die potenziell anstößige Doppeldeutigkeit von *Fracking* und die Tatsache, dass es sich in den Scrabbleregeln nicht um ein zulässiges Wort handelt, was letztlich zur Blamage der Gouverneurin führt, als diese das Wort legt. Die Nähe des Ausdrucks zum Tabuwort *fucking* wird immer wieder aufgegriffen, ohne den anderen Ausdruck konkret zu benennen; *hydraulic fracturing* gilt als der seriösere Ausdruck, der sich aber nicht eingebürgert hat:

> (TFK11) Among its many mistakes – like giving me a scholarship – I bet Dark Oil & Gas wished they had called horizontal high-pressure hydraulic fracturing something besides "fracking. [...]" FRACK seemed a little rude. (133)
> (TFK12) "[...] two percent of the meetings I have about high-pressure horizontal hydraulic fracturing – which, David, if you'd called it that, would have made my life easier." (183, Aussage von Gouverneurin Linda King LaRue)

Die Ausdrucksebene erscheint hier als Teil des Problems beim Thema Fracking. In Winstons Schule wird nach dem Vorfall mit dem Wasserhahn bewusst ein anderer Sprachduktus von den Lehrern gewählt, und der Schüler Rich Urlacher wird gar nicht mehr erwähnt:

> (TFK13) [T]he suspicious thing was that Goltz stopped saying "shale" as well and began talking about the land under Hale as "the Marcellus" instead of "the Marcellus shale." "The Marcellus is what's left of the soup – the fish and krill and microorganisms – that lived in the ocean that was Pennsylvania." And instead of "fracking" Goltz began to talk

---

man geschilderten Sachverhalten teilweise als Grund an, warum sie den Roman positiv bewerteten. Der Diskurs bzw. das Wissen um Fracking könnten folglich in den verschiedenen Gebieten der USA unterschiedlich etabliert sein.

about "hydraulic fracturing." The "man camps" where roughnecks lived were now "company towns," and "Dark" became "Dark Oil and Gas", a name just as sinister. (94)

Aus der Perspektive des Protagonisten, dem Wortformen aufgrund seines Hobbys besonders auffallen, gewinnen die semantischen Kämpfe (wie zum Beispiel zwischen *man camps* und *company towns* in (TFK13)) an Relevanz. Der Lehrer Goltz, der im Namen der Schule das Geschehen euphemisierend darstellt, betreibt sozusagen Sprachpolitik im Kleinen, indem er in seinem Unterricht andere Ausdrücke wählt als zuvor. Winston reagiert sensibel auf diese sprachliche Veränderung, sodass der Roman ein spannendes fiktionales Licht auf diskurslinguistische Prozesse wie semantische Kämpfe wirft.

Die Medien werden in beiden Romanen ebenfalls als Akteure benannt (etwa der Philadelphia Inquirer in *The Fracking King* oder abfällig aus Sicht der Frackinggegner Journalisten als „Zeitungsschmierer" (TFK, 76)). Die Relevanz der Medien zeigt sich folglich auch in der fiktionalen Gestaltung des Themas.

– Fokussierte Akteure

Im Mediendiskurs sind politische Akteure und Parteien besonders wichtig. Diese spielen in den vorliegenden Romanen nur eine sehr untergeordnete Rolle. In Erlers Roman wird am Ende auf eine politische Entscheidung gegen Fracking verwiesen; in Brownings Buch ist Linda King LaRue eine häufig erwähnte Figur, die aber erst im letzten Teil des Buchs persönlich auftritt. Die Politiker sind jeweils Entscheidungsträger auf einer regionalen Ebene.

Die Romane erlauben eine andere Perspektivierung und damit einen Blick auf andere, individueller gezeichnete „Stimmen" im Diskurs. Die Perspektive der individualisierten jugendlichen und erwachsenen Betroffenen sowie der Unternehmer ist in beiden Romanen wesentlich wichtiger. In Kombination mit der Sympathielenkung (s. oben) fällt dabei die Perspektivenlenkung zugunsten der Frackinggegner aus.

In *The Fracking King* werden zudem sprechende Namen verwendet. Die Familie, der das Energieunternehmen gehört, heißt Dark; entsprechend lautet der Name der Firma Dark Oil & Gas. Das Geld, das der Gouverneurin zufließt, wird doppeldeutig als *dark money* bezeichnet (TFK, 144). Winston Crwth betont dagegen immer wieder die Lautähnlichkeit seines Nachnamens mit *truth*: „it rhymes with truth" (TFK, 4). Bereits die Namensgebung kontrastiert die beiden

Seiten und stellt die Ölfirma als dunkles Geschäft bzw. Winston als authentisch und an der Wahrheit interessiert dar.[182]

– Betonung von gesundheitlichen Auswirkungen

Gesundheitliche Auswirkungen werden in den Medien thematisiert und kommen auch am Rande (gerade in Bezug auf das Trinkwasser) in *Brennendes Wasser* vor. In *The Fracking King* spielen mögliche durch Fracking ausgelöste Gesundheitsschäden eine zentrale Rolle. Die Relevanz des agonalen Zentrums ›Fracking verursacht Gesundheitsschäden‹ vs. ›Fracking verursacht keine Gesundheitsschäden‹ ist hier also besonders groß im Vergleich zu den anderen Texten, die das Thema eher streifen. Der Roman stellt eine ganze Liste an möglichen Gesundheitsschäden auf, von Haarausfall über Tourettesyndrom bis zu der mysteriösen Erkrankung des Poeten Thomas Urlacher. Stark betont wird der Zusammenhang vor allem von Winstons Mitschüler Rich Urlacher:

> (TFK14) "What's the meaning of this list? Why is everybody sick?" [Winston] "Fracking along the river." [Rich] (87)
> (TFK15) "We're sick because of fracking?" [Winston] "Yes. Sick just like the cows who live along the Skulking, too." [Rich] (TFK, 88)

Ob es sich wirklich um Folgen von Fracking handelt, wird nicht ausdrücklich bestätigt, aber auch nicht ausgeschlossen. Interessant ist im letzten Satz der Vergleich mit den Kühen: In Bezug auf die Gesundheitsschäden werden Mensch und Tier hier nebeneinander gestellt und erweisen sich aus Richs Perspektive gleichermaßen als Opfer des Frackingverfahrens.

– Rolle von Bildern

Bilder spielen eine besondere Rolle in den Medien, was auch das Exkurskapitel 6.1 aufzeigte. In den Romanen kommt der Bildlichkeit ebenfalls eine besondere Relevanz zu: Auch wenn abgesehen von der Umschlaggestaltung keine Bilder als solche verwendet werden, werden Bilder wiederholt beschrieben und sind entscheidender Teil der Handlung und der Motivation der Charaktere.

Bereits an der Umschlaggestaltung fällt auf, wie stark das Bild des Feuers – besonders in Verbindung mit Wasser – zum Visiotyp (s. Kapitel 6.1) des Diskurses geworden ist. Die Bildlichkeit der Stichflamme wird beim Roman *Brennen-*

---

[182] Dass Winston verschiedene Tricks anwendet, um das Scrabbleturnier zu gewinnen, kann als ironische Brechung gelesen werden.

des Wasser durch die rote Flamme aufgenommen; der Titel verweist in der Text-Bild-Beziehung zudem mit sprachlichen Mitteln auf den Gegensatz von Feuer und Wasser. Für *The Fracking King* wird ein Becher mit der Titelaufschrift und mit einer aus dem Becher lodernden Flamme, die aus Pappe gebastelt zu sein scheint, als Cover gewählt.[183] Hier ist die Verbindung von Getränk und Feuer noch auffälliger und direkt mit Fracking verbunden.

Auch abgesehen von den Gestaltungen der Titelseite sind Bilder in den Romanen wichtig. In *Brennendes Wasser* dienen sie als Beweismittel und Erklärungshilfe. Erst als Josh die Bilder sieht, glaubt er den ähnlichen Schilderungen seiner Freundin:

> (BW10) „Ich bin auf Google/Bilder gegangen, hab ›Stichflamme aus dem Wasserhahn‹ eingegeben und konnte mit eigenen Augen sehen, dass Caro sich möglicherweise nicht getäuscht hat. Mag sein, dass es in Deutschland noch nicht passiert ist, aber in Amerika gibt es offenbar einen Haufen Leute, die ihr Wasser anzünden können." (121, Zitat Josh)

Die Bilder verbinden die Handlungsstränge in Deutschland und den USA durch den internationalen Konzern Google und seine Suchmaschine. Die Bildlichkeit überwindet Sprachgrenzen und gibt Erklärungen für die Ereignisse, die die Jugendlichen in Niedersachsen beobachten. Interessant ist bei beiden Romanen das Vertrauen in das Gesehene und die Eindeutigkeit des Visuellen: Sowohl Winston als auch Caro glauben dem, was sie bei den Unfällen gesehen haben, und ziehen es nicht in Zweifel, wie etwa im folgenden Beispiel deutlich wird (s. auch oben TFK5):

> (TFK16) "I know what I saw," I said. "Do you think you're going to buy my silence with two days off from school?" (92)

Die Tatsache, dass Caro Augenzeugin ist, führt sogar zum Mordanschlag auf sie; die Kamera, die Bilder der Explosion festgehalten hat, wird von einem Mitwisser bei der Polizei entwendet. Dem Gesehenen und den Bildern kommt damit höchste Bedeutung zu.

Darüber hinaus wird versucht, die Bildlichkeit zu beschreiben, wenn die ungewöhnlichen Frackingaktivitäten geschildert werden. Die Flammen und Explosionen werden in beiden Romanen ausführlich beschrieben und sind Schlüsselstellen (bei *The Fracking King* steht dieses Ereignis gleich am Anfang;

---

[183] Siehe Ansichten der Cover unter http://www.arena-verlag.de/artikel/brennendes-wasser-978-3-401-06935-7 (letzter Zugriff 11.4.2018) bzw. http://www.goodreads.com/book/show/22348611-the-fracking-king (letzter Zugriff 11.4.2018).

in *Brennendes Wasser* führt die Explosion zu schweren gesundheitlichen Konsequenzen und der ersten Auseinandersetzung der Jugendlichen mit dem Thema):

> (TFK17) The first person I ever saw light Fitler's water on fire was my old roommate Rich. The sight of flaming tap water scared the hell out of me but Rich was from Ohio and had seen whole rivers burn. (3)
> (TFK18) Rich was about to say when flames engulfed his head. A gooey black substance like burnt marshmallow ran down the wall, and Rich held his face gingerly. But the flames had shot up so quickly that they swept over Rich without really burning him ... or so I thought until I saw his expression. (89)
> (BW11) In diesem Augenblick änderte die alte Bauernkate ihre Farbe. Sie wurde rot, schien sich in alle Richtungen auszudehnen und explodierte wie ein riesiger Feuerball in der Abendsonne. Die Detonation und die Druckwelle fegten sie zu Boden. (58)

Vergleiche mit dem Feuerball und eine genaue Beschreibung der Substanz, die aus dem Hahn tritt, spielen eine wichtige Rolle. Der Wasserhahn und die Flamme verfestigen sich auch in den Romanen zum Visiotyp.

Bemerkenswert ist die Beschreibung der Bohrstelle in *The Fracking King*, für die es keine Entsprechung im deutschen Roman gibt. Winston verirrt sich nachts auf das Gelände der Frackingfirma und vergleicht das, was er sieht, mit dem Scrabblestein I_1:[184]

> (TFK18) Fracking sites, for the most part, do not look like Scrabble tiles. I'd never seen a well up close and the image of the I was the first that came to mind. Both are square and both can be a pale shade of brown that looks gray at night. The grass around this field was the same garish shade as the grass around Fitler and must have been painted, too. Walking on, I saw the thing that looked like I was a derrick and the 1 was a pipe. I know more about fracking now – the water in two dorms would become flammable, and the boys in both dorms would blame their headaches, nausea, and bad grades on fracking chemicals – but truly I was lost in my own little world if my first reaction on seeing this well was noticing the ways in which it looked like a Scrabble tile. (80)

Dieses Zitat wird hier ausführlich wiedergegeben, um noch einmal die Besonderheit der Textsorte zu verdeutlichen. In der Welt des Erzählers spielt nicht nur das Thema Fracking eine Rolle; vielmehr wird es mit anderen Themen, die Winston interessieren, verknüpft. Romane sind fiktionale Texte, die auf verschiedene Aspekte Bezug nehmen, wozu in diesem Roman auch das Thema Scrabble gehört. Damit wird der Leser auf andere Weise mit dem Thema in Berührung gebracht und erhält eine neue Perspektive, wie hier in dem ungewöhn-

---

[184] Die tiefgestellte 1 verweist beim Scrabblespiel auf den Punktewert des Buchstabensteins.

lichen Vergleich eines Scrabblespielsteins mit einem Bohrturm. Die bildliche Schilderung und der Vergleich sind für die Romane sehr wichtig als Stilmittel und unterstreichen die Nähe von Sprache und Bildlichkeit.

– Thematisierung anderer Unglücksfälle

In beiden Romanen stehen Unglücksfälle im Zusammenhang mit Fracking im Vordergrund. Angrenzend daran werden andere Ereignisse erwähnt, die als ähnlich perspektiviert werden. Dies ist aus diskursvergleichender Sicht interessant, weil es aufzeigt, was bei den Lesern als Hintergrundwissen vorausgesetzt wird und welche Diskurse als angrenzend markiert werden.

Im Roman *Brennendes Wasser* werden vor allem Umweltkatastrophen benannt, die von Menschen verursacht und aus der Perspektive des Romans verharmlost werden.[185] Der Unternehmer Coldstone verlässt sich, nachdem er sich diese Ereignisse ins Gedächtnis gerufen hat, auf einen bestimmten Spezialisten für ähnliche Fälle, was die Zuschreibung der professionalisierten Unehrlichkeit für das Unternehmen noch verstärkt:

(BW12) Kellerman befürchtete zu Recht ein PR-Desaster, wenn die Geschichte von der Stichflamme aus dem Wasserhahn an die Öffentlichkeit gelangte. Gut, dafür gab es Spezialisten. Er [Coldstone] brauchte Hilfe. Eine PR-Firma, die ... Er schloss die Augen und dachte an Bilder, die er vor beinahe einem Vierteljahrhundert im Fernsehen gesehen hatte. Der Untergang des Öltankers *Exxon Valdez* vor Alaska. Schwarzer Schlamm und ölverschmierte Tierkadaver, so weit das Auge reichte, dann die Pressekonferenzen ... ein überaus redegewandter Mann mit rötlichen Haaren. Später war die *Erika* gesunken, der Untergang des Tankers *Prestige* hatte die Küste von Galizien versaut und die Explosion der Bohrplattform *Deepwater Horizon* den Golf von Mexiko. Immer hatte es Pressekonferenzen, Erklärungen, Beschwichtigungen und Lügen gegeben und immer wieder war dieser Mann aufgetaucht. (81–82)

Hier dient die Erinnerung mehreren Funktionen: Zum einen ruft sich der Unternehmer Coldstone die Person des PR-Beraters, den er in der Folge anruft, ins Gedächtnis. Zum anderen dient die Erinnerung an vergangene Umweltkatastrophen wie jene mit der Bohrplattform dazu, das Ausmaß für den Leser zu verdeutlichen, der sich an einige dieser international Aufsehen erregenden Katastrophen vielleicht noch erinnert oder sich zumindest anhand der Beschreibungen Genaueres vorstellen kann. Diese Möglichkeit der Einordnung entspricht der Funktion von Erinnerung bei den Erwähnungen von Hurrikan

---

[185] Zahlreiche Werke der Kinder- und Jugendliteratur gehen auf solche Fälle ein (vgl. im Überblick Payrhuber ²2012).

Katrina und Hurrikan Irene im Diskurs um Hurrikan Sandy (s. Kapitel 5.3.1). Fracking wird mit anderen Katastrophen im Bereich der fossilen Energiegewinnung, die Wasser verunreinigt haben, geradezu gleichgesetzt. Die Betonung des Ausmaßes macht auch deutlich, wie der Unternehmer zu der Entscheidung gelangt, einen professionellen Auftragsmörder mit der Ermordung einer Augenzeugin zu beauftragen.

In *The Fracking King* wird kaum auf Umweltkatastrophen eingegangen, nur ein besonderer Ort in den USA, Centralia, findet Erwähnung:

> (TFK19) And while I liked the sound of fracking less and less – couldn't fracking near the school turn it into Centralia, the hollowed-out Pennsylvania town where an underground coal fire had been burning since my father was a kid? – "aa" and "pahoehoe" and other names for rocks were also some of my favourite words […]. (25)

Die Kenntnis von diesem Feuer wird im Roman, wie schon ein Grundwissen über Fracking, vorausgesetzt. Es handelt sich bei Centralia um eine real existierende Stadt in Pennsylvania, unter der seit 1962 ein Feuer in einer Kohlemine brennt und in der heute kaum noch Einwohner leben. Die genauen Ursachen für das Feuer sind umstritten (vgl. DeKok 2010). Der Erzähler befürchtet trotz seiner Begeisterung für die ungewöhnlichen Gesteinsbezeichnungen für den Schulort ähnliche Konsequenzen wie für die Geisterstadt und rückt das Verfahren damit in die Nähe eines lange andauernden mysteriösen Geschehens.

Die Romane betten damit wie die Medientexte die erzählten Ereignisse in andere Kontexte ein. Dies bietet einen anderen Blick auf das Geschehen und lenkt den Leser in seiner Beurteilung des Frackingverfahrens. Ökologische Katastrophen und mysteriöse Geisterstädte bieten hier Vergleichspunkte und lenken die Sympathie, wie auch schon die Figurenschilderung, auf die Frackinggegner.

Insgesamt werden in den Romanen Aspekte fokussiert, die in den Medienkorpora eine andere oder keine ganz so entscheidende Rolle gespielt haben und einen veränderten Zugriff auf das Thema bieten. Wie schon in den Medientexten (s. Kapitel 5.2.4.3) erwogen wurde, beschäftigt sich manch ein Diskursteilnehmer möglicherweise lieber mit fiktionalen Umsetzungen eines Themas als mit den medialen und fachlichen Verarbeitungen. Insofern ist es aus diskurslinguistischer Perspektive von Interesse zu sehen, was die fiktionalen Gestaltungen in den Vordergrund rücken.

6.2.6 Das Mensch-Natur-Verhältnis in den gewählten Romanen

Wie eingangs geschildert wird in dieser Arbeit immer wieder auf das Mensch-Natur-Verhältnis geblickt. Auch in Bezug auf die beiden fiktionalen Texten soll zum Abschluss die Mensch-Natur-Beziehung betrachtet werden.

Die Natur an sich wird selten thematisiert. Wenn sie überhaupt explizit erwähnt wird, so herrscht wie in den Medientexten eine anthropozentrische Perspektive vor. Der Blick auf den Menschen dominiert eindeutig. Verantwortung für die Natur zu übernehmen beinhaltet in den Romanen nicht nur sorgsamen Umgang mit der nichtmenschlichen Natur, sondern auch und zuallererst verantwortungsvolles Handeln gegenüber den Menschen, etwa in Bezug auf den Farmbetrieb der Familie Warshinski.

In *The Fracking King* wird in Bezug auf Natur vor allem die Landwirtschaft (z.B. Erkrankung der Kühe) thematisiert. Die Veränderung der Natur durch Fracking wird angesprochen und als unnatürlich charakterisiert. Das Gras muss grün angestrichen werden, um die Illusion einer gesunden Natur aufrecht zu erhalten, und die Flüsse lassen sich entzünden:

> (TFK20) Rich told me about growing up in northeastern Ohio, on the banks of a river where rainbows swirled magically. Some rainbows were chemicals and could dissolve the soles off a cheap pair of shoes. Some rainbows were oil and caught fire on the Fourth of July, and Rich and his father would watch these fires floating in the dark. (28)

Es wird eine Szenerie entworfen, die gleichzeitig von schönen Vergleichen wie dem Regenbogen geprägt ist (vgl. die Bildlichkeit in 6.1, Analysebild 12), zugleich aber auch von Unnatürlichkeit und Aggressivität (die Chemikalien besitzen starke Zersetzungskraft).

In *Brennendes Wasser* wird bemerkenswerterweise das Konzept von Natur als Idylle (s. im Mediendiskurs Kapitel 5.2.1.6) von der Seite der Antagonisten aufgerufen. Der Auftragsmörder Luc Reno weiß die Wälder von Maine zu schätzen. Coldstone wird trotz seiner als umweltzerstörerisch dargestellten Tätigkeit als Freund der unberührten Natur dargestellt:

> (BW13) Die Zeit auf dem Meer war fantastisch gewesen und wie in jedem Jahr hatte er [Coldstone] beim Anblick der majestätisch durch das Wasser pflügenden Wale ein ehrfürchtiges Staunen empfunden. Ein Gefühl, das ihm ansonsten abhandengekommen war. Niemand in der Firma verstand, warum ausgerechnet ein Mann wie er, dem der Naturschutz völlig gleichgültig war, zweimal im Jahr zum Whale Watching fuhr, und er hatte nicht das Bedürfnis, es jemandem zu erklären. (61)

Die Naturidylle ist folglich etwas, was aus verschiedenen Perspektiven heraus geschätzt wird. Gleichzeitig lässt diese Vorliebe die Handlungen Coldstones widersprüchlich erscheinen. Das Konzept von Natur als Ehrfurcht gebietende Macht scheint konsensual verankert zu sein, aber es führt nicht unbedingt zu einem handlungs(an)leitenden Konzept, da Coldstone in seinem Beruf die Natur nicht schützt. Es bleibt beim Nutzen für den Menschen als wichtigstem Aspekt der Natur, was auch am Rande durch den Verweis auf Parks etc. ersichtlich wird: Natur wird zum Zwecke der Erholung genossen und zum Zwecke der Energiegewinnung genutzt; ein eigener Sinn abseits anthropozentrischer Perspektiven wird ihr nicht zugesprochen. Natur ist damit insgesamt auch im Frackingdiskurs der Romane anthropozentrisch perspektiviert, wie schon in den Mediendiskursen ersichtlich wurde.

6.2.7 Fazit zur Agonalität in den Romandarstellungen

In diesem Exkurs wurde zusätzlich zu der Medientextanalyse in Kapitel 5 auf fiktionale Texte geblickt. Die Analyse der Agonalität konnte auch für die Romane nutzbar gemacht werden. Verschiedene Dimensionen der Agonalität zeigten sich in den Romanen, so etwa die AGONALITÄT VON SCHEIN UND SEIN oder die AGONALITÄT DER ZEITLICHEN GEGENÜBERSTELLUNG. Zusätzliche Zusammenhänge, die in der quantitativen Analyse der Medientexte nicht zutage traten, konnten darüber hinaus eruiert werden. Matthias Attig und Katharina Jacob (2015) machen die Parallelen zwischen faktualen und fiktionalen Texten deutlich, die sich hier ebenfalls zeigen: Auch in faktualen Texten gibt es narrative Elemente, und fiktionale Texte (in diesem Fall besonders der deutschsprachige Roman) vermitteln faktuale Inhalte, wie etwa zur Durchführung des Frackingverfahrens. Unterschiede liegen darin, welchen Wahrheitsanspruch der Rezipient vermuten darf. Romane erlauben es, eine fiktionale Zusatzperspektive einzunehmen, die nicht am selben Wahrheitsanspruch gemessen wird wie der faktuale Text. Der Romanautor unterliegt anderen sprachlichen Gesetzen als der Journalist: Der Journalist muss faktual schildern und darf in manchen Passagen je nach Medientextsorte (s. Kapitel 2) narrativ sein; der Autor muss eine Geschichte erzählen und darf, wenn es die Kohärenz des Romans erfordert, Faktuales heranziehen und sprachlich perspektivieren.

Für die linguistische Diskursanalyse bedeutet die Aufnahme fiktionaler Texte in ein Korpus potenziell eine beträchtliche Erweiterung des Horizonts. Wie man hier sehen konnte, spielen die Dimensionen der Agonalität auch in den fiktionalen Texten eine Rolle, und viele Ergebnisse der linguistischen Mediendiskursanalyse ließen sich in der Analyse der Romane wiederfinden. Das Frackingverfahren wird in denselben agonalen Dimensionen mit ähnlichen

Ausprägungen thematisiert. Übereinstimmend zeigt sich eine skeptische Haltung dem Fracking gegenüber, die allerdings in den Romanen noch stärker zum Tragen kommt. Fiktionale Texte können hier mit anderen Mitteln wie etwa Sympathielenkung eine Perspektive einnehmen; dies geschieht hier eindeutig zugunsten der Frackinggegner.

Die hier angewandte linguistische Methode erlaubt interessante Einblicke in die fiktionale Welt; die fiktionalen Werke ermöglichen zugleich zusätzliche Einblicke für eine linguistische Diskursanalyse. Mit Bär/Mende/Steen (2015) wird hier somit ebenfalls eine größere Annäherung zwischen den Forschungsbereichen Literaturwissenschaft und Linguistik befürwortet.

7 Ergebnisse und Diskussion

Zu Beginn dieses Kapitels werden zunächst die Ergebnisse in Bezug auf Agonalität im Deutschen und Englischen sowie die Resultate der Analyse zusammengefasst (Kapitel 7.1). Im Anschluss soll ein Vorschlag für die diskurstheoretische Betrachtung sprachvergleichender Untersuchungen gemacht werden (Kapitel 7.2). Das Verhältnis von Mensch und Natur, wie es sich in den hier ausgewählten Diskursen darstellt, wird abschließend erörtert und in den Kontext umweltethischer Konzepte gestellt (Kapitel 7.3).

7.1 Zusammenfassung der Ergebnisse

In der vorliegenden Studie wurden zwei Hauptfragestellungen bearbeitet:
   1) Welche Möglichkeiten existieren in den Sprachen Deutsch und Englisch, Agonalität in Texten und Diskursen zu konstruieren?
   2) Wie gestaltet sich die Agonalität in den Diskursen um Fracking und Hurrikan Sandy in den beiden genannten Sprachen und welche Sprach- und Kulturspezifika lassen sich dabei ausmachen? Wie wird das Verhältnis von Mensch und Natur dabei diskursiv gestaltet?

Um diese Fragestellungen nach im Sprach-, Kultur- und Diskursvergleich zu beantworten, wurden als wichtigste Untersuchungsgrundlage sechs Medientextkorpora zu den Themen Fracking und Hurrikan Sandy zusammengestellt. Die Texte entstammten Print- und Onlinemedien aus Deutschland, den USA und dem Vereinigten Königreich.

Bei der Betrachtung der ersten Fragestellung wurden bereits vorhandene Definitionen von Agonalität in der Linguistik durch eigene Überlegungen ergänzt, die vor allem ihre Indikatoren betrafen. Agonalität wurde für diese Arbeit definiert als breit verstandene kompetitive Opposition oder Polarität, die nicht zwingend an menschliche Akteure gebunden ist und sich auf der sprachlichen und visuellen Oberfläche äußern kann. Für potenzielle Indikatoren der Agonalität gilt, dass sie auf einen Wettstreit verweisen, einen Gegensatz markieren oder die Existenz von Konflikten oder Konfliktparteien benennen müssen.

Davon ausgehend wurden Texte aus den Korpora zunächst qualitativ analysiert. Die dabei eruierten potenziellen Indikatoren der Agonalität wurden im Anschluss quantitativ in den Untersuchungskorpora sowie in den gesamtsprachlichen Korpora COCA bzw. DWDS auf ihren Agonalitätscharakter überprüft. Dabei ergaben sich zahlreiche Indikatoren, die semantisch sehr unterschiedlich geartet sind. Diese wurden untergliedert in zunächst zehn semantische Dimensionen der Agonalität: 1) AGONALITÄT DER EXPLIZITEN GEGENÜBERSTELLUNG, 2) AGONALITÄT DER ZEITLICHEN GEGENÜBERSTELLUNG, 3) AGONALITÄT DER RELEVANZKONKURRENZ, 4) AGONALITÄT DER (NEGATIVEN) WERTUNG, 5) AGONALITÄT DER NEGATIVEN EMOTIONEN, 6) AGONALITÄT VON SCHEIN UND SEIN, 7) AGONALITÄT DER LEXIKALISCHEN GEGENÜBERSTELLUNG, 8) AGONALITÄT DER EXTERNEN HANDLUNGSAUFFORDERUNG, 9) AGONALITÄT DER ENTSCHEIDUNGSTHEMATISIERUNG und 10) BEENDEN DES AGONALEN ZUSTANDS.

Bei der Betrachtung von Grammatiken beider Sprachen ergaben sich Kategorien wie Evaluation oder Konzession, die der Agonalität sowie den semantischen Dimensionen eng verwandt sind. Daraus konnten weitere Indikatoren, die potenziell Agonalität konstruieren, abgeleitet werden. Zudem wurden aus dieser Betrachtung der Grammatiken zwei weitere Dimensionen deduktiv herausgearbeitet: 11) AGONALITÄT DER NICHT EINGETRETENEN OPTION und 12) AGONALITÄT DER NEGATION.

Die vergleichende Betrachtung thematisch gegliederter Wörterbücher beider Sprachen bot einen Einblick in die Art und Weise, wie Lexikographen das Vokabular beider Sprachen gliedern. Dabei ergaben sich Unterschiede für die Einordnung agonaler Indikatoren. Die lexikographischen Werke verdeutlichten die enge Verwobenheit der Agonalität mit Kategorien des Geistes und des Denkens, aber auch mit Sprache an sich sowie mit dem Zusammenleben in Gemeinschaften und dem individuellen Willen. Es zeigten sich teilweise unterschiedliche kulturelle Perspektiven auf die Welt. Zudem konnten weitere potenzielle Indikatoren der Agonalität aus dem reichen Wortschatzmaterial der Wörterbücher herausgearbeitet werden. Die Dimensionen wurden für das Englische mithilfe des semantischen Taggers USAS bestätigt und um zusätzliche Indikatoren erweitert.

Um herauszufinden, wie sich die Agonalität in den Untersuchungskorpora zu Fracking und Hurrikan Sandy konkret gestaltet (vgl. Fragestellung 2), wurden die sechs Subkorpora im Hinblick auf die verschiedenen Dimensionen und Indikatoren untersucht. Dabei wurden bezüglich der agonalen Zentren zahlreiche Überschneidungen zwischen den jeweiligen thematischen Korpora in der Berichterstattung festgestellt. Zur Übersicht werden hier die agonalen Zentren in beiden Diskursthemen wiedergegeben.

Übersicht über die agonalen Zentren im Frackingdiskurs

Umwelt- und Sicherheitsaspekte
- ›Fracking gefährdet das Trinkwasser‹ vs. ›Bei korrekter Anwendung gefährdet Fracking das Trinkwasser nicht‹
- ›Fracking gefährdet Mineral- und Brauwasser‹ vs. ›Fracking gefährdet Mineral- und Brauwasser nicht‹
- ›Fracking verursacht Erdbeben‹ vs. ›Fracking verursacht keine Erdbeben‹
- ›Fracking beeinflusst den Klimawandel negativ‹ vs. ›Fracking beeinflusst den Klimawandel positiv‹
- ›Umweltschützer sind eine nicht ernstzunehmende oder schädliche Akteursgruppe‹ vs. ›Umweltschützer sind eine wichtige Akteursgruppe‹
- ›Fracking ist besser als erneuerbare Energien‹ vs. ›Erneuerbare Energien sind besser als Fracking‹
- ›Natur sollte man nutzen‹ vs. ›Natur ist schön, idyllisch und damit in ihrem Urzustand bewahrenswert‹

Politische Aspekte
- ›Fracking sollte erlaubt werden‹ vs. ›Fracking sollte nur unter bestimmten Auflagen/nach eingehenden Prüfungen erlaubt werden‹ vs. ›Fracking sollte nicht erlaubt werden‹
- ›Obamas Politik ist zu umweltfreundlich‹ vs. ›Obamas Politik ist nicht umweltfreundlich genug‹

Gesellschaftliche Aspekte
- ›Fracking hat positive gesellschaftliche Effekte‹ vs. ›Fracking hat negative gesellschaftliche Effekte‹
- ›Windkraft stört mehr als Fracking‹ vs. ›Fracking stört mehr als Windkraft‹
- ›Die Darstellungen in der Dokumentation „Gasland" entsprechen nicht der Wahrheit‹ vs. ›Die Darstellungen in der Dokumentation „Gasland" entsprechen der Wahrheit‹
- ›Der Film „Promised Land" ist ein schlecht gemachter Film über Fracking‹ vs. ›Der Film „Promised Land" ist ein gut gemachter Film über Fracking‹
- ›Fracking senkt die Stromrechnungen‹ vs. ›Fracking senkt die Stromrechnungen nicht‹

Wirtschaftliche und globale Aspekte
- ›Fracking kurbelt die Wirtschaft in großem Ausmaß an‹ vs. ›Das wirtschaftliche Potenzial von Fracking ist nicht so groß wie behauptet‹
- ›Die geschaffenen Arbeitsplätze haben Priorität‹ vs. ›Umwelt und Gesundheit haben Priorität‹
- ›Fracking ist eine altbewährte Technologie‹ vs. ›Fracking ist neu und noch nicht gut getestet‹
- ›Energieunabhängigkeit ist wichtig‹ vs. ›Klimawandel verhindern ist wichtig‹
- ›Polen kann energieunabhängig werden‹ vs. ›Polen kann nicht energieunabhängig werden‹

Zusammenfassung der Ergebnisse —— 367

Übersicht über die agonalen Zentren im Hurrikandiskurs

Umweltaspekte
– ›Hurrikan Sandy wurde durch den Klimawandel verursacht‹ vs. ›Hurrikan Sandy wurde nicht durch den Klimawandel verursacht‹
– ›Die Intensität des Hurrikans Sandy wurde durch den Klimawandel verstärkt‹ vs. ›Die Intensität des Hurrikans Sandy wurde durch den Klimawandel nicht verstärkt‹
– ›Nach Hurrikan Sandy wird sich die Klimapolitik ändern‹ vs. ›Nach Hurrikan Sandy wird sich die Klimapolitik nicht ändern‹
– ›Man kann Naturkatastrophen wie den Hurrikan Sandy vorhersagen und sich schützen‹ vs. ›Man kann Naturkatastrophen wie den Hurrikan Sandy nicht zuverlässig vorhersagen und sich nicht zuverlässig schützen‹
– ›Naturkatastrophen bedeuten, dass wir anders leben sollen‹ vs. ›Naturkatastrophen haben keine tiefere Bedeutung‹

Politische Aspekte
– ›Obama ist der bessere Präsidentschaftskandidat‹ vs. ›Romney ist der bessere Präsidentschaftskandidat‹
– ›Der Sturm beeinflusst den Wahlverlauf auf entscheidende Weise‹ vs. ›Der Sturm beeinflusst den Wahlverlauf nicht auf entscheidende Weise‹
– ›Obama kann von Hurrikan Sandy politisch profitieren‹ vs. ›Obama kann von Hurrikan Sandy nicht politisch profitieren‹
– ›Von einer Naturkatastrophe profitiert immer der amtierende Präsident‹ vs. ›Bei falschem Verhalten profitiert der amtierende Präsident nicht unbedingt von einer Naturkatastrophe‹
– ›Chris Christie und Barack Obama sollten als politische Gegner agieren‹ vs. ›Chris Christie und Barack Obama sollten einander unterstützen‹

Gesellschaftliche Aspekte
– ›Sportliche Ereignisse wie der New York City Marathon sollen trotz des Sturms wie geplant stattfinden‹ vs. ›Sportliche Ereignisse wie der New York City Marathon sollten wegen des Sturms abgesagt werden‹
– ›Der Sturm trifft alle gleich‹ vs. ›Der Sturm trifft verschiedene Gesellschaftsschichten unterschiedlich‹
– ›Man sollte sich in der Medienberichterstattung vor allem nach Kriterien wie Ausmaß etc. richten‹ vs. ›Man sollte sich in der Medienberichterstattung vor allem nach dem vermuteten Interesse des Lesers richten‹
– ›Menschen halten bei Katastrophen zusammen‹ vs. ›Menschen halten bei Katastrophen nicht zusammen‹

Thematisierung des Ausmaßes
– ›Das vorliegende Naturereignis besitzt ein bedrohliches Ausmaß‹ vs. ›Das vorliegende Naturereignis besitzt nur ein schwaches Ausmaß‹
– ›Hurrikan Sandy war schlimmer als Hurrikan Katrina‹ vs. ›Hurrikan Katrina war schlimmer als Hurrikan Sandy‹
– ›New York und das Umland sollten vor dem Hurrikan Sandy evakuiert werden‹ vs. ›Eine Evakuierung New Yorks und des Umlands vor dem Hurrikan Sandy ist nicht notwendig‹
– ›Hurrikan Sandy hat langfristige wirtschaftliche Auswirkungen‹ vs. ›Hurrikan Sandy hat nur kurzfristige wirtschaftliche Auswirkungen‹

Die agonalen Zentren liegen auf einem mittleren Abstraktionsgrad zwischen dem konkreten Vorkommen von Agonalität in Texten, das auf der sprachlichen Oberfläche festgemacht werden kann, und abstrakteren konfligierenden Diskursrahmen wie ›Wirtschaft‹ vs. ›Umwelt‹ (s. Kapitel 5.4).

Im Anschluss an diese Analyse des Mediendiskurses wurde in einem bildlinguistischen Exkurs zum Thema Text-Bild-Beziehungen ein kleineres Textkorpus mit Bildern analysiert (s. Kapitel 6.1). Bilder übernehmen bei der Konstruktion von Agonalität verschiedene Funktionen. Sie stellen vor allem eine zusätzliche visuelle Leistung in Bezug auf Agonalität dar, wobei sie aufgrund ihrer hervorgehobenen Rolle in der Kognition besonders auffallen. Bilder können durch ihre Kombination miteinander agonal erscheinen, oder ihre Bildinhalte können frappierend auf den Leser wirken und dadurch agonal interpretiert werden. In der Kombination mit dem sprachlichen Kontext kann Agonalität durch Sprache im Bild konstruiert werden oder auch im breiteren Kontext das Bild als Teil einer agonalen Diskussion markieren. Dadurch kann ein Bild mit harmonisch wirkendem Inhalt in agonale Kontexte gestellt werden (durch ein weiteres Bild oder den begleitenden Text) und diesem Kontext einen zusätzlichen Impuls geben. Die Dimensionen der Agonalität, die für sprachliche Kontexte herausgearbeitet werden konnten, sind bei Bildern eingeschränkt anwendbar.

Ein weiterer Exkurs fasste zwei Romane zum Thema Fracking ins Blickfeld (s. Kapitel 6.2). Die Dimensionen der Agonalität konnten auch in der narrativen Darstellung bestätigt werden, wobei die AGONALITÄT DER (NEGATIVEN) WERTUNG sich als besonders relevant erwies, auch in der direkten Darstellung durch die Protagonisten. Viele der in der Mediendiskursanalyse gefundenen agonalen Zentren fanden sich hier ebenfalls. Fiktionale und faktuale Elemente wurden miteinander vermischt. Insgesamt erwies sich die Analyse von fiktionalen Texten als eine wertvolle Erweiterung des Horizonts der linguistischen Diskursanalyse (vgl. auch Attig 2015 mit einer linguistischen Perspektive auf Erinnerungskonstruktionen in Johnsons Roman *Jahrestage*).

Im Überblick lässt sich das Vorgehen zur Klärung der ersten Fragestellung dieser Arbeit und zur Erarbeitung einer Untersuchungsgrundlage für Agonalität folgendermaßen schematisch darstellen:

Definition von Agonalität

induktive Eruierung der Indikatoren

induktive Eruierung der semantischen Dimensionen von Agonalität

quantitative Überprüfung

Erweiterung der Indikatoren
durch Grammatiken und Wörterbücher

Erweiterung der Dimensionen durch Grammatiken

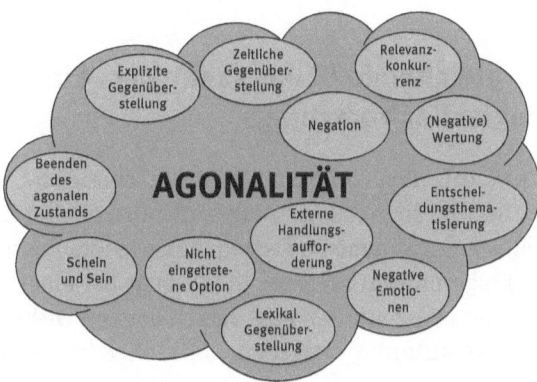

Abbildung 12: Erarbeitung der agonalen Dimensionen und Indikatoren

Während die Indikatoren einiger Dimensionen, wie z.B. jene der AGONALITÄT DER EXPLIZITEN GEGENÜBERSTELLUNG, verschiedenste agonale Zentren indizieren können, verweisen andere auf spezifischere Zusammenhänge, z.B. die AGONALITÄT VON SCHEIN UND SEIN. Daraus ergab sich eine Skalierung der Agonalitätsdimensionen nach ihrer Spezifik (s. auch Kapitel 5.5), wie sie in Abbildung 13 dargestellt ist.

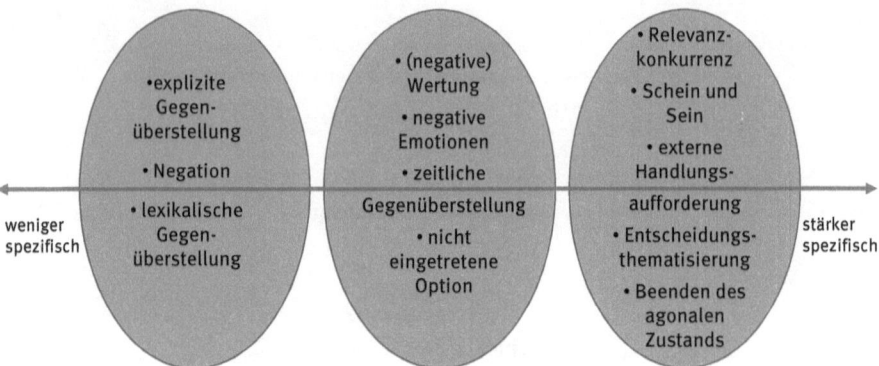

Abbildung 13: Skala der Agonalitätsdimensionen nach Spezifik

Je nachdem, für welche Ebene sich Diskurslinguisten besonders interessieren oder wie spezifisch die herauszuarbeitenden agonalen Inhalte sein sollen, kann man entsprechende Dimensionen und dazugehörige Indikatoren auswählen. Anwendungsmöglichkeiten der Methode sollen in einem Ausblick in Kapitel 8 genauer betrachtet werden.

7.2 Sprachvergleichende Diskursanalysen: Ein terminologischer Vorschlag

Zwei Themen wurden in der vorliegenden Diskursstudie in unterschiedlichen Sprachen betrachtet und linguistisch analysiert. Abschließend soll ausgehend von den in Kapitel 7.1 zusammengefassten Analyseergebnissen folgende diskurstheoretische Frage erörtert werden: Sollte man bei einer Analyse wie der hier vorliegenden von (Ausschnitten aus) verschiedenen Diskursen in verschiedenen Sprachen und Kulturen ausgehen, oder eher von (Ausschnitten aus) einem Diskurs, der sich in verschiedenen Sprachen und Kulturen äußert?[186] Ist also die diskursive Aushandlung von Themen wie Fracking eher als Zusammensetzung vieler Diskurse innerhalb der Einzelsprachen oder vielmehr als ein „großer" Diskurs zu betrachten, der sich in unterschiedlichen Sprachen wie Deutsch und Englisch manifestiert?

Die meisten Diskursstudien gehen einsprachig vor. Analysen und Diskursdefinitionen wie die in Kapitel 2 genannten gehen eher selten auf den Aspekt unterschiedlicher Sprachen ein. Doch in den letzten Jahren entstanden zunehmend diskurslinguistische Untersuchungen, die Texte verschiedener Sprachen zu einem Thema vergleichen, etwa die bereits in Kapitel 2 angeführten Arbeiten von Wehrstein (2013), Schrader-Kniffki (2016) und insbesondere Czachur (2011 und 2013) bzw. Gür-Şeker (2012). Czachur (2011) spricht von diskursiven Weltbildern und sieht Sprache, Kultur und Diskurse in enger Wechselwirkung. In seiner kontrastiven Analyse trennt er klar zwischen Diskurs A in der einen und Diskurs B in der anderen Sprache und unterscheidet folglich zwischen zwei Diskursen. Gür-Şeker (2012) spricht ebenfalls von verschiedenen Diskursen, betont aber stärker die Gemeinsamkeiten zwischen ihren Untersuchungskorpora. Für sie entsteht gerade durch die Ähnlichkeiten zwischen den einzelsprachlichen Diskussionen so etwas wie eine europäische Öffentlichkeit (vgl. dazu auch Risse 2010), von der man sonst nicht ausgehen könnte. Die Mehrsprachigkeit ist dabei gerade im Hinblick auf die von ihr untersuchten europapolitischen Themen zentral: „Die europäische Öffentlichkeit zeichnet sich vielmehr durch Multilingualität europäischer Themen aus, die über Ländergrenzen hinweg thematisiert werden" (Gür-Şeker 2012, 313). Sie bezeichnet ihre Untersuchung folglich als transnational und nicht als kontrastiv.

Auch in der hier vorliegenden Arbeit zeigten sich bei den agonal thematisierten Aspekten neben den Unterschieden zahlreiche Gemeinsamkeiten. Gerade diese sollten in diskursiven Untersuchungen nicht übersehen werden. In den Korpora zum Thema Fracking treten tendenziell mehr Unterschiede zwischen den Kulturen und Sprachen zutage als bei den Hurrikankorpora: Beim Thema Fracking handelt es sich um ein Thema, das alle drei hier untersuchten Länder angeht und das auf spezifische politische, kulturelle und rechtliche Gegebenheiten trifft, während bei der Berichterstattung zum Hurrikan Sandy der US-Diskurs eindeutig dominiert, da das Ereignis geographisch in den USA verortet war. Die auswärtigen Medien greifen folglich Akteure und Ereignisse aus den

---

186 Für anregende Diskussionen zu dieser Frage danke ich Torsten Leuschner, Tony McEnery und Janine Luth.

US-Medien auf, und es ergeben sich zahlreiche Parallelen durch die Übernahme von Themen und agonal debattierten Aspekten.

Die Verflechtungen zwischen den Korpora lassen sich graphisch folgendermaßen darstellen:

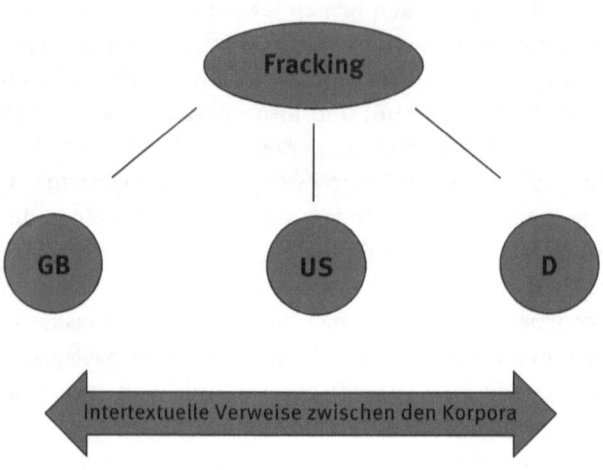

Abbildung 14: Diskursive Ausprägungen des Themas „Fracking"

Bei den Frackingkorpora existieren die verschiedenen Ausprägungen quasi parallel zueinander, mit einigen Hinweisen auf die Diskussionen in den jeweils anderen Ländern (dabei wird besonders auf die USA verwiesen, da dort das Thema Fracking schon länger aktuell ist). Bei den Hurrikankorpora zeigt sich dagegen die diskursive Strahlkraft des US-Korpus, da viele der Themen aus diesem Korpus in den anderen aufgegriffen werden.

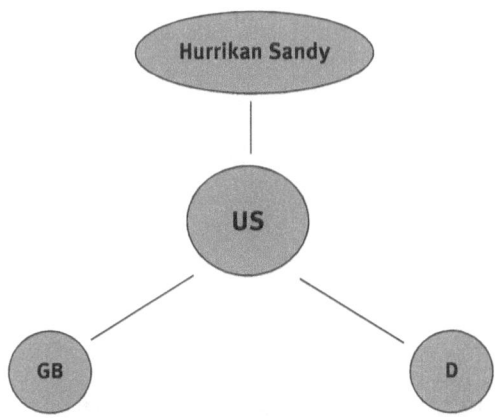

Abbildung 15: Diskursive Ausprägungen des Themas „Hurrikan Sandy"

Es wird dafür plädiert, die Frage, ob man von einem Diskurs in mehreren Sprachen oder von mehreren parallel stattfindenden Diskursen ausgehen soll, nicht vorab zu klären, sondern vielmehr von den Ergebnissen der konkreten Analyse abhängig zu machen. Auch in der vorliegenden Arbeit wurde in dieser Weise vorgegangen. Je nachdem, ob sich dabei eher Gemeinsamkeiten oder Unterschiede ergeben, kann tendenziell von einem Diskurs oder mehreren Diskursen ausgegangen werden. Dies kann man sich mehr als Skala denn als Dichotomie vorstellen. Ferner soll dem Ausdruck diskursive Ausprägung als Bezeichnung für die Darstellung in einer Einzelsprache hier der Vorzug vor „Diskurs" gegeben werden. Die diskursiven Ausprägungen oder Diskursausprägungen in verschiedenen Sprachen können verglichen werden; auf dieser Grundlage kann entschieden werden, ob es sich eher um Ausprägungen aus einem Diskurs oder aus mehreren handelt. Man kann dann je nachdem die eigene Arbeit stärker im Paradigma der transnationalen Diskurslinguistik (vgl. Gür-Şeker 2012) oder der kontrastiven Diskurslinguistik (vgl. Czachur 2011) verorten.

Die skalare Darstellung wird in Abbildung 16 verdeutlicht. Die Skala verdeutlicht, dass sich die Ausprägungen zwischen den Extrempunkten verorten lassen: Beim Diskurs um Hurrikan Sandy gab es tendenziell mehr Übereinstimmungen, beim Diskurs um Fracking mehr Unterschiede in den diskursiven Ausprägungen. Eine Einordnung dieser Art erlaubt es, die spezifischen Unterschiede und Gemeinsamkeiten der jeweils analysierten diskursiven Ausprägungen in den Blick zu nehmen und auf die Frage, ob es sich um einen Diskurs oder mehrere Diskurse handelt, eine Antwort zu finden.

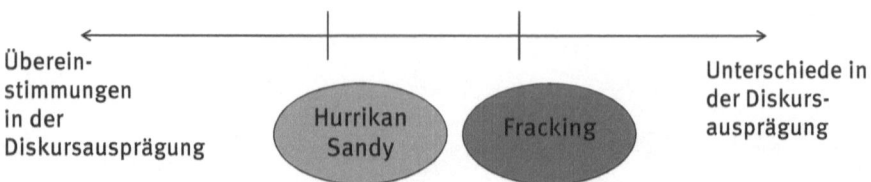

Abbildung 16: Skala der diskursiven Ausprägungen

7.3 Das Verhältnis von Mensch und Natur im Spiegel der Agonalität

Ein weiterführendes Erkenntnisinteresse galt auch der Darstellung des Verhältnisses von Mensch und Natur im Spiegel agonaler Konstruktionen in den Texten. Abschließend sollen hier die wichtigsten Aspekte des Mensch-Natur-Verhältnisses in den Korpora zusammengefasst und in einem Ausblick mit umweltethischen Konzepten verbunden werden.

In den untersuchten Texten dominierte eine anthropozentrische Sicht auf Natur und Umwelt (s. v.a. Kapitel 5.2.1.6 zu den Naturkonzepten und 5.6 zusammenfassend).[187] Die Grundfrage der Natur- und Umweltethik, die Krebs (2011, 187) in jüngerer Zeit wieder aufgreift – „Ist die Natur nur für den Menschen da, oder kommt ihr auch ein eigener Wert zu?" – fällt im Fokus der hier untersuchten Diskurse klar zugunsten der ersten Position aus. Das heißt nicht, dass nicht auch für den Schutz der Umwelt eingetreten wird oder dass Naturschutzargumente gar keine Rolle spielen; die Diskussion verläuft dabei jedoch auf einer anthropozentrischen Grundlage. Das gilt sowohl für die Medientexte als auch für die beiden Romane, die in dieser Arbeit betrachtet wurden. Die bildliche Darstellung rückt dagegen zumindest vereinzelt die Naturauswirkungen in den Vordergrund, v.a. bei der Berichterstattung zu Hurrikan Sandy.

---

[187] Mutschler nennt fünf Klassifizierungen ökologischer Ethiken: „anthropozentrisch (nur auf den Menschen bezogen), pathozentrisch (auf leidensfähige Wesen bezogen), biozentrisch (auf alle Lebewesen bezogen), physiozentrisch (auf alle Entitäten bezogen), holistisch (auf die Natur als Ganze bezogen)" (Mutschler 2002, 175, leichte Formatänderung). Vgl. dazu auch Potthast (²2006, 294).

Im Risikodiskurs[188] um Fracking werden etwa Gefahren für Trink- und Brauwasser sowie die Gefahr von Erdbeben diskutiert und weniger die Frage, ob der Mensch das Recht hat, auf solche Weise mit unabsehbaren Folgen in die Natur einzugreifen. Der Natur werden prinzipiell im Frackingdiskurs vor allem zwei Formen von Wert zugesprochen, die Krebs (2011) als „Grundbedürfnis-Argument" (189) und „ästhetisches Argument" (190) bezeichnet. Das Grundbedürfnis-Argument wird eingesetzt, um pro Fracking zu argumentieren: Um das Grundbedürfnis der Bevölkerung nach Strom zu befriedigen, soll Fracking betrieben werden. Gleichzeitig wird in beiden untersuchten Diskursen auch auf das ästhetische Argument verwiesen: Natur besitzt demzufolge einen „ästhetischen Eigenwert" (Krebs 2011, 190), da ihre Betrachtung für den Menschen „eudaimonistischen Eigenwert" (Krebs 2011, 191) hat; d.h. der Anblick der Natur stellt für den Menschen eine besondere Glückserfahrung dar (vgl. dazu auch Potthast ²2006, 294).[189] Dies fließt implizit als anthropozentrisches Argument für den Schutz der Natur vor allem in den Frackingdiskurs ein: Wird die Natur zerstört, wird der Mensch dieser Ästhetik beraubt. Die Konzepte ›Natur als nutzbar‹ und ›Natur als ästhetisch‹ dominieren den Frackingdiskurs übergeordnet.

In den Hurrikankorpora wird Natur ebenfalls vereinzelt als ästhetisch konzeptualisiert, jedoch auch als unberechenbar und gefährlich. Die gefährliche Natur in Form des Hurrikans wird durch die Namensgebung „Sandy" anthropomorphisiert und damit greifbar gemacht. Mit solchen Personifikationen und ähnlichen Metaphern wird der Gewalt der Natur in dieser Situation der Unsicherheit implizit wiederum eine Fassbarkeit und Kontrollierbarkeit zugesprochen. Die Naturgewalt erscheint hierbei jedoch als übermächtig: Sie durchbricht die Ordnung der menschengemachten Welt, etwa durch die Beeinträchtigungen von Wahlkämpfen und Sportereignissen. Es entspinnt sich ein metaphorischer Machtkampf zwischen Mensch und Natur, der zu einer ungewohnten Ohnmacht des Menschen führt. Gleichzeitig fungiert der Sturm als Katalysator für bereits vorhandene gesellschaftliche Konflikte, die angesichts der Naturkatastrophe schärfer zutage treten und auch für die ausländische Presse, die den Fokus auf das aktuelle Geschehen richtet, sichtbar werden.

Als ein zentraler Konfliktpunkt im Verhältnis von Mensch und Natur erscheint der Klimawandel. Sowohl beim Thema Fracking als auch bei der Berichterstattung zum Hurrikan Sandy wird der Klimawandel in agonalen Kontexten erwähnt. Trotz seiner für manche Medien und Politiker weiterhin um-

---

188 Zu Risikodiskursen vgl. Kleinwellfonder (1996), Rucht/Yang/Zimmermann (2008).
189 In literarischen Werken, insbesondere aus der Romantik, wird diese Sicht teilweise besonders deutlich, vgl. etwa das Eingangszitat von Lord Byron in Kapitel 1.

strittenen Existenz dient er als wichtiges Argument sowohl pro als auch contra Fracking. Ob und wie er den Hurrikan beeinflusst hat, wird nicht konsensual geklärt. Der Klimawandel scheint sich zu einem wesentlichen Aspekt der Berichterstattung in Diskursen um Mensch und Natur zu entwickeln (vgl. auch Tereick 2016). Erwägungen um den Klimawandel betreffen dabei die Gegenwart – wenn man den Hurrikan Sandy mit ihm in Verbindung bringt, was agonal verhandelt wird – , aber auch zukünftige Generationen, und berühren damit die Diskussion um Nachhaltigkeit. Inwieweit noch nicht geborene künftige Generationen ein Faktor sind, der beachtet werden sollte, ist ethisch umstritten (vgl. Edenhofer/Kowarsch 2011, Ott 2011) – in den Hurrikankorpora wird dieses Argument teilweise erwähnt bzw. es wird ihm nicht direkt widersprochen, selbst wenn der Klimawandel bestritten wird. Ob nun der Klimawandel als real, übertrieben, dramatisch, aufhaltbar, unabwendbar oder Katastrophenursache perspektiviert wird – er erscheint als wichtiger Hintergrund der Mensch-Natur-Betrachtung, der in die agonalen Diskussionen entscheidenden Eingang findet.

Zusammenfassend lassen sich die Diskurse um das Verhältnis von Mensch und Natur als eindeutig anthropozentrisch geprägt darstellen. Ungewohnte Durchbrechungen des Machtverhältnisses durch Naturkatastrophen erhalten mediale Aufmerksamkeit, gerade weil sie in einer kontrollierten, hochtechnisierten Welt so ungewöhnlich wirken und den Menschen auf einen hilflosen Status zurückwerfen, der sonst überwunden scheint.

8 Ausblick: Weiterführende diskurslinguistische Untersuchungen von Agonalität

Am Rande wurde in einigen Texten der Korpora eine interessante Grundfrage gestreift: Sind agonale Konflikte letztendlich überhaupt wünschenswert für eine Gesellschaft, oder verhindern sie möglicherweise die einfache Konsensfindung? Etwa im Hinblick auf politische Rivalen wurde ein Aussetzen der agonalen Konflikte im Angesicht einer lebensbedrohlichen Katastrophe durchaus positiv gewertet. Auch die semantische Dimension BEENDEN DES AGONALEN ZUSTANDS verweist darauf, dass am Ende einer agonal geführten Diskussion Konsens entstehen kann; die Dimension AGONALITÄT DER ENTSCHEIDUNGSTHEMATISIERUNG verdeutlicht, dass viele agonale Debatten letzten Endes in einer Entscheidung abgeschlossen werden (müssen).

Eindeutig scheint jedenfalls, dass Agonalität von hoher Relevanz für die vorliegenden Texte ist: Konflikte erhöhen die Aufmerksamkeit (und die Leserzahlen) für die Medientexte (zumindest solange sie Neuigkeitswert besitzen) und die dazugehörigen Bilder; fiktionale Texte wie die hier untersuchten werden entscheidend durch Konflikte zwischen Protagonisten und Antagonisten (mit)konstituiert.[190] Agonalität erscheint damit omnipräsent in einer demokratischen Gesellschaft. Sprachliche Indikatoren von Agonalität zu untersuchen ist deshalb von hoher Relevanz für linguistische Diskursanalysen, die sich mit gesellschaftlich relevanten Themen auseinandersetzen.

Die hier erarbeiteten Indikatoren des Deutschen und Englischen in den zwölf Dimensionen der Agonalität können als Ausgangspunkt für weitere diskursive Analysen der Agonalität dienen, sei es in einer der beiden Sprachen oder im deutsch-englischen Sprachvergleich. Zudem kann das geschilderte Vorgehen in Kapitel 4, wie sich mithilfe qualitativer und quantitativer Analyse und durch deduktive Verfahren mit Grammatiken und thematischen Wörterbüchern ein Repertoire von Agonalitätsindikatoren erstellen lässt, auf weitere Sprachen übertragen werden. Diese und weitere Möglichkeiten, an die hier vorliegende Arbeit anzuknüpfen, sollen im Folgenden ausgeführt werden.

---

[190] Nicht umsonst raten Handbücher des kreativen Schreibens angehenden Romanautoren, ihre Protagonisten in einen zentralen Konflikt zu verwickeln und so Spannung zu erzeugen (vgl. z.B. Frey 2002).

8.1 Anwendung in deutsch-englischen Diskursanalysen

Wird eine Untersuchung der Agonalität in einer der beiden hier untersuchten Sprachen, deutsch oder englisch, angestrebt, erlaubt es die hier arbeitete Differenzierung in verschiedene semantische Dimensionen, bestimmte Aspekte, die für eine spezifische Analyse besonders wichtig sind, auszuwählen und gezielt danach zu suchen. Das mögliche Vorgehen in weiteren Analysen von Agonalität z.B. im Deutschen wird im folgenden Schaubild verdeutlicht:

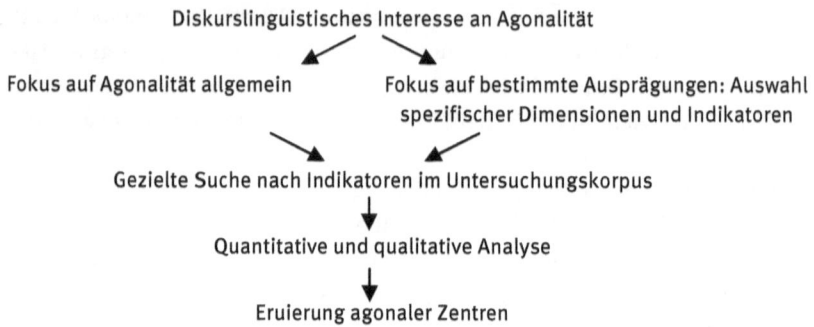

Abbildung 17: Anwendung der Methode auf eine einsprachige Analyse

Auf folgende Weise lässt sich die in dieser Arbeit entwickelte Methode anwenden: Agonalität kann, wie in der vorliegenden Diskursstudie, in allen zwölf Dimensionen untersucht werden; es können jedoch auch je nach Erkenntnisinteresse bestimmte Dimensionen ausgewählt werden. Beispielsweise kann bei Diskursen mit umstrittenen Wissensbeständen die Dimension AGONALITÄT VON SCHEIN UND SEIN von besonderer Bedeutung sein, oder bei diachronen Untersuchungen die Dimension AGONALITÄT DER ZEITLICHEN GEGENÜBERSTELLUNG. Je nach Erkenntnisinteresse können aus dem Repertoire an Indikatoren, das in Kapitel 4 herausgearbeitet wurde, einzelne herausgegriffen werden, oder es kann die vollständige Liste verwendet werden. Nach diesen Agonalitätsindikatoren wird anschließend gezielt gesucht. Je nach Größe des Untersuchungskorpus kann dabei quantitativ oder qualitativ vorgegangen werden; es wird aber auf jeden Fall empfohlen, auch bei einer quantitativen Untersuchung qualitativ Textbelege und Konkordanzen zu studieren. Aus dieser Analyse mithilfe verschiedener Verfahren ergeben sich agonale Zentren, die Aufschluss über agonale Streitpunkte im untersuchten Korpus geben. Auf diese Weise kann die hier erarbeitete Methode für verschiedenste Diskursthemen und Korpora verwendet werden.

Auch für weitere sprach- und diskursvergleichende Analysen zwischen dem Deutschen und Englischen lässt sich die Methode übertragen; die einzelnen Schritte werden entsprechend parallel angewandt:

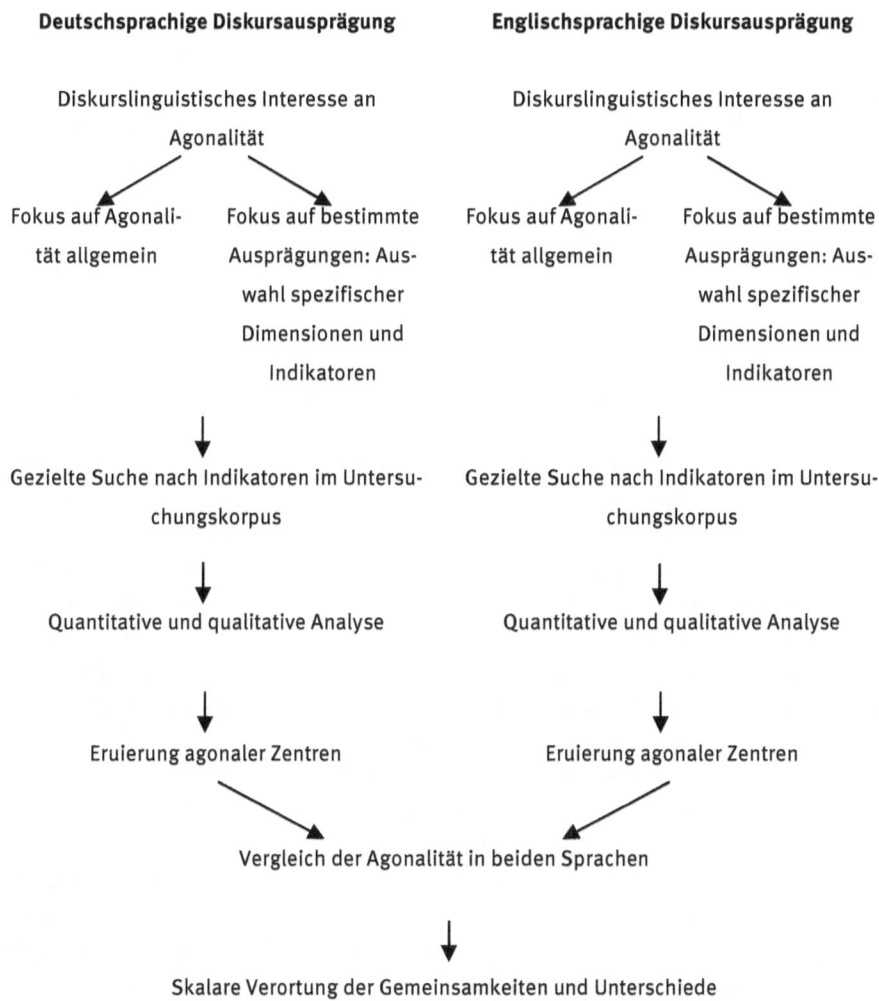

Abbildung 18: Anwendung der Methode für eine sprachvergleichende Analyse

Die oben geschilderten Untersuchungsschritte werden beim Vorgehen in Schaubild 18 im Deutschen und Englischen parallel angewendet. Die agonalen

Zentren werden dann in einem weiteren Schritt verglichen. Die dabei festgestellten Gemeinsamkeiten und Unterschiede können wie in Kapitel 7.2 beschrieben auf einer Skala verortet werden.

In weiterführenden Arbeiten können folglich die in dieser Arbeit analysierten Dimensionen und Indikatoren für das Deutsche und das Englische weiter genutzt werden, um Agonalität in verschiedenen Diskursen einzelsprachlich oder sprachvergleichend zu untersuchen. Die hier analysierten Diskursausschnitte um Fracking und Hurrikan Sandy zeigen beispielhaft, wie verschieden die agonal diskutierten Diskursinhalte sein können und wie vielfältig die Konflikte sein können, die in diskursiven Aushandlungen stecken. Über die sprachliche Ebene der Indikatoren kann es gelingen, das Konfliktpotenzial in den ausgewählten Korpora zu analysieren und gegebenenfalls sprachlich und kulturell zu vergleichen.

8.2 Übertragung des Verfahrens auf weitere Sprachen

Das in Kapitel 4 entwickelte Verfahren kann über die hier untersuchten Sprachen hinaus ebenfalls angewendet werden, um ein Repertoire für agonale Indikatoren in weiteren Sprachen wie z.B. dem Französischen oder dem Spanischen zu erstellen. Die einzelnen methodischen Arbeitsschritte, die in dieser Arbeit unternommen wurden, können dabei folgendermaßen übertragen werden: Zunächst sollte mithilfe einer überschaubaren Anzahl von Texten ein erstes Repertoire an Ausdrücken erarbeitet werden, das anschließend quantitativ in Großkorpora überprüft und erweitert wird. Daran schließt sich ein eher deduktiver Ansatz an, bei dem zunächst mithilfe von Grammatiken analysiert wird, welche grammatischen Strukturen und Konzepte Agonalität in der gewählten Sprache ausdrücken. Im Anschluss kann mithilfe von thematischen Wörterbüchern untersucht werden, welche kulturellen Perspektiven in den Wörterbüchern angelegt sind und wie Agonalität in die jeweilige sprachspezifische Weltordnung einzuordnen ist. Zudem kann das Repertoire an Indikatoren mithilfe der thematischen Wörterbücher und auch unter Zuhilfenahme von Synonymwörterbüchern erweitert werden. Auf dieser Grundlage ist eine Analyse von agonalen Zentren in verschiedensten Diskursen auch über die Sprachen Deutsch und Englisch hinaus möglich. Das Vorgehen bei einer Übertragung auf weitere Sprachen soll ebenfalls in einem Schaubild (Abb. 19) verdeutlicht werden.

Qualitative Analyse der Agonalität in ausgewählten Texten
↓
Quantitative Überprüfung in Großkorpora
↓
Deduktiver Ansatz (1): Grammatiken (Analyse der Agonalität verwandter grammatischer Konzepte)
↓
Deduktiver Ansatz (2): Thematische Wörterbücher (Analyse der Weltsicht in Bezug auf Agonalität) und Erweiterung des Indikatorenrepertoires
↓
Anwendung auf ausgewählte Diskursausprägungen: Eruierung agonaler Zentren

Abbildung 19: Übertragung des Verfahrens auf eine weitere Sprache (z.B. Französisch).

Eine solche Erweiterung um andere Sprachen ist ein spannender Ausblick und wäre ein Schritt hin zu einem breit angelegten sprachvergleichenden Lexikon der Agonalität. Dieses könnte auch andere Textsorten oder sprachhistorische Betrachtungen einbeziehen. Durch eine Erweiterung um andere Sprachen werden weitere diskursive Vergleiche agonaler Zentren und Ausprägungen der Dimensionen möglich, die sich möglicherweise kulturabhängig unterschiedlich gestalten könnten. Einen besonderen Reiz könnte dabei auch eine Übertragung auf außereuropäische Sprachen mit anderen grammatischen Charakteristika ausmachen.

8.3 Übertragung auf weitere Textsorten und multimodale Aspekte

Über die hier angestellten Untersuchungen zu Pressetexten und Romanen hinaus lässt sich das Konzept der Agonalität auf breiter zugeschnittene Untersuchungsgegenstände übertragen. Dies betrifft beispielsweise 1) die Erweiterung der Textsorten, 2) die multimodale Betrachtung und 3) die Ausweitung auf die Gesprächsanalyse.

1) In einer Ausweitung des Korpus zu den untersuchten Diskursthemen können weitere Textsorten im Hinblick auf Agonalität betrachtet werden. Dazu gehören in den hier vorliegenden Diskursen zum Beispiel erweiterte Perspektiven in Bezug auf Diskursakteure, z.B. Statements der Firmen, die Fracking betreiben,

politische Debatten oder auch Interviews mit Filmemachern (s. Kapitel 5.2 zum Einfluss der Filme *Gasland* und *Promised Land* im Frackingdiskurs). Unternehmenstexte, Tweets, Videos, Blogs und weitere Textsorten könnten untersucht werden und weitere Perspektiven zum Thema aufzeigen.

2) In diesem Zusammenhang kann auch die multimodale Betrachtung noch erweitert werden, je nachdem, welches Medium oder Genre Eingang in ein erweitertes Korpus findet (vgl. Bateman 2016). In Kapitel 6.1 wurden Text-Bild-Beziehungen bereits als Teil von Multimodalität betrachtet und in Bezug auf Agonalität betrachtet; dies könnte noch auf weitere semiotische Bereiche/Modalitäten ausgeweitet werden. Stöckl nennt außer Sprache und Bild noch Musik und Geräusch als Zeichenmodalitäten und spricht ihnen unterschiedliches semantisches Ausdruckspotenzial und Geeignetheit für unterschiedliche Kommunikationsaufgaben zu (vgl. Stöckl 2016). Bateman (2016) betont die Rolle des Mediums, das verschiedene semiotische Modi zur Verfügung stellen und damit die Ausdrucksmöglichkeiten begrenzen kann. Etwa könnte der Effekt von Farbgebung in der Bildlichkeit in Bezug auf Multimodalität noch weiter betrachtet werden, oder sogar die Auswirkung von Musikauswahl in Filmen, der Stöckl (2016, 18) verschiedene Funktionen wie etwa die Charakterisierung einer Person oder das Erzeugen einer Grundstimmung zuspricht. Wie sich die Dimensionen der Agonalität im Zusammenspiel innerhalb verschiedener Genres gestalten, könnte ein neues Untersuchungsfeld der Multimodalitätsforschung darstellen.

3) Desweiteren könnte die sprachliche Ebene, die hier im Hinblick auf ihre schriftliche Realisierungsform untersucht wurde, aus einer anderen Perspektive in den Blick genommen werden, mit einem stärkeren Fokus auf die gesprochene Sprache. Im Rahmen gesprächsanalytischer Studien (etwa von Streitgesprächen) sollte untersucht werden, welche Aspekte dabei über die bereits anhand der Schriftlichkeit untersuchten die Agonalität unterstützen (oder mildern!). Dabei könnten paraverbale Elemente wie Lautstärke, Sprechgeschwindigkeit etc. eine Rolle spielen. Gleichzeitig können nonverbale Elemente wie Mimik und Gestik hinzutreten, die in einer Videoanalyse einbezogen werden können.

Diese Aspekte wären ein Ansatzpunkt für weitere diskursive Analysen im Bereich der Agonalität. Ferner könnten sie einen erweiterten Blick auf die hier untersuchten Diskursthemen bieten. Mit Erweiterungen in Bezug auf Textsorten, multimodale Betrachtung und gesprochene Sprache kann auch der Diskurs breiter in den Blick genommen werden. Die erwähnten Aspekte besitzen alle ihre eigene Kulturspezifik. Nicht zuletzt kann dadurch auch die Diskursanalyse zu einer Kulturanalyse in Bezug auf das Konzept von Agonalität ausgebaut werden.

Literaturverzeichnis

Adamzik, Kirsten (2008): Textsorten und ihre Beschreibung. In: Nina Janich (Hg.): Textlinguistik. 15 Einführungen. Tübingen: Narr (Narr Studienbücher), S. 145–175.
Adamzik, Kirsten (²2016): Textlinguistik. Grundlagen, Kontroversen, Perspektiven. 2., völlig neu bearbeitete, aktualisierte und erweiterte Neuauflage. Berlin: de Gruyter (de Gruyter Studium, 40).
Amberber, Mengistu (2007): Introduction: The Language of Memory. In: Mengistu Amberber (Hg.): The Language of Memory in a Crosslinguistic Perspective. Amsterdam u.a.: Benjamins (Human cognitive processing, 21), S. 1–12.
Angermüller, Johannes (2008): Wer spricht? Die Aussagenanalyse am Beispiel des Rassismus-Diskurses. In: Ingo H. Warnke und Jürgen Spitzmüller (Hg.): Methoden der Diskurslinguistik. Sprachwissenschaftliche Zugänge zur transtextuellen Ebene. Berlin u.a.: de Gruyter (Linguistik – Impulse & Tendenzen, 31), S. 185–206.
Angermüller, Johannes / Maingueneau, Dominique / Wodak, Ruth (2014): The Discourse Studies Reader. An Introduction. In: Johannes Angermüller, Dominique Maingueneau und Ruth Wodak (Hg.): The Discourse Studies Reader. Main Currents in Theory and Analysis. Amsterdam u.a.: Benjamins, S. 1–20.
Angermüller, Johannes / Scholz, Ronny (2013): Semantische und kommunikative Dimensionen diskursiven Wandels. Ein integrativer Ansatz zur Analyse der Makro- und Mikrostrukturen am Beispiel des Bologna-Diskurses. In: Dietrich Busse und Wolfgang Teubert (Hg.): Linguistische Diskursanalyse: Neue Perspektiven. Wiesbaden: VS Verlag für Sozialwissenschaften (Interdisziplinäre Diskursforschung), S. 287–318.
Anthony, Laurence (2014): AntConc. Version 3.4.1w. Tokio, Japan: Waseda University. Online verfügbar unter http://www.antlab.sci.waseda.ac.jp/ (letzter Zugriff 12.4.2018).
Assmann, Aleida / Assmann, Jan (1990): Kultur und Konflikt. Aspekte einer Theorie des unkommunikativen Handelns. In: Jan Assmann und Dietrich Harth (Hg.): Kultur und Konflikt. Frankfurt am Main: Suhrkamp (edition suhrkamp, 1612), S. 11–48.
Assmann, Jan (⁶2007): Das kulturelle Gedächtnis. Schrift, Erinnerung und politische Identität in frühen Hochkulturen. 6. Auflage. München: Beck (Becksche Reihe, 1307).
Atayan, Vahram (2006): Viele Stimmen – keine Stimmen. Versuch einer polyphoniebasierten Beschreibung von Logos und Ethos in der Argumentation. In: Rita Franceschini (Hg.): Retorica. Ordnungen und Brüche: Beiträge des Tübinger Italianistentags [vom 25. bis zum 27. 03. 2004]. Tübingen: Narr, S. 101–116.
Attig, Matthias (2015): Textuelle Formationen von Erinnerung und Gedächtnis. Linguistische Studien zum Erzählen in Uwe Johnsons „Jahrestagen". Zugl.: Dissertation an der Universität Heidelberg 2014. Berlin u.a.: de Gruyter (Sprache und Wissen, 18).
Attig, Matthias / Jacob, Katharina (2015): Temporale Perspektivierung und Vermittlung von fiktionalem und faktualem Sprechen. In: Jochen A. Bär, Jana-Katharina Mende und Pamela Steen (Hg.): Literaturlinguistik – philologische Brückenschläge. Frankfurt am Main: Peter Lang Edition (Littera Studien zur Sprache und Literatur, 6), S. 225–253.
Bachmann-Medick, Doris (Hg.) (1997): Übersetzung als Repräsentation fremder Kulturen. Berlin: Schmidt (Göttinger Beiträge zur internationalen Übersetzungsforschung, 12).
Baker, Paul (2006): Using Corpora in Discourse Analysis. London u.a.: Continuum (Continuum discourse series).

Baker, Paul (2009): "The question is, how cruel is it?" Keywords, Fox Hunting and the House of Commons. In: Dawn Archer (Hg.): What's in a Word-List? Investigating Word Frequency and Keyword Extraction. Aldershot u.a.: Ashgate (Digital Research in the Arts and Humanities), S. 125–136.

Baker, Paul (2014): Using Corpora to Analyze Gender. London u.a.: Bloomsbury (Linguistics).

Baker, Paul / Gabrielatos, Costas / McEnery, Tony (2013): Discourse Analysis and Media Attitudes. The Representation of Islam in the British Press. Cambridge u.a.: Cambridge University Press.

Bamberger, Michelle / Oswald, Robert E. (2015): Impacts of Shale Gas Extraction on Animal Health and Implications for Food Safety. In: Madelon Lubin Finkel (Hg.): The Human and Environmental Impact of Fracking. How Fracturing Shale for Gas Affects Us and Our World. Santa Barbara: Praeger, S. 35–48.

Bär, Jochen A. / Mende, Jana-Katharina / Steen, Pamela (2015): Literaturlinguistik – eine Einführung. In: Jochen A. Bär, Jana-Katharina Mende und Pamela Steen (Hg.): Literaturlinguistik – philologische Brückenschläge. Frankfurt am Main: Peter Lang Edition (Littera Studien zur Sprache und Literatur, 6), S. 7–18.

Bär, Jochen A. / Mende, Jana-Katharina / Steen, Pamela (Hg.) (2015): Literaturlinguistik – philologische Brückenschläge. Frankfurt am Main: Peter Lang Edition (Littera Studien zur Sprache und Literatur, 6).

Bartsch, Sabine / Evert, Stefan (2014): Towards a Firthian Notion of Collocation. In: Andrea Abel und Lothar Lemnitzer (Hg.): Vernetzungsstrategien, Zugriffsstrukturen und automatisch ermittelte Angaben in Internetwörterbüchern. Mannheim: Institut für Deutsche Sprache (OPAL – Online publizierte Arbeiten zur Linguistik 2/2014), S. 48–61.

Bateman, John A. (2016): Methodological and Theoretical Issues in Multimodality. In: Hartmut Stöckl und Nina-Maria Klug (Hg.): Sprache im multimodalen Kontext. Berlin/Boston: de Gruyter (Handbücher Sprachwissen, 7), S. 36–74.

Baumgartner, Christoph (2015): Naturvorstellungen im Anthropozän und ihre Relevanz für unsere Pflichten gegenüber zukünftigen Personen. In: Elisabeth Gräb-Schmidt (Hg.): Was heißt Natur? Philosophischer Ort und Begründungsfunktion des Naturbegriffs. Leipzig: Evangelische Verlagsanstalt (Veröffentlichungen der Wissenschaftlichen Gesellschaft für Theologie, 43), S. 195–210.

Beedham, Christopher (1982): The Passive Aspect in English, German, and Russian. Tübingen: Narr (Tübinger Beiträge zur Linguistik, 186).

Bendel Larcher, Sylvia (2015): Linguistische Diskursanalyse. Ein Lehr- und Arbeitsbuch. Tübingen: Narr (Narr Studienbücher).

Bentele, Günter / Nothhaft, Howard (2011): Vertrauen und Glaubwürdigkeit als Grundlage von Corporate Social Responsibility: Die (massen-)mediale Konstruktion von Verantwortung und Verantwortlichkeit. In: Juliana Raupp, Stefan Jarolimek und Friederike Schultz (Hg.): Handbuch CSR. Kommunikationswissenschaftliche Grundlagen, disziplinäre Zugänge und methodische Herausforderungen; mit Glossar. Wiesbaden: VS Verlag für Sozialwissenschaften, S. 45–70.

Bentele, Günter / Seidenglanz, René (³2015): Vertrauen und Glaubwürdigkeit. Begriffe, Ansätze, Forschungsübersicht und praktische Relevanz. In: Romy Fröhlich, Peter Szyszka und Günter Bentele (Hg.): Handbuch der Public Relations. Wissenschaftliche Grundlagen und berufliches Handeln. Mit Lexikon. 3., überarbeitete und erweiterte Auflage. Wiesbaden: Springer VS Verlag für Sozialwissenschaften, S. 411–429.

Berger, Peter L. / Luckmann, Thomas (^{24}2012): Die gesellschaftliche Konstruktion der Wirklichkeit. Eine Theorie der Wissenssoziologie. 24. Auflage. Frankfurt am Main: Fischer (Fischer, 6623).

Beßlich, Barbara / Felder, Ekkehard (Hg.) (2016): Geschichte(n) fiktional und faktual. Literarische und diskursive Erinnerungen im 20. und 21. Jahrhundert. Unter Mitarbeit von Anna Mattfeldt und Bernhard Walcher. Bern u.a.: Peter Lang (Jahrbuch für internationale Germanistik. Reihe A, Kongressberichte, 125).

Betten, Anne / Fix, Ulla / Wanning, Berbeli (Hg.) (2017): Handbuch Sprache in der Literatur. Berlin u.a.: de Gruyter (Handbücher Sprachwissen, 17).

Biber, Douglas (1988): Variation across Speech and Writing. Cambridge: Cambridge University Press.

Biber, Douglas / Connor, Ulla / Upton, Thomas A. (2007): Discourse on the Move. Using Corpus Analysis to Describe Discourse Structure. Amsterdam u.a.: Benjamins (Studies in Corpus Linguistics, 28).

Biere, Bernd Ulrich (2007): Linguistische Hermeneutik und hermeneutische Linguistik. In: Fritz Hermanns und Werner Holly (Hg.): Linguistische Hermeneutik. Theorie und Praxis des Verstehens und Interpretierens. Tübingen: Niemeyer (Reihe Germanistische Linguistik, 272), S. 7–21.

Bittner, Maria (2014): Temporality. Universals and Variation. Chichester: Wiley Blackwell (Explorations in Semantics).

Blommaert, Jan (2005): Discourse. A Critical Introduction. New York: Cambridge University Press (Key Topics in Sociolinguistics).

Boehm, Gottfried (^{4}2006): Die Wiederkehr der Bilder. In: Gottfried Boehm (Hg.): Was ist ein Bild? 4. Auflage. München: Fink (Bild und Text), S. 11–38.

Bohrer, Karl-Heinz (2011): Selbstdenker und Systemdenker: Über agonales Denken. München: Hanser (Edition Akzente).

Brasier, Kathryn J. / Filteau, Matthew (2015): Community Impacts of Shale-Based Energy Development: A Summary and Research Agenda. In: Madelon Lubin Finkel (Hg.): The Human and Environmental Impact of Fracking. How Fracturing Shale for Gas Affects Us and Our World. Santa Barbara: Praeger, S. 95–114.

Breindl, Eva (2004): Relationsbedeutung und Konnektorbedeutung: Additivität, Adversativität und Konzessivität. In: Hardarik Blühdorn, Eva Breindl und Ulrich Hermann Waßner (Hg.): Brücken schlagen. Grundlagen der Konnektorensemantik. Berlin u.a.: de Gruyter (Linguistik – Impulse & Tendenzen, 5), S. 225–253.

Breindl, Eva / Walter, Maik (2009): Der Ausdruck von Kausalität im Deutschen. Eine korpusbasierte Studie zum Zusammenspiel von Konnektoren, Kontextmerkmalen und Diskursrelationen. Mannheim: IDS (Amades, 38).

Breindl, Eva / Volodina, Anna / Waßner, Ulrich Hermann (2014): Handbuch der deutschen Konnektoren Band 1 und 2. Semantik der deutschen Satzverknüpfer. Berlin u.a.: de Gruyter (Schriften des Instituts für Deutsche Sprache, Band 13.1 und 13.2).

Breuer, Ulrich (2015): Philologie! Zwei Ergänzungen. In: Jochen A. Bär, Jana-Katharina Mende und Pamela Steen (Hg.): Literaturlinguistik – philologische Brückenschläge. Frankfurt am Main: Peter Lang Edition (Littera Studien zur Sprache und Literatur, 6), S. 23–27.

Brezina, Vaclav / McEnery, Tony / Wattam, Stephen (2015): Collocations in Context. A New Perspective on Collocation Networks. In: *International Journal of Corpus Linguistics* 20 (2), S. 139–173.

Brosda, Carsten (2014): Geschichten aus dem Newsroom: Wer dreht eigentlich die Medienmühle des politischen Diskurses? In: Denkwerk Demokratie (Hg.): Sprache. Macht. Denken. Politische Diskurse verstehen und führen. Frankfurt am Main: Campus, S. 185–203.

Brütsch, Edgar / Nussbaumer, Markus / Sitta, Horst (1990): Negation. Heidelberg: Groos (Studienbibliografien Sprachwissenschaft, 1).

Bubenhofer, Noah (2008): „Es liegt in der Natur der Sache...". Korpuslinguistische Untersuchungen zu Kollokationen in Argumentationsfiguren. In: Carmen Mellado Blanco (Hg.): Beiträge zur Phraseologie aus textueller Sicht. Hamburg: Kovač (PHILOLOGIA – Sprachwissenschaftliche Forschungsergebnisse, 112), S. 53–72.

Bubenhofer, Noah (2009): Sprachgebrauchsmuster. Korpuslinguistik als Methode der Diskurs- und Kulturanalyse. Berlin u.a.: de Gruyter (Sprache und Wissen, 4).

Bubenhofer, Noah (2006–2018): Einführung in die Korpuslinguistik: Praktische Grundlagen und Werkzeuge. Elektronische Ressource: http://www.bubenhofer.com/korpuslinguistik/. (letzter Zugriff 11.4.2018)

Bubenhofer, Noah / Konopka, Marek / Schneider, Roman (2014): Präliminarien einer Korpusgrammatik. Unter Mitwirkung von Caren Brinckmann, Katrin Hein und Bruno Strecker. Tübingen: Narr (Korpuslinguistik und interdisziplinäre Perspektiven auf Sprache, 4).

Burel, Simone (2015): Identitätspositionierungen der DAX-30-Unternehmen. Die sprachliche Konstruktion von Selbstbildern. Berlin u.a.: de Gruyter (Sprache und Wissen, 21).

Burger, Harald / Luginbühl, Martin (⁴2014): Mediensprache. Eine Einführung in Sprache und Kommunikationsformen der Massenmedien. 4., neu bearbeitete und erweiterte Auflage. Berlin u.a.: de Gruyter (de Gruyter Studium).

Burgschmidt, Ernst / Götz, Dieter (1974): Kontrastive Linguistik deutsch/englisch. Theorie und Anwendung. München: Max Hueber (Hueber Hochschulreihe, 23).

Busch, Bernd (2007): Die Sprachen der Ökologie. Zur Einführung. In: Bernd Busch (Hg.): Jetzt ist die Landschaft ein Katalog voller Wörter. Beiträge zur Sprache der Ökologie. Göttingen: Wallstein (Valerio, 5), S. 5–16.

Busch, Brigitta (2013): Mehrsprachigkeit. Wien: Facultas.wuv (UTB Sprachwissenschaft, 3774).

Busse, Beatrix (2006): Vocative constructions in the language of Shakespeare. Zugl.: Dissertation an der Universität Münster, 2003. Amsterdam u.a.: Benjamins (Pragmatics & Beyond, 150).

Busse, Beatrix (2013): We are moving to Brooklyn! Sprachmuster und Mobilität. In: *Ruperto Carola* 3, S. 74–82.

Busse, Beatrix / Warnke, Ingo H. (2014): Ortsherstellung als sprachliche Praxis – sprachliche Praxis als Ortsherstellung. In: Beatrix Busse und Ingo H. Warnke (Hg.): Place-Making in urbanen Diskursen. Berlin u.a.: de Gruyter (Diskursmuster – Discourse Patterns, 7), S. 1–7.

Busse, Dietrich (1992): Textinterpretation. Sprachtheoretische Grundlagen einer explikativen Semantik. Opladen: Westdeutscher Verlag.

Busse, Dietrich (2005): Sprachwissenschaft als Sozialwissenschaft? In: Dietrich Busse, Thomas Niehr und Martin Wengeler (Hg.): Brisante Semantik. Neuere Konzepte und Forschungsergebnisse einer kulturwissenschaftlichen Linguistik. Tübingen: Niemeyer (Reihe Germanistische Linguistik, 259), S. 21–44.

Busse, Dietrich (2008): Diskurslinguistik als Epistemologie – Das verstehensrelevante Wissen als Gegenstand linguistischer Forschung. In: Ingo H. Warnke und Jürgen Spitzmüller (Hg.): Methoden der Diskurslinguistik. Sprachwissenschaftliche Zugänge zur transtextuellen Ebene. Berlin u.a.: de Gruyter (Linguistik – Impulse & Tendenzen, 31), S. 57–87.

Busse, Dietrich (2013a): Diskurs – Sprache – Gesellschaftliches Wissen. Perspektiven einer Diskursanalyse nach Foucault im Rahmen einer Linguistischen Epistemologie. In: Dietrich Busse und Wolfgang Teubert (Hg.): Linguistische Diskursanalyse: Neue Perspektiven. Wiesbaden: VS Verlag für Sozialwissenschaften (Interdisziplinäre Diskursforschung), S. 147–185.

Busse, Dietrich (2013b): Linguistische Diskurssemantik: Rückschau und Erläuterungen nach 30 Jahren. In: Dietrich Busse und Wolfgang Teubert (Hg.): Linguistische Diskursanalyse: Neue Perspektiven. Wiesbaden: VS Verlag für Sozialwissenschaften (Interdisziplinäre Diskursforschung), S. 31–53.

Busse, Dietrich (2015): Bedeutung. In: Ekkehard Felder und Andreas Gardt (Hg.): Handbuch Sprache und Wissen. Berlin u.a.: de Gruyter (Handbücher Sprachwissen, 1), S. 34–56.

Busse, Dietrich / Teubert, Wolfgang (1994): Ist Diskurs ein sprachwissenschaftliches Objekt? Zur Methodenfrage der historischen Semantik. In: Dietrich Busse und Wolfgang Teubert (Hg.): Linguistische Diskursanalyse: neue Perspektiven. Wiesbaden: VS Verlag für Sozialwissenschaften (Interdisziplinäre Diskursforschung), S. 13–30. [Wiederabdruck des Aufsatzes aus Dietrich Busse und Wolfgang Teubert (Hg.): Begriffsgeschichte und Diskursgeschichte. Methodenfragen und Forschungsergebnisse der historischen Semantik. Opladen: Westdeutscher Verlag, S. 10–28.]

Bußmann, Hadumod / Gerstner-Link, Claudia / Lauffer, Hartmut (^{4}2008): Lexikon der Sprachwissenschaft. 4., durchgesehene und bibliographisch ergänzte Auflage. Stuttgart: Kröner.

Butzer, Günter / Jacob, Joachim (^{2}2012): Metzler Lexikon literarischer Symbole. Stuttgart u.a.: Metzler.

Byron, George Gordon (1812–1818/1975): Childe Harold's Pilgrimage and Other Romantic Poems. Hrsg. von John Davies Jump. London: Dent.

Carbaugh, Donal (2001): 'The Mountain' and 'The Project'. Dualing Depictions of a Natural Environment. In: Alwin Fill und Peter Mühlhäusler (Hg.): The Ecolinguistics Reader. Language, Ecology, and Environment. London u.a.: Continuum, S. 124–142.

Chawla, Saroj (2001): Linguistic and Philosophical Roots of our Environmental Crisis. In: Alwin Fill und Peter Mühlhäusler (Hg.): The Ecolinguistics Reader. Language, Ecology, and Environment. London u.a.: Continuum, S. 115–123.

Coleman, William (1988): Göttliche Vorsehung, Kapitalismus und Umweltzerstörung. Englische Apologetik in einer Epoche wirtschaftlicher Umwälzungen. In: Rolf Peter Sieferle (Hg.): Fortschritte der Naturzerstörung. Frankfurt am Main: Suhrkamp (edition suhrkamp, 1489), S. 191–215.

Collins English Dictionary (^{9}2007). 175 Years of Dictionary Publishing. Glasgow: HarperCollins Publishing.

Conboy, Martin (2010): The Language of Newspapers. Socio-Historical Perspectives. London: Continuum.

Coulmas, Florian (1981): Über Schrift. Frankfurt am Main: Suhrkamp (Suhrkamp-Taschenbuch Wissenschaft, 378).

Cramer, Peter A. (2011): Controversy as News Discourse. Dordrecht u.a.: Springer (Argumentation library, 19).

Crutzen, Paul J. (2002): Geology of Mankind. In: *Nature* 415 (6867), S. 23.

Crystal, David (^{2}2003): English as a Global Language. 2. Auflage. Cambridge u.a.: Cambridge University Press.

Crystal, David (2014): Words in Time and Place. Exploring Language through the Historical Thesaurus of the Oxford English Dictionary. Oxford: Oxford University Press.

Czachur, Waldemar (2011): Diskursive Weltbilder im Kontrast. Linguistische Konzeption und Methode der kontrastiven Diskursanalyse deutscher und polnischer Medien. Wrocław: Oficyna Wydawnicza ATUT.

Czachur, Waldemar (2013): Kontrastive Diskurslinguistik – sprach- und kulturkritisch durch Vergleich. In: Ulrike Hanna Meinhof, Martin Reisigl und Ingo H. Warnke (Hg.): Diskurslinguistik im Spannungsfeld von Deskription und Kritik. Berlin: Akademie-Verlag (Diskursmuster – Discourse Patterns, 1), S. 325–350.

Davies, Mark (2010): The Corpus of Contemporary American English as the First Reliable Monitor Corpus of English. In: *Literary and Linguistic Computing* 25(4), S. 447–464.

Declerck, Renaat (1991): Tense in English. Its Structure and Use in Discourse. London u.a.: Routledge (Germanic Linguistics).

Degand, Liesbeth / Cornillie, Bert / Pietrandrea, Paola (Hg.) (2013): Discourse Markers and Modal Particles: Categorization and Description. Amsterdam u.a.: Benjamins (Pragmatics & Beyond, 234).

DeKok, David (2010): Fire Underground. The Ongoing Tragedy of the Centralia Mine Fire. Guilford: GPP.

Deutscher, Guy (^{3}2011): Im Spiegel der Sprache. Warum die Welt in anderen Sprachen anders aussieht. Aus dem Englischen von Martin Pfeiffer [engl. Originaltitel: Through the language glass]. 3. Auflage. München: Beck.

Di Meola, Claudio (2004): Ikonische Beziehungen zwischen Konzessivrelation und Konzessivkonnektoren. In: Hardarik Blühdorn, Eva Breindl und Ulrich Hermann Wassner (Hg.): Brücken schlagen. Grundlagen der Konnektorensemantik. Berlin, New York: de Gruyter (Linguistik – Impulse & Tendenzen, 5), S. 287–308.

Didakowski, Jörg / Geyken, Alexander (2013): From DWDS Corpora to a German Word Profile – Methodological Problems and Solutions. In: Network Strategies, Access Structures and Automatic Extraction of Lexicographical Information. 2nd Work Report of the Academic Network „Internet Lexicography". Mannheim: Institut für deutsche Sprache (OPAL – Online publizierte Arbeiten zur Linguistik X/2012), S. 43–52.

Domke, Christine (2006): Besprechungen als organisationale Entscheidungskommunikation. Teilw. zugl.: Dissertation an der Universität Bielefeld 2003. Berlin: de Gruyter (Linguistik – Impulse & Tendenzen, 18).

Domscheit-Berg, Daniel (2011): Inside WikiLeaks. Meine Zeit bei der gefährlichsten Website der Welt. Aufgeschrieben von Tina Klopp. Berlin: Econ.

Dornseiff, Franz (^{8}2004): Der deutsche Wortschatz nach Sachgruppen. Mit einer lexikographisch-historischen Einführung und einer ausgewählten Bibliographie zur Lexikographie und Onomasiologie von Herbert Ernst Wiegand. Unter Mitarbeit von Uwe Quasthoff. 8., völlig neu bearbeitete und mit einem vollständigen alphabetischen Zugriffsregister versehene Auflage. Berlin u.a.: de Gruyter.

Dretzke, Burkhard / Nester, Margaret (2009): False friends. A Short Dictionary. Stuttgart: Reclam (Reclams Universal-Bibliothek, 19756: Fremdsprachentexte).

Duden – Das Synonymwörterbuch (^{6}2014). Ein Wörterbuch sinnverwandter Wörter. Herausgeben von der Dudenredaktion (Red. Bearbeitung Birgit Eickhoff, Angelika Haller-Wolf, Ilka Peschek und Dr. Anja Steinbauer, unter Mitwirkung von Hannah Schickl). 6., vollständig überarbeitete Auflage. Berlin : Dudenverlag (Duden Band 8).

Duden – Deutsches Universalwörterbuch (^{8}2015). Das umfassende Bedeutungswörterbuch der deutschen Sprache. Herausgegeben von der Dudenredaktion (Red. Bearbeitung Werner Scholze-Stubenrecht (Projektleitung), Ilka Peschek, unter Mitarbeit vn Rudolf Hoberg, Ur-

sula Hoberg und Jürgen Folz (Kurze Grammatik der deutschen Sprache)). 8., überarbeitete und erweiterte Auflage. Berlin: Dudenverlag.
Duden – Die Grammatik (⁹2016). Unentbehrlich für richtiges Deutsch. Herausgegeben von Angelika Wöllstein und der Dudenredaktion. 9., vollständig überarbeitete und aktualisierte Auflage. Berlin: Dudenverlag (Duden Band 4).
Edenhofer, Ottmar / Kowarsch, Martin (2011): Klimaschutz und Klimawandel. In: Ralf Stoecker, Christian Neuhäuser und Marie-Luise Raters (Hg.): Handbuch Angewandte Ethik. Unter Mitarbeit von Fabian Koberling. Stuttgart u.a.: Metzler, S. 511–517.
Ehlers, Eckart (2007): „Die Natur kennt keine Katastrophen". Zu einer notwendigen Unterscheidung zwischen Natur- und Umweltkatastrophe. In: Bernd Busch (Hg.): Jetzt ist die Landschaft ein Katalog voller Wörter. Beiträge zur Sprache der Ökologie. Göttingen: Wallstein (Valerio, 5), S. 98–105.
Ehlers, Eckart (2008): Das Anthropozän. Die Erde im Zeitalter des Menschen. Darmstadt: Wissenschaftliche Buchgesellschaft.
Eisenberg, Peter (2007): Sollen Grammatiken die gesprochene Sprache beschreiben? Sprachmodalität und Sprachstandard. In: Vilmos Ágel und Mathilde Hennig (Hg.): Zugänge zur Grammatik der gesprochenen Sprache. Tübingen: Niemeyer (Reihe Germanistische Linguistik, 269), S. 275–296.
Engelberg, Stefan / Lemnitzer, Lothar (⁴2009): Lexikographie und Wörterbuchbenutzung. 4., überarbeitete und erweiterte Auflage. Tübingen: Stauffenburg (Stauffenburg-Einführungen, 14).
Evans, Vyvyan (2003): The Structure of Time. Language, Meaning, and Temporal Cognition. Amsterdam u.a.: Benjamins (Human cognitive processing, 12).
Evert, Stefan (2005): The Statistics of Word Cooccurrences: Word Pairs and Collocations. Stuttgart: OPUS Online Publikationen der Universität Stuttgart. Zugl.: Dissertation an der Universität Stuttgart. Online verfügbar unter http://dx.doi.org/10.18419/opus-2556 (letzter Zugriff 3.12.2016).
Evison, Jane (2012): What are the Basics of Analysing a Corpus? In: Anne O'Keeffe und Michael McCarthy (Hg.): The Routledge Handbook of Corpus Linguistics. London u.a.: Routledge, S. 122–135.
Fairclough, Norman (1992): Discourse and Social Change. Cambridge u.a.: Polity Press.
Fairclough, Norman (1995): Media Discourse. London u.a: Arnold.
Fairclough, Norman (²2001): Language and Power. 2. Auflage. Harlow u.a.: Longman.
Fairclough, Norman (2003): Analysing Discourse. Textual Analysis for Social Research. London u.a.: Routledge.
Felder, Ekkehard (1995): Kognitive Muster der politischen Sprache. Eine linguistische Untersuchung zur Korrelation zwischen sprachlich gefaßter Wirklichkeit und Denkmustern am Beispiel der Reden von Theodor Heuss und Konrad Adenauer. Zugl.: Dissertation an der Universität Freiburg (Breisgau) 1994. Frankfurt am Main: Lang (Europäische Hochschulschriften, Reihe 1 Deutsche Sprache und Literatur, 1490).
Felder, Ekkehard (2003): Juristische Textarbeit im Spiegel der Öffentlichkeit. Zugl.: Habilitationsschrift an der Universität Münster (Westfalen) 2002. Berlin u.a.: de Gruyter. (Studia Linguistica Germanica, 70).
Felder, Ekkehard (2006): Semantische Kämpfe in Wissensdomänen. Eine Einführung in Benennungs-, Bedeutungs- und Sachverhaltsfixierungs-Konkurrenzen. In: Ekkehard Felder (Hg.): Semantische Kämpfe. Macht und Sprache in den Wissenschaften. Berlin u.a.: de Gruyter (Linguistik – Impulse & Tendenzen, 19), S. 13–46.

Felder, Ekkehard (2007a): Von der Sprachkrise zur Bilderkrise. Überlegungen zum Text-Bild-Verhältnis im Paradigma der pragma-semiotischen Textarbeit. In: Friedrich Müller (Hg.): Politik, [Neue] Medien und die Sprache des Rechts. Berlin: Duncker & Humblot (Schriften zur Rechtstheorie, 234), S. 191–219.

Felder, Ekkehard (2007b): Text-Bild-Hermeneutik. Die Zeitgebundenheit des Bild-Verstehens am Beispiel der Medienberichterstattung. In: Fritz Hermanns und Werner Holly (Hg.): Linguistische Hermeneutik. Theorie und Praxis des Verstehens und Interpretierens. Tübingen: Niemeyer (Reihe Germanistische Linguistik, 272), S. 357–385.

Felder, Ekkehard (2009a): Sprachliche Formationen des Wissens. Sachverhaltskonstitution zwischen Fachwelten, Textwelten und Varietäten. In: Ekkehard Felder und Marcus Müller (Hg.): Wissen durch Sprache. Theorie, Praxis und Erkenntnisinteresse des Forschungsnetzwerkes „Sprache und Wissen". Berlin u.a.: de Gruyter (Sprache und Wissen, 3), S. 21–77.

Felder, Ekkehard (2009b): Sprache – das Tor zur Welt!? Perspektiven und Tendenzen in sprachlichen Äußerungen. In: Ekkehard Felder (Hg.): Sprache. Im Auftrag der Universitätsgesellschaft Heidelberg. Berlin u.a.: Springer Verlag (Heidelberger Jahrbücher, 53), S. 13–57.

Felder, Ekkehard (2012): Pragma-semiotische Textarbeit und der hermeneutische Nutzen von Korpusanalysen für die linguistische Mediendiskursanalyse. In: Ekkehard Felder, Marcus Müller und Friedemann Vogel (Hg.): Korpuspragmatik. Thematische Korpora als Basis diskurslinguistischer Analysen. Berlin u.a.: de Gruyter (Linguistik – Impulse & Tendenzen, 44), S. 115–174.

Felder, Ekkehard (2013): Faktizitätsherstellung mittels handlungsleitender Konzepte und agonaler Zentren. Der diskursive Wettkampf um Geltungsansprüche. In: Ekkehard Felder (Hg.): Faktizitätsherstellung in Diskursen. Die Macht des Deklarativen. Berlin u.a.: de Gruyter (Sprache und Wissen, 13), S. 13–28.

Felder, Ekkehard (2015): Lexik und Grammatik der Agonalität in der linguistischen Diskursanalyse. In: Heidrun Kämper und Ingo H. Warnke (Hg.): Diskurs – interdisziplinär. Zugänge, Gegenstände, Perspektiven. Berlin u.a.: de Gruyter (Diskursmuster – Discourse Patterns, 6), S. 87–121.

Felder, Ekkehard (2016): Einführung in die Varietätenlinguistik. Darmstadt: Wissenschaftliche Buchgesellschaft (Germanistik kompakt).

Felder, Ekkehard / Gardt, Andreas (2015): Sprache – Erkenntnis – Handeln. In: Ekkehard Felder und Andreas Gardt (Hg.): Handbuch Sprache und Wissen. Berlin u.a.: de Gruyter (Handbücher Sprachwissen, 1), S. 3–33.

Felder, Ekkehard / Luth, Janine (2015): Diskurslinguistische Zugänge zur Rechtssemantik und Rechtspragmatik. Kontrastkonnektoren als Indikatoren für agonale Zentren. In: Friedemann Vogel (Hg.): Zugänge zur Rechtssemantik. Interdisziplinäre Ansätze im Zeitalter der Mediatisierung. Berlin u.a.: de Gruyter (linguae & litterae, 53), S. 159–183.

Felder, Ekkehard / Mattfeldt, Anna (2015): Linguistik als hermeneutische Wissenschaft: Das schwierige Verhältnis von Text und Bild im Diskurs. In: *Zeitschrift für Diskursforschung* (Sonderheft „Diskurs, Interpretation, Hermeneutik"), S. 108–144.

Felder, Ekkehard / Stegmeier, Jörn (2012a): Semantische Kämpfe in einem Textkorpus zum Sterbehilfe-Diskurs. In: Michael Anderheiden und Wolfgang U. Eckart (Hg.): Handbuch Sterben und Menschenwürde. In Verbindung mit Eva Schmitt, Hubert Bardenheuer, Helmuth Kiesel, Andreas Kruse und Jürgen Wassmann. 2 Bände. Berlin u.a.: de Gruyter, S. 329–346.

Felder, Ekkehard / Stegmeier, Jörn (2012b): Diskurstheoretische Voraussetzungen und diskurspraktische Bewertungen. Diskurse aus sprachwissenschaftlicher Sicht am Beispiel des Sterbehilfe-Diskurses. In: Michael Anderheiden und Wolfgang U. Eckart (Hg.): Handbuch Sterben und Menschenwürde. In Verbindung mit Eva Schmitt, Hubert Bardenheuer, Helmuth Kiesel, Andreas Kruse und Jürgen Wassmann. 2 Bände. Berlin u.a.: de Gruyter, S. 375–415.

Felgentreff, Carsten / Glade, Thomas (Hg.) (2008): Naturrisiken und Sozialkatastrophen. Berlin, Heidelberg: Spektrum Akademischer Verlag.

Fellbaum, Christine / Felder, Ekkehard (2013): Faktizitätsherstellung im Spiegel sprachlicher Ordnung. Idiomatische Perspektiven-Setzungen im englischen und deutschen Sterbehilfediskurs. In: Ekkehard Felder (Hg.): Faktizitätsherstellung. Die Macht des Deklarativen. Berlin u.a.: de Gruyter (Sprache und Wissen, 13), S. 173–193.

Fill, Alwin / Mühlhäusler, Peter (Hg.) (2001): The Ecolinguistics Reader. Language, Ecology, and Environment. London u.a.: Continuum.

Fillmore, Charles (1992): Corpus Linguistics or Computer-aided Armchair Linguistics. In: Jan Svartvik (Hg.): Directions in Corpus Linguistics. Proceedings of Nobel Symposium 82, Stockholm, 4 – 8 August 1991. Berlin u.a.: de Gruyter (Trends in Linguistics: Studies and Monographs, 65), S. 35–60.

Finkel, Madelon Lubin (2015): Introduction. In: Madelon Lubin Finkel (Hg.) (2015): The Human and Environmental Impact of Fracking. How Fracturing Shale for Gas Affects Us and Our World. Santa Barbara: Praeger, S. XIII–XXXIV.

Firth, John R. (1957/1968): A Synopsis of Linguistic Theory 1930–55. In: John R. Firth: Selected Papers 1952–59. Herausgegeben von Frank R. Palmer. London: Longmans (Longmans' Linguistic Library), S. 168–205.

Fix, Ulla (2008): Text und Textlinguistik. In: Nina Janich (Hg.): Textlinguistik. 15 Einführungen. Tübingen: Narr (Narr Studienbücher), S. 15–34.

Fix, Ulla (Hg.) (2013): Sprache in der Literatur und im Alltag. Ausgewählte Aufsätze. Berlin: Frank & Timme (Sprachwissenschaft, 12).

Fix, Ulla (2015): Braucht die Germanistik eine germanistische Wende? In: Jochen A. Bär, Jana-Katharina Mende und Pamela Steen (Hg.): Literaturlinguistik – philologische Brückenschläge. Frankfurt am Main: Peter Lang Edition (Littera Studien zur Sprache und Literatur, 6), S. 19–23.

Fix, Ulla / Wellmann, Hans (2000): Sprachtexte – Bildtexte. Bemerkungen zum Symposion „Bild im Text – Text und Bild" vom 6.–8. April 2000 in Leipzig. In: Ulla Fix und Hans Wellmann (Hg.): Bild im Text, Text im Bild. Heidelberg: Winter (Sprache – Literatur und Geschichte, 20), S. XI–XVII.

Fix, Ulla / Wellmann, Hans (Hg.) (2000): Bild im Text, Text im Bild. Heidelberg: Winter (Sprache – Literatur und Geschichte, 20).

Fleming, Donald (1988): Wurzeln der New-Conservation-Bewegung. In: Rolf Peter Sieferle (Hg.): Fortschritte der Naturzerstörung. Frankfurt am Main: Suhrkamp (edition suhrkamp, 1489), S. 216–306.

Fludernik, Monika (2015): Narratologische Probleme des faktualen Erzählens. In: Monika Fludernik, Nicole Falkenhayner und Julia Steiner (Hg.): Faktuales und fiktionales Erzählen. Interdisziplinäre Perspektiven. Würzburg: Ergon (Faktuales und fiktionales Erzählen, 1), S. 115–137.

Fludernik, Monika / Falkenhayner, Nicole / Steiner, Julia (Hg.) (2015): Faktuales und fiktionales Erzählen. Interdisziplinäre Perspektiven. Würzburg: Ergon (Faktuales und fiktionales Erzählen, 1).
Foucault, Michel (1981): Archäologie des Wissens. Übersetzt von Ulrich Köppen [im Original: L'archéologie du savoir, 1969]. Frankfurt am Main: Suhrkamp (Suhrkamp-Taschenbuch Wissenschaft, 356).
Foucault, Michel (^{13}2014): Die Ordnung des Diskurses. Aus dem Französischen von Walter Seitter. Mit einem Essay von Ralf Konersmann. [im Original: L'ordre du discours, deutsche Ausgabe 1974]. 13. Auflage. Frankfurt am Main: Fischer (Fischer Wissenschaft).
Fox, Barbara A. / Hopper, Paul J. (Hg.) (1994): Voice. Form and Function. Amsterdam u.a.: Benjamins (Typological Studies in Language, 27).
Fraas, Claudia (1996): Gebrauchswandel und Bedeutungsvarianz in Textnetzen. Die Konzepte „Identität" und „Deutsche" im Diskurs zur deutschen Einheit. Tübingen: Narr (Studien zur deutschen Sprache/Forschungen des Instituts für deutsche Sprache, 3).
Freitag, Birgit (2013): Die Grüne-Gentechnik-Debatte. Der Einfluss von Sprache auf die Herstellung von Wissen. Zugl.: Dissertation an der Universität Heidelberg 2012 unter dem Titel: Linguistische Diskursanalyse der Grünen-Gentechnik-Debatte in fachexterner Kommunikation und Medienkommunikation. Wiesbaden: VS Verlag für Sozialwissenschaften (Theorie und Praxis der Diskursforschung).
Frey, James N. (2002): Wie man einen verdammt guten Roman schreibt. Übersetzt von Ellen Schlootz und Jochen Stremmel [im Original: How to Write a Damn Good Novel, 1987]. Köln: Emons.
Frisch, Max (1972/1979, 1986): Der Mensch erscheint im Holozän. Eine Erzählung. In: Gesammelte Werke in zeitlicher Folge. Jubiläumsausgabe in sieben Bänden. Herausgegeben von Hans Mayer unter Mitwirkung von Walter Schmitz. Band 7. Frankfurt am Main: Suhrkamp (Suhrkamp Taschenbuch, 1407), S. 205–300.
Frömming, Urte Undine (2006): Naturkatastrophen. Kulturelle Deutung und Verarbeitung. Zugl.: Dissertation an der Freien Universität Berlin 2005. Frankfurt am Main: Campus.
Gaballo, Viviana (2012): Language and Culture in Minor Media Text Types. A Diachronic, Intralinguistic Analysis from Fanzines to Webzines. In: Stefan Hauser und Martin Luginbühl (Hg.): Contrastive Media Analysis. Approaches to Linguistic and Cultural Aspects of Mass Media Communication. Amsterdam u.a.: Benjamins (Pragmatics & Beyond, 226), S. 145–175.
Gangl, Georg H. (2011): Taming the Struggle? Agonal Thinking in Nietzsche and Mouffe. Online verfügbar unter http://www.academia.edu/655059/Taming_the_Struggle_Agonal_Thinking_in_Nietzsche_and_Mouffe (letzter Zugriff 28.9.2016).
Gardt, Andreas (2007): Diskursanalyse. Aktueller theoretischer Ort und methodische Möglichkeiten. In: Ingo H. Warnke (Hg.): Diskurslinguistik nach Foucault. Theorie und Gegenstände. Berlin u.a.: de Gruyter (Linguistik – Impulse & Tendenzen, 25), S. 23–48.
Gardt, Andreas (2013): Textanalyse als Basis der Diskursanalyse. Theorie und Methoden. In: Ekkehard Felder (Hg.): Faktizitätsherstellung. Die Macht des Deklarativen. Berlin u.a.: de Gruyter (Sprache und Wissen, 13), S. 29–55.
Gardt, Andreas (2015): Text und Erkenntnis. In: Jochen A. Bär, Jana-Katharina Mende und Pamela Steen (Hg.): Literaturlinguistik – philologische Brückenschläge. Frankfurt am Main: Peter Lang Edition (Littera Studien zur Sprache und Literatur, 6), S. 27–30.
Geise, Stephanie / Brettschneider, Frank (2010): Die Wahrnehmung und Bewertung von Wahlplakaten: Ergebnisse einer Eyetracking-Studie. In: Thorsten Faas, Kai Arzheimer und Sig-

rid Roßteutscher (Hg.): Information – Wahrnehmung – Emotion. Politische Psychologie in der Wahl- und Einstellungsforschung. Wiesbaden: Springer VS Verlag für Sozialwissenschaften (Schriftenreihe des Arbeitskreises „Wahlen und politische Einstellungen" der Deutschen Vereinigung für Politische Wissenschaft), S. 71–95.

Gerbig, Andrea (2000): Patterns of Language Use in Discourse on the Environment: A Corpusbased Approach. In: Bernhard Kettemann, Hermine Penz und Alwin Fill (Hg.): ECOnstructing Language, Nature and Society. The Ecolinguistic Project Revisited: Essays in Honour of Alwin Fill. Tübingen: Stauffenburg (Stauffenburg-Festschriften), S. 191–216.

Geyken, Alexander (2011): Die dynamische Verknüpfung von Kollokationen mit Korpusbelegen und deren Repräsentation im DWDS-Wörterbuch. In: Annette Klosa und Carolin Müller-Spitzer (Hg.): Datenmodellierung für Internetwörterbücher. 1. Arbeitsbericht des wissenschaftlichen Netzwerks „Internetlexikografie". Mannheim: Institut für Deutsche Sprache (OPAL – Online publizierte Arbeiten zur Linguistik 2/2011), S. 9–22.

Glacken, Clarence J. (1988): Zum Wandel der Vorstellungen über den menschlichen Lebensraum. In: Rolf Peter Sieferle (Hg.): Fortschritte der Naturzerstörung. Frankfurt am Main: Suhrkamp (edition suhrkamp, 1489), S. 158–190.

Glinz, Hans (1994): Grammatiken im Vergleich. Deutsch, Französisch, Englisch, Latein: Formen, Bedeutungen, Verstehen. Tübingen: Niemeyer (Reihe Germanistische Linguistik, 136).

Gräb-Schmidt, Elisabeth (Hg.) (2015): Was heißt Natur? Philosophischer Ort und Begründungsfunktion des Naturbegriffs. Leipzig: Evangelische Verlagsanstalt (Veröffentlichungen der Wissenschaftlichen Gesellschaft für Theologie, 43).

Green, Liz (2015): The Importance of Health Impact Assessments. In: Madelon Lubin Finkel (Hg.): The Human and Environmental Impact of Fracking. How Fracturing Shale for Gas Affects Us and Our World. Santa Barbara: Praeger, S. 49–60.

Grittmann, Elke (2001): Fotojournalismus und Ikonographie. Zur Inhaltsanalyse von Pressefotos. In: Werner Wirth und Edmund Lauf (Hg.): Inhaltsanalyse. Perspektiven, Probleme, Potentiale. Köln: Halem, S. 262–279.

Groh, Dieter / Kempe, Michael / Mauelshagen, Franz (2003): Einleitung. Naturkatastrophen – wahrgenommen, gedeutet, dargestellt. In: Dieter Groh, Michael Kempe und Franz Mauelshagen (Hg.): Naturkatastrophen. Beiträge zu ihrer Deutung, Wahrnehmung und Darstellung in Text und Bild von der Antike bis ins 20. Jahrhundert. Tübingen: Narr (Literatur und Anthropologie, 13), S. 11–33.

Groh, Dieter / Kempe, Michael / Mauelshagen, Franz (Hg.) (2003): Naturkatastrophen. Beiträge zu ihrer Deutung, Wahrnehmung und Darstellung in Text und Bild von der Antike bis ins 20. Jahrhundert. Naturkatastrophen und ihre Wahrnehmung in der Geschichte des Menschen. Tübingen: Narr (Literatur und Anthropologie, 13).

Gunkel, Lutz / Zifonun, Gisela (Hg.) (2012): Deutsch im Sprachvergleich. Grammatische Kontraste und Konvergenzen. Berlin u.a.: de Gruyter (Jahrbuch Institut für deutsche Sprache 2011).

Gür-Şeker, Derya (2012): Transnationale Diskurslinguistik. Theorie und Methodik am Beispiel des sicherheitspolitischen Diskurses über die EU-Verfassung in Deutschland, Großbritannien und der Türkei. Zugl.: Dissertation an der Universität Duisburg-Essen 2012. Bremen: Hempen (Sprache – Politik – Gesellschaft, 6).

Gutsfeld, Andreas / Lehmann, Stephan (2013): Einleitung. In: Andreas Gutsfeld und Stephan Lehmann (Hg.): Der gymnische Agon in der Spätantike. Gutenberg: Computus (Pietas, 6), S. 9–15.

Habermas, Jürgen (1981): Theorie des kommunikativen Handelns. Band 1: Handlungsrationalität und gesellschaftliche Rationalisierung. Frankfurt am Main: Suhrkamp.
Habrich-Böcker, Christiane / Kirchner, Beate Charlotte / Weißenberg, Peter (^{2}2015): Fracking – Die neue Produktionsgeografie. 2., aktualisierte und korrigierte Auflage. Wiesbaden: Springer Gabler.
Hale, Bob / Hoffmann, Aviv (Hg.) (2010): Modality. Metaphysics, Logic, and Epistemology. Oxford u.a.: Oxford University Press.
Halliday, Michael A.K. (^{4}2014): Halliday's Introduction to Functional Grammar. Revised by Christian M.I.M. Matthiessen. 4. Auflage. London u.a.: Routledge.
Hammerl, Christa / Steffelbauer, Ilja (Hg.) (2014): Naturkatastrophen. Dramatische Naturereignisse aus kulturwissenschaftlicher Perspektive. Wien: Mandelbaum (Expansion, Interaktion, Akkulturation, 25).
Hansen, Klaus P. (2008): Sprache und Kollektiv. Ein Essay. In: Heidrun Kämper und Ludwig M. Eichinger (Hg.): Sprache, Kognition, Kultur. Sprache zwischen mentaler Struktur und kultureller Prägung. Berlin u.a.: de Gruyter (Jahrbuch Institut für deutsche Sprache 2007), S. 14–23.
Haspelmath, Martin (1997): From Space to Time. Temporal Adverbials in the World's Languages. München [u.a.]: LINCOM Europa (LINCOM Studies in Theoretical Linguistics, 3).
Haß, Ulrike (2007): Korpus-Hermeneutik. Zur hermeneutischen Methodik in der lexikalischen Semantik. In: Fritz Hermanns und Werner Holly (Hg.): Linguistische Hermeneutik. Theorie und Praxis des Verstehens und Interpretierens. Tübingen: Niemeyer (Reihe Germanistische Linguistik, 272), S. 241–261.
Helbig, Gerhard / Helbig, Agnes (1990): Lexikon deutscher Modalwörter. Leipzig: Verlag Enzyklopädie.
Hellinger, Marlis (1990): Kontrastive feministische Linguistik. Mechanismen sprachlicher Diskriminierung im Englischen und Deutschen. Ismaning: Hueber (Forum Sprache).
Heringer, Hans Jürgen (^{4}2014): Interkulturelle Kommunikation. Grundlagen und Konzepte. 4., überarbeitete und erweiterte Auflage. Tübingen: Francke (UTB, 2550).
Hermanns, Fritz / Holly, Werner (Hg.) (2007): Linguistische Hermeneutik. Theorie und Praxis des Verstehens und Interpretierens. Tübingen: Niemeyer (Reihe Germanistische Linguistik, 272).
Historical Thesaurus of the Oxford English Dictionary Online (2016). Oxford University Press. Letzter Zugriff 21.9.2016.
Hoch, Thomas / Müller-Hilmer, Rita (2014): Den nur rationalen Wähler gibt es nicht: Welche Rolle spielen Emotionen und Bedürfnisse und wie kann die Politikforschung sie erfassen? In: Denkwerk Demokratie (Hg.): Sprache. Macht. Denken. Politische Diskurse verstehen und führen. Frankfurt am Main: Campus, S. 87–103.
Hoey, Michael (1994): Signaling in Discourse: A Functional Analysis of a Common Discourse Pattern in Written and Spoken English. In: Malcolm Coulthard (Hg.): Advances in Written Text Analysis. London u.a.: Routledge, S. 26–45.
Horn, Laurence R. / Kato, Yasuhiko (Hg.) (2000): Negation and Polarity. Syntactic and Semantic Perspectives. Oxford, New York: Oxford University Press (Oxford Linguistics).
Huddleston, Rodney D. / Pullum, Geoffrey K. (2002): The Cambridge Grammar of the English Language. Cambridge u.a.: Cambridge University Press.
Huffman, Bennett (2002): Postmodern Ecocriticism in the Science Fiction Novel: J.G. Ballard and Ken Kesey. In: John Parham (Hg.) (2002): The Environmental Tradition in English Literature. Aldershot u.a.: Ashgate, S. 64–74.

Hüllen, Werner (2009): Networks and Knowledge in Roget's Thesaurus. Oxford u.a.: Oxford University Press.
Humboldt, Wilhelm von (1836/1907): Einleitung zum Kawi-Werk. Über die Verschiedenheit des menschlichen Sprachbaues und ihren Einfluß auf die geistige Entwicklung des Menschengeschlechts. In: Wilhelm von Humboldt: Wilhelm von Humboldts Gesammelte Schriften. Band 7.1. Herausgegeben von Albert Leitzmann. Berlin: Behr.
Hunston, Susan (2002): Corpora in Applied Linguistics. Cambridge u.a.: Cambridge University Press (Cambridge Applied Linguistics).
Hunston, Susan (2011): Corpus Approaches to Evaluation. Phraseology and Evaluative Language. New York: Routledge (Routledge Advances in Corpus Linguistics, 13).
Hunston, Susan / Francis, Gill (2000): Pattern Grammar. A Corpus-Driven Approach to the Lexical Grammar of English. Amsterdam u.a.: Benjamins (Studies in Corpus Linguistics, 4).
Israel, Michael (2011): The Grammar of Polarity. Pragmatics, Sensitivity, and the Logic of Scales. Cambridge: Cambridge University Press (Cambridge Studies in Linguistics, 127).
Iyeiri, Yoko (Hg.) (2005): Aspects of English Negation. Amsterdam u.a.: Benjamins.
Iyeiri, Yoko (2005): Introduction. Studies on English Negation and the Present Volume. In: Iyeiri, Yoko (Hg.) (2005): Aspects of English Negation. Amsterdam u.a.: Benjamins. S. 1–11.
Jacob, Katharina / Mattfeldt, Anna (2016): Mehrsprachige Zugänge zu gesellschaftspolitischen Konflikten. Ein siebenschrittiges Verfahren zur auto- und synsemantischen Erschließung diskursiver Kontroversen am Beispiel einer zweisprachigen Mediendiskursanalyse zum Betreuungsgeld. In: Friedemann Vogel, Janine Luth und Stefaniya Ptashnyk (Hg.): Linguistische Zugänge zu Konflikten in europäischen Sprachräumen. Korpus – Pragmatik – kontrovers. Heidelberg: Universitätsverlag Winter (Schriften des Europäischen Zentrums für Sprachwissenschaften (EZS), 4), S. 291–316.
Jacob, Katharina (2017): Linguistik des Entscheidens. Eine kommunikative Praxis in funktionalpragmatischer und diskurslinguistischer Perspektive. Zugl: Dissertation an der Universität Heidelberg. Berlin u.a.: De Gruyter (Sprache und Wissen, 27).
Jäger, Ludwig (2004): Wie viel Sprache braucht der Geist? Mediale Konstitutionsbedingungen des Mentalen. In: Ludwig Jäger und Erika Linz (Hg.): Medialität und Mentalität. Theoretische und empirische Studien zum Verhältnis von Sprache, Subjektivität und Kognition. München: Fink, S. 15–42.
Jäger, Siegfried (2005): Diskurs als „Fluß von Wissen durch die Zeit". Ein transdisziplinäres politisches Konzept. In: *Aptum* 1 (1), S. 52–72.
Jäger, Siegfried (⁷2015): Kritische Diskursanalyse. Eine Einführung. 7., vollständig überarbeitete Auflage. Münster: Unrast (Edition DISS, 3).
Janich, Nina (⁶2013): Werbesprache. Ein Arbeitsbuch. Mit einem Beitrag von Jens Runkehl. 6., durchgesehene und korrigierte Auflage. Tübingen: Narr (Narr Studienbücher).
Janich, Nina / Simmerling, Anne (2013): „Nüchterne Forscher träumen..." Nichtwissen im Klimadiskurs unter deskriptiver und kritischer diskursanalytischer Betrachtung. In: Ulrike Hanna Meinhof, Martin Reisigl und Ingo H. Warnke (Hg.): Diskurslinguistik im Spannungsfeld von Deskription und Kritik. Berlin: Akademie-Verlag (Diskursmuster – Discourse Patterns, 1), S. 65–99.
Jaspal, Rusi / Nerlich, Brigitte (2014): Fracking in the UK Press: Threat Dynamics in an Unfolding Debate. In: *Public Understanding of Science* 23 (3), S. 348–363.

Jaspal, Rusi / Turner, Andrew / Nerlich, Brigitte (2014): Fracking on Youtube: Exploring Risks, Benefits and Human Values. In: *Environmental Values* 23 (5), S. 501–527.
Johanson, Lars / Rehbein, Jochen (Hg.) (1999): Türkisch und Deutsch im Vergleich. Wiesbaden: Harrassowitz (Turcologica, 39).
Johansson, Stig (2003): Contrastive Linguistics and Corpora. In: Sylviane Granger, Jacques Lerot und Stephanie Petch-Tyson (Hg.): Corpus-Based Approaches to Contrastive Linguistics and Translation Studies. Amsterdam: Rodopi (Approaches to Translation Studies, 20), S. 31–44.
Johnson-Laird, Philip N. / Oatley, Keith (1989): The Language of Emotions: An Analysis of a Semantic Field. In: *Cognition and Emotion* 3 (2), S. 81–123.
Johnson-Laird, Philip N. / Oatley, Keith (1992): Basic Emotions, Rationality, and Folk Theory. In: *Cognition and Emotion* 6 (3–4), S. 201–223.
Jung, Matthias (1995): Umweltstörfälle. Fachsprache und Expertentum in der öffentlichen Diskussion. In: Georg Stötzel und Martin Wengeler (Hg.): Kontroverse Begriffe. Geschichte des öffentlichen Sprachgebrauchs in der Bundesrepublik Deutschland. In Zusammenarbeit mit Karin Böke, Hildegard Gorny, Silke Hahn, Matthias Jung, Andreas Musolff, Cornelia Tönnesen. Berlin u.a.: de Gruyter (Sprache, Politik, Öffentlichkeit, 4), S. 619–678.
Kaltenbacher, Martin / Kaltenbacher, Thomas (2015): Seeing the Unforeseen: Eye-Tracking Reading Paths in Multimodal Webpages. In: Janina Wildfeuer (Hg.): Building Bridges for Multimodal Research. International Perspectives on Theories and Practices of Multimodal Analysis. Frankfurt am Main u.a.: Peter Lang Edition (Sprache – Medien – Innovationen, 7), S. 193–210.
Kalverkämper, Hartwig (1993): Das fachliche Bild. Zeichenprozesse in der Darstellung wissenschaftlicher Ergebnisse. In: Hartmut Schröder (Hg.): Fachtextpragmatik. Tübingen: Narr (Forum für Fachsprachenforschung, 19), S. 215–238.
Karstedt, Lars von (2004): Sprache und Kultur. Eine Geschichte der deutschsprachigen Ethnolinguistik. Dissertation an der Universität Hamburg, Philosophie. Online verfügbar unter http://ediss.sub.uni-hamburg.de/volltexte/2005/2544/pdf/Karstedt_Sprache_und_Kultur_2004.pdf (letzter Zugriff 28.9.2016).
Keding, Lennart (2016): Sprache als Schlüssel zum Recht. Zur Strafbarkeit religiös motivierter Knabenbeschneidungen aus rechtslinguistischer Sicht. Hamburg: Kovač (PHILOLOGIA – Sprachwissenschaftliche Forschungsergebnisse, 213).
Keller, Reiner (^{3}2011a): Wissenssoziologische Diskursanalyse. Grundlegung eines Forschungsprogramms. 3. Auflage. Wiesbaden: Springer VS Verlag für Sozialwissenschaften.
Keller, Reiner (^{4}2011b): Diskursforschung. Eine Einführung für SozialwissenschaftlerInnen. 4. Auflage. Wiesbaden: VS Verlag für Sozialwissenschaften (Qualitative Sozialforschung, 14).
Kersten, Jens (2014): Das Anthropozän-Konzept. Kontrakt – Komposition – Konflikt. Baden-Baden: Nomos.
Klein, Josef / Fix, Ulla (Hg.) (1997): Textbeziehungen. Linguistische und literaturwissenschaftliche Beiträge zur Intertextualität. Tübingen: Stauffenburg (Stauffenburg-Linguistik, 5).
Klein, Wolfgang / Geyken, Alexander (2010): Das Digitale Wörterbuch der Deutschen Sprache (DWDS). In: *Lexicographica* 26, S. 79–96.
Kleinwellfonder, Birgit (1996): Der Risikodiskurs. Zur gesellschaftlichen Inszenierung von Risiko. Zugl.: Dissertation an der Technischen Hochschule Aachen. Opladen: Westdeutscher Verlag.

Klug, Nina-Maria / Stöckl, Hartmut (2015): Sprache im multimodalen Kontext. In: Ekkehard Felder und Andreas Gardt (Hg.): Handbuch Sprache und Wissen. Berlin u.a.: de Gruyter (Handbücher Sprachwissen, 1), S. 242–264.
Köller, Wilhelm (2004): Perspektivität und Sprache. Zur Struktur von Objektivierungsformen in Bildern, im Denken und in der Sprache. Berlin u.a.: de Gruyter.
Konerding, Klaus-Peter (2007): Themen, Rahmen und Diskurse – Zur linguistischen Fundierung des Diskursbegriffes. In: Ingo H. Warnke (Hg.): Diskurslinguistik nach Foucault. Theorie und Gegenstände. Berlin u.a.: de Gruyter (Linguistik – Impulse & Tendenzen, 25), S. 107–139.
Konerding, Klaus-Peter (2009): Sprache – Gegenstandskonstitution – Wissensbereiche. Überlegungen zu (Fach-)Kulturen, kollektiven Praxen, sozialen Transzendentalien, Deklarativität und Bedingungen von Wissenstransfer. In: Ekkehard Felder und Marcus Müller (Hg.): Wissen durch Sprache. Theorie, Praxis und Erkenntnisinteresse des Forschungsnetzwerks „Sprache und Wissen". Berlin: de Gruyter (Sprache und Wissen, 3), S. 79–111.
Konerding, Klaus-Peter (2015): Sprache und Wissen. In: Ekkehard Felder und Andreas Gardt (Hg.): Handbuch Sprache und Wissen. Berlin u.a.: de Gruyter (Handbücher Sprachwissen, 1), S. 57–80.
König, Ekkehard (2012): Zur Standortbestimmung der Kontrastiven Linguistik innerhalb der vergleichenden Sprachwissenschaft. In: Lutz Gunkel und Gisela Zifonun (Hg.): Deutsch im Sprachvergleich. Grammatische Kontraste und Konvergenzen. Berlin u.a.: de Gruyter (Jahrbuch Institut für deutsche Sprache 2011), S. 13–40.
König, Ekkehard / Gast, Volker ([3]2012): Understanding English-German Contrasts. 3., neu bearbeitete und erweiterte Auflage. Berlin: Schmidt (Grundlagen der Anglistik und Amerikanistik, 29).
König, Florian (in Vorb.): Katastrophenerzählungen. Literarische Erzählweisen von Naturkatastrophen in der deutschen Literatur (1755–2015). Entstehende Dissertation an der Universität Heidelberg (Arbeitstitel).
Kopperschmidt, Josef ([2]2005): Argumentationstheorie zur Einführung. 2. Auflage. Hamburg: Junius (Zur Einführung, 220).
Koselleck, Reinhart (1972): Einleitung. In: Otto Brunner, Werner Conze und Reinhart Koselleck (Hg.): Geschichtliche Grundbegriffe. Historisches Lexikon zur politisch-sozialen Sprache in Deutschland, Band 1. Hrsg. im Auftrag des Arbeitskreises für Moderne Sozialgeschichte e.V. Stuttgart: Klett, S. XIII–XXVII.
Krebs, Angelika (2011): Natur- und Umweltethik. In: Ralf Stoecker, Christian Neuhäuser und Marie-Luise Raters (Hg.): Handbuch Angewandte Ethik. Unter Mitarbeit von Fabian Koberling. Stuttgart u.a.: Metzler, S. 187–192.
Kress, Gunther R. / Leeuwen, Theo van (2001): Multimodal Discourse. The Modes and Media of Contemporary Communication. London: Arnold.
Kress, Gunther R. / Leeuwen, Theo van ([2]2006): Reading Images. The Grammar of Visual Design. 2. Auflage. London u.a.: Routledge.
Kretschmer, Hildegard ([3]2011): Lexikon der Symbole und Attribute in der Kunst. 3., durchgesehene und aktualisierte Ausgabe. Stuttgart: Reclam (Reclams Universal-Bibliothek, 18909: Reclam Sachbuch).
Krüger, Peter (2007): Bürger, Citoyen, Bourgeois, Neue Mitte — Von der Bürgergesellschaft zur Zivilgesellschaft? Definitionen und Transformationen eines politischen Begriffs nach 1945. In: *Zeitschrift für Religions- und Geistesgeschichte* 59 (3), S. 226–242.

Krzeszowski, Tomasz P. (1990): Contrasting Languages. The Scope of Contrastive Linguistics. Berlin u.a.: de Gruyter (Trends in Linguistics : Studies and Monographs, 51).
Lammert, Christian / Vormann, Boris (2016): Gesellschaft in der Krise? Neue Ungleichheiten in den USA. In: Christian Lammert (Hg.): Handbuch Politik USA. Wiesbaden: VS Verlag für Sozialwissenschaften (Springer NachschlageWissen), S. 601–615.
Langenscheidt-Collins-Großwörterbuch ($^{5/6}$2008). Englisch – Deutsch; Deutsch – Englisch. Herausgegeben von Collins in Zusammenarbeit mit der Langenscheidt-Redaktion. Neubearbeitung: 5. und 6. Auflage. Berlin u.a.: Langenscheidt.
Law, Adam (2015): The Public Health Risk of Endocrine Disrupting Chemicals. In: Madelon Lubin Finkel (Hg.): The Human and Environmental Impact of Fracking. How Fracturing Shale for Gas Affects Us and Our World. Santa Barbara: Praeger, S. 23–34.
Leech, Geoffrey N. / Short, Mick (^{2}2007): Style in Fiction. A Linguistic Introduction to English Fictional Prose. 2. Auflage. London u.a.: Longman.
Leeuwen, Theo van (2011): The Language of Colour. An Introduction. London u.a.: Routledge.
Lemnitzer, Lothar / Zinsmeister, Heike (^{3}2015): Korpuslinguistik. Eine Einführung. 3., überarbeitete und erweiterte Auflage. Tübingen: Narr (Narr Studienbücher).
Li, Jing (2011): „Recht ist Streit": Eine rechtslinguistische Analyse des Sprachverhaltens. Teilw. als Dissertation zugl. in Beijing, Foreign Studies University 2010. Berlin u.a.: de Gruyter (Sprache und Wissen, 8).
Liebert, Wolf-Andreas (2002): Wissenstransformationen. Handlungssemantische Analysen von Wissenschafts- und Vermittlungstexten. Berlin u.a.: de Gruyter (Studia Linguistica Germanica, 63).
Liebert, Wolf-Andreas (2006): Ein Mehrebenenmodell für naturwissenschaftliche Kontroversen. In: Wolf-Andreas Liebert und Marc-Denis Weitze (Hg.): Kontroversen als Schlüssel zur Wissenschaft? Wissenskulturen in sprachlicher Interaktion. Bielefeld: Transcript (ScienceStudies), S. 129–147.
Lobinger, Katharina (2012): Visuelle Kommunikationsforschung. Medienbilder als Herausforderung für die Kommunikations- und Medienwissenschaft. Teilw. zugl.: Dissertation an der Universität Wien 2010. Wiesbaden: Springer VS (Medien – Kultur – Kommunikation).
Löffler, Heinrich (^{5}2016): Germanistische Soziolinguistik. 5., neu bearbeitete Auflage. Berlin: Schmidt (Grundlagen der Germanistik, 28).
Lüddemann, Stefan (2010): Kultur. Eine Einführung. Wiesbaden: VS Verlag für Sozialwissenschaften (Kunst- und Kulturmanagement).
Lüger, Heinz-Helmut (^{2}1995): Pressesprache. 2., neu bearbeitete Auflage. Tübingen: Niemeyer (Germanistische Arbeitshefte, 28).
Luginbühl, Martin (2014): Medienkultur und Medienlinguistik. Komparative Textsortengeschichte(n) der amerikanischen „CBS Evening News" und der Schweizer „Tagesschau". Bern u.a.: Lang (Sprache in Kommunikation und Medien, 4).
Luhmann, Niklas (^{5}2017): Die Realität der Massenmedien. 5. Auflage. Wiesbaden: VS Verlag für Sozialwissenschaften (Neue Bibliothek der Sozialwissenschaften).
Luth, Janine (2015): Semantische Kämpfe im Recht. Eine rechtslinguistische Analyse zu Konflikten zwischen dem EGMR und nationalen Gerichten. Zugl.: Dissertation an der Universität Heidelberg 2013. Heidelberg: Universitätsverlag Winter (Schriften des Europäischen Zentrums für Sprachwissenschaften (EZS), 1).
Lyngfelt, Benjamin / Solstad, Torgrim (Hg.) (2006): Demoting the Agent. Passive, Middle, and Other Voice Phenomena. Amsterdam u.a.: Benjamins (Linguistik aktuell, 96).

Lyotard, Jean-François (²1989): Der Widerstreit. Übersetzt von Joseph Vogl. [Original: Le différend, 1983] Mit einer Bibliographie zum Gesamtwerk Lyotards von Reinhold Clausjürgens. 2., korrigierte Auflage. München: Fink (Supplemente, 6).

Maier, Michaela / Stengel, Karin / Marschall, Joachim (2010): Nachrichtenwerttheorie. Baden-Baden: Nomos Verlagsgesellschaft (Konzepte, 2).

Manemann, Jürgen (2014): Kritik des Anthropozäns. Plädoyer für eine neue Humanökologie. Bielefeld: Transcript (X-Texte zu Kultur und Gesellschaft).

Manning, Christopher D. / Schütze, Hinrich (⁶2003): Foundations of Statistical Natural Language Processing. 6. Auflage mit Korrekturen. Cambridge u.a.: MIT Press.

Markus, Manfred (1977): Tempus und Aspekt. Zur Funktion von Präsens, Präteritum und Perfekt im Englischen und Deutschen. München: Fink (Kritische Information, 61).

Martin, J. R. / White, Peter Robert (2007): The Language of Evaluation. Appraisal in English. Basingstoke u.a.: Palgrave Macmillan.

Martinez, Matías / Scheffel, Michael (⁹2012): Einführung in die Erzähltheorie. 9., erweiterte und aktualisierte Auflage. München: Beck (C.-H.-Beck Studium).

Mast, Maria (in Vorb.): Kultureme im intra- und interlingualen Vergleich als sprachspezifischer Spiegel des Denkens. Eine Analyse am Diskurs über Beruf und Alltag. Entstehende Dissertation an der Universität Heidelberg (Arbeitstitel).

Mattfeldt, Anna (2014): Helfen oder töten? Die Mediendebatte um die Sterbehilfe. Eine diskurslinguistische Kausalitätsanalyse. Frankfurt am Main: Peter Lang (Europäische Hochschulschriften, Reihe I Deutsche Sprache und Literatur, 2041).

Mattfeldt, Anna (2015): Conflicts and Pictures. A Study of Images and Agonality in Discourse. In: Janina Wildfeuer (Hg.): Building Bridges for Multimodal Research. International Perspectives on Theories and Practices of Multimodal Analysis. Frankfurt am Main u.a.: Peter Lang Edition (Sprache – Medien – Innovationen, 7), S. 135–148.

Mattfeldt, Anna (2016): Diskursives Erinnern an Naturkatastrophen. Eine sprachvergleichende Mediendiskursanalyse im Deutschen und Englischen. In: Barbara Beßlich und Ekkehard Felder (Hg.): Geschichte(n) fiktional und faktual. Literarische und diskursive Erinnerungen im 20. und 21. Jahrhundert. Unter Mitarbeit von Anna Mattfeldt und Bernhard Walcher. Bern u.a.: Peter Lang (Jahrbuch für internationale Germanistik. Reihe A, Kongressberichte, 125), S. 59–74.

Mattfeldt, Anna (2018): Conflicts in Comparison: Scottish and German Discursive Perspectives on the Scottish Independence Referendum. In: *Pragmatics & Society* 9 (1). Anglo-German Discourse Crossings and Contrasts (Sonderheft). S. 52–74.

Mautner, Gerlinde (²2009): Checks and Balances: How Corpus Linguistics can Contribute to CDA. In: Ruth Wodak und Michael Meyer (Hg.): Methods of Critical Discourse Analysis. 2. Auflage. Los Angeles u.a.: Sage (Introducing Qualitative Methods), S. 122–143.

Mautner, Gerlinde (2012): Die kritische Masse. Korpuslinguistik und kritische Diskursanalyse. In: Ekkehard Felder, Marcus Müller und Friedemann Vogel (Hg.): Korpuspragmatik. Thematische Korpora als Basis diskurslinguistischer Analysen. Berlin u.a.: de Gruyter (Linguistik – Impulse & Tendenzen, 44), S. 83–114.

McEnery, Tony (2009): Keywords and Moral Panics: Mary Whitehouse and Media Censorship. In: Dawn Archer (Hg.): What's in a Word-List? Investigating Word Frequency and Keyword Extraction. Aldershot u.a.: Ashgate (Digital Research in the Arts and Humanities), S. 93–124.

McEnery, Tony / McGlashan, Mark / Love, Robbie (2015): Press and Social Media Reaction to Ideologically Inspired Murder: The Case of Lee Rigby. In: *Discourse & Communication 9* (2), S. 1–23.
McIntyre, Dan / Busse, Beatrix (Hg.) (2010): Language and Style. In Honour of Mick Short. Basingstoke u.a.: Palgrave Macmillan.
McIntyre, Dan / Busse, Beatrix (2010): Language, Literature and Stylistics. In: Dan MyIntyre und Beatrix Busse (Hg.): Language and Style. In Honour of Mick Short. Basingstoke u.a.: Palgrave Macmillan, S. 3–12.
Meier, Stefan (2008): Von der Sichtbarkeit im Diskurs – Zur Methode diskursanalytischer Untersuchung multimodaler Kommunikation. In: Ingo H. Warnke und Jürgen Spitzmüller (Hg.): Methoden der Diskurslinguistik. Sprachwissenschaftliche Zugänge zur transtextuellen Ebene. Berlin u.a.: de Gruyter (Linguistik – Impulse & Tendenzen, 31), S. 263–286.
Meier, Stefan (^{2}2014): (Bild-)Diskurs im Netz. Konzept und Methode für eine semiotische Diskursanalyse im World Wide Web. 2., ergänzte und bearbeitete Auflage. Zugl.: Dissertation an der Technischen Universität Chemnitz 2007 unter dem Titel: Diskurs im Netz – Konzept und Methode für eine semiotische (Online-)Diskursanalyse am Beispiel der multimodalen Kommunikation um die so genannte Wehrmachtsausstellung im World Wide Web. Köln: Halem.
Mercado, Maria-Teresa / Álvarez, Àngels / Herranz, Jose M. (2014): The Fracking Debate in the Media: The Role of Citizen Platforms as Sources of Information. In: *ESSACHESS Journal for Communication Studies* 7 (1(13)), S. 45–62.
Meyer-Abich, Klaus Michael (2007): Umwelt oder Mitwelt – Wie gehören wir in die Natur? In: Bernd Busch (Hg.): Jetzt ist die Landschaft ein Katalog voller Wörter. Beiträge zur Sprache der Ökologie. Göttingen: Wallstein (Valerio, 5), S. 17–23.
Mikfeld, Benjamin / Turowski, Jan (2014): Sprache. Macht. Denken – Eine Einführung. In: Denkwerk Demokratie (Hg.): Sprache. Macht. Denken. Politische Diskurse verstehen und führen. Frankfurt am Main: Campus, S. 15–47.
Mildner, Stormy-Annika / Westphal, Kirsten / Howald, Julia (2016): Energiepolitik zwischen Versorgungssicherheit, Wirtschaftlichkeit und Nachhaltigkeit. In: Christian Lammert (Hg.): Handbuch Politik USA. Wiesbaden: VS Verlag für Sozialwissenschaften (Springer NachschlageWissen), S. 499–521.
Mindt, Dieter (1992): Zeitbezug im Englischen. Eine didaktische Grammatik des englischen Futurs. Tübingen: Narr (Tübinger Beiträge zur Linguistik, 372).
Mlitz, Andrea (2008): Dialogorientierter Journalismus. Leserbriefe in der deutschen Tagespresse. Zugl.: Dissertation an der Universität Eichstätt-Ingolstadt 2007. Konstanz: UVK Verlagsgesellschaft (Forschungsfeld Kommunikation, 26).
Möhrs, Christine / Müller-Spitzer, Carolin (2013): Elektronische Lexikografie. Tübingen: Groos (Studienbibliografien Sprachwissenschaft, 42).
Moss, Christoph / Heurich, Jill-Catrin (2015): Weblogs und Sprache. Untersuchung von linguistischen Charakteristika in Blog-Texten. Wiesbaden: Springer Fachmedien.
Müller, Marcus (2013): Kritische Diskursgrammatik? Die korpuslinguistische Erforschung grammatischer Kontextualisierungshinweise als Graswurzelanalyse der Macht. In: Ulrike Hanna Meinhof, Martin Reisigl und Ingo H. Warnke (Hg.): Diskurslinguistik im Spannungsfeld von Deskription und Kritik. Berlin: Akademie-Verlag (Diskursmuster – Discourse Patterns, 1), S. 121–146.

Müller, Marcus (2015): Sprachliches Rollenverhalten. Korpuspragmatische Studien zu divergenten Kontextualisierungen in Mündlichkeit und Schriftlichkeit. Zugl.: Habilitationsschrift an der Universität Heidelberg, 2014. Berlin: de Gruyter (Sprache und Wissen, 19).

Müller, Marion G. / Geise, Stephanie (²2015): Grundlagen der visuellen Kommunikation. 2., völlig überarbeitete Auflage. Konstanz u.a.: UVK Verlagsgesellschaft (UTB, 2414; Medien-Kommunikations- und Politikwissenschaft).

Mutschler, Hans-Dieter (2002): Naturphilosophie. Stuttgart: Kohlhammer (Grundkurs Philosophie, 12).

Nerlich, Brigitte / Forsyth, Richard / Clarke, David (2012): Climate in the News: How Differences in Media Discourse Between the US and UK Reflect National Priorities. In: *Environmental Communication* 6 (1), S. 44–63.

Nerlich, Brigitte / Jaspal, Rusi (2012): Metaphors We Die By? Geoengineering, Metaphors, and the Argument From Catastrophe. In: *Metaphor and Symbol* 27 (2), S. 131–147.

Nerlich, Brigitte / Jaspal, Rusi (2013): Images of Extreme Weather: Symbolising Human Responses to Climate Change. In: *Science as Culture* 23 (2), S. 253–276.

Niehr, Thomas (2014a): Einführung in die Politolinguistik. Gegenstände und Methoden. Göttingen u.a.: Vandenhoeck & Ruprecht (UTB, 4173; Sprachwissenschaften, Linguistik).

Niehr, Thomas (2014b): Einführung in die linguistische Diskursanalyse. Darmstadt: Wissenschaftliche Buchgesellschaft (Einführung Germanistik).

Nuernbergk, Christian (2013): Anschlusskommunikation in der Netzwerköffentlichkeit. Ein inhalts- und netzwerkanalytischer Vergleich der Kommunikation im „Social Web" zum G8-Gipfel von Heiligendamm. Zugl.: Dissertation an der Westfälischen Wilhelms-Universität Münster 2012. Baden-Baden: Nomos (Aktuell. Studien zum Journalismus, 4).

Ogden, Charles K. / Richards, Ivor A. (1923): The Meaning of Meaning. New York: Harcourt, Brace.

Ott, Konrad (2011): Nachhaltigkeit. In: Ralf Stoecker, Christian Neuhäuser und Marie-Luise Raters (Hg.): Handbuch Angewandte Ethik. Unter Mitarbeit von Fabian Koberling. Stuttgart, Weimar: Metzler, S. 517–521.

Oxford English Dictionary Online (2016). Oxford University Press. oed.com (letzter Zugriff 3.4.2018).

Palmer, Frank R. (2003): Modality in English: Theoretical, Descriptive and Typological Issues. In: Roberta Facchinetti, Manfred G. Krug und Frank R. Palmer (Hg.): Modality in Contemporary English. Berlin u.a.: de Gruyter (Topics in English linguistics, 44), S. 1–17.

Paradis, Carita (2003): Between Epistemic Modality and Degree: The Case of *Really*. In: Roberta Facchinetti, Manfred G. Krug und Frank R. Palmer (Hg.): Modality in Contemporary English. Berlin u.a.: de Gruyter (Topics in English Linguistics, 44), S. 197–220.

Pasch, Renate / Brauße, Ursula / Breindl, Eva / Waßner, Ulrich (2003): Handbuch der deutschen Konnektoren. Linguistische Grundlagen der Beschreibung und syntaktische Merkmale der deutschen Satzverknüpfer (Konjunktionen, Satzadverbien und Partikeln). Berlin u.a.: de Gruyter (Schriften des Instituts für Deutsche Sprache, 9).

Paulson, Jerome A. / Tinney, Veronica (2015): Potential and Known Health Impacts Associated with Unconventional Gas Extraction. In: Madelon Lubin Finkel (Hg.): The Human and Environmental Impact of Fracking. How Fracturing Shale for Gas Affects Us and Our World. Santa Barbara: Praeger, S. 1–21.

Payrhuber, Franz-Josef (²2012): Moderne realistische Jugendliteratur. In: Günter Lange (Hg.): Kinder- und Jugendliteratur der Gegenwart. Ein Handbuch. Grundlagen, Gattungen, Medien, Lesesozialisation und Didaktik. Unter Mitarbeit von Hannelore Daubert. 2., korrigierte und ergänzte Auflage. Baltmannsweiler: Schneider-Verlag Hohengehren, S. 106–124.

Pearce, Michael (2014): Key Function Words in a Corpus of UK Election Manifestos. In: Linguistik Online 65 (3). bop.unibe.ch/linguistik-online/article/view/1447/2461. doi: 10.13092/lo.65.1402 (letzter Zugriff 20.4.2017).

Penman, Robyn (2001): Environmental Matters and Communication Challenges. In: Alwin Fill und Peter Mühlhäusler (Hg.): The Ecolinguistics Reader. Language, Ecology, and Environment. London u.a.: Continuum, S. 143–153.

Perkuhn, Rainer / Keibel, Holger / Kupietz, Marc (2012): Korpuslinguistik. Paderborn: Fink (UTB, 3433; Sprachwissenschaft).

Perrin, Daniel (2013): The Linguistics of Newswriting. Amsterdam u.a.: John Benjamins Publishing (AILA Applied Linguistics Series (AALS), 11).

Piao, Scott / Bianchi, Francesca / Dayrell, Carmen / D'Egidio, Angela / Rayson, Paul (2015): Development of the Multilingual Semantic Annotation System. In: Proceedings of the 2015 Conference of the North American Chapter of the Association for Computational Linguistics – Human Language Technologies. 2015 Conference of the North American Chapter of the Association for Computational Linguistics – Human Language Technologies, S. 1268–1274.

Piao, Scott / Rayson, Paul / Archer, Dawn / McEnery, Tony (2004): Evaluating Lexical Resources for a Semantic Tagger. In: Proceedings of 4th International Conference on Language Resources and Evaluation (LREC) 2004, II. 4th International Conference on Language Resources and Evaluation (LREC) 2004. Lissabon, Mai 2004. 2 Bände, S. 499–502.

Piechocki, Reinhard (2007a): Genese der Schutzbegriffe. 5. Landschaftsschutz (um 1900). In: *Natur und Landschaft* 82 (5), S. 234–235.

Piechocki, Reinhard (2007b): Genese der Schutzbegriffe. 6. Artenschutz. In: *Natur und Landschaft* 82 (6), S. 286–287.

Pluder, Valentin (2013): Nichts als Denken? In: Myriam Gerhard und Christine Zunke (Hg.): Die Natur denken. Würzburg: Königshausen & Neumann (Studien zur Naturphilosophie, 3), S. 9–26.

Podbregar, Nadja / Lohmann, Dieter (2015): Im Fokus: Naturkatastrophen. Zerstörerische Gewalten und tickende Zeitbomben. Berlin u.a.: Springer Spektrum (Naturwissenschaften im Fokus).

Pörksen, Uwe (1997): Weltmarkt der Bilder. Eine Philosophie der Visiotype. Stuttgart: Klett-Cotta.

Pörksen, Uwe (2000): Visiotype. Die Welt der Zweiten Anschauung. In: Ulla Fix und Hans Wellmann (Hg.): Bild im Text, Text im Bild. Heidelberg: Winter (Sprache – Literatur und Geschichte, 20), S. 191–206.

Portner, Paul (2009): Modality. Oxford u.a.: Oxford University Press (Oxford Surveys in Semantics and Pragmatics, 1).

Potthast, Thomas (²2006): Umweltethik. In: Marcus Düwell, Christoph Hübenthal und Micha H. Werner (Hg.): Handbuch Ethik. 2., aktualisierte und erweiterte Auflage. Stuttgart: J.B. Metzler, S. 292–296.

Potts, Amanda R. L. (2013): At Arm's Length: Methods of Investigating Constructions of the 'Other' in American Disaster and Disease Reporting. Unveröffentlichte Dissertation (wurde von der Autorin der Dissertation freundlicherweise zugänglich gemacht). Lancaster University, Lancaster. Department of Linguistics and English Language.

Potts, Amanda R.L. / Bednarek, Monika / Caple, Helen (2015): How can computer-based methods help researchers to investigate news values in large datasets? A corpus linguistic study of the construction of newsworthiness in the reporting on Hurricane Katrina. In: *Discourse & Communication* 9(2), S. 149–172.

Pusch, Marion (1997): Revision des Mensch-Natur-Verhältnisses. Ethische und ganzheitliche Ansätze für die universitäre Lehre. Zugl.: Dissertation an der Universität Hannover 1997. München: Maecenata-Verlag (Schriftenreihe der Horst-Rohde-Stiftung).

Quirk, Randolph / Greenbaum, Sidney / Leech, Geoffrey N. / Svartvik, Jan (1985): A Comprehensive Grammar of the English Language. London u.a.: Longman.

Rayson, Paul / Archer, Dawn / Piao, Scott / McEnery, Tony (2004): The UCREL Semantic Analysis System. In: Proceedings of the Workshop on Beyond Named Entity Recognition Semantic Labelling for NLP Tasks in Association with 4th International Conference on Language Resources and Evaluation (LREC) 2004. 4th International Conference on Language Resources and Evaluation (LREC) 2004. Lissabon, Mai 2004, S. 7–12.

Reisigl, Martin / Warnke, Ingo H. (2013): Diskurslinguistik im Spannungsfeld von Deskription, Präskription und Kritik. Eine Einleitung. In: Ulrike Hanna Meinhof, Martin Reisigl und Ingo H. Warnke (Hg.): Diskurslinguistik im Spannungsfeld von Deskription und Kritik. Berlin: Akademie-Verlag (Diskursmuster – Discourse Patterns, 1), S. 7–35.

Renn, Joachim (Hg.) (2002): Übersetzung als Medium des Kulturverstehens und sozialer Integration. Frankfurt am Main u.a.: Campus.

Reumann, Kurt ([5]2009): Journalistische Darstellungsformen. In: Elisabeth Noelle-Neumann, Winfried Schulz und Jürgen Wilke (Hg.): Fischer Lexikon Publizistik Massenkommunikation. 5., vollständig überarbeitete und ergänzte Auflage. Frankfurt am Main: Fischer, S. 129–167.

Risse, Thomas (2010): A Community of Europeans? Transnational Identities and Public Spheres. Ithaca, London: Cornell University Press.

Roche, Jörg (2013): Mehrsprachigkeitstheorie. Erwerb – Kognition – Transkulturation – Ökologie. Tübingen: Narr (Narr Studienbücher).

Roelcke, Thorsten ([3]2010): Fachsprachen. 3., neu bearbeitete Auflage. Berlin: Schmidt (Grundlagen der Germanistik, 37).

Roget's Thesaurus of English words and phrases (2002). Begründet von Peter Mark Roget (1852). Ausgabe zum 150. Jubiläum herausgegeben von George Davidson. London: Penguin Books.

Rosenthal, Jörg (2010): Anti-Twin. Version 1.8d. Freeware unter: http://www.aidex.de/software/antitwin/ (letzter Zugriff 20.10.2016).

Rothenhöfer, Andreas (2015): Gefühle zwischen Pragmatik, Grammatik und Idiomatik. Ein Beitrag zur Methodologie einer emotiven Diskursgrammatik. In: Heidrun Kämper und Ingo H. Warnke (Hg.): Diskurs – interdisziplinär. Zugänge, Gegenstände, Perspektiven. Berlin u.a.: de Gruyter (Diskursmuster – Discourse Patterns, 6), S. 245–280.

Rucht, Dieter / Yang, Mundo / Zimmermann, Ann (2008): Politische Diskurse im Internet und in Zeitungen. Das Beispiel Genfood. Wiesbaden: VS Verlag für Sozialwissenschaften.

Salkie, Raphael / Busuttil, Pierre / van der Auwera, Johan (Hg.) (2009): Modality in English. Theory and Description. Berlin u.a.: de Gruyter (Topics in English Linguistics, 58).

Sandig, Barbara (2000): Textmerkmale und Sprache-Bild-Texte. In: Ulla Fix und Hans Wellmann (Hg.): Bild im Text, Text im Bild. Heidelberg: Winter (Sprache – Literatur und Geschichte, 20), S. 3–30.

Schedl, Evi (2011/2017): Korpuslinguistische Zugänge zu agonalen Zentren. Bachelorarbeit (Universität Heidelberg, 2011). Online verfügbar über die Universitätsbibliothek Heidelberg. doi:10.11588/heidok.00022823 (letzter Zugriff 6.3.2018).

Schenk, Gerrit Jasper (Hg.) (2009): Katastrophen. Vom Untergang Pompejis bis zum Klimawandel. Ostfildern: Thorbecke.

Scherer, Carmen (2006): Korpuslinguistik. Heidelberg: Winter (Kurze Einführungen in die germanistische Linguistik – KEGLI, 2).

Scherner, Maximilian (1994): Textverstehen als „Spurenlesen" – zur texttheoretischen Tragweite dieser Metapher. In: Canisius, Peter / Herbermann, Clemens-Peter / Tschauder, Gerhard (Hg.): Text und Grammatik. Festschrift für Roland Harweg zum 60. Geburtstag. Bochum: Brockmeyer (Bochumer Beiträge zur Semiotik, 43), S. 317–340.

Schlaefer, Michael (^{2}2009): Lexikologie und Lexikographie. Eine Einführung am Beispiel deutscher Wörterbücher. 2., durchgesehene Auflage. Berlin: Schmidt (Grundlagen der Germanistik, 40).

Schmidt, Andreas (1999): „Wolken krachen, Berge zittern, und die ganze Erde weint...". Zur kulturellen Vermittlung von Naturkatastrophen in Deutschland 1755 bis 1855. Zugl.: Habilitationsschrift an der Universität Freiburg (Breisgau), 1997. Münster u.a.: Waxmann.

Schrader-Kniffki, Martina (2016): Krisendiskurs und Konflikt im romanischsprachigen Europa: Das Beispiel der „Gurkenkrise". Vergleichende Diskursanalyse auf der Basis von Internet-Korpora. In: Friedemann Vogel, Janine Luth und Stefaniya Ptashnyk (Hg.): Linguistische Zugänge zu Konflikten in europäischen Sprachräumen. Korpus – Pragmatik – kontrovers. Heidelberg: Universitätsverlag Winter (Schriften des Europäischen Zentrums für Sprachwissenschaften (EZS), 4), S. 263–290.

Schultz, Beth (2001): Language and the Natural Environment. In: Alwin Fill und Peter Mühlhäusler (Hg.): The Ecolinguistics Reader. Language, Ecology, and Environment. London u.a.: Continuum, S. 109–114.

Schwarz-Friesel, Monika (2007): Sprache und Emotion. Tübingen: Francke (UTB, 2939; Sprachwissenschaft).

Schwegler, Carolin (in Vorb.): Diskurslinguistische Untersuchungen zum Thema der ökologischen Nachhaltigkeit in Wirtschaft und Gesellschaft. Entstehende Dissertation an der Universität Heidelberg (Arbeitstitel).

Scott, Mike (2009): In Search of a Bad Reference Corpus. In: Dawn Archer (Hg.): What's in a Word-List? Investigating Word Frequency and Keyword Extraction. Aldershot u.a.: Ashgate (Digital Research in the Arts and Humanities), S. 79–91.

Scott, Mike / Tribble, Chris (2006): Textual Patterns. Key Words and Corpus Analysis in Language Education. Amsterdam u.a.: Benjamins (Studies in Corpus Linguistics, 22).

Seibt, Alexandra (2015): Lobbying für erneuerbare Energien. Das Public-Affairs-Management von Wirtschaftsverbänden während der Gesetzgebung. Wiesbaden: Springer Fachmedien.

Semino, Elena (2008): Metaphor in Discourse. Cambridge, New York: Cambridge University Press.

Senkbeil, Karsten (2012): The Language of American Sports. A Corpus-Assisted Discourse Study. Methodologische Überlegungen. In: Ekkehard Felder, Marcus Müller und Friedemann Vogel (Hg.): Korpuspragmatik. Thematische Korpora als Basis diskurslinguistischer Analysen. Berlin u.a.: de Gruyter (Linguistik – Impulse & Tendenzen, 44), S. 387–412.

Short, Mick (2011): Exploring the Language of Poems, Plays, and Prose. Nachdruck. London u.a.: Longman (Learning about language).

Sieferle, Rolf Peter (1984): Fortschrittsfeinde? Opposition gegen Technik und Industrie von der Romantik bis zur Gegenwart. München: C.H. Beck (Die Sozialverträglichkeit von Energiesystemen, 5).

Sioupi, Athina (2014): Aspektdistinktionen im Vergleich. Deutsch/Englisch – Griechisch. Tübingen: Narr (Tübinger Beiträge zur Linguistik, 538).

Spieß, Constanze (2009): Wissenskonflikte im Diskurs. Zur diskursiven Funktion von Metaphern und Schlüsselwörtern im öffentlich-politischen Diskurs um die humane embryonale Stammzellforschung. In: Ekkehard Felder und Marcus Müller (Hg.): Wissen durch Sprache. Theorie, Praxis und Erkenntnisinteresse des Forschungsnetzwerkes „Sprache und Wissen". Berlin u.a.: de Gruyter (Sprache und Wissen, 3), S. 309–336.

Spieß, Constanze (2011): Diskurshandlungen. Theorie und Methode linguistischer Diskursanalyse am Beispiel der Bioethikdebatte. Zugl.: Dissertation an der Universität Trier 2010. Berlin u.a.: de Gruyter (Sprache und Wissen, 7).

Spillner, Bernd (2012): Linguistic, Intercultural and Semiotic Contrasts of Obituaries. In: Stefan Hauser und Martin Luginbühl (Hg.): Contrastive Media Analysis. Approaches to Linguistic and Cultural Aspects of Mass Media Communication. Amsterdam u.a.: Benjamins (Pragmatics & beyond, 226), S. 123–144.

Spitzmüller, Jürgen / Warnke, Ingo H. (2011): Diskurslinguistik. Eine Einführung in Theorien und Methoden der transtextuellen Sprachanalyse. Berlin u.a.: de Gruyter (de Gruyter Studium).

Staddon, Philip L. / Depledge, Michael H. (2015): Implications of Unconventional Gas Extraction on Climate Change: A Global Perspective. In: Madelon Lubin Finkel (Hg.): The Human and Environmental Impact of Fracking. How Fracturing Shale for Gas Affects Us and Our World. Santa Barbara: Praeger, S. 81–93.

Stede, Manfred (2004): Kontrast im Diskurs. In: Hardarik Blühdorn, Eva Breindl und Ulrich Hermann Wassner (Hg.): Brücken schlagen. Grundlagen der Konnektorensemantik. Berlin u.a.: de Gruyter (Linguistik – Impulse & Tendenzen, 5), S. 255–285.

Steger, Hugo (1988): Erscheinungsformen der deutschen Sprache. ‚Alltagssprache' – ‚Fachsprache' – ‚Standardsprache' – ‚Dialekt' und andere Gliederungstermini. In: *Deutsche Sprache* 16, S. 289–319.

Stegmeier, Jörn (2012): Computergestützte Diskursanalyse. Eine E-Learning-Plattform. In: Ekkehard Felder, Marcus Müller und Friedemann Vogel (Hg.): Korpuspragmatik. Thematische Korpora als Basis diskurslinguistischer Analysen. Berlin u.a.: de Gruyter (Linguistik – Impulse & Tendenzen, 44), S. 512–556.

Stegu, Martin (2000): Text oder Kontext. Zur Rolle von Fotos in Tageszeitungen. In: Ulla Fix und Hans Wellmann (Hg.): Bild im Text, Text im Bild. Heidelberg: Winter (Sprache – Literatur und Geschichte, 20), S. 307–323.

Stein, Gabriele (2007): A Dictionary of English Affixes. Their Function and Meaning. München: LINCOM Europa (LINCOM Studies in English Linguistics, 12).

Stickel, Gerhard (1970): Untersuchungen zur Negation im heutigen Deutsch. Zugl.: Dissertation an der Universität Kiel 1969. Braunschweig: Vieweg (Schriften zur Linguistik, 1).

Stocchetti, Matteo (2011): Images: Who Gets What, When and How? In: Matteo Stocchetti und Karin Kukkonen (Hg.): Images in Use. Towards the Critical Analysis of Visual Communication. Amsterdam: Benjamins (Discourse Approaches to Politics, Society and Culture, 44), S. 11–37.

Stöckl, Hartmut (2000): Bilder – stereotype Muster oder kreatives Chaos? Konstitutive Elemente von Bildtypen in der visuellen Kommunikation. In: Ulla Fix und Hans Wellmann (Hg.):

Bild im Text, Text im Bild. Heidelberg: Winter (Sprache – Literatur und Geschichte, 20), S. 325–341.
Stöckl, Hartmut (2004): Die Sprache im Bild, das Bild in der Sprache. Zur Verknüpfung von Sprache und Bild im massenmedialen Text: Konzepte, Theorien, Analysemethoden. Teilw. zugl.: Habilitationsschrift an der Technischen Universität Chemnitz, 2002. Berlin u.a.: de Gruyter (Linguistik – Impulse & Tendenzen, 3).
Stöckl, Hartmut (2016): Multimodalität – semiotische und textlinguistische Grundlagen. In: Hartmut Stöckl und Nina-Maria Klug (Hg.): Sprache im multimodalen Kontext. Berlin/Boston: de Gruyter (Handbücher Sprachwissen, 7), 3–33.
Stötzel, Georg (1995): Einleitung. In: Georg Stötzel und Martin Wengeler (Hg.): Kontroverse Begriffe. Geschichte des öffentlichen Sprachgebrauchs in der Bundesrepublik Deutschland. In Zusammenarbeit mit Karin Böke, Hildegard Gorny, Silke Hahn, Matthias Jung, Andreas Musolff, Cornelia Tönnesen. Berlin u.a.: de Gruyter (Sprache, Politik, Öffentlichkeit, 4), S. 1–18.
Tereick, Jana (2016): Klimawandel im Diskurs. Multimediale Diskursanalyse crossmedialer Korpora. Zugl.: Dissertation an der Universität Hamburg, 2014. Berlin u.a.: de Gruyter (Diskursmuster – Discourse Patterns, 13).
Teubert, Wolfgang (2013): Die Wirklichkeit des Diskurses. In: Dietrich Busse und Wolfgang Teubert (Hg.): Linguistische Diskursanalyse: neue Perspektiven. Wiesbaden: VS Verlag für Sozialwissenschaften (Interdisziplinäre Diskursforschung), S. 55–146.
Thome, Gisela (2012): Übersetzen als interlinguales und interkulturelles Sprachhandeln. Theorien, Methodologie, Ausbildung. Berlin: Frank & Timme (TransÜD: Arbeiten zur Theorie und Praxis des Übersetzens und Dolmetschens, 40).
Trabant, Jürgen (1974): Poetische Abweichungen. *Linguistische Berichte* 32, S. 45–59.
Ungerer, Friedrich (1995): The Linguistic and Cognitive Relevance of Basic Emotions. In: René Dirven und Johan Vanparys (Hg.): Current Approaches to the Lexicon. A Selection of Papers Presented at the 18th LAUD Symposium, Duisburg, March 1993. Frankfurt am Main u.a.: Lang (Duisburger Arbeiten zur Sprach- und Kulturwissenschaft, 24), S. 185–209.
Ungerer, Friedrich (1997): Emotions and Emotional Language in English and German News Stories. In: Susanne Niemeier und René Dirven (Hg.): The Language of Emotions. Conceptualization, Expressions, and Theoretical Foundation. Amsterdam u.a.: Benjamins, S. 307–328.
Vater, Heinz ([4]2007): Einführung in die Zeit-Linguistik. 4., verbesserte und erweiterte Auflage. Trier: Wissenschaftlicher Verlag Trier.
Vogel, Friedemann (2009): Aufstand – Revolte – Widerstand. Linguistische Mediendiskursanalyse der Ereignisse in den Pariser Vorstädten 2005. Frankfurt am Main u.a.: Lang (Europäische Hochschulschriften, Reihe XXI Linguistik, 343).
Vogel, Friedemann (2010–): Corpustransfer – GUI und Composer zur POS-Annotation und -Lemmatisierung auf Basis des TreeTaggers. Online verfügbar unter https://friedemann-vogel.de/index.php/software/31-corpustransfer (letzter Zugriff 5.12.2016).
Vogel, Friedemann (2013): Linguistische Diskursanalyse als engagierte Wissenschaft?! Ein Plädoyer für eine „Theorie der Praxis als Praxis". In: Ulrike Hanna Meinhof, Martin Reisigl und Ingo H. Warnke (Hg.): Diskurslinguistik im Spannungsfeld von Deskription und Kritik. Berlin: Akademie-Verlag (Diskursmuster – Discourse Patterns, 1), S. 279–298.
Vogel, Friedemann / Luth, Janine / Ptashnyk, Stefaniya (2016): Konflikt und Konfliktbewältigung im Spiegel der Sprache, oder: Plädoyer für die Suche nach einem linguistischen Beitrag zur Befriedung Europas. In: Friedemann Vogel, Janine Luth und Stefaniya Ptashnyk

(Hg.): Linguistische Zugänge zu Konflikten in europäischen Sprachräumen. Korpus – Pragmatik – kontrovers. Heidelberg: Universitätsverlag Winter (Schriften des Europäischen Zentrums für Sprachwissenschaften (EZS), 4), S. 11–20.
Wanning, Berbeli (2005): Die Fiktionalität der Natur. Studien zum Naturbegriff in Erzähltexten der Romantik und des Realismus. Berlin: Weidler (Natur, Literatur, Ökologie, 2).
Warnke, Ingo H. (Hg.) (2007): Diskurslinguistik nach Foucault. Theorie und Gegenstände. Berlin u.a.: de Gruyter (Linguistik – Impulse & Tendenzen, 25).
Warnke, Ingo H. (2009): Die sprachliche Konstituierung von geteiltem Wissen in Diskursen. In: Ekkehard Felder und Marcus Müller (Hg.): Wissen durch Sprache. Theorie, Praxis und Erkenntnisinteresse des Forschungsnetzwerkes „Sprache und Wissen". Berlin u.a.: de Gruyter (Sprache und Wissen, 3), S. 113–140.
Warnke, Ingo H. (2015): Diskurs. In: Ekkehard Felder und Andreas Gardt (Hg.): Handbuch Sprache und Wissen. Berlin u.a.: de Gruyter (Handbücher Sprachwissen, 1), S. 221–241.
Weber, Christoph Daniel (2015): Vom Gottesgericht zur verhängnisvollen Natur. Darstellung und Bewältigung von Naturkatastrophen im 18. Jahrhundert. Hamburg: Meiner (Studien zum 18. Jahrhundert, 36).
Weber, Heinz-Dieter (1989): Vorwort. In: Heinz-Dieter Weber und Ulrich Gaier (Hg.): Vom Wandel des neuzeitlichen Naturbegriffs. Konstanz: Universitätsverlag Konstanz (Konstanzer Bibliothek, 13), S. 7–10.
Wehrstein, Daniela (2013): Deutsche und französische Pressetexte zum Thema *Islam*. Die Wirkungsmacht impliziter Argumentationsmuster. Zugl.: Dissertation an der Albert-Ludwigs-Universität Freiburg im Breisgau. Berlin u.a.: de Gruyter (Beihefte zur Zeitschrift für romanische Philologie, 378).
Weinrich, Harald (⁴2007): Textgrammatik der deutschen Sprache. Unter Mitarbeit von Maria Thurmair, Eva Breindl und Eva-Maria Willkop. 4., revidierte Auflage. Hildesheim u.a.: Olms.
Weitze, Marc-Denis / Liebert, Wolf-Andreas (2006): Kontroversen als Schlüssel zur Wissenschaft – Probleme, Ideen und künftige Forschungsfelder. In: Wolf-Andreas Liebert und Marc-Denis Weitze (Hg.): Kontroversen als Schlüssel zur Wissenschaft? Wissenskulturen in sprachlicher Interaktion. Bielefeld: Transcript (ScienceStudies), S. 7–18.
Wengeler, Martin (2003): Topos und Diskurs. Begründung einer argumentationsanalytischen Methode und ihre Anwendung auf den Migrationsdiskurs (1960–1985). Teilw. zugl.: Habilitationsschrift an der Universität Düsseldorf. Tübingen: Niemeyer (Reihe Germanistische Linguistik, 244).
Wengeler, Martin (2011): Linguistische Diskursanalysen – deskriptiv, kritisch oder kritisch durch Deskription? In: Jürgen Schiewe (Hg.): Sprachkritik und Sprachkultur. Konzepte und Impulse für Wissenschaft und Öffentlichkeit. Bremen: Hempen (Greifswalder Beiträge zur Linguistik, 6), S. 35–48.
Wengeler, Martin (2013): Historische Diskurssemantik als Analyse von Argumentationstopoi. In: Dietrich Busse und Wolfgang Teubert (Hg.): Linguistische Diskursanalyse: neue Perspektiven. Wiesbaden: VS Verlag für Sozialwissenschaften (Interdisziplinäre Diskursforschung), S. 189–215.
Werner, Jürgen (1999): „Die Welt hat nicht mit den Griechen angefangen". Franz Dornseiff (1888 – 1960) als klassischer Philologe und als Germanist. Stuttgart, Leipzig: Hirzel (Abhandlungen der Sächsischen Akademie der Wissenschaften zu Leipzig, Philologisch-Historische Klasse, 76).

Whorf, Benjamin Lee (1956/²⁴2003): Sprache – Denken – Wirklichkeit. Beiträge zur Metalinguistik und Sprachphilosophie. Herausgegeben und übersetzt von Peter Krausser [Originalausgabe „Language, Thought and Reality", ed. by John B. Carroll, MIT Press Massachusetts]. 24. Auflage. Reinbek bei Hamburg: Rowohlt (rowohlts enzyklopädie, 403).
Wierzbicka, Anna (1997): Understanding Cultures Through their Key Words. English, Russian, Polish, German, and Japanese. New York u.a.: Oxford University Press (Oxford Studies in Anthropological Linguistics, 8).
Wierzbicka, Anna (2007): Is "Remember" a Universal Human Concept? "Memory" and Culture. In: Mengistu Amberber (Hg.): The Language of Memory in a Crosslinguistic Perspective. Amsterdam u.a.: Benjamins (Human Cognitive Processing, 21), S. 13–40.
Wierzbicka, Anna (2010): Experience, Evidence, and Sense. The Hidden Cultural Legacy of English. Oxford u.a.: Oxford University Press.
Wilce, James M. (2009): Language and Emotion. Cambridge u.a.: Cambridge University Press (Studies in the social and cultural foundations of language, 25).
Wildfeuer, Janina (2015): Bridging the Gap between Here and There: Combining International Perspectives for Multimodal Analysis. In: Wildfeuer, Janina (Hg.): Building Bridges for Multimodal Research. International Perspectives on Theories and Practices of Multimodal Analysis. Frankfurt am Main: Peter Lang (Sprache – Medien – Innovationen, 7), S.13–33.
Wildfeuer, Janina (Hg.) (2015): Building Bridges for Multimodal Research. International Perspectives on Theories and Practices of Multimodal Analysis. Frankfurt am Main: Peter Lang Edition (Sprache – Medien – Innovationen, 7).
Wimmer, Rainer (1979): Referenzsemantik. Untersuchungen zur Festlegung von Bezeichnungsfunktionen sprachlicher Ausdrücke am Beispiel des Deutschen. Zugl.: Habilitationsschrift an der Universität Heidelberg, 1976. Tübingen: Niemeyer (Reihe Germanistische Linguistik, 19).
Wimmer, Rainer (1998): Zur juristischen Fachsprache aus linguistischer Sicht. In: *Sprache und Literatur in Wissenschaft und Unterricht* 29 (81), S. 8–23.
Wittgenstein, Ludwig (1921/1969): Tractatus logico-philosophicus. Tagebücher 1914–1916. Philosophische Untersuchungen. 7.–9. Tausend. Frankfurt am Main: Suhrkamp.
Wodak, Ruth (2014): Discourses of Exclusion: Xenophobia, Racism and Anti-Semitism. In: Johannes Angermüller, Dominique Maingueneau und Ruth Wodak (Hg.): The Discourse Studies Reader. Main Currents in Theory and Analysis. Amsterdam u.a.: Benjamins, S. 400–410.
Wodak, Ruth / Meyer, Michael (Hg.) (²2009): Methods of Critical Discourse Analysis. 2. Auflage. Los Angeles u.a.: Sage (Introducing qualitative methods).
Wynne, Martin (2008): Searching and Concordancing. In: Anke Lüdeling, Anke und Merja Kytö (Hg.): Corpus Linguistics. An International Handbook. Berlin u.a.: de Gruyter (Handbücher zur Sprach- und Kommunikationswissenschaft (HSK), 29.1), S. 706–737.
Yildiz, Safiye (2009): Interkulturelle Erziehung und Pädagogik. Subjektivierung und Macht in den Ordnungen des nationalen Diskurses. Zugl.: Dissertation Technische Universität Berlin 2008. Wiesbaden: VS Verlag für Sozialwissenschaften (VS Research).
Ziem, Alexander (2013): Wozu Kognitive Semantik? In: Dietrich Busse und Wolfgang Teubert (Hg.): Linguistische Diskursanalyse: neue Perspektiven. Wiesbaden: VS Verlag für Sozialwissenschaften (Interdisziplinäre Diskursforschung), S. 217–240.

Zusätzlich verwendete Internetseiten

COCA-Corpus: http://corpus.byu.edu/coca/ (letzter Zugriff 11.4.2018; gearbeitet wurde mit dem Stand vom Sommer 2015)
Collins Word Bank (Harper Collins Publishers Ltd. 2008):
https://wordbanks.harpercollins.co.uk/other_doc/statistics.html (letzter Zugriff 11.4.2018)
Cover von Erlers *Brennendes Wasser*: http://www.arena-verlag.de/artikel/brennendes-wasser-978-3-401-06935-7 (letzter Zugriff 11.4.2018)
DWDS-Korpus: http://www.dwds.de/ (letzter Zugriff 11.4.2018; gearbeitet wurde mit dem Stand von Sommer 2015)
Oxford English Dictionary Online: Eintrag zu *agonal, adj*. Oxford University Press. Stand März 2018. http://www.oed.com.ubproxy.ub.uni-heidelberg.de/view/Entry/329103?rskey=lyPVzo&result=2&isAdvanced=false (letzter Zugriff 27.4.2018)
Rezensionen und Cover von Brownings *The Fracking King*:
http://www.goodreads.com/book/show/22348611-the-fracking-king (letzter Zugriff11.4.2018; gearbeitet wurde mit dem Stand von 2016)
SALSA-Tagger: http://www.coli.uni-saarland.de/projects/salsa/page.php?id=index (letzter Zugriff 11.4.2018)
Übersicht über die Projekte am ESRC Centre for Corpus Approaches to Social Sciences: http://cass.lancs.ac.uk/?page_id=43 (letzter Zugriff 11.4.2018)
USAS-Tagger: http://ucrel.lancs.ac.uk/usas/tagger.html (letzter Zugriff 11.4.2018)
USAS-Tagger (allgemeine Informationen): http://ucrel.lancs.ac.uk/usas/ (letzter Zugriff 11.4.2018)
USAS-Tagger (pdf-Datei mit Kategorienübersicht): ucrel.lancs.ac.uk/usas/usas_guide.pdf (letzter Zugriff 27.4.2018)

Zusätzlich zitierte Onlineartikel

AccuWeather (22.7.2010, Carly Porter): What's the difference between a tropical depression, atropical storm and hurricane? Unter http://www.accuweather.com/en/weather-news/whats-the-difference-between-a/34388 (letzter Zugriff 11.4.2018)
Atlantic (29.10.2012, Alexis C. Madrigal): Sorting the real Sandy photos from the fakes. Unter http://www.theatlantic.com/technology/archive/2012/10/sorting-the-real-sandy-photos-from-the-fakes/264243/ (letzter Zugriff 11.4.2018)
Guardian.com (30.10.2012, Tom McCarthy und Haroon Siddique): Sandy: 'Major disaster' in New York and New Jersey – as it happened. Unter
https://www.theguardian.com/world/2012/oct/30/sandy-superstorm-flooding-power-cuts (letzter Zugriff 11.4.2018)
Wirtschaftswoche (9.2.2016, Katja Joho): Schwache Stromnetze. Großbritannien kämpft gegen den Stromausfall. Unter http://www.wiwo.de/unternehmen/energie/schwache-stromnetze-grossbritannien-kaempft-gegen-den-blackout/12927826.html (letzter Zugriff 11.4.2018)

Zeit Online (16.6.2015, Zeit Online/dpa/tst): Online-Portale für Beleidigungen durch Nutzer verantwortlich. Unter http://www.zeit.de/gesellschaft/zeitgeschehen/2015-06/estland-online-kommentare-nutzerkommentare-gerichtshof-klage-delfi (letzter Zugriff 11.4.2018)

Zeit Online (9.7.2015, Amrai Coen, Malte Henk, Henning Sußebach): Diese Bilder lügen. Unter http://www.zeit.de/2015/28/fotografie-wahrheit-luege-propaganda (letzter Zugriff 11.4.2018)

Onlineartikel mit Bildern (Kapitel 6.1)

Artikel mit Analysebild 1: bild.de (18.2.2013, Autorenangabe: Kürzel hjk, nik): Warum will Umweltminister Altmaier Fracking verbieten?. http://www.bild.de/politik/inland/fracking/bohrmethode-umweltschaeden-erdgas-usa-28565984.bild.html (zuletzt mit Bild abgerufen am 7.10.2013)

Artikel mit Analysebild 2: Zeit Online (16.8.2012, Alexandra Endres): Das Ölgeschäft wird immer dreckiger. http://www.zeit.de/wirtschaft/2012-08/oel-gas-konzerne-nachhaltigkeit (zuletzt mit Bild abgerufen am 12.2.2018)

Artikel mit Analysebild 3: Mail Online (29.10.2012, Daily Mail Reporter): Who says Sandy is no laughing matter? Deadly storm sparks silly Grease, SpongeBob and Mitt Romney memes http://www.dailymail.co.uk/news/article-2225034/Who-says-Hurricane-Sandy-laughing-matter-Deadly-storm-sparks-silly-Grease-Sponge-Bob-Mitt-Romney-memes.html (zuletzt mit Bild abgerufen am 12.2.2018)

Artikel mit Analysebild 4: Zeit Online (5.11.2012, Alexandra Endres): Haiti ist die schlechtere Show. http://www.zeit.de/wirtschaft/2012-11/Haiti-Sandy-New-York-Aufmerksamkeit (zuletzt mit Bild abgerufen am 12.2.2018)

Artikel mit Analysebild 5: Mail Online (12.11.2012, Daily Mail Reporter): „The New Jersey Town that Sandy wiped off the map: Storm destroyed all but 300 homes – as 150,000 STILL without power" (Großschreibung im Original). http://www.dailymail.co.uk/news/article-2231598 /Highlands-The-New-Jersey-town-Sandy-wiped-map.html (zuletzt mit Bild abgerufen am 12.2.2018)

Artikel mit Analysebild 6, 7 und 8: Mail Online (19.1.2011, Daily Mail Reporter): 'Toxic' gas blamed for drinking water coming out of taps which can be set on FIRE (Großschreibung im Original). http://www.dailymail.co.uk/news/article-1347850/Shale-gas-trials-begin-Britain. html (zuletzt mit Bildern abgerufen am 12.2.2018)

Artikel mit Analysebild 9: bild.de (8.2.2013, keine Autorenangabe): Berlinale wird zur Protestale. http://www.bild.de/unterhaltung/kino/berlinale/umwelt-aktivisten-bei-promised-land-premiere-mit-matt-damon-28452162.bild.html (zuletzt mit Bild abgerufen am 7.10.2013)

Artikel mit Analysebild 10: Mirror Online (26.9.2013, Sam Adams): Green Party MP Caroline Lucas to be charged over anti-fracking protests. https://www.mirror.co.uk/news/uk-news/green-party-mp-caroline-lucas-2299663 (mit Bild zuletzt abgerufen am 12.2.2018)

Artikel mit Analysebild 11: Mirror Online (20.9.2013, Sam Adams): Police officer who branded anti-fracking protesters "scum" on Twitter given 'management advice' by bosses. https://www.mirror.co.uk/news/uk-news/sussex-police-officer-gets-management-2287453 (zuletzt mit Bild abgerufen am 12.2.2018)

Artikel mit Analysebild 12: Guardian.com (30.10.2012, Tom McCarthy, Haroon Siddique): Sandy: 'Major disaster' in New York and New Jersey – as it happened. https://

www.theguardian.com/world/2012/oct/30/sandy-superstorm-flooding-power-cuts. (zuletzt mit Bild abgerufen im Herbst 2013)
Artikel mit Analysebild 13: Mail Online (25.10.2012, Travel Mail Reporter): Hurricane Sandy latest: Florida's south coast braced for category two storm.
http://www.dailymail.co.uk/travel/article-2222993/Hurricane-Sandy-latest-Florida-braced-Category-Two-storm.html (zuletzt mit Bild abgerufen am 12.2.2018).
Artikel mit Analysebild 14: Guardian.com (3.11.2011, keine Autorenangabe): Should fracking be banned in the UK?.
https://www.theguardian.com/commentisfree/poll/2011/nov/03/should-fracking-be-banned (zuletzt mit Bild abgerufen am 12.2.2018)
Artikel mit Analysebild 15: bild.de (23.5.2013, keine Autorenangabe): Reinheitsgebot in Gefahr!
http://www.bild.de/geld/wirtschaft/brauereien/brandbrief-an-die-bundesregierung-reinheitsgebot-in-gefahr-30506256.bild.html (zuletzt mit Bild abgerufen am 7.10.2013)
Artikel mit Analysebild 16: bild.de (24.5.2013, Kürzelangabe: ab, jan): Politiker wollen Reinheitsgebot schützen. http://www.bild.de/politik/inland/bier/politiker-wollen-reinheitsgebot-schuetzen-30521146.bild.html (zuletzt mit Bild abgerufen am 7.10.2013)

In Kapitel 6.2 analysierte Romane

Browning, James (2014): The Fracking King. A Novel. Boston: New Harvest/Houghton Mifflin Harcourt.
Erler, Lukas (²2014): Brennendes Wasser. 2. Auflage. Thriller. Würzburg: Arena.

Verwendete Datenbank

Nexis (2004–). Düsseldorf: LexisNexis Deutschland.

Verzeichnis der zitierten Korpustexte

Die angegebenen Texte wurden aus der Datenbank Nexis zusammengestellt (s. Korpuszusammenstellung in Kapitel 3) und im Fließtext zitiert. Die dort angegebenen Titel können von später geänderten abweichen; bei Veränderungen wurden im Zweifel die Titel aus Nexis angegeben. Groß- und Kleinschreibungen wurden belassen. Auf die Nennung der URL bei Onlineartikeln wurde verzichtet, da der Zugriff über die Datenbank erfolgte und der dort angegebene Stand mit reinem Text ohne Bilder etc. für das Korpus zugrunde gelegt wurde. Bei den meisten Texten wurde in der Datenbank kein journalistischer Autor angegeben. Die Autorin dieser Arbeit hat sich, wo dies möglich war, durch zusätzliche Recherche bemüht, die Autoren der Artikel herauszufinden und diese anzugeben (ggf. mit verändertem Titel); angegebene Kürzel wurden nach Möglichkeit aufgelöst.

Zitierte Texte aus den Korpora zu Hurrikan Sandy

Zitatkürzel	Name der Zeitung	Titel des Artikels	Datum	Autor
H1	New York Times	G.O.P. Governors Meet, Amid Whispers of 2016	16.11.2012	Jeff Zeleny
H2	New York Times	An Unlikely Political Pair, United by a Disaster	1.11.2012	Mark Landler, Michael Barbaro
H3	Welt Online	Obama; „Stellen Sie Anordnungen nicht infrage"	29.10.2012	Ansgar Graw, Uwe Schmidt
H4	abendblatt.de	Schlussspurt: Noch behauptet Obama Ohio gegen Romney	5.11.2012	Nicht angegeben
H5	washingtonpost.com	After East Coast rallies, Obama and Romney campaigns alter plans to avoid Hurricane Sandy	28.10.2012	David Nakamura, Philipp Rucker
H6	Pittsburgh Post Gazette	OHIO MAY BE GROUND ZERO FOR ELECTION DAY DISPUTES; PROVISIONAL BALLOTS ARE AT ISSUE; N.Y., N.J. SCRAMBLE FOR POLLING	6.11.2012	Tony Pugh, Greg Gordon
H7	→ s. H3			
H8	Mail Online	Will global warming bring storm barriers to New York Harbor? Bloomberg and Cuomo blame Hurricane Sandy on climate change	31.10.2012	Daily Mail Reporter
H9	Philadelphia Inquirer	Put power lines underground (aus „Letters to the editor")	1.11.2012	Donald Wolfe Sr. (Leserbriefautor)
H10	→ s. H8			

Zitat-kürzel	Name der Zeitung	Titel des Artikels	Datum	Autor
H11	Frankfurter Rundschau	Jetzt muss Obama liefern	8.11.2012	Holger Schmale
H12	New York Post	The Long Slog Back	1.11.2012	Post Staff Report
H13	Philadelphia Daily News	Editorial: Sandy: Just weather … or a plot to rule the world?	31.10.2012	Nicht angegeben
H14	New York Post	Ride on! Most subways back	1.11.2012	Jennifer Fermino
H15	Christian Science Monitor	What lessons from hurricane Sandy?	29.10.2012	The Monitor's Editorial Board
H16	Börsen-Zeitung	US-Börsen unter Druck	10.11.2012	Christiane Hanna Henkel
H17	Welt Online	Süßes Republikaner-Gift für US-Präsident Obama (ebenfalls unter Giftige Wahlempfehlung für den Präsidenten)	3.11.2012	Uwe Schmitt
H18	Daily News New York	The pain lingers; Mental anguish affects victims of Sandy	24.5.2013	Clare Trapasso
H19	→ s. H18			
H20	Washington Post Blogs	Don't look now, but that hoax just ate New Jersey	2.11.2012	Melinda Henneberger
H21	→ s. H8			
H22	Mail Online	Obama arrives in Atlantic City and takes helicopter tour to see massive trail of devastation left in wake of Superstorm Sandy	31.10.2012	Connie Cass, Associated Press (an anderer Stelle angegeben)
H23	→ s. H3			
H24	→ s. H17			
H25	→ s. H11			
H26	→ s. H3			
H27	Mail Online	What the President saw: Shocked Obama flies over Atlantic City disaster zone to witness massive trail of devastation left by Sandy (ebenfalls unter: Has Sandy saved President Obama? Comforter-in-chief takes center stage in Atlantic City (while Romney is left on sidelines)	31.10.2012	Mark Duell, Toby Harnden, Lydia Warren, Rob Preece
H28	→ s. H3			

Verzeichnis der zitierten Korpustexte —— 415

Zitat-kürzel	Name der Zeitung	Titel des Artikels	Datum	Autor
H29	→ s. H16			
H30	→ s. H8			
H31	Berliner Morgenpost	Hurrikan setzt Börse unter Wasser und beherrscht die Berichterstattung	3.11.2012	Roland Klose (Leserbriefautor)
H32	washingtonpost.com	Monster system packs a wallop for millions	30.10.2012	Joel Achenbach, Collum Lynch
H33	Philadelphia Inquirer	Obama, Christie join forces to reassure Jersey Shore residents hard hit by Sandy	1.11.2012	Matt Katz, Aubrey Whelan
H34	→ s. H8			
H35	→ s. H27			
H36	Nürnberger Nachrichten	„Dies wird ein großer und kraftvoller Sturm"	30.10.2012	Friedemann Diederichs
H37	Welt Online	Vor dem Hurrikan schnell noch zum Italiener	29.10.2012	Hannes Stein
H38	Agence France Presse	Lady Gaga spendet eine Million Dollar für „Sandy"-Opfer in New York; Neuer Sturm trifft auf US-Ostküste	8.11.2012	jep
H39	Agence France Presse	Obama und Romney ignorieren die Klimafrage; Folgen der Erderwärmung spielen im US-Wahlkampf keine Rolle	2.11.2012	Nicht angegeben
H40	Spiegel Online	Amerikas Ostküste geht vor „Sandy" in Deckung	29.10.2012	Marc Pitzke; Mitarbeit: Sebastian Fischer, Florian Harms, Roland Nelles und Thomas Schulz
H41	Welt Online	Showdown in den USA; „Ich habe im großartigsten Land der Welt gewählt"	6.11.2012	Hannes Stein
H42	New York Times Blogs	Obama's Electoral College 'Firewall' Holding in Polls	1.11.2012	Nate Silver
H43	New York Times Blogs	The #Frankenstorm in Climate Context	28.10.2012	Andrew C. Revkin
H44	Spiegel Online	Hoffnung in Trümmern	21.5.2013	Sebastian Fischer

Zitat-kürzel	Name der Zeitung	Titel des Artikels	Datum	Autor
H45	Welt Online	Zu wenig Hilfe – In Staten Island kocht die Volksseele	2.11.2012	Dapd (Deutscher Auslands-Depeschendienst)/Reuters/mak
H46	→ s. H41			
H47	Philadelphia Inquirer	PhillyInc: Five business stories to watch for locally in 2013	1.1.2013	Mike Armstrong
H48	Spiegel Online	Kalte Nächte auf Long Island	11.11.2012	Antje Blinda/dapd/AP/Reuters
H49	Spiegel Online	Mein Polo ist mein Kapital	15.2.2013	Aufgezeichnet von Peter Chemnitz
H50	Welt Online	Die kulturelle DNA des amerikanischen Helfertums	22.5.2013	Uwe Schmitt
H51	abendblatt.de	Frankenfelds Welt: Urgewalt und Menschenwerk	1.11.2012	Thomas Frankenfeld
H52	Zeit Online	Haiti ist die schlechtere Show	5.11.2012	Alexandra Endres
H53	guardian.co.uk	Solar boat Türanor becomes a research vessel to study climate change	20.6.2013	Suzanne Goldenberg
H54	telegraph.co.uk	Playing politics with Hurricane Sandy? Surely not	29.10.2012	Peter Foster
H55	Welt Online	Mit Wasser im Bauch kann Manhattan nicht leben	30.10.2012	Uwe Schmitt
H56	Spiegel Online	Amerikas Banker fürchten die Rache Obamas	16.11.2012	Marc Pitzke
H57	Welt Online	Evakuierungen müssen die Deutschen noch üben	30.10.2012	Claudia Ehrenstein
H58	Euro-News	Alarm: Hurrikan Sandy wirbelt durch die Karibik	24.10.2012	Euronews
H59	Welt Online	„Eine Jahrhundertflut haben wir jetzt alle zwei Jahre"	31.10.2012	Seth Borenstein
H60	New York Post	The Case Against Garaufis	31.10.2012	Post Staff Report

Verzeichnis der zitierten Korpustexte —— 417

Zitat-kürzel	Name der Zeitung	Titel des Artikels	Datum	Autor
H61	Welt Online	Minutenprotokoll; New York – „Szenen wie im Zweiten Weltkrieg"	31.10.2012	Dpa (Deutsche Presseagentur)/AFP (Agence France Presse)/Reuters/ Dapd/asg/mkl/us/kami/krott
H62	Orange County Register	Disaster training crucial for residents	2.11.2012	Janet Whitcomb
H63	The Scotsman	Superstorm Sandy drowns, crushes and electrocutes helpless victims as death toll reported to have reached 50	31.10.2012	Martyn McLaughlin
H64	abendblatt.de	Hurrikan „Sandy"; US-Ostküste fürchtet Supersturm – 43 Tote in der Karibik	27.10.2012	dapd
H65	Berliner Zeitung	Hurrikan trifft auf Wintersturm	28.10.2012	Sebastian Moll
H66	Mail Online	Sandy set to be the biggest storm EVER to hit the U.S: New York announces subway will shut as 66m people on East Coast prepare (ebenfalls unter: Head for the hills! Tens of thousands told to find higher ground as 100mph winds set to batter East Coast in biggest storm EVER to hit United States)	28.10.2012	Beth Stebner, James Nye, Louise Boyle
H67	Pittsburgh Post Gazette	ENJOY THE NICE WEATHER NOW, BECAUSE 'FRANKENSTORM' COULD BRING A MESS	25.10.2012	Associated Press, CBS
H68	New York Times Blogs	When an Imprecise Forecast Could Hurt the Forecasters	30.10.2012	Clyde Haberman
H69	Philadelphia Inquirer	Warnings, superlatives, and evacuations as Hurricane Sandy approaches	28.10.2012	Andrew Maykuth
H70	Daily News New York	THERE'S NO PLACE TO HIDE Killer storm whips toward city Transit shutdown, power outages feared	28.10.2012	John Lemire
H71	Focus Magazin	Das Wichtigste ist: Wir leben	5.11.2012	Susann Remke
H72	Die Welt	Was macht Hurrikane so gefährlich?	30.10.2012	Ulli Kulke

Zitat-kürzel	Name der Zeitung	Titel des Artikels	Datum	Autor
H73	washingtonpost.com	For Sandy, some safety precautions	28.10.2012	Maggie Fazeli Fard
H74	Mail Online	'You may not survive': Feds shocking warning as Sandy's 100mph winds set to batter East Coast in biggest storm EVER to hit U.S.	29.10.2012	Amy Oliver
H75	Mail Online	The lights go out in New York: One MILLION without power as Bloomberg urges residents to stay home and prepare for the worst of Sandy to hit city	30.10.2012	Mark Duell, Louise Boyle, Rachel Quigley
H76	Berliner Zeitung	NEW YORK Bangen und Feiern	30.10.2012	Sebastian Moll
H77	Spiegel Online	New York rüstet sich für Monstersturm	28.10.2012	Sebastian Fischer/Roland Nelles/Marc Pitzke/stk/Reuters/dpa
H78	The Scotsman	Life turned upside down for New Yorkers after superstorm Sandy	4.11.2012	Claire Prentice
H79	Daily Telegraph	How the monster was made; Frankenstorm	30.10.2012	Nick Collins
H80	Christian Science Monitor	Hurricane Sandy: what to do if you're on one of the 9,000 canceled flights	29.10.2012	Mark Trumbull
H81	General-Anzeiger Bonn	Hurrikan Sandy und die Folgen – Lehren aus Katrina	30.10.2012	Dirk Hautkapp
H82	independent.co.uk	Whatever the weather, the US cries wolf	4.11.2012	Patrick Cockburn
H83	Washington Post Blogs	Taxing the rich remains popular	28.11.2012	Jon Cohen, Peyton M. Craighill, Aaron Blake
H84	Washington Post	Federal tab for Hurricane Sandy surpasses costs for Irene in 2011	3.12.2012	Danielle Ivory, with assistance from Brian K. Sullivan in Boston, Martin Z. Braun in New York, Freeman Klopott in Albany, N.Y.
H85	New York Times	Democrats Behaving Badly	13.1.2013	Frank Bruni

Zitat-kürzel	Name der Zeitung	Titel des Artikels	Datum	Autor
H86	Guardian Unlimited	After Sandy, disaster response needs not less government, but better	6.11.2012	Sarah Jaffe
H87	Mail Online	New York Stock Exchange building damaged as Superstorm Sandy takes its toll on financial heartland	30.10.2012	Meghan Keneally
H88	Manager magazin online	Wall Street stellt wegen „Sandy" den Handel ein	29.10.2012	Lutz Reiche, Reuters
H89	Berliner Morgenpost Online	LiveTicker; New Yorker U-Bahn droht wochenlanger Ausfall	30.10.2012	all
H90	Daily News New York	Schumer: Insurance companies to pay for 'every legitimate claim in the wake of Sandy'	12.11.2012	Reuven Blau
H91	Focus Magazin	KÖRNER KALKULIERT; Die Versicherer schlagen sich viel besser als gedacht	5.11.2012	Andreas Körner
H92	Daily News New York	Sandy washes out jobs	16.11.2012	Elizabeth Lazarowitz
H93	Christian Science Monitor	Economic toll of Sandy: Damage second only to Katrina?;	1.11.2012	Mark Trumbull
H94	Guardian Unlimited	Economists fear worst for superstorm Sandy's damage to fragile US recovery	2.11.2012	Richard Adams
H95	independent.co.uk	As Hurricane Sandy batters the East Coast, how is America coping with its economic storm?	31.10.2012	Hamish McRae
H96	Passauer Neue Presse	Wahl-Wirbel	31.10.2012	Thomas Spang
H97	Main-Taunus-Kurier	„Das Land driftet immer weiter auseinander"	5.11.2012	Karl Schlieker interviewt Cathryn Clüver
H98	Main-Taunus-Kurier	Vision, die Zweite	8.11.2012	Thomas Spang
H99	independent.co.uk	One last push: Barack Obama and Mitt Romney begin frantic tour of swing states in search of votes	2.11.2012	David Usborne
H100	New York Times	The Far Side of Acrimony	4.11.2012	Frank Bruni

Zitat-kürzel	Name der Zeitung	Titel des Artikels	Datum	Autor
H101	New York Times	Fears of Storm Disrupting Final Days of Campaign	27.10.2012	Michael Barbaro, Michael D. Shear
H102	washingtonpost.com	What would Obama's Act II look like?	6.11.2012	Dan Balz
H103	Daily News New York	'We are an American family & we rise & fall together as one people'	7.11.2012	John Lemire
H104	New York Times	Threat of Natural Disaster Plays Havoc With Plans by Obama and Romney	28.10.2012	Helene Cooper, Michael Barbaro
H105	washingtonpost.com	Election far from priority for many N.Y., N.J. voters	5.11.2012	Dan Zak, Colum Lynch, Carol Morello
H106	washingtonpost.com	Election lawyers ready to challenge alleged illegal activity	30.10.2012	Bill Turque
H107	→ s. H105			
H108	Usinger Anzeiger	Hurrikan „Sandy" fegt auf US-Ostküste zu; Millionen Menschen von Jahrhundertunwetter bedroht – Tsunami-Alarm an der Westküste	29.10.2012	Thomas Spang
H109	abendblatt.de	Obama macht den Schröder: Wahlkampf in Katastrophenzeiten	1.11.2012	Thomas Frankenfeld
H110	Welt Online	Wahlkampf; Warum „Sandy" für Romney eine Chance sein kann	30.10.2012	Ansgar Graw
H111	independent.co.uk	Hurricane Sandy blew Obama and Romney off course, but it's the President who has the momentum just days ahead of the election	2.11.2012	Mary Dejevsky
H112	Stuttgarter Zeitung	Viel zu verlieren	30.10.2012	Andreas Geldner
H113	Aachener Zeitung	Lehren aus »Sandy«; USA müssen ihre Infrastruktur modernisieren	31.10.2012	Friedemann Diederichs
H114	New York Times	Candidates Pull Off the Road as Storm Draws Near (ebenfalls unter: Storm Roils Campaign As Obama Cancels Appearance)	30.10.2012	Michael Barbaro, Ashley Parker, Michael D. Shear, Mark Landler
H115	Christian Science Monitor	How hurricane Sandy tests Obama, Romney	29.10.2012	Linda Feldmann
H116	→ s. H109			
H117	New York	Christie and Obama Tour Storm-	31.10.2012	Mark Landler,

Verzeichnis der zitierten Korpustexte —— 421

Zitat-kürzel	Name der Zeitung	Titel des Artikels	Datum	Autor
	Times Blogs	Ravaged Coast and Exchange Compliments		Michael D. Shear
H118	→ s. H27			
H119	Welt Online	+++Live-Ticker+++; New Yorker U-Bahn droht wochenlanger Ausfall	30.10.2012	Nicht angegeben
H120	Mail Online	'I didn't help Obama win': Chris Christie hits back at GOP critics who claim he sunk Romney's chances during Hurricane Sandy	13.12.2012	Toby Harnden
H121	Mail Online	Chris Christie lashes out at 'know-nothing disgruntled Romney staffers' who criticised him for refusing to attend campaign rally with Mitt after Hurricane Sandy	6.11.2012	Hugo Gye
H122	washingtonpost.com	A disaster is no place for politics	2.11.2012	Haley Barbour
H123	Der Tagesspiegel	Nach dem Sturm ist vor der Wahl	1.11.2012	Christoph von Marschall
H124	New York Times	The Storm: Bipartisanship, Climate Change, Gas Lines (Letters to the Editor)	2.11.2012	David Corbett (Leserbriefautor)
H125	Die Zeit	Jetzt erst richtig!	8.11.2012	Martin Klingst
H126	taz	Wahlkampf verwirbelt	3.11.2012	Bernd Pickert, Reuters
H127	Spiegel Online	Kritik an Austragung des New-York-Marathons	1.11.2012	Konstantin von Hammerstein/Sportinformationsdienst/dpa
H128	New York Times	Marathon Presses On Amid Backlash	3.11.2012	Ken Belson
H129	New York Times	Marathon Stumbled Along a Route of Indecision on Its Way Toward Cancellation	5.11.2012	Ken Belson, David. W. Chen, Michael Grynbaum
H130	New York Times	Reversal Of Course, Burst Of Emotions	3.11.2012	Jeré Longman
H131	Der Tagesspiegel	„Wir waren total frustriert"	4.11.2012	Christoph Stollowsky
H132	New York Times	No Back Seat for Sports	3.11.2012	Lynn Zinser
H133	New York	Comments (Letters to the Editor)	15.11.2012	Sam Mosenkis

Zitat-kürzel	Name der Zeitung	Titel des Artikels	Datum	Autor
	Times			(Leserbriefautor)
H134	New York Times	Disaster Reporting in the Backyard	11.11.2012	Margaret Sullivan
H135	Mail Online	'It's like the Wild West': Lawlessness and fear take over the outer boroughs as they enter sixth day without power (ebenfalls unter: Misery for 2.5 million STILL without power after six days as lawlessness and fear take over New York's outer boroughs)	3.11.2012	Rachel Rickard Strauß, Snejana Farberov
H136	The Scotsman	Race to reach starving survivors of Sandy	2.11.2012	Martin McLaughlin
H137	Journal of Commerce	Silver Lining? Sandy Could Stimulate Economy	30.10.2012	Peter Tirschwell
H138	washingtonpost.com	Risky Business	3.11.2012	Editorial Board
H139	Pittsburgh Post Gazette	RELIEF EFFORTS A BRIDGE OVER NYC DIVISIONS	17.11.2012	Nir, Sarah Maslin
H140	independent.co.uk	After the storm: New York pulls together in the wake of Hurricane Sandy	5.11.2012	Kim Wall
H141	New York Times Blogs	Disruptions: Twitter's Uneasy Role in Guarding the Truth	4.11.2012	Nick Bilton
H142	USA Today	Sandy shows darker side of social media	31.10.2012	Marisol Bello
H143	Welt Online	Minutenprotokoll; Mit viel Schnee – „Sandy" nimmt Kurs auf Chicago	31.10.2012	Nicht angegeben
H144	Guardian Unlimited	Superstorm Sandy's story told in dramatic images on photo sharing sites	2.11.2012	Katie Rogers
H145	i independent print	Letter from the executive editor	31.10.2012	Stefano Hatfield
H146	New York Times	Losing Power But Finding a Way to Connect	8.11.2012	Penelope Green, Joyce Wadler
H147	Orange County Register	Mormons lend helping hands	3.5.2013	Pat Bean

Verzeichnis der zitierten Korpustexte —— 423

Zitat-kürzel	Name der Zeitung	Titel des Artikels	Datum	Autor
H148	New York Post	Laid to waste by Sandy blast; Local death toll climbs to 35; More than a year to recover; Buses run; rails remain shut	31.10.2012	David Seifman, Additional reporting by Doug Auer, Rich Calder, Kevin Sheehan, Kieran Crowley and Chuck Bennett
H149	Der Spiegel	Supermacht auf Abruf	5.11.2012	Ullrich Fichtner, Hans Hoyng, Marc Hujer und Gregor Peter Schmitz
H150	New York Times	Tied by Heartstrings to Calamity	9.11.2012	David Wallace
H151	Welt Online	Nach dem „Frankenstorm"; Wie ich die „Sandy"-Nacht in New York erlebte	31.10.2012	Sascha Lehnartz
H152	Welt Online	Die Disziplin der Amerikaner nötigt Respekt ab	5.11.2012	Claus Christian Malzahn
H153	Welt Online	Nach dem „Frankenstorm"; Wie ich die „Sandy"-Nacht in New York erlebte	31.10.2012	Sascha Lehnartz
H154	Mail Online	American Apparel sparks outrage after using Hurricane Sandy devastation as marketing tool for internet sale	31.10.2012	Victoria Wellman
H155	Mail Online	Brazilian glamour model becomes global laughing-stock after posing for photoshoot against the destruction left by Sandy	2.11.2012	Sadie Whitelocks
H156	USA Today	Sandy signals an era of extreme weather	31.10.2012	USA Today Domestic Edition
H157	independent.co.uk	Climate chaos? This is what it looks like [Letters to the editor]	31.10.2012	Alan Hinnrichs (Leserbriefautor)
H158	New York Times Blogs	Two Views of a Superstorm in Climate Context	30.10.2012	Andrew C. Revkin
H159	Tampa Tribune	Letters to the Editors	5.11.2012	Gary P. Posner
H160	Daily Oklahoman	Letters to the Editor	1.6.2013	Tom Harris

Zitatkürzel	Name der Zeitung	Titel des Artikels	Datum	Autor
H161	Berliner Zeitung	Munich Re mahnt zur Prävention Milliardenschäden durch „Sandy" und US-Dürre	4.1.2013	Thomas Magenheim
H162	Frankfurter Rundschau	Die politischen Folgen der Katastrophe (ebenfalls unter: Die politischen Folgen von Sandy)	1.11.2012	Joachim Wille
H163	Spiegel Online	Obama verspielt Klimaschutz-Kredit	5.12.2012	Jörg Schindler
H164	Spiegel Online	Obama will Plauderstunde zum Klimawandel	15.11.2012	chs/AFP
H165	Mail Online	Could these barriers protect New York from going underwater? Barrier designs may shield from rising waters – as New data shows flooding could COVER Manhattan within 300 years	25.11.2012	Associated Press and Daily Mail Reporter
H166	→ s. H165			
H167	Euro-News	Hurrikanalarm auf Jamaika und Kuba	24.10.2012	Euronews
H168	Welt Online	Was Hurrikane so gefährlich werden lässt	3.11.2012	Ulli Kulke
H169	New York Times Blogs	Nature Votes Last	1.11.2012	Timothy Egan
H170	telegraph.co.uk	Blaming Hurricane Sandy on the greedy and industrious is just as mad as blaming it on gays	30.10.2012	Brendan O'Neill
H171	Daily Mirror	I thought I'd seen it all. I was so wrong	30.10.2012	NIALL O'DOWD, publisher of the Irish Voice Newspaper
H172	Scottish Express	Hurricane could knock the US election off course	30.10.2012	Nicht angegeben
H173	Pittsburgh Post Gazette	WILDLIFE FINDS WAYS TO SURVIVE SUPER STORMS	4.11.2012	Scott Shalaway
H174	New York Times	The Rockaway Spirit Lives After Hurricane Sandy	28.1.2013	Jane Garfield Frank

Zitierte Texte aus den Korpora zu Fracking

Zitat-kürzel	Name der Zeitung	Titel des Artikels	Datum	Autor
F1	Euro Am Sonntag	Texaner mit vollem Tank	1.1.2012	Tim Schäfer
F2	telegraph.co.uk	Britain can't afford to bet its future on shale gas – wind turbines are here to stay	8.11.2011	Chris Huhne
F3	Guardian Unlimited	Protesters attempt to set up coalition against fracking	16.3.2011	Fiona Harvey
F4	Kölner Stadt-Anzeiger	Energie statt Euro-Krise; EU-GIPFEL Oettinger will über die Vorteile des Frackings diskutieren	22.5.2013	Peter Riesbeck, Stefan Kaufmann
F5	Pittsburgh Post Gazette	ANGLERS CONCERNED ABOUT DECLINE IN MONONGAHELA RIVER FISHING	6.6.2010	Deborah Weisberg
F6	Mirror	WE'VE HIT THE FRACK POT; FIRM SAYS IT'S FOUND EUR7BN WORTH OF GAS IN THE GROUND	2.2.2012	James McNamara
F7	→ s. F6			
F8	Philadelphia Inquirer	Inquirer Editorial: Save our water	19.5.2011	Nicht angegeben
F9	independent.co.uk	Whatever happened to Cameron, the idealistic young eco-warrior?	12.5.2012	Matt Chorley
F10	→ s. F4			
F11	Berliner Zeitung	Fracking; Energie aus der Tiefe	23.2.2013	Jakob Schlandt
F12	Dapd Basisdienst	(Erste Zusammenfassung) Trotz wachsender Kritik am Fracking geht Wettbewerb um Erdgas weiter	26.7.2011	Malte Werner/ dapd/wem/mwa
F13	Berliner Morgenpost Online	Energiepreise; Berlin kanzelt EU-Vorstoß als „Sozialpolitik" ab	21.5.2013	Nicht angegeben
F14	New York Times	Sunday Dialogue: Gas Drilling and Our Energy Future [To the editor]	21.4.2013	Richard Poeton
F15	New York Times	E.P.A. to Study Chemicals Used to Tap Natural Gas	10.9.2010	Tom Zeller jr.
F16	Philadelphia Inquirer	Similar Pipes, Different Rules	12.12.2011	Craig R. McCoy, Joseph Tanfani

Zitat-kürzel	Name der Zeitung	Titel des Artikels	Datum	Autor
F17	Guardian	National: Scientists call for stricter rules on shale gas 'fracking' (ebenfalls unter: Tighten fracking regulations, scientists urge US officials)	16.2.2012	Ian Sample
F18	Pittsburgh Post Gazette	CRITZ FORMS SPECIAL CAUCUS ON MARCELLUS SHALE	15.3.2011	Daniel Malloy
F19	→ s. F9			
F20	Observer	Comment: The frack-heads whose dream is putting Britain's future at risk: George Osborne and fellow zealots believe shale gas to be a bonanza of cheap energy. Where's the evidence?	9.12.2012	Andrew Rawnsley (ebenfalls im Guardian veröffentlicht)
F21	Western Mail	Fracking's a disaster [Letter]	20.6.2011	Gareth Clark
F22	New York Times	Poking Holes in a Green Image	12.4.2011	Tom Zeller Jr.
F23	Stuttgarter Zeitung	Es schwindet der Glaube an das saubere Gas	23.4.2011	Christoph Link
F24	Aachener Nachrichten	Auch neuer Entwurf zum Gas-Fracking stößt auf Kritik; Nächster Vorstoß am 15. Mai: Schwarz-Gelb will das Thema vor der Bundestagswahl durchbringen.	6.5.2013	dpa
F25	→ s. F9			
F26	USA Today	An industry run amok; OPPOSING VIEW	26.3.2012	Michael Brune
F27	Pittsburgh Post Gazette	SELLING OUT CITIZENS [Letters to the Editor]	19.3.2011	Joyce Moon Strobel (Leserbriefautorin)
F28	taz	Krisengipfel nährt Vorbehalte	3.2.2011	dpa
F29	→ s. F5			
F30	Pittsburgh Post Gazette	CORBETT SHOULD BE COMMENDED FOR HIS FEE PLAN	18.10.2011	Brief von John Bouder, Research Fellow an der Commonwealth Foundation, Harrisburg
F31	Daily News New York	Climate for fracking	18.11.2012	NLVL
F32	Ddp Basisdienst	Grüne fordern vorläufiges Fracking-Verbot bei Erdgasbohrungen	28.1.2011	dapd/wem/mwa
F33	→ s. F17			

Verzeichnis der zitierten Korpustexte — 427

Zitatkürzel	Name der Zeitung	Titel des Artikels	Datum	Autor
F34	→ s. F5			
F35	→ s. F5			
F36	→ s. F9			
F37	→ s. F9			
F38	→ s. F17			
F39	Pittsburgh Post Gazette	GAS DRILLING BAN IN PITTSBURGH	21.11.2010	Albert D. Kollar
F40	→ s. F18			
F41	Pittsburgh Post Gazette	CASEY PUSHES FOR TESTING OF WATER SOURCES	2.3.2011	Don Hopey
F42	Philadelphia Inquirer	Entrepreneur hopes to make money purifying wastewater from gas drilling	10.7.2011	Andrew Maykuth
F43	→ s. F42			
F44	Aachener Zeitung	Ausgestiegen. Abgeschaltet. Und wie geht's weiter? (ebenfalls unter: Energie der Zukunft: Ausgestiegen. Abgeschaltet. Und dann?)	12.8.2011	Ludwig Jovanovic
F45	New York Times	Texas: Drillers Must Disclose 'Fracking' Chemicals	21.6.2011	Associated Press
F46	→ s. F18			
F47	Aachener Nachrichten	Fracking wird zum Streitthema im Wahlkampf; Umstrittene Gasförderung soll unter strikten Auflagen stattfinden können.	13.2.2013	Werner Kolhoff
F48	Ddp Basisdienst	Grüne fordern vorläufiges Fracking-Verbot bei Erdgasbohrungen	28.1.2011	dapd/wem/mwa
F49	→ s. F18			
F50	Denver Post	EDITORIAL Is West's water supply at risk?	19.11.2008	The Denver Post
F51	Die Zeit	Hier muss sich etwas tun	31.10.2012	Heike Buchter
F52	→ s. F9			
F53	→ s. F18			
F54	New York Times	Where Water Trumps Energy	15.10.2008	Editorial
F55	Pittsburgh Post Gazette	HERE COMES THE SUN-IF WE LET IT IN	8.11.2011	An anderer Stelle: Paul Krugman
F56	Christian Science Moni-	Should the US lean more on natural gas in its energy mix?	25.6.2010	Mark Clayton

Zitat-kürzel	Name der Zeitung	Titel des Artikels	Datum	Autor
	tor			
F57	washington-post.com	Financial regulation bill nears finish line with support from Snowe, Brown	13.7.2010	Brady Dennis, Jia Lynn Yang
F58	Welt am Sonntag	Im glücklichen Westen	20.5.2012	Uwe Schmitt
F59	Welt Online	Fracking ist für Europa eine Fata Morgana	17.5.2013	Reinhard Bütikofer
F60	Spiegel Online	Forscher erklären Erdgas zum Klimakiller	12.4.2011	Stefan Schultz
F61	Die Welt	Schatz unter dürrem Acker	17.6.2011	Gerhard Gnauck
F62	Pittsburgh Post Gazette	GAS, GAS EVERYWHERE – BUT WILL WATER BE FIT TO DRINK?	26.4.2009	Abrahm Lustgarten
F63	Buffalo News New York	Hydrofracking for gas contains multiple threats	27.11.2009	Larry Beahan
F64	Los Angeles Times	Report urges tough rules on fracking	13.4.2013	Bettina Boxall
F65	Daily Oklahoman	UL tide: Private model best for frack oversight	22.4.2012	Nicht angegeben
F66	Südwest-Presse	Bohrungen nach Erdgas verbieten; Antrag der Grünen im Alb-Donau-Kreis – Sorge um Trinkwasser	5.12.2012	Joachim Striebel
F67	Die Zeit	Energiewende 1899	8.11.2012	Frank Keil
F68	Pittsburgh Post Gazette	LAYOFFS, CUTS IN PROGRAMS IN THE AIR FOR STATE DEP	19.10.2009	Robin Rombach
F69	Western Mail	Shale gas dangers [Leserbrief]	11.11.2011	Dr. Ian Johnson, Plaid Cymru spokesperson for the Vale of Glamorgan
F70	washington-post.com	An energy reality that's good	26.1.2012	Robert J. Samuelson
F71	Welt Online	„Wir haben beim Fracking nichts zu verbergen"	10.3.2013	Daniel Wetzel
F72	Pittsburgh Post Gazette	INDUSTRY PUSHES BACK ON W.VA. DRILLING BANS; SHALE BENEFITS MAKE TOWNS RECONSIDER	9.8.2011	Vicki Smith

Zitat-kürzel	Name der Zeitung	Titel des Artikels	Datum	Autor
F73	Aberdeen Press and Journal	Fairfield bosses put 2012 setbacks behind them and face the future with confidence	7.1.2013	Jeremy Cresswell
F74	Guardian Unlimited	Fracking industry will be minimally regulated in UK, letters reveal	23.9.2011	John Vidal
F75	Western Mail	Delight at refusal of shale gas test plans (an anderer Stelle: Delight at refusal of shale gas test drilling)	21.10.2011	Wales Online
F76	Mail Online	INTERVIEW: As Shell faces price-rig probe, its UK boss Ed Daniels backs an overhaul	28.5.2013	Helen Loveless
F77	Irish Examiner	The smart money is always on Seán	18.5.2013	Kyran FitzGerald
F78	Aachener Zeitung	Schwarz-Gelb drängt auf Fracking nach US-Vorbild; Die Schiefergasrevolution hat in den USA für einen Boom in der Industrie geführt. In Deutschland ist das Verfahren höchst umstritten.	11.2.2013	Georg Ismar
F79	Kölnische Rundschau	Szenen aus dem Diät-Lager	9.2.2013	Aliki Nassoufis
F80	Aachener Nachrichten	Ihre Meinung [Leserbrief]	1.10.2012	Willi Steins (Leserbriefautorin)
F81	Der Tagesspiegel	Matthies meint; Sprache ist so gemein (ebenfalls unter: „Crowdfunding" – Anglizismus des Jahres)	5.3.2013	Bernd Matthies
F82	Rheinische Post Düsseldorf	Gasbohrungen: Schutz des Wassers geht vor	10.5.2011	Nicht angegeben
F83	Sunday Business Post	Floating may stop us sinking	12.2.2012	Garvan Grant
F84	independent.co.uk	Fracking floors energy giants	18.8.2012	Tom Bawden
F85	The Scotsman	Comment : Shale may not be a panacea for gas shortages	21.12.2012	Terry Murden
F86	Euro am Sonntag	Weil viel Angebot auf weniger Nachfrage trifft, füllen sich die Lager und die Preise fallen. Wo es trotzdem Chancen für Anleger gibt; Ein Haufen Probleme (ebenfalls unter: Gold- und Ölpreise unter Druck: Warum	27.4.2013	Peter Gewalt

Zitat-kürzel	Name der Zeitung	Titel des Artikels	Datum	Autor
		das so ist)		
F87	Welt Online	Interview mit Günther Oettinger; „Das Umfeld für tief greifende Reformen ist ideal"	20.5.2013	Florian Eder, Silke Mülherr
F88	Wiesbadener Tagblatt	Fracking bleibt ein Reizthema	28.2.2013	Christoph Risch
F89	New York Times	Gas Wells Recycle Water, but Toxic Risks Persist	2.3.2011	Ian Urbina
F90	Denver Post	Elbert County banks on oil boom	13.4.2011	Carlos Illescas
F91	Philadelphia Inquirer	Susquehanna residents wary of gas-drilling operation	13.12.2009	Andrew Maykuth
F92	Buffalo News New York	We must take full advantage of Marcellus Shale	14.3.2010	David Copley
F93	→ s. F85			
F94	Stuttgarter Nachrichten	Im Gas-Goldrausch	20.10.2012	Walther Rosenberger
F95	Die Welt	Fracking gefährdet das deutsche Bier	20.4.2013	Carsten Dierig
F96	Welt Online	„Fracking" – Gasabbau lässt Wasser brennen	26.4.2012	Benedikt Fuest
F97	telegraph.co.uk	Fracking could ruin German beer industry, brewers tell Angela Merkel	23.5.2013	Andrew Trotman
F98	The Express	FRACKING, which involves using chemicals [...]; Ingham's WORLD	31.5.2013	John Ingham
F99	Denver Post	New front in frackingwars	24.3.2012	Vincent Carroll
F100	Hamburger Abendblatt	Briefe an die Redaktion: 18. Februar 2013	18.2.2013	Thomas Stubbe (Leserbriefautor)
F101	Rheinische Post Düsseldorf	Fracking-Gegner haben neue Fragen	21.9.2012	Sebastian Latzel
F102	Guardian	Analysis: So fracking is declared safe, but it ain't necessarily so (ebenfalls unter: Go-ahead for fracking is not the start of a golden age for gas)	17.4.2012	Damian Carrington
F103	Morning Star	Use of shale gas 'harming climate commitments'	24.11.2011	Paddy McGuffin
F104	Mail Online	How a gas goldmine under this pasture could help Osborne end debt nightmare	24.3.2013	Stephen Robinson

Zitat-kürzel	Name der Zeitung	Titel des Artikels	Datum	Autor
F105	washingtonpost.com	Fracking's green side	7.10.2012	Editorial Board
F106	Buffalo News New York	We must take full advantage of Marcellus Shale	14.3.2010	David Copley
F107	East Kent Mercury	[kein Titel]	12.7.2012	Victoria Nicholls
F108	Zeit Online	„Gas ist kein Allheilmittel"; Interview mit der Chefin der IEA, Maria van der Hoeven	7.2.2013	Christian Tenbrock, Fritz Vorholz
F109	Guardian	Front: Big firms' gas bonanza threatens green energy (ebenfalls unter: Fossil fuel firms use 'biased' study in massive gas lobbying push)	21.4.2011	Fiona Harvey
F110	New York Post	FRACK, BABY, FRACK Even Lisa's on Board EDITORIAL	26.2.2012	Post Staff Report
F111	The Oklahoman	Dangerous energy policy	28.1.2012	Mike Cantrell
F112	Dapd Landesdienst	Fracking-Gegner wollen Protest nach Berlin tragen	9.8.2011	Malte Werner
F113	Mail Online	The Great Green Con no.2: How councils duped by bad science hire 'eco' snoopers – but slash OAPs' benefits	17.3.2013	David Rose
F114	New Scientist	Wonderfuel gas	12.6.2010	Helen Knight
F115	Belfast Telegraph	Assembly puts gas fracking on hold [Leserbrief]	8.12.2011	Nicht angegeben
F116	New York Times Blogs	IHT Special Report: Oil & Money	12.11.2012	Marcus Mabry
F117	Buffalo News New York	Assembly must approve hydrofracking moratorium	1.12.2010	Larry Beahan
F118	Daily Telegraph	Countryside at war over planning law reform; National Trust warns of war to save countryside	7.3.2013	Louise Gray
F119	New York Times	(kein Titel; Letters to the Editor)	5.11.2009	Katrinka Moore (Leserbriefautorin)
F120	Pittsburgh Post Gazette	Color me fracked: Energy industry produces coloring book to make case for gas drilling to kids	19.6.2011	Erich Schwartzel
F121	Daily Telegraph	Countryside at war over planning law reform; National Trust warns of	7.3.2013	Louise Gray

Zitat-kürzel	Name der Zeitung	Titel des Artikels	Datum	Autor
		war to save countryside		
F122	The Herald Glasgow	Shale gas is the answer to our ever-growing energy demands	1.7.2013	Andrew McKie
F123	telegraph.co.uk	When will this green madness cease?	15.3.2013	James Delingpole
F124	New York Post	Frack, Baby, Frack! Death by Delay	23.4.2012	Post Staff Report
F125	Buffalo News New York	How wide will fracking door open?	17.6.2012	David Robinson
F126	New York Post	Fracker-jack idea Bill's Energy czar backs gov's path (ebenfalls unter: It's a fracker-jack idea: ex-energy big)	23.8.2012	Carl Campanile
F127	telegraph.co.uk	Obsolete before it's even law, the energy bill has proved a dismal failure	1.7.2013	Jeremy Warner
F128	Guardian Unlimited	Fracking: Where's the debate about its climate change risks?	29.6.2012	Leo Hickman
F129	indepen-dent.co.uk	Government backtracks on fracking	19.5.2012	Matt Chorley
F130	Mail Online	Dirty tricks of the the [sic!] fracking deniers: How Green zealots peddle cynical propaganda to stop Britain mining £3trillion of shale gas...enough to keep the lights on for 141 YEARS	30.6.2013	David Rose
F131	taz	CDU will Fracking regulieren;	16.5.2013	Gernot Knödler
F132	Main-Taunus-Kurier	Fracking-Gesetz wohl nicht vor der Wahl; ENERGIE Widerstand in möglichen Fördergebieten wächst/Ruf nach Verzicht auf Bohrungen in großer Tiefe	15.5.2013	Georg Ismar
F133	Welt Online	Schiefergasförderung; Mit „Lex Bodensee" zum Fracking-Kompromiss	17.5.2013	Reuters/ks
F134	washington-post.com	Obama's oil flimflam	16.3.2012	Charles Krauthammer
F135	Philadelphia Inquirer	Don't waste more money on solar [Letters to the Editor]	29.9.2011	Joe Bowers (Leserbriefautor)
F136	Buffalo News	'Fracking' support by Obama roils	27.1.2012	Jerry Zremski

Verzeichnis der zitierten Korpustexte ——— 433

Zitatkürzel	Name der Zeitung	Titel des Artikels	Datum	Autor
	New York	N.Y. debate; President's hard sell reverberates locally		
F137	New York Times	Romney's Goals on Environmental Regulation Would Face Difficult Path	7.10.2012	John M. Broder
F138	Kölner Stadt-Anzeiger	[kein Titel angegeben]	6.12.2011	Nicht angegeben
F139	Sunday Telegraph	Shale gas is the only barrier to energy drought	30.6.2013	Christopher Booker/Dominic Raab
F140	Scottish Express	Our energy policy is all about profits for shareholders	27.3.2013	Chris Roycroft-Davis
F141	Guardian	Budget 2013: Analysis: Green and growth don't go together in Osborne's Top Gear world (ebenfalls unter: Top Gear budget leaves Osborne in slow lane of economic growth)	21.3.2013	Damian Carrington
F142	taz	Gas-Fieber am Bodensee	8.9.2012	Susanne Stiefel
F143	Welt am Sonntag	Angst vor den Probebohrungen	19.5.2013	Andreas Schmidt, Andreas Burgmayer, Burkhard Fuchs, Alexander Sulanke
F144	Die Welt	Fracking ist nicht gleich Fracking; Regierung beschließt Regeln für Schiefergasförderung. Nun streitet sie mit der Opposition, was das bedeutet	27.2.2013	Nicht angegeben
F145	Spiegel Online	Rösler und Altmaier streiten weiter über Fracking	26.2.2013	als/Reuters/dpa
F146	Business Monitor Online	Fracking Advances But Uncertain Outlook Endures	1.4.2013	Nicht angegeben
F147	Welt kompakt	Altmaier und Rösler mit Trippelschritten zum Fracking; Der Umweltminister sieht derzeit keine Einsatzmöglichkeit für die umstrittene Technik	27.2.2013	Daniel Wetzel
F148	Hamburger Abendblatt	SPD will Fracking bundesweit verhindern	13.11.2012	Steffen Lüdtke

Zitat-kürzel	Name der Zeitung	Titel des Artikels	Datum	Autor
F149	abendblatt.de	Umstrittene Fördermethode; Mehrheit gegen Gas-Suche mit Gift in Hamburg	28.3.2013	Jens Meyer-Wellmann
F150	Spiegel Online	Genossen, schmeißt die Ökos raus!	30.9.2012	Alexander Neubacher
F151	Star Tribune Minneapolis	THE GREAT OIL RUSH	16.10.2011	Larry Oakes
F152	Zeit Online	Das Dorf, das Öl und das Böse	19.7.2012	Martin Klingst
F153	Stuttgarter Zeitung	Die USA werden zu 'Saudi-Amerika'	22.11.2012	Andreas Geldner
F154	Daily Telegraph	Focus on fracking and new homes ignores the real problem: population [Letters to the Editor]	15.12.2012	Steve Mitchell Bromley (Leserbriefautor)
F155	Die Welt	Wirtschaft setzt sich für Fracking ein	16.2.2013	Jens Meyer-Wellmann
F156	Welt Online	USA steigen zum weltgrößten Gasproduzenten auf	12.7.2012	Kathrin Gotthold, Holger Zschäpitz
F157	abendblatt.de	Gastbeitrag; Beim Gas muss Deutschland Gas geben	18.3.2013	Claudia Kemfert
F158	telegraph.co.uk	Shale: the hidden treasure that could transform Britain's fortunes	6.9.2012	Fraser Nelson
F159	Guardian Unlimited	Anti-fracking campaigners climb Lancashire rig again	1.12.2011	Martin Wainwright
F160	New York Times	Shale Gas Revolution	4.11.2011	David Brooks
F161	→ s. F62			
F162	Pittsburgh Post Gazette	NY ATTORNEY GENERAL SUING FEDS OVER GAS DRILLING	5.6.2011	Associated Press
F163	Philadelphia Daily News	CHILLIN' WIT' ... Maya van Rossum, Delaware Riverkeeper: She imagines a river unabused	13.8.2012	Jason Nark
F164	Pittsburgh Post Gazette	BEWARE 'FRACKOPHOBIA'	26.1.2011	Bernard L. Weinstein
F165	New York Times	Estimate Places Natural Gas Reserves 35% Higher	18.6.2009	Jad Mouawad
F166	New York Times	A Host of Benefits From Natural Gas	17.1.2011	Christopher Swann
F167	Stern	Energiewende auf Amerikanisch	21.9.2012	Matthias Ruch
F168	Pittsburgh Post Gazette	1,200 HEAR MARCELLUS SHALE	23.7.2010	Don Hopey

Zitat-kürzel	Name der Zeitung	Titel des Artikels	Datum	Autor
F169	Frankfurter Rundschau	Riskante Suche nach Erdgas	10.3.2011	Michael Billig
F170	Rheinische Post Düsseldorf	Front gegen Fracking im Kreistag	17.5.2012	Jürgen Fischer, Thomas Reisener
F171	Der Tagesspiegel	Kampf ums neue Gas	21.11.2011	Kevin P. Hoffmann, Jahel Mielke
F172	Frankfurter Rundschau	Erdgas bleibt noch im Boden; Puttrich will mehr über die Abbaumethode wissen	27.4.2012	Volker Schmidt
F173	→ s. F134			
F174	→ s. F166			
F175	New York Times	Cabinet Picks Could Take On Climate Policy	4.3.2013	John M. Broder, Matthew L. Wald
F176	Passauer Neue Presse	Nicht durchsetzbar	11.2.2013	Martin Wanninger
F177	Die Welt	Energie aus Schiefergestein	29.8.2012	Thomas A. Friedrich
F178	Manager magazin online	Die Fracking-Illusion	4.2.2013	Nils-Viktor Sorge
F179	independent.co.uk	Poland's Shale Gas dilemma for Europe	27.9.2011	Mary Dejevsky
F180	Focus Money	Auf Schatzsuche	4.8.2010	Hans Sedlmayer
F181	Zeit Online	Polens riskanter Traum vom Gas-Reichtum	15.8.2011	Ulrich Krökel
F182	→ s. F72			
F183	telegraph.co.uk	Rural councils to get cheaper bills if they allow fracking (ebenfalls unter: Government to offer cheaper energy bills to communities that don't oppose fracking)	29.4.2013	Alice Philipson
F184	Stern	Lockruf des Öls	29.11.2012	Martin Knobbe (Text) und Kristoffer Finn (Fotos). Mit Recherchen von Anuschka Tomat
F185	→ s. F58			
F186	General-Anzeiger Bonn	Unter der Messlatte her; Barack Obama verordnet sich in Charlotte einen nüchternen Ton – der Lage Amerikas angemessen	8.9.2012	Dirk Hautkapp

Verzeichnis der zitierten Korpustexte

Zitat-kürzel	Name der Zeitung	Titel des Artikels	Datum	Autor
F187	Aachener Nachrichten	Glücksritter und Rezessionsopfer gehen in die Prärie; Der amerikanische Traum steht nach fünf Jahren Krise auf der Kippe. Die US-Bürger haben 40 Prozent ihrer Vermögen verloren. College und Rente in Gefahr.	20.8.2012	Thomas Spang
F188	→ s. F58			
F189	The Observer	Fracking: answer to our energy crisis, or could it be a disaster for the environment?	25.2.2012	Robin McKie
F190	Buffalo News New York	THE PICTURE PAGE	13.4.2013	Derek Gee
F191	telegraph.co.uk	Shale gas: the battle for Balcombe's riches	13.1.2013	Geoffrey Lean
F192	Südwest Presse	Gefahr aus der Tiefe	17.11.2012	Rudi Schönfeld
F193	Rheinische Post Düsseldorf	Taubstumme hilft in der Großküche; Stiftung Kreaktiv im Aufwind; Fracking-Gesetz: Gegner alarmiert	27.2.2013	Nicht angegeben (Übersichtsseite)
F194	The Scotsman	Frack attack	13.12.2013	Trevor Rigg
F195	→ s. F20			
F196	guardian.co.uk	Locals can now veto windfarms: so what about fracking?	6.6.2013	Damian Carrington
F197	Guardian	Energy lobby reignites Oscar interest in film on gas drilling	22.2.2011	S. Goldenberg
F198	Pittsburgh Post Gazette	WE'RE BECOMING VICTIMS OF SHALE GAME	9.7.2010	Tony Norman
F199	Philadelphia Inquirer	'Gasland' documentary fuels debate over natural gas extraction	24.6.2010	Andrew Maykuth
F200	Pittsburgh Post Gazette	NAZI COMMENT DIGS A HOLE FOR PA. OFFICIAL	18.3.2011	Tony Norman
F201	Berliner Zeitung	WETTBEWERB: Gewissen in Aufruhr	9.2.2013	Daniel Kothenschulte
F202	Stuttgarter Nachrichten	Alles ist politisch	13.2.2013	Bernd Haasis
F203	Stuttgarter Nachrichten	Die Versuchung lauert überall	9.2.2013	Bernd Haasis
F204	New York Times	Deep Down, He Wants to Help	28.12.2012	A. O. Scott

Zitat-kürzel	Name der Zeitung	Titel des Artikels	Datum	Autor
F205	The Independent	Van Sant comes up a little bit lacking in this film on fracking; FIRST NIGHT PROMISED LAND Berlin Film Festival *** (ebenfalls unter: Berlin Film Festival review: Promised Land starring Matt Damon is too dry and sober)	9.2.2013	Geoffrey Macnab
F206	Sunday Business Post	Film: Coming attractions	6.1.2013	Nicht angegeben
F207	Mail Online	British gas reserves could run dry in 36 HOURS after freezing householders turn the heating up	21.3.2013	Peter Campbell, Ian Drury
F208	Daily Mail	FUEL BILLS WILL KEEP RISING WARNS ENERGY WATCHDOG	20.2.2013	Tamara Cohen, Peter Campbell
F209	telegraph.co.uk	Obsolete before it's even law, the energy bill has proved a dismal failure	1.7.2013	Jeremy Warner
F210	telegraph.co.uk	Tim Yeo: no headline can do him justice	22.12.2012	James Delingpole
F211	Daily Telegraph	Salmond's green energy targets 'unlikely'	14.5.2012	Simon Johnson
F212	Western Mail	Inquiry to air arguments over controversial drilling for gas	22.5.2012	Peter Collins
F213	Mail Online	A new era of cheaper gas? 'Fracking' given green light after government agrees rules to reduce earthquake risk	13.12.2013	Tara Evans
F214	Focus Magazin	Die Welt im Gasrausch	25.7.2011	Michael Odenwald

Weitere zitierte Artikel aus dem Korpus

S. 58: The Journal: Victim of Crushing Ineptitude. 26.2.2013 (Kenneth Hughes, Leserbrief)

S. 200: Guardian: Charles: 'Climate change sceptics are turning Earth into dying patient'. 9.5.2013 (Fiona Harvey)

Register

Adversativität/adversativ 34, 54, 65, 72f., 75f., 107, 115ff., 192, 194, 241, 248, 305
Agonalität
- agonale Zentren 4, 34, 52f., 69, 101, 115, 117, 183f., 190f., 193f., 198, 210, 213, 219, 222, 229, 234f., 239ff., 247, 250, 252, 260, 274f., 280, 295, 299ff., 306, 320, 325, 342, 345f., 349f., 352f., 356, 368, 370, 378, 380f.
Agonalitätsdimensionen
- Agonalität der (negativen) Wertung 5, 80, 85, 101, 106, 109, 111, 119f., 122, 124, 143f., 153, 160, 165, 169, 179, 181, 185, 188, 199, 202f., 209, 212, 242, 260, 265, 271, 295, 297, 303, 306, 346, 365, 368
- Agonalität der Entscheidungsthematisierung 5, 97, 101, 155ff., 161, 167, 171, 180, 182, 185, 189, 209f., 212, 243, 245, 250, 252, 260, 271, 297f., 303, 306, 346, 348, 365, 377
- Agonalität der expliziten Gegenüberstellung 5, 70, 72f., 92f., 101, 115, 117ff., 127f., 138, 143, 153, 157, 160f., 165, 168, 172, 179, 181, 184ff., 194, 199, 224, 241, 244, 247, 260f., 263, 295, 305f., 315ff., 319, 331, 340f., 346, 365, 370
- Agonalität der externen Handlungsaufforderung 5, 95, 101, 110f., 130ff., 143f., 155, 159f., 167, 171, 180, 182, 185, 212, 214, 243, 250f., 255, 257, 263ff., 297, 315, 327ff., 341, 346ff., 365
- Agonalität der lexikalischen Gegenüberstellung 5, 92f., 95, 101, 155f., 160, 162, 183, 185, 197, 214, 227, 243, 274, 296, 305, 315, 320, 323, 326, 341, 346, 365
- Agonalität der Negation 5, 103, 129, 142, 144, 155, 161, 168, 171, 180, 182, 185, 190, 196, 198, 225, 232, 244, 251, 274, 285, 297, 305, 315, 335, 365
- Agonalität der negativen Emotionen 5, 85, 101, 144, 154, 156f., 160, 166, 170, 179, 181, 185, 188, 202, 232, 242, 247, 249, 271, 283, 296, 306, 315, 317, 322f., 346, 348, 350, 365
- Agonalität der nicht eingetretenen Option 5, 103, 109ff., 123, 126, 135, 142ff., 161, 168, 171, 180, 182, 185, 190, 218, 244, 365
- Agonalität der Relevanzkonkurrenz 5, 76, 78, 80, 101, 124, 144, 153, 160, 165, 169, 179, 181, 185, 188, 198f., 203f., 218, 220, 222, 227, 233, 242, 247, 252, 254, 256, 263f., 268f., 276, 294f., 306, 315, 321f., 331, 347f., 365
- Agonalität der zeitlichen Gegenüberstellung 5, 73f., 76, 101, 108, 113, 118, 143, 153, 160, 165, 169, 179, 181, 188, 194, 206, 222, 224, 226, 240, 242, 260, 262f., 268, 279, 295, 306, 315, 319f., 325, 346, 362, 365, 378
- Agonalität von Schein und Sein 5, 88ff., 92, 101, 109, 111, 118, 143, 154, 156, 160f., 166, 170, 180f., 185, 189, 194, 196f., 207f., 217, 220, 234, 243, 245, 260ff., 264, 278ff., 285f., 296, 298, 306, 315, 326, 346, 348f., 362, 365, 370, 378
- Beenden des agonalen Zustands 5, 95, 99, 155, 161f., 168, 171, 180, 182f., 190, 209, 215f., 218, 244f., 268, 297f., 306, 315, 331, 333, 365, 377
AntConc 41, 46, 49f., 62

Cluster 219, 285, 305
COCA (Corpus of Contemporary American English) 43f., 48, 51, 62ff., 76, 100, 164, 364
Critical Discourse Analysis 18ff., 26f., 56, 79, 95

deskriptive Diskursanalyse 18, 20ff., 35
Diskurs
- diskursive Ausprägung 372f., 381
- kontrastive Diskurslinguistik 32, 34f., 371, 373
- transnationale Diskurslinguistik 32ff., 371, 373

Diskursbegriff 16f.
Diskursrahmen 222, 240ff., 245, 261, 302ff., 352, 368
Dornseiff
– Der deutsche Wortschatz nach Sachgruppen 146f., 149, 151f., 160ff., 164, 168
DWDS (Digitales Wörterbuch der deutschen Sprache) 43f., 83, 94, 164, 172, 364

Evaluation 80, 86, 103, 109, 119ff., 142, 144, 178, 185, 365

Fiktionalität 6, 38, 42, 236f., 307, 309, 341ff., 345f., 349, 353, 355, 359, 361, 363
Foucault, Michel 13ff., 32, 59, 79, 95

handlungsleitendes Konzept 206, 250, 260, 265, 302, 328, 349, 351
Hurrikan Katrina 246, 250, 252ff., 258, 266f., 271, 279, 293ff., 300, 360, 367

Imperativ 95, 106, 189, 251, 279

Keyword 44ff., 50, 219, 225, 273
Klimawandel 38, 90, 199ff., 208, 227, 240, 284ff., 290, 293, 295f., 298ff., 366f., 375f.
Kollokat 43ff., 48ff.
Kollokate/Kollokationen 43, 62ff., 72, 94, 164, 183, 192ff., 212, 217, 221, 225
Komparativ 79f., 121, 123f., 144, 157, 188, 207, 256f., 277
Konditionalität 106f., 110, 112f., 115, 118, 143, 185, 187, 190

Konnektoren 34, 54, 61, 64f., 72, 74ff., 114ff., 141, 143, 161, 187, 192, 194, 248, 305f., 309
Konzession/konzessiv 34, 54, 63f., 72f., 75f., 103, 107, 112ff., 138, 141, 143, 185, 187, 192, 194, 241, 248, 305, 309, 365
Korpus
– imaginäres Korpus 17f.
– konkretes Korpus 17f.
– virtuelles Korpus 17f.
Korpuskonstitution 41f.

Modalverb 59, 96, 99, 105ff., 142f., 190, 211
Modus 104, 107f., 111, 118, 251
Mood 104
Multimodalität 310, 340f., 381f.

Passiv 129ff., 142, 189
Perspektiv 34
Perspektive/Perspektivität 7, 9ff., 26, 28, 54, 80, 146, 247, 352, 356, 363
– kulturelle Perspektivität 30, 35, 83, 146, 184, 365, 380
Polyphonie 54
Pressetextsorten 24f., 31

semantischer Kampf 9f., 35, 88, 92, 328, 343, 355
semiotisches Dreieck 7ff., 30
Superlativ 64, 79f., 135, 220, 269

Text-Bild-Beziehungen 42, 187, 309, 313, 315, 357, 368, 382
Thesaurus
– Historical 146f., 149, 152, 157ff., 164
– Roget 146f., 149, 152f., 159, 161f., 164f., 178

Wissen 2f., 11ff., 17, 26, 30, 32f., 35

Die Ausdrücke *Fracking* und *Hurrikan Sandy* wurden aufgrund der Häufigkeit ihres Vorkommens im gesamten Werk nicht in dieses Sachregister aufgenommen.

Diskursbegriff 16f.
Diskursrahmen 222, 240ff., 245, 261, 302ff., 352, 368
Dornseiff
– Der deutsche Wortschatz nach Sachgruppen 146f., 149, 151f., 160ff., 164, 168
DWDS (Digitales Wörterbuch der deutschen Sprache) 43f., 83, 94, 164, 172, 364

Evaluation 80, 86, 103, 109, 119ff., 142, 144, 178, 185, 365

Fiktionalität 6, 38, 42, 236f., 307, 309, 341ff., 345f., 349, 353, 355, 359, 361, 363
Foucault, Michel 13ff., 32, 59, 79, 95

handlungsleitendes Konzept 206, 250, 260, 265, 302, 328, 349, 351
Hurrikan Katrina 246, 250, 252ff., 258, 266f., 271, 279, 293ff., 300, 360, 367

Imperativ 95, 106, 189, 251, 279

Keyword 44ff., 50, 219, 225, 273
Klimawandel 38, 90, 199ff., 208, 227, 240, 284ff., 290, 293, 295f., 298ff., 366f., 375f.
Kollokat 43ff., 48ff.
Kollokate/Kollokationen 43, 62ff., 72, 94, 164, 183, 192ff., 212, 217, 221, 225
Komparativ 79f., 121, 123f., 144, 157, 188, 207, 256f., 277
Konditionalität 106f., 110, 112f., 115, 118, 143, 185, 187, 190

Konnektoren 34, 54, 61, 64f., 72, 74ff., 114ff., 141, 143, 161, 187, 192, 194, 248, 305f., 309
Konzession/konzessiv 34, 54, 63f., 72f., 75f., 103, 107, 112ff., 138, 141, 143, 185, 187, 192, 194, 241, 248, 305, 309, 365
Korpus
– imaginäres Korpus 17f.
– konkretes Korpus 17f.
– virtuelles Korpus 17f.
Korpuskonstitution 41f.

Modalverb 59, 96, 99, 105ff., 142f., 190, 211
Modus 104, 107f., 111, 118, 251
Mood 104
Multimodalität 310, 340f., 381f.

Passiv 129ff., 142, 189
Perspektiv 34
Perspektive/Perspektivität 7, 9ff., 26, 28, 54, 80, 146, 247, 352, 356, 363
– kulturelle Perspektivität 30, 35, 83, 146, 184, 365, 380
Polyphonie 54
Pressetextsorten 24f., 31

semantischer Kampf 9f., 35, 88, 92, 328, 343, 355
semiotisches Dreieck 7ff., 30
Superlativ 64, 79f., 135, 220, 269

Text-Bild-Beziehungen 42, 187, 309, 313, 315, 357, 368, 382
Thesaurus
– Historical 146f., 149, 152, 157ff., 164
– Roget 146f., 149, 152f., 159, 161f., 164f., 178

Wissen 2f., 11ff., 17, 26, 30, 32f., 35

Die Ausdrücke *Fracking* und *Hurrikan Sandy* wurden aufgrund der Häufigkeit ihres Vorkommens im gesamten Werk nicht in dieses Sachregister aufgenommen.

www.ingramcontent.com/pod-product-compliance
Lightning Source LLC
Chambersburg PA
CBHW031410230426
43668CB00007B/262